想象另一种可能

理
想
国
imaginist

THE HEMLOCK CUP

SOCRATES, ATHENS AND THE SEARCH FOR THE GOOD LIFE

BETTANY HUGHES

［英］贝塔妮·休斯——著 李磊——译

毒堇之杯

苏格拉底、希腊黄金时代与正当的生活

九州出版社
JIUZHOUPRESS

图书在版编目(CIP)数据

毒堇之杯：苏格拉底、希腊黄金时代与正当的生活 /
（英）贝塔妮·休斯著；李磊译 . -- 北京：九州出版社，
2023.11

ISBN 978-7-5225-2434-4

Ⅰ . ①毒… Ⅱ . ①贝… ②李… Ⅲ . ①苏格拉底
(Socrates 前 469- 前 399) —生平事迹②雅典（古国）—历史
Ⅳ . ① B502.231 ② K125

中国国家版本馆 CIP 数据核字 (2023) 第 205269 号

THE HEMLOCK CUP: SOCRATES, ATHENS AND THE SEARCH FOR THE GOOD LIFE
by Bettany Hughes
Copyright © 2010 by Bettany Hughes
This edition arranged with THE SOHO AGENCY through Big Apple Agency, Inc., Labuan, Malaysia.
All rights reserved.

地图审图号：GS(2023)2381 号

北京市版权局著作权合同登记号 图字：01-2023-5296

毒堇之杯：苏格拉底、希腊黄金时代与正当的生活

作　　者	［英］贝塔妮·休斯 著　李磊 译
责任编辑	陈丹青
出版发行	九州出版社
地　　址	北京市西城区阜外大街甲35号（100037）
发行电话	（010）68992190/3/5/6
网　　址	www.jiuzhoupress.com
印　　刷	山东临沂新华印刷物流集团有限责任公司
开　　本	965毫米×635毫米　16开
印　　张	41
字　　数	533千
版　　次	2023年11月第1版
印　　次	2023年12月第1次印刷
书　　号	ISBN 978-7-5225-2434-4
定　　价	128.00元

致

款待之谊[*]

以及我在海内外的朋友

_____

* 原文"KE-SE-NE-WI-JA""xenwia"和"xenia"均为线形文字 B。"KE-SE-NE-WI-JA"
意为"供给宾客";"xenwia"意为"给宾客的赠礼";"xenia"意为"殷勤待客"。此处"款
待之谊"取抽象意。(若无特别说明,全书脚注均为译者注)

有许多奇迹，有许多恐怖，但没有比人更奇妙或更可怕的了。

——索福克勒斯，《安提戈涅》，332

还有什么样的人会比最幸福的人更为诸神所爱呢？

——色诺芬在《回忆苏格拉底》中描述的苏格拉底，4.8.3

目 录

第一幕 雅典城

第二幕　青年苏格拉底

第三幕　士兵苏格拉底

第四幕　新的众神，新的可能性：中年苏格拉底

第七幕　砍倒最高的黍穗

第八幕　苏格拉底的审判与死亡

终 曲

序

凡有智慧的，无论人神，都不会再爱智慧了。

凡因无知而变得败坏、腐朽、邪恶的人也一样不会争取智慧。因为邪恶或无知的人都不会追求智慧。

余者是那些蒙受无知之苦，却仍然保留着一些悟性和理解力的人。他们很清楚自己还有哪些事情尚不知晓。

——柏拉图《吕西斯篇》（*Lysis*，218b）

中的苏格拉底，公元前 4 世纪

把两个作家放到一个房间里，肯定会有一人苦着脸离席，除非其中有彼得·库克（Peter Cook）。据说他在酒吧里遇到了另一个作家，对方问他是不是在写书。"是，也不是……"他轻描淡写地答道。

对我来说就没这么自在了。我曾经到爱丁堡的一家酒店和一位获奖小说家吃了顿早饭，当时我正准备撰写本书，话题就在友好的氛围中转到了我俩的下一个写作项目上。

"苏格拉底！好一个甜甜圈式的题材啊！"他叫道，"可写的内容太丰富了，只不过这中间有个巨大的空洞，就是这个核心人物……"我的笑容僵住了。他说得还真是一点没错：因为据我们所知，苏格拉底并没有将其哲学形诸笔端。他的思想影响甚巨，然而我们对他的一切认知都源自道听途说。他在历史中的缺席是有目共睹的。因此，在过去的五年里，当我落笔成文之时，一个幽灵般的甜甜圈总会在我的肩头盘旋。

不过画家会告诉你，如实呈现一个形状的最佳方式就是处理好它周围的空间。一手文献中的、自传性的、历史中的苏格拉底就是一个空洞，通过观察这个苏格拉底形空洞周围的形貌，也就是他所居住的城邦——公元前 5 世纪的雅典，我希望能为这片景观中的苏格拉底描绘出一幅生动的素描，或者说他那个时代的一张舆图，而不完全是他的生平。

为了完成这项任务，我准备了一个仓库，里头装满了各种不同寻常的助手——移土器、推土机、铁锹和泥铲，过去的几年里，它们一直在仔细地检查希腊的地貌。随着 2000 年这个千禧年的到来、2004 年希腊奥运会的申办、新的雅典卫城博物馆（Acropolis Museum）的开工，以及规划法的变化，公元前 5 世纪的一大批物证也得以重见天日。苏格拉底是一个"*eidolon*"（幻象）——这个希腊单词演变成了英语中的"idol"，一个幽灵——但他曾出没于一片极为真切的景观之中。这个幽灵是有史以来最具挑衅性和启发性的思想家之一，通过探索他所处的物质景观，我希望能充实他的形象，并由此想象他的生活。[1]

引 言

对一个人来说，未经审视的人生不值得过。

——柏拉图《申辩篇》（*Apolog*，38a[1]）中的苏格拉底

我们的思考方式皆出自苏格拉底。苏格拉底认为，作为个体，我们需要去质疑自己周遭的世界，而这正是生活在"现代"（modern times）的核心意义。在源起于 24 个世纪前的苏格拉底的对话中，我们可以目睹 "*ethos*"（道德）－"*ethics*"（伦理）[2] 的诞生，以及对 "*psyche*"（灵魂）[3] 的确认。这位"第一殉道者（Martyr）"——希腊语中的 "*Martyr*" 是指"见证人"——见证了"真理、德性、正义"和"言论自由"，因而也被尊奉为西方文明的基石。

苏格拉底立身于我们这个世界的开端——民主和自由就是在那时首次被人们当成了社会的基本价值观。我们需要去理解他，因为他不仅在追问生命的意义，更是在追问我们自己的人生意义。[4]

苏格拉底预见了我们这个时代。他担心追求富足会招致盲目的物质主义，而"民主"则会沦为争斗的托词。他说，若我们不幸福，

若我们遗忘了什么是善，那战船、城墙和光彩夺目的雕像还有何意义？他的这一问题在如今看来比以往任何时候都更加适切。他问道："怎样的生活才是正当的？"

> 我是一只会蜇人的飞虫，被派来撩拨这座城市，而它仿佛就是一匹巨型的纯种马，因为体型庞大，所以行动迟缓，需要一点刺激。[5]

* * *

苏格拉底在公元前 5 世纪的希腊成为人们关注的焦点，但他并不是个说教者：他会漫步于雅典街头，与人辩论何为人的本质。对于这座城市的年轻男女来说，他是不可抗拒的：他无休无止地提问，似乎是想挖掘人们认识自我的潜力。他的"伦理"方案的核心就是追寻"善的生活"。他的话语是无与伦比的睿智（sophia）之声，饱含知识、技艺、智慧和真理，在当时以及此后的 2400 年里都是人们的谈资。苏格拉底的大半生都是在雅典的公共场合度过的，他在那些地方能不受限制地与人进行哲学讨论。但当这位哲学家年近古稀之时，雅典却和他翻脸了。公元前 399 年 3 月，这个年迈的公民在宗教法庭上接受了审判，并被判有罪，主次罪名分别是："没有恰当地承认城邦诸神，且捏造新神"和"腐化青年"。法庭最终做出了死刑判决：大约 4 周后，苏格拉底在雅典的牢房里喝下了狱卒留给他的毒堇（hemlock）汁，随即身死。

* * *

苏格拉底的论点或许太具煽动性，弥漫着一股格外危险的魅力。

他相信人有享受完美幸福的潜力。对于苏格拉底的思想在当时的影响力，他的弟子柏拉图给我们留下了一条线索。在其洞穴寓言中[6]，柏拉图以绝妙的细节呈现了苏格拉底所描述的一个人类种族，他们生来就戴着锁链，永远盯着一面墙壁，只能看到上面的人影，同时坚信这些影子就是现实。当这些囚徒转瞬间被带入现实世界的光明中时，柏拉图便展现了他们所感受的惊愕和喜悦。这些被锁住的人代表的就是尚未听闻或理解苏格拉底之论说的人。

　　然而，人类向来不善于全心全意地接受新生事物。在一个迷信成风的城邦里，苏格拉底的精神和道德气质都有些标新立异，容易招惹是非。他似乎患有某种癫痫症或"失神发作"（所以当他长时间凝视远方时，那就是一种古怪的全身僵硬症状），在那个虔诚的时代，这会被人解读为一种有害的"内在之声"。[7]与他同时代的剧作家阿里斯托芬（Aristophanes）就曾说到一些被"苏格拉底化"了的人，那些人热情地去听他布道、一门心思地关注一些根本问题而不是轻松的乐事。在他的喜剧《云》（Clouds）[8]中，阿里斯托芬嘲笑了苏格拉底高尚的怪癖，让他爬进了一个升到高空的浴盆里，在云层中爬来爬去，只为了"端详月亮的屁股"。民主制需要务实主义者，但苏格拉底拒绝克制自己，不愿收敛真理的力量。于是菲墨*（谣言、流言）便开始在这座雅典娜之城疯传。这位坚定的哲学家非常清楚，造谣中伤正是最有害也最阴险的敌人。[9]

　　　　这些人捏造我的丑闻，实在是险恶。他们的武器是嫉妒和诽谤，这很难对付。我不可能把他们都带到法庭上来质问他们或驳斥其指控。我只能保护自己，就像跟影子搏斗一样。[10]

---

* 即名望女神菲墨（pheme）。

苏格拉底的思想与活生生的苏格拉底

在所有城邦里，害一个人都比帮他容易。

——柏拉图，《美诺篇》（Meno，94e）

在纽约的大都会博物馆（Metropolitan Museum）中，有一幅画 * 描绘了苏格拉底死前的那一刻，作者是新古典主义大师雅克—路易·大卫（Jacques-Louis David）。画中的苏格拉底被焦躁的门徒环绕，这位德性与崇高原则的殉道者缓慢而坚定地说着话，毒堇汁正在他的血管中流淌。[11] 蹲伏在他床边的人都将如柏拉图一样把他的话载入文典，进而注入世界文明的基因之中。[12]

今已至离别之时，我去死，你们去活，谁的处境更好，唯有神知。[13]

* * *

这不是一本探究哲理的书。我是个史学家，不是哲学家，不可能比往圣先贤更胜一筹，他们已经从苏格拉底的哲学思想中挤压出了各种不断演变的解释。柏拉图、亚里士多德、犬儒学派的第欧根尼（Diogenes the Cynic）、阿尔—肯迪（Al-Kindi）、耶胡达·哈列维（Yehuda ha-Levi）、托马斯·霍布斯（Thomas Hobbes）等，这些人都曾为苏格拉底哲学的真正含义争论不休。这已经是一部在不断膨胀的正典了，我不会贸然加以扩充。但我可以把目光转向我脚下的那些石头，探查苏格拉底的哲学是如何在他所处的时空中逐渐

---

*　指《苏格拉底之死》，见插图 12。

演变的。

　　就本书的写作目的而言，我想说明一点，苏格拉底思想的趣味就在于他不相信或者不探讨抽象事物。对他来说，道德都是在探讨现实世界中的现实问题时起源和浮现的。他借以表达自己思想的角色通常都是些鞋匠、面包师、女祭司和妓女。苏格拉底不断强调他是血肉之躯，是作为一个有血有肉的人在生活和理解生活的。这是他的哲学如此贴近我们的原因之一。因此，用一些不起眼的、考古学上的、物质性的东西来回溯苏格拉底的经历还是恰如其分的。简言之，苏格拉底所传达的图腾般的思想与他的经历是脱不了干系的，比如他恰好在当地港口目睹的一场宗教仪式、赤脚穿行于雅典的快乐、亲朋好友的亡故，以及在一场消耗战中体验的恐怖，其分量在他的思想中不亚于任何一种纯粹的智识概念。苏格拉底最关心的就是这个鲜活的世界。这本书会把他生活中混杂的证据编织到一起，让物质遗存与文学和文献资料并驾齐驱，一个世界的图景将就此浮出水面，显现出人们在其中首次自觉尝试建立的一个以"民主"为基础的"文明"。[14]

xx

　　不过苏格拉底关心的并不仅仅是我们周遭的环境，还有我们的内心。"他要求我们认识自己，其实是要求我们了解自己的灵魂。"[15]苏格拉底饱含深情。这位哲学家认为开诚布公的对话是灵魂所不可或缺的一种抚慰，他是以对话而非独白的方式将内心的想法传达到了公共场域。对他来说，这是一种宣泄——柏拉图用了希腊语中的"*katharsis*"一词[16]——意思是释放出灵魂中"不好的东西"。根据我们现存的记载，正是苏格拉底最先探讨了我们应该如何同处一世，就像这个世界努力适应其自身一样。

　　　　真理其实是一种净化［*katharsis*］……自我克制、正义、勇气与智慧本身都是一种净化。[17]

　　苏格拉底的哲学和我们所有人都息息相关，尤其因为它是如此的顽强。从伊丽莎白一世到马丁·路德·金（Martin Luther King），从第三帝国到 21 世纪的美国，人们一直在以苏格拉底为范例来力图理解社会现在的样貌，以及它理应是何种样貌。苏格拉底的话语曾充盈于意大利文艺复兴时期的人文主义者的门厅。公元 11 世纪的犹太哲学家耶胡达·哈列维在与哈扎尔国王（King Khazar）谈论犹太教本质之时，就引述了苏格拉底的话。约翰·洛克（John Locke）和托马斯·霍布斯的政治论说文中也随处可见苏格拉底的名言。

　　苏格拉底还是早期伊斯兰教的一个核心人物。阿尔-肯迪是"第一位"自封的阿拉伯哲学家，无疑也是首位穆斯林哲学家，他就在公元 9 世纪写下了大量有关苏格拉底的论文（失传已久）。[18] 苏格拉底的睿见曾被勾画于彩石之上，涂绘于撒马尔罕的公共建筑之中。这位哲学家还被列为智慧七柱之一，获得了"源头"（The Source）之名。苏格拉底内心的声音被中世纪的穆斯林当成了一种征兆，表明他就是一位身着穷人衣裳的天使。从公元 11 世纪至今，整个阿拉伯世界都认为他有提神和滋养之效，"就像……正午烈日下最纯净的水"。[19]

　　然而，我们为什么至今仍要关注他呢？为何还要挂念这个早已离我们远去的古人呢？有一个很好的理由，那就是苏格拉底做了一件惊人的事——我们仍然渴望的事——他暗示我们或许能找到一种方法，在这片土地上使自身得到满足。苏格拉底的吸引力就在于他劝说人们关照灵魂。他认为，只有当人与自身和谐相处的时候，他们才能获得真正的幸福。[20] 他提出，能让事情变得更好的是"我们"，而非"他们"。

＊　＊　＊

　　如我所说，苏格拉底是一个令人着迷的神秘存在，但他所处的物质环境还是有利于我们探寻的，尽管他已"不在其间"。即便那出反映公元前 5 世纪雅典生活的戏剧是柏拉图以苏格拉底为灵感来源而精心创作的，雅典这一舞台背景也依然可以为我们所用。苏格拉底是个接地气的人，这一点所有人都会同意。他用一双泥腿支撑起了一颗伟大的头脑，我要追随的正是那泥泞的足迹。因此，我要描绘的并不是他的哲学地图，而是一张和他这个人有关的舆图。

苏格拉底的故事仍需讲述，其原因不一而足。从最基本的意义上说，这是一部惊心动魄的法庭剧。雅典人投票决定铲除苏格拉底。他们视他为威胁，他则自认为可以拯救这个城邦的灵魂。这是暴民统治、政治阴谋，或者少数服从多数的完美范例吗？苏格拉底的故事是一场悲剧，还是文明发展中的一个富有教益的预备阶段？谁才是正义的？[21] 苏格拉底的故事还体现了个人自由与社会规范之间的张力。他至死也未妥协。正因如此，他才会被誉为人类有记载以来的首个意识形态殉道者。

苏格拉底毕生都在寻找宝藏，亦即深入地理解人性。这种寻宝的热情驱使着他在雅典城内四处游荡。本书追寻了他走过的路径。他所要探寻的是"善"在人类社会中到底居于何种地位。我们是不大可能寻得这个终极大奖的，苏格拉底自己也从未确定他已经找到了，他唯一确定的事情似乎就是：企图为生活中的一切寻找"真实的"科学解释是徒劳的。在他看来，若凝视长空或走遍天涯仅仅只是为了给世界编目，却没有学会爱这个世界，那也是枉费工夫。然而，一旦居住进生养他的那个雅典，我们或许也能一窥这位寻宝人的面目：时而激烈暴躁，时而阴晴不定，同时也不乏自我陶醉、聪明、危险和滑稽之处。苏格拉底从未忘记自己的世俗性。在他被判死刑的那天，他宣称："如荷马所说，'我非橡树或岩石所生'，而是生自人类双亲。"[22]因此，本书的目标就是居住进苏格拉底所处的那个物质性的雅典，不仅是史载和宣传中的雅典，也是他所生活和经历的雅典。

　　雅典城即苏格拉底。对苏格拉底来说，没有什么比雅典更重要了，而重中之重无疑是城内的雅典人。他曾对同行斐德罗(Phaedrus)说过，他的家，他的世界，就是这座城市，一座挤满了人的城市。对苏格拉底来说，人就是他的磁北:他爱他们。色诺芬(Xenophon)宣称，他说的话"总是关乎人类的问题。他探讨就是这类问题，比如人们是如何取悦和惹恼诸神，美和丑、正义和不义、谨慎和适度、勇敢和懦弱的本质或目的是什么。"[23]他的哲学都是为了理解周围的男女。这种理解，这种对自我意识的意识，就是苏格拉底所说的"*psyche*"——生命的气息或灵魂。在公元前469年至前399年间，苏格拉底的灵魂就在雅典城游荡。

　　我的夙愿很简单:重返当年的雅典街头。不是重游这座黄金时代的城市，而是要着眼于一个真实的城邦，它正在进行一场宏大的政治实验，并专注于一种文化。这是一座饱经战乱和瘟疫的城市，同时也享受着巨大的胜利果实。我们要居住进这片完全可辨又彻底陌生的地域，去呼吸苏格拉底呼吸过的空气，去面见民主制建立之前的民主派，和哲学这门学问诞生之前就已在思考的爱智者。

　　这是一段悲怆的历史。对于苏格拉底的生活、受审以及饮鸩而死的故事，雅典无意全数道出，但我们需要去倾听。

苏格拉底的戏剧故事——来源与方法

苏格拉底的话语流传至今，还将永远流传下去，尽管他只字未写，也没有留下任何著作或遗嘱。

——狄奥·克里索斯托（Dio Chrysostom），
《论苏格拉底》（On Socrates, 54），1 世纪

我们能得见苏格拉底，惯例上还要归功于几位关键的古代作家，特别是柏拉图和色诺芬（这两人都是亲苏格拉底派），以及阿里斯托芬（态度暧昧），是他们决意要敞开通向苏格拉底的大门。但就在那门口，总会有一面由作者的看法织成的纱网，透露的都是他们想让我们看到的东西。因此，读到苏格拉底的"话语"时，我们很难判断那是他的态度，还是另一个人的态度或哲学抱负。[1]

还有第二个难点。作为苏格拉底身边的同时代人，以及西方哲学、戏剧和编年史领域的鼻祖，柏拉图、阿里斯托芬和色诺芬都是以一种非常戏剧化的方式在讲述苏格拉底。

柏拉图是以剧作家的身份来写作的，一个失意的剧作家。在他的作品中，苏格拉底这一"角色"就像所有伟大的戏剧角色一样，有一种本质上的魅力，口齿伶俐，还有一定的编造成分。戏剧人物兼具放大和干瘪之处，虽格外鲜明，却囿于二维平面。柏拉图的苏格拉底对话集是在苏格拉底去世后的 20 年到 40 年间创作的，其结构精湛，旨在引人注目。柏拉图消遣我们，戏弄我们（他把表演者的所有技巧都注入了自己的作品），这无疑给我们留下了一种可能，那就是这一切都不过是镜花水月。色诺芬也帮不了多少忙。虽然他更接地气，直言不讳，但其笔下那些确凿的历史还是通过生动的、传闻中的对话来传达的。阿里斯托芬则毫不留情地讽刺了苏格拉底，他并非传记作家，而是一个犀利机智的剧作家，他要哗众取宠，他会努力让观众张口大笑。若是花时间好好读一读公元前 5 世纪和前 4 世纪的人所写的苏格拉底，你会觉得自己就像是看了一大堆电视纪录片式的"苏格拉底秀"，一系列在伦敦西区、好莱坞和百老汇上演的一个男人的生活。[2]

然而这些人，这些与苏格拉底同处一个时代的传记作家[3]可不仅仅是演出主持人。他们明白，戏剧可以成为一条通往真相的脉线。苏格拉底从未写下什么东西，因为他在公元前 5 世纪的雅典街头开拓哲学事业时，就很相信那些共同见证者的诚实。柏拉图在对话中赋予了苏格拉底一种鲜活的声音，那就是他所能达到的最接近原初的"苏格拉底的"体验了。[4]柏拉图作品中的细节十分显眼。我们知道苏格拉底是在什么树下乘凉，听着什么鸟儿歌唱，在什么样的木凳上躺不舒坦，和哪个鞋匠聊过，以及怎么治好了呃逆。

如果这类细节完全不符事实，尽是凭空捏造，那柏拉图只怕早就在自己于公元前 387 年左右创建的阿加德米学园（Academy）里颜面扫地，从此湮没于历史之中了。柏拉图、色诺芬和阿里斯托芬的著述是写给公元前 5 世纪和前 4 世纪的同侪看的，那都是和苏格拉底同时代的人，其中有不少都跟这位哲学家有过密切接触，而且目睹了那个时代的各种事件。彻头彻尾的谎言是站不住脚的。[5]

柏拉图的记忆很重要。我们这个物种是用图像而非言语来记忆的，我们的思考往往也是如此。我们的视觉记忆比听觉记忆更敏锐。[6]在神经科学中，这类体验被称为"情节记忆"（episodic memory）[*]，它们生动、零碎，但带有一种有可能极为准确的感觉性质。柏拉图为苏格拉底营造的物质环境多半是可信的，他描写的那种简练可感的现实生活场景很可能正是附着在他大脑皮层上的细节。此外，关于古希腊人对景观的投入，我们也只能想象：不仅是社会生活所必不可少的一些视觉刺激和表达，也包括那个被他们视为精神寓所的世界，一个充满符号和象征的地方。我们逐渐认识到，柏拉图式的古雅典环境不仅仅是便利的背景，也是一片四维景观，现实中的以及柏拉图想象中的苏格拉底几乎肯定曾生龙活虎地居于其间。[7]

柏拉图所做的修补或许是过头了。毫无疑问，其对话集中的某些"苏格拉底式"感想实际上都出自柏拉图自己——他由此给我们构建了一个虚拟世界，里面装满了他和苏格拉底在他们身周看到的真实事物，奠定了他作为苏格拉底的历史代言人的可靠性。但柏拉图的声誉如今得到了考古学的支持。[8]他的哲学体系在很多层面上都发挥了影响，但其中所包含的确凿事实肯定也不全是空穴来风。年复一年的考古挖掘都在精确地证实和支持柏拉图笔下的公元前5世纪的雅典，那是他在苏格拉底殁后（2400年前）以巧妙而丰盈的笔调所描绘的图景。举个例子，我们如今已经可以在新雅典卫城博物馆下的那条狭窄的街道旁走过，然后穿越绘画柱廊（Painted Stoa，一段有顶盖的区域或走道），年轻而易受影响的柏拉图就曾坐在那儿聆听苏格拉底的演说。这些古老的石块与柏拉图的古老话语

---

[*] 长时记忆的一种，与语义记忆相对。此类记忆接收和存储的是关于个体在特定时间内经历的情景或事件以及与之相关联的各种时空关系信息，是个人亲身经历的各种事情的记忆，具有自传体性质。

可谓相得益彰。[9]

因此，我一直以来都在努力重建苏格拉底的世界。[10]循着柏拉图、色诺芬和阿里斯托芬的线索，去了解公元前5世纪雅典的物质现实，亦即苏格拉底人生故事中的物质现实。柏拉图用他笔下的对话给我们留下了苏格拉底的人生"剧本"，描绘了苏格拉底这一角色所理应寓居的最适当其时的场景。这一场景，这种环境，如今已在遍及全城的挖掘工作中初显端倪。

实质上，公元前5世纪雅典的生活本身就是戏剧性的。苏格拉底的一生跨越了雅典历史上最熙攘、最精彩也最悲惨的70年，而雅典人也确实身体力行地构建了一处民主"剧场"的背景，并且在其中上演了他们自己的生活——民主的建筑、景观、演说、雕像、道具和音乐都有助于让他们崭新的民主制变得真实可感。

最能呈现苏格拉底的绝不是阿里斯托芬的闹剧《云》，而是一个可以站立其上的坚实舞台，在这个舞台上，苏格拉底可以清楚而直接地向我们这些观众娓娓道来。为此，我运用了一些考古学、地形学和文献方面的最新材料，以构建此君的一生，让我们都能从这些许新知中有所收获。[11]

苏格拉底的记录者

阿里斯托芬

有关苏格拉底的最早资料就来自阿里斯托芬。在这位喜剧作家的 40 年职业生涯中，万事万物都没逃过他的抨击，从甲壳虫的粪便到貌似严肃的政治都概莫能外。这些抨击让他树敌不少：克勒翁（Cleon）便是其中之一，这是一名强硬的煽动者，在公元前 427 年曾主张消灭密提林（Mytilene）的全部男性，后于公元前 423 年再次主张消灭斯基奥尼（Scione）的男性人口。克勒翁在法庭上追打过阿里斯托芬，他便屡屡报之以讥笑，直至克勒翁于公元前 422 年在安菲波利斯战役（Battle of Amphipolis）*中阵亡。阿里斯托芬还不断地以低俗的语调嘲讽各级政客，同时温和地奚落了全体雅典人民。苏格拉底也是他的靶子，在他的《云》中变成了一个可笑的角

---

* 古希腊伯罗奔尼撒战争（Peloponnesian War）中的一次战役。公元前 422 年，雅典和斯巴达在爱琴海北岸的安菲波利斯城展开决战，双方统帅同归于尽。

色。戏谑的放纵让人很难确定这种对角色的中伤会造成多么严重的后果：柏拉图认为阿里斯托芬助长了公众对苏格拉底的质疑，[1] 然而在柏拉图的《会饮篇》中，阿里斯托芬还亲切地和苏格拉底共进了晚餐，这个情节恰是安排在《云》的首演之后。尽管阿里斯托芬的讽刺作品不乏暴力，但是在伯罗奔尼撒战争最后几年的混乱中，他还是逃过了一连串残酷的革命和政治暗杀。[2]

阿里斯托芬的创作事业始于公元前 427 年的《赴宴者》(*The Banqueters*)。他写了至少 40 部剧本，只有 11 部留存至今，但我们知道其中 17 部的名字。《云》创作于公元前 423 年，苏格拉底的戏份很重。《云》并不成功，在城邦酒神节上排名最末。这位诗人兼剧作家的创作生涯一直持续到了公元前 386 年，亦即他去世前不久。

作品

《赴宴者》(公元前 427 年)；《巴比伦人》(*Babylonians*，公元前 426 年)；《阿卡奈人》(*Acharnians*，公元前 425 年)；《武士》(*Knight*，公元前 424 年)；《云》(公元前 423 年)；《马蜂》(*Wasps*，公元前 422 年)；《和平》(*Peace*，公元前 421 年)；《安菲阿拉奥斯》(*Amphiaraus*，公元前 414 年)；《鸟》(*Birds*，公元前 414 年)；《利西翠姐》(*Lysistrata*，公元前 411 年)；《地母节妇女》(*Women at the Thesmophoria*，公元前 411 年)；《普路托斯》第一版(*Plutus*，公元前 408 年)；《蛙》(*Frogs*，公元前 405 年)；《公民大会妇女》(*Ecclesiazusae*，公元前 391 年)；《普路托斯》第二版（公元前 388 年)；《科卡罗斯》(*Cocalus*) 和《埃俄罗西孔》(*Aiolosikon*，可能作于公元前 387 年至前 386 年[3])。

色诺芬

色诺芬的一生都是在战争中度过的。他生于伯罗奔尼撒战争初期，出生地可能是在埃尔希亚（Erchia）——雅典的一个乡村德莫区（deme）*。⁴ 后来在奥林匹亚附近的伯罗奔尼撒平原的庄园里，他撰写了一些论骑术的文章。在伯罗奔尼撒战争期间，色诺芬可能曾服役于雅典的骑兵部队，并在公元前 404 年至前 403 年的雅典内战中对抗民主派叛乱分子。民主派胜利后，色诺芬离开了希腊，前往安纳托利亚，加入了支持小居鲁士（Cyrus the Younger）篡夺波斯王位的希腊雇佣军——"万人队"（Ten Thousand）。公元前 401 年，小居鲁士在巴比伦附近的库纳克萨（Cunaxa）被杀，指挥万人队的五名希腊将军不久也遭杀害；色诺芬这颗新星迅速崛起，他带领幸存的希腊士兵踏上了一段危险而狂暴的旅程，最后回到了特拉佩祖斯（Trapezus）附近的安全地带。苏格拉底正是在此期间被执行了死刑，至于这两人间的熟悉程度，学者们存在分歧。⁵ 色诺芬此后继续充当雇佣兵，先赴色雷斯（Thrace），后又为安纳托利亚和希腊本土的斯巴达人效劳。他被雅典流放，却受到了斯巴达人的庇护，被安置在斯奇卢斯（Skillus）的一处庄园里，他的大部分作品都是在那里写就的。斯巴达人败走留克特拉（Leuctra）之后，色诺芬也被驱逐出了他的庄园，尽管此时他已与雅典和解，但还是在科林斯（Corinth）附近度过了余生。公元前 362 年，他的儿子格里卢斯（Gryllus）在曼提尼亚（Mantinea）附近的雅典骑兵战中阵亡。

---

* 雅典城邦最小的区划，克里斯提尼改革时将雅典城邦划分成了 139 个德莫区，也译作村社。

提及苏格拉底的色诺芬著作，大致按创作时间排序

《申辩》（*Apology*，作于公元前 384 年之后？）;《回忆苏格拉底》（*Memorabilia*，动笔）;《会饮》（*Symposium*，公元前 371 年之前？）;《回忆苏格拉底》（完成）;《经济论》（*Oeconomicus*，完成于公元前 362 年之后）。

色诺芬的《希腊史》（*Hellenica*，作于公元前 359 年至前 355 年之间，未完成）也提及了苏格拉底，该书记载了公元前 411 年至前 362 年的希腊史事。[6]

柏拉图

苏格拉底在公元前 399 年被执行死刑时，柏拉图年近 30。他很可能刚成年就认识了苏格拉底。[7]大约在公元前 428 年至前 423 年，柏拉图生于一个雅典贵族家庭，出生地或许就是雅典城。他是梭伦（Solon）的后裔，梭伦即传统上的雅典民主缔造者。[8]柏拉图的叔叔克里提亚斯（Critias）统领过"三十僭主"（Thirty Tyrants），这是伯罗奔尼撒战争结束后短暂统治过雅典的一个凶残的亲斯巴达派。柏拉图本人若生于公元前 428 年，那就是这场战争开始后不久。他成长于雅典的科蒂卢斯区（Cotyllus），很可能接受了一个年轻的贵族男孩在诗歌、音乐和体操方面应受的正常教育。他是个摔跤冠军，而且大体可以断定他后来在雅典军中服过役，可能是骑兵。[9]苏格拉底去世后，柏拉图四处漂泊，历经世事。他曾赴墨伽拉（Megara）、埃及和意大利南部周游，与西西里的僭主相交，甚至在公元前 388 年或前 387 年被卖到了埃伊纳岛（Aegina）为奴（随即被赎回）。好像是不久之后，他就在雅典创建了阿加德米学园，世界史上最重要的学术机构之一。在那里，如亚里士多德这样的人都

聚到了一起。严格说来，他们并没受什么教导，而是长时间地参与了柏拉图著述中的那种对话，柏拉图认为这种对话是哲学进步所必需的基石。柏拉图逝于公元前 348 年或前 347 年。

我们要切记一点：柏拉图和色诺芬在创作他们的作品时都确信，雅典人投票支持处死苏格拉底是错误的。

柏拉图对话集

柏拉图的作品可分为三个变动不居且仍有争议的时期：（a）早期、（b）中期和（c）晚期。《吕西斯篇》或许是于苏格拉底在世时写成的。

（a）《小西庇阿斯篇》（*Hippias Minor*）、《伊安篇》（*Ion*）、《克力同篇》（*Crito*）、《游叙弗伦篇》（*Euthyphro*）、《拉凯斯篇》（*Laches*）、《卡尔米德斯篇》（*Charmides*）、《吕西斯篇》《美涅克塞努篇》（*Menexenus*）、《普罗泰戈拉篇》（*Protagoras*）、《美诺篇》《高尔吉亚篇》（*Gorgias*）和《欧绪德谟篇》（*Euthydemus*）。

（b）《克拉底鲁篇》（*Cratylus*）、《大西庇阿斯篇》（*Hippias Maior*，这两篇可能都属早期作品）、《斐多篇》（*Phaedo*）、《会饮篇》（*Symposium*）、《理想国》（*Republic*，第一卷或属早期作品）和《斐德罗篇》（*Phaedrus*，或属晚期作品）。

（c）《巴门尼德篇》（*Parmenides*）、《泰阿泰德篇》（*Theaetetus*）、《智者篇》（*Sophist*）、《政治家篇》（*Politicus*）、《菲利布篇》（*Philebus*）、《蒂迈欧篇》（*Timaeus*）、《克里提亚斯篇》（*Critias*）、《法律篇》（*Laws*）和《柏拉图的亚西比得前篇》（*Plato Alcibiades 1*，伪托柏拉图之作）。

下列对话是尽可能按戏剧情节的时序排列

公元前 450 年 :《巴门尼德篇》；公元前 433（或前 432）年 :
《普罗泰戈拉篇》；公元前 431—404 年 :《理想国》；公元前 424 年 :
《拉凯斯篇》；公元前 422 年 :《克拉底鲁篇》；公元前 418—416 年 :
《斐德罗篇》；公元前 416 :《会饮篇》；公元前 413 年 :《伊安篇》；
公元前 409 年 :《吕西斯篇》；公元前 407 年 :《欧绪德谟篇》；公元
前 402 年 :《美诺篇》；公元前 402（或前 401）年冬 :《美涅克塞努
篇》；公元前 399 年春 :《泰阿泰德篇》；公元前 399 年 :《游叙弗伦篇》
《会饮篇》(转述)、《政治家篇》；公元前 399 年 5—6 月 :《申辩篇》；
公元前 399 年 6—7 月 :《克力同篇》《斐多篇》。

西西里岛和意大利南部

第勒尼安海

爱奥尼亚海

塔林敦

梅塔蓬图姆

速鲁

克罗顿

墨西拿

利基翁

塞杰斯塔

埃特纳

卡塔纳

塞利努斯

莱昂蒂尼

阿格里琴托

杰拉

叙拉古

卡马里纳

地　中　海

书中地图系原书插附地图

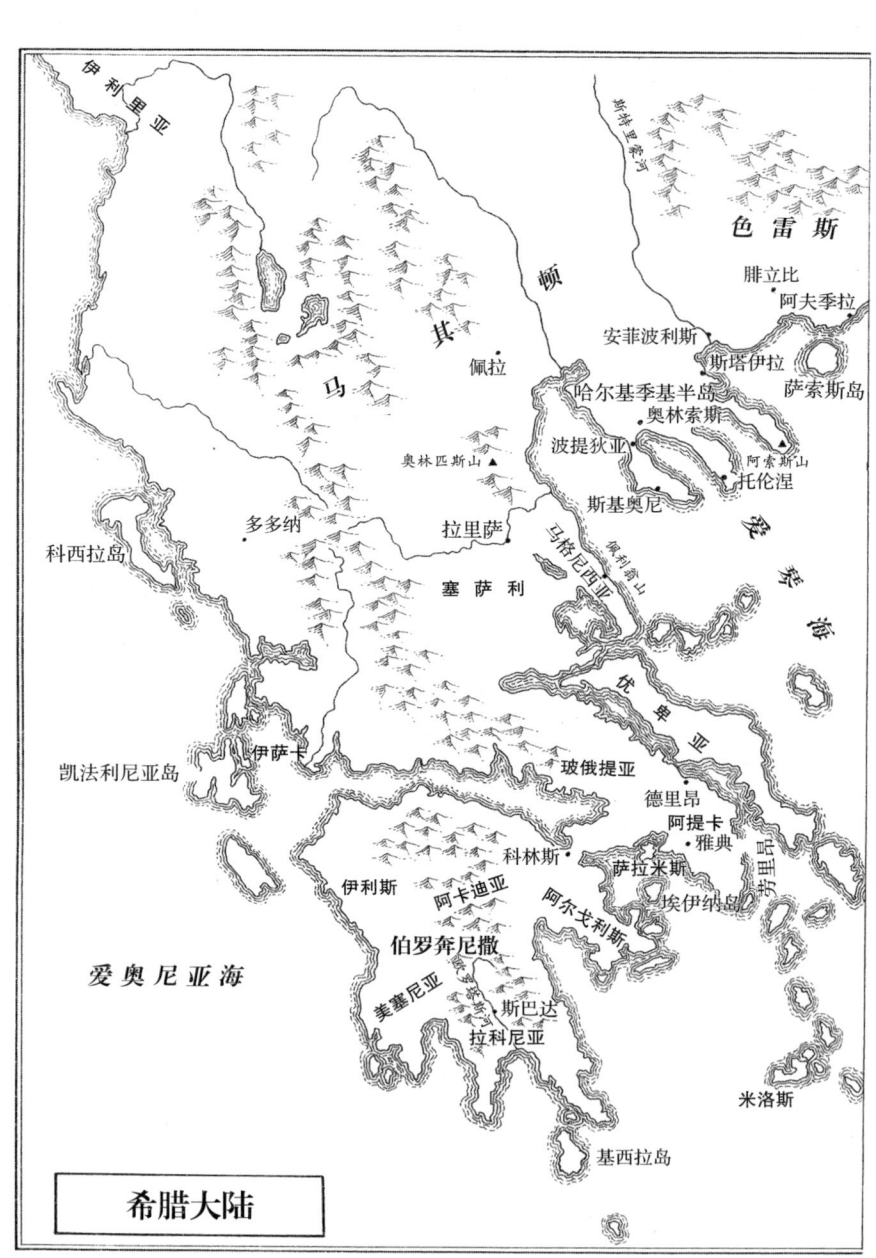

伊利里亚

色雷斯

马其顿

腓立比
阿夫季拉
安菲波利斯
斯塔伊拉
萨索斯岛
佩拉
哈尔基季基半岛
奥林索斯
波提狄亚
奥林匹斯山▲
阿索斯山
托伦涅
多多纳
斯基奥尼
爱琴海
科西拉岛
拉里萨
马格尼西亚
塞萨利
优卑亚
凯法利尼亚岛
伊萨卡
玻俄提亚
德里昂
阿提卡
雅典
萨拉米斯
科林斯
埃伊纳岛
爱奥尼亚海
伊利斯
阿卡迪亚
阿尔戈利斯
伯罗奔尼撒
美塞尼亚
斯巴达
拉科尼亚
米洛斯
基西拉岛

希腊大陆

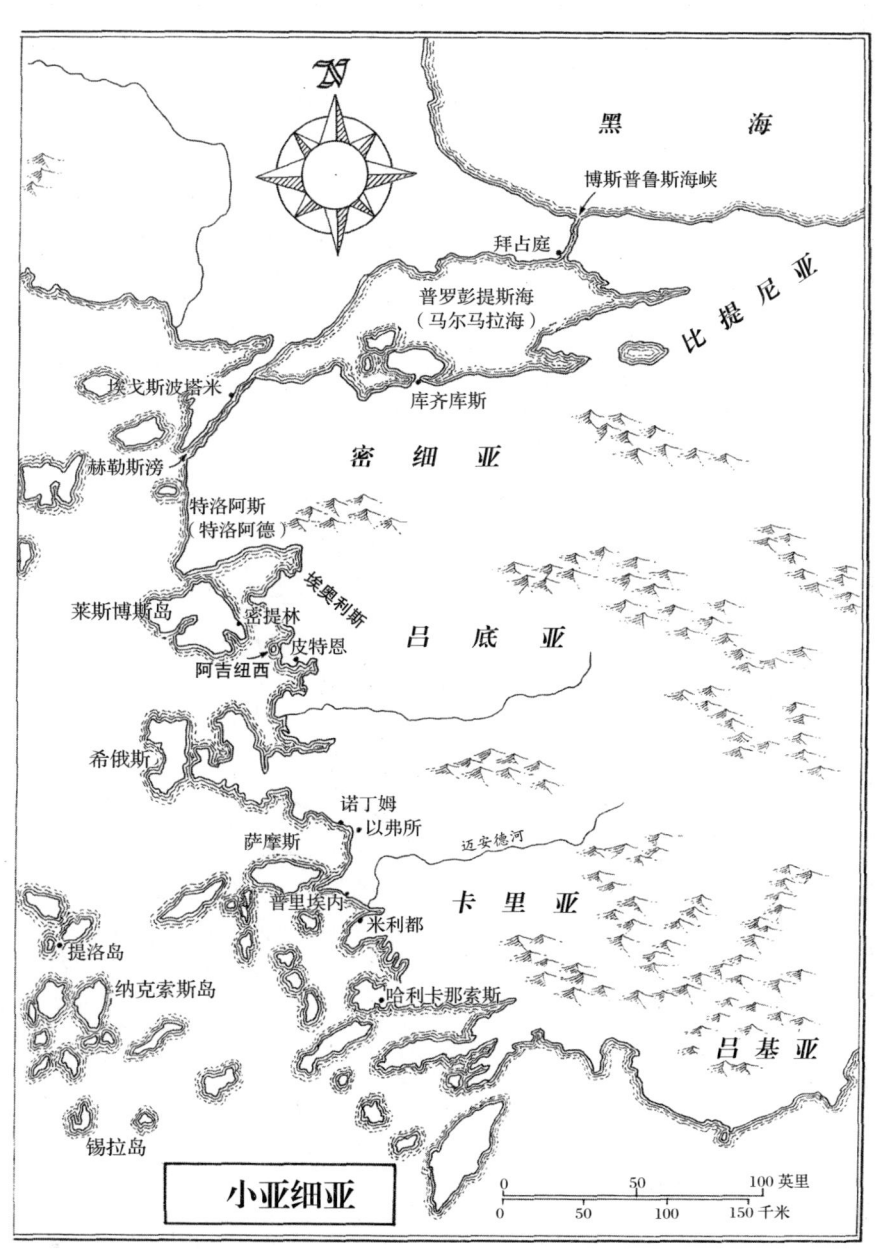

黑　海

博斯普鲁斯海峡

拜占庭

比提尼亚

普罗彭提斯海
（马尔马拉海）

埃戈斯波塔米

库齐库斯

密　细　亚

赫勒斯滂

特洛阿斯
（特洛阿德）

莱斯博斯岛

埃奥利斯

吕　底　亚

密提林

皮特恩

阿吉纽西

希俄斯

诺丁姆

以弗所

迈安德河

萨摩斯

卡　里　亚

普里埃内

提洛岛

米利都

纳克索斯岛

哈利卡那索斯

吕　基　亚

锡拉岛

小亚细亚

50　100 英里

0　　50　　100　　150 千米

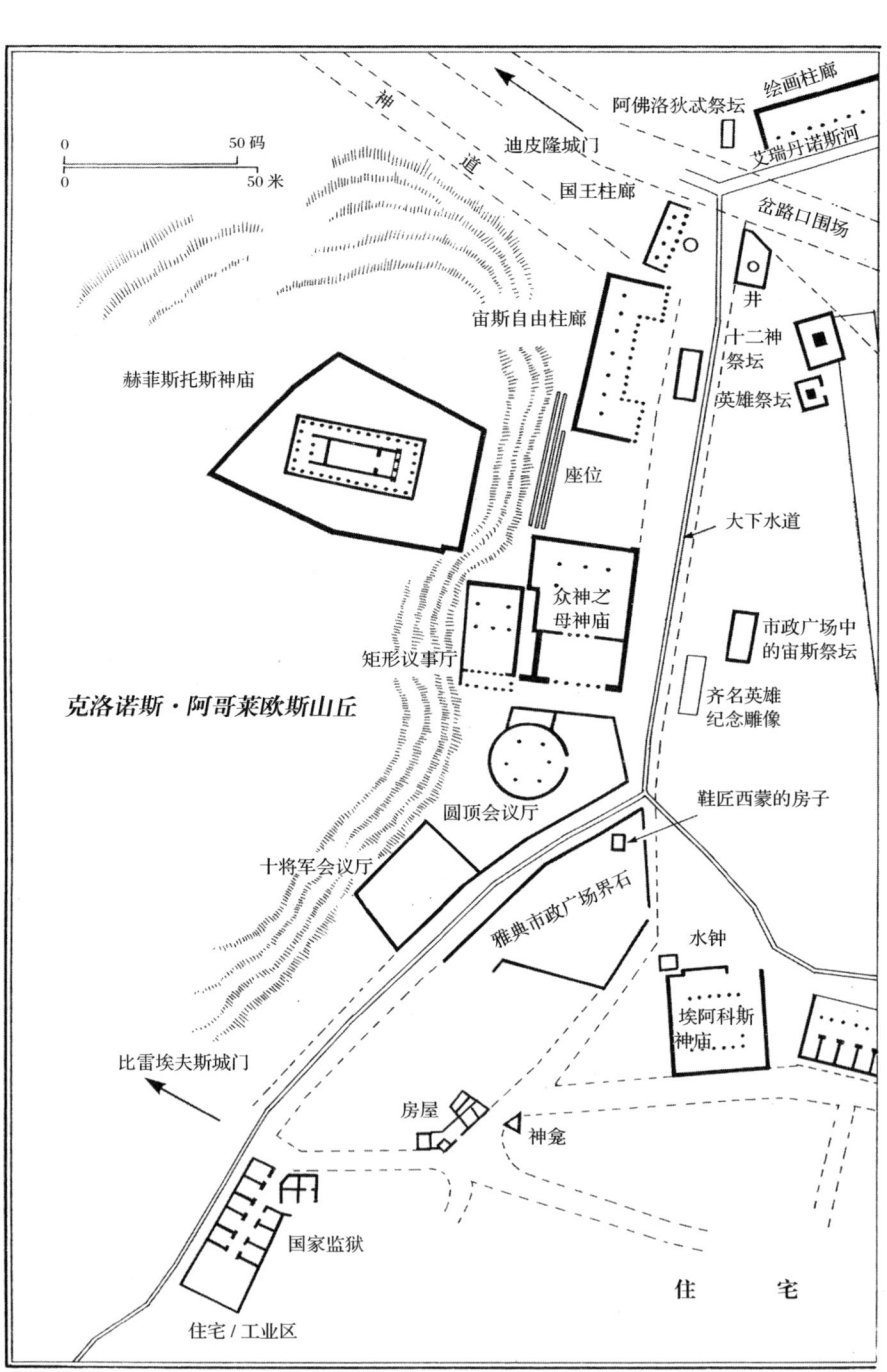

绘画柱廊

阿佛洛狄忒祭坛

艾瑞丹诺斯河

神道

迪皮隆城门

国王柱廊

岔路口围场

宙斯自由柱廊

井

十二神祭坛

英雄祭坛

赫菲斯托斯神庙

座位

大下水道

众神之母神庙

市政广场中的宙斯祭坛

矩形议事厅

齐名英雄纪念雕像

克洛诺斯·阿哥莱欧斯山丘

圆顶会议厅

鞋匠西蒙的房子

十将军会议厅

雅典市政广场界石

水钟

比雷埃夫斯城门

埃阿科斯神庙

房屋

神龛

国家监狱

住宅

住宅 / 工业区

0   50 码
0   50 米

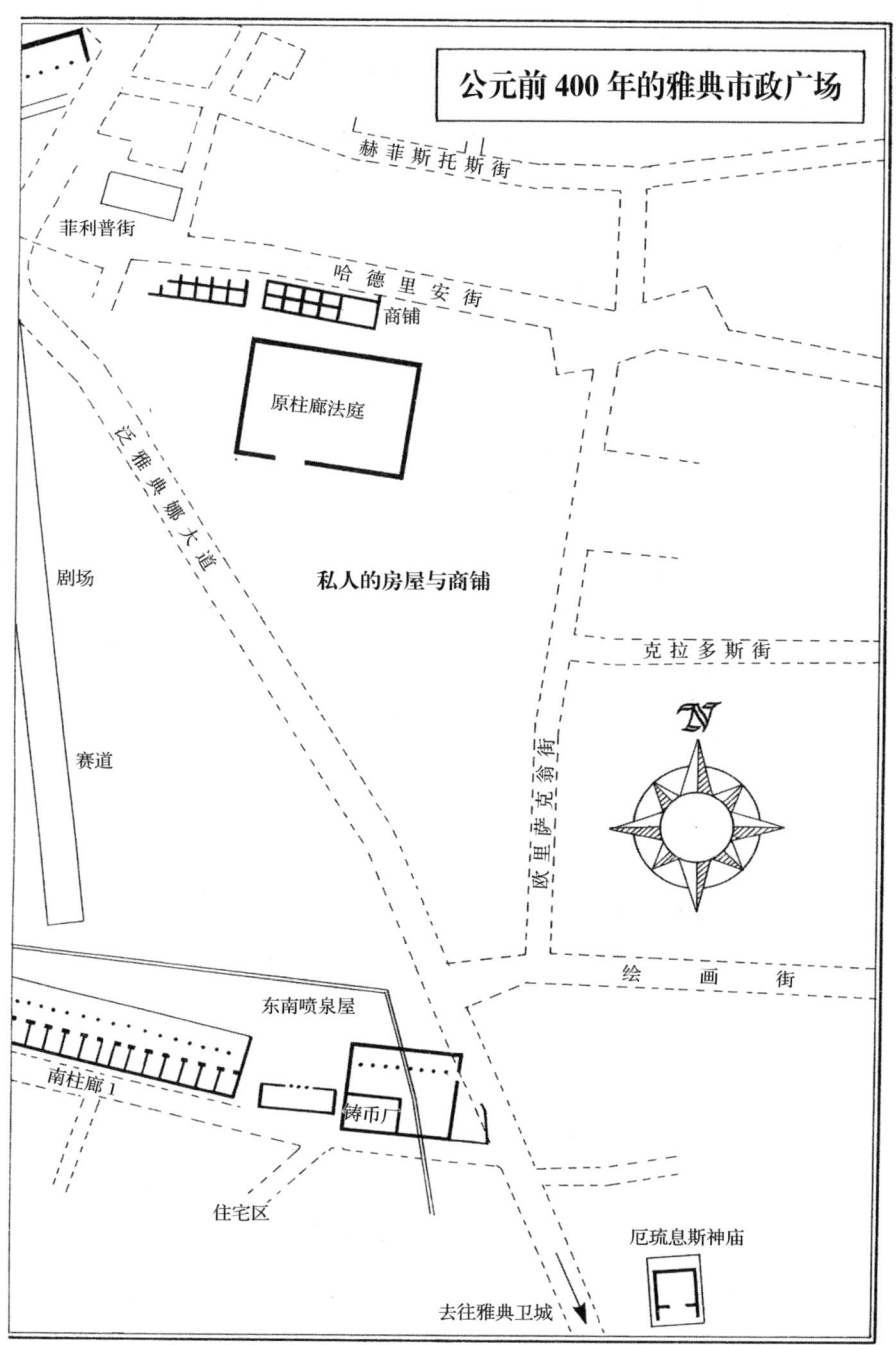

公元前 400 年的雅典市政广场

第一幕

雅典城

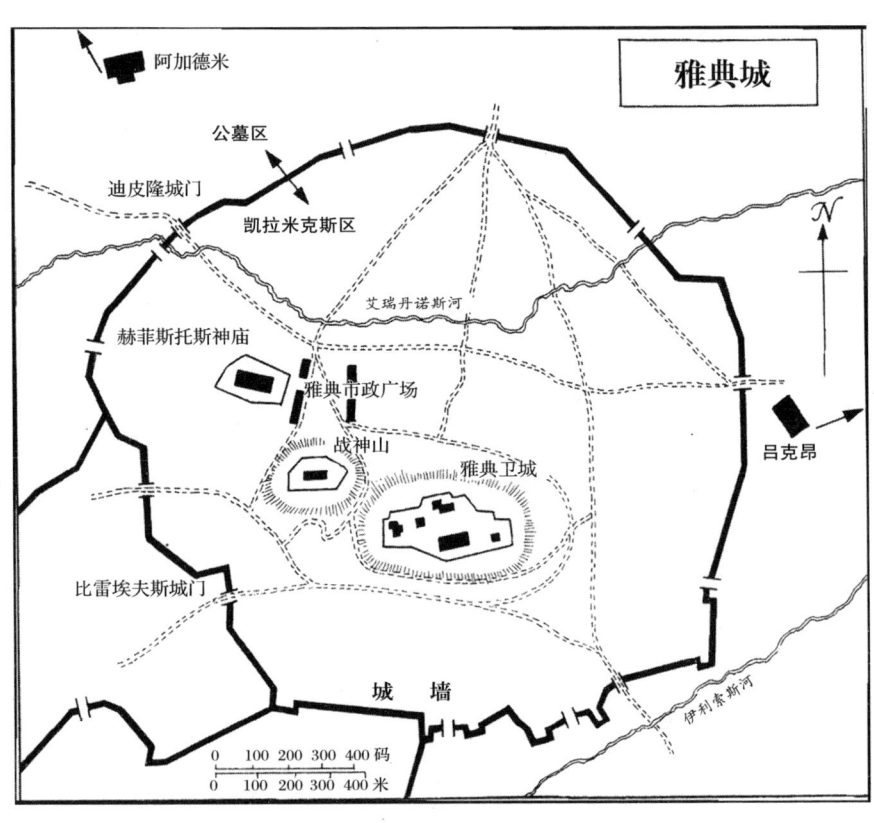

阿加德米

公墓区

迪皮隆城门

凯拉米克斯区

艾瑞丹诺斯河

赫菲斯托斯神庙

雅典市政广场

战神山

雅典卫城

吕克昂

比雷埃夫斯城门

城　墙

伊利索斯河

雅典城

N

0　100　200　300　400 码
0　100　200　300　400 米

1

水钟：受审时刻

雅典市政广场，公元前399年

> 在这个水钟旁，杀掉一个老头，一个白发苍苍的男人，这像
> 话吗？

> ——阿里斯托芬，《阿卡奈人》，694[1]

5月，日头轻快地升上了彭特利山（Mount Penteli）。

500个男人[2]正有目的地穿行于雅典拥挤的碎石巷，路过朴素的泥砖房，在一些花哨的公共建筑间绕行：公共澡堂、雅典娜胜利神庙（Temple of Athena Nike）、新铸币厂。在这些公共建筑中，有一些涂料尚未干透，大多数都年不过半百。这些行人有时不得不在一些令人厌恶的、明显标志着创伤的地方中择路而行——行经弃置的房屋和饥肠辘辘的公民。这座雅典娜之城在过去30年里承受的苦难让人不堪回首：瘟疫、外敌入侵、全面内战和政治倾轧。

这里有山羊、狗、鹅、猫、鸭子，但几乎看不到女人。至少那些被归类为女性的人并不多见，只有一些剃成了光头的奴隶。这些雅典的下等人，无论男女，都不过是"像人一样行走的物件"和"活

的工具"，[3] 他们早在天亮前就开始忙于各自的营生，准备餐食，缝补衣服，擦掉主人鞋子上的屎尿。[4] 每天的这个时辰，雅典的大多数其他女性（公民）都会回到家中。夜晚才是属于她们的时刻。天黑之后，只要有人陪同，她们一般都可以出去聊天、交换一些货品，或者参与宗教仪式，在天亮之前，她们会聚在喷泉周围取水。而此时此刻，日头已经爬上了天空，再待在街头就不合适了。白天闭门不出就是一个体面的雅典女性的唯一选择。

不过这段日子并不好过。雅典一度号称有 20 多万名成员，可在公元前 4 世纪初，居于该城邦的成年男性只有这个数字的十分之一，接近 20000 人。自公元前 431 年与另一个希腊城邦（斯巴达）开战以来，雅典已有数万男性公民丧生：仅在公元前 404 年至前 403 年间就有多达 1500 人被杀，凶手并非外敌，而是另一些雅典人——即在激烈的雅典内战期间由相互敌对的派系扶持的暗杀小组。现在，女性不得不做一些她们的祖母做梦也想不到的事：自己烤面包，过一夫多妻的生活，在街角售卖缎带。幸存的女性无法从那扇 30 英尺 * 高、带有青铜装饰的纪念城门进出雅典，她们只能跨过城墙的断壁残垣，这城墙曾让全希腊都称羡不已。

在这个晚春的清晨，那些穿行于街头的男人都要凭借太阳攀升的高度和自身影子的长度来核对时间。[5] 但这些着急的雅典人不仅是被明媚的天色，也是被一种水滴所驱使，那是时间的滴答声。在这座最具开拓性的城市里，一架新的机械水钟很快就会开始计时。开庭日即将到来。[6]

这些男人都在向一个法庭进发，也就是执政官（archon）——负责神圣事务的行政长官——主持的宗教法庭。时至今日，这块遗址已被亮眼而嘈杂的橙色地铁列车切割得七零八落，两侧都是售卖

---

* 1 英尺约为 30 厘米。

饰品和雨伞的小贩。[7]在公元前5世纪，这里的路被人踩得特别瓷实。当时的雅典是个争讼风行之地，法庭每年都可能都要审理40000起诉讼案件。雅典人热爱精彩的法庭讼辩，这种争吵是一项时兴的运动，颇具观赏性。"Agon"是希腊语中的一个常用词，意为竞争、斗争、吵架、赤膊上阵，这个词也是英语单词"agony"（剧痛）的词根。在这一天，这里将会出现一阵特别的骚动。有人认为那位受审的雅典人对社会是个威胁，其罪行或可判处死刑。看来，基本可以肯定一点：这是一场让人心神不宁的交锋。

这批雅典陪审员将在此审判一位壮实的古稀老人、他们的同胞，来自阿洛佩克区（Alopeke）的苏格拉底。苏格拉底并非名门之后，既不是受过勋的将军或拿过奖的剧作家，也不是政坛豪杰，但在他有生之年里仍是家喻户晓。此前的30年间，很多男人（尤其是年轻人）都会从地中海东岸涌入雅典，只为了在这座城市的公共场所里聆听他的哲理教诲。在装饰华丽的餐厅、拥挤的后巷和城内绿树成荫的河岸边都能听到他的声音。他是一个特立独行的人，他没有创立什么哲学流派，也没有哪个贵族资助他的事业，而且他好像也从未将自己的哲思落笔成文。苏格拉底不用辩论术，不大肆地卖弄修辞，不像公元前5世纪的黄金时代末期的雅典人一样追逐这种时髦，他只会向人发问。他的方法，说得委婉些，就是不同寻常。

然而这位如今年事已高的哲学家不仅声名大噪，也可谓声名狼藉。他这种古怪的方法、非传统的生活方式、紧追不舍的诘问，以及对当地青年的那种遭忌的吸引力，给他带来了许多朋友，也招来了许多敌人。在5月的这个清晨，他来到法庭，接受审判，罪名是从事反雅典的活动，破坏城邦团结的纽带。当天，那500名雅典男人将裁定苏格拉底是否腐化了这座城市的希望之源——雅典的男青年，以及他有没有否定这座城市崇高的保障——其传统众神的力量，后者尤其让人忧心。

雅典民众，针对我的第一个指控是错的，我会为自己做正当的辩护……"苏格拉底错了，他太专注于探寻天上和地下都有些什么，还让较弱的主张显得更有力，又把这些东西教给其他人。" 8

你是怎么说我腐化青年的……按你写的诉状，我教年轻人不要信本城邦所信的神，让他们转而信奉其他的新神，由此腐化了他们，是不是这样？你不是说我是靠教导来腐化他们的吗？ 9

这座雅典人的城市已经花了四代人的时间来应对明显的、即刻的危险，包括入侵的军队和内敌的军事政变。苏格拉底的罪行并不那么确凿，但正因如此，他反而有一种潜移默化的危害性——人们认为他会造成恶劣而危险的影响。担任法官和陪审团的公民（在苏格拉底的有生之年，雅典的司法体系中并没有什么判决的等级制）穿过雅典的各条狭窄的街道，从四面八方匆匆赶来。有些人是从苏尼翁角（Cape Sounion）这样的地区出发的，那里位于雅典城东南将近 30 英里 * 处，当地壮观的波塞冬神庙（temple of Poseidon）一直逼视着进出雅典港口的船只；另一些人则住在战神山（Areopagus）山脚的那些裸岩上的狭小棚屋里， 10 他们只用翻身下床，走 5 分钟就能赶到。雅典人的议事会已在此召开了近 300 年。这些公民无论贫富，全都在这片乳白的曙光中聚集于此，因为这些古希腊人认为男人都具有某些非凡之处。他们相信每个男人都被神赋予了等份的正义（dike），以及为同侪感到的耻辱或忧虑（aidos）。 11 只要用了心，每一个名副其实的、受到了委托的希腊男人都可以公正而明智地评判另一个人。当时的评论家还会在雅典的公共场合里自豪地歌颂这种希腊特有的标志：

---

* 1 英里约为 1.6 公里。

等我从我的公民里挑出最好的，我就会回来；这件事要由他们做出实事求是的裁判，因为他们已经发了誓，决不说任何违背正义的话。[12]

在这山上，公民的崇敬感和天生的恐惧将日夜不休地阻止他们行不公之事，只要他们自己不以邪恶之溪污染这律法[*]：若你用秽浊玷污清流，那必将无水可喝。[13]

因此，在 2400 年前的那个春晨，雅典的普通公民、赤贫的牛倌、手掌光滑的会计和皮肤黝黑的商人将在这里实践公元前 5 世纪的一种独特的直接民主形式。这些公民要对他们当中的一位公民做出判决。

但今天的这桩讼案肯定不是用什么老套的方式就能够解决的。原因在于他们当中的那名被告，他也在黎明时奔赴法庭了。就在雅典刚刚苏醒之时，这位跻身于众多陪审员之中的公民也走过了雅典这座民主之城的中心。无论以什么标准来衡量，今天这位被告都不是个省油的灯：一个极端的、让人挠头的人物。苏格拉底在人群中格外突出，看着就让人不适。他的同时代人告诉我们，此君喜欢自吹自擂，大肚子、厚嘴唇、鼓泡眼，还有一只塌鼻子和大鼻孔。人们对其生活方式的描述则表明他拥有十足的能量和智慧，即使彻夜豪饮，他也能像"刺鳐之触"[†]一样直指要害。[14]在一个崇尚形貌之美的城市里，[15]苏格拉底是出了名的丑陋，事实上他自己也认为外在美是内心高贵的一种标志。他走起路来摇摇晃晃，忙着给城里的各处注入活力，启发了一些人，缠着另一些人进行意味深长的对话，把这当成了自己的事业。正如他的一位同时代人（按柏拉图的说

---

[*] 暗示雅典人在公元前 462 年对战神山法庭的改革，该改革削弱了这一法庭的影响力。

[†] 刺鳐，俗称黄貂鱼，软骨鱼类，身体扁平，尾巴细长，有些种类的刺鳐的尾巴上长有毒刺。

法）——苏格拉底多年的爱慕者——所言：

> 亚西比得（Alcibiades）：要是我们听到其他人做了一番平常的演讲，哪怕是相当出色的演说家吧，我敢说，没有人会在意的；可一旦我们听到你的话，或者别人转述你的话，哪怕这人是个笨嘴拙舌的演说家，也无论听众是女人、男人还是少年，我们都会感到惊讶和着迷。至于我自己，诸位，我要是看起来还没有彻底喝醉的话，那么容我起誓，证实他的话对我个人产生的所有奇怪的影响，这影响一直持续至今。因为一听见他的声音，我就会比那些狂热的迷恋者还要激动；他一说话，我的心就跳起来，眼泪也涌了出来。我见过好多人都有这样的体会。我听过伯里克利和另一些技巧高超的演说家说话，我承认他们雄辩，但从未有过这样的感觉……[16]

苏格拉底常用戏谑而无情的调侃来制胜同侪。但有时候，他也会一站就是几个小时，一言不发，一动不动，如同冰封了一般。苏格拉底把这种"恍惚状态"归因于自己受到了"神示"（*daimonion semeion*）。学界至今仍在争论这种奇怪的僵住症（catalepsy）的原因。这是一种深刻的哲学触击吗？这是不是得了全身僵硬症之类病症的迹象？当时有很多人的怀疑更甚，他们在其背后悄声耳语，说苏格拉底已经走火入魔了。

尽管在社会、身体和心理层面都存在缺陷，但这位哲学家显然是无拘无束又放纵不羁，在过去的 50 年里，他把雅典公民的概念往上推到了一个极限。

据我们所知，苏格拉底绝不是一个超凡脱俗的老头儿，他就像龙卷风一样在这座雅典娜之城里转悠、喝酒、狂欢（尽管从未失控）、交谈和辩论。女人、奴隶、将军、甜味和苦味香料的供应商，一切都是他的谈资。他古怪、邋遢，头发蓬乱，最出名的是有一次，他去体育场锻炼了一个下午，接着洗澡抹油之后才赶去赴宴，结果把客人们惊得目瞪口呆——这是一种完全不符合他性格的个人卫生习惯。[17]

苏格拉底会在雅典的溪流中蹚水，在城里的烟花柳巷过夜，他崇拜雅典的那些挑剔的众神所组成的近亲王朝，其虔诚不亚于旁人。这种供奉不可低估，因为公元前5世纪的阿提卡（Attika）地区*有多达2000种不同的宗教崇拜形式，全都沸沸扬扬地想引起人们的注意。苏格拉底也曾为他的城市而战。他扎着亚麻布和皮甲，打磨自己那把短小的利剑，跋涉数百英里，只为捍卫雅典的利益。尽管苏格拉底并不是那种会加入议事会或者自愿担任陪审员和邻里守望者的人，但他为这一城邦的运转投入了无限的精力，他以自己特有的怪异方式全身心地投入到了这一政治进程之中。那些对雅典人的生活毫无助益的人有一个专门的希腊语绰号（"idiotai"），意为俗人：[18]对这些笨蛋，苏格拉底无暇顾及。在5月的那个早晨，无论他看起来有多么危险，这些笃信民主的雅典人无疑正在审判他们自己的一员。

对苏格拉底的生活和哲学的各种记载都清楚地表明：他能启发人心，让人兴奋，也令人恼火。他聪明绝顶，也天真得出奇。他是不可忽视的。由于这位哲学家要为自己辩护，这场审判看来也不免要引发言辞和智识上的火星。

> 美诺：苏格拉底！在我遇见你之前，他们就跟我说了实话，你自己也是个迷茫的人，还会让别人陷入迷茫。此时此刻，我觉得你在我身上施了魔法和巫术，确凿无疑地让我顺服于你的咒语，

---

* 雅典所在的大区。

直到我彻底束手无策……我的头脑和嘴唇确实都麻木了，我没什么可以回复你的。不过对于德性，我已经谈过不下数百次了，还在很多听众跟前讲过这个话题，讲得确实很好，至少我是这么认为的。现在我连德性是什么都说不出来了。[19]

* * *

在我们看来，苏格拉底或许就是雅典的北极星，让他人可以借此来确定自己的方向，但他也只是这星系中的一员。走过那些喧嚣街巷的人还有不少，他们也都曾放射出万丈光芒。这些在时人看来晒得黝黑的熟悉面孔，如今都已是人们耳熟能详的名人：剧作家欧里庇得斯、历史学家色诺芬、大政治家伯里克利［Pericles，以及他那迷人的花魁和知己——阿斯帕西娅（Aspasia）——她在他朋友眼里是他的"伴侣"，在他敌人眼里则是他的"娼妓"］、头发浓密且年少轻狂的贵族投机者亚西比得、机智的阿里斯托芬、"历史之父"希罗多德（Herodotus）、雕塑家兼设计师菲狄亚斯（Pheidias，他以其天才建成了帕特农神庙），还有年轻的柏拉图。公元前5世纪的雅典使得群星都罕见地会聚于此。由是之故，苏格拉底的有生之年才当得起"黄金时代"之名。他就是这段"希腊奇迹"的见证者。

然而在公元前399年春天的那个清晨，随着人们陆续走进法庭，养育了苏格拉底的城邦母亲（alma mater），他心爱的雅典，连同那些让雅典成为世界级城市、见证了家乡崛起为超级大国并开创了与之相匹配的文明的人，现在都想让这个讨厌的哲学家出丑，有些人甚至想取其性命。

苏格拉底的故事就是这样终结的。这是震撼世界的一天，而我们仍处于其开端。

想要了解苏格拉底受审的基调、氛围、味道、气息，乃至表面的张力和涌动的暗流，我们必须站在古雅典市政广场（Agora）中，环顾四周，看看苏格拉底在穿街过巷、走向法庭这一神圣场所的途中会瞧见什么。如果他是背对着旭日前行，那么在他上方，也就是雅典卫城的石山上就矗立着一座壮观的神庙——帕特农神庙，即处女雅典娜（Athena Parthenos）的圣殿。除此之外，山上还有一座雅典娜胜利神庙，供奉的是胜利女神雅典娜。雅典市政广场本身就是训练场，雅典的公民士兵日日在那儿挥汗如雨，以确保自己有能力为城邦赴汤蹈火。市政广场周边都是精美的青铜和大理石雕像，它们栩栩如生，水晶般的眼睛好似会随着每一位路人转动。人们还会在它们的石质皮肤上涂上五彩缤纷的颜料。今天对这些雕像的分析揭示了它们当年有多么华丽，十分类似于戏剧的布景和道具，目的就是要让远处的人都过目不忘。雅典市政广场的空气里弥漫着市场的气味：东方的香料、南方的番红花、出自北方山丘的黄金所散发的刺鼻气味、俘虏的汗味儿，还有等待出售的焦躁的奴隶。

　　苏格拉底脚下的土地布满了雅典古人的遗骸，这些男女的成就和奋斗也为苏格拉底的前行奠定了基础。

　　拼合我们的故事，踏上苏格拉底前往法庭的路途，我们也将遍览这位哲学家所居住的雅典，及其深广的军事、文化和社会景观。我们要考察曾让雅典人走向伟大的物质和心路历程。为了理解苏格拉底的思想、生活，以及他的饮鸩之死，我们必须首先更明确地聚焦于公元前5世纪的雅典——在公元前469年降生了阿洛佩克的苏格拉底的雅典娜之城。

2

雅典娜之城

雅典，公元前800—前500年，古风时期

我要为雅典做一仁慈的预言

阳光和天空的光辉

将向这初现的大地下令

迎接新生命的蓬勃暖潮和愉悦的繁荣。

——埃斯库罗斯（Aeschylus），

《报仇神》（Eumenides），922—926[1]

自史前时代起，雅典就是一处定居点。大约从公元前2100年到前1000年的这段时间被考古学家称为青铜时代，但在古希腊人看来则是"英雄时代"。[2] 当时的男女都会在雅典卫城扎营，那是一块巨大的白垩纪红层石灰岩，不可思议地隆起于阿提卡平原之上。早期的雅典人都在这里生活和祈神。最终，这个史前共同体将自身的活动范围从雅典卫城扩展到了它的周边。随着时间的推移，这些地势较低的定居点也开始扩张，并由此出现了一定程度的城镇规划，一个有着身份认同的共同体随之建立。雅典此时才可自称为一个城邦，一

个城市国家。雅典卫城海拔 230 英尺，人们认为它拥有神圣的力量，是这个神之部落的核心家园——当人们在这座高耸的天然要塞上避难时，通常就意味着这座城市正在遭受攻击或处于危机之中。

苏格拉底时代的雅典有句格言：历史始于地理。他那时的希腊（Hellas，这个名称古往今来都是众所周知的）有将近 1000 个独立的城邦或城市国家，关系较为松散。这些城市国家最初是由一些毗邻的家族和部落组成的联盟，为了自保，他们都聚到了一个中心地区，山脉让他们与欧洲的大部分地区相隔，海洋则使其与小亚细亚相隔。希腊诸城邦（人口从 1000 到 30000 不等）的政体一般都是共和制。随着青铜时代的衰落，国王几乎都退场了。这是一个因英雄领袖而不朽的时代，这些英雄们在文学作品中被传颂，比如墨涅拉俄斯（Menelaus）、阿伽门农（Agamemnon）、普里阿摩斯（Priam）、大埃阿斯（Ajax）等。这一时期的哲学和文献［可在诗人赫西俄德、立法者梭伦、史学家希罗多德、剧作家索福克勒斯（Sophocles）等人的作品中找到］表明，一切社会意识都是以城邦这一整体为中心的。道德代表的就是共同体的善，对城邦的忠诚是至高无上的。务农的公民们并不会追随哪个军事领袖，而是在共同保卫他们的城邦（城市），频繁地对抗另一个城邦的重装步兵。[3]

"人是一种政治动物。"亚里士多德的话音里充满了骄傲。这个希腊的社会单元［"polis"（城邦）是英语中"political"（政治的）一词的词根］无疑培养出了一种共同体和共性的感觉。在城邦之中，有些人把个人独立看得（几乎）比一切都要重要，赫西俄德的《工作与时日》（Works and Days）里的那些强壮的农夫就是其代表，他们拼死抵抗贵族派系和暴君的残酷统治，才使得民主成为可能。从赫西俄德的诗作中可以看出，这些希腊人有一种强烈的自主意识——如果你要依赖某人，或是靠别人工作来养活，那你就是个马屁精（kolax）或寄生虫（parasitos）。[4] 赫西俄德理想中的希腊

男人是要不停工作的。他会勤奋至极，努力地改善着自己和近邻的
生活。

　　邻居对你有多好，你就该对他有多好，若有可能，还应该对
他更好些。[5]

　　希腊人的首要之事就是忠于自己的城市，然后才是忠于一种松
散的"希腊"概念，确切而言就是一种"希腊性"。一个希腊人之
所以是希腊人，是因为他有股希腊范儿而不是蛮夷味儿，说的是希
腊语而不是蛮夷话。在希腊人眼中，蛮夷就是那些满口胡话的人，
操着自己粗俗的方言：吕底亚语、波斯语、色雷斯语、努比亚语、
哥特语，而且来自四面八方。

　　希腊人很喜欢妖魔化这些"外人"的行事风格。他们瞧不起
东方那些超级君王的偏执专制、对政治正统性的盲目虔诚，以及祭
司阶层掌权的王朝。他们的憎恶是很自然的，因为这些蛮夷早已与
他们为敌。整个东地中海地区都曾因一种心照不宣的仪式化友谊
（Xenia）而联系在一起，希腊的贵族乃至安纳托利亚、埃及和马其
顿的贵族之间都谨守着这种友谊，现在却划出了两条明确的分界线：
一条是沿博斯普鲁斯海峡南北延伸的垂直线，另一条则横贯了巴尔
干半岛。[6]山脉——喀尔巴阡山脉（Carpathians）、尤利安阿尔卑斯
山脉（Julian Alps）、第拿里阿尔卑斯山脉（Dinaric Alps）和品都
斯山脉（Pindus）——分隔了希腊与欧洲其他地区；爱琴海和利比
亚海则分隔了希腊各邦与埃及、北非诸国。

　　希腊大陆（连同一些位于今土耳其西海岸的附属国）的大多数
人口似乎在公元前1100年至前800年都丧失了读写能力，他们不再
从属于一个紧密的贸易网络，总体上只能自行其是。敌对城邦间的
猜忌也与日俱增。公民士兵本要在春秋两季耕种，在夏季参战，如

今都携起手来，并肩保卫自己的家乡，抵御他们的邻邦。在古风时期，希腊各城邦的默认立场就是相互戒备。[7]考古证据表明，在苏格拉底出生前的 100 年里，像雅典这样的城邦对战争和冲突并不陌生。

*　*　*

在 2400 年前苏格拉底时代的雅典街面上方 15 英尺到 20 英尺的泥土、碎石和瓦砾中，考古学家每年都能在这个哲学家所处的城市里发掘出新的文物残片。2008 年，一块美丽的女子石脸像从这片砾质底土中得以现世；不出几日，人们又找到了她那张开的手。2009 年，一匹大理石马的后腿在地表以下 30 英寸*处被人发现，其后又出土了一些石灰石花。雅典卫城上那座宏大的帕特农神庙曾镶嵌着精美的装饰，而这些出土的碎片就是残骸：苏格拉底在世时，这些古代石制品就雕刻完成并吊装到位了。苏格拉底时代的帕特农神庙始建于公元前 447 年，完工于公元前 432 年。上述的女子、马和花在古代原本都完好无损，却被进犯的东正教徒劈断并碾成了石灰，又在 1687 年被一门威尼斯人的大炮轰得七零八落。[8]这炮火针对的是奥斯曼土耳其人，自 1458 年以来，土耳其人就占领了雅典，到 17 世纪，他们又把帕特农神庙当成了清真寺和军火库。

考古学家如今在仔细地拼合这些碎片，它们都受过双重的损毁。已经出土的一些早期雕塑都遭到过古雅典的一个跋扈的宿敌——波斯的打击，在公元前 6 和前 5 世纪，波斯这个超级大国曾反复入侵希腊。公元前 480 年和前 479 年，波斯军队再次扼住了雅典人的脖子；一支波斯部队占领了雅典卫城，砸碎并烧毁了他们在此能找到的所有东西。波斯人十分强大、野心勃勃、贪图土地和人口，100 年来，

11

---

*　1 英寸约为 2.54 厘米。

他们一直是雅典的死敌。及至公元前522年，波斯帝国的疆域已从巴尔干半岛延伸到了印度河流域。波斯人在地缘政治上的胃口之大，从通往巴比伦的波斯御道旁的比索通（Behistun）崖壁上雕凿的文字就可见一斑。那上面有三种语言，阿卡德语（Akkadian）、古波斯语（Old High Persian）和埃兰语（Elamite），他们当时的统治者大流士王（Darius I）曾发出怒吼：

> 我乃大流士大王，万王之王，波斯之王，万方之王……大流士王如是说。这些土地都臣服于我的统治。无论我做何吩咐，他们都照做不误……[9]

就在苏格拉底出生前10年，波斯的下一任统治者薛西斯（Xernes I）曾入侵过雅典，据说他的一个表亲曾叫嚣着要"奴役所有希腊人"。[10] 如果不明了波斯人在雅典公民心中的那种妖魔般的恐怖形象，就不可能理解苏格拉底的一生。波斯人的恶毒与希腊人的英勇逐渐形成了对照。在苏格拉底的童年，这个东方的威胁似乎终于消退了：在萨拉米斯战役（Battle of Salamis）* 和普拉提亚战役（Battle of Plataea）† 中，波斯军队被团结一心的希腊联军——雅典人、科林斯人、斯巴达人等等——彻底击败，此后再不复当年之威。"自由"成了所有雅典人的口号，这是一种不受东方"犬蛮之辈"奴役压迫的自由。在苏格拉底的成长过程中，人们都有一种明显的感觉，一个新的时代即将到来。人们记忆中的史上最大霸主波斯已经被挫败了，人民掌权的梦想正在成真。苏格拉底

---

*　第二次希波战争中希腊联合舰队与波斯海军于公元前480年展开的一场海战。兵力处于劣势的希腊联军一举取得了决定性胜利，彻底扭转了战局。

†　波斯帝国与希腊联军在公元前479年的普拉提亚展开的最后一次陆上战役，最终希腊人取得了胜利。

是在一个与众不同的世界中诞生的，因为雅典正在迎接一种非同寻常的新意识形态：民主。

"人民—权力"与一座新城的新民主，
公元前 508—前 404 年

　　愿城邦中掌权的人民能保住自己的职权：一个着眼于未来并关注共同体福祉的统治制度。

　　　　——埃斯库罗斯，《乞援女》（*Suppliant Women*），698—700

　　在苏格拉底的成长阶段，我们可以想象一下，绘图员和建筑师正在规划他们的这座民主新城，工作台上堆着一摞摞莎草纸，他们的手指则在泥土上画着草稿。如今在雅典市政广场周边的地底深处就发现了一些尖笔。彼时的项目负责人已获任命，奴隶劳工也得到了指示。人们将砖石一块块垒起来，为民主的意识形态塑造了一个物质化身。一座崭新、时髦、坚固的圆顶石灰石建筑——圆顶会议厅（*Tholos*）每晚都会为雅典 500 人议事会（*Boule*）中当值的 50 名成员 *供餐。那 500 名被抽选出来的普通男性也会在此聚集，管理雅典公民大会（*ecclesia*）的事务，为期一年。[11] 在坚固的矩形议事厅（*bouleuterion*）和雅典市政广场，也有不少事务有待这些公民政治家去处理。公民大会就像一朵石头云彩一样盘旋于雅典市政广场的上空，其所在地被人们亲切地称为普尼克斯（Pnyx），意为"拥挤之地"，这是一处天然的、光滑的石灰石会场，所有雅典公民都可以在这里决定他们的城邦该何去何从。

---

* 即后文中的主席团，由 10 部落的议员轮值。500 人议事会的主要职责是召开公民大会，准备大会预案，主持城邦日常事务。

　　当我们谈起苏格拉底的故事时，希腊其实已经有了近千年的成文史，在此期间，强者一直在欺凌弱者，强权就是正义，僭主统治着人们，军阀和高级祭司主宰着社会。普通人或许有权议论战和之策，但最终的决定权从来不属于他们。

　　民主是最为扣人心弦的发展。对于当时五六万左右（这个数字会有变化，取决于公元前 5 世纪的人口规模）的成年男性雅典公民来说，不仅有人听取他们的意见，他们还可以积极地塑造自己的社会。每个人和他的兄弟、父亲、儿子都可以决定哪些问题是需要辩论的重大议题，哪些又对立法至关重要。这座在苏格拉底四周拔地而起的城市本身就是以保持民主活力为目标的。民主制下的雅典人不是为国家服务，他们就是国家本身：是军队、领导层、司法者。

＊　＊　＊

　　在雅典历史上，人民（Demos）大多数时候都是个肮脏的字眼。平民（Hoi polloi），底层百姓，都是些可怕的东西，不值得信任。但苏格拉底见证了人类社会的这次非凡发展。现在掌权的已不是国王和僭主，也非长老和贵族的议事会，而是人民。在 100 多年的时间里，这些地球上的生灵中出现了一次大规模的断裂。雅典城邦的男人们都赞成由他们来轮流掌权。[12]

　　变革的条件就出自这片如今被我们称为希腊的地方。在整个古风时期，亦即公元前 8 世纪和前 7 世纪，希腊都没什么大事可讲。在博斯普鲁斯海峡的另一边，我们可以发现一些不幸地经历了"趣味时代"（interesting times）[13] 的人：亚述人（Assyrians）、米底人（Medes）、巴比伦人——正如我们的故事一开始所说的，他们都隶属于辽阔的波斯帝国。小亚细亚西岸的很多希腊人都生活在波斯人的统治之下。不过从地理位置看，希腊大陆始终都是块硬骨头。岛

13

屿太多，海岸太多；山也太高，很难轻易征服。希腊殖民者或许在地中海东岸建立了一些定居点，但人们也承认，在精神上，希腊世界已经萎缩了。[14] 男人们不再奢望能实现英雄时代的豪杰曾经创立的勋业，他们不再穿行于高加索地区的那些装饰着青金石的宫殿，不再端坐于水晶王座之上，不再吹嘘自己拥有世上最美的女人，也不再自诩为"海洋之主"（thalassocrats）。数个世纪以来，人们一直有一种静待之感，一种蛰伏之感。但是在苏格拉底出生的那个时代，当地的一切都发生了变化。

公元前 594 年，雅典诗人、立法者梭伦为实现社会的良好运转已经做出了一些大胆的尝试。由于厌倦了贵族关系网的阻挠，梭伦制定了一系列改革措施。他削弱了那些"不知餍足地为自己攫取好处"[15] 的人的影响力，扩大了雅典的权力基础。在雅典卫城阴影下的那片光滑的石灰岩——最高法院（areios pagus，即战神山）之上，一个基础更加广泛的议事会就此成立，其职责是保障人民的利益。最高法院里的这些男人都得到了拔擢，他们既是凡夫俗子，又近似于雅典卫城的神圣居民。自此，以希腊的正义和智慧为哲学基石的雅典政治改革已为这座雅典娜之城的长足进步铺平了道路。

梭伦的新政治构想催生了一批法律，其积极作用在任何一个现代新市镇的发展中都有所体现。你的房屋、墙壁、沟渠、蜂箱和某些种类的树木必须和邻居的地盘保持一个可接受的距离。你不能说死者（甚至活人）的坏话。这些改革同时传达出了团结和自主的感觉，是终极的意识形态和极端的平淡无奇所构成的一种迷人组合。据说梭伦是个聪明人，一个智者（sophos）。他尊重普通人的荣誉（timē）。但这场变革是有限度的，这位改革家不是民主派，而是一个认为寡头（oligoi）应该受到制约的寡头，他并不想"搅翻牛奶，损失奶油"：

只要领袖们有所约束，又没有被约束过头，

　　　人民便会紧随他们，

　　　心思错谬之人若大为富足，

　　　享受过度便会滋生傲慢。[16]

　　　梭伦不喜僭主，他只会给那些能够自控的人提供助力。尽管新
政治秩序的基础已经奠定，但政治生活仍然被贵族敌对势力的野心
所笼罩。我们今天还能在这些人委托建造的奢华石碑（stelai）上
瞧见他们，它们一座比一座精美，当年都曾矗立于雅典的道路旁
边。这些柔黄色石块的高度多在 1 英尺到 6 英尺之间，仿佛是过往
历史的巨型快照。在比雷埃夫斯博物馆（Piraeus Museum）的墓碑
上，我们可以看到一些有教养、丰衣足食、身材健美的男人在抚摸
其同侪，衣着华丽的父亲给儿子戴上桂冠。在雅典的国家考古博物
馆（National Archaeological Museum）的一块陪葬碑底座上雕刻了
6 个年轻的贵族健儿，他们正玩着一种类似曲棍球的游戏。气氛是
欢乐的，然而他们弓起的背部还是表明了这场竞赛十分严肃。[17]雅
典没有国王，其权力天平一直在家族之间摇摆，他们都争先恐后
地想占据上风。

　　　梭伦改革后不到 90 年，亲斯巴达的伊萨格拉斯（Isagoras，一
个有权势的贵族）和亲雅典的平民派——克里斯提尼（Kleisthenes）
之间爆发了一场充满敌意的争吵，在公元前 6 世纪末的雅典，卢比
孔河被（提前）越过了*。

　　　伊萨格拉斯恳请斯巴达国王克琉墨涅斯（Kleomenes）率军进
入阿提卡，然后占领雅典，驱逐有改革癖的克里斯提尼。[18]但伊萨
格拉斯错估了当时的民心。雅典人对克里斯提尼那种更加平民化的

---

*　公元前 49 年，恺撒率军跨过了罗马国境线卢比孔河，由此开启了罗马内战。此处借指
雅典内斗。

性情已有耳闻，都知道他喜欢倾听民意。流亡归来之后，克里斯提尼发现他在母城获得了越来越多的支持。

　　于是，在公元前 508 年，雅典人民干了一件非同寻常的事。乐观的贵族伊萨格拉斯请来的盟友——斯巴达国王克琉墨涅斯所下榻的雅典卫城突然被平民以暴力占领。民众们把这位斯巴达国王围困了 3 天。克里斯提尼无意将他与伊萨格拉斯的个人斗争变成吟游诗人（rhapsodes，歌颂英豪事迹的史诗叙述者）的又一个传奇，他的计划更为务实。历史之父希罗多德记录了这一刻，你能感受到他话音中的情绪，其中混合了恐惧和敬畏：

　　　　克里斯提尼随后就将平民纳入了他的阵营。[19]

　　在克里斯提尼的祝福和支持下，雅典人攻占了卫城。有成文史以来，"我们人民"（ho demos）第一次成了一个整体，一个政治主体。[20]

　　一种将被人们称为"人民–权力"（demos-kratia）的东西便由此产生了。据我们所知，这个词始用于公元前 464（或前 463）年，但流行得很快。那些啼哭的新生男儿，那些时代的标志，都是经过了洗礼的民主派（Demokrates）。[21] 希罗多德在其史作中把这些词语颠来倒去，就像个孩子在体验一些新鲜又可疑的东西一样；在公元前 463 年上演的埃斯库罗斯的戏剧《乞援女》中，演员们用诗的韵律演绎出了这一概念："人民的执政之手"；"统治城邦的人民"。[22]

　　人们在用一种激昂的、情绪化的方式来对待他们当中的这个新的造物、这种具有女性特质的民主（demokratia，字面意思就是人民的权力、掌控力），而这种方式就是对她的偶像化。就像另一些烦心的、棘手的、模糊不清的概念（*nemesis*[*]——报复；*themis*[†]——秩序或神的公正；*peitho*[‡]——劝说）一样，她也被赋予了一个女人的身份。人们以她的名义改革了法庭，攻占了各个领域。民主变成了一个有力的、混杂的、被操纵的概念。即使还不成熟，民主之名也已被那些热衷于证明雅典优于其非民主邻国的演说家们滥用了。对外政策变成了一系列的意识形态定势：民主派对阵僭主，民主派对阵寡头。及至公元前 333 年，德谟克拉提亚（民主）已被人奉为女神。[23] 对一片至少在 2000 年里一直遵循着贵族武士准则的领地来说，这变化的速度是指数级的。

毫无疑问，公元前 5 世纪雅典的民主制是一次激进的发展。所有 18 岁以上的雅典男性都有权参加公民大会，会议大约每月召开一次，地点通常是雅典卫城附近耸立的那处天然石灰岩会场——普尼克斯。那上面骄阳似火，云朵感觉近在咫尺，积极的雅典公民有机会对自己城邦的事务和世风做出直接的决定：雅典应该开战吗？可接受的税率是多少？对强奸最好应施以何种刑罚？要职显位都是由每日里随机选出的普通人来担任。一周在政治上都可谓是很长的一段时间：对处于民主制中的雅典人来说，政治生命可以在一天之内孕育并终结。

民主制的舞台布景

为了确保万事公平，雅典人发展出了一套复杂的制度。公职人员、陪审团、国家政要都由抽签产生。遴选过程要受到严密的审查，以防贿赂或腐败。公共记录要镌刻在石碑上，公之于众，并写

---

[*] 即涅墨西斯，复仇女神。
[†] 即忒弥斯，规律与正义女神。
[‡] 即珀伊托，劝说与诱惑女神。

于莎草纸上，通传雅典各地，人们希望民主的运作是透明的。旧的
朝政纽带被法律削弱了，炫富也不再受人欢迎。雅典已经为自己缔 16
造了一个强健的、开创性的政治体系，为使这种直接的参与式民主
能够蓬勃发展，当时的建筑师们都把心思放在了如何创造空间、建
筑、法庭和人行道上。苏格拉底是在一个专为民主而造的景观中长
大的——这还是有史以来的头一遭。在苏格拉底穿过雅典市政广场
并走向法庭之时，他和那些前来审判他的人都身处于一片标示着全
新民主观念的壮观的有形地标之中。

　　考古学家们至今仍在发掘这些建筑。雅典市中心的亚德里奥
商街（Adrianou Street）的尽头有一家便宜又热闹的小酒馆，在其
近旁街面下方 20 英尺处，一条彩绘柱廊中的陶立克巨柱（Doric
columns）*正逐步露出真容 [到目前为止，其内部的爱奥尼柱（Ionic
columns）都被一家不愿迁址的家族商号压变形了]。这条气派的有
顶走廊至少有 5600（140 × 40）平方英尺，内里装饰着特大号的彩
绘木板——每一幅画面都代表着雅典的敌人被忠于神明的雅典人击
败的情景。波斯人在马拉松（Marathon）受挫，亚马逊人被砍翻在
地，诸如此类。这条柱廊位于城内主要政治区的边缘，能遮阳挡雨，
雅典城邦鼓励普通公民在这儿散步、聊天，他们也支持这种激进民
主制下的生活，同时享受着脚下凉爽而夯实的泥土地面。

　　不过还有一个问题。在这个新生的民主政体里，每个男性公民
至少理论上都拥有话语权，而对这种权力的重视又会引发个人崇拜
和大众对高才俊杰的嫉恨。梭伦、克里斯提尼以及后来的厄菲阿尔
特（Ephialtes）和伯里克利这样的民主改革家或许掩盖了社会的裂
隙，但贵族和平民、富人和穷人、俊才和凡夫、"寡头"和"群众"
之间的分歧从未弥合。苏格拉底所在的城邦看起来非常坚固，但它

---

* 古希腊柱式主要有三种，即陶立克式、爱奥尼式、科林斯式。

实际上就是一头奇美拉（chimera）[*]，一个不断变形的事物。随着苏格拉底逐渐长大，从襁褓中的婴儿到蹒跚学步的幼儿，再到儿童，民主也慢慢站稳了脚跟。然而在这位哲学家生命的末期，这场原本让城邦结为一体的民主实验最终也造成了城邦的分裂。苏格拉底经历的是一个政治动荡的脆弱时代。[24]

当时还有一个城邦，位于希腊内陆 150 英里处的伯罗奔尼撒，当地人对雅典的民主革命极为蔑视，恨之入骨。他们发现了雅典这座伟大城市内部的分歧，于是决定利用这些分歧为自己谋利。事实上，苏格拉底也被他们的政体和极端思想迷住了，但这个城邦最终将成为这位哲学家和雅典的孽报。它的名字就是斯巴达。

17

斯巴达

苏格拉底的故事就是有关斯巴达和雅典两座城市的传说。

从雅典往南快步走上 3 天，相当于今天 3 个小时的车程，就能达到拉科尼亚（Lakonia）地区的斯巴达城邦。斯巴达有时是雅典的盟友，但常常都是雅典的敌人。

在苏格拉底的一生中，斯巴达这个城邦有着传奇般的地位。在五条山脉和一股隐秘氛围的遮掩下，这里也发生了一场社会革命，但结果截然不同。到苏格拉底出生时，斯巴达已经成了全希腊最极端的城邦之一。

斯巴达的景观会给人造成一种虚假的安全感。春日里，杏花盛开，芳香四溢；炎夏时，橘园里挂满了成熟的果实。欧罗塔斯河（River Eurotas）蜿蜒流过斯巴达的冲积平原，河边芦苇茂盛，有多条湍急的支流汇聚其间。这里的土地平坦而肥沃，在希腊堪称至

---

* 古希腊神话中的怪物，它拥有狮头、羊身和蟒蛇的尾巴。

宝。周边的泰格坦山脉（Tayegetan）的积雪会一直留存到夏季。绵延 5000 平方英里的古斯巴达是希腊最大的城邦。但这里也是一处有着顽石之心的香格里拉。

斯巴达在这场政治改革的赌局中击败了雅典。在雅典进行民主实验的 200 年前，斯巴达人就彻底改造了他们的社会。早在公元前 7 世纪，斯巴达就经历了一次大规模的社会和政治首脑的更迭。所有土地都被一个由超级公民组成的精英集团——平等者（homoioi）平分了。这些人不事产业，全都是精锐的士兵，7 岁到 30 岁的男性都要生活在一个以公共食堂（syssition）为核心之一的残酷的军事训练营里。男孩们在 "agoge" 中长大，这个词意为 "兽群"，他们的待遇也确实跟牲畜没什么两样。给他们一件斗篷，一穿就是一年，教他们赤脚空拳地在城市边缘的树林里自立，让他们一生中只有一个目标：长大后成为完美的战士。唯有战死的斯巴达男人才配用墓碑来纪念，斯巴达女人则须死于分娩才有这个资格。

在斯巴达人看来，所有斯巴达男人（即所有成年的斯巴达男性公民）应该均分土地和财富。所有决定都应该有益于增进城邦的福祉，个人只是这个超健全整体中的一个健全的组件。成年的斯巴达人是不工作的，他们只专注于一件事——成为 "完美的斯巴达人"。平等者们（在城邦内基本一直保持在八九千人）能活得如此专一，是因为斯巴达人在公元前 725 年前后彻底奴役了另一个希腊民族，即美塞尼亚人（Messenians），让他们充当自己的 "heilotes"（农奴）——不仅是奴隶或仆人，其变形词 "helot"（黑劳士）也可译为 "俘虏"。正是靠这个被俘虏的希腊民族的艰苦劳动，斯巴达人的城邦才得以发展壮大。美塞尼亚一度拥有广袤而肥沃的领土，但斯巴达人剥夺了他们的所有土地和权利。美塞尼亚人变成了贱民，美塞尼亚本身不再是一个城邦。这些黑劳士也曾是自由人，如今却一辈子都只能侍奉他们的斯巴达主子。

18

在斯巴达，服从就是一切。公民们必须遵守一套奇怪的规矩。使用硬币、留小胡子*和卖淫都是禁止的。其"国菜"名为"黑汤"（melas zomos），是一种用猪血和醋做成的炖菜，相当难吃。人们会把婴儿（据我们所知）泡在葡萄酒里洗澡，以锤炼他们的体魄，还会鼓励女孩儿参与战斗训练，和她们的兄弟、男性表亲吃一样的口粮。斯巴达青年的秘密社团——克利普提（krypteia）会受命在夜间去随意捕杀和残害底层的黑劳士。保密是重中之重。斯巴达人不得谈论其城邦的运作方式或文化，外邦人时常遭到驱逐。[25]

雅典人显然瞧不起斯巴达及其代表的一切。尽管这两个城邦曾被人称为"伙伴"，共同抵抗过波斯人，也是仅有的两个拒绝向大流士国王奉上象征性的泥土和水的城邦，但随着时移世易，这个民主国家最终拒斥了斯巴达人的那种带有极权主义色彩的治国方略。雅典人的修辞学、优越感和透明度与斯巴达人的保密和倒退形成了一种对照。

> 我们和我们的对手有很大不同……我们的城市是对全世界开放的，我们不会定期地将人驱逐出境，只为防止人们注意或发现一些有可能为敌人带来军事优势的秘密。因为我们依靠的不是什么秘密武器，而是自己真正的勇气和忠诚。我们的教育体系也和他们不同。斯巴达人尚处幼儿之时就必须接受最艰苦的"勇气"训练，我们一辈子都没有这些限制，却像他们一样准备好了去面对同样的危险。[26]

事后来看，在意识形态、军事和文化上，斯巴达和雅典都难免有一场交锋。

---

* 斯巴达男人成年后要留长须。

在苏格拉底的有生之年，斯巴达人和雅典人的竞争达到了顶峰，并且最终撼动了整个希腊世界；在苏格拉底受审之时，这场冲突已造成了雅典人的大量伤亡。古希腊人把这一创伤简称为"stasis"（冲突或纷争），但我们如今则将其命名为"伯罗奔尼撒战争"。这场战争始于公元前431年，终于公元前404年，持续了整整一代人的时间。就在苏格拉底去世的那一年，斯巴达人推倒了雅典的城墙，焚烧了 19 城外一块块宝贵的农田。战争摧毁了这片沃土，造成数十万人死亡。苏格拉底从戎时曾穿行的这片领土终被侵略的逆火烧焦。跟苏格拉底一起在体育场里锻炼和辩论的年轻人都可谓纷争之子，在成长过程里，除了冲突，他们一无所知。

因此，当苏格拉底在公元前399年穿过雅典市政广场去接受审判之时，他所置身的就是一个因战争而满目疮痍且饱受心理创伤的共同体。在他受审时，曾经取得过辉煌成就的雅典社会一败涂地。民主的丰饶承诺已然破灭。雅典人不再是世界冠军，而是败落之人。这个城邦的崩溃在雅典剧作家索福克勒斯、欧里庇得斯和阿里斯托芬的凄楚诗行中也可得见，他们都记录了雅典所受的创伤：

战争就是男人的事。[27]

于是那些以尖刻之语为傲的人，他们自己都已置身冥府，他们的城市也遭人奴役。[28]

这里陷入了一种困苦的循环，比困苦更惨的是无情的命运……外敌造成了困苦……结果就是战争、流血和我的家园的毁灭；美丽的欧罗塔斯河两岸，好多斯巴达少女也在自家的厅堂里流下了苦涩的眼泪，好多失去了儿子的母亲都在敲打着自己斑白的头颅，抓破了自己的脸颊，伤口的血染红了她们的指甲。[29]

　　尽管苏格拉底宣称自己关切的只是生活的道德基础，但正是这种现实政治和对立信念、冲突和焦虑所构成的复杂网络把他拖上了宗教法庭，迫使他为自己被控的死罪而申辩。

　　不过战争虽有破坏性，却也不无激励性。在临近战争尾声之时，公元前5世纪的雅典迎来了一场韧性十足而又令人叹为观止的文化全盛期。苏格拉底时代的民主激发了理性思考、艺术实验和雄心万丈的社会与政治规划。与斯巴达作战期间，他们建造了一些最精美的建筑，在我们看来，这都是古人成就的典范。尽管在公元前399年5月的那个清晨，雅典到处是断壁残垣，但在苏格拉底的大半生里，雅典都是一座美丽的城市。尤其是苏格拉底最喜欢驻足的雅典市政广场，在纵横交错的古代世界中，这里即便不能说最有活力，让人耳目一新，也肯定是最让人兴奋的地方之一。雅典市政广场占地37英亩 *，以界石合围，堪称苏格拉底的第二家园。要理解这位哲学家为何会享有如此大的影响力，又为何会招来如此深的仇恨，我们有必要跟随他再一次行经此地，去参加那场公元前399年的公审。

20

---

* 　1英亩约为4047平方米。

21

3

雅典市政广场的苏格拉底

雅典市政广场，公元前451—前399年

> 此外，苏格拉底总会在公共场合露面。早上，他会去柱廊和体育场，开市期间，又有人在市政广场里瞧见了他，其余的时候，他总会跑到他觉得人最多的地方去。他说个没完，只要愿意，谁都能听。
>
> ——色诺芬，《回忆苏格拉底》，1.1.10[1]

这是公元前399年春末的一天，每年此时，金色的"宙斯之眉"——小野菊便纷纷在雅典市政广场的圣所周围冒出头来（如今在这片废墟的周围依然如故），[2]苏格拉底此时就在雅典市政广场的这片迷宫般的巷道中徐步前行。

最近在古雅典市政广场西南角展开了一次考古发掘工作，完美地揭示了此地熙来攘往的旧日活力。发掘负责人说他们"忙得团团转"，然后发现了一些东西。初看很像是一口大型陶缸（pithos）的口沿，但随着泥土被慢慢清出，情况逐渐明朗起来，这实际上是一口深井的边缘。对考古学家和历史学家来说，井是个好征兆，因为

人们会往井里扔东西，或者不小心掉进去一些东西。井底就像是一幅自然呈现的古人生活的缩影。[3]

这口井让挖掘者们大吃一惊。直到最近，人们都还以为雅典市政广场是一处极具"公共性"的场所，一个新生民主制下的自由市场、政治枢纽和行政中心。但在这口光滑的陶土竖井的底部是各种各样的私人物品：采购单、织机的压铁、破损的化妆盒。这些杂乱的垃圾表明了一点：在雅典城中心的这个市政广场里，那些紧挨着壮观的公共建筑的石质小屋并不仅仅是人们长期以来所说的商店或储藏室，也是住房和生活区。在苏格拉底的时代，那就是雅典普通男女的家宅。

因此，若想象一下苏格拉底在公元前 399 年走向法庭时经过的这段路，我们应该也能听到这片人类居所的嘈杂喧嚣，看到那百多双注视着他前行的眼睛。

苏格拉底大半生都是赤脚行路，此时也是一样，伴随他走向法庭的还有周围匆忙的脚步声，500 名陪审员摩肩接踵，其中很多人都是"盛装"出庭，在满是砾石的小道上炫耀着自己的皮凉鞋或结实的鞋子；声音十分嘈杂。我们很难想象雅典人会偏爱那种钉着平头钉的靴子，但是今人已在雅典市政广场边缘一个作坊的地面上发现了各种废弃物——成堆的平头铁钉和象牙鞋带眼，这表明雅典城的鞋匠们无疑用了千千万万的钉子来制作皮鞋。如果文献和考古资料真有交集，那么苏格拉底肯定在这个最近重新发掘出的特别的作坊里消磨了很多时间，度过了不少快乐的日子，并且开诚布公地谈论过他的诸般哲思。

色诺芬告诉我们，苏格拉底经常在雅典市政广场边缘的这片工匠区流连，因为青年男性都获准在这里聆听这位哲学家的话语——只有过了 18 岁的人才能进入雅典市政广场的这 37 英亩范围之内。[4]雅典社会有着严格的年龄界别，众所周知，年轻人拥有力量，长者则拥有智慧。苏格拉底对青年男性有一种特别的热情。尽管后人对他多有诋毁，猜疑他是某类恋童癖哲学家，但事实似乎简单得多。苏格拉之所以喜欢与雅典的年轻人为伴，是因为他觉得他们有很多东西要学。

有一位名叫第欧根尼·拉尔修（Diogenes Laertius）的作家曾仔细整理出了一部《名哲言行录》（*Lives and Opinions of Eminent Philosopher*，他研究得非常认真，但这本书写于苏格拉底去世后约600 年），他提到了一个特殊的名字，那是公元前 5 世纪雅典的一个作坊老板——鞋匠西蒙（Simon the Shoemaker），他的店面就位于这片允许年轻人来闲逛的临界区域。在那个新挖掘出的、钉子遍地的市政广场作坊的角落里，人们发现了一个公元前 5 世纪中叶的水杯的残片，杯底刻着一个大写的名字："SIMON"（西蒙）。所以在苏格拉底的时代，这里看来真有一个西蒙，他确实做过鞋。

按第欧根尼的说法，鞋匠西蒙是苏格拉底的一个狂热的早期追随者，考古学家们如今挖出的似乎就是他的家。苏格拉底（据我们所知）会在西蒙的这个作坊一连待上好几个小时，发表即兴演说，与城里的年轻人聊天，每次辩论终了，西蒙都会记录下他们的对话。这个鞋匠最后积攒了很多材料，写下了 33 卷本的《西蒙对话集》（*The Dialogues of Simon*）。⁵ 这则逸事将这位哲学家和一个鞋匠紧密地联系到了一起，这有些稀奇，但相当可信。苏格拉底是以一种毫不正统的方式从事着他的思想事业，不是在正规的学校或王公贵族的宫廷里进行哲学讨论，而是在普罗大众（*hoi polloi*）中展开这种活动。对于不因循守旧的苏格拉底来说，在一个鞋匠的作坊（兼住所）里分析我们日常生活的意义和目的看来是再合适不过了。而且考古学已经证实，在公元前 435 年至前 415 年，亦即苏格拉底哲学事业的巅峰期里，确实有这么一位"鞋匠"在雅典市政广场中生活和劳作。⁶《西蒙对话集》就出自雅典这个喧闹的国际化市政广场里的一个温暖的石质家庭作坊，如今它已失落于历史长河之中，但其后的古代评论家对此还是有所记载，其中的论辩涉及了苏格拉底的诸多主题：爱、嫉妒、善在社会中的地位。[7]全都是苏格拉底平日里热切探讨的一些基本话题。

＊　＊　＊

不过当我们在公元前 399 年的晚春穿越雅典市政广场的时候，鞋匠西蒙早已去世了。[8]这一天，苏格拉底只有一个去处，法庭。这位哲学家没法再和往常一样去市政广场里走街串巷，向毫无戒心的路人询问何谓最好的生活方式。很快，这位 70 岁的老人就不得不在 500 名雅典民主派审判员面前为他的案子和基本的生活态度辩护。

讽刺的是，在这位哲学家的大半生里，他一直都能在雅典市政广场里畅所欲言，而且不收取任何费用。无论工匠还是贵族，苏格拉底都会拦下他们，与其辩论生活中的浮华和基底。在柏拉图和色诺芬的诸多记载中，苏格拉底给人的印象都是惊人的不可预测，他会叫住毫无戒备的路人，然后用道德挑战吓他们一跳。据说色诺芬第一次遇到苏格拉底时就是这样。当时年轻的色诺芬正在逛街，苏格拉底走近了这个少年，问他上哪儿可以找到些普通的日用品。"那么该去哪儿找一个勇敢正直的人呢？"苏格拉底接着问道。见色诺芬一脸困惑，苏格拉底便建议这个天真的小伙子去追求智慧。

24　　普鲁塔克（Plutarch）也讲述了苏格拉底和朋友们的一个故事，当时他们正前往雅典市政广场的一个区域，放债人每天都会在那儿摆放一些银行柜台（*trapezai*）。这位哲学家（像往常一样被一群同伴簇拥着）往南走过大理石工坊的时候，他被一种"崇高的灵感"所震慑，于是突然钻进了一个木工区，而其他人走的还是往常的路线。朋友们笑他又走神了，直到一群臭气熏天、嚎叫不止的猪包围了他们，这些猪不久就要被切割成肉和皮，猪皮会被运送到城外的伊利索斯河（Ilissos River），交由皮匠们漂洗。[9]

这一次，苏格拉底显然为自己内心的"声音"陶醉了，这是一种神圣的召唤，一种个人的、私密的神；这是个会逐渐招来怀疑和麻烦的特质。[10]他将其称为自己的魔鬼（daimonion）。在苏格拉底的时代，这种个人的灵性是极不正统的。这位哲学家生活在一个宗教完全共享的世界。苏格拉底和同伴们都处于一个多神论的宗教景观里，他们在大部分时候都得向一大批神祇表现出虔敬之情。这种礼拜活动大多是在户外公开进行的，是一种集体体验。雅典市政广场之行绝不可能不涉及某种恭敬之举，[11]不信这座城市的神灵可不仅是一种冒犯而已。苏格拉底的同时代人构想出了原子，[12]但即使是他们也会心存一种观念——有某种东西比这些不可见的粒子更加不可捉摸，他们或许是把某种崇高的精神世界当成了雅典人生活的夸克，万物的建材。生活本身都被构想成了一种宗教体验。

* * *

众神想从我们这里得到什么？什么是美？什么是爱？谁是善人？谁配掌握权柄？什么是德性？什么是知识？我们死后会去哪里？苏格拉底的问题层出不穷。在柏拉图笔下，这个不断成熟的哲学家对人类的对话是如此着迷，以至非但不为他的思想收费，还宣称要补益路人，让他们能听到他不得不说的话[13]：

> 苏格拉底：我爱大家，所以我恐怕他们会觉得我不但会无偿向所有人倾诉衷肠，还会付出点什么，只要有人听我说话。[14]

据我们所知，早在公元前430年，甚至有可能在此之前，这

种热切的追问就得罪了城邦里的一些人。如今在那不勒斯博物馆
25　（Naples Museum）仓库的一个纸箱里还藏有一份莎草纸残片，保
留了希腊喜剧诗人卡里阿斯（Callias）的若干字句，起初是由一名
罗马学者仔细地誊抄了下来，后又被一名法兰克抄书吏所转录。[15]
卡里阿斯与苏格拉底同处一个时代，他注意到了苏格拉底让这些雅
典人有多么厌烦。这位哲学家并不是个只有一招鲜的人，而是一个
持续不断的存在，此外他还有种古鲁（Guru）*的气质。这位民主派
公民逐渐吸引了一批追随者。苏格拉底在各种生活问题上的激进观
点实在让人耳目一新，因而聚集起了一群门徒。卡里阿斯笔下的一
个角色就抱怨说，苏格拉底的方法十分傲慢，让人心生不满。

　　　　角色甲：噢，为什么这么骄傲，为什么眼神这么轻蔑？
　　　　欧里庇得斯（男扮女装）：我完全有权这么做，苏格拉底就
　　　是理由！

　　我们可以想见这样的场景：苏格拉底的追随者在繁忙的雅典市
政广场里四处转悠，随机寻找路人，在他们身上尝试苏格拉底的方
法；年轻人挑战长辈，卑下者挑战优秀者，遵循的都是苏格拉底的
原则，即"未经审视的人生不值得过……"
　　卡里阿斯的作品都是在雅典面临危机时写下的，但当时伯罗奔
尼撒战争还在酝酿之中。直到公元前 432 年，斯巴达和雅典之间的
敌对行动才会公开。所以这个时代还算不错，雅典并没有跟谁开战，
不必枕戈待旦，苏格拉底还是这片市政广场里的一个有魅力的红人，
是雅典市政广场所能提供的众多美好而激励人心的亮点之一。

---

*　印度教或锡克教的上师。

* * *

雅典市政广场里还有一片监狱建筑群，位于最肮脏的区块——工业区；加工青铜和大理石的工人们都在此汗流浃背地敲打着，和他们一起劳作的则是雅典这个不断扩张、语言繁多的宏伟城市所必须暂时监禁的囚犯。[16] 监狱由一个不好惹的执法机构——"十一人委员会"（The Eleven）掌管，可挑选300名公共奴隶作为其狱卒，其中关押的都是等待审判或处决的男人。

如果当天对苏格拉底的审判进展不顺，那这座监狱就是他要去的地方了。

这位哲学家肯定曾无数次地从这座建筑旁经过。自出生起，他就一直在雅典娜的这座热闹的城市及其周边活动，除了执行战斗任务，以及去南方参加过一次宗教节日外，他几乎没有离开过这个地方。[17] 他在雅典市政广场露面并不是什么新鲜事，半个世纪以来，他始终都毫无阻碍地在这个市政广场里从事着思想理论家的工作——一名语言-观念的交易者。他在此亲身见证了雅典人起草的第一批与民主这一主题有关的文件。直到不久前，他还在这里履行着一个积极的民主派雅典公民所应尽的责任。

但是现在，苏格拉底发现这把民主政治之剑竟指向了自己。

在公元前399年春末的这个清晨，雅典市政广场已经物是人非。此时雅典的大多数名流都已作古。大将军伯里克利死于瘟疫，也有人说是死于精神崩溃；剧作家索福克勒斯和欧里庇得斯也已撒手人寰：两人于几个月内相继离世，此前不久，在后世众人看来天赋仅次于莎士比亚的欧里庇得斯被赶出了这座城市，索福克勒斯则受到了举止荒唐的指控。阿里斯托芬和卡里阿斯在其剧作中嘲讽过的自由思想家们都已被流放或处决，他们的作品也被付之一炬。[18] 历史学家、将军色诺芬是苏格拉底的坚定支持者，他正作为雇佣兵在波

26

斯的领土上作战。苏格拉底曾经的情人亚西比得此时则是声名扫地，他被一个雇佣杀手杀害，倒于血污之中。负责兴造帕特农神庙和众多城市美景的建筑大师菲狄亚斯也已被人下毒暗害（至少据说是如此）。[19]

现在，苏格拉底也被控犯下了严重违反雅典法律的罪行，动摇了城邦最深层的意义，以致被人以死刑相逼。

于是，在那天，当人们头顶的朝阳仍为日晕所环绕之时，苏格拉底就穿过雅典市政广场，走向了他的审判日。

27

4

国王柱廊

宗教执政官的法庭，雅典，公元前399年3月或4月

　　游叙弗伦（*Euthyphro*）：谁指控了你？

　　苏格拉底：我跟这人也不太熟。我想他应该是叫美勒托（*Meletus*）吧——你可能还记得庞托斯区（*Pitthus*）的那个美勒托，长直发、钩鼻子、胡子很稀。

　　游叙弗伦：我不记得了，苏格拉底。不过他对你提出了什么指控？

　　苏格拉底：什么指控？我觉得非同小可啊。一个年轻人能懂得这些事儿可是不简单。他说他知道年轻人都是怎么学坏的，也知道教坏他们的是谁。

　　——柏拉图，《游叙弗伦篇》，1b — c[1]

　　公元前399年5月的某天，苏格拉底将要在一个宗教法庭上受审，但在整整4到6周前，他就受到了叛国罪的指控。为了正式上庭听审，他不得不再次走过雅典市政广场，前往那栋雅典最有魅力的新建筑之一。

直到 1970 年，人们才在雅典市政广场的东北角发现了国王柱
廊（*Stoa Basileios*）。1982 年至 1983 年，挖掘工作再度继续，至
今仍未完成。这条柱廊的结构很值得探究，它由大理石柱支撑、装
饰着醒目的雕像。在苏格拉底的时代，这条雅致的走廊不仅可以让
三五好友纳凉聊天，也有着庄严的用途。国王柱廊正是雅典宗教法
庭的所在地。主持案件审理的人被称为巴赛勒斯执政官（*Archon
Basileus*），也就是"国王执政官"。*此职实为高阶文官，即每年抽
签选出的九名执政官之一。[2] 王权虽已成遥远的记忆，但使用王号
仍可让雅典人明白在这个荫蔽之所里进行的虔敬审判有多么重要。

在古希腊，宗教并没有一个单独的对应词。人们相信灵、神和
半神都是无处不在、无物不包的。宗教不是可有可无的东西，它就
是已知和未知的世界。神灵存在于每个角落，雅典人永远不知道他
们会在何时以何种面貌现身，比如人类、天鹅、公羊、彩虹、燕子、
瀑布或者一阵风。众生都随着伟大众神的鼓点前行。对 21 世纪的
人来说，这种观念可能看起来有些压抑，但这就是时人热切祈祷的
一种节奏，它永远不会被打断。雅典人都受过训喻，不得干扰任何
仪式，不得废除"祖先传给他们的任何习俗，也不得在遗俗中增添
任何东西。"[3] 宗教是雅典的核心，它维持着公民肌体的活力。

市政广场里的众神

在苏格拉底的时代，雅典市政广场里洋溢着浓厚的宗教狂热
气氛。小摊上会出售轻便的家用神龛，各种狭小而凌乱的圣所里都
堆满了供品——烧焦的山羊毛的残骸、鸽子血，陶土制的病肢、眼

---

* 雅典最初设有 3 位执政官，大约在公元前 680 年增为 9 人。从公元前 487 年起，执政
官便以抽签的方式从贵族中选任。巴赛勒斯执政官（也可译为司祭执政官）负责以前国
王处理的宗教事务以及相关的讼案。

睛、膝盖和外生殖器的模型，以及永远不许熄灭的圣火。空气里弥漫着油腻的烟雾，雅典毕竟是一座众神寓居之城，所有神灵都会为获得人们的关注而妒火中烧，你若忽视这种力量，那只能后果自负。哪怕是最穷的人也会尽量给众神供奉某种祭品。事实上，整个古雅典史上留存时间最久的碑文就是设在这个市政广场里的献祭记事碑的碑文。在苏格拉底的这座城市里，所有日子都是纪念日，只有一天除外。[4]

市政广场里有多座阿佛洛狄忒（Aphrodite）的神殿，一座赫菲斯托斯（Hephaestus）的神庙，一座以解放者宙斯为名的宙斯自由柱廊（Stoa Zeus Eleutherios）。还有一些雕像，用来纪念那些在雅典人心中占有特殊地位的半神和英雄。在市政广场东北角，亦即国王执政官的法庭附近，矗立着宏大的十二神祭坛（Altar of the Twelve Gods）：以这块巨石（其一角留存至今）为起点，人们可以衡量已知的希腊世界的所有距离。*

在公元前5世纪，人们认为这是个充满了威胁的世界。在苏格拉底同代人的心目中，魂灵都居于大地之上，而且通常都是恶灵，山峰、碎浪中的水泡、玉米穗上的霉菌、垂死者口中的臭气都是其栖身之所。生活危险重重。质疑或冒犯传统的众神，以致让自己的处境更加艰难，这对希腊人来说实无必要。在巴比伦、埃及、底比斯（Thebes）或马其顿，城市都是以某个世俗领袖的强大力量为核心的。国王、法老或皇帝常会将祭司的权力据为己有，是他们以铁腕在高殿金门内统治着国家。然而在雅典，引人瞩目的则是卫城及其神庙群，亦即众神之家。自豪的民主派们在雅典市政广场、战神山、公民大会和山下的窄街密巷中忙个不停。国王、僭主和

———————

* 例如希罗多德就曾在《历史》中说道："从海岸到赫里奥波里斯的距离相当于从雅典的十二神祭坛到皮萨的奥林匹亚·宙斯神庙的距离。"

暴君已被消灭，但毫无疑问，在这个名为民主的奇怪的新体制中，奥林匹斯山的诸神仍然执掌着权柄。人们认为生活本身就是一种宗教体验。苏格拉底被控的那种反宗教罪行从根本上说是极其令人不安的。

用大理石和石灰石制作的装饰也能反映出国王柱廊内的审判事务有多么庄严。在朝向雅典市政广场的那一面，人们先后用一人高的木制和石制刻板展示了雅典的政治教父、公元前6世纪的著名诗人和立法者梭伦所制定的法律。[5] 刻于其上的法条正是雅典人的自傲之源——这是一种大书特书的字面上的正义。最近的发掘也呈现了民主是如何融入了国王柱廊的结构之中的：沿北墙排开的都是为公民陪审员准备的石凳。[6]

这里审理的案件都具有某种内在的重要性——还有什么比雅典与其神明的关系更重要呢——这意味着国王柱廊往往都是一处群情激昂之地。但柏拉图告诉我们，苏格拉底在今天遇到老相识游叙弗伦的时候 *，气氛是一片祥和的。他刚从体育场过来，之前在那儿和一个叫泰阿泰德的年轻人聊了一会儿，此时又踏入了国王柱廊，在柱列所造成的这片迷人光影间穿行。这是个很轻松的场景；出于法律上的原因，† 这两人都怀着几分厌世情绪来到了雅典市政广场。

苏格拉底是被传唤来聆听他所受的严肃指控的：

> 苏格拉底：……他［美勒托］肯定是个聪明的小伙子。看出我腐化他的同辈人的愚蠢伎俩之后，他就找官方控告了我，好像跟妈妈告状一样。[7]

---

* 苏格拉底和游叙弗伦是在国王柱廊相遇的，见柏拉图的《游叙弗伦篇》。
† 游叙弗伦是来法庭起诉他的父亲。

我们可以感受到他的怒气。一个老人，同时养育着孩子和思想，经历了政权的更迭、战争、瘟疫和外敌入侵，却被三个庸人告上了法庭。我们知道他们的名字：阿尼图斯（Anytus）、美勒托和吕孔（Lycon）。美勒托是一位诗人，年纪轻轻，35 岁上下。阿尼图斯是个皮匠、企业主，也是民主派中广受喜爱的政治人物（雅典民主制曾于公元前 404 年被废，在苏格拉底受审前不久才得以恢复；阿尼图斯支持新政权）。吕孔是雅典演说家的代表，其子在雅典内战中被亲斯巴达的寡头所杀，除此之外，我们对他知之甚少。若不是后来因审判苏格拉底而背上恶名，这几人看来还有些影响力，但在正常情况下，他们也只会是历史的脚注。[8]

苏格拉底受到的主要指控是他不敬神，败坏青年都是个次要问题。人们认为他败坏了雅典的年轻人，也是因为他诱使他们远离了这个城邦的神灵，扰乱了社会仪轨，想让年轻人独立思考。当苏格拉底在体育场或者灰暗嘈杂的家庭作坊（比如鞋匠西蒙的店铺）里跟人聊天时，就有人指责他在年轻人尚在发育的头脑中诱发了不正统的新念头。对雅典人来说，这是个极其严重的事。

> 还要照我的吩咐立一条法律，一个人若不能心存虔敬和正义，就应将他处死，因为这种人就是城邦的祸患。[9]

尽管有些容易激动的现代历史学家也做过一些推断，但在苏格拉底"腐化"雅典青年的过程里，并没有什么严重危害对方或性骚扰对方的迹象。他若卑劣至此，雅典的法院肯定会率先抓住这种弱点——按雅典人所立的法律，陪审团应根据被告过去的声誉对其品德给出一条意见，法庭也希望原告能揭露被告的一些不可告人的丑事。在那个时期，许多讼案都会揭露出被告在性方面的不轨之举，可在苏格拉底的案件中从来没人提到过这种罪行。然而苏格拉底一

30

如既往地任性，他承认美勒托确有某种恐惧的缘由（尽管完全没有抓住重点）：当他强调把年轻人当成目标的重要性时，他确实偶然地发现了一些东西。

> 在我看来，他或许是政治人物里唯一一个找到了正确起点的人。因为他首先关心的就是要尽可能地让年轻人学好，这是对的，就像一个好农夫也很可能会把培育幼苗作为自己的第一要务，然后才能顾及其他。[10]

这座城市的年轻人对雅典有一种图腾般的意义。他们的英雄化从当时幸存下来的雕像中也可见一斑。这种有价值的事物是不可损伤的。指控者就是想表明苏格拉底在腐蚀黄金般的青年，这让他陷入了困境。

31

* * *

苏格拉底今天会来到这个结构匀称的柱廊，是因为几天之前，他正在心爱的雅典城里漫步，忽然有人拦住了他。美勒托在两名传唤者（介于城镇传令官和社区警察之间）的支持下告知苏格拉底：你惹上麻烦了。他以夸张的洪亮嗓音公布了苏格拉底的罪行，双方商定了一个日期（就该案而言，很可能是 4 天后），届时苏格拉底和他的指控者就要去找一位公立法庭的执政官，通过审前审查来仔细研究提告的案件。雅典并无正式的通告制度，所以这段插曲听来颇有些居心不良的意味。美勒托肯定就埋伏在苏格拉底最喜欢去的某个场所——雅典市政广场、城内的某个体育场，或是他常去的圣所——这样，只要这位哲学家一出现，他就能上去拦截。

苏格拉底对雅典街头的争议或挑衅行为并不陌生。在所有文献记载中，他的乐趣都在于为了逼近真相而刺痛别人，在于追问"美好生活"，这让很多人都感到厌烦。一份后世的资料曾描述了雅典人是如何对这位哲学家大打出手的，其原因就在于他那没完没了又让人恼火的问题：

> 他说他要探究的东西就是——
> 一个人在自己家里遇到的所有好事或坏事。
> 他跟人争论和探讨问题的时候常常会挨一顿暴揍，被人推来搡去，还会受到群众的嘲笑和奚落。但他都默默忍受了。有一次，他又被人拳脚相加，却还是耐心忍受，有人表达了惊讶，他却说："要是有头驴子踢了我，你会叫我去告它吗？"[11]

善是什么？我们怎么知道自己知道什么？谁有资格掌权？爱是什么？苏格拉底不是个能安抚人心的人。50多年来，他的问题一直折磨着雅典人。他说自己并没有在教导人，只是让人"放下教条"。

我们由此也可以理解苏格拉底的这场审判为何会如此重要，对雅典和世界历史都是如此。到公元前399年为止，苏格拉底已经用了人生的后40年（甚或后50年）来劝说身边的人去深刻地、批判性地思考人生的意义。年轻的男女、祭司和女祭司、士兵和老练的公民都是他劝说的对象。他主张人应该在做鞋、划船和吃饭时也不忘思考。他认为顺应现状和"随遇而安"不仅懒惰，也非人之所应为。

> 只要一息尚存，还有一把子力气，我就绝不会停止哲学的实践和教育，我会按自己的方式劝告我遇到的每一个人，说服他：噢，我的朋友，作为雅典这座恢宏、强大而智慧的城市的公民，你为何如此专注于积累最多的金钱、荣耀和声誉，却对智慧、真理和灵魂的最大完善毫不在乎呢？为何你根本没有考虑或注意到这点

32

呢？你对此不感到惭愧吗？如果跟我争辩的人说："嗯，但我在乎"，那我是不会离开或者轻易放他走的；我会询问他，考察他，盘问他，如果我觉得他并无美德，不过是自我标榜，那我就会责备他低估了更重大的事情，也高估了次要的东西。对我遇到的每个人，我都会说这番话，无论老人、青年、公民还是外邦人都不例外，但我对雅典公民尤其如此，因为他们是我的同胞。[12]

尽管如今摆在这位哲学家面前的指控十分严重，以至有可能被判处死刑，但苏格拉底好像也并没有太过忧虑。若柏拉图所言非虚（在苏格拉底的这个人生阶段，他就是身处雅典的一个见证者），那么在接下来的几天里，苏格拉底并没有选择被放逐出这座城市，这本是个合法的选项。[13]相反，他到体育场里和一些青年（那些自出生以来除了战争年月之外一概不知的小伙子）畅聊了一通，聊够之后，他才去国王柱廊见了巴赛勒斯执政官，即"国王执政官"，提出了自己的抗辩。

执政官再一次宣读了对他的指控：不信雅典的神，引入新神，腐化雅典青年。就我们所知，苏格拉底承认，依照雅典当时的法律，美勒托有权提出指控。[14]这是一场小冲突，一种让人难受的处境，但苏格拉底已经多次经历过这种场面了，此番他也不会退缩。[15]

于是，在3月底或4月初的某天，这位哲学家离开了国王执政官的法庭。现在这个处理诉讼和审判事宜的官僚机构已经上好了油，一切都准备就绪了。民主的雅典有一个显著的特征，那就是痴迷于发布公告。用来传达新的法律、罚款和宗教集会的莎草纸片、涂鸦以及石刻碑在城里随处可见。民主的决定必须与支持民主的同胞共享。因此，一个善写书法的人又接下了一份差事。雅典市政广场就是苏格拉底思想的见证者，看着他坐在这里，或是四处游走，找人无休止地提问，而此刻又将见证他所受的诽谤。苏格拉底的罪行被人用红色大字写在告示牌上，又挂上了一排"齐名英雄"（Eponymous Heroes）雕像外的围栏，也可能是画在了对面的白灰泥墙上。这是一场粗野的指控，他的颠覆性影响将被记录下来，铭刻于他的雅典同胞和我们的心中。

1954 年，挖掘人员在雅典市政广场东南角的地下深处发现了一些白色薄片：易碎的大理石灰泥碎片。这个发现并没有写入挖掘报告，只是记录在了一张库存卡上。不过，最近的研究又有了新的进展[16]：这些薄片上都留有字迹，原本是粗体字，宽 0.5 英寸，高 2.5 英寸，色彩鲜明，红彤彤的，绝不会让人漏掉其中要传达的信息。在苏格拉底故去几个世纪后，一位古代的目击者也曾写道，指控他的字句依然可见。[17]

红字的地位非同一般。雅典的民主制度初建之时，改革家克里斯提尼就意识到，要加强人们对新的、单一民主制的雅典城邦的忠诚，就必须打破他们对旧体制的忠诚。古希腊曾是一个部落社会，但在此刻，雅典几千年的古老部落实际上已经解体，取而代之的是 10 个新造的部落。在历史上的某些时刻，人们往往会在地图上画出一些直线，试图抹掉过往，此刻便是其中之一。

这项社会政治工程是经过了深思熟虑的。每个部落都分配了一位英雄，每位英雄都被雕刻成了比真人更大的精美雕像，列于雅典市政广场中心。这些齐名英雄雕像比街面要高出 15 英尺，在其队列的两端，巨大的火苗正熊熊燃烧。苏格拉底受审时，这些青铜英雄一直在不分昼夜地提醒雅典人，让他们不要忘记过去 25 年来的这股激进的民主力量。[18] 它们是用来传达信息的街道设施，因为在雕像下方的木质和石膏牌匾上，会蚀刻一些高阶罪犯所受的指控。完人、偶像和备受责难的民主罪人都同处一隅。就在这排齐名英雄附近，或是其雕像正下方，或是对面的墙上，苏格拉底的罪行被当众公布了出来。

* * *

33

当苏格拉底前往巴赛勒斯执政官的法庭时，这场延续了一个世纪的政治危机和政治试验已经来到了一个关键节点。雅典经历了可怕而让人憎恶的冲突和内战。其政体一度相当残酷。这次审判前第12年，亦即公元前411年，发生了一件恐怖的事，一场撼动了法庭效力的噩梦。[19]民主制被雅典的一个贵族小集团推翻了。这是雅典的长刀之夜。*屠杀、酷刑、恐吓都随政变而来，雅典人互相残杀，鲜血溅满街巷。

34　　雅典人重历内战，在记忆犹新的恐怖下，他们再一次尝试打造制度性的公平。

公元前410（或前409）年，民主派重返雅典，决心竭力防止派系斗争再次分裂城邦。于是，为了遏制公然的任人唯亲现象，雅典的律政机构——陪审法庭（dikastes，即法官和陪审团）每天都会在黎明时被分派到不同的法院。部落式或政治性的集体投票不再有效。苏格拉底在公元前399年3月、4月的处境也是国家主持公平的一个例证，他马上要面对的就是审前审查，其变数比正式的审判更大。在执政官的主持下，双方要以诚实的问答来尽量清除既得利益、胁迫和彻底的非法行为等因素。审前审查就是经过精心策划的公平保障。

正是在民主的雅典，讼棍（sycophant）出现了，这是一些靠诬告别人而牟利的人，他们自认为能够打败司法系统。公元前5世纪的讼棍（Sycophantai）在法律上就相当于今天那些靠怂恿人打官司索赔的人，这些公民会提出一些不可靠的指控，以谋取出庭的报偿，甚至有可能获得净损害赔偿。因此雅典人制定了一种高额罚款

---

*　德国纳粹在1934年进行的一次政治清洗。

机制：如果起诉方获得的票数没超过五分之一，那就必须给国家缴纳赔偿金。[20]

不过在对苏格拉底的审判中，起诉方看来不大可能会被罚款。无论出于什么原因，美勒托都已决心用苏格拉底来杀一儆百。这个年轻的诗人甚至无须支付诉讼费用，因为人们觉得他把苏格拉底送上法庭就是在推动重要的国务，是在行公益之事。在雅典的这个时期，对神的不敬是必须杜绝的——起诉不用付费。人们的情绪和宗教感受都是赤裸裸的，在苏格拉底受审时，每一个活着的成年人都经受过创伤。他们都曾见过自己的公民同胞从逐渐衰颓的对外战争中蹒跚归乡，也听到过邻居的尖叫，这些人只因交错了朋友就招来了灭顶之祸。这是个多事之秋，是这座黄金之城的黑暗岁月。雅典需要宣泄，需要找人来承担罪责。

所以，我们大概会以为苏格拉底对即将到来的审判会非常紧张。

然而色诺芬告诉我们，这个年迈的哲学家根本就没花时间来准备他要对陪审团说的话。在审前审查中，他承认这些指控是合理的（即便并不正当），并期待正式的审判能有益于学术。以下是苏格拉底和朋友海尔莫盖尼斯（Hermogenes）的一次交流，作者（色诺芬）采取了戏剧对话的形式——柏拉图可能也会这么处理。

海尔莫盖尼斯：你就没有必要考虑一下吗，苏格拉底，要说些什么为自己辩护？ 35

苏格拉底：在你看来，我难道不是用了一辈子来准备自己的辩词吗？

海尔莫盖尼斯：怎么准备的？

苏格拉底：就靠一辈子不做任何不义之事啊。我觉得这就是最好的辩护。

海尔莫盖尼斯：雅典的法庭经常因为一场演讲的误导就处死

没做过不义之事的人，还有些做过不义之事的人，就因为发表了一场博得法庭同情的演讲，或是靠着花言巧语就被无罪释放了，你难道没见过吗？

　　苏格拉底：我见过，宙斯作证，我也有两次想考虑一下该怎么自辩，但我的神总在阻挠我。[21]

在接下来的几周，雅典市政广场里人来人往，其中包括苏格拉底本人、他的朋友克力同（Crito）、斐多（Phaedo）和柏拉图等人，以及各种祭司、商贾、欢蹦乱跳的贫家小儿（这是违法的，别忘了必须是年满18岁的成年公民才能在雅典市政广场露面[22]），他们都有机会看到苏格拉底犯了什么事，他需要为何种罪名自辩。苏格拉底所受的全部指控都被人用深红色颜料写在了一面灰泥墙上：

　　经宣誓，庇托斯人美勒托之子美勒托对阿洛佩克人索福洛尼克斯（Sophroniskos）之子苏格拉底提起了公诉，指控他犯有如下罪行：苏格拉底犯有不承认本国承认的众神和引入其他新神的罪行。此外，他还犯有腐蚀青年的罪行。建议刑罚：死刑。[23]

雅典人回家时都遮着前额瞧见了这些字句，在凉爽的傍晚，他们喝着小酒，心里肯定也对这种事嗤之以鼻。

转眼已是5月，距审前审查已经过去了6周到8周。审判开始之时，众人都聚到了国王执政官的宗教法庭里，随着太阳不断攀升，气氛愈发显得逼仄闷热，同时大家也都满怀期待。就我们所知，苏格拉底是毫无准备地走进了这个人满为患的法庭。即便如此，这位哲学家肯定也已经读过了公开羞辱他的指控，听到了城中的流言蜚语和朋友们的哀叹，现在他又要听到这些指控了。雅典人心里必定有一个迫切的疑问：这位哲学家会如何回应？

5

开场血祭

宗教法庭，雅典，公元前399年5月

> 如果你们以为靠杀人就能阻止别人批评你们平日所行的不
> 义，那你们就是没想清楚……最好也最简单的办法不是约束别人，
> 而是把你们该做的事情尽可能做到最好。
>
> ——柏拉图，《申辩篇》，39d[1]

一场血祭仪式正式开启了法律程序。

如今，在古老的宗教法庭——国王柱廊所在的这片矩形沼泽地中，唯一让人感到稳当的东西就是誓言石了，考古学家必须铺设木板才能安全地在其间穿行。几处孤岛般成排的古代遗迹就位于这片沼泽地的草丛当中，每隔4分钟，就会有一列从绿树成荫的基菲夏（Kifissia）郊区开往比雷埃夫斯的简陋火车哐当作响地行经这里。那块大石头——石灰石桌子是用来封存神圣誓言的，美国雅典古典研究学院（American School of Classical Studies at Athens）在雅典中部的这片区域展开挖掘时发现了这个东西。[2]它位于今日街面以下20英尺处，地面上，游客们正坐在时尚的普拉卡区（Plaka）的

砖石和倒下的柱子上大嚼着希腊沙拉，好像都不知道他们下方曾上演过的戏剧。

就像苏格拉底在公元前 399 年之所见，这块 6 英尺长的破损祭坛石很可能早已被鲜血和瘀血浸透。

这出审判的大戏开场了。

巴赛勒斯执政官——首席治安法官——留着长发，戴着桃金娘花冠，[3] 穿着未系腰带的无袖袍，在此举行了宰牲仪式。[4] 人们认为在这里宣读的誓词是必须遵守的，其效力也因献祭的血腥性质而得到了强化。山羊、公绵羊或阉牛的皮毛会被洗净，身上散发着香味，角上闪烁着镀金的光芒，然后被哄骗到这位祭司的刀口之下。动物死去时，血会从切开的静脉流进一个圣盆里——这位执政官会把双手伸进盆里。待到手腕都沾满鲜血，他就做好主持正义的准备了。但起誓者还没有完成他的血腥仪式，他要把献祭动物的睾丸踩碎（这是一个预告：如果他违背誓言，他的家族将断子绝孙）。这是一个古老而顽固的习俗："凡男人第一次违背誓言，就让他们和他们子孙的脑浆像这葡萄酒一样流到地上。"《伊利亚特》（*Iliad*）中发出了如此警告。[5]

所有陪审员都要宣誓履行自己的职责：这是一条由共同目标结成的人造纽带。一个希腊人曾说："是誓言凝结成了民主。"[6] 这是一种多么混杂的民主啊：农民、老将军、奶酪商、筑路工，各种各样的人都要来到这里审判苏格拉底，全是经抽签选出的 30 岁以上的雅典公民。他们要当着众神的面宣誓，这种仪式性的姿态至关重要。而美勒托对苏格拉底的指控本身就是一种 "antomosia"，即 "对立宣誓"*——一种由众神见证、自谓所言不虚的声明。我们永远不要忘了雅典人有多么虔诚，或者（如某些人所说）多么迷信。人们

---

* 所谓对立是指对立于被告。

常认为是这座城市促发了理性和开明的生活方式，但在这第一批民
主派的心中，灵魂和魔法无疑是无处不在的。这个壮丽、雄浑又令
人费解的世界及其不可预测的、远古的、神圣的居民在人们眼里比
任何凡俗之物都要强大得多。在这座雅典娜之城的每个街角，灵魂、
死去的英雄、神、女神和恶魔不知凡几。

　　因此，苏格拉底在宗教法庭上被指控犯下了宗教罪行，这个事
实本身就应该让我们想到这个特殊的审判日有多么严肃。

* * *

　　人们很早就在为审判苏格拉底做准备了。城内有资格参与抽
选的人起床后就成群结队地来到雅典市政广场，甚至在拂晓前就
忙碌起来。借着蓝灰色的微光，他们在一个极具未来风格的发明
"kleroterion"（一种随机抽选器）前按部落排好了队。这座城市里
大概有不少这种奇特的装置；雅典市政广场和法庭的入口处肯定都
要摆放。每个部落都有各自的抽选器，部落成员可以在这里确定自
己当天能不能去听审；有 6000 人已经把他们的名字记入了年度抽
签名单，现在又要从名单中进行第二次抽选了。[7]

　　抽选器（实际上就是原始的计算机）是一种巧妙的机器。这种
令人叹服的发明至今仍可在雅典看到，一台在雅典市政广场博物馆
（Agora Museum），另一台在碑铭博物馆（Epigraphic Museum），
它能随机选出民主事务的参与者。在这个中空的石盒表面有很多凿
出的狭缝，大小正好可以塞入一块金属圆片，圆片上都刻着一位公
民的名字。在石盒左部有一条滑道，人们可以把黑色和白色的大理
石筹码倒入这个滑道（初为木制，早已不存），如果一个黑色或白
色的大理石石子（我们还不确定是哪种颜色）与一块青铜圆片排成
一排，而圆片上写着你的名字和德莫区（你居住的村社地区或者你

38

的姓氏的登记地区），那么你就被选为当天的公职人员了。

人们认为当选陪审员是一件值得高兴的事、一种特权，是民主派的标志。很多雅典人都会用他们的金属名片陪葬，所以他们的模样虽不可知，但我们很清楚这些最早的民主派姓甚名谁：亚历山大（Alexander）、德拉科（Draco）、乔治奥斯（Georgios）。被选中后，还有一些行政事务要完成：每位陪审员都要从一个瓮里捞出一个标有字母的球。你最终会在哪一个法庭听审，要看你捞出的是什么字母，比如"Lamda"（L）或者"Omicron"（O）。作弊是不可能的，治安法官一旦核验过你的球，就会递给你一根上了色的棒子，这根棒子的颜色和"你的"法庭入口处涂抹的颜料是对应的，你到场时必须出示。

这种民主式公平的工程并不止于抽选器和上了色的棒子。

每个部落都有自己的入口，自己的机器，自己的区域。社会可能还是极其部落化的，但家人、朋友、盟友和共谋者不得坐在一起。对于有密切联系的人或有可能影响裁决的既得利益者，其座位会被分配到分隔的石区，上面标记的字码跟今天的剧场和电影院如出一辙。就连柏拉图也把听审的人称为"听众"，这并非巧合。[8]

想象一下这些观众吧。所有人都是中老年男性，很多人要在这儿坐上一天，所以都会在这冰冷的石头座位上垫个软垫或芦苇垫，以免臀部酸疼。每个人都发誓要不偏不倚。这里并没有什么衣冠楚楚、一丝不苟的法官助理。这是一种直接民主，每个人都要积极地、直接地参与其城邦的管理和决策。你可能是个一身羊骚味的农夫，或者香油商人，但在这块地界，每个人都是政治家。每个人都能拿到 3 个奥波尔[*]的辛苦费。[9] 不过在雅典民主的光辉岁月里，金钱并

---

[*] 奥波尔（Obol），希腊币值单位，1 奥波尔相当于 0.72 克白银。按古希腊币制，1 塔兰特（Talent）=60 迈纳（Mina），1 迈纳=100 德拉克马（Drachma），1 德拉克马=6 奥波尔。

非关键的驱动力。在公民大会上当然可以集思广益、制定法律，但法庭才是雅典人真正实现自治的地方。[10] 到这里来既是一种责任，也是一种特权。[11]

但到苏格拉底受审时，雅典已有很多公民裁判员遇害了，有的是为保卫这座城市而牺牲，有的则是被敌对的雅典派系所杀。如今幸存下来的都是残疾人、老年人和少数幸运儿。大多数陪审员都很穷，审判日发放的津贴对他们来说是必不可少的。 39

在一桩公诉案（*graphe*）中，陪审员至少要有 500 人或 501 人；对苏格拉底的审判就属于这一类，他的罪名属于公众关注的、很严重的问题。美勒托把苏格拉底告上法庭，这是在平抑宗教义愤，是在帮雅典人的忙。但奇怪的是，这次审判并不太受欢迎。要把陪审团扩大到 1000 人或 2000 人是很容易的，但也许雅典人已经对他们最后可能必须做出的裁决感到不安了，所以参与的人数只能用 "*hekaton*"（百）而非 "*khilioi*"（千）来计算。

5 月的那个清晨，500 名陪审员一如既往地被一道名义上的安全栅栏（挡住大门的木制格栅）关在了里面，这是雅典文明习俗中的一种象征性围挡。因为这里发生的事虽不乏激昂的情绪和影响力，但法庭毕竟并不是个多么赏心悦目的地方。胜诉的控方可以立即当场施加惩罚，把被告打得皮开肉绽。[12] 苏格拉底审判的相关资料都提到了陪审员在听到不合他们意的话时都会叫喊、咆哮和抱怨。[13] 苏格拉底本人也曾愤愤不平,说这种 "*thorubos*"（喧哗、吼叫、喊叫、乌合之众的喝彩）会干扰审判程序。但在此刻，我们可以断定，当这些被选中的男人——三教九流的法官——鱼贯入场以履行自己的民主职责之时，现场只有一些低声的嘟嚷。一旦整个陪审团都到场并安顿下来，国王执政官就会示意打开格栅门，准许控辩双方进入。两人都站在一个高台（*bema*）之上。原被告一旦入场，所有人肯定都会紧盯不放，审视他们的猎物。[14]

正是在这里，我们发现世界上最早的直接民主中存在着一种令人忧心的必然性。如果所有男性公民都能评断自己的同胞，那么这些层次各异的男人自然都能参与审判。他们的裁决是具有代表性的。所有能防止腐败的办法都顾及了，如按字母顺序排列的座席、不记名投票和随机抽选器。话虽如此，判决的价值还是要取决于当天被选中并挤满国王柱廊的那500个形形色色的男人。他们会喊叫、抱怨和鼓掌，并由此煽动和激怒其他人。他们会带着自己的神经症、懊丧感、中伤之词和先入之见来承担这份责任。

迄今为止，苏格拉底一直都在宣扬这样一种观念，亦即每个人都应该尽可能地做到最好。然而在他的建议成为习俗之前，他本人却要接受审判了。他飞快地扫视着这个法庭，放眼皆是因饥饿和失望而形销骨立的人、因战争而伤痕累累的退伍军人、因羞愧而浑身哆嗦的人，以及视他为城邦之敌的公民。我们不禁好奇，他对自己还能苟延残喘有多大的信心。

6

制约、平衡和魔法师

雅典，公元前462—前399年

> 不要因为我说了真话而对我发火；不管是谁，只要真诚地反
> 对你们或其他大众，阻止城里发生的许多不公和非法之事，那就
> 别想活下去。一个真正为正义而战的人，哪怕只想多活一时片刻，
> 也必须过一种私人的生活，而不是公共生活。
>
> ——柏拉图，《申辩篇》，31e — 32a[1]

雅典市政广场博物馆的地下室里收藏着 25 万件古代文物，都排列在 20 世纪 50 年代建造的一些精美橱架上，不少还保存在老旧的橄榄油罐里。在这些文物当中，有一个公元前 5 世纪的原始投票箱仍留在原地。这个简单的陶土结构体怎么看都像个孤立的地下烟囱，古雅典人会把他们的选票"psēphos"（砾石，最初的投票工具，一般是河里的鹅卵石或其他石子）投到这里面。公元前 399 年前后，人们已经不再往这里面投鹅卵石了，他们精心设计了一种选票。在苏格拉底受审时，那可是很前沿的新奇玩意儿，其形如指钗，有些中空，有些则塞入了一根柄。无柄代表有罪，有柄代表无罪。只要

你用拇指和食指捏住中间，就没人知道你把选票投进了哪边（投票箱里分成了两块，一边收"无罪"票，另一边收"有罪"票），这是一种古老的不记名投票方式。

这个地下室的考古遗迹向我们道出了一些重要的信息，从中可以窥见雅典人在民主制下的心态。尽管言辞在雅典很有价值，也颇具说服力，但雅典人明白，他们须尽力制约华而不实的言语（遑论选举舞弊和腐败了）。雅典娜的子民精明地意识到，他们这种"开放性"体制极易被人滥用，或者受到威胁，而口才或人际关系在一个由人来领导的体系中也很可能会产生巨大的影响力，于是他们花费了大把的心思来研究如何在人力所能及的范围内保持所有程序的公平和万无一失。[2]

法庭中的魔法

话虽如此，但在这样的庭审中，像苏格拉底这样的凡人仍然面临着巨大的风险。法庭上也不无妖魔作祟。

从国王柱廊往西北方向走 5 分钟，你就能看到凯拉米克斯博物馆（Kerameikos Museum），里面有一尊小型的男性雕像。这个铅制小人的双手被绑在背后，埋进了一口铅制的棺材里。他的右腿和棺材盖上都刻着他的名字：莫内西马霍斯（Mnesimachos）。

莫内西马霍斯曾被人施过巫术，这也是雅典法律制度的一个方面，但常被人淡化，因为它不太符合一种流行观念，即雅典是一个高尚而开明的准乌托邦。那个微型的铅制棺材盖上还铭记着另一些雅典人。这些人可能是受害者的朋友，也可能是把他告上法庭的敌人。棺材盖上包含了各种恶毒的咒语，在这份名单的末尾写着："以及所有站在他那边的法律辩护人（syndikos）或证人（martys）"。[3]

我们还在别处的水井和水箱里发现了雅典人的咒符（cursetablets），它们被折叠起来，用钉子刺穿，留存于水下。其中的要旨看来就是想让那些出庭的人丧失能力：

> 那人和他所行的事，也要像这铅板一样无用而冰冷；那些伴他左右的人，不管是议论我还是谋害我，也要叫他们无用而冰冷。[4]

像这样的小雕像，连同各法院所在区域（雅典市中心、比雷埃夫斯和凯拉米克斯区）出土的所有咒符，都表明雅典有可能是一个极其多疑而迷信的社会。诅咒一度被视为雅典下层人的习惯，但最近激增的雅典考古活动描绘出了一幅不同的图景。这些刻有名讳的雕像和咒符频频出现，说明这种巫术是一种相当标准的程序。美国雅典古典研究学院最近对该市出土的所有现存雕刻画进行的一项调查显示，大部分雕刻画都可分为两类：基础知识类和诅咒类，前者是供雅典人学习阅读和写作之用，后者则是供雅典人完善诅咒他人之法。柏拉图在《理想国》中也提到了这种合法的魔法，即这种通过符咒所产生的约束性法术的用途：

> 他们相信这些事情能让我们的罪恶在阴间得到赦免，谁要是轻忽咒语和祭祀，等待他们的就只有恐怖了。[5]

在很多人心里，魔法还能透过其他途径在法律体系中发挥作用。人们相信某种随机性的准超自然力（Kleromancy）可以引导抽选器中的小球到达特定的位置。这些雅典人不会让审判的结果仅仅取决于被告言论的力量或陪审团的心血来潮，必须召唤更黑暗的力量来施加影响。[6]考虑到雅典是一个多么好打官司的社会——别忘了，这里随便哪一年都有近40000桩案件——巫术的来往肯定不少。

雅典是一座惯于在灵界（the spirit world）的助力下审判、处决无罪者和有罪者的城市。

* * *

在国王执政官的法庭上，水钟上的塞子已经拔掉了——此刻，所有人的目光都集中在美勒托、阿尼图斯和吕孔身上（美勒托可能还带了些人来，以证实他对苏格拉底的指控）。控方团队有整整3个小时的时间来完成他们的任务。[7]

在当天日落之前，雅典人将决定一位年逾古稀的哲学家的生死，不过孰胜孰败目前还无人能够预料。

古雅典的法律体系中并无出庭律师或代理律师——美勒托、阿尼图斯和吕孔必须亲自来打这场官司，苏格拉底必须为自己辩护。谁也不知道苏格拉底那出了名的机智、聪明的俏皮话、善于思考的头脑以及自信能否提供足够的弹药来挽救他的性命。

7

劝说或听从

国王执政官的宗教法庭，公元前399年

> 我当然比这个人聪明。很可能我俩都很无知，没什么好吹嘘的，但他觉得他知道一些他并不知道的东西，而我对自己的无知一清二楚。不管怎么说，我看来还是要比他聪明这么一点的，我不觉得我知道什么我并不知道的东西。
>
> ——苏格拉底在审判中的辩词，见柏拉图的《申辩篇》，21d[1]

公元前399年，苏格拉底走上了雅典的法庭，他所受的指控是腐化青年、否定本城邦的神。人们的情绪显然极为亢奋，在所有记录中，这都是一场喧闹的审判。古人一次次地告诉我们，在庭审期间，周围的叫嚷声都盖过了这位哲学家的声音。即使是面对死亡，他也能保持冷静、镇定、有逻辑的思维，这显然激怒了他人。但这种喧嚷的姿态在雅典娜的这座民主之城里是司空见惯的。

雅典人习惯于大喊大叫。在普尼克斯每月召开的民主公民大会上，这种刺耳的咆哮能响彻整个城邦：届时有6000人要聚于此地。鞋匠、香料商和漂洗工就在贵族身边，奴隶贩子紧挨着港务负责人，这里的所有争议都直接影响着他们的生活。公民大会是民主意识形态的鲜活化身。这里的所有人在法律面前都是平等的，每个人都有轮流执政的权利。传令官尽力维持着秩序，但就我们所知，这些新民主派的喧闹声时不时地响彻天际。

普尼克斯位于雅典卫城以西，是高耸于雅典市政广场附近的一处天然岩石会场。天一亮，人们就会聚到这里，就雅典的各种事务展开辩论：主旨、议题均由一个 500 人组成的轮值议事会选定。挑选当日议题的地方是雅典市政广场的矩形议事厅，这里要依照一种严格的轮值制度为 50 名管理者供餐。某个话题一旦在普尼克斯经过了正反方的辩论，人们就要以举手的方式来投票。一位学者所做的一项辩论研究表明，在这个人声鼎沸、可以俯瞰当时雅典全景的山丘上（有 6000 人，而且肯定要保持一个紧密但舒适的距离），每个古雅典人可以立足或落座的面积（0.65 平方米）刚好可以让其他人听到他的声音。[2]

公民大会的席位采用的是先到先得的方式。出席者都在本地或雅典市政广场登记了自己的姓名，要求履行民主职责，对雅典的民主生活做出决断。从事特定工作的官员——也就是我们所说的高官，而不仅仅是一般文员——主要是通过抽签的方式挑出的：相当于随机挑选一个任期一年的国家元首，每隔 24 小时重新挑选一次国务卿。这些人要共同协作，确保城邦的福祉安康。所有官员（至少在理论上）都要顺应民意，当时的公民就被称作城邦人（polites）。雅典打造了一种激动人心的、赋予人民权力的、焕然一新的社会和政治体制。政策不是哪个国王的恩赐，而是由"平民"来构想和实施的。

只有一种新型的政治家才能在这里赢得人心。过去，希腊的当权者们也会向他们的共同体发表讲话，但人们铭记和崇拜的还是他们的英雄事迹。现如今，只有能言善道的人才能混得开。论辩必须迎合混杂的观众。尽管农业工作会让很多下层阶级留在家里，但这里还是有不少瘦弱、掉光了牙齿的人，其中很多都曾在战争中留下了累累伤痕，或是因疾病和营养不良而变得畸形，但他们的选票仍然算数。在民主雅典，每个公民都是政治家。

不过，很多雅典人其实也很厌烦这种耍嘴皮子的民主。[3] 在一个享有充分民主的国家，公民的身份和影响力并不取决于他们的社会地位、经济地位或者教育程度、才能和德性；偏执的人、稍微有点疯癫的人以及怀恨在心的人也都有发言权。直接民主在意识形态上是完美的，然而在实践中却难以避免瑕疵。凭什么认为这种政治进程的结果必将是公共的秩序和正义？苏格拉底有一种挑战绝对民主价值的探索性智慧，他也曾是这个孩子般的政治制度的孩子。当时还没有人知道这场民主实验会走向何方。对于这个新兴观念的潜力，他没有自鸣得意，没有心生厌倦，也没有被吓得目瞪口呆。但他做了聪明的孩子会做的事——质问了自己所处的环境。尽管有些人因此给苏格拉底贴上了反民主派的标签，但他实际上是在表达对他那个时代的民主的恐惧，即民主受到隐秘的、下意识的乃至明确的质疑的时候，这种质疑会让很多雅典人吓得胆战心惊。[4]

47

> 忒修斯（Theseus）：……这个城邦并不受制于一个人的意志，它是一座自由的城市。这里的国王就是人民，他们每年都在轮流执政。我们不会给富人特权，穷人的声音也具有同等的权威。
>
> 传令官：……我所在的城市［底比斯］就只有一个人统治，而非乌合之众。那里没人能靠高谈阔论来摆弄这种城市，只为了一己私利——今天很受欢迎，受人爱戴，却在隔天就把自己干的坏事诿过于无辜的人，逃脱所有罪责，直到法庭最终让他逍遥法外！这种凡人啊！连浅白的道理都不懂得，他怎能用合理的政策来引领一座城市呢？[5]

作为我们眼中的一位自由言论和自由权（liberty）的捍卫者，苏格拉底提出了另一个令人不安的民主问题。有说服力的演说固然很好，但说服力能为善和真理留出多大的余地呢？[6]

法庭上的自由言说

可这就是奴役，没法说出自己的想法。

欧里庇得斯，《腓尼基妇女》（*Phoenician Women*），392

言论自由在雅典至关重要——然而聪明的民主派说起话来都非常小心，能言善辩的人在公民大会和法庭上都如鱼得水。有些籍籍无名的雅典人的演讲当年都被人记在了莎草纸上，如今破译的不少残片可以表明这些早期的民主派有多么精明。只有少数人说出了自己的想法，大多数人说的都是他们认为群众想听的话。个人利益都可以披上道德的外衣。[7]希罗多德的观察结果就是，说服30000人要比说服一个人容易，欺骗一群人要比欺骗一个人简单，这就是雅典直接民主的一条人性真理。[8]苏格拉底很快就要承受这一真理带来的苦痛了。

概述"修辞术"的小册子在这座城市销路极旺。亚里士多德在公元前4世纪写就的《修辞术》（*Art of Rhetoric*）至今还能在埃及的沙漠里找到，说明了这些小书在外行当中有多么流行。法庭上同样需要精细的技巧。演讲必须背诵，不能照着念。原、被告都需要清晰的语调、戏剧性的表达、对希腊语的熟练操控（多音节和难懂的言语），他得在精确的时限里为自己辩护。

在苏格拉底的这次审判中，首先发言的是原告美勒托、阿尼图斯和吕孔。[9]别忘了，美勒托是代表其他诗人发言的，[10]这些人都受到了苏格拉底的冒犯。这些名流及其跟班都要抵制这只讨厌的牛虻。吕孔是演说家的代表，苏格拉底曾批评他们只重风格而不重内容。阿尼图斯是雅典企业主中的一员，据说苏格拉底和阿尼图斯的儿子有过某种短暂的联系，他曾劝说这个年轻人去"思考"，而不是参与家族的制皮生意。此外，阿尼图斯还在内战中损失了大量财产，而苏格拉底的学生克里提亚斯等寡头却在内战中大发横财。没人知道阿尼图斯怨恨了多久——或许可以追溯到苏格拉底在伊利索斯河区域跟年轻人散步聊天的那些日子，当时的皮匠想在那儿用清水冲洗带血的兽皮都要受限。青春和闲暇兼具的美少年们在河中蹚水，聆听着苏格拉底和其他智者的教诲，而阿尼图斯的生计却受到了侮辱和威胁。这位哲学家和朋友们享受着清凉的伊利索斯河水，欣赏着体育场里的年轻小伙儿，深入地思考人生的意义，而实业界的一个强大的群体却备受冷落。

在柏拉图的一篇对话中，阿尼图斯和苏格拉底在雅典的小街偶遇。这个场面充斥着难以抑制的敌意：

> 阿尼图斯：苏格拉底，我觉得你说话太容易得罪人了，比如我。你若是听劝的话，那我就要提醒你小心点：在大多数城邦，害人可能都要比与人为善简单，在咱们城邦尤其是这样。[11]

我们不知道是谁写下的演说稿促使这几位皮匠、诗人和演说家在那个春日的清晨里上庭展开了辩论。这些起诉人，或是坐在法庭里的某个被雇来的帮手，写出了极具说服力的小册子。正是因为有了这些小册子，人们才挽救了自己的性命，阻止了一次堕胎，以及从邻居手中索回了本属于自己的花园，等等。我们也不知美勒托、阿尼图斯和吕孔说了什么［除非他们的话被人记在了一小片莎草纸上，至今仍保存在伦敦、巴黎、纽约、埃及或雅典的博物馆储藏室里，等待着翻译和出版，这不无可能。鉴于最近在俄克喜林库斯

49

（Oxyrhynchus）古卷 * 中还发现了索福克勒斯的新戏剧片段，这是很有可能的〕。有一点可以肯定，他们指控苏格拉底的演说必有时限。[12]

这个市政广场里的审判庭现在都已坐满，对苏格拉底的指控也已经由一名传令官宣读了。在耐心地等待执政官做出指示之后，法院的工作人员开启了水钟的可控水流：此时演讲者就可以跟 500 名强势的法官兼陪审团分享自己的论点了。

我们很清楚苏格拉底审判中的雅典水钟是什么样式，因为在 20世纪 30 年代，人们在雅典市中心的一口井下就发现了一台破损的水钟（klepsydra）。那是两个陶罐，一大一小，上下叠放，水会从大罐流入小罐。这个特殊样品的放水速度相对较快，排空只需 6 分钟左右。但一家大法院的水钟肯定要相应地更大，而且我们现在知道这些陶罐在诉讼过程中需要一次次重新灌满。这种瓶装的时间与苏格拉底的那种根本上更加旷达的生活方式是格格不入的。在这次审判期间，苏格拉底就指出了让这种死亡的钟点成为法庭仲裁者的荒谬之处：

> 苏格拉底：如果我们有这么一条法律，就像在别处 † 一样，决定生死的审判不是只进行一天，而是持续多日，那你们会被说服的，但现在要在这么短的时间里推翻那么大的诽谤就不容易了。[13]

在这个法庭上，没有什么真正意义上的小时在流逝。到公元前4 世纪后半叶，"ὥρᾱ"一词才有了"小时"的含义。在那之前，这个词可以指一季，也可以指一段"适当的时间或指定的时间"。苏格拉底的有生之年被称为"轴心时代"是有道理的。因为在人类历

---

* 俄克喜林库斯是一处重要的考古遗址，位于今日埃及的明亚省(Al-Minya)境内。20 世纪，考古人员在当地发现了大量莎草纸古卷。

† 指斯巴达。

史上，这就是一个旧世界开始向新世界转变的时刻。雅典仍然遵循着原始的乡村历法，人们会用仪式和季节来划分时间，但新科技已经开始改变一切了。水钟的缓慢渗漏势不可当。[14]

> 苏格拉底：别发抖了。你要少胡思乱想，把这些念头扔到一边，   50
> 放空一会儿。然后再用脑子，让它重新动起来权衡这个问题。[15]

苏格拉底同意遵守法庭的规则，法庭也已经按雅典的法律召集了众人来审判他。因此，这个 70 岁的老人不得不站在那儿，穿着破旧的羊毛斗篷，和周围的人一样在规定的时间里费劲地听着原告的发言，就像古雅典法庭的所有被告一样，他也必须做出回应，为自己辩护。[16]

法庭上的竞争

今日法庭的对抗性就是直接承自古希腊的斗士传统，在那时，证明你是个真男人的主要手段就是竞赛（agones）。[17]

古雅典法庭无关乎共识，只关乎胜利。被告和原告都要在这个剧场里表演。情感操纵是诉讼中的一个重要部分：人们会哭泣和乞求，贵族会拜倒在"人民"脚下。当然，高潮并不是雷鸣般的喝彩声，而是裁决。法庭上坐满了普通的雅典人——我们可以想象一个座无虚席的篮球场——这些人都被泪水、紧握的双手和动听的话语所左右，同时还要做出决定性的、明确的、不可逆转的裁决。

尽管美勒托、阿尼图斯和吕孔提出的确实是一些让人反感（且事关重大）的指控，但他们的发言不可能是什么世界级的演讲，或者某种能传颂千年的西塞罗风格（Ciceronian）的史诗。尽管我们知道他们在给定时间内起身向陪审团发表了演说，但他们的诘难好像没有一句能留存至今。然而在此地发挥作用的也不仅是这些人的抨击式演说技巧，苏格拉底非常清楚，还有其他的东西在跟他竞争。在这个春日里，成见（预先的判断）显然已经出现在法庭上了，还有一种极其强大的力量也是如此，它被希腊人奉为女神：

> 苏格拉底：有些人是以恶意和诽谤说服了你们，还有些人是自己被说服了又去劝说别人——他们都很难对付。我甚至没法把他们当中的任何一个人带到这里来接受质询，为了给自己申辩，我好像只能在无人回答的情况下对空辩驳了。[18]

51　　苏格拉底指出了"诽谤""谣言"以及"口头裁决"的危险——这些都是一个有着猛烈、恐怖力量的神所惯用的手段，这位深受民主雅典爱戴的女神被称为劝说女神珀伊托（Peitho）。苏格拉底还没开口，法庭里的一些人就已经被说服了。诽谤似乎就这么随着她的呼吸迅速流传开来，要知道她可是民主雅典最为青睐的女神之一。历史忽视了她，但对雅典人来说，珀伊托就是城中的一个传奇般的存在，是法庭上的一个永恒的角色。

> 不管怎么样，雅典公民们，我并没有犯下美勒托所控告的那些罪，我似乎也不需要做太多申辩，对此我说得已经够多了。但我先前所说的——很多人对我怀有深仇大恨，你们可能都很清楚这是真的。如果我真的被判有罪，那给我定罪的就是这仇恨——不是美勒托，甚至不是阿尼图斯，而是大多数人的成见和恶意。很多好人被定罪的原因也在于此，我看以后也是一样。我们也不必担心，我不会是最后一个。[19]

在任何民主社会中，劝说的力量都不应被低估。

8

珀伊托，劝说的力量

雅典市政广场，公民大会，法庭，
公元前469—前399年

> 苏格拉底：……先生们，我不知道你们有没有被指控我的人说服；但我自己差点都要被他们打动了，他们的论调实在是有说服力。然而他们所说的话几乎没有一句是真的……
>
> ——苏格拉底的辩词，见柏拉图的《申辩篇》，17a

如果你今天从雅典卫城的西南侧往上走，那么在登上那不朽的大理石台阶之前，你肯定能看到右侧的一处徒留四壁的居所——神的居所。

每一位来到这个朝拜中心的雅典人都清楚一点，他造访的是一个实际的、诸神在世俗中的宅邸，而不是什么象征性的地方。神庙和圣殿都是为神族建造的尘世居所。来到此地的体验肯定是极其亢奋的。在这里，你就直接接触了天地间最强大的力量，进入了一个具有精神辐射性的力场。

这栋首先映入人们眼帘的房子属于一位强大而狡猾的女神，这神灵名为珀伊托，她极富魅力和影响力。[1]只要留心，你会发现珀伊托（或劝说）在这座城邦里随处可见。她总是行色匆匆，一身华丽的希顿长袍（chiton）随风飘摆，骨灰瓮和水杯上都可见其踪影。在《奥林匹亚颂歌》（*Olympian*）的第 13 章，品达（Pindar）让妓女们都成了她的仆人，以此来纪念这位女神。在这个新的民主国家，劝说的艺术变得格外重要，在这里，人们对于社会行为、正义、战争以及文明本身的想法都必须拿到公民大会上兜售，以至于这位劝说的神圣化身被授予了崇高的荣誉。小册子作家伊索克拉底（Isocrates）就在公元前 4 世纪末写道，每年去祭祀珀伊托的"男人都渴望分享这位女神所拥有的力量。"[2]

与阿佛洛狄忒、厄洛斯（Eros）和涅墨西斯一样，珀伊托也有其远古渊源。她和那些从原始之夜中涌现的神祇本是一体，这原始之夜是一团在人类乃至大地出现之前就笼罩着宇宙的黑暗。萨福（Sappho）形容她是阿佛洛狄忒的"金光闪闪的侍女"，[3] 有时则认为她和这位爱与激情之女神更加亲密，说她是阿佛洛狄忒的女儿或命运女神阿忒（Ate）的女儿。[4] 爱与劝说，这是一个危险的组合。珀伊托很有诱惑力和影响力，也很坦率；有时她会胡乱插手一些不该插手的事，但雅典人仍然相信她。

民主的雅典实际上很崇拜珀伊托。有这么多既得利益，这么多自由的机会，苏格拉底时代的雅典公民要如何才能团结一致呢？人们认为珀伊托就背负着这一职责，她不仅要唤起人们的雄心壮志，也要说服雅典人集思广益，鼓励他们为公益达成共识。雅典人会在剧场里观看珀伊托的荣耀传奇，她的女祭司在狄俄尼索斯剧场（Theatre of Dionysos）[5] 里拥有特殊的荣誉座席（和我们一样，古希腊人也很清楚酒的说服力）。她的善变特质被当时最时髦的雕塑家做成了木制的祭祀雕像，或是刻在了石头上。[6] 在宗教仪式中，女祭司会冲刷珀伊托的全身像，并将鸽子血洒上她的祭坛。她的名

号还将埃斯库罗斯的奥瑞斯提亚悲剧三部曲（Oresteian trilogy）* 推
向了高潮。

雅典娜：

我也要祝福劝说之神，

她温柔地化解了严厉的拒斥，直到辩护者宙斯来到审判现场，

并成功为她加冕。 54

如今善将与善携手奋进；

我们将与他们共享胜利。

歌队：

愿内战这贪得无厌的祸害

永不在雅典肆虐；

愿那燃烧的怒火、杀戮平息，

永远不要拿起武器，

如我所获的传承那般，

挥洒人的鲜血，叫尘土喝饱。

愿所有人共同欢聚；

同心同德，同爱同恨，如同血亲；

这可以治愈人的诸般伤痛。

雅典娜：

这些亲切的言语和许诺的行动

装点着智慧所引领的道路……

愿你们的国家视正义为最大的奖赏；

---

* 分别为《阿伽门农》《奠酒人》（*Libation-bearers*）和《报仇神》。

伟大和荣光将遍及每一寸土地和城邦。[7]

　　奥瑞斯提亚悲剧三部曲于公元前 458 年首次上演，当时民主还是个大胆的新理念。在直接民主制下，只消 10 年，劝说女神似乎就为雅典人民带来了可观的成果，改善了他们的生活品质。读到埃斯库罗斯的词句时很难不感到悲哀，事后来看，我们都知道当时的内战确实非常激烈，但同时也知道将要实际掌控雅典娜之城的劝说之风和客观环境有何丑陋之处。我们还应注意到，在古代的民间传说里，珀伊托有一个可怕的私生女，她在希腊语中叫 "pheme"（菲墨），在拉丁语中叫 "Fama"，亦即英语中的 "fame"（名望）。这个词的词源值得牢记。"fame" 一词原本并无恶名之意，它只是恶名的生命火花——谣言。在公元前 5 世纪，言说受到了民主政治的鼓励，而作为言说黑暗面的谣言也成了一种新的时尚，受到越来越多的热情崇拜。在雅典这样一个关系紧密又随心所欲的社群里，谣言和八卦自然成了街谈巷议中的一味调料。到苏格拉底受审时，名望在雅典虽能给人带来快乐，但也难免让人受难。

* * *

55　　对于珀伊托（劝说）和菲墨（名望），苏格拉底总是怀着一种带有预见性的含糊态度。

　　他似乎已经认识到了一种奇怪的悖论，而且对其深感厌恶，那就是空洞却有说服力的言论往往能产生巨大的影响。尽管很多智者都会借助于珀伊托的力量，去雅典市政广场兜售他们那些颇有说服力的说辞，但苏格拉底对此极为质疑。如柏拉图、色诺芬和后世的一些解读者所说，这位哲学家不同于雅典的许多修辞学家，他是真的对真理的堕落感到揪心。

苏格拉底：如果你始终以油腔滑调的无聊争论为乐，那你就有了跟智者打嘴仗的资格，但你也永远不会知道该如何与人共处。[8]

他的追求坚定不移，就是辨别"好坏"和"真假"。当折中和杜撰的用处在雅典达到顶峰之时，苏格拉底却十分固执，让人冒火。他不追求人气，也不喜欢用巧妙的话语颠倒黑白，他追求的是更坚实的东西，内容和风格兼具的东西。

如果我真的被判有罪，那给我定罪的就是这仇恨——不是美勒托，甚至不是阿尼图斯，而是大多数人的成见和恶意。很多好人被定罪的原因也在这里，我看以后也是一样。咱们也不必担心，我不会是最后一个。[9]

苏格拉底显然是谣言（菲墨和珀伊托）的受害者。在春末初夏的那天，有说服力的言辞将在法庭上决定苏格拉底的生死。

但在想象这位哲学家是如何走向了人生终点之前，我们还是应该先考察一下他的人生是如何开始的，又是从何地开始的。

青年苏格拉底

一只雅典红绘陶壶，较少见地描绘了孩童的活动。古代雅典的一名
孩童需要经过一系列的仪式才能被正式接纳。在安塞斯特里昂节期
间，他需要公开受到社会的欢迎。一旦孩子年满 3 岁，便可以在盛
宴上受到进一步的荣誉，他的名字也会被列入胞族名单。现藏于雅
典国家考古博物馆。

9

阿洛佩克：一位哲学家的诞生

雅典东南部的一个德莫区，公元前469年

克力同：要么你不生孩子，要么你就该自始至终地抚养和教育他们，以此来分享他们的生活。

——柏拉图，《克力同篇》，45d[1]

苏格拉底：公民同胞们，为什么你们会千方百计地聚敛财富，却对自己的孩子漠不关心呢，总有一天你们不都要把一切留给他们吗？

——苏格拉底（此话被归于其名下）[2]

说起历史上的伟人，我们一般对其死亡的细枝末节都了如指掌，但对其出生却往往知之甚少。据我们所知，苏格拉底是出生在雅典卫城的一片长长的阴影下，或者更准确地说，是出生在那块让人自豪的巨石旁，其高度是视平线以上230英尺。[3]他是索福洛尼克斯和菲娜丽特（Phaenarete）的儿子，属于安提奥基斯部落（Antiochis），成长于阿洛佩克德莫区。[4]在市中心的东南部，阿洛佩克区高高倚傍在叙美托斯山（Mount Hymettos）的山麓斜坡上。

　　雅典卫城及其坚硬的外观和世界级的建筑都让今人欲罢不能。由帕特农神庙领衔的卫城形象已是家喻户晓，在全球范围内，帕特农神庙本身也成为一种特定文明的象征。当然，少时的苏格拉底所看到的并不是我们眼中的这座神庙，这座经典的帕特农神庙是当时的人无从想象的，苏格拉底时代的雅典还未曾领略这种刚劲之美。相反，他每天早上醒来看到的就是一片战争废墟的剪影——那是带着锯齿状豁口的古帕特农神庙，它被波斯人的撞击槌、火把和刀剑击垮并烧毁了。但当时便有传言称凤凰将从灰烬中重生。

　　即使没有辉煌的帕特农神庙，苏格拉底也生活在一片摇篮般的壮阔群山之间，它们是雅典娜之城的天然守护者。吕卡维多斯山（Lykabettos Hill），雅典以西的埃伽勒俄斯山（Mount Aigaleos），北部的帕尼斯山（Mount Parnes）和东北部的彭特利山，全都高耸入云。苏格拉底会看到商人们渐次进入比雷埃夫斯港，这一长段宽阔的海岸线一直向希腊南部蜿蜒延伸，穿过科林斯以后便进入了伯罗奔尼撒半岛。现在被称作菲力波普山（Philopappou Hill）的那片神秘的白色岩层就如同他的老友，情侣们今天会在此约会，但当时这里就是抵御外敌入侵的一处重要的瞭望点。在阿洛佩克，世界及其所有的可能性和挑战都从你的脚下展开了。

　　在这里，这个苏格拉底的出生地，你可以看到地理因素是如何催动了雅典的历史进程。传说女神雅典娜和海神波塞冬曾争夺过这片内陆的殖民地——一片特殊的地域。周围群山环卫，土地又蕴藏着丰富的文明原料（大理石、石灰岩、黏土和白银），雅典就是海上传来的翠鸟的低语。雅典人一向从海上贸易中受益颇多，但并不惧怕海盗。橄榄和专业知识是他们出口最多的产品。因此，故事家们总结道——为了给他们的日常生活赋予一种原始而神圣的意义——波塞冬遭到了人们的否定，明智的雅典娜胜出了：作为白垩纪晚期的那块巨型红层石灰岩——至今仍被我们称为"高城"的卫城——上的长期居民，这位女神深受人们喜爱。

＊　＊　＊

苏格拉底在世时，雅典还是一个部落城市，如前几章所述，这个社会被有序地分成了各个部落，它带有情感色彩，实行的是一种松散的部族区隔制度。每个区域或者德莫区都分配给了某个部族。苏格拉底即阿洛佩克德莫区人。[5] 德莫区过去就是一些村庄，通常都处于当地部落军阀的控制之下。但改革家克里斯提尼认为部落文化和民主是不相容的。如果你忠于自己的部落，那就没法忠于更广泛的共同体。因此，在公元前 508（或前 507）年，克里斯提尼提出了最激进、最全面的倡议。他打破了旧的部落制度。他并不是傻瓜，他很清楚，变化看起来比较熟悉的时候，人们最乐于接受。因此，无论是一拥而上还是逐个展开的，村庄之名都被"取消了"。"部落"得以保留，它们都被重新命名，并且进行了彻底的重新配置。

和历史上的强人一样，克里斯提尼无视人口结构中的有机划分，他画起了直线。表面来看，他只是为加强军队而给雅典人创建了新的分组。于是"雅典的十部落"就这么在阿提卡大地上划定了。[6] 一瞬间，裙带关系、王朝派系、古老家族的古老优越感都被大大削弱了。当然，有些部落首领肯定非常不满，但他们会受到压制。这是令人兴奋的时刻，突然之间，更多的人被赋予了权力。

在中央议事会中，每个部落都可以有 50 名代表。在这些部落中，每个德莫区（实际上就是一个村政府）都可以投票决定谁有资格成为雅典公民。贵族和豪门的纽带直接被打破了。现在，德莫区（demes）——这个名字当然还要臣服于"人民"（demos）——就是一些草根力量构成的袖珍单元。所有雅典人都觉得自己被赋予了

61

权力，而且所有人都与其母城、雅典娜之城雅典有着某种血脉关联。
当地的节日，如乡村酒神节（Rural Dionysia，仅是一例），都会让
人产生一种归属感。在波塞冬仲冬月的下半月举行的乡村酒神节期
间，人们会抬出一个巨大的、极具特色的木制阳具在街上游行，以
百合花和常春藤为饰，同时献祭一只公山羊，当地人还会在戏剧比
赛中一决雌雄（时人形象地把这种戏剧比赛形容为两只打斗的公鸡，
从中可以想见其激烈程度）。阿里斯托芬也捕捉到了这些以德莫区
为中心的节日所培养出的归属感：

> 啊，我的主人狄俄尼索斯，愿我在这次游行和献祭中的表现
> 能令您满意，愿我和我的家人能有幸庆祝乡村酒神节，如今我已
> 经从战斗中解脱出来了；

> 你这狂欢的伴侣，夜游者，
> 喜好妇女和少年的神*：
> 挺过了六年，我要问候你，
> 我很高兴能回到我的德莫区，
> 享受我为自己缔造的和平，
> 摆脱了烦恼和战斗……[7.]

62   全城的节日——如城邦酒神节［也要献祭一只公山羊（tragos），
这个希腊名称很可能就是戏剧比赛中为纪念狄俄尼索斯而上演的悲
剧（tragedies）的出处］——能确保人们最终都清楚自己的归属：
归属于德莫区，也归属于这个民主城邦。在《理想国》中，柏拉图
描绘了一幅繁忙的景象：雅典人总是流连于一个个节日，耽迷于欢

---

* 指法勒斯（Phales），司掌生殖的神。

快的时光（craic）和人潮，同时也知道这种活动能取悦众神和公民同胞。[8]与此同时，作为这个崭新世界的人格化身，十位"部族领袖"（十位齐名英雄的青铜雕像）也日夜矗立在雅典市政广场的中心。*苏格拉底就是在这种有意识地重建和重置的活跃政局中诞生的。

* * *

苏格拉底时代的阿洛佩克德莫区至今仍保持着古代世界的乡村感。那里距市中心只有25分钟的脚程，路边长着不少野生的金鱼草。传统的泥砖房屋依偎在山坡上，它们很快就会被开发商兴建的楼盘所取代，这些开发商热衷于收购此类黄金地块上方的"空域"（air space）。阿洛佩克不是富人区。大雨过后，留着络腮胡的男人们仍会面带羞怯地去野草丛生的河岸边搜寻蜗牛，以充实家中的饭菜。很多年长的雅典人和难民最终也会居于此地。

但在苏格拉底出生时，这可是个非常值得期待的区域。

公元前469年，雅典还只是这片辽阔陆地上的一处弹丸之地。这座城市十分富饶，地理位置也颇具战略性，因而让无情的波斯帝国生出了觊觎之心。公元前480年8月下旬，作为希腊联军（约6000人）的先锋，301名斯巴达人在塞莫皮莱（Thermopylae）的温泉关阻击了波斯皇帝薛西斯及其大军，直到他们所掩护的所有希腊人都阵亡或撤退，这群斯巴达人直到最后都在赤手空拳地咬牙战斗。但波斯大军还是挺进了阿提卡，他们把沿途的土地都化为焦土，将不知所措的平民诱骗进军队的罗网中，奴役或屠杀他们抓到的所有人。9月底，[9]他们抵达雅典卫城，登上了那古老的台阶和红色石

---

* 这十尊雕像主要是雅典早期的国王、英雄或半神。克里斯提尼新创立的十个部落就是以这十人之名来命名的。

灰岩，随后就烧毁了这个地方。各种木结构建筑轰然倒塌，古雅典娜神庙也随之倾覆，四分五裂。今天，你依然可以看到那些饱经创伤的"*kouroi*"——美丽而神秘的青年男子雕像——它们那爆裂、变形、焦煳的石质皮肤都要拜波斯人放的大火所赐。

不过还有一线生机。公元前483年，在雅典南部低矮山区的劳里昂（Laurion），于4英里深的岩层下劳作的奴隶发现了一种神的馈赠，它证明雅典人受到了众神的"偏爱"：这宝藏便是含银的铅矿层。一夜之间，雅典就拥有了充足的现金。这本是个快速致富的机会，可以让贫穷的雅典公民摆脱贫困，让富人更加富有。但有一个人，即地米斯托克利（Themistocles）将军，他在雅典公民大会上提出了一个极具远见的计划。他建议不要当即享用这笔意外之财，而是应该干些大事——雅典应该把重心转向南方，面向大海：她应该成为一个海洋强国，一个"海上的统治者"（*thalassocrat*），就像荷马（Homer）笔下的那些驾船远航的古代英雄一样。就在他斟酌这个宏伟计划的时候，德尔斐传来的神谕帮了大忙。这条隐晦的信息告诉雅典人，要相信木墙。什么墙？在哪儿？民众们叫喊着。也许是神圣的雅典卫城周围的木栅栏？不，地米斯托克利说，这神谕指的就是那些装点着海洋的墙——曲木打造的舰队。

尽管人们最初都有些怀疑，但地米斯托克利的热情最终说服了他们。他委托打造了200艘新的三列桨战船，起先是用于航行，随后投入战斗，一下子把一帮旱鸭子变成了"水手"（*thalassioi*）。[10]这群颤抖的雅典人无疑还需要一些帮助。薛西斯的波斯大军正在东方虎视眈眈，意图入侵，其规模之大，史无前例：按照当时的资料，这支军队有170万人，按照更保守的现代估算也应有25万人。无论哪个数字为真，这都是一支气盖山河的大军，一个看似不可阻挡的霸主。这支军队用一些由泥土和树枝捆绑起来的船只建成了一座横跨赫勒斯滂（Hellespont）*的浮桥，由此连接了欧亚大陆。他们还在繁茂的圣山半岛上开凿了一条运河，向南直指地中海，在这座半岛上如今还有一个独立的基督教会之国，即阿索斯山（Mount Athos）。一些目击者曾结结巴巴地说道，波斯领袖薛西斯指挥了如此骇人的、排山倒海的行动，他必定是乔装打扮过的宙斯。[11]

若是硬碰硬，波斯人绝不可能被希腊人打败；然而凭借努斯（nous）†，希腊人或许还有一线生机。于是，在初秋——雅典历的 10 月（Pyanepsion），即公历 9 月——希腊人诱使波斯军队冒险进驻了阿提卡地区的边缘地带。事实证明，正是此举奠定了波斯人的军事败局。

雅典的所有人口，除了躲在雅典卫城的女祭司、司库和颤抖的留守者们（他们后来都在雅典娜神庙被焚毁时遭到了屠杀或被活活烧死了），都被疏散到了伯罗奔尼撒半岛和附近的萨拉米斯岛。10 万多人撤离了故土。孩子们哭声不绝，妇女也都因艰难的跋涉和恐惧而汗流浃背。在这群难民里，有很多人可能都有机会让雅典走向伟大：10 多岁的伯里克利（几乎可以肯定）就在其中，还有剧作家索福克勒斯。

他们就像是一场雷暴中排队行进的蜗牛。各家各户都随身携带了一些财物和粮食，他们的家园已被烧为灰烬，一切都被破坏殆尽或洗劫一空。这是个悲哀而屈辱的时刻。雅典城的烽烟仍未熄灭，而雅典人能做的只有观望和等待。战局对他们十分不利。奴役、屠杀和强奸似乎已是他们难逃的劫数。除非发生某种奇迹——很多人肯定还觉得雅典娜会出手干预——除非希腊人的计划奏效，他们才能把家人带回那座烧成灰烬的城市。[12]

64

---

* 即今达达尼尔海峡。

† 指心灵和理性。

但在那一天，奥林匹斯诸神，尤其是风之神，正向雅典一侧倾斜。萨拉米斯海峡还不到一英里宽。如果我们爬上那白石崖壁——薛西斯本人就曾坐在那里观战——并向下俯视，那片水域看来不过就是一个小小的水湾，一片更适合游船的湖。萨拉米斯岛就阻塞于其间。哪怕你人数再多，单位时间内能在此作战的士卒也十分有限。寥寥几艘能进入的波斯船只都被风吹得偏向了一侧，向希腊人暴露出了宽肥的船腹。这些战舰开始像水洼里的树叶一样聚拢到一起，随后便是疯狂地撞击。凭借着船首安装的瓶鼻形金属长杆，希腊战舰把敌军撞得四分五裂。没有溺水的敌人都被刺死在浅滩之上。海面上的尖叫声不绝于耳，石块不断落下，砸向了仍在扑腾的落水者。海水最终被希腊人和波斯人的鲜血染红。

不久，一声尖锐而悦耳的鸣吼划破了长空，那是希腊人在用长笛吹奏凯歌，庆祝胜利。一座高 17.5 英尺的巨像将在德尔斐竖立，托举起一根被俘的波斯战船的艉柱。一块块题刻过的石头也将遍布整座城市，宣告西方的自由能够而且理应战胜东方的暴政。

雅典人为击败这样一个庞然大物式的敌人而兴奋不已。在漫长的 70 年里，波斯人一直在展示他们的肌肉，拉拢希腊盟友，在希腊大陆上横行霸道，用超越希腊人极致想象的致富前景引诱希腊人站在自己这边。[13] 然而一夜之间，这个我行我素又激进的雅典小邦（通过召回流放者，授权给重装步兵，训练新技能——人们的双手都饱受水泡和各种碎片的摧残——以及每周击溃两艘三列桨战船）已变成了一座不可战胜的城市。雅典人开始再造家园，重建他们的声誉和这个神奇的城邦。

此刻，雅典之名正在散居各处的村庄广场上口耳相传，众人都神采飞扬。在城内的简陋房屋里，官员都穿上了自己最好的长袍，准备前往小亚细亚、色雷斯和埃及，向他们传达雅典已经担起了团结东地中海地区来对抗强敌的重任。作为今日的海上强国，雅典看来就是对抗那个从海陆入侵之敌的天然领袖。两年后，雅典人的卓越地位在基克拉泽斯群岛（Cyclades）中神圣的提洛岛得到了正式承认。公元前478年冬，雅典人被公举为（我们所说的）"提洛同盟"（Delian League）的领袖，盟国都对其恭敬有加。金钱开始涌入雅典领土，希腊的团结让东地中海的经济开始加速腾飞，"东方犬蛮"的失败让这座城市充满了活力。

就在萨拉米斯战役胜利10年后，苏格拉底诞生了。希腊人普遍认为名字能决定人的性格，如果你认同这点，那就能料到这个男婴是"sos"的，即"安全的""非常健康的"（英语中也有此意；这说来话长），也是"kratos"的，即"强大的""吸引人的"。以安全为名，这或许是苏克拉底父母的一个衷心愿望，毕竟菲娜丽特和索福洛尼克斯刚经历过一段残酷、动荡和血腥的年代，他们自然期望儿子能有一个更安稳的未来。[14]

苏格拉底在童床上哭号之时，也正是雅典重建之时，整个城市的建筑工程都在紧锣密鼓地展开。在他出生那年，雅典卫城北面的护城墙建成了，绘画柱廊（Peisianaktios，即后来的 Stoa Poikile）的地基也在雅典市政广场的边缘打好了，让人印象深刻的比雷埃夫斯港口建筑群也只有20年的历史。雕塑家和石匠也将开采出的石灰石和大理石打磨成了希腊世界的各种活灵活现的人形图腾：胖胖的、真人大小的学步孩童向生育女神祈祷，长着山羊腿的潘神（Pan）得到了可以用来攀爬的偶蹄，一队队重装士兵正奔赴战场，悲哀的年轻遗孀匍匐在火葬堆上。

据我们所知，苏格拉底的父亲也是这个百废待兴的城市中的一名石匠，满身都是石灰和尘土。[15]这是个忙碌的男人，本着当时那种"肯干"的精神养家糊口。从那时起到今天，阿洛佩克及其邻近地区都一直以大理石泥瓦匠的居住区而闻名。[16]这片山脚下的区域至今仍有不少泥瓦匠，他们经营着小型的家庭作坊，在这座现代城市第一公墓的大门周边展示着各自的商品。今天，他们的工作都是装饰性的，只为了安慰那些想用精雕细刻的石头来缅怀 21 世纪亡亲的遗属。但在公元前 5 世纪，石匠们就是雅典这块招牌的缔造者。

所以苏格拉底的父亲索福洛尼克斯肯定是炙手可热的。精美的"哀悼中的雅典娜"（Mourning Athena）浮雕完成了，雅典卫城西北坡的水钟喷泉（Klepsydra Fountain）落成了，雅典娜·普罗玛琪斯青铜像（Athena Promachos）已由艺术大师菲狄亚斯铸成了。圆顶会议厅也在雅典市政广场拔地而起，他能让人联想起英雄时代（青铜时代晚期）的那些勇士国王的坟墓，还可以一次给 50 名议员提供一顿大餐来补偿他们的辛劳付出。[17] 雅典的人口开始增长，到苏格拉底去世时，人口将增加 4 倍。人们成群结队地来到这个地区，雅典的街边满是简陋的住房。

天才们让建筑物焕发了光彩，一股创意之流在街巷间疾驰。在这个充满希望的城市里，视觉艺术家都得到了资金和精神上的支持。"弑僭主者"哈尔摩狄奥斯（Harmodios）和阿里斯托革顿（Aristogeiton）的青铜像成了雅典市政广场的永久居民，这些雕像取代了薛西斯窃取的原始雕像，可谓是古代纪念性政治艺术的最早范例。菲狄亚斯也雕刻了精美的雅典娜·莱姆尼安像（Athena Lemnia），这是他在帕特农神庙建造的那座巨大的镀金雅典娜的前身。

就造型和雕塑而言，最能打动观者的是什么呢？不就是那些在这些方面达到了极致完美的最宏伟壮丽的雕像吗？奥林匹斯山的宙斯、雅典的雅典娜……[18]

来自北方的冒险家，来自南方、东方的工匠与雅典本土的人才也相得益彰。大画家波吕格诺图斯（Polygnotos）从萨索斯岛（Thasos）来到了这里，在绘画柱廊中幻化出了奔腾的骏马和亚马逊人，同来的还有他的一个竞争对手——萨摩斯的阿戛塔耳库斯（Agatharchos）。[19] 阿夫季拉（Abdera）的哲学家普罗泰戈拉（Prottagoras）来了；克里特岛（Crete）西北部塞多尼亚（Cydonia）的雕塑家克勒西拉斯（Kresilas）来了；色雷斯的德谟克利特（Democritus）也来了，他想象出了一种小到不可分（*a-tomos*）的粒子，并名之为原子。在 2500 年前就想象出了一种看不见的东西，还为其命名，这实在不可思议。[20] 德谟克利特在北方多少有点名气，但"在雅典的街道上"，他肯定会说："没有人知道我是谁！" [21] 斯塔吉拉（Stageira）的亚里士多德也将旅居于此。雅典是一个不断扩大的池塘，里面挤满了大鱼。

自儿时起，苏格拉底就已经瞥见了周围的个体和群体的能力。

＊　＊　＊

苏格拉底 2 岁的时候发生了一件非同寻常的事。这个天文现象将成为该城未来几年的话题：一颗巨大的陨石划破天空，坠落在了达达尼尔海峡附近的一个名为埃戈斯波塔米（Aegospotami）的地方。[22] 一些田野被烧毁了，但出人意料的是，并不是所有希腊人都在哀叹这是众神的怒火。不久，雅典娜之城的一位古怪的哲学家阿那克萨戈拉（Anaxagoras）就用一种疯癫的理论逗乐了别人，他认为恒星和行星并不是什么天上的生灵，而只是一些滚烫的岩块。他的信念似乎如愿以偿地得到了那块天降陨石的证明。改革派将领、政治家、这座新民主之城的后起之秀伯里克利也开始认真注意起这些理论来，突然之间，各种疯狂的、挑衅性的思想都有了发展的可能。

我们可以想象一下苏格拉底儿时的样子。骑在母亲肩头，因为淘气而被父亲胖揍（多年后，柏拉图说苏格拉底曾逃离自己的父亲）；[23] 3 岁时，他成为胞族（*phratries*）[24] 中的一员，与另一些

3 岁的孩子一起欢庆安塞斯特里昂节（Anthesteria）*。我们在儿童墓葬中的小瓶子和杯子上都可以看到这些雅典孩子：在推车里互相拉扯、把鹅卵石扔进罐子、抓鸟、摆弄棍子和球。他们既是孩子——对于其中的幸存者来说——也正在成为这个共同体不可或缺的一部分。

在这个历史时期，与死亡相连的不是老人，而是少儿。苏格拉底是经受住了各种疾病的少数人之一，在公元前 5 世纪，雅典有五分之三的儿童都会被疾病击倒。波斯人仍留驻于东方，年幼的苏格拉底没有像之前的很多人那样在一场无情的袭击中惨遭屠戮。他的童年格外平静。他和村社的伙伴们都有时间玩耍，有关节的玩偶颇受他们喜爱，还有距骨（Knucklebones，† 在很多挖掘现场都有发现，往往杂乱地堆在一起，就跟它们原本在古希腊小屋的泥土地面上的样子一样），以及骰子，只要当时的人买得起，它们和我们今天用的那种一模一样，这都是新一代雅典人最喜欢的消闲玩意儿。

有一点几乎可以肯定：苏格拉底小时候受过教育。通常情况下，奴隶导师（Paidagogos）‡ 会一直陪在雅典儿童左右[25]，而且和周围那些被晒得黢黑的孩子一样，苏格拉底也会在巷道之间观察工匠、学者、占星家、画家、雕塑家、江湖郎中、奴隶贩子和香料商人，这些人都沿着各条干道来到这里，进入了雅典这座"戴着紫罗兰花冠"[26]的魅力之都。

这个希腊男孩儿就在这么一个充满了非凡活力的地方开始了平凡的生活。

不过我们若相信自己掌握的资料，那么总会有些东西是能让苏格拉底略显不同的。这可能只是些吹捧性的传记，或者事后诸葛亮

---

* 纪念酒神的节日。

† 这里指绵羊等动物的距骨，位于踝关节处，是古希腊的一种游戏道具。

‡ 希腊人的启蒙老师往往是家中受过教育的奴隶。

式的一厢情愿，但这些故事都提到苏格拉底多少有点"与众不同的"学者气质。他父亲甚至去德尔斐求过神谕，询问该拿这个古怪的儿子怎么办。神谕让他放任自流：让这孩子"随心所欲地去做任何事，不要约束或转移他的劲头，随他去。"[27] 不过一个普通雅典家庭的最佳选择还是保持低调，别惹麻烦。索福洛尼克斯只能向雅典市政广场的宙斯和缪斯女神祈祷：保佑他选对边，跟奥林匹斯山的诸神及其伙伴们站在一起。尽管这是一个具有民主精神的时代，但受到太多关注也不无代价。成为伟人和英才往往也意味着你会受到流言蜚语的中伤，甚或被逐出这座城市。

但"安全的"苏格拉底大概不大喜欢默默无闻地维持现状。按照我们现有的资料，这个尚不成熟的哲学家此时已经开始探询他所处的世界了。提问就是他一生的事业。"唯一的德性就是知识，唯一的恶就是无知。"[28] "未经审视的人生不值得过。"[29] 这个石灰遍地、节奏平缓的阿洛佩克郊区似乎还不够大，配不上一个爱追根究底的人。苏格拉底必须去寻找自己的论辩搭档。

据我们所知，他后来为追寻知识就去了一个贫民区，那是雅典的下城，一个罪恶的郊区。

10

凯拉米克斯——陶工和美少年

雅典城墙外，公元前450年

苏格拉底也是第一个把哲学从天上引回人间的人。

——西塞罗，《图斯库兰论辩集》(*Tusculan Disputations*), 5.10

黄金时代的雅典被一道坚壁所环围：一条 3.75 英里长的环形城墙护卫着这座城市，到公元前 452 年，它又大幅延长到了 15 英里，将雅典与其姊妹城（比雷埃夫斯的下城港区）连接起来，这个城港为雅典提供了一个出海口。[1]

施工用的建筑材料是"波斯瓦砾"，波斯人企图摧毁这座城市时遗留的残砖碎石。建筑工人则是那些幸存的普通男女、儿童和奴隶，在萨拉米斯的警钟终结了波斯噩梦之后，他们迈着蹒跚的步子返回了家园。[2] 雅典人热情高涨，他们再也不想经历这种惨剧了，于是便启动了这项雄心勃勃的建设计划。雅典此后越来越类似于近东的大城市——巴比伦、尼尼微（Nineveh）——这些超级大国都有一道方圆数英里可见的防御性声明来保障其安全。不过巴比伦的城墙是釉面蓝砖铺砌的，尼尼微的城墙也雕刻着天堂般的花园奇景，而雅典的城墙显然是匆忙间搭建起来的。[3] 人们最后把各种残骸都塞进了砖石之间：坟冢的碎屑、颁布过法令的碎石、破碎的陶罐。[4] 雅典人拼命地用各种有形的东西来隔绝暴行，想尽其所能确保雅典这座要塞的安全。

坚固的城墙所提供的保障烙入了那个时代的文学和心灵。来自小亚细亚以弗所城（Ephesus）的哲学家赫拉克利特（Heraclitus）宣称："人民应该为保护法律而战，就像为保护他们的城墙而战一样。"研读《旧约》文本也能让我们体会城墙倒塌的恐怖："我消灭了很多国家，摧毁了他们的城墙和塔楼。他们的城市现在空无一人，他们的街道成了寂静的废墟。无人生还，故而无人能讲述这里发生了什么。"[5] 耶和华还大发雷霆："我要将恶人化为一堆瓦砾。"[6] 雅典人无意忍受这样的境遇，于是便把砖石一块块地垒了起来。凭借着一股精妙入微而又摧枯拉朽的力量，人们完成了这项工程，沿途的房屋、道路和橄榄园都被一一清除。雅典人明白，若没有一套可靠的防御体系，以及一条通往比雷埃夫斯港口的永久且可控的通道，他们就不过是一个普通的内陆城邦，一只在岸边坐以待毙的鸭子。

尽管雅典已经成为提洛同盟之首，尽管她的船坞里停满了德尔斐神谕中的光滑"木墙"，尽管她为世界创造了一个新词——"民主"，甚至赶走了波斯人，但并不是所有人都喜欢她。

> 科林斯：不要忘了，一个僭主之城* 已经在希腊建立起来了，它们就是要对付我们这样的城邦；它已经统治了我们的一些城邦，还打算把其余的城邦也纳入它的帝国。[7]

除了"戴着紫罗兰花冠"这个恭维的名衔外，此时的雅典还赢

---

*　科林斯属于斯巴达主导的伯罗奔尼撒同盟，用僭主一词意在污蔑雅典。

得了另一个称号："好管闲事的雅典"。没有了波斯这个共同的敌人，明确而切近的危险消失了，各城邦都开始留意谁最能让他们振作起来，掸掉他们身上的尘土。雅典无疑配得上这一殊荣。除了科林斯人的抱怨，斯巴达人（位于伯罗奔尼撒南部的拉科尼亚）对阿提卡平原上竖起的那道围墙也不太高兴。[8] 斯巴达人鄙视城墙，普鲁塔克告诉我们，斯巴达人曾自豪地吹嘘道："我们的青年就是我们的城墙，我们的城垛就是他们的矛尖。"[9] 到苏格拉底去世时，约有75% 的希腊城邦都建起了某种形式的围墙。一座有着奢华城墙的城市会呈现出一种神话般的特质，表明它永远不会被攻破。雅典人肯定已料到他们的造墙计划会激怒该地区的另一个超级强国斯巴达，但他们并不打算让步。及至公元前 478 年，城墙防御工事终告完成。苏格拉底就出生在这座合围之国的蛮横而封闭的警戒线之外。

* * *

到苏格拉底 19 岁时，雅典的完全民主制才刚刚建立了 12 年。[10] 随着这位哲学家的成长，民主也开始日渐成熟。民主是一种奇怪、大胆且激进的实验。[11] 就像所有完美的实验一样，它也可以在严格限定的条件下产生最好的结果。雅典很难说是一个开放社会。它的这种激进发展是直到最近才出现的，还非常原始。其敌人也只消一个上午就能行军至此。于是，这座城市便在它的嫩芽周围建起了一圈黄瓜架，为其提供了无以复加的保障。外面是外国人、熟练工和边缘群体，里面则是公民和利益攸关者。黄金时代的雅典是一座真正的堡垒城市，带雉堞的塔楼和城垛至少有 40 英尺高，隔开了富人和穷人。

今天从雅典卫城向西北方向走，你就会发现雅典正在进行的一项最让人兴奋的考古挖掘工程，就在这道灰泥屏障之外的一个危险地带。通往凯拉米克斯区的那条道路仍然有一种边缘感。留着八字胡的老头玩着双陆棋,那儿还有一个粗陋的跳蚤市场,旧杂志和老匕首混在一起,就连小贩也承认他们卖的东西大都是些劣等货,一下雨就会把它们扔给清洁工。

正是这个真正的边缘片区为我们提供了苏格拉底生平的诸多线索。想象一下,我们正在接近雅典,不是从通常的路径直接进入,比如借助那些自豪的雅典人或自称的雅典钦慕者的著作,而是从外部走向其内部。从远处看,雅典卫城上矗立着不朽的神庙和圣殿,它们高耸于天际线之间,就像如今的一样。走得更近些,城市的恶臭(这里没有排水系统和垃圾收集站)和抛光的石灰石巡防工事(宽度足够军队行进)宣告着这一文明之都已近在咫尺。要从这里进城,就要通过一个杂乱的棚户区和那不朽的双门。

这城墙和西北部的迪皮隆城门及其内院的纵深共有 130 英尺,总占地 2160 平方码 *,是古代世界最大的门户,且正好穿过一个古老的地区。这里还有一座喷泉,游人进城前可以用它来提神和洗漱。这个边缘区域的名称出自凯拉梅乌斯神(Kerameus,这个名字的意思就是陶工),此地的居民恰好也是制陶工匠。凯拉米克斯区的陶工给我们留下了一样东西,对很多人来说,正是它定义了这个古典世界:希腊装饰瓶。只要说到 "ceramics"(陶艺),我们就在不经意间称颂了他们的成就,以及凯拉梅乌斯。

凯拉米克斯肯定是个俗艳、恶臭又充满活力的地方:一个可以让你歌颂生和死的地方。艾瑞丹诺斯河(River Eridanos)曾在这儿自由流淌,现在它已经变成了一条泥塘似的地下细流,只有乌龟坚定地在这条河的残迹上爬行。[12]苏格拉底时代的艾瑞丹诺斯河是从城墙下的河门流出这座城市的,河水肮脏不堪,臭气熏天。但这

72

---

*　1 平方码约为 0.8 平方米。

棕色的液体仍会用来给当时流行的澡堂供水。剧作家阿里斯托芬曾含沙射影地提到一个在这里卖香肠的人（有意的一语双关）"在卖一些捣碎的狗肉和驴肉做的香肠，豪饮烂醉，和妓女嬉笑怒骂，拿澡堂子里用的脏水来解渴。"[13]

年轻的苏格拉底在这个片区散步时肯定能看到很多供人调戏的卖淫者：凯拉米克斯区支持妓女在某些场所接客，这些场所常被古希腊人形容为"工厂"或"性爱工厂"。走进今天的挖掘现场，你依然可以看到她们当年的摊位。如今这里都生长着杂草和野生的羽扇豆，一切都一览无余，但其中的那些被压变了形的空间还是能激发我们的想象：白日里，一排排的女人都在编织衣服，入夜则愈加忙碌。人们在其中一个房间的角落里发现了一块厚重的银质圆形挂坠，上面印着一个丰满又"爱笑"的阿佛洛狄忒，骑着一只山羊穿过了繁星点点的夜空，真切地显露了 2500 年前此地的风尘之气。[14]

公元前 4 世纪的一份文献曾描述过雅典这片红灯区的情况："袒胸露乳的女人们晒着日光浴，一丝不挂地排成半圆形；你可以从中随便挑一个喜欢的：瘦的、胖的、圆的、高的、矮的、小的、老的、中年的，或者换一拨。"[15] 她们肤色各异：有很多妓女都是在色雷斯、叙利亚和小亚细亚的战役中沦为了奴隶。这些俘虏（不允许进入雅典）成了这座城市的一个具有异国风情的边缘群体。她们会拔下或烧掉自己的阴毛，以满足来客们各不相同的性癖。男人们会"在这床上"快速地辗转腾挪一番，用雅典人的话说，就是结成"午间婚姻"。当然，男性的肉体也可以买到。埃斯基涅斯（Aeschines）说男孩儿们会排成一排，"坐在货摊上"。[16] 用不了几年，其中一个货摊男孩儿［来自伊利斯（Elis）的一个名叫斐多的没落贵族］就会让苏格拉底轻抚他柔软的头发，而这位哲学家当时正在等待死亡。凯拉米克斯区的一些卖淫者价格极低，甚至连奴隶都承担得起：一次一个奥波尔。

　　爱、性和死亡就是这里的一切。从公元前12世纪起，这里一 73
直都是墓地，在苏格拉底的时代，其主干道两旁仍然排列着很多雕
饰过的石冢，一眼望不到尽头——比较简约，不是那种散发着贵族
权力气息的华丽彩绘墓，而更具民主的意味。死者都是按部落来分
组的，一个独立的"政治的"墓地里设置了一些公葬墓。但各级阵
亡将士都为人所敬仰，演说家会颂扬勇士们的美德，人们还会专门
组织体育竞赛来超度亡灵，将他们送入冥界。

　　据我们所知，苏格拉底年轻时经常会来光顾这个喧闹而快活的
死亡之地。对他个人的故事和雅典黄金时代的故事来说，凯拉米克
斯是一条关键线索。这些粗俗的、暧昧的小巷和隐秘之所就是他的
道德苗圃。在这片地界，一个人的基本需求和高尚旨趣都能够得到
满足。苏格拉底清楚地表明，他的哲学就来自观察我们人类称之为
家园的地方，并在其间生活，无论它们是好、坏，还是美、丑。他
所传达的简单的、让人恼火又鼓舞人心的信息就是，不管世界抛给
我们什么，无论我们所处的环境如何复杂而艰难，我们都应该发现
和拥抱善和生活中的乐趣。

　　　告诉我：你同不同意有这么一种善，我们想要拥有它，但不
　　是因为渴望它带来的后效，而是为了它本身而欣然接受它？比如一
　　些无害的快乐，除了拥有和享受它们之外，什么后果也不会有。[17]
　　　他过去常称赞闲暇是最有价值的财产，就像色诺芬在他的《会
　　饮》中告诉我们的那样。[18]

　　有意思的是，作为一个年轻人，苏格拉底的追问似乎不仅仅
关乎善和幸福的本质，还带有一种更具科学性的倾向。这个尚显稚
嫩的圣贤在凯拉米克斯学了不少新东西，据我们所知，他花了很

多时间和智者、专业的思想家待在一起，这些人会聚于雅典，就像被磁铁吸引的铁屑一样。他们的研究都很有冲击力：世界是圆的还是平的（苏格拉底断定是圆的）？空气是由什么组成的？群星显示了何种意义？这些思想家的研究都旨在揭示自然界的运作（*phusis*）。

> 苏格拉底：我年轻的时候，西比斯（Cebes），我对他们称之为自然研究的那种智慧极为痴迷。我觉得知道一切事物的起因，知道一种事物为什么会产生，为什么会消亡，为什么会存在，这都是很值得称道的……我很看重自己所怀的希望，我会急切地抓起书本，以最快的速度阅读，以便能尽快弄明白哪些最好，哪些最差。[19]

在这些户外的研讨会上，苏格拉底是不缺好伙伴的；对雅典娜之城的富人来说，十七八岁的有闲男孩儿本就如此。雅典的每个成年公民都有两三个奴隶，这个富裕的雅典年轻人不必为繁重的工作烦心。他把醒着的时间都花在了磨炼自己的身体和头脑之上。[20] 雅典所有的年轻公民（特别是富有的年轻人）都有大把的闲暇（*schole*），因为奴隶的人数比他们多得多。据估算，这些年轻人和中年人每天四分之三的时间可能都是在体育场里度过的。在这里，他们为比赛、战争、"健美"以及在城里的节日中要担当的角色做着准备。

在雅典，你到了某个年龄就可以做某些事情：和所有健康的公民之子一样，苏格拉底这个蹒跚学步的孩子也在安塞斯特里昂节上得到了雅典社会的接纳。到 7 岁时，他就可以读书。12 岁时可以参加宗教仪式，18 岁时——真正成年的时候，从无须小儿变成了虬髯客——他可以参加的节日就不可胜数了。

宗教节日几乎每天都有，大多数苏格拉底都有机会参加，它们给雅典营造了一种安全感和目的感。[21] 其中最精彩的就是让人叹为观止的泛雅典娜节（Great Pan-Athenaea）了，这是个四年一度的盛会，外邦人此时都可以进入这座城市，领略雅典的伟大。在阿提卡的 10 个竞争性部落之间，此时的角逐是异常激烈的。帕特农神庙的檐壁雕带上刻画的就是泛雅典娜节的景象：外邦人捧着蜂蜜蛋糕，贵族们骑着马在街道上昂首阔步，长笛手和七弦琴手演奏着各自的乐器，众神混杂在男人当中，年轻的姑娘携带着家物什，为高级女祭司的宗教仪式做着准备；与这位女祭司背靠背站在一起的不是别人，正是主持苏格拉底审判的国王执政官本人。在帕特农神庙那精雕细刻的大理石上，这个敦实而饱经磨炼的执政官娴熟而温柔地折叠着厚重的佩普罗斯袍（peplos），那是为该城的第一女神"智慧的雅典娜"准备的一件新斗篷。

苏格拉底无疑也会参加泛雅典娜节。庆祝活动要持续一周，并且在全城展开。节日的游行路线（泛雅典娜大道）从迪皮隆门一直延伸到雅典卫城。走在其中，你会闻到雅典市政广场里奔跑的那些全副甲胄的运动员的汗味儿，以及在骑兵和战车比赛中疾驰而过的马匹呼出的热气。海港里有划船比赛，雅典卫城的斜坡上有管弦乐比赛，普尼克斯还有荷马朗诵会。在泛雅典娜节上获胜不仅能赢得荣誉，也能收获奖品，比如在成年马的战车比赛中拔得头筹，你就能得到惊人的 140 个双耳瓶的橄榄油，大约 4460 升。胜者可以在纪念雅典娜的盛大游行中炫耀自己的奖品：这场游行的名字 "pompe" 出自凯拉米克斯区的列队厅（Pompeion），它至今仍能让我们联想到那场壮观无比的仪式，那个隆重的时刻。

在苏格拉底的成长期，雅典已经成为一座极其善于实干的城市：然而这个来自阿洛佩克的年轻人在公元前 450 年左右的某个时刻似乎下定了决心，他不仅要知其然，还要知其所以然。

有一年，泛雅典娜节的狂欢氛围正值高潮，两位特别受人尊敬

的游客来到了凯拉米克斯区，那是当时的两位元老级大思想家，巴
门尼德（Parmenides）和芝诺（Zeno）。[22] 这两人是从意大利南部
的大希腊地区 *一路走来的，关于他们的绯闻着实不少，有人说他们
是师生，也有人说他们是恋人。他们的思想相当进步：我们内心的
生活和肉体的生存拥有同等的价值。在所有让人心跳加快、汗流浃
背的人生事务里，苏格拉底似乎就是在省悟存在之概念的过程中吸
收了一些对他有用的不拘一格的经验。

　　巴门尼德显然是一位很有煽动性的思想家，他在社会的荆棘丛
中开辟了自己的道路，很多人都视他为所有西方哲学的奠基人。这
位智者的书写颇有诗意，还会运用丰富的描述性术语。他能想象出
各种鲜明的形象来表达自己的思想：太阳的女儿们驾驶着温驯的母马
拖拉的神圣战车，将他带上了真理之路。在这路的尽头，他会发现真
理之"所是"。他的弟子芝诺开创了辩证法，从而进一步发展了哲学，
这是一种将观念置入最荒谬、最矛盾的条件下来检验其韧性的方法。

　　在这个羽翼未丰的民主国家，规则常会被弃如敝屣——新的政
治结构、新的建筑环境、新的世界秩序，或许还有全新的思维方式
和生活方式，一切皆有可能。聚集在凯拉米克斯区的年轻人会热切
地讨论这类思想。在户外的火盆边，在烹调着热鱼的焦黑的陶制煎
锅旁（在 2007 年雅典市中心的挖掘现场就发现了这么一口煎锅，
目前正在新雅典卫城博物馆展出），大家都在捣鼓着各种发人深省
的思想。苏格拉底生在了一个格外激动人心的时代。

　　另一年的炎夏（雅典人是在 7、8 月间过泛雅典娜节）又传来
了一条热闻。

　　芝诺和巴门尼德这两位外邦哲学家虽住在这座古城里的一个低
端的边缘地带，但他们带来了无价的东西，一本新书。其影响力可

---

* 公元前 8 世纪至前 6 世纪的希腊人在意大利半岛南部建立的一系列城邦的总称。

想而知。在那皮兜中的莎草纸上，用橡木汁和木炭混成的墨水写下　76
的文字勾勒出了一幅崭新的思想景观。

> 芝诺和巴门尼德来雅典参加过泛雅典娜节。巴门尼德相貌
> 出众，当时他年事已高，大概有 65 岁，须发几乎全白，芝诺可
> 能在 40 岁上下。他们和皮索多鲁一起住在凯拉米克斯的城墙外。
> 苏格拉底和另外几个人去了那里，急于一睹芝诺头一次带到雅典
> 的这本书。他当时还非常年轻。[23]

苏格拉底那时还非常年轻，大概 19 岁。他的年龄关系重大，
雅典的人口不仅是按性别、部落和财富来划分的，也是按年龄段来
划分的，这一点至关重要。

若真有这场会面，那么在同一个夏天，在某天入夜之后，苏
格拉底的同龄人（甚至有可能是苏格拉底本人）将被引介给雅典的
公民团体，在凯拉米克斯赤身裸体地展示他们的荣耀。雅典的一年
是起自夏至，终于夏至。大约在新年伊始之时——这一次是在泛雅
典娜节开始前一晚——这些男孩儿从阿加德米的爱之祭坛竞相跑到
雅典城内的一个祭坛，从而完成了成年仪式。[24] 这些男孩儿都只有
18 岁或稍大一点，一位学者把这个年纪的男孩儿形象地称作“小伙
儿”[25]，他们全都一丝不挂，人手一把火炬。[26] 这必定是一幅惊艳
的景象，据说会有很多观众聚到一起，在这些小伙子走过的时候给
他们稚嫩的臀部来上一记“凯拉米克斯之掌”。[27]

在长达半个世纪的时间里，波斯人一直在屠杀他们的父辈，强
奸他们的母亲。但他们仍然没有屈服。这新的一代重任在身。此刻，
这些男孩儿——苏格拉底的同龄人——都在皮肤上涂抹了健康的
油，点燃了火炬，沿着泛雅典娜大道大步奔驰，以表明他们正在成
长为男人。雅典的地平线看起来愈发光明了。

＊　＊　＊

在泛雅典娜节结束时，还要举行一场大规模的屠宰活动。每一个需向雅典进贡的城市都要提供一些牲畜作为祭品，数以百计的动物（大多是小母牛）会在此时被宰杀。这些血淋淋的肉块随即就会被人从雅典卫城一路送至凯拉米克斯，然后在一场大型宴会上供雅典各德莫区的民众享用。苏格拉底肯定参加过这样的公共活动。随着烤肉的香味弥漫于夜空，旅者们分享着故事，大家探讨着人类生活的新视角，雅典娜之城也随之得到了满足。世界及其财富正涌向雅典，只因它强悍、自信、大权在握。

这是一幅生动的场景。这个石匠的儿子，他在郊区的朋友，以及雅典的精英们都齐聚一堂，一同歌颂他们的城市，听取新的思想，为他们这个快速发展的新世界添砖加瓦。这是一个由暴躁的、人格化的众神所主导的宇宙，众神喝酒、争吵、跟彼此的妻子偷情，然而菲希斯（Phusis）*与民主之人的结合突然间似乎能孕育她和他自己的神秘与快乐了。如此强大的组合不太可能逃脱权威的注意。世界的可能性已由这座民主之城中最耀眼的星火所揭示，它们很可能是深不可测的。在雅典，一个逐渐开始获得巨大影响力的人决定向这些新观点、新选择和提出这些看法的激进分子们敞开大门。

苏格拉底即将体会到一种既高尚又美好的生活。

---

* 菲希斯是自然秩序女神，此处喻指自然界。

11

伯里克利：高尚社会，
与作为高尚剧场的民主

雅典，公元前465—前440年

> ［苏格拉底：］最好的人啊，你们都是雅典人，生在这个以智慧和力量著称的最伟大的城市，你们关心的只是怎么尽可能地拥有更多的金钱、名望和荣誉，却不关心甚至不思考智慧和真理，以及尽可能地完善你们的灵魂，你们不感到羞耻吗？
>
> ——柏拉图，《申辩篇》，29d — e[1]

霍拉古斯（Chorlargeus）*的伯里克利半身像看起来很怪。他的头盔好像有些畸形，显得格外细长而圆润。不过这并不是出自哪位艺术家的突发奇想。事实上这个形象与这位政治家将军一生所受的冷嘲热讽是一致的：洋葱头和海葱头可不是什么迷人的称号。[2]但即使是嘲讽，也有人私下说，在这位最有影响力的雅典人的巨大圆顶头盔下活跃着一种可观的生命力，因为这个圆胖的大号头盔里有一颗最为犀利的头脑。

---

* 雅典的一个德莫区，伯里克利的出生地。

　　无论在古代还是现代意义上，伯里克利都足堪战略家之名；他是一位古希腊的将军（strategos），也是一个极有远见的人。当19岁左右的苏格拉底在凯拉米克斯游荡时，伯里克利正处于权力的顶峰，他是一位在战略、建筑和思想上塑造了民主雅典的改革家。

　　伯里克利出身名门，他从母亲那里继承了阿尔克马埃翁（Alcmaeonid）家族的贵族血统，他的叔祖父正是至关重要的民主改革家克里斯提尼。这是个拥有大片农庄的家族，却也是一个丑闻不断的豪门。伯里克利的父亲就曾因涉嫌"通敌"（结交波斯人）而被流放，所以儿时的伯里克利有段时间是在流亡中度过的。遭到驱逐似乎成了这个家族的一种惯例。再往前回溯，伯里克利的雅典祖先们也曾被逐出这座城市，而且受到过宗教诅咒，据说他们处决了在圣地避祸的革命者。将人类的血洒在祭坛上是极其严重的玷污之举，以至于人们要把克里特的占卜师请来净化雅典娜之城以及铲除阿尔克马埃翁家族。[3] 这是一种具有破坏力的迷信，对实用主义毫不宽容，也许正是出于这个原因，伯里克利一旦在这座城市具备真正的影响力，他就转向了新的思潮，而不是这种僵化而顽固的迷信传统。

　　公元前463年，苏格拉底刚满6岁，伯里克利就已经成为人们关注的焦点。他为了雅典民众的利益而四处游说，还在战神山议事会的改革和清洗中发挥了重要作用。公元前451年之后，苏格拉底成为雅典意义上的成年人，而伯里克利则于科林斯湾发动了战役，在政治上赢得了巨大的声望。他接连数年当选为雅典将军，以军事成就奠定了自身权力的基础。他这种人就是这个民主城邦所需要的脊梁，伯里克利毫不羞于向平民指出这一事实。他的舌头像剑一样锋利，他是一位娴熟的修辞家（rhetor），一位演说家。[4] 从公元前443年开始，他连续15年当选为雅典的首席民主派（前后共当选22次）。[5] 尽管他并非雅典的正式领导人，却仍被视为这座城市的"第

一公民"；他掌握了实际的权力，因为他的主张几乎总能在公民大
会上得到拥护。作为将军，他可以提出哪些动议应交由人民来辩论，
他为雅典的"黄金时代"设定了议程。他的名字看起来也像是一种
预言。"*peri-kles*"即"被荣耀围绕或以荣耀镶边"之意。

　　凭借着自身的地位、智慧和众所周知的正直，伯里克利既可
以尊重人民的自由，同时也能够约束他们。是他领导着他们，而
不是他们在领导他，由于他从不以任何不道德的动机来追求权力，
所以他也没必要奉承他们：事实上他威望极高，这使得他能够带
着怒气跟他们说话，反驳他们。只要发现他们得意忘形，他一定
会让他们重新意识到自身所处的险境；在他们莫名其妙地感到气
馁时，他也会提振他们的信心。因此，在这个名义上的民主国家，
权力实际上掌握在这位第一公民手中。[6]

　　有人或许以为伯里克利会像很多同龄人一样豪饮无度，在聚会 80
中说长道短。但他并非常人。据我们所知，他会从家里直奔公民大会，
绝不分心，把民主当成自己的分内事。他既是一位有识之士，一位
理论家，也是一位实践者。他心心念念的只有政治改革，对战神山
议事会的特权大加挞伐；在公元前 5 世纪 50 年代末，他引入了陪
审团的报酬制度，此后每个男人都承担得起作为裁判者的成本了，
即使是最穷的人也不例外。公元前 451 年，他限制了民主制的参与
资格，只有父母都是完全成熟的公民的孩子才准许成为公民；在公
元前 5 世纪 40 年代，他鼓励和支持了一些激进的思想家，让他们
的思想在这座城市变成了现实。[7]

　　伯里克利显然是个会观察和倾听周围世界的人。他明白，若不
为你的辛劳提供补偿，你就没法行使民主派享有的权利。于是，在
他的晚年，士兵、水手、陪审员和议员——大多数人步行，少数富

人骑马——都进入了市中心或前往比雷埃夫斯，以确保他们的民主权力能得以行使。修昔底德（Thucydides）称赞伯里克利敏锐地理解了一名政治家所必需的条件："知道必须做什么，也能够解释清楚；热爱自己的国家，保持清正廉洁。"[8]

雅典，为民主搭建的舞台布景

苏格拉底20岁出头的时候，正是伯里克利说服民众将公共资金投入了雅典的信仰中心雅典卫城的重建之中；他督造了卫城的山门（Propylaia）——那是一座巨大的建筑，是雅典卫城山顶的一座华丽的门厅，入口坡道逐渐升高，爱奥尼柱列于两旁，深蓝色的天花板上点缀着金色的群星——来寻访雅典娜尘世之家的人第一眼看到的就是这里；[9]他委托建造了赫菲斯托斯的新神庙，那里可以俯瞰雅典市政广场，以及涅墨西斯（复仇女神）那令人担忧的居所，位于风和日丽的拉姆努斯城（Rhamnous）遗址，外加克洛诺斯山（Kolonos Hill）上的一座雅典娜神庙。伯里克利还计划建造另一些建筑来宣示新的雅典，每一座石头建筑都蕴含着一种宗教功能，以取代那些在公元前480（或前479）年被波斯人摧毁的神殿。[10]波斯人可以烧毁雅典卫城的建筑，但代表雅典民主的伯里克利会把它们建得更高。

81　　　雅典的辉煌不仅是用砖石来衡量的。与黄金时代相比，今日雅典市中心的污染不过是小巫见大巫。考古人员最近在雅典卫城东南的一片斜坡下挖掘出了一座铸造厂，这里巨大的黏土沟渠曾用来排放熔化的蜡和其他铸造艺术品的副产品。这片坡地的熔炉曾烧到950摄氏度的高温——雅典市政广场和帕特农神庙肯定经常被一团炭黑的烟云所笼罩。那些颇显英雄气概的裸体青铜像就是在这里被打造出来的，它们大多由个别豪门出资，以满足这座城市焕然一新的民主意识和贵族的竞争天性，这是你的家族比其他家族有能力创作更多杰作的明证。

　　我们可以稍微想象一下雅典娜之城打造了多少种人像。雅典是一个由做工精美的石人和金属人注视着活人的地区，前者是人类的理想形态，是民主制下雅典人雄心的化身。这些由青铜、大理石或木材打造的雕像全都穿着真正的衣服，它们列于圣所、道路、柱廊和法院一旁，仿佛和其他人类一样知冷知热。雅典在公元前5世纪铸造的青铜像只有一小部分留存至今，所以人们很容易低估这座城市曾是一个多么拥挤且一直在不断扩展的、美术馆式的特定场域，这个公共空间里挤满了沉默的人群。沉默，但声势不减。为了让雅典的新吸引力（在此即民主之城的形象）能够像任何一座波斯国王的宫廷或巴比伦僭主的御道一样华丽，雅典人怀着一种表演者的冲动为人民的权力搭建了一片舞台布景。雕像、纪念碑、神庙、民主法庭都经过了涂绘，被染得五彩缤纷。那种鲜明的绘制手法和黏稠的颜料会让今天的大多数人都感到意外，但它们本就是为了在阿提卡的艳阳下让人观看的，其华丽的荣光让人永念不忘。

　　2007年，考古学家在雅典市政广场的那片贝壳地里发现了一些悦目的矿物颜料，颜色包括朱砂红、青金石蓝和方解石绿。他们费劲地把这些工匠用的颜料罐从地里挖了出来，其内部都是半空的，工匠们的工作由于某种原因而中断了。雅典的大多数公共建筑都经过了涂绘或上色：最近的分析表明，帕特农神庙也曾被涂上绚丽的绿色、蓝色、红色和金色颜料。雅典民主制的背景幕布——雅典市政广场也有自己专属的颜色，产自雅典帝国*本土和异域的水果在这里广受人们喜爱。

　　小亚细亚西海岸的科学家、西西里岛的修辞学家以及塞萨利

---

* 指提洛同盟。

82　（Thessaly）和马其顿的哲学家都来到了雅典娜之城，他们会聊天、辩论和思考：这幅喧嚣的景象可以想见，雅典人称之为"thorubos"，亦即由意见和异议构成的嘈杂声，在街道、议事厅、公民大会以及那些因柏拉图、阿里斯托芬、色诺芬等人而不朽的放浪却优雅的宴饮中都回荡着这种声响，那里流淌着智慧和美酒，人们高颂诗行，自我提升的计划也由此酝酿。

伯里克利还给他的城市灌注了此起彼伏的音乐。他在公元前440年委托建造了一座音乐厅（Odeion），鼓励为城市的游行制作新的乐曲：音乐家演奏出的音韵将被雅典的柔风吹过中心片区，甚至传到周围的德莫区。这座音乐厅十分雄伟，有一个巨大的圆锥形屋顶，是希腊世界最大的有顶建筑。[11]后人传说它是模仿薛西斯的帐篷而建，意在以建筑来表达对波斯人力量的蔑视。[12]伯里克利曾受教于一个名叫达蒙（Damon）的人，此人研究过音乐对人的行为和性格的影响。[13]伯里克利将军推广了一首乐曲，"他借此调和了这座城市"。[14]按普鲁塔克的说法，伯里克利还重新编排了泛雅典娜节中的配乐。[15]公元前5世纪的雅典人都认为音乐具有医用价值，伯里克利就是在为他的同胞演奏疗愈之乐（physick）。

> 长着海葱头的宙斯来了，
> 伯里克利头顶着音乐厅，
> 如今陶片再无一用。
>
> ——克拉蒂努斯（Kratinos）的残篇[16]

没有人能否认伯里克利的虔诚，但他对一些怪人的抽象理念也有兴趣。这是一个充斥着各种惊人思想的时代，外邦思想家们提出了很多古怪的想法，其中一位是泰勒斯（Thales），他猜测一切事物都源自水；另一位是阿那克西曼德（Anaximander），他说："温水和土地生出了鱼或者像鱼一样的动物：人类就是从它们之中创生出来的。"[17] 此后，克拉佐美尼（Clazomenae）的阿那克萨戈拉又提出太阳是一块炽热的岩石，月亮则是一个土疙瘩。这位来自小亚细亚的沉思行者并未止步于此，他还大胆地提出意识并不存在于内心，而是存在于大脑中，他引入了一种努斯（心灵）的概念——一种让世界得以运转的超级存在：

> 它是万物中最美好、最纯粹的，它遍知万物，拥有最大的力量；心灵支配着一切拥有灵魂的东西，无论其大小几何。[18]

阿那克萨戈拉被伯里克利请入了家中——按苏格拉底的说法，此人"用高超的思想填满了他［即苏格拉底］，还给他讲授了心灵的本质"。[19] 伯里克利的儿子们则结交了哲学家普罗泰戈拉。早已在热切地汲取哲学经验的苏格拉底可能也颇受欢迎。[20] 这些人都参加过一些被赞助的晚宴：思想家（phrontistai，这个希腊词用得比"哲学家"更频繁）聚在一起，为这个新的实验性社会的福祉提出了各种实用的建议。雅典人认识到民主很难维持，但他们还是不避艰险地珍惜和扶持着这种新的意识形态。这些人的住所在 30 年后被阿里斯托芬尖刻地嘲讽为"思想所"（phrontisteria）。他猛烈抨击了他们所传授的"不道德的逻辑"，对苏格拉底等人所遵循的荒谬之极的探究路径嗤之以鼻。

学生：司菲都斯（Sphettus）的凯勒丰（Chaerephon）曾问苏格拉底，说蚊子的嗡嗡声是从嘴巴发出来的呢，还是从尾部发出来的。

斯特瑞普西阿德斯（Strepsiades）：噢，噢，他是怎么说的？

学生："蚊子的肠道很窄，"他答道，"所以空气被逼得直接

从尾部冲出来了。屁眼成了这条狭窄通道的一个出口，在风力之
下发出了呻吟。"

斯特瑞普西阿德斯：你说得就像个喇叭一样。我得承认这是
肠道学的一项了不起的壮举咧。依我看，这伙计对蚊子的肠道都
了如指掌，在法庭上脱罪简直就如同儿戏一般了。[21]

但伯里克利开了一个先例，我们听说在接下来的几年里，城中
各处就举行了一些开放式会议：男人们聚在内院，这是大多数雅典
中层家庭的特色。当时首屈一指的教育家要在这里一较高下，看谁
能塑造这座城市的未来和希望——那些男青年们。[22]

想象一下苏格拉底在这些高端聚会上的模样吧，那或许是在伯
里克利的家中，或许是附近的某个院落。他聆听着阿那克萨戈拉谈
论新的生活意义，即努斯，然后把玩着这些概念，颠来倒去地思考，
不断滋养自己的心灵。

我乐在其中……某种程度上，心灵［努斯］似乎确实应该是
万物之因，若果真如此，那么我想，心灵在安排万物时，肯定会
以最适合它的方式来安排每一件事物的。[23]

在地球上的这个区域，仰望星空的思考条件已变得更加宽松了。
尽管苏格拉底后来否定了这条研究路径，但他早年也曾与身边的大
思想家一起思考过群星的奥秘和目的。

他还强烈建议他们要熟悉天文测量，不过只需要了解夜晚、
月份和年份的时间分隔，以方便旅行、航海和放哨。[24]

然而这个阶段的苏格拉底还不过是个乡村男孩，一个工匠的儿

子。要进入雅典最有权势之人的追随者乃至其家族的圈子，他肯定　84
会有些胆怯。

民主制下的居家环境

关于民主的雅典，有一件事是不能忘的——这座城市有多么舒
适。在这里，那种通往亚历山大城宫殿建筑群的百尺宽的大道是找
不到的，罗马尼禄金殿（Nero's Domus Aurea）那样的景观也是
不存在的。到目前为止，考古记录中还没有出现过一个贵族"区"。
各式各样的人都走在蜿蜒的街道上，彼此擦肩而过。妓女们可以自
信地穿上定制的小平头钉靴，在小巷里随意地走来走去，招揽生意。
她们的鞋钉可以在地面的尘土上印出"akolouthei"的字样，意思
是"这边走"或"跟我来"。普通的妇女、面包贩和洗衣女工也加
入了贵族的行列，在各个圣所或雅典卫城上进行献祭活动。[25]众生
云集于此。苏格拉底是一位伟大的漫步者，他一路走到邻近的城市
墨伽拉时就宣称这是一种"思考的好办法"，他肯定曾穿行于雅典
这片令人惊讶的平等的景观之间。

因为至少在苏格拉底年轻的时候，贵族豪门和雅典的"老"家
族似乎都选择不去褫夺民主生活的好处，无论贫富，民主派都生活
在至少从外表看起来非常相似的家宅里。为建造新雅典卫城博物馆
而展开的挖掘工作揭示出了密集的街道，那些不起眼的公元前5世
纪的排屋都紧挨着雅典卫城的岩壁。在目前的城市地面以下20英尺，
游客如今都可以从伯里克利和苏格拉底时代的城市上方走过，脚下
是一片玻璃和有机玻璃搭建的天空：就像是现代城市的蜂房被人掀
开，露出了下面古老的蜂巢。在这片被尘土覆盖的遗迹中，有一个
区块中还有一条齐整的排水沟，那是苏格拉底时代遗留下来的——
这让人不禁联想到，就在这个小小的工程悄然运转之时，周边的男

女也正作为世界上最早的民主派而忙碌着。

他们的家宅都很简单，用泥砖砌成，屋顶铺着红瓦。[26] 直到 30 岁左右，苏格拉底都和父母一起住在这样的房子里。院子是平日里家中最忙乱的地方。这里几乎没有什么花哨的装饰，那些公元前 4 世纪或前 5 世纪的惟妙惟肖、笔法精湛、色彩淡雅的湿壁画如今仍在挖掘之中，但大多都是为坟墓的墙壁（因此能得以幸存）和公共场所而作。民主派们不分贵贱，都过着非常朴素的生活。[27]

在这个新兴的民主城市，个人的满意感似乎无关紧要。事实上"隐私"还会让雅典人心生猜忌。多年后，苏格拉底就将触发人们的这种焦虑，当他决定在一个紧密的贵族圈子里关起门来阐述自己的想法时，民主派们就大喊起来了：寡头！反民主派！在室内装饰方面，只有一桩个性张扬的逸事可说（缺乏考古证据），传说苏格拉底的那位盛气凌人、超凡脱俗且极富贵族气质的朋友亚西比得绑架了一名布景画家（很可能是萨摩斯的阿戛塔耳库斯），逼他装修了自己的房子。亚西比得还投资了一家私人的金器血汗工厂。这些都是一个不愿放弃贵族做派的贵族，所采取的一些略显大胆的典型姿态。

伯里克利完全不是这种风格。尽管在"旧喜剧"（Old Comedy）中，他有沉湎于性放纵的名声，但对这个奥林匹斯众神般的人来说，他的精力似乎并不能被个人的财富和舒适的居家环境所满足，城里各种殷勤备至的妓院，乃至妾妇阿斯帕西娅（后面会细讲她）的眷恋也是一样，能够满足他的只有门客们的哲学对话、战略军事规划、戏剧（年轻时他曾推介过剧作家埃斯库罗斯），以及对雅典的理想形态的构想。[28]

因此，我们应该想象一下伯里克利的简朴居所——作为雅典的非官方领导人，他至今仍是很多政治首脑的榜样。来客们大步进出于他的泥砖房间和石头厅室之间。奴隶维持着这个物质世界的运转。

家里到处都是女人，只有男宾室（*andron*）除外。餐桌上摆放着朴实无华的晚餐，但桌旁的人都在谈论着新颖的思想。这些人正编织着一张连接了各种可能性的无形之网，奇思妙想就像露珠一样落在他们当中。

　　雅典人将思想当成了文明的驮马，这非同小可。在这个时代，人类实现奇迹的辉煌案例不胜枚举——巴比伦的那条被上釉的龙和狮子（直到 1902 年仍立于今日伊拉克境内的沙漠里）所守护的、饰有铁蓝与赭色釉面的御道（Processional Way）；当时就已有 2000 年历史的吉萨金字塔（pyramids at Giza）；阿帕达纳宫（Apadana）——波斯波利斯（Persepolis）的"觐见厅"，大流士和薛西斯曾在此地的巨狗雕像（massive carved dogs）和长翼公牛（winged bulls）的护卫下恐吓他们的臣民。[29] 尽管在很多其他城镇，特别是小亚细亚西岸（今天的土耳其）也有不少获得资助的思想家和科学家，但雅典有一些与众不同的东西：其思想和观念逐渐协奏出了一种意识形态的音色，这意识形态便是民主——人民的权力。

　　听听当时的波斯贵族欧塔涅斯（Otanes）对雅典这种平等主义姿态的激情述说吧：

> 这种多数人的统治有一个最美的名字：法律下的平等［均法（*isonomia*）］……公职人员是抽选出来的，而且要对他们的行为负责。所有商讨都是公开的。我预计并建议我们放弃君主制，代之以民主。因为在民主制下，一切皆有可能。[30]

　　尽管欧塔涅斯对波斯民主的预言至今仍未完全实现，但事实证明他最后的评论是有先见之明的。"在民主制下，一切皆有可能。"雅典不仅专注于让自身变得更美并符合习俗，同时也在着眼于其他地方。伯里克利不能只跟苏格拉底和阿那克萨戈拉等出身卑微

的思想家一起把玩那些开创性的政治实验，哪怕这些人个个都才
华横溢。因为他现在不仅要管理一个城邦，还执掌着一个迅速发
展的帝国。

12

提洛岛和一个帝国的诞生

基克拉泽斯群岛，地中海盆地，
公元前478（或前477）—前454年

> 卡利克勒（Callicles）：你是什么意思？
>
> 苏格拉底：我的意思是每个人都是自己的统治者；否则一个人不需要统治自己，就只需要统治别人吗？
>
> ——柏拉图，《高尔吉亚篇》，491d[1]

雅典人很早就展现了他们的帝国手腕。直到公元前477年，斯巴达人都没有放松对波斯人的戒备，他们控制着自身与志同道合的希腊城邦之间的松散同盟，以防备另一次温泉关战役的到来。

但随后雅典人成了希腊人的主要庇护者。是他们决定了谁应该提供船只或人力，以服务于希腊人抵御野蛮人的事业，也是他们从那些不善航行与海战的人那里收集着贡品。"贡品"其实就是一种保护税，一种给聚集的军备和人员付账以对抗波斯人的手段。这笔强收的外快此后就储存在雅典东南100英里处的那座神圣的提洛岛上。

在苏格拉底的故事中，提洛岛的声名可谓如雷贯耳。尽管它看起来只是地图上的一个小点，但人们一直认为这座位于基克拉泽斯群岛中心的袖珍"浮"岛具有神圣的力量。从史前时代起，地中海东部的人们就曾聚集在这里。他们留下了自己的名片：一些简单的、棱角分明的石灰石人像，其表面纹饰着圆睁的眼睛、阴茎和抽象的器官图案。此时的希腊人已自觉十分强大，足以对抗那个东方的恶霸，于是便把这个迷人的地方当成了其理念同盟的中心。提洛岛位于地中海东部的列强之间，不过在古人眼中，这岛上还居住着数量极多的神灵和恶魔。任何一个心智正常的人都不会攻击这样一个被神魔所占据的地带。

　　在苏格拉底漫长一生中的这个短暂的初始阶段，雅典人领袖群伦，波斯人偃旗息鼓，其他地区的希腊人也默认了这种局面，所以这个世界还保持着一定程度的和平。

　　然后在公元前 465 年，北部地区爆发了一场冲突。盛产蜂蜜的萨索斯岛——今卡瓦拉（Kavala）以南——在一片狭窄水域对岸的大陆上拥有采矿权。这里土壤多孔，墓穴常会下沉，金子却很好挖掘。希罗多德曾兴高采烈地说："斯卡普铁·叙列（Scapte Hyle）的金矿一年就能产出 80 塔兰特……在自己的产品无须多缴税金的情况下，这些岛民能从这片矿山和大陆上获得 200 塔兰特的收入——在特别好的年景，他们能挣到 300 塔兰特。我亲眼看到过这些矿……人们为了搜寻黄金，把一整座山都挖了个底朝天。"[2]

　　这一地区如今已接连出土了各种精美至极的文物：枝形耳环、金带扣以及一些小型金质珐琅香水瓶，它们重得就像砖头。还有一顶饰有蓝色珐琅的金冕——一顶颇具天然意味的金属花冠，它展现了这片北方的大地上可以创造出怎样的美。[3] 2008 年，人们在新雅典卫城博物馆的实验室车间里对这顶花冠进行了修复处理。车间门打开时，一阵短暂的微风就足以让那金色的花朵随风起舞，其精美可想而知。

88

但这样的珠宝常会招来窃贼。

雅典似乎也想到这片黄金与蜜之地来分一杯羹，当萨索斯在公元前465年叛离提洛同盟以示抗议时，这个岛国发现自己遭到了封锁。雅典船只陆续从比雷埃夫斯港出发。在整整2年的时间里，身披重甲的雅典公民们打磨着自己的剑与矛，虎视眈眈地凝视着对面的萨索斯岛民，后者惊慌地发现自己的敌人现在说的不是波斯语，而是希腊语。雅典公然动用同盟的资金来为自身牟利。到了公元前463（或前462）年，萨索斯被彻底击败，他们被迫移交了舰队，放弃了大陆上的领地，付出了30塔兰特（这是一笔巨款，相当于今天的600万英镑左右），并将其防御工事夷为平地。[4] 尽管希腊大陆上的另一个超级城邦斯巴达曾私下承诺要援助萨索斯，但这一切还是发生了。[5] 雅典得意扬扬地掌控了这片大陆上的矿藏。[6] 萨索斯岛最高处有一座损毁严重的拜占庭（Byzantine）城堡，爬上城堡的顶部，眺望着深蓝色的大海，空气中浸透了松木的香味。让人心绪难宁的是，我们很容易就能想象这样一幅完美的图景曾陷入过人类苦难的泥潭，又被人类的贪婪所污染。

但雅典人可不会感情用事。与波斯的对峙仍在继续。尽管雅典人如此跋扈，但希腊人明白，他们仍需坚定地对抗野心勃勃的波斯人。雅典人洞悉了这种共同的需求，并且利用了这一点来达到自身的目的。为了同盟能获得"进一步的保障"，他们把一切都牢牢地掌握在了自己手中。

提洛岛上有一座宏伟的阿波罗神庙，其功用就是储存同盟的财宝：波斯人再次进犯时，这笔钱就可以用来打造新船、武装更多人员以及重建社群和生活。[7] 这座神庙其实一开始就是同盟的金库，一座装满了共同财富的独立建筑。

然而这个小岛一直承受着与其体量不相称的多变天气和潮汐，此地的建筑都依傍于富含矿物的岩石之上，周边都是枯萎的植被，冒险而来的人肯定会对这里的景象感到诧异。站在阿波罗神庙的范围内，这座神圣的建筑会给人一种奇怪的截断感。这里有些东西并未毁掉，却也没有完工。说来也是事出有因。公元前454年，在此搬运砂石的奴隶受命停工，提洛岛上那为阿波罗建造尘世家园的工程被强行缩减了。雅典人想让希腊盟友的物资储存在离自己更近的地方。于是金库便从中立的提洛岛全部转移到了享有特权的雅典，随即便落入了雅典娜的手中，即帕特农神庙的储藏室。我们有一份记录于公元前434（或前433）年的资本收益清单：113个银碗、1个金碗、3个银角杯、3个银杯，1盏银灯、1个高脚杯、3个大金碗、1尊女性金像、1个银盆、6把波斯匕首、1把镀金里拉琴、3把象牙里拉琴、4把木制里拉琴、1张镶嵌着象牙的桌子、1个镀银面具、10张米利都（Milesian）长榻、6尊宝座、2根镀银钉子和70块盾牌。[8]

此时的帕特农神庙与其说是一处圣所，不如说是一家银行。萨索斯对岸大陆上的尼波利斯城（Neapolis，今卡瓦拉）以及类似的城市每年要向雅典娜进献1000德拉克马，以感谢其庇护。东地中海的资金都直接运到了雅典，雅典人的意图不言自明。

伯里克利和苏格拉底就是在这么一个思想丰富而且正在迅速致富的城市中成长起来的。

90　　然而请记住，苏格拉底是一个会质问我们是不是需要战船、城墙和华丽的奖品才能幸福的人。一个蓬勃发展的帝国与苏格拉底的哲学能否顺利调和，这还是未知数。

13

帝国野望

东地中海，公元前465—前415年

维护雅典的帝国尊严对你们而言是正确而恰当的。这一点是你们所有人都应该引以为豪的，除非你们承担起帝国的重担，否则便不能再享有这些特权。

——修昔底德，《伯罗奔尼撒战争史》，2.63.I [1]

人最应该关注的不是活着，而是活得好。

——苏格拉底对克力同所言，见柏拉图《克力同篇》，48b [2]

今天，前往雅典的国家碑铭博物馆是要冒一点意料之外的风险的。它的入口在一条紧邻雅典国家考古博物馆的小巷子里。尽管这座大型博物馆的新古典主义外立面在当局的维护下还算干净，但它侧面的过道及其中央杂草丛生的隆起区域已经成了市内瘾君子最喜欢出没的地方。冒险进入的零星游客都不得不经受一群消瘦、恼怒的自弃者的考验。

不过这个险值得一冒。进入这栋建筑后，左手边就是一块让你

迈不动腿的巨大贡石。这块石头高 18 英尺，其上刻有铭文，记录的是公元前 454 年至前 440（或前 439）年间向雅典进过贡的城市。³ 拜占庭位列其间，米利都、阿索斯山以及特洛阿德［Troad，今土耳其北部的比加半岛（Biga Peninsula）］沿线的定居点也榜上有名。碑文十分紧凑，石面没有一寸留白。这块贡石代表的就是从提洛同盟的盟友那里收入雅典金库的成袋、成桶、成箱的资金。

92　劳里昂发现的白银让地中海东部的经济气象看起来是一片晴朗，对雅典来说尤其如此，因为这笔钱借出去了还能连本带息还回来。贡金就是雅典娜女神收取的利息。为建造神像、纪念碑或执行军事行动，各地都会找雅典卫城之巅的那座雅典娜金库贷款，而其本金和高额的利息最终都会返还给雅典娜，她现在已经成了一个神圣的高利贷放贷者。

盈余都回馈给了这个民主城邦：陪审员能拿到报酬，剧场能得到补贴，公共建筑得以翻新，有些议员还能获得免费的餐饮。在苏格拉底的一生中，有 800 多艘三列桨战船从雅典控制的港口下水：这是世界上已知的规模最大的载人海军。

随着苏格拉底的成长，贡金也在稳步增加。进贡方的范围涵盖了北部的黑海地区，远至奥尔比亚（Olbia，今属乌克兰）、小亚细亚的阿拜多斯（Abydos）；东部安纳托利亚的卡里亚（Karia）甚至更远的地区、巴勒斯坦卡梅尔山（Mount Carmel）下的多鲁斯（Dorus），以及西爱琴海上星罗棋布的岛屿。⁴

雅典可能是从公元前 5 世纪 20 年代初⁵ 就开始要求其盟友用雅典娜自己的硬币（一种独特的猫头鹰银币）来向她进贡了，这一措施使得雅典在国际贸易中占据了主导地位。此时的同盟城邦都被迫将自己的货物卖给雅典娜（或其贸易伙伴），以获得这种标准货币。雅典人虽也能生产葡萄酒和羊毛，但他们更喜欢醇美至极的希俄斯葡萄酒（Chian chianti）和米利都绵羊毛制成的上等织物，这在当时并非巧合。[6]土地、谷物、黄金和鱼等资源长久以来一直诱惑着古人在东地中海地区游荡，但如今的雅典也需要满足一些更高雅的品位了。孔雀、阿富汗青金石、火山岛锡拉（Thera）的番红花都进口到了这里。

雅典人还会动用胁迫的手段。如果一个地区企图脱离雅典的掌控，它就将受到双重的惩罚：不仅会被剥夺自由，其土地也会被没收，以敬献给"雅典的女王——雅典娜"。爱奥尼亚（Ionia）的爱利特莱（Erythrae，位于今土耳其西海岸）就曾在武力逼迫下接受了民主制。[7]仔细研读过所有文献和现存的铭文证据之后，你肯定能看出东地中海地区的人民常常想归附于雅典的羽翼之下——即使作为臣民，做一个民主派也比生活在寡头治下要好。但两极（寡头派和民主派，斯巴达人和雅典人）的拉扯力都很强；我们永远没法知道有多少万人在这两者的较量中丢掉了性命。在此期间，阶级斗争发展到了一种最真实也最纯粹的形态，苏格拉底在有生之年就见证了这个时代。

修昔底德激动而绝望地记录下了这一状况：

> 差不多整个希腊世界都震撼了，每个城邦都有相互敌对的派系——民主派领袖都想拉拢雅典人，寡头们则想拉拢斯巴达人……在各个城市，这些革命都引发了很多灾难——只要人性还是这样，那么这样的灾难就总会发生，尽管野蛮的程度或许有所不同……[8]

即便如此，贡金依然在不断涌来。雅典有能力美化自己，城墙、纪念碑和真人雕塑都竖立起来了。阿佛洛狄忒的那个满身煤灰的老朽夫君赫菲斯托斯都得到了一座俯瞰雅典市政广场的新神庙。在城内崭新的音乐厅里，市民们欣赏着各种公共的文化演出和比赛，男声歌队会在这里展开激烈的角逐，规模 50 人到 1000 人不等；雅典人会为表演者及其音乐所尊奉的神祇购买新装，雅典的那道蜿蜒的城墙向南延伸了 4 英里，直抵比雷埃夫斯。伯里克利的建筑规划在雅典的天际线上已现出了轮廓，比如卫城山门。伊瑞克提翁神殿（Erechtheion）的方案或许也已在他的脑海中闪现，这是一家供诸多神祇享用的神圣旅店，以坚实的女像支撑柱而闻名。[9] 最重要的当然是雅典娜的帕特农神庙：粉刷得就像只孔雀一样，闪耀着绿色、蓝色和金色的光芒。在神庙内，39 英尺高的处女雅典娜雕像浑身镀金，其上镶嵌的水晶和河马牙熠熠生辉。她的金衣和配饰重达 120 磅[*]，皮肤光洁明亮，伸出的手掌上还有一尊 6.5 英尺高的胜利女神像。在下方的水池中，雅典娜可以瞥见自己的绝美形象，反射的光线还会在她的皮肤上闪烁荡漾，让她栩栩如生。

若在今天周游雅典，帕特农神庙仍是必去之地。它在黎明时光彩照人，黄昏时若隐若现，它总在那里：一张老式照片上的双重曝光。在伯里克利制定其建筑规划后 500 年，普鲁塔克赞叹道：

> 虽然建造时间很短，但它们已经存在了很长一段时间……它们完美无比，即便在今天看来，它们也不过时，如新建的一般……仿佛是人们在创作这些作品时为其注入了一些永不凋谢的生命力和不老的精神。[10]

的确是有一种恒久的精神。在拜占庭帝国时代，自 6 世纪中叶起（确切时间不可考），帕特农神庙就不再属于雅典娜了，它变成了"圣母玛利亚——雅典夫人（The Lady of Athens）"的尘世之家。那段作为早期基督教中心的岁月至今仍有遗迹可寻：帕特农

---

[*] 1 磅约为 0.45 千克。

神庙的立柱上刻着两位拜占庭主教的名字,字迹还可以勉强辨认, 94
即狄奥多西(Theodosios)和马里诺斯(Marinos)。在 1175 年左
右,拜占庭帝国的新任雅典大主教米哈伊尔·侯尼亚迪斯(Michael
Choniates)在帕特农神庙辉煌的内殿中举行了一场就职布道,他称
颂这座城市是"众城之女王",以及"理性和德性的护育者……让
它声名鹊起的不仅是历史遗迹,也有种种的德性和智慧。"这座新
教堂让侯尼亚迪斯格外高兴:"很可爱,"他说。300 年后,一位穆
斯林领袖也歌颂了此地。征服者穆罕默德(Muhammad Ⅱ)接掌
拜占庭的领地后,即于 1458 年赴雅典进行了一次国事访问。雅典
卫城让他大吃一惊,他对这座城市充满了"极致的热情"。1687 年,
威尼斯大军对仍然控制着这片领土的土耳其人发起了攻击,700 枚
炮弹撒向了这栋建筑(弹坑至今可见)。当地人说他们从中抢救出
了一些珍贵的阿拉伯文残稿。伯里克利兴建的帕特农神庙在 2000
多年后首次遭受了真正的重击,墙壁破裂了,立柱倒塌了,屋顶也
倾覆了。它最终变得与废墟无异。自 18 世纪中叶始,外交官、盗
墓者和冒险家们也各显神通,使它愈加朽败。帕特农神庙就像一块
老斯提尔顿奶酪(Stilton)一样被一点点地蚕食了。[11] 新雅典卫城
博物馆正在展开巧妙而低调的行动,想尽其所能地将已被拆走的雕
塑和建筑残片从全球各地搜集回来。

但帕特农神庙所留存的残片其实比我们想象的要多。只要雅典
市中心有建筑工程,就肯定会有新的残片面世:这里一只手,那里
一只手臂、脸侧的一块薄片、一把石矛。考古队每周都要干活儿,
只为了重组那些雕像的各个身体部位。[12]

帕特农神庙已经成了"西方"文明韧性的一个标志。对很多人
来说,它就是一套特定价值观的象征。但在它兴造之时,也有人曾
高声抗议。这真是一个稚气未脱、崭露头角的政治体系应该关注的
事吗?当时有一位思想僵化的批评者曾表示,伯里克利是在用贡金

打扮雅典，把她涂抹得"像个妓女"，实在是有毛病。大约在公元前443年，这个异议者被流放了。[13]

但伯里克利很清楚，要培育一个自信的社会，让它时刻牢记自己能够成就伟业，这一点自有其价值。听听这位将军在对雅典人民发表的一次演说中是怎么压轴的吧，修昔底德用华丽的笔调将其载入了史册：

> 然而你们必须牢记，你们是一个伟大城邦的公民，你们所受的教养是与她的伟大相配的；因此，你们必须自愿面对最大的灾难，并且下定决心，绝不舍弃你们的荣耀。
>
> ……现在的辉煌，就是将来会永存于人们记忆中的荣光。你们要守护这份将来的荣光，不要在现在做一些不光彩的事情。所以，展示出你们的能量吧，实现这两个目标的时候到了。[14]

95

* * *

精彩的演说。不过苏格拉底十分清楚，雅典的民主伟业肇基于战争的鲜血、他人的汗水和真诚的努力之上。虽然我们没有听说过苏格拉底在公元前420年以前提出过什么哲学观点，但在40岁左右，他的思想，亦即柏拉图传达给我们的苏格拉底的思想，似乎确实经受了火热而粗糙的熔炉的锻造。这个培养了苏格拉底的城邦给那些有心求学的人都上了一课，那就是对金钱、荣耀和权力的追求有可能会迫使他人妥协，给他们带来痛苦和烦恼。

公元前5世纪50年代，雅典人一直在各条战线上进行着声势浩大的战争。一方面抵御波斯人，一方面对抗斯巴达人，同时还要打击东地中海这个权力剧场中那些不想被迫成为民主派的演员。在公元前459年至前454年，他们企图征服的土地已经不亚于埃及的领土；公元前 457（或前 456）年，他们包围了邻近的埃伊纳岛，并迫使其投降；公元前 456 年，雅典军摧毁了伊西翁（Gytheion）的斯巴达造船厂，还夺取了科林斯人在埃托利亚（Aetolia）的卡尔基斯（Chalcis）的领土。这让年轻的苏格拉底学到了何为强硬。

苏格拉底充分见证了这种野心所造成的伤亡。公元前 450（或前 449）年，他的同胞客蒙（Cimon）*在一场战役中被杀——死于塞浦路斯（Cyprus），死因或许是伤口感染——当时他本想重创波斯军队及其资产，尤其是他们和腓尼基人共享的那些让人心忧的精锐海军。塞浦路斯无疑曾是一块陌生的死亡之地，那儿有许多国王，到处都是贫瘠的岩石，当地人崇拜伊什塔尔女神（Ishtar）†，自青铜时代以来，她都是爱情和战争的守护神。公元前 5 世纪的史料告诉我们，塞浦路斯会给人一种紧张的威胁感，但这也是希腊人热切地想要"解放"的一个岛屿。[15] 即使在那时，中东过剩的热量也会从这里给欧洲吹来一股热流。

我们不知道苏格拉底到底是从何时起对帝国和巨额财富的意义产生了疑问，我们也不知道他对雅典作为该地区首屈一指的放高利贷者的早期历程有何看法，但他似乎是有些不屑一顾的。他对帝国的态度可以说非常刻薄，这个满腹疑虑的哲学家对战争、城墙和战船都相当鄙视。[16] 其他的雅典人已经逐渐尝到了甜头，他们身上抹着从叙利亚进口的玫瑰油，身上披着科林斯的亚麻衣，吹嘘着家中越来越精致的黑彩陶餐具——这东西非常珍贵，以至于要跟主人陪葬。苏格拉底似乎是非常顽固地在反对物欲，以及公开和私下的炫耀。他好像已经意识到，伟大的作品可能会随着强大的力量而来，但力量既不能代表也没法保证这一点。

96

---

* 古雅典政治家和军事统帅。

† 巴比伦的自然与丰收女神，同时也是司爱情、生育及战争的女神。

哦，亲爱的潘神和此地所有的神，请赐予我内在的灵魂的美吧，让所有外物都与我的内心状态相配吧。让我视智慧为财富吧，愿我拥有一个节制的人所能承受或维持的适量财富吧。[17]

有一个城邦似乎与苏格拉底的某些看法不谋而合了。

讷口少言的斯巴达

与苏格拉底同时代的大历史学家修昔底德很有先见之明，他若有所思地说道：

比如，要是斯巴达城将来变得荒无人烟，只剩下一些神庙和建筑物的地基。那么若干年后，我觉得后人会很难相信这个地方真如其声名那般强大……另一方面，若是同样的事情发生在雅典，人们肯定会根据他们目睹的东西来断定这座城的实力是其真正实力的两倍。[18]

如果你今天穿行于现代的斯巴达市（Sparti），恐怕很难想象这里曾是世界上最伟大也最可怕的文明之一。遗迹都很小，毫不起眼，挤在20世纪60年代建造的一片粗枝大叶的公寓楼之间，这些20世纪的建筑有时也会像苏格拉底时代那样被频繁的地震震倒。

但这种斯巴达风格的存在是有充分原因的。此地的古代社会深信体验的价值要高于物质的享受。斯巴达人不会经常定制什么精美的艺术品，他们明令严禁铸币和香水。他们不为自己著史，也不觉得铭刻自己的法律有什么必要。不同于雅典，他们不相信言语，无论是口头的还是书面的：生活在拉科尼亚（Lakonia）的优秀斯巴达人都应该是"讷口少言"（Laconic）的。

　　但斯巴达人对生活其实有着一种炽烈的热情。他们会动情地歌唱，反复吟诵充满肉欲色彩的口头诗歌；他们会以一种狂喜的虔诚来崇拜自己的神，经常跳舞跳到深夜；他们甚至会欢欣雀跃地投入战斗（尽管其步伐是有规则的、精心编排的），也会用那种让人难忘的阿夫洛斯管（auloi）*吹奏出复杂的情色曲调。女孩和男孩都可以在体育场锻炼（这种对女性的解放在雅典闻所未闻）；姑娘们可以一起到欧罗塔斯河边欢度良宵，她们会相互涂抹橄榄油，直到身上泛起微光，同时在这"芬芳之夜"不断吟唱着"放松身体的欲望"。[19]

　　荷马形容斯巴达是"美女之地"，称赞其为"拉栖代梦（Lacedaemon）†的秀美山峦"。[20]这片领地位于伯罗奔尼撒半岛腹地，地势平坦，土壤肥沃；在多石多山的希腊，拉科尼亚俨如仙境。宽阔的欧罗塔斯河奔腾而过，随后便迤逦地穿越泰格特斯山谷（Taygetan），它源自泰格特斯山脉之巅的雪水，其后则滋养了斯巴达人的土地。事实上，正是这条河床及其周边地带为斯巴达人的卓绝品质提供了一些最新的线索。

　　2008年，附近的一栋很不起眼的矩形石屋露出了真容，据信其年代可以追溯至公元前5世纪初。这座建筑造得很粗糙，修修补补了很多年：但这种自助精神本身也有启迪之效。事实证明，这是一处历史悠久的圣所，可以俯瞰欧罗塔斯河，人们会在这里敬拜城中逝去的英雄。[21]如今，这里已经有些平平无奇了：周围荨麻丛生，想要进入，你还必须钻过一辆撞坏的汽车，吉普赛孩子会直愣愣地盯着你，对你的窘态保持着一种迷人的微笑。但今天的斯巴达官方维护这片遗迹是理所应当的，因为在苏格拉底时代，当政者也会让

---

*　一种双管吹奏乐器，常用于古希腊人敬拜酒神的仪式。

†　古斯巴达别称。

97

这个地方保持活跃。对斯巴达人来说，好生好死就是重中之重。当时的士兵都披着标志性的红斗篷（红色是为了掩饰内里有可能溅上的鲜血），只要他们忠于斯巴达人的绝对服从和不懈努力的理想，那么无论死活都可以归家。在一年中指定的日子里，特别是在战争期结束后的那个深秋，这些英雄都会受到斯巴达男女的热情礼拜。欧罗塔斯河在落日下泛着银光，周边的景观掩映于一片深蓝色的背景之中，云彩从守护着这个城邦的泰格特斯山脉上飞掠而下，只需稍做调整，我们就可以想象这里曾经高涨的激情，以及这个斯巴达人的国家所拥有的那种坚不可摧的自信与独特感。

斯巴达人极其自信，他们无须公关；与雅典人不同，他们不会美化自己的声名，也不会给自己著书立传。不止如此，他们对修建城墙的需求也嗤之以鼻。斯巴达是一座无墙之城。

98   即便在雅典，苏格拉底也肯定听到过斯巴达青年从多年的艰苦训练中脱颖而出的光荣事迹；你可能还记得，让斯巴达人引以为傲的就是："我们的青年就是我们的城墙，我们的城垛就是他们的矛尖。"[22]

他应该知道，这个卓越民族的极致目标就是实现一次"美好的死亡"，也就是干脆而英勇地战死的那一刻。这种美好的死亡（*kalos thanatos*）被视为斯巴达人功德圆满的典范。

斯巴达人这种单纯的人生目标有一种可怕的吸引力。苏格拉底的成长期正是斯巴达和雅典不共戴天的时代。作为一名重装步兵，苏格拉底本人也耗费了几十年的时间来对抗斯巴达及其盟友，但他好像从未蔑视过这些伯罗奔尼撒半岛的表亲。恰恰相反：他和他圈中的知交还曾效仿过这些极端的男人。[23]苏格拉底钦佩他们严密的社会结构，认同那种活到至美至善的冲劲，专注于根本性的东西，而不是生活的浮华。尽管他更偏爱雅典的法律，但柏拉图还是让他认可了斯巴达的"良政"。[24]

苏格拉底一向是蓬头乱发，洗澡也很随意，这是非常典型的斯巴达做派。和斯巴达人一样，他也喜欢赤着脚在自己的城邦里漫步。他曾被称为"斯巴达猎犬"[25]（就像斯巴达的狗一样，苏格拉底是以敏锐的嗅觉著称的，他可以"嗅出"真相），以及"斯巴达疯子"（lakonomanea）。这位哲学家最亲密的朋友之一客蒙也给他的儿子取名为拉栖代梦尼乌斯（Lacedaimonius，即斯巴达人）。苏格拉底对斯巴达风俗的痴迷后来被误认成了对其政治的热爱。在 20 年内，这位哲学家和他的圈子就将被斥为"亲斯巴达派"（laconophiles）。

斯巴达让雅典娜之城寝食难安还另有一个原因。在雅典，有很多人私下里都认为斯巴达对传统寡头政体的坚守是值得称赞的。几个世纪以来，或许是几千年以来，希腊社会一直在宣扬一种观念，即强者之所以强大，是因为他们是神的选民；他们不仅掌握了神圣的统治权，还拥有一些能维系其统治的神的馈赠：地位、勇气、形体之美和男子气概。苏格拉底在世的 70 年间，有很多雅典人都明里暗里地渴求着斯巴达人那种确定的社会秩序感。

寡头派和民主派、贵族和平民之间的紧张关系给雅典的政治和文化造成了不小的压力，也影响了这个城邦的整体氛围。在一个真正的民主国家，权力和责任要由所有公民平等分享，那么善和伟大还有何地位？苏格拉底就是雅典这一巨大困境的典型和牺牲品。

这座城市的容忍性——"民主的宽容本质"——又如何呢？它"无所谓"的那些小事呢？它极其蔑视的那种我们在建城时格外看重的事情呢——即除非天分超群，否则一个人若不参与正当的竞技活动，从小就遵循一种美好而快乐的生活方式，他就永远成不了一个好人。它不是以一种宏大的手段把这一切都踩在脚下了吗？它根本不考虑一个人在进入公共生活之前干了什么，只要自诩为"人民之友"，他就能受到尊崇。[26]

随着时间的推移，雅典这种带有集体主义烙印的意识形态——民主——就开始与斯巴达的那种追求丰功伟绩的社群主义（communalism）对立起来了，对斯巴达的迷恋由此便被当成了反雅典的活动。然而即便在这种政治氛围中，一个半斯巴达式的男孩儿——有着斯巴达式的名字，喝的是斯巴达人的乳汁——此后还成为苏格拉底的尘世之爱，这个名叫亚西比得的男孩儿会让他麻烦缠身。

亚西比得生于公元前 450 年，4 岁时，其父克列伊尼阿斯（Cleinias）去世，此后他便成了孤儿。但这个孩子注定不会一贫如洗，他并未遭到遗弃（那个时期的骨骼证据表明弃儿之举绝非罕见），因为他有贵族血统，是大将军伯里克利的亲戚，监护他的正是雅典娜之城里的这个最有权势的人。哺育他的则是一个斯巴达女人——这在当时很时髦，因为就身体而言，斯巴达人是人们眼里最强健的人种——还有一些斯巴达亲戚。亚西比得也是公元前 5 世纪的那场民主戏剧中的一个角色，在蒙泰古（Montagu）和凯普莱特（Capulet）这两个阵营*里都有一席之地。亚西比得 7 岁后就在伯里克利家中生活，他可以参加伯里克利资助的贤达聚会（所以他受的教养与南方"兽群"中的那些同龄的斯巴达表亲们截然不同），初识苏格拉底时，他肯定就已经是一个放纵不羁、头发蓬乱的美少年了。

亚西比得似乎就属于那种魅力非凡的人。在所有文献中，他都格外出挑。在他去世 500 年后，像普鲁塔克这样的作家一想到他也依然会心神恍惚——古今都有大量关于他的记载。[27] 斯巴达博物馆（Sparta Museum）中至今还留存着一幅古罗马时期的马赛克画，其中就捕捉到了他的讨喜之处。亚西比得是一个翻版的阿多尼斯

---

* 这是莎士比亚戏剧《罗密欧与朱丽叶》中的两个敌对家族，此处是借指雅典和斯巴达。

（Adonis）*，有一头飘垂的金色秀发、健美的外形以及雌雄同体般的
光滑皮肤。[28]他说话时有种性感的咬舌音，他喜欢女人、女孩儿、男人、
男孩儿和狗。他会披着一件垂地的紫色长斗篷招摇地穿过雅典市政
广场。此君与苏格拉底形成了一种对照，他养成了苏格拉底所没有
的一切特质：傲慢、不负责任、大言不惭和沉湎酒色。事实上，这
两人的关系正体现出了雅典黄金时代和苏格拉底思想的征候，个人
自由与社会抱负之间的斗争，身体与精神、内在美与外在美之间的
关系，辨别真正美好的生活形态的难度。

　　他们的关系是一场棘手而矛盾的竞赛。但在这座雅典人的城市
里，在所有浓眉大眼、经过了磨炼而又充满渴望的年轻人中，只有
亚西比得以及他那种寡头所特有的斯巴达式面部红晕，会作为苏格
拉底的最爱而流传后世。

---

* 希腊神话中的春季植物之神，他永葆青春，被众多女神所青睐。

14

漫步河边，在体育场里挥汗：
苏格拉底的青年时代

伊利索斯河，公元前450—前399年

> 他［苏格拉底］不会忽视自己的身体，也不会赞扬那些忽视
> 自己身体的人。
>
> ——色诺芬，《回忆苏格拉底》，1.2.4[1]

大多数雅典人肯定都是满身污渍：流着鼻涕的孩子、散发着荷尔蒙臭味的青少年、伤口溃疡的老兵、裹着一层积垢的男人，只有汗珠能短暂地清洗一下他们肮脏的皮肤，这都是生活在这个东地中海城市中心的身体上的乐趣，只有这样才能体会涤瑕荡垢后的快乐。[2]

从小到老，苏格拉底总喜欢到城墙东南面的伊利索斯河边去。他会在这儿跟年轻人们聊天，同他们一起蹚水（柏拉图说这个哲学家有个优势，他总是赤着脚），走过一段长路之后，他们会来到一棵茂盛的梧桐和一棵花香扑鼻的柳树的树荫下，在岸边的草垫子上舒展四肢。这里还有一片圣洁莓丛和各种宗教雕像，凉爽的微风吹过，知了奏出的兴奋难耐的乐章充盈于空中。

　　斐德罗：看来我光着脚还挺走运的，你也是一直都不穿鞋。这样我们就可以随便沿着河流赤脚蹚水了，这也没什么不好，尤其在这个季节和这个时辰还挺舒服的。[3]

　　这片风景如画的美丽河段——一直到下游半英里——是一个非常古老的区域，自青铜时代以来就是一处圣地。这里有许多圣所和神殿，宗教游行队伍常会在这片岩石和溪流边蜿蜒穿过。雅典最有影响、最为神秘的节庆之一厄琉息斯秘仪（Great Eleusinian Mysteries）*也会在这河岸边进行彩排。3月份，在伊利索斯河畔，厄琉息斯的祭司们（始终出自同一豪族），也就是希腊人所说的密教引介者（mystagogos），会在秘仪中指导"奥秘"的候选守护人。这些"小型秘仪"（Lesser Mysteries）会承诺向参与者揭开生命中最大的奥秘之一。雅典最杰出的（和最富有的）家族都希望能参与其中。多亏了厄琉息斯秘仪，雅典人才能既看到生前，又看到身后：既能回首那个最优等的精英特权群体掌权的时期，也能展望一个似乎有可能存在来生的时代。这是雅典新兴民主制的一个特别迷人的面向——当人们意识到自己在世间必有一死的宿命时，他们也会越来越热衷于相信生命在死后仍能延续。（柏拉图笔下的）苏格拉底也暗示，今生为善的人可以在来生续享"善业"。

　　　　死亡只有两种可能。要么是一种湮灭，死后便不再有意识，要么就像我们所知的那样，是一种改变，灵魂从一地迁到另一地。[4]

　　因此，悠游于伊利索斯河肯定曾是种丰富的体验：这是典型的雅典式生活，一种取悦人心的宗教性与人们对这个新民主城邦神圣

---

* 希腊秘传宗教厄琉息斯派的一种秘密仪式，详参附录 2。

102

价值的积极信念就交汇于此。苏格拉底平日的生活就是在这里徐徐
展开的，深刻的思考和对日常生活的积极参与在此相和甚欢。汩汩
作响的水流在这儿打着旋儿，积聚在岩池中，然后从微小的裂缝间
涌出。苏格拉底无疑对此地了如指掌；他经常要从阿洛佩克的老家
前往雅典拥挤的市中心，路上要走 25 分钟到 30 分钟，所以肯定会
经过这个熟悉的区域。

> 苏格拉底：赫拉在上，这真是个迷人的栖息地……
> 斐德罗：你是个了不起的人，但也非常奇怪。因为你看起来
> 真的很像是需要人领路的外人，而不是本地人。[5]

柏拉图笔下的这段特殊的对话常被人引用，以证明苏格拉底只
关注城中的事务和城市中心，而其中无疑也蕴含着作者对这一人物
性格的洞察：苏格拉底会沉浸在伊利索斯河畔的欢乐中，这个本属
寻常的地方对他来说却仿佛别有新意。这个独具慧眼的人之所以能
闻名天下，就在于他每天都能以新的眼光来看待世界。

在苏格拉底的时代，很多人都会在这条河边聚会，虽说它已今
非昔比，其河水如今在地下流淌，它在 20 世纪 50 年代被改造成了
下水道，上面灌木丛的一侧就是喧嚣的主干道，但今天的年轻人依
然会在这里群集。我们不禁好奇，这些热情的人有没有意识到他们
正在延续一个数千年的传统。

103　　　　到家就能锻炼的情人真幸运
　　　　　　和一个漂亮的男孩儿共枕一整天。[6]

苏格拉底时代的伊利索斯河

古雅典的一些著名的"搭讪"地点其实就位于伊利索斯河畔，苏格拉底（总是很热衷于享受身而为人的肉体乐趣）就会来这里"锤炼自己"。如今，这个区域已几乎看不到任何苏格拉底时代的城市印迹了。最显眼的"古式"石料也要远晚于公元前5世纪：那是哈德良（Hadrianus）*为供奉罗马时代的奥林匹亚宙斯神庙而竖立的参天庙柱，当然，这也是为了彰显他自身的皇权。不过你若是知道该去哪儿看，那也能找到一些更有机的、更具希腊古史色彩的印迹。

一个探索者只要仔细地勘察一下这个地区，便能回到苏格拉底本人曾置身的景致之中。只要屏蔽掉现代城市的噪声，双眼紧盯地面，仿佛就能同时进入两个时代。伊利索斯河以东有一道很深的地缝，过去人们都会把蜂蜜泡过的糕饼扔进去。苏格拉底的同代人相信最后一波大洪水就是从这里经过的，这洪水是由宙斯所发，而希腊的挪亚丢卡利翁（Deucalion）经受住了考验。在一块露出地面的岩石之下，我们还能看到一间法庭的基础墙和鹅卵石地面，那是谋杀和通奸嫌犯的受审之地。[7]

此外，这里还有些轻工业。一座繁忙的城市里肯定会有很多既得利益者。对有些人来说，自由流动的水和深潭可能就等同于田园牧歌，但实业家还看到了获利的机会。当苏格拉底在赫拉克勒斯圣殿（Sanctuary of Herakles）附近的某处地势较高的区域闲逛时，鞣皮工们也在不断赶来。制革是一项令人作呕的营生，要用到人的尿液，还得刮除大量腐肉。动物的尸体和粗略清洗过的兽皮会一同被运入雅典的制革厂。有些尸体是来自遥远的黑海和北非的昔兰尼（Cyrene），这里的腐肉肯定臭不可闻。苏格拉底和他那个时代的人

---

* 罗马帝国安敦尼王朝第三位皇帝，五贤帝之一。

曾广泛地使用皮革：提供服装、军事装备、农具，以及包裹座椅和长凳的毛皮——皮革的需求量很大，河岸边的这个特定地点的生产规模也很大。皮匠们会把毛皮钉在地上，然后用桑叶或尿液来处理，使之"发汗"或"脱毛"。有时人们还会用狗屎来"净化"皮革。从古代其他地方留存至今的一些抱怨之词就可以看出这是个多么恶臭难闻的营生（罗马市民经常对那些用臭气污染空气的鞣皮工提起诉讼）。在阿里斯托芬的喜剧《武士》中，他就曾嘲讽当时有名的鞣皮工克勒翁（Cleon）是个"搅粪者"。[8] 最近在奖杯亭（Lysikrates Monument）附近发现了一块公元前 420 年的政令板，上面禁止鞣皮工在卡利洛厄（Kallirrhoe）*圣泉上漂洗鲜血淋漓的兽皮。[9] 在苏格拉底被民主的雅典城邦判处鸩刑的 2000 年后，拜占庭帝国和奥斯曼帝国的鞣皮工依然坚守着这个地方，以高效的工作赚取丰厚的收益，这也可以说明公元前 5 世纪的制皮商遭受打压时该有多么暴跳如雷。

最可惜的是这里的一处公元前 5 世纪的重要景点——伊利索斯河南岸的"混种"体育场，亦即居诺萨格体育场（Kynosarges）†，它被罗马皇帝瓦莱里安（Emperor Valerian）在公元 254 年为防御条顿部落而重建的城墙给蚕食了。穿过迪奥米安门（Diomeian Gate），城墙外的这座居诺萨格体育场也是苏格拉底经常出没的地方之一：

> 在他去居诺萨格体育场的路上，快到伊利索斯河的时候，他听到有人高喊："苏格拉底，苏格拉底！"他循声转头，看到了阿克西奥库斯（Axiochus）的儿子克里尼亚斯（Clinias）。[10]

---

* 河流女神。
† "Kynosarges"意为白母狗或快狗。

尽管这座体育场本身已消逝于时间长河之中，但通往该地的道路最近已被发掘出来，苏格拉底当年肯定是沿着这条小路走到居诺萨格体育场片区的。[11] 要去这座体育场，你得跨过伊利索斯河的细沟和溪流。人们还在裂口的岩石和跑道边缘的人造沟渠上架设了一些木板。我们可以想象，青年或老年的苏格拉底曾来到雅典的这座运动中心，加入、观看乃至沉湎于希腊人所格外痴迷的健美塑身活动。

这条河自青铜时代以来就几乎没有改变过河道，已适应此地环境的长尾小鹦鹉和脚下的甘菊丛会提醒你，在雅典城的这个角落，你可以稍微喘口气，但这里的跑道如今已变成了嘈杂拥堵的四车道马路，原本的操场则被丑陋的企业、摩托车行的展厅和欧洲银行塞得满满当当。所以我们若想与苏格拉底在此同行，那只能利用现有的考古学和文献资源，以及我们的想象力了。

居诺萨格体育场号称有 200 码*长的短跑赛道，其中应该有一些普通的操场，或许还有一片军事训练区——不过居诺萨格体育场似乎并不像雅典城的其他体育场那样专注于军训。赫拉克勒斯在这里广受尊崇，所以几年后，斯巴达入侵者才会被吸引到此地[12]（赫拉克勒斯是斯巴达的首席英雄）。在每一次锻炼之前，人们都会给这位半神英雄祭酒。在苏格拉底的时代，即便是锻炼也会被视为一种宗教实践。保持身体和精神的健康，强调我们是一种兼具肉体和精神的生灵，这最终会成为苏格拉底的基本原则之一。他自小就同时磨炼着自己的身心，和周围的年轻人一样，他会花很多时间来参加战斗训练，以抵御外敌，并为公民同胞们争夺新的土地。

105

---

* 1 码约为 0.9 米。

15

体育场中锤炼出的战士

阿加德米，吕克昂，公元前450—前399年

> 他长得格外英俊，个子也格外高大，在男孩儿变身为男人的
> 美好的人生之季里，他绽放得最为欢快。他赤身裸体，既不披盔甲，
> 也不穿衣服，只是浑身涂满了油脂，一手持矛，一手执剑……
>
> ——普鲁塔克，《亚杰西劳斯》（Agesilaus），34.7[1]

柏拉图告诉我们，苏格拉底晚年去过居诺萨格体育场，但我们
并不确定他年轻时会不会来这儿来锻炼（不过这里就在他家附近），
也不知道他常去的体育场是不是（现在更知名的）阿加德米或吕克
昂（Lyceum）的运动场。

柏拉图无疑谈到过这位哲学家在阿加德米和吕克昂之间的道路
上被人搭话的情形，以及苏格拉底晚年在吕克昂发表演说时被热切
的人群所包围的景象。[2]苏格拉底就曾坐在吕克昂运动场的一间更
衣室里（实际是一间"不穿衣室"），这里有一条加盖的跑道，也有
供运动员使用的淋浴设备，围墙上还绘制着一系列的寓言画。这片
地界还有一种城中野地之感，吕克昂体育场其实是为阿波罗·吕刻

俄斯（Apollo Lykeios，"狼一般的"阿波罗）而造的，从中也可以看出雅典的这个区域曾是一片多么茂密的丛林。

在这个颇具乡村风味的区域，雅典人同时锤炼着身体和头脑，阿里斯托芬的剧作《云》就对此有过许多精彩的描述。在阿加德米，柏拉图将创立他的哲学学园；而在吕克昂，他的弟子亚里士多德也将创立一所足以比肩师门的学园。现代世界到处都是学者（academics）、学院（academies）和中学（lycées），全都要归功于这两所机构。

现在，吕克昂就位于国家花园之下（National Gardens）。这片花园最初设计于 1836 年，是在希腊独立战争后为阿玛莉亚王后（Marie Friederike Amelie）兴造的私人植物园，其中的异域植物已长得高如丛林。在雅典仲夏的炎热天气里，这是个很吃香的避暑之处。大人们推着童车，带着蹒跚学步的婴儿走在砂石路上，到曾经兴盛一时的城市动物园去游览；孩子们荡着秋千，其中既有货运工人的子女，也有阿尔巴尼亚裔的街头顽童；体重超标的城市慢跑者在痛苦地绕着公园边缘跑圈。这里有点破旧，却也让人感到愉悦。不过它与阿加德米一样，都在挣扎着不被人遗忘，后者之上如今已布满了规划不善的轻工业单位，经营着废金属、废塑料和铸铁大门等业务，由吉普赛男孩儿和狗把守着，被凯菲索斯河（River Kephisos）环围着——这条河现在不过是一条将（非法倾倒的）有毒的工业废水排入萨罗尼克湾（Saronic Gulf）的水道——这些曾经美如田园的地方如今已很难再激发出阿里斯托芬那华美的（喜剧）诗歌了：

正理：……把时间花在体育场里——你会润泽又健康。你也不想变成那种老是在市政广场里乱讲别人的艳事、为一些七零八碎的琐事在法庭上钩心斗角的人。不，你会跑到阿加德米去，在神圣的橄榄树下放松身心，头戴纯白的花环，有一两个彬彬有礼的同伴；当梧桐树向榆树低声示爱时，你们也将分享枝叶茂盛的杨树和无忧无虑的牵牛花的芬芳，还有春天的喜悦！

　　若我的忠告你听从，若我的指引你遵奉，

　　健康、强壮、润泽就将伴随着你；

　　你会拥有粗壮的肌肉和一个漂亮的小阴茎。

　　你会为自己的外表和体格而自豪。[3]

108　　　除了较高端的阿加德米和吕克昂之外，苏格拉底也很喜欢在居诺萨格体育场放松，这为我们揭示了关于苏格拉底的一些意味深长的事情。居诺萨格体育场——"白母狗"（White Bitch）体育场——是专为这个城市的混血儿而设的。如往常一样，苏格拉底不仅会出没于雅典这座"戴紫罗兰花冠的""典范之城"的"展示"场所，在城中的一些血统更混杂的地方也可以找到他的身影。

　　居诺萨格体育场的健身爱好者们都是些混血公民，也就是说父母中只有一人是雅典的正式公民。[4]公元前451年，伯里克利实施了一项改革，限制了雅典公民身份的获取权。雅典越来越受青睐，伯里克利需要把人民的权力基础保持在可控范围之内，所以只有父母都是雅典正式公民的人才能成为雅典娜的纯正后裔。民主俱乐部变得越来越小。到这个体育场来，努力让自己变得健美，练成一台饱经磨砺的战斗机器，这就是这些二等雅典人证明自己配得上这座母城的一个重要手段。

　　苏格拉底的同侪、雅典年轻男性的最高志愿就是为雅典牺牲，以报效国家。雅典的18岁男性会被视为一个军事单位，称作"*ephebes*"（男青年），至少从公元前4世纪开始，他们就要如此宣誓：

　　　　我不会羞辱我［携带］的神圣武器，也不会抛弃身边的战友，

　　无论我身处队伍中的何处。我会为保卫神圣和非神圣的事物而战，我不会将一个积弱的祖国传续［给我的后代］，而是要竭尽全力地增进它的规模和实力。[5]

　　苏格拉底肯定也许下了这一誓言。雅典的男青年都知道，他们的任务就是捍卫雅典的利益，扩张雅典的领土。为了做到这一点，他们就必须打造健美的身躯。我们虽然很欠缺苏格拉底青年时期的传记性证据，但我们都知道他在公元前431年至前422年曾为雅典而战。他可能早在公元前440年就参了军。毫无疑问，这位年轻的哲学家曾和同胞们一起在体育场里参加过战斗训练；这也肯定是一项极耗体力的男性事务。

　　这些在体育场里锻炼的男青年和他们的斯巴达远亲不同，他们并不仅仅是为了满足某种好斗的理想。[6]修昔底德就对此毫不讳言。雅典的男青年在体育场里舞枪弄棒，只因为这是一种国家管控的活动——与希腊其他地方的那些比画刀剑的野蛮行径相去甚远。雅典很军事化，但并不是不分青红皂白的好战。[7]

109

　　　　雅典人率先放弃了携带武器的习惯，过上了一种更轻松而奢侈的生活。[8]

　　不过也难免会有例外——这是一个半开玩笑且有待证实的案例，与苏格拉底同时代的安提丰（Antiphon）提到过在雅典的一个运动场发生的一场悲惨事故，一次军事标枪训练造成了人员伤亡：

　　　　我这小子……正和他同学一起练习标枪，虽然他确实投出了标枪，但严格来说，他并没"杀人"……是那个男孩自己跑到了这标枪的飞行路径上，用身体挡住了它的去路——我儿子不是这次事故的肇事者，而是受害者，因为有人妨碍了他，让他没能击中目标。[9]

健美的身体——以及最健美的忒修斯

来到居诺萨格体育场的人可能都是混血儿，但这些受训的士兵、健身汉（gymgoers）——"gymnasium"（体育场、健身房）一词就源于希腊语的"gumnos"，意为裸体锻炼的地方——仍然渴望完善自己的身体。苏格拉底常在体育场里锻炼，如果我们只记得水钟旁的那个被判死刑的白发老人，而不是那个汗流浃背、与雅典同胞一起锻炼的虬髯青年，那就歪曲了他的形象。

> 苏格拉底：我是个锻炼狂人。[10]

在体育场和摔跤场上，油、香水、新鲜水果和发乳都会被用到。在这座希腊城市，人们会把美视为一种可量化的资产。随着岁月流转，体育场里召开的男子选美比赛也越来越多了。勇气、道德和体格被当成了一种身心的整体。练就健美的身材不仅能用来展示，也可以用于战斗。看看普鲁塔克是怎么描述一个特别的（斯巴达）青年的优点吧：

> ……在男孩儿变身为男人的美好的人生之季里，他绽放得最为欢快……[11]

在居诺萨格体育场，满脸络腮胡的健儿们应该还记得忒修斯——雅典的一位特殊英雄——是如何从此地进入了雅典，又是如何穿着长长的希顿古装，留着粗浓的辫子，被人误认成了姑娘，不

得不躲避那些建筑工匠的求爱，又用砖石泥灰在这里建造了阿波罗 110
神庙。（如果这个故事是真的，那么苏格拉底年轻时就应该见过雅
典的这位"开国元勋"——因为古阿波罗神庙就建于公元前 450 年
左右！）

*　*　*

　　在这个时期的雅典，肌肉发达的忒修斯的形象是避无可避的。
模仿这个大英雄的做法变得极为时髦。随着民主意识日趋浓厚，个
体男性在此地也有能力和权利像诸王和诸神一般行事了，讽刺的是
（理所当然的），对个人和"健美的人民"的崇拜也变得愈发热切
了。于是超级英雄忒修斯的伟大事迹便被大批地绘制于红彩陶瓶之
上，其中既有廉价的劣等货，也有优质的上等品，均出自凯拉米克
斯的工匠之手。人们每年都要在赫卡托姆拜昂月（Hekatombaion*，
公历 5、6 月）的统一节（Synoikia）庆祝阿提卡地区的统一，颂扬
德莫区、三一区和各部落构成的新体制（阿提卡地区的人口被分入
了 30 个三一区，每个部落各由 3 个位于沿海、城市和内陆的三一
区组成）。人们在街头向忒修斯祈告，把这当成了庆祝仪式的一部分，
他在雅典的盛气凌人也受到了热情的歌颂。就连忒修斯的"骸骨"
都在斯基罗斯岛（Skyros）被人重新发现，并重新归葬于雅典娜的
故土。

　　之所以会如此，皆在于忒修斯在雅典人的心中是完美的……他
肌肉发达、野心勃勃、强大而勇敢。理论上，新的民主制已经涤除
了个人的野心和那些作威作福、少年得志的贵族，所以忒修斯现在
已经成了雅典的"虚拟"榜样。这位掩不住男子气概的英雄豪杰——

---

* 雅典历法的正月。

被誉为雅典的缔造者——有着过分自信的侵略性和一种让自己配得
上雅典的动力。作为一个完美的雅典男青年，他爱自己的身体，爱
他的城市，也爱他在这两方面的雄心壮志。

因此，不止有"智慧的"雅典娜在匡助苏格拉底成长的这座
城市，忒修斯（这个"战斗不休"且"身披黄铜胸甲"的"雅典
青年的护卫者"）[12] 也功不可没。雅典人对他们的凡人忒修斯们，
亦即这座城市里好斗、忠诚且赏心悦目的男青年的价值抱有热切的
信念，而这最终会给苏格拉底招来恶果。他能把年轻英俊的男人吸
引到自己周围，仿佛他就是他们的教主，可雅典人嫉妒了。我们将
在下一章看到，正是痴迷于男孩、促成了崇拜青年之风的雅典娜之
城——以及苏格拉底对男青年的花衣魔笛手般的诱惑力，让这个稚
气未脱的民主城邦中的许多人都感到惶惶不安。

16

"黄金时代"的雅典

雅典允许年轻男子进入的地区，
公元前465—前415年

赫勒梅斯（Chremes）：然后我们都看到一个英俊的男青年冲进了讲坛，就像年轻的尼西亚斯（Nicias）一样粉嫩。

——阿里斯托芬，《公民大会妇女》，427—429[1]

无论你相不相信"黄金时代"本身，黄金时代的雅典确实是名副其实的。在苏格拉底的有生之年，雅典人常会用金色和黄色的涂料来突显街上和公共建筑上雕像的头发。青铜雕像实在太多，所以某个时期的青铜人像看起来肯定就像在街上克隆了很多个自己一样。（有人认为这些青铜像就是用活人来铸造的，这可以表明它们的外观有多么逼真。[2]）乳头、嘴唇、牙齿等人体细节都用了铜和银来装饰。有些象牙雕刻品还镀了金。他们那水晶般的眼睛都映射着璀璨的微光，其皮肤都是用黄金和象牙制成的，人们会给它们裹上亚麻布，用油来处理，直至其泛出柔光，苏格拉底时代的雕像可以让全城都变得明光锃亮。[3]雅典的舞台布景中随处都是这些完美的、永葆丽质的群众演员，让人们意识到人类可以乃至应该是何种样貌。

雅典社会也需要一种完美体格的黄金标准，弱者和残疾人是不受待见的。我们通过骨骼证据了解了这一点（在规整的坟墓中很少会发现先天残障者的骸骨，这表明很多残疾人被流放或抛弃了），[4] 通过柏拉图对话集中的几段脱口而出的话，我们也可以了解这一点，比如公元前 399 年，在苏格拉底拒绝越狱时，他的措辞和比喻就可以表明有缺陷的人常会被逐出这座城市：

> 苏格拉底：[想象雅典的司法者会对他如此说]"但你更喜爱的既不是拉栖代梦和克里特岛，也不是其他的希腊城邦或外国，你出城的次数比跛子、瞎子和其他的残疾人还要少。"[5]

* * *

雅典是一座以貌取人的城市。这里的人会把视觉参照物缝缀于语言之中——老妇人被称作"gauna"，字面意思就是"热奶皮"；没人会说自己要**做得**好，他们只会说要**显得**好；这座城市最珍贵的财产就是出身名门的美少年，"kalos k'agathos"——"才貌双全的贵族"。苏格拉底不仅逐渐发展出了一种令人不安的强韧的**内心**生活，让人忽视了他那奇怪的外貌，而且在那所宗教法庭上，在公元前 399 年 5 月的那个清晨，苏格拉底还将被指控腐化了一个充满生机的粉嫩群体的**心灵**。这里用的动词"diaphtheirein"可以指代摧毁、腐化、诱惑或引入歧途——无论是在政治上的还是在身体上的。有人对苏格拉底时代的雅典做过一次考古调研，揭示了这些美少年对城邦的精神有多么珍贵。他们的形象被柔和而骄傲地复刻到了公民、宗教和军事领域，想想帕特农神庙上的大理石吧，那些即将成为男人的男孩儿们引领着献祭的队伍，他们携带着武器，面朝大海，冀望着远方的财富。苏格拉底所受的指控便是腐化了这些无瑕的钻石，其后果非同小可。

在今日雅典的博物馆里，我们依然可以找到这些"完美的雅典人"，这些"美好的男青年"。体格健壮，不像父辈那样伤痕累累，也没有母亲那么疲惫。朱口皓齿，肌如磐石。对他们的美无动于衷是不可能的。在凯拉米克斯，我们刚发现了他们的骸骨和情书，凯拉米克斯的陶工在陶土上刻下了深情之语："这个男孩儿真美。"在苏格拉底的时代，人们还会在城中心的告示上勾绘出他们的名字，然后将其铸成青铜。我们通常会纪念**战死**的亡魂，而雅典人则会在年轻人出战**之前**就纪念他们。军队是从 18 岁以上的人当中征召而成的。随后，这些被寄予了厚望的青年就会被所属的德莫区公开列入成摞的年龄组目录簿中。[6] 为了保护年轻人，使其免受身体或心理上的有害影响，雅典人还订立了一些法律。

演说家埃斯基涅斯就曾提及雅典在这些方面的立法：

> 首先，我要跟你们认真讨论一下与我们这些男孩子的行为举止有关的法律，其次是与男青年有关的法律，最后则是与其他年龄段的人有关的法律。[7]

雅典的男青年都抱有一种狂热的信念：只要具备恰如其分的男子气概，以合法的、国家认可的方式成长，你就可以保障自己城邦的安全，并为之带来财富和极大的好处。

雅典人对恋童癖的可能性颇为警惕，他们担心漂亮的男孩儿会成为年长男人的猎物。中年公民（对雅典人来说，中年指的是二三十岁的人）必须（依法）在体育场接受监管下的训练。训练师必须年满 40 岁。[8]

> 歌队：我并没有常常跑到摔跤学校去，陶醉于自己的成就，

试着勾引年轻的男孩儿，我只会带着所有的戏装直接回家。[9]

因此，苏格拉底肯定是在一种迷恋男青年及其社会角色的文化中成长起来的，随着年龄的增长，他也在积极地争取这一群体，以作为其哲学思想最青睐的受众。不论这种情感是否有身体上的表达，苏格拉底对男青年的爱都是确凿无疑的。一些见证者也很乐于讲述他对年轻男性的耽溺。在柏拉图作品中的一个最引人入胜的段落里，他就描述了苏格拉底看到"美少年"卡尔米德斯（Charmides）走进体育场时所表现出的强烈情绪。

苏格拉底：……卡尔米德斯用那种眼神看了我一眼，我已经无法自拔了，然后体育场里的人都围成了一圈……我瞥见了[卡尔米德斯]外衣下的身子，激情燃烧起来，什么也做不了……[10]

然而我们的线人柏拉图还是很急切地指出，并没有人对卡尔米德斯（柏拉图本人的叔叔）做出什么不恰当的事，苏格拉底的这名弟子强调，一直都有人在一旁监督这两人。

但重要的远不止是性暗示。无论苏格拉底真正感兴趣的是什么，他都靠无休止的激进对话迷住了体育场里的强壮青年，让他们偏离了雅典良好公民的道路，公元前 5 世纪和前 4 世纪的希腊人对这种事是相当忧心的。希腊各地的年轻人都被视为城邦的花朵，是其希望与力量所在。在雅典，外邦人和正式公民都是这个帝国的子嗣。年轻人都受过口才的训练（指控苏格拉底的人之一就是年轻的美勒托），但这是为了让他们更加顺从而不是叛逆。培养他们不是为了让他们发起挑战，而是要让他们维持现状——由维系着城邦凝聚力的家庭、部落、民主和虔诚的宗教信仰所精心编织的网络——所以苏格拉底对青年的影响确实引发了很深的忧虑：

　　我当然知道有些年轻人受了你的诱骗，宁愿信你，也不信父母。[11]

于是苏格拉底便在公元前 399 年受到了指控，尽管如他所说，很可能是"有些年轻人"对其思想的滥用让他惹上了麻烦（这也完美地证明了他们恰恰需要他这样世故的智者来培育和指导）……

　　[苏格拉底：]但此外，跟随我的年轻人都是自愿的，他们有十足的闲暇——都是最富有的人的儿子——喜欢见人被考问，他们经常模仿我，试着考问别人。然后，我估计他们也发现了很多人都自以为知道一些东西，但其实一无所知。被他们考问的那些人不生他们的气，而是迁怒于我，原因就在这里，他们说有个叫苏格拉底的人彻底污染了这片土地，腐化了这些年轻人。[12]

玷污雅典青年是个极大的罪状，[13]所以也难怪在 5 月的那个早晨，苏格拉底受审的法庭上会出现那种唇枪舌剑的场面。

*　*　*

在公元前 399 年，苏格拉底的人气渐衰还另有原因。他不仅搞乱了男青年的思想，还敢于跟雅典的二等公民（女人）交往。其中一个女人尤其糟糕，人们觉得她有三个方面很招人厌：她是女人，她是外国人，她很聪明。

在苏格拉底相对年轻的时候，也就 20 出头吧，一个十几岁的姑娘在比雷埃夫斯港下了船，她的生活和声誉将与这位天真的哲学家交织在一起。此时，雅典正在打造一个非凡的社会与经济环境，这个消息已传遍了东地中海，货物（必需品和奢侈品）都通过小型

115 的独立船只或富人的坚固商船涌入了比雷埃夫斯的岩港。[14] 俘虏无疑是其中最有价值的货物。有一天（对年份的算法各不相同，但看来很有可能是公元前 450 年的一天），几乎可以肯定的是，在跌跌撞撞地踏上这片新海岸的人当中就包括一位相当引人注目的年轻女士。这个来自小亚细亚米利都城邦的少女是一位难民，她将在这座城市留下自己的印记，并卷入苏格拉底的人生和民主雅典的宏图伟业之中。按柏拉图的说法，这个女人最终成为苏格拉底的导师和红颜知己，同时也饱受谣言之苦，在公元前 5 世纪的雅典以及我们与她相隔的 2500 年里，她都是诸多恶毒而轰动的传闻的源头。

这个女人名叫阿斯帕西娅。

17

阿斯帕西娅：智慧与权谋

比雷埃夫斯港，约公元前470—前411年

　　住在雅典的外人不仅有来自希腊其他城邦的人，还有很多弗里吉亚人、吕底亚人、叙利亚人和其他各色蛮夷。[1]

　　当阿斯帕西娅在比雷埃夫斯登岸时，她也带来了东方香料的味道和麻烦的气息。这姑娘的老家米利都是一处天然港口，地势低洼，位于土耳其海岸边。这是个富饶而熙攘的小地方，地理位置极其优越，使其既可以跟沿海诸文明开展贸易，也可以通过迈安德河谷（Maeander valley）与安纳托利亚腹地互通有无。

　　米利都是一个历史悠久的定居点，[2]希腊的迈锡尼人（Mycenaeans）和赫梯人（Hittites）很久以前就在此地发生过不少冲突——那些线形文字 B* 的泥板上也刻有这个地名，这种希腊文字将欧洲的史前时代提前到了约公元前 1450 年。早在公元前 1260 年，亚洲大陆上

---

*　在希腊克里特岛发现的泥版残片中有两种文字，被称为线形文字 A（Linear A）和线形文字 B（Linear B）。

的这个定居点就归属于希腊人了。在鼎盛期，其领土比同时代的大多数希腊城邦都要庞大。但及至公元前 5 世纪初，米利都又回到了东方人手中——公元前 494 年，这座古城被夷为平地，成千上万的米利都人惨遭（波斯人）屠戮。波斯人奴役此地的时间比雅典人的统治还要多出一年，所以当东地中海的新"守护者"雅典在公元前479 年强行闯入并控制了米利都人长期争夺的一些贸易路线和盟友时，米利都人肯定早已体会过灰心无力的感觉了。这真可谓雪上加霜。

今天的米利都蚊虫肆虐。其遗迹地处低洼，浸在一片沼泽泥滩里，有时还会没入齐脖深的积水之中。你可能要搭便车才能进出这片古迹，因为旅游巴士十分稀少。但不论怎样，这里遗存的石块都见证了一个让人难忘的悠久文明。

米利都一直都有点特别，这或许也在所难免。从西门忒斯山脉（Bati Mentes）向西延伸，其山脚下如今都长满了橄榄树，肥沃得让人难以置信的迈安德河谷里还有一片片柔软的棉花田。这是波斯帝国（公元前 5 世纪初从兴都库什山以北扩张到了阿拉伯半岛南部）西进路上的一个宝贵的自然出口，对希腊的爱奥尼亚人（Ionian）＊来说，这里也是通往东方的一个柔缓的接续点。处在这个文化的十字路口上，米利都养育了数量惊人的原创思想家：泰勒斯，他认为水是所有生命的构成要素，还在公元前 6 世纪绘制了史上第一张地图；希波丹姆斯（Hippodamus），这位建筑师规划了比雷埃夫斯的城镇；阿那克西曼德，他提出了一个生态系统和生态学的观念——物质世界就是一场在弱者和强者之间达成了某种微妙平衡的游戏。[3]很多为雅典提供了新思想的人都是在米利都开启了人生旅途。至于年轻的阿斯帕西娅，无论这个姑娘是一名妓女还是贵族的女儿，她都想方设法在这个开明的沿海城市里接受了教育。

＊ 古希腊民族东部支系之一，安纳托利亚（今土耳其）西海岸一地区即由此得名。

阿斯帕西娅在雅典人眼中是个三重的祸殃，原因不仅在于她来自东方，受过教育，无疑也在于她是一名女性。在公元前5世纪，女人通常都是希腊人恐惧和嫌恶的对象。阿斯帕西娅肯定也曾被视为一个"有漏洞的"生物，她的外阴、嘴巴甚至眼睛都会渗出污物。希波克拉底〔Hippocrates，科斯岛（Cos）的希腊医学专家，他生活的时代与苏格拉底几乎重合〕解释说，经血会积累在女性体内，是因为这个性别的器官有很多漏洞。污垢会如此聚集，原因之一在于女性久坐不动的生活方式。[4] 人们还认为经期的女性会以各种途径感染他人。

亚里士多德也多有议论。他解释说，经血的释放还会影响女人眼中的血管，经期女性的一瞥就能感染她面前的空气——亚里士多德的证据是这一瞥会使镜面变暗。他告诉我们，男人又热又干，女人则是又冷又湿。女性的身体是令人厌恶的，是男性身体的畸形变种。女人高亢的嗓音显露了她们"精神错乱"的本性，而男人的声带则恰如其分地套结在睾丸之上。[5] 也难怪索福克勒斯笔下的一个角色会嗤之以鼻地说道："女人最好的首饰就是沉默。"[6] 我们知道这一点，是因为亚里士多德在多年后很喜欢引用这句话。

这是一种贯穿了整个雅典文化的观念。公元前594年，改革家、立法者梭伦（据说）就曾规定，任何上街的女人都应被视为妓女。[7] 只要孩子的性别为女，并且是"破损物品"（失去童贞的女孩），那么父亲就能役使她们，还可以合法地将其当成妓女出售。在这一时期，体面的女性也只能露面，而不能说话。[8] 色诺芬在《治家》（*Household Management*）一书中推广了这一观点："所以女人居家不出看来是合适的；但对男人来说，待在家里而不是投身于户外活动则是不光彩的。"[9] 又强调女人应该"尽可能少看、少听、少问问题"。[10] 雅典的一些口头禅也颇有责备挖苦之意："……让女孩子在人群里穿梭是不合适的。"[11] 年轻女人尤其不受信任。演说家希佩

118

里德斯（Hyperides）认为"一个女人想要出门，那理应处于这样一个年纪：遇到她的人不会问她是谁的妻子，而会问她是谁的母亲。"[12] 真正温良的雅典女人甚至在男性亲戚面前都会发抖："他大晚上醉醺醺地来到那里，破门而入，进入女人们的闺房：里面是我的姊妹和侄女，她们的生活秩序井然，连被男性亲属看到都会羞愧。"[13]

所以大多数雅典女性要么是保持沉默，要么就是因为没有文字记录而被迫保持了沉默。即便她们在那个时代能够畅所欲言（这不大可能），她们的话也没有留下记载，因而名不见经传。她们面目模糊，无声、无稽、无名。

但阿斯帕西娅并非如此。在雅典黄金时代的故事里，她是少数能够青史留名的女性之一。

在希腊喜剧、演说家的演讲和罗马寓言故事以及维多利亚时代的轻歌剧中，我们都可以找到阿斯帕西娅的身影。在古代，她被人们称为"狗眼小妾"（pallaken kynopida），[14] 待售的女人（porne），[15] 而且基本都会被描述成一个淫荡而贪婪的调情老手。有很多形容她的双关语，她在雅典"结识"了不少男青年和老头儿。她无须他人介绍，因为"我们都知道她是什么样的人"。并没有什么证据能证明阿斯帕西娅确实很淫荡，但她最终还是变成了荡妇。在她出生 150 年后，索里的克里楚斯（Clearchus of Soli）就把这个年轻女人的居所编排成了一个恶心而污浊的地方。在他的《情爱集》（Erotika）里，阿斯帕西娅是跟一个企图与雕像做爱的男人并置的，在发情的时候还不得不用一坨肉或一头牲畜凑合一下。[16]

119　　当然，我们并不知道这些口说无凭的描述是否属实；事实上，我们唯一确定的就是她充满了活力，而且很聪明。[17]

在伯里克利主办的沙龙里，阿斯帕西娅是一个引人注目的异类。

但在她与苏格拉底谈笑风生之前，在她与大政治家、将军伯里克利共进晚餐、同床共枕之前，在雅典人认定她引诱伯里克利走上了邪路之前，我们还得后退一步。阿斯帕西娅必须先在雅典这座戴着紫罗兰花冠的城市出人头地。

阿斯帕西娅是在公元前 450 年左右（也许是公元前 5 世纪 40 年代）来到了语言混杂的比雷埃夫斯港，据说是独自一人，没有父辈陪伴。[18] 正如守旧的小册子作家伊索克拉底所说，阿斯帕西娅就是雅典人所反感的那些外侨中的代表："他们的公墓里满是公民，公共登记簿上则满是外侨。"在被波斯人和雅典人统治了几十年之后，米利都人对于向雅典进贡已深感厌倦，于是揭竿而起，直至公元前 452 年被再度攻占。对于这座城市来说，这是一段艰难的时期。它最初是雅典的盟友，接着是敌人，然后又变成了雅典的臣民，米利都的希腊居民与雅典娜之城有一种精神分裂般的关系。他们既是血亲，又有血仇。几乎可以肯定，阿斯帕西娅和苏格拉底的那个奢靡的小伙伴亚西比得有些姻亲关系。[19] 所以她才千里迢迢穿越爱琴海，希望能投奔过去的亲友，开始新的生活。

然而阿斯帕西娅能够出人头地的机会是十分有限的。别忘了，伯里克利将军在公元前 451 年通过了一项法律，收紧了这家民主俱乐部的入口。此后只有父母都是雅典公民的孩子才能成为公民。[20] 如果阿斯帕西娅在这座城市定居，而且生了孩子，那么这孩子就注定只是一个次等的混种（nothoi）。[21] 阿加德米和吕克昂是她的子女高攀不上的，他们唯一的锻炼场所只能是居诺萨格，亦即"白母狗"体育场。

尽管阿斯帕西娅的处境不妙，但就像当时的少数几位意志坚定的女性一样，她看来也逃避了乏味的编织苦差或性服务，而从事这两个行当正是当时雅典的大多数外国女性所必须面对的命运。[22] 她这样的外邦人当然不会被法律温柔以待，但从公元前 5 世纪 50 年代始，一种日益制度化的选择出现了——纳妾（pallakia），妾室不能享有妻子所应得的保障，她只是与出身相对较高的男性公民结成了某种正式的（甚至是契约上的）关系。在所有文献中，无论褒贬，阿斯帕西娅都保持着精明机智的形象。这个年轻的难民似乎很快就抓住了这个风口。尽管各种对其生活的淫秽描写都表明我们所知的阿斯帕西娅大体皆是捏造的，但她如此受人关注也确实表明这个来自东方的女孩一定有什么特别之处。也许是因为她身上涂的吕底亚玫瑰油，她回嘴的速度，或者她对那些从安纳托利亚海岸带来的新思想的深入了解。总而言之，来雅典不过几年，阿斯帕西娅就在伯里克利家中获得了最高礼遇，成了他的一名备受尊重的妾侍和伴侣。

　　在古雅典，三角家庭＊十分常见。但伯里克利的原配——在公元前463年和他结婚，育有二子——在阿斯帕西娅到来之前五六年就和他离婚了。在当时的雅典，离婚是比较简单的——经由双方同意或由一位第三方发起而生效。我们虽不知确切的情况和时间，但至少在公元前444年，阿斯帕西娅就已经搬进了伯里克利家中。伯里克利似乎一点也不在乎他给自己打造的名门桎梏，他那专注的性能量打破了这一桎梏。阿斯帕西娅成了他的搭档、思想陪练和情人。伯里克利于公元前429年去世，在人生的最后15年里，他年年都当选了"首席民主派"，而阿斯帕西娅每时每刻都相伴其左右。当时便有人不以为然地提到这两人每天早上都会当众接吻，他们遭到了喜剧作家的猛烈抨击，在雅典市政广场肯定也受到了不少诽谤：

　　　　内乱†与古老的时间之神，‡

＊　即夫妇双方与一方的情人共居的家庭。

†　"stasis"（内乱）是一种女性化的抽象，这个词在公元前5世纪的希腊史学与悲剧中与女人有着语义上的关联。

‡　时间之神即宙斯之父、希腊神话中的第二代神王克洛诺斯（Kronos）。

　　两相交合，

　　生出了一个大暴君，*

　　众神称之为"聚头者"。†

　　无耻的欲望为他生下了赫拉一般的阿斯帕西娅。

　　一个长着狗眼‡的小妾。[23]

　　雅典的街巷中虽多有议论，但这位将军似乎是认定了这个非正统的配偶。我们几乎可以肯定，阿斯帕西娅一直陪伴着他，直至其离世。她是怎么做到的？在一个异国美女随处可见的城市里，她使出了什么伎俩才使得这位将军选择了自己？她怎么就成了一个戴着金耳环的幸运儿？又是怎么在脖子上缠上那些肥硕的珍珠和芸豆大小的光玉髓的（民主制下的雅典人不喜欢在公共场合炫富，人们通常会在家里佩戴珠宝，但这些首饰偶尔也会掉落在外，从如今雅典各处出土的精美的金银饰品也可见一斑）？更重要的是，阿斯帕西娅是如何影响了这位雅典最伟大的将军，还和他共度了那些他在家中举办的"智囊"之夜的？

　　虽然也有人放言这一切都"没有直接证据"，没有直接证据能证明阿斯帕西娅积极地参与了雅典的智识生活（除了她在柏拉图对话集中与文学化的苏格拉底谈笑风生的场景之外），[24]可迄今为止，在男性主导的欧洲社会中还从来没有谁在私人沙龙中不赞许拥有才华、魅力和智慧的女性。在哥特、哈里发、拜占庭帝国、卡洛林王朝（Carolingians）、美第奇家族、罗斯和奥斯曼人的宫廷里都可见到这类女性的身影。亚里士多德谈到女人时虽语带鄙夷，但他也承

121

---

*　指伯里克利。

†　宙斯有"聚云者"（Cloud-Gatherer）之名，"聚头者"（head-gatherer）一词既是讽刺伯里克利的大头，也是将其影射为专制的暴君。

‡　传说宙斯之妻、泼辣善妒的赫拉就长着一双狗眼。

认"人人都尊崇智者……密提林人就尊崇萨福,尽管她是个女人"。[25] 阿斯帕西娅可能曾是一件战利品,甚至是一只会表演的猴子,但更有可能的是,她不仅曾和伯里克利共享鱼水之欢,也曾在他身边口若悬河。[26]

我们可以想象一下公元前 440 年前后的那个场面,在伯里克利那满是智者的大厅里弥漫着一种新的芳香。妾侍们(Hetairas,指上流社会中通常受过教育的女性伴侣)披着番红花色的半透明衣袍在门道里进出,有些人还用白铅抹白了脸颊,搽上了胭脂。阿斯帕西娅现在已是伯里克利事实上的妻室,作为东道主,她会和丈夫共同迎客。她此时还很年轻,他则在 55 岁左右。男宾来到时,雅典人的妻子大多都应回避。若一位妻子不幸在男宾突然造访时打开了门,那别人完全有理由称之为荡妇。[27] 但低人一等的"外邦"身份倒成了阿斯帕西娅的一件隐形斗篷,她可以去很多地方,做一些雅典女性公民永远没法体验的事,说一些她们永远说不了的话。[28]

阿斯帕西娅不仅能表达自己的看法,而且就我们所知,她还能和当时的一些最令人兴奋的男人交谈,比如阿那克萨戈拉、达蒙、亚西比得和苏格拉底。她给这项男人的活动带来了一种新的视角。当(柏拉图《理想国》中的)[29] 苏格拉底提出女性也可拥有优秀的品质时,他所认定的榜样或许就是阿斯帕西娅。他还引用了阿斯帕西娅对于媒人和可靠性的看法,也就是说实话的价值。[30]

> 好媒人是把人们撮合在一起的专家,靠的是如实告知他们的优点,拒绝夸大其词。[31]

尽管当时有很多重要的作家对女性都是视而不见,比如色诺芬、亚里士多德和希波克拉底,即便他们承认女性的存在,也只会以怀疑或负面的眼光去谈论女性,但苏格拉底(如果我们能采信柏拉图笔下的一些场景）似乎确实对女性或许也有一些有意思的看法要表达的可能性持一种开放态度。例如，柏拉图笔下的阿斯帕西娅就强调过政治的情感性和情欲性。[32] 且不论柏拉图在多大程度上把阿斯帕西娅当成了一种用来表达己见的方便手段，至少从字里行间看，苏格拉底确实对她和她的情感世界观颇为着迷。阿斯帕西娅来雅典谋生，靠的是她的机智。一无所有之时，她不得不利用自己的魅力，一种与旁人打成一片的能力。我们都知道苏格拉底喜欢刨根问底，所以他对阿斯帕西娅有兴趣是符合他的性格的。她提供了一条新的犁沟，一个新的（女性）视角，一种不同的人生体验，他非常乐意去耕耘。没有什么比探究事物更美妙的了。

122

> 我会把阿斯帕西娅介绍给你，她会用比我更丰富的学识来跟你解释〔贤妻〕这个问题的。[33]

柏拉图笔下的苏格拉底走得更远，他会奇怪地把阿斯帕西娅说成是自己的修辞学老师。[34] 他们似乎很亲密——这位哲学家与这个"捏造出来的娼妓"[35] 在思想上的亲密关系正是他的同胞们转而反对他的原因之一。谈到她时，他说："我有一个修辞技艺极其出色的女教师——她造就了那么多优秀的演说家，包括希腊人当中最好的那一位，伯里克利，克桑提普斯（Xanthippus）之子……"[36] 在一份文献中，苏格拉底称赞了阿斯帕西娅撰写的伯里克利的葬礼悼词，[37] 有些现代的古代史专家至今仍认为她是"伯里克利王座背后的掌权者"。[38]

苏格拉底认为阿斯帕西娅拥有完美的头脑，是最优秀的政治家，然而她在公元前 5 世纪的雅典故事中一直都被低估了。充其量，人们也就把她当成是伯里克利的一个颇有手腕的助手和负责"家庭采买"的主妇。柏拉图对她也不一定有多么奉承，他说阿斯帕西娅讲

的话都是"粘在一起的"（*synkollosa*）。你可以想见，或许是因为
她的话不是一般的多，或许是因为各种偏见和排斥，阿斯帕西娅第
一次被载入史册时，她的形象并不是一个精力旺盛、启发人心的年
轻女子，而是一个惹是生非的人。

阿斯帕西娅在萨摩斯起义中的角色

　　萨摩斯岛是阿斯帕西娅的死对头。萨摩斯紧靠安纳托利亚海岸
线，从这条亚洲的海岸线上看过去，萨摩斯岛仿佛触手可及，这是
个让人梦寐以求的岛屿。最近在该地区进行的水下发掘工作揭示了
这段海岸线在苏格拉底的时代有多么繁忙。2002 年，一些采海绵潜
水员发现了当地的一艘沉没的商船，船上装满了松香味葡萄酒和双
耳细颈瓶，这些货物可以让我们想起该地区的自然物产。[39]这艘海
底沉船已盲的大理石"眼睛"肯定曾凝视着小亚细亚西部那林木茂
盛的青山和挂枝的硕果。

　　由于地理上的原因，萨摩斯注定要成为亚欧之间的一条枢纽，
它也一直坚定地捍卫着自己的独立地位。自公元前 6 世纪以来，萨
摩斯的主城就被一堵石墙环围，有些地方的防卫高度可达 5.2 米。
但当时雅典是东地中海的守护者，他们强令萨摩斯人签下了一份民
主宪章，然而执政的寡头实际上在阳奉阴违。于是，位于雅典正东
200 英里的萨摩斯岛就在公元前 440 年至前 439 年因"反民主"活
动而遭到了残酷镇压。

　　萨摩斯是提洛同盟的成员，但完全自治；它维持着自己的舰队，
也不进贡，与雅典保持着距离。公元前 440 年，该岛决定欺凌阿斯
帕西娅的家乡米利都的一个富裕的聚居点，那里位于萨摩斯以南，
划船一个上午就能到达。萨摩斯和米利都之间的激烈争端实际上与
普里埃内城（Priene）有关。萨摩斯自称对普里埃内城拥有主权，

这是个位置便利且容易摆布的小定居点，传统上是受安纳托利亚西
海岸的一个更高傲的邻居米利都人所支配，他们就位于一片宽阔的
海湾对面。

　　米利都人无法自卫，但他们确有向雅典进贡，所以有人认为雅
典现在理应为他们提供保护。就在 50 年前，米利都人被波斯人击溃，
又眼睁睁地看着雅典人捷足先登，夺走了他们的领土和盟友，因而
已无力再开战端了。公元前 440 年初，一支绝望的米利都外交使团
来到了雅典的公民大会，向雅典求援。伯里克利迅速而果断地做出
了反应——派遣 50 艘雅典三列桨战船，给萨摩斯人一个教训。

　　雅典人在"萨摩斯问题"上理所当然地采取了无可争辩的对外
干预政策，这显露了雅典在东地中海地区的自信心和优越感，[40] 但
也带来了一个纠缠不休的麻烦。伯里克利是要证明雅典可以说到做
到，然而这位将军的批评者们却不想与萨摩斯这样的强国为敌。他
们决定发起猛烈的抨击，目标不是伯里克利本人，而是他的配偶。
他们说，对萨摩斯的入侵是阿斯帕西娅对家乡的偏爱所引发的，是
这个肮脏的外邦女人在诱使雅典人渡海赴死。

　　　　雅典人被卷入了这场残酷的冲突，这都要归因于一个来自米
　　利都的妓女的甜言蜜语。[41]

　　阿斯帕西娅恰巧是米利都人，但这并非雅典人对卷入米利都事　　124
务如此紧张的真正原因。一条出自德尔斐的公元前 5 世纪初的神谕
表明，对于希腊大陆人来说，为这个惹人忌羡的城邦出手干预只会
招来灾祸。潜藏于整个希腊世界的嫉妒和紧张情绪里都充满了怨恨，
且几近爆发。伯里克利让民主雅典的公民参与了这次对外远征，由
此也再度揭开了一道既深又新的伤口。

> 你，米利都，诸多恶行的始作俑者，
> 你自己也将成为众人的美味佳肴和丰盛奖品，
> 你们的妻子将为很多长发的男人洗脚；
> 我在狄杜玛（Didyma）*的神庙必失于你手，由别人照管。[42]

雅典人说是阿斯帕西娅点燃了引信，还瞧见她那灵巧的小手中冒出了一缕青烟，这个说法可能是错的，但他们说对了一点，接下来的冲突将格外"残酷"。

---

* 米利都的一处圣地，建有阿波罗神庙。

第三幕

士兵苏格拉底

一块雅典的陪葬浮雕上有两名重装步兵，名为凯雷德莫斯（Chairedemos）和里克阿斯（Lykeas），苏格拉底参战时的装束应该与右边这位一样。现藏于比雷埃夫斯博物馆，拍摄者：George E. Koronaios。

18

萨摩斯

萨摩斯岛，公元前440—前439年

他突然冲了过去，与强悍的敌军战作一团，
承受着猛烈的攻击浪潮。
他失却了甜蜜的生活，从此归入斗士之列，
敬祝他的城邦、父亲和所有同胞，
他的胸膛遭到重创，对面的长矛已经刺穿了
那厚重的护盾，也透过了他的胸甲，
为什么啊，这样的男人无论老幼都会痛惜，
全城都在哀悼，为他的逝去而悲哀。
人们骄傲地指向他的坟墓，他的孩子也与有荣焉，
他子女的子女，乃至所有后世子孙，都承继了荣光。

——提尔泰奥斯（Tyrtaios），斯巴达战歌，约公元前 640 年 [1]

公元前 440 年是黑暗的一年。无论是被阿斯帕西娅的枕边话所
怂恿，还是被现实政治所激怒，伯里克利都代表雅典人民出手惩罚
了雅典的这个盟友，推翻了萨摩斯政府，并在此建立了雅典式的民

主。雅典驻军部署在萨摩斯的中部城市，以确保岛上居民"静静"
地接受这一政权更迭，一些人质被粗鲁地转运到了邻近的利姆诺斯
岛（Lemnos）。雅典的形象突然间变成了一个霸主，而非盟友。伯
里克利的行动速度让萨摩斯人措手不及，他们心怀不满，于是转而
向波斯人求助，毕竟小亚细亚距此只有很短的航程。当地的波斯总
督皮苏特涅斯（Pissuthnes）准许萨摩斯人组建一支雇佣军——在
这倏忽之间，雅典人掀起的不是一场琐碎的口角，而是一场全面的
地区性争端。萨摩斯人在夜里重新攻入了自己的家园，对当地情况
的了解让他们占据了上风，他们袭击了雅典驻军并俘虏了雅典士兵。
报复接踵而至，[2] 岛上雅典战俘的脸上都被烙上了雅典娜猫头鹰的
图形。萨摩斯人给斯巴达人和他们在"伯罗奔尼撒同盟"中的盟友
发去了一条秘信，说斯巴达若想支援那些有意挑战雅典绝对霸主地
位的人，那此时便是良机。

　　然而由于害怕雅典人的三列桨战船，以及极度自信的民主雅典
的大军，无人敢施以援手。萨摩斯的城墙是由坚固的多边形石块垒
砌而成，表面铺了泥砖，有些地方会隆起一栋房子的高度，此外还
有一些碉堡、塔楼和一条沟渠，因而有坚不可摧之名。[3] 所以，伯
里克利围困了萨摩斯 9 个月。他派来了一名贵族将领——悲剧诗人
索福克勒斯，以确保该地区所有希腊人的忠诚。此时萨摩斯人孤立
无援，只能忍饥挨饿，最终在公元前 439 年被迫投降。在索福克勒
斯 10 年后写就的杰作《俄狄浦斯王》（Oedipus the King）中，我
们或许也能体会到他对这场暴行的铭心记忆：

> 噢，众神，众神！消灭那些不会听话也不会服从的人吧，
> 冰封他们的土地，直到他们饿死。
> 让他们的妻子像石头一样不孕。
> 让那动摇底比斯根基的疾病——

> 或者比之更严重的任何疾病——
>
> 耗尽他们吧，
>
> 摧毁他们拥有的一切吧，让他们尽数毁灭。[4]

　　尽管雅典现在有了一个战战兢兢的新盟友，从此可以方便地接近小亚细亚海岸（而且还有效地让北方不远处的一个城邦——博斯普鲁斯海峡边缘的拜占庭俯首称臣，后者也宣布接受雅典人的"保护"），然而整个事态却让东地中海人心惶惶。雅典也就此赢得了一个"好事者"的绰号。对萨摩斯的军事行动成为引发伯罗奔尼撒战争的一系列事件中的一张多米诺骨牌。伯里克利预见到了更深远的难题，他需要保持雅典娜子民的高昂士气，据说他曾在雅典发表过一次规模很大的演讲，以纪念战死的亡灵。

　　　　"我们看不见众神，"他说，"但我们相信他们是不朽的，因为我们供奉着他们，他们也给了我们祝福，那些为自己的国家献出生命的人也是如此。他们也一样实现了不朽。"[5]

　　然而尽管伯里克利竭力地宣扬这种沙文主义，拨弄是非的人也未曾停歇。他们知道阿斯帕西娅是米利都人，于是怀着怨气说显然是她的枕边风磨砺了伯里克利的宝剑，是她这个外邦人的爱国之情确保雅典人惩罚萨摩斯人，开了一个不好的头。阿斯帕西娅被她（和伯里克利）的敌人冠以了"海伦"（Helen）之名，正是伯里克利对这个精明的高级妓女的淫欲先后引发了萨摩斯的暴行和伯罗奔尼撒战争。就像海伦引诱着男人们跨过爱琴海并挑起了特洛伊战争一样，阿斯帕西娅也将打破希腊的团结局面。民主的雅典忌惮她的想法，于是从不忘提醒时人、引述历史，说阿斯帕西娅是一个移民，一个有着错误性别的闯入者。正是从倾泻在这个聪明姑娘身上的怒火中，我们意识到了一点，即让这个新的民主国家感到不舒适的，是它那世界性的姿态，或者是皮肤上正在出现的溃疡。[6]

苏格拉底和萨摩斯

　　萨摩斯事件中还有一段和苏格拉底有关的趣闻。[7]这次战役打响时，29 岁的苏格拉底很可能加入了雅典的一支由 40 艘船组成的特遣队，从比雷埃夫斯出发前往萨摩斯作战，这支队伍不久就新加入了 60 艘船，接着又变回 40 艘，后来又加入了 20 艘。这是一次贪婪的惩罚性行动，海战十分惨烈，雅典需要苏格拉底这样年富力强的人去战斗。所有年龄在 18 岁到 30 岁之间的雅典公民都必须服义务兵役。在战争时期，60 岁以下的男人都可以应征入伍。尽管我们没有直接的文献证据能证明苏格拉底曾在公元前 441（或前 440）年参与此次东征，但如果他没有参与，反而不合情理。所以我们现在就可以见识一下雅典人所熟悉的那个作为士兵的苏格拉底了。

　　我们可以想象，这位哲学家的装扮应该和今天比雷埃夫斯博物馆里的墓碑上的男青年差不多——他们就是雅典人心中完美的重装步兵。他的胸口会裹上一块青铜胸甲，腿上绑着护胫套，戴着一个马鬃顶的头盔，这东西兼有防护和威吓之效。有些特种兵会使用长矛（长达 2.5 米）刺杀敌人，有些则是弹弓大师，此外还有轻装步兵，他们会严阵以待，向敌人投掷标枪。苏格拉底的武器是他的阔剑和巨大的圆盾（hoplon），这种圆盾非常沉重，所以在雕刻作品中，它经常是贴靠着大腿或肩膀，以减轻负担，重装步兵（hoplites）之名也源自此盾。[8]

　　重装步兵必须自带装备，但这位哲学家的经济状况有点神秘。他的出身显然是很卑微的。苏格拉底曾经夸口，说他不像城里的

其他智者，从没为自己的思想收过半个奥波尔，相当于一个便士。130
然而不知何故，他后来有了些钱，足以成为一名重装步兵了。这
可是雅典城邦的脊梁，一名负担得起自己的长矛、头盔和圆盾的
士兵。当时的雅典大约有 14000 名重装步兵，他们也谈不上多么
富裕，基本都处于中下阶层。[9] 也许他那位石匠父亲从伯里克利时
代的兴建热潮中挣得了不少好处，有一份文献曾提及索福洛尼克
斯与公正的阿里斯泰德斯家族（Aristeides the Just）的联系，后
者是一个在希波战争之前就在雅典颇有影响力的豪门，所以这位
初露头角的哲学家可以借助一些"优质的关系"。也许这位父亲早
已有儿子那样的智慧，也许他的技能和原创思想让他获得了不错
的收入。总而言之，无论苏格拉底的经济状况如何，他都担负得
起参战的成本。

还有一种可能，苏格拉底或许是接受了他在雅典新的"智囊团"
贵族圈里结识的某个富有朋友的资助，即便这个赞助人就是伯里克
利也不无可能——他戴的护胫套，以及他为自己粗壮的手臂打造的
皮腕套，或许都表明苏格拉底和这个小圈子处得有多么融洽。他会
和那些曾经被称为寡头的人一起喝酒、吃饭、交谈，当然，现在他
也必须跟他们共同进退，并肩作战。苏格拉底不只是桨手，不只是
驱动三列桨战船的壮汉、一架很快就会葬身鱼腹的人形机器，他还
赢得了殒身于长矛和利斧之下的权利。[10]

因此，如果他曾以重装步兵的身份乘船前往萨摩斯，那么这个
甲板男孩 * 的嘴唇和睫毛肯定都会被咸湿刺骨的海风吹得发僵，然后
在他的（有人会说是）第一片战场上登陆。苏格拉底曾参与萨摩斯
战役的可能性提醒我们，尽管他热爱雅典，在这个城邦生活了大半
生，但当我们回顾他的生平，乃至雅典民主的历程时，也必须搞清

---

* 重装士兵一般会在甲板之上。

楚罗盘的方位。对苏格拉底的同胞来说，他使用刺剑和大型圆盾的技巧与任何精妙的哲理都一样重要。

有人引述了这位哲学家的同代人——希俄斯的伊翁（Ion of Chios）的话，他说苏格拉底肯定和当时的另一位大思想家阿基劳斯（Archelaus）一同去过萨摩斯，此人是伯里克利最看重的人物阿那克萨戈拉的弟子。苏格拉底的确有可能在年轻时和哲学家阿基劳斯一起造访此岛，只为讨论一些宇宙本质之类的天文问题[11]（后来的喜剧作家都会嘲笑苏格拉底的这种不切实际的兴趣，[12] 回想年轻天真的苏格拉底"对那种被称为自然科学的学问所抱有的非凡热情"[13]）。苏格拉底或许是来萨摩斯学习的，也可能只是来杀人的。因为他若真是作为一名士兵前往萨摩斯，就难免刀头舔血。伯里克利的命令对其麾下的雅典军队来说是不容置疑的，雅典人在萨摩斯的战斗完美地证明了亚里士多德在 100 年后对雅典城邦的高强度军事训练的目的所做的总结。

> 军事训练……有三个目的：
> 1. 自救，让自己不受制于他人。
> 2. 为我们自己的城邦赢得领导地位，为他人谋福利……
> 3. 以主人的身份统治那些理应被视为奴隶的人。[14]

"雅典人的和平"格外短命。在接下来的 30 年里，苏格拉底、阿斯帕西娅、欧里庇得斯、亚西比得、体育场的男青年、雅典市政广场的商人和雅典卫城的女祭司都将活着经历这场人类历史上最残酷的战争之一，或者殒命其中。

伊斯摩斯，科林斯附近，约公元前441—前411年

> 你从没出城去过什么节，只去过一次伊斯摩斯（Isthmus），再没去过其他地方，除非是在某地服役，你从没像别人那样到海外旅行，也不想了解另一个城市或人家的法律，我们和我们的城市对你来说就足够了。
>
> ——柏拉图，《克力同篇》，52b[15]

驱使苏格拉底离开雅典的也不仅仅是杀身成仁的承诺。有一次（据我们现有的证据可知），或许在青壮年时期，他离开过这座城市，那是为了（多半是作为观众而非运动员）参加一场让人汗流浃背、精疲力竭的活动——南边的科林斯湾（Gulf of Corinth）附近的伊斯摩斯竞技会（Isthmian Games）。[16]

苏格拉底肯定是从神道离开雅典的，这条路至今还在，而且仍被称为"*Hiera Hodos*"（神道）*。如今沿这条神道开车行经城外的家具商场和炼油厂时虽感受不到什么明显的宗教色彩，但一个有同理心的游客还是可以想象苏格拉底及其同胞们的那趟朝圣之旅。苏格拉底是一位伟大的行者，他说过自己曾不假思索地走过25英里的路程。对他来说，漫步和思考似乎是一种真正的乐趣。一旦神道转向老旧的滨海路，古希腊的田园风情就变得愈发真切了。这里到处都是橄榄、无花果和石榴果园。空中鸟鸣不止，爱琴海边的微风永远温和宜人。选择走这条路的人也个个都心旷神怡。参加伊斯摩斯竞技会虽是个极严肃的事，但从古人的描述来看，当时似乎也有一丝节日的氛围。[17]

若说宗教和战斗这两台驱动雅典城邦的引擎就是让苏格拉底离

132

---

* 即从雅典到厄琉息斯的道路。

开他心爱的家乡的唯一动力，那应该是没什么问题的。[18]

今天，当我们来参观伊斯摩斯竞技会的遗址时，这里非常安静。几个放了学的学生把鼻子紧紧地贴在金属围栏上，一个孩子荡得秋千嘎吱作响，还有一台失灵的警报器在不停地发出嗡嗡的声音，但内里最忙碌的还是蜜蜂和蝴蝶，它们在那片仿佛会一直延伸到萨罗尼克湾的罂粟花上大快朵颐着。虽然遗址位于一座低矮的山塬上，但大海感觉就在我们眼前。所以，把供奉海神波塞冬的圣所建在此地是非常合适的。用今天游客的话来说，这个可爱的地方就是奥林匹亚的穷表亲。不过与西部供奉宙斯的奥林匹亚圣地相比，古人在这里举办的体育竞赛在激烈程度、象征性和重要性上都毫不逊色。伊斯摩斯竞技会每两年一届，在春季举办，它曾是奥林匹亚的奥林匹亚竞技会和德尔斐的皮提亚竞技会（Pythian Games）的热身赛。

在这里，公元前5世纪的石板路上依然可见当年的车辙，它们见证了伊斯摩斯的熙攘岁月。这片圣地就位于科林斯到雅典的一条主干道的边缘。如今，萨罗尼克湾平静而昏暗，只有笨重的货船前来搅扰，但在公元前5世纪，它无疑曾饱受商船的摧残，后者会携带着货物，不断地进出那些为商业大城科林斯服务的繁忙港口。

我们可以想象，在2500年前，当一个像苏格拉底这样的男人来参加比赛时，这里还会有不少其他声音。在活跃氛围的音乐节上，音乐家的演奏声逐渐淹没了蜜蜂和飞鸟的鸣叫；炉灶上烹煮和炙烤肥肉的浓烈气味也掩盖了涔涔的汗味。汩汩的水流不断倾入水槽，[19]运动员和观众都可以在此清洗身体，水花的溅落声舒缓着人们的神经。

参赛者可选择的项目有摔跤、拳击、铁饼、竞走、赛车、马术和五项全能。在3天的赛程里，人们要用身体来表达对众神的敬奉。那些来的人会准备好神圣的盛宴来庆祝，他们会狼吞虎咽地吃掉刚刚献祭的公牛。这里有一口圆坑，曾经容纳了不知多少加仑的水，如今都被古老的骨头和被遗弃的信徒的还愿供品给塞满了。古希腊人把陶俑的碎片、小雕像、珠宝、硬币和漂亮的小花瓶都留在了这里，他们会用各种形式的贿赂来求神保佑。

在苏格拉底前往这个热闹圣地的旅程中，很可能还要经过一处损毁之地。曾经主宰此地的那座宏伟的古波塞冬神庙在公元前450年被烧毁了，里面的一切几乎都化成了灰烬，幸存的材料也仅够确定这场大火的年代。装满了橄榄油的罐装供品就像燃烧弹一样助长了火势。神庙最终得以重建，但如果苏格拉底年轻时曾造访过伊斯摩斯，那他看到的肯定是一片漆黑的碎石乱瓦，向人们警示着人类事务的莫测本质。

事实上，这片圣地虽不是传统意义上的战场，但它位于伊斯摩斯的原因也确与令人惬意的衰朽和死亡有关。与其说希腊人关心死亡，不如说他们关心善终——斯巴达人就会不顾一切地追求"美好的死亡"。这些比赛也是为了纪念一个凡人的终局：一个名叫墨利克耳忒斯（Melikertes）的少年英雄在海上溺亡，但他的尸身被一只善良的海豚带回了岸上。[20]身穿黑袍的祭司会给优胜者戴上野芹冠——人们认为这是一种能在冥界自由生长的植物。

在伊斯摩斯，你能清楚地意识到公元前5世纪的众多希腊人有多么迷信。在地下25英尺处的一块凸出的岩石之下，考古人员从泥土中挖出了一间地下餐厅。这里最多可容纳22人，他们可以躺在炕土沙发上，吃着特殊的神圣厨房特意准备的餐食。富人和穷人都知道自己在宗教仪式中的地位，来自各城邦的贵族都会在这里聚会，而且只有一些"要人"才有资格在这个特殊的餐厅用餐。这里的比赛面向整个希腊，所以到这里来也有机会了解各地希腊人的生活方式。参赛者无论来自哪里，都会受到海神波塞冬的护佑，这些比赛也正是为了纪念他而举办。[21]

波塞冬的凡人供奉者在伊斯摩斯竞技会期间会禁绝一切侵略活

动，就像他们参加奥林匹亚竞技会时一样，但波塞冬当然知道，这些人很快就会利用他的水上要道去展开侵略和殖民，去运输武器，劫掠妇女、财富和生命，以及从事贸易。人会以传统和文明的名义上演自欺欺人的剧目，这就是人性的一面，而柏拉图的作品似乎揭示了苏格拉底希望自己能对此做出某种改变。

134

> 因为神是善的……他只为好事负责，坏事的责任必须到别处去寻，不能归因于神。[22]

＊　＊　＊

生活中的坏事总是不可避免，无论原因在神还是在人。可以肯定的是，在苏格拉底人生的这一时期，不管他有没有在萨摩斯战役中发挥积极作用，不管他个人是否以运动员的身份参加过伊斯摩斯竞技会，这位哲学家很快都要站在雅典那咄咄逼人的帝国政策的风口浪尖上了，因为伯里克利及其支持者所发起的战争行动不会在萨摩斯终结。在雅典的公民大会、市政广场和酒会之上，人们都发起了议论，说为米利都出头是一个危险的外交先例。想跨入外国水域而不浸湿脚趾，谈何容易。

事实上，萨摩斯并没有立即在希腊引发那场相当于"一战""二战"和冷战（数十年的僵化对抗）的战争——一场最终在公元前432年爆发的全面战争，但整个爱琴海地区的犁都被打造成了剑，盾牌都被抛光，匕首皆被磨利。希腊人再一次想起了他们那种把史诗般的冲突归咎于女人的嗜好。

> 然后被激怒的墨伽拉人……偷走了阿斯帕西娅手下的几个娼妓，战争就由此爆发了……[23]

　　一些刻薄的喜剧作家并不满足于让萨摩斯事件就此谢幕，他们将阿斯帕西娅和她的性魅力嵌入了一套关乎一连串真实事件的虚构故事之中，这一次，一条多米诺骨牌的倒下即将揭开伯罗奔尼撒大战的序幕。这场争端已经开始酝酿，它将在雅典人乃至西方人的心中留下不灭的印记。

19

大展拳脚

科西拉岛（科孚岛），公元前440—前432年

还请记住，雅典之所以拥有世上最大的声名，是因为她从未在逆境中屈服，她在战争中付出了比任何一个国家都要多的生命和努力，从而赢得了史上最大的权力，这权力将被后世永远铭记，即使现在我们到了被迫屈服的时候（因为一切都是生来就会朽败的），人们也将记得，在所有希腊的强国中，我们对希腊人拥有最广泛的影响力，在这场最宏大的战争中，我们坚定不移地与他们的联军和个别城邦对抗，我们生活于一个在各个方向上都装备完善的城市，希腊最伟大的城市。

——修昔底德，《伯罗奔尼撒战争史》，2.64.3[1]

要爬下雅典长墙（Long Walls）的遗迹可非易事。这片考古遗址位于城中的一个贫民区，那些铺设于公元前459年至前457年间的石灰岩巨石如今都夹杂在铁路、肮脏的运河和一家布满了监控摄像头的厂房之间。一条喧嚣的高架主干道就位于上方，一些旧烟盒还沾黏在这些巨石的砂浆之上。

你肯定还记得，在雅典城墙建成 20 年后，雅典人才兴造了连接雅典与其出海口比雷埃夫斯港的长墙。虽然每年都有 500 万游客来到雅典，但这个景点却人迹罕至，不太讨喜。那些防御性的石块反映不出雅典"黄金时代"的余辉，在人们的记忆里，那是个平等、自由和高尚的时代。可这些墙告诉我们，雅典的确曾是一座堡垒之城，进出的人都要受到严格的监控。苏格拉底生活在希腊历史上最动荡的几十年里，这座城市和它的市民需要保障。这道石墙还拱卫着雅典珍贵的比雷埃夫斯港，这是雅典一座繁华的卫星城，雅典的桨手们就是从这个迷你国度出港，以民主之名去夺取新的领土。

136

回到波斯人来袭的黑暗时代，在希腊的约 700 个城邦里，只有 2 个在收到米底人的命令时拒绝呈递土和水以作为贡品，它们就是雅典和斯巴达。这两者曾经非常团结，但同时也因为双方过强的自我意识而造成了撕裂。虽然相隔着河流、山脉和平原，但双方的关联相当紧密。当波斯人为马拉松之战而集结时，是一个叫菲迪皮德斯（Pheidippides）的雅典人在不到两天的时间里跑了 153 英里，去恳求斯巴达驰援雅典。但自此以后，这两个文明都在争相证明自己更胜一筹。而且此时的雅典还拥有了一种意识形态——一种被称为民主的新事物——正是凭借着民主的优越性，她战胜了斯巴达人的霸权。

这两个城邦对战争都跃跃欲试。比雷埃夫斯港变得格外繁忙，一片新的区域被分割了出来，专供雅典海军使用——你今天仍可以俯瞰那坚固的长墙，这些墙垛现在就位于比雷埃夫斯外围的一条喧嚣的公路之下。在抵抗波斯的战役（马拉松、萨拉米斯、普拉提亚）中幸存下来的士兵现在都已经七老八十了，这些"老勇士"曾备受阿里斯托芬的称赞，如今为备战而日日苦练的一代年轻公民也向他们询问了最佳的对战策略。雅典和斯巴达很快就找到了相互挑衅的理由。

　　这种憎恶引发了一场全面的战争，它将吞没苏格拉底的余生，甚至整个希腊。

＊　＊　＊

　　科西拉岛［Corcyra，今科孚岛（Corfu）］的平静港口首先遭到了重创。

　　公元前 433 年夏日的一个清晨，在拂晓前一小时，岛上的居民被一种可怕的声音惊醒了，那是全速前进的战船发出的有节奏的破浪声。科林斯人和科西拉人此时正在争夺贸易路线和领土的控制权，但东部 200 多英里处的雅典却在展望未来，他们看到了科西拉岛的长远价值：从大希腊地区通往意大利北部和欧洲其他地区的门户。与那个时代的其他城邦不同，科西拉岛本身就有一支由 120 艘战船组成的舰队。该岛的使节早已提醒过雅典的公民大会："在希腊，我们拥有一支仅次于你们的强大海军。"[2] 这话很有说服力。公元前 433 年，雅典的政治家就与科西拉人结成了一个防御性同盟。在微风习习的普尼克斯辩论会场上，雅典公民做出了决议，要逐渐提升他们在遥远西部的分量。距离较远但精于谋算的雅典随后就介入了这场冲突，站在了这个富裕且位置优越的迷你岛国一边。

　　当科林斯人和科西拉人大打出手时，有 33 艘雅典三列桨战船参与了战斗。在这场奇特而激烈的"拳击赛"中，这几个城邦就在岛屿南端的一片岩石——名为西伯塔（Sybota），看起来就像是从陆地流入大海的血液和泡沫——周围张开了船帆，试图将自己展现为拳场上的最强者。这场海战所掀动的涟漪无疑还会继续蔓延。由于担心科林斯人可能会利用这次争端来煽动自己的盟友反对雅典人，雅典的民主派决定先发制人。和以往一样，那些有权开启战端的人发现他们需要说服自己，有很多发起侵略的理由，有很多威胁将至的依据。在科西拉岛外海上的一些木船正好为此提供了理据，这些船都来自雅典以西仅 30 英里处的一个名为墨伽拉的小城，而墨伽拉曾是雅典的盟友。科林斯是一个强大的城邦，但即使再强大的城邦也需要更多火力，而此时它的舰队中就夹杂着一些墨伽拉的战船。

平庸而温和的墨伽拉即将成为一个引爆点，一枚不容忽视的信号弹。这个弹丸之地将会决定一次重大的历史事件。

今日墨伽拉的风貌乏善可陈。我上次来访时，这里最热闹的活动就是一名严厉的东正教牧师带领一群希腊遗孀进行的长途旅行。墨伽拉位于喧嚣的雅典与科林斯湾那环抱式海岸线之间的一片无人区，它似乎并没有什么用处。如今，附近咖啡馆里的人都会嘲笑墨伽拉，说这儿的"人干活只能混个肚饱"。这里看起来就像是一片毫无希望的石地，在公元前 4 世纪，伊索克拉底曾嘲笑墨伽拉是一片"种下的岩石"。但外表很可能具有欺骗性，不知何故，通过谨慎地使用食盐储备、保持足够的绵羊数量、让工人喜欢上布衣和发展成贸易枢纽（外加一个可以方便船只进出停靠的温和海湾），以及派遣殖民船只到黑海寻找拜占庭这类有价值的小殖民地，墨伽拉人开始改头换面了。

西伯塔战役在科西拉周围的蓝色海域打响后的几个月里，雅典便开始恫吓墨伽拉。这两个城邦间的关系已不可能再用温暖来形容了。公元前 445 年，墨伽拉人屠戮了雅典驻军，雅典人怒火中烧，始终无法释怀。大约在公元前 432 年，伯里克利提出了一项奇怪的法案。[3] 他建议禁止墨伽拉的商人和顾客进入雅典的市场，还想阻止墨伽拉的船只停靠在提洛同盟任一盟国的任一港口。该提案通过了，这是一种贸易禁运令，一种极具削弱性的制裁，一种政治性的侮辱。这一地区的任何人都无法再忽视这一事实，雅典如今确实在仗势欺人。《墨伽拉法令》（Megarian Decree）成了大开战端的一个借口。

随着伯罗奔尼撒战争局势吃紧，雅典又传出了各种谴责阿斯帕西娅的恶毒流言。有人说阿斯帕西娅经营着一家妓院，一家性学院。他们说她手下的两个卖淫的侍女被墨伽拉人给绑走了，于是这个米利都的母夜叉就让笨手笨脚的将军伯里克利展开了报复。

> 这场全希腊的大战就是这么引发的——由三个荡妇引发的。[4]

东地中海的热血开始沸腾，流行的神话总想给这类事件增添一层性的背景和红颜祸水式的开战根由，这真会让人产生一种可悲的熟悉感。[5]

这些血腥的、局部的肇端——跟那位花魁和她的妓女无关——正是伯罗奔尼撒战争的征兆：一种愤愤不平的侵略感，一种别人要夺你所爱的感觉。人们有一种不安的想法，认为这个世界就是一片贪婪之地，即使在一个希腊化的松散整体中，你的希腊邻居们也在觊觎着你的希腊领土。进步和公开的成就很难不招人忌恨，和大多数战争一样，伯罗奔尼撒战争也起于一种怨恨、贪婪和恐惧，一种最终演变成杀戮的沮丧。[6]

事态开始升级，雅典人已经在太阳西落之地（科西拉岛）和伯罗奔尼撒半岛方向的墨伽拉展现了实力，现在该剑指北方了。苏格拉底将从比雷埃夫斯的一个新修整的码头出海作战，他的使命是征服希腊北部的领土。这艘船的目的地是一个随处可闻鸟啼的美丽城镇波提狄亚（Potidaea），雅典公民军的军鼓之声不日就将传来。[7]

＊　＊　＊

这是一个战争泛滥的时代。公元前5世纪末的雅典对冲突的兴趣似乎大了不少。在民主的公民大会上，每隔一年，雅典公民都会投票支持军事侵略。为了奔赴战场，青年男性都经过了多年的训练。雅典士兵都有机会在其民主制中发挥积极而可敬的作用，这些人不是非得挨了波斯走卒的鞭子才会上阵的懦夫卖国贼，也不像头发蓬乱的色雷斯人（Thracian）那样豪饮无度，为国王干杯，仿佛仍处于史前时代。重装步兵的根是深深地扎在希腊的风貌和精神之中的，几个世纪以来，这些人都是并肩抗敌，右边的人都会用自己独特的圆盾保护左边的人。8希腊已经催生出了一种集体使命感，但民主政治还滋养出了额外的信心。雅典人并肩参加公民大会，高处是令人惊叹的新帕特农神庙，下方的港口里是让人瞠目的新舰队，雅典市民彼此都相信他们万事皆可为。

而且现在那些靠体能为三列桨战船提供动力的普罗大众也发挥了作用，不只是奴隶，地位低下的公民、水手长和桨手也都可以驱动这些航速高达9节＊且在一分钟内就能翻转航向的战船，将"民主"这个新观念带往新的土地。9雅典公民（普通男性）把雅典的扩张当成了自己的事业。苏格拉底目睹了这一发展。由于在国内有一个由利益攸关的公民组成的统一机构，雅典人都相当支持赴海外开展持续的军事行动。在苏格拉底的有生之年，不超过24个月，雅典的公民大会必定会投票支持开战。在希腊人心中，这是一个黎明时代——在这个时代，血和剑不仅将用于防御，还将用来开创一个无畏的、新的意识形态世界。这都是一些终将破灭的殷切盼望（如果你比较愤世嫉俗的话，也可以说这是一些蛊惑人心的情绪）。苏格

＊　1节航速是1.852公里/每小时。

拉底的目标可能是激励人们过上"善的生活"——"永远不要行不义之事！"——其他的雅典人或许也会倡导社会正义，但开创一个以美德和民主抱负为核心的文明将不可避免地造成伤亡。[10]

让战争不可避免的正是雅典实力的增长及其在斯巴达引发的恐惧。[11]

雅典奚落过简朴而极端的斯巴达，也夸耀过自己的高墙、光彩夺目的纪念碑和开明作风，现在她要和这个军事化的城邦玩一场斗智斗勇的游戏了。在修昔底德著于公元前 5 世纪的那部编年史中，在苏格拉底的反复述说中，伯罗奔尼撒战争呈现的就是一种与他人共处一世时所遭遇的棘手的情感问题。但苏格拉底的传记作者还可以从中获得一个极大的好处，那就是当他成为伯罗奔尼撒战争中的一名战士时，我们就能找到一些更鲜明的文本线索，以了解他的生活本质和他的人际关系，及其哲学背后的那个活生生的人。

140 苏格拉底：所以，雅典的人们，若你们选来指挥我的指挥官要我驻守波提狄亚、安菲波利斯和德里昂（Delium）（或者我确实曾在此驻守的话），并且他们都留了下来，甘冒死亡的危险，那我也会拼死一搏的。但当神下了指令——如我所相信和理解的那样——把我的一生用在爱智之上，省察自己和他人，而我因为害怕死亡或任何其他忧虑而放弃了自己的职责，这才可怕了，那时就有人可能真会以我不信神的存在为正当理由来将我告上法庭，只因我违抗神谕，害怕死亡，并且在不智的情况下自认为明智。事实上，对死亡的恐惧不过是自作聪明，因为你自以为知道一些你并不知道的事。没人知道死亡是不是人类最大的福祉，但人们就是害怕死亡，因为他们深信死亡是最大的恶。

这难道不是最丢脸的一种无知吗：自以为知道一些你并不知道的事。[12]

也是在苏格拉底入伍的时候，我们恰好遇到了苏格拉底人生故事中的另一个主角，这个早熟的、拥有特权的孩子如今已经成年，他与简朴的苏格拉底式生活形成了鲜明的对照。对于苏格拉底被带到法庭上受审，甚至可以说对他的横死，这个魅力非凡的人也要承担一定责任。这股自然的力量，也就是我们上次在伯里克利的宅院里看到的那个蓬头乱发的男孩儿，那个漂亮又危险的贵族，他有着一个让人不安的拉科尼亚豪门的名字：亚西比得。

20

士兵苏格拉底

波提狄亚，希腊北部，公元前432—前429年

亚西比得：如果你们想听听他在战斗中的表现——他的事迹肯定也值得一听——我因为勇敢而从指挥官那里获得勋章的那天，在全军中，正是他救了我的命：我受了伤，但他没有抛下我，还帮我保住了我的盔甲和我的命。

——柏拉图，《会饮篇》，220d — e[1]

波提狄亚位于希腊北部、马其顿以南，这是人们很容易错过的一处古代遗址。从塞萨洛尼基（Thessaloniki）向东南方行进，你肯定会尖叫着穿过一座立交桥，然后沿着一条陡峭的高速路岔道降回到海平面高度——1935 年在波提狄亚的地峡开凿的运河。这里的遗址如今已被一条六车道的高速路遮盖住了，废弃的港口旁还有一家名叫港口（Portes）的连锁快餐店。

在历史上，这里的建筑曾相互蚕食。中世纪建的海堤吞噬了古典时代的遗迹，一座罗马时代的波塞冬神庙也倾入了大海，[2] 海滩上的鹅卵石和陶片混在一起。夏天，蝴蝶在晶莹剔透的海水上追逐

着自己的倒影；但在冬天，冰会慢慢爬满这条海岸线。

　　这个定居点是以它与大海的关系来定义自身的。当科林斯人在公元前 7 世纪到达此地时，他们占领了这个半岛咽喉部的城镇，并用他们对海神波塞冬的多利安语称呼来表达对它的祝福：波提狄亚。

　　因此，波提狄亚这座古城就暴露于卡桑德拉半岛的边缘——当时这个半岛被称为帕勒涅（Pallene），如今其名则出自马其顿国王卡桑德罗斯（Kassandros）。春天里，这根指向塞萨洛尼基湾（Gulf of Thessalonica）的 31 英里长的手指就会变得如青苹果一般翠绿，其浓郁的色彩也表明了这片肥沃的土地非常值得保护。[3] 即使是这里的一片无法耕种的滨海之地——如同岩石覆盖的月球景观——也是蜜蜂的庇护所，希腊最甜的蜂蜜就产自这里。从这一定居点的最高处还可以看到阿索斯山、奥林匹斯山和佩利翁山（Pelion）的峰峦。

142

　　在今天看来，这个地方相当宁静。小镇广场上的喷泉不断喷涌，渔民们坐在一圈伞菌之中，修补渔网、抽烟和说笑。燕子向大海俯冲，以一种戏剧化的弧度捕捉小虫，然后轻轻触碰到海面。但在苏格拉底的时代，波提狄亚的居民都被困在了这片乐土里，雅典人封锁了这里的地峡，卡桑德拉半岛上的男女老少全都成了囚徒。

　　及至公元前 5 世纪 30 年代初，这片欢快的景象已现愁容。

　　该地区的民众都深感不满。伯里克利此时已在周边的领土上留下了他的印记，怨恨的情绪也由此开始酝酿。雅典人分别在公元前445 年和前 437（或前 436）年创立了布雷亚（Brea）和安菲波利斯这两个新城镇，其动机无非两点：要么是雅典人希望扩张他们的帝国，要么是他们不放心这些希腊北部的居民，所以要密切关注其动向。这两种动机无疑都不招人待见。

　　接下来就是钱的问题。雅典要求该地区各城邦缴纳的税款从每年 6 塔兰特提高到了 15 塔兰特，这给当地人的伤口上又撒了一把盐。[4] 雅典人知道，上交现金会让人心生反意。为预防叛乱，雅典发出了最后通牒：推倒你们的城墙，遣送一批人质过来，并切断与母城科林斯的联系。

波提狄亚人绝望地向雅典和斯巴达分别派遣了使节。他们请求前者缓和其行动，又请求后者在雅典人施加高压时发起反击。雅典对萨摩斯和科西拉附近富饶水域的干预让每个人都记忆犹新。对于海外的利益，雅典人显然在制订一个计划。

不幸的是，波提狄亚虽只是一个不起眼的小城，但它对于更大的国际利益却颇有价值。邻近的马其顿国王有意将科林斯人拉入这场北部的冲突，以巩固自己对抗雅典的地位，于是也放下顾虑，和波提狄亚一同向科林斯和斯巴达派遣了特使，请求这些南方城邦派兵救援。

现在整个地区的军事精英都卷入其中了，战争机器已然启动。30 艘雅典三列桨战船离开了比雷埃夫斯，包括苏格拉底在内的 1000 名重装步兵开始向北进发。[5] 坐立不安的波提狄亚居民听说了这个消息，他们很清楚这不是简单的恫吓。这里的土地富含红土，雅典人决意要保护（有些人会说是吞并）这些土地——其土壤中的铁在夏季能保持山峦的青绿，而敌对的城邦（斯巴达、科林斯）和各野蛮部落为了建立帝国也会来此地作战。伤亡是可以预料的，所以很多当地人就被疏散到了附近的一个一流的新城镇——奥林索斯（Olynthos）。在雅典以外，伯罗奔尼撒的道路上开始尘土飞扬。科林斯派出了 1600 名重装步兵和 400 名轻装步兵来保护这个面临威胁的子城。

希腊人开战了——敌人就是彼此。

战争中的苏格拉底

希腊人的营地杂乱无章，比较随意。士兵们会砍伐树木，用木头来生火或搭建粗陋的帐篷，大家都裹着兽皮缩成一团——这就是单人的军事露营，那些用不起帐篷的人则会待在营火旁边。[6] 战役发生在公元前 432 年 9 月至 11 月的某个时刻，每年的这个月份，夜晚都寒气逼人。只有真正的富人才负担得起一顶气派的战场之家，而战役中最美的男人之一亚西比得就有这么一顶巨大的帐篷，足以和苏格拉底分享。

这两个士兵来自不同的部落，但在这次战役中，他们就是同袍战友，[7] 民主制把他们黏合到了一起。他们会坐在同一个剧场里，在同一场宴会上喝得酩酊大醉，也许还曾在体育场或雅典市政广场一起接受过训练，当然也会在城里相互寻找对方；"你好啊，苏格拉底。你去哪儿了？不用问，你肯定在追求那个迷人的亚西比得。"[8] 我们不知道他们的关系是如何开始的，但我们知道他们的关系发展到了什么程度。他们曾经同床共枕，但亚西比得抱怨说，他们从来没有发生过任何肉体上的关系："我就像是跟父亲或哥哥睡觉一样。"[9] 在出征时，伯里克利肯定会赞成这种混杂的扎营方式——或者说社会工程——让一个聪明的、阶级不明的哲学家与一个肌肉发达、一身贵气的狂热分子同居一帐。他们是一对奇怪的组合：苏格拉底年近 40，据我们所知，他仍然穿着那件标志性的薄斗篷，光着脚。[10] 亚西比得则是 20 来岁，一个"在成长中的每个季节都会绽放"美丽的男孩儿。[11]

亚西比得此时离他家族的故乡很远，有人说这个"无与伦比的男人"是特洛伊战争中的那位贤明的老英雄涅斯托尔国王（King Nestor）的直系后裔。诗人唱道，涅斯托尔住在伯罗奔尼撒南部皮洛斯（Pylos）的一个美丽的海湾边上。"涅斯托尔宫"现已被挖掘，人们在其中发现了一排排完美的基里克斯（kylix）陶杯——长柄酒杯，仅一个储藏室里就发现了 2856 个。一块用线性文字 B 书写的青铜时代晚期的泥板显示，宫里曾订购了 375 加仑的葡萄酒，以供饮用。这位青铜时代的皮洛斯统治者（无论是不是涅斯托尔）似乎

144

是一位喜欢狂饮作乐的国王，而涅斯托尔的那位重孙子也无数次地继承了他对发酵葡萄的爱好。

若有人讲述苏格拉底的故事，那他们的书中多半都会充斥着有关亚西比得的流言蜚语，这个装扮精致、忍不住浮夸的典型逐渐成长为那个时代的领导者。他鼓励雅典人从早上就开始喝酒，让他们觉得这很时髦；他对摔跤嗤之以鼻，因为这意味着要跟平民发生摩擦；他不喜欢长笛演奏，因为那会让你的脸皱起来，很难看。他的美貌令人叹为观止，色诺芬告诉我们："他是很多豪门女性的猎物。"[12] 在他死后很多个世纪，其鲁莽事迹仍在市井流传。有传言说他策划了一场谋杀，然后给朋友们展示了尸体，以考验他们的忠诚和勇气。[13]

奇怪的是，尽管亚西比得拥有如此天赋（美貌、力量和危险的魅力），但他也是一个可以展现一切却又无须展现什么的男人。他自幼便是孤儿（雅典人的父亲去世时会被视为"孤儿"，即使其母仍在世），由伯里克利抚养长大。他享有被收养人的自由，却没有可抱怨的亲生父亲，也没有才华受限的借口。没有亲生父母传递的焦虑，就不存在辜负或失望，一切皆有可能。

柏拉图笔下的苏格拉底曾问过他："亚西比得，你愿意就这么活着呢，还是宁死也要去做更大的事？你宁可去死……我看你不会……苟活，除非你能让人人都传颂你的声名和权柄。"[14]

这个年轻人的无拘无束、不知餍足的生活态度被载入了史册，成为公元前 5 世纪的希腊都市传说。但即便如此放荡，亚西比得还是有贵族血统的。对于苏格拉底的那些将荷马的史诗故事当成其人生路标的同侪来说，他这种特质自有其价值："这血脉中奔腾的辉煌有无比分量"，诗人品达如此唱道。[15] 亚西比得当然不会羞于以身周的辉煌事物来宣扬这一事实。

他的盾牌上描绘着厄洛斯投掷闪电的图像，在这个历史阶段，厄洛斯还没有被弱化成多愁善感的丘比特。希腊人知道厄洛斯到底有多

危险，爱与淫欲能自然而然地毁掉男人。强者和弱者都会在厄洛斯面 145
前屈膝，苏格拉底就曾把厄洛斯纵容下的亲吻比作致命的蝎子毒液。

　　"你真笨啊，"苏格拉底说，"你觉得好看的人在亲吻时不会
添入什么东西吗，就因为你看不见？难道你没意识到这种被他们
称作青春之花的人比蝎子还危险吗？蝎子还得接触了才能放毒，
但美人不需要；只要你瞧见了，哪怕离得很远，他也会给你注入
一种令人抓狂的毒素。这可不行啊，色诺芬，你若是看到一个有
魅力的人，我建议你尽快躲开。"[16]

　　当亚西比得在那片柔软而美丽的领地飞奔时，这个年轻人的精
致盔甲上的黄金和象牙肯定在闪闪发光。大家都没法想象他与敌人
血战时会遇到什么困难，所有人都说亚西比得名不虚传。他是个孔
武有力的男人，是那种当代的、纯雅典式的英雄，甚至能激发出忒
修斯的英雄豪情。

　　但在波提狄亚，是苏格拉底救了亚西比得，而不是相反。[17]
按柏拉图的说法，这个美丽但缺乏经验的半大小子已经处在死亡边
缘了，当时雅典军队在一场突然的、出乎意料的小规模冲突中受到
了攻击。苏格拉底机智过人，他把这个年轻人拉出了战局。一边是自
夸的王子，一边是低调的大师，但雅典没有将盔甲和花冠授予苏格拉
底，而是授予了亚西比得，以认可他在战场上的行为。亚西比得无
疑很受尊重，因为他是贵族，而苏格拉底这个石匠的儿子不是。[18]

* * *

　　整个秋季，雅典部队一直在帕勒涅半岛集结。截至 9 月下旬，
该地区已有 3000 名雅典重装步兵，接近雅典所有成年男性公民的

6%，外加 600 名马其顿骑兵。有些较小的城镇投降了，但波提狄亚没有。它发起了抵抗，并卷入了一场燎原大火之中。第一场战斗很快就结束了，只有一小批雅典士兵有机会参战，300 名来自波提狄亚或南方城邦的士兵丧生，150 名雅典重装步兵被杀，其中包括将军卡里阿斯（Callias）。

或许是这一次，或许是后来在斯巴托鲁斯（Spartolus）的一次小规模冲突中，亚西比得受了伤。但按柏拉图的说法，他很幸运，因为苏格拉底就在附近——在抬起他和他的盔甲（那些华丽的、神气的、精工细作的金属向这支民主军队表明了亚西比得确实有点特别）之后，苏格拉底真正体现了重装步兵的战斗风范：你们要持盾并立，和你们所代表的集体一样强大。在苍白的北国阳光下，苏格拉底救下了这个黄金少年的性命，两人都活着参加了翌日的战斗。

在与雅典及其盟友展开了最初的几场战斗之后，为了保住幸存者，波提狄亚人都撤到了有围墙的城内严阵以待。包括苏格拉底在内的雅典人则在夜色中的（本方）城墙上依序安顿了下来。*战争的惯例仍在延续，波提狄亚人可以埋葬他们的死者，雅典人则在这个"转折地"（一场战役失败或获胜的地点）上装设了一个胜利纪念柱（trophy，源自希腊语中的"trepein"，意为转变）。那个时代的胜利纪念柱就是些让人毛骨悚然的稻草人，通常是一个穿戴着战败者盔甲的树桩。一个死气沉沉又毫无意义的东西，在这种情况下，它跟波提狄亚受害者的希望并没两样，因为苦难还没有结束。新的盟军增援部队此刻已经赶到，波提狄亚人发现自己在陆地和海洋上同时遭到了围困——那些被困在城里的人必须等待冬天的到来，而且还得再熬 2 个冬天才能迎来解放，饥饿或疾病所导致的死亡看来很可能就是他们第一次得到解脱的机会。

---

* 　雅典人在敌人城墙的外围筑了一道封锁城墙。

21

魔鬼与德性

卡桑德拉半岛，希腊北部，公元前432—前429年

朋友：苏格拉底，你去哪儿了？噢，你肯定是去追美少年亚西比得了！嗯，前几天我还见着他了，我觉得他作为一个男人来说还是很俊美的——对一个男人来说是的，苏格拉底，就咱俩之间说说，他的胡子都老长了。

——柏拉图，《普罗泰戈拉篇》，309a[1]

苏格拉底的第一个有争议的故事实际上就是从波提狄亚传开的。

按亚西比得回到雅典后的说法，此地正值隆冬，这个中年男人会赤脚站着，一站就是好久，5 小时到 24 个小时不等，全神贯注，迷失于自己的脑海中。他茫然地凝视着，就像个活死人，在与内心中的魔鬼交流。然后曙光初现，大海随之平静下来。他会悄悄地向太阳祈祷，继续在这片异国他乡做一名优秀的民主战士。[2]

苏格拉底、亚西比得和这支雅典公民军在北方待了两三年，这段时间可没有虚度。他们烧毁了那些看起来不可靠的城镇的庄稼，还跟好斗的斯巴托鲁斯定居点公开宣战——他们在这里失去了所有

的将军和 430 名战士。雅典士兵走过被太阳晒枯的干燥树丛，蹑
手蹑脚地越过了一片冰封的土地，地面被冻得坚硬无比。他们看着
苏格拉底用他那标志性的赤脚大步踏过了这片霜冻之地，心下颇为
惊讶，但事实又摆在眼前。为什么买得起鞋但就是不穿呢？为什么
要把鞋匠西蒙这样的雅典人逼破产呢？在这个阿洛佩克人发呆的时
候，在他表现出那种古怪又诡异的神态的时候，他到底在想些什么
呢？在这种时候，苏格拉底似乎是在对自己言说，与内心的某种对
话较劲，他内心的魔鬼自不必提。[3]

> 苏格拉底：放心吧，克力同，我亲爱的朋友，我好像真听到
> 了这些话，就像信奉西布莉（Cybele）*的狂热苦行僧仿佛听到了
> 长笛声一般，这些话音在我心中一再回响，让我都听不到其他的
> 话了。[4]

有些问题很快就会传遍营地，这不难想象。这个名叫苏格拉底
的丑陋士兵喜欢的是什么超人的存在？他信奉的魔鬼是谁或是什么
呢？为什么他会自称拥有某种可以私自进入灵魂世界的特权？你们
有没有听说过，他就是伯里克利——把我们带到这个荒凉冰冷之地
的人——身边那个怪人圈子的一员，这些人尽说些疯话，像什么我
们都起源于鱼，还有太阳是一块炽热的岩石。多反常啊，多古怪啊。

不过到目前为止，他还未遭迫害。那个时期相对较为包容，雅
典仍保持着一种自认为一切皆可为的心态。公民们投票自愿参加了
这场战争，他们不曾忘记自己击败了波斯人，故而认为如今也一
样可以击败斯巴达人及其卑鄙的盟友。看看那些盟友的处境有多
惨吧——波提狄亚人真是受了百般折磨，众神显然并未与他们同

---

* 古代小亚细亚地区信奉的自然女神。

在……

因为波提狄亚人的命运已经开始传播到军营中去了。两年期
的自我监禁削弱了整支部队，让他们颓废不堪。从雅典赶来的新　　149
兵似乎让虚弱的当地人感染了一种奇怪的脓疱病，一种会导致高
烧、出汗、剧烈咳嗽和化脓性皮疹的瘴毒。雅典本身也有1000多
名士兵在待战时死于这种感染。受影响最严重的还是被困在这座
围城里的人，他们无法逃脱，也找不到新的食物来源。没有被这
种外来疾病击倒的居民现在唯有靠吃人肉来生存——波提狄亚人
成了食人族。[5]

这是报复性的卑鄙之举。胜利的雅典娜凝视着雅典卫城，她那
晶莹的双目闪烁着明显不友善的光芒。

* * *

苏格拉底就这么战斗着、站立着、等待着和思考着。作为这座
城市公认的哲学家，这场长达3年的战役显然给了他新的素材。波
提狄亚人是在自保，以抵御贪婪的雅典人。苏格拉底有没有想过他
在别人家的后院里做了些什么呢？他在战斗时，看着人们的头骨被
砸碎，内脏四溢，受了致命伤的士兵在咽气前变成了绿色，然后又
变成黑色——希腊人为了荣誉、为了夺取土地而相互屠戮——他有
没有想过：为什么？这有什么意义？雅典人和斯巴达人曾是盟友，
他们说着同样的语言，像邻里一样生活，崇拜同样的神，现在却转
而强调他们的差异，试图摧毁彼此。

多年来，他一定观察过斯巴达人及其严密而高效的军事机器：
每一名士兵都是公民，他们只接受过一种专业训练——战斗，干脆、
迅速、高效地奋勇作战，熟练地杀敌，迈向"美好的死亡"。[6]他有
没有琢磨过这种才能，有没有问过这是否比最为低效的战争中的民

众混乱更加可取？他对超级专业的斯巴达精神的敬意是否就起始于此地呢？[7]

苏格拉底式德性

在每个战斗的早晨，苏格拉底都会听到科林斯人发出的低沉的金属声，他们随即就会将营地转入备战状态。当斯巴达军来到战场时，他们的脚步更加雄浑，因为这是一个会在战前将自身献祭给厄洛斯的城邦，会鼓励其男人"像情人一样拥抱死亡"，并将他们遣入战场，而他们则载歌载舞，就像自7岁起就被教导的那样。斯巴达人很少打破传统，他们乐于遵循先辈的教导。斯巴达公民认为服从比自由更为重要。"在斯巴达，最强壮的男人也会对官员表现出最大限度的尊重。他们以自己的谦逊为荣，他们相信，如果他们带头，其他人也会沿着渴望服从的道路前行。"[8]对斯巴达人来说，德性就在于坚定不移地服从和战斗机器般的公民的发达二头肌。这种对战斗的热情是发自内心的，能够愉悦感官的，连他们的战歌都带有情欲色彩。但苏格拉底告诉我们，身体是灵魂的坟墓，而不是它的显现，他认为将躯体的服从视作道德目标并无意义。尽管这位哲学家在某些方面钦佩斯巴达人——他欣赏斯巴达人无私的团结精神，以及他们此生对卓越的追求——但他对"善"的真正含义似乎有着更为微妙的理解。

柏拉图和色诺芬告诉我们，苏格拉底在其哲学生涯中花费了多年的时间来提醒人们思考对德性（arete）的需求。当时对德性这一概念的正统理解就是勇敢、阳刚和有男子气概。年轻男人都是在体育场里进行军事训练时接受的德性教育，他们所具备的德性必须能武装自己，准确地说，就是为了适应公元前5世纪的生活中的肉搏战——字面意义上的肉搏战。尽管苏格拉底后来理所当然地受到了基督徒的称赞，但他的哲学是在那种"送上右脸"的道德观壮大之前形成的。在这个时期的希腊，同态复仇法（*lex talionis*）仍然有效：情场和战场都是不择手段的，平民男性可以被屠戮，妇孺也可以被奴役。

　　因此，这种阳刚的德性可能会引发恶行，而且确有此例。但是苏格拉底把玩的是一个完全不同的"善"的概念，他是以一些更微妙的、多角度的词汇来思考德性的。对他来说，德性就是节制（*sophrosune*）、正义（*dikaiosune*）、虔诚（*hosiotes*）和勇气（*andreia*），而这些又汇集成了一个更大的抱负——智慧或知识（*Sophia*）。[9] 他相信这并非空中楼阁式的理想主义，而是一种真正的选项，一种能经受住欢乐、痛苦、愤怒、挫败和嫉妒的无常变化，并为所有人享有的德性。对于这种独特的智慧——不是唾手可得的答案，不是结论性的智慧，而是一种更深层的、更有关联性的思维模式——他最终认为这是可教而且该教的。[10]

151

　　这种看法或许也算不上太过离奇，正因为被人类伟大的可能性和可怕的、恶心的、卑劣的人类行为所包围，他才竭力想成为一个更美好的、新型的、超凡脱俗的有德之人。他生活在极端的处境中，所以明白适度的价值。苏格拉底接触到了太多"坏"的事物，因此他对"善"的追寻也变得格外迫切。

　　在这些消耗战中，士兵一定是在夜里躺着，想着第二天又会发生什么大屠杀。波提狄亚的战事只是雅典娜之城为保护其民主利益而精心策划的一系列削弱和羞辱对方的战役之一，在其中发挥作用的意识形态是令人不安的。但在苏格拉底这一人生阶段的某个时刻，当他与亚西比得一起躺在帐篷里，月亮的幽光透过军事雨篷的亚麻布照射进来时，当他僵直地站立着、一脸茫然而内心却在翻涌之时，他发展出了一种新的意识形态，在其中，对"善"的兴趣要优先于其他一切事物。

＊　＊　＊

我们不知道苏格拉底和亚西比得到底在北方待了多久，公元前
429年，这场围困终于解除。波提狄亚的首领（或者说剩下的首领）
放弃了，因为局势已日渐明显，他们的科林斯盟友不足以为其解围，
除非打开城门，否则每一个波提狄亚人，每一名母亲、孩子和刚长
胡子的半大小子都会殒身于此。这两名士兵可能就这么眼睁睁地看
着消瘦的波提狄亚男女出人意料地获准离开了，这些人蹒跚而出，
紧抱着可怜的包裹，那就是他们未来生活的基础。所有成年男性都
可穿一件衣服，女性可穿两件，每人都带着足够的钱离开了战区。
苏格拉底和亚西比得这样的士兵会不会像他们的战地将领一样，因
为仁慈地让波提狄亚人离开而受到责备呢？在雅典的指挥中心，人
们还想要流血，他们希望这个被击败的城邦受到更多羞辱。也许在
北方的这些将士已经厌倦了战斗，他们不想再加害他人了。

我们所提供的有关波提狄亚战役的证据不可避免地要以推测和
文献为基础，遍及波提狄亚的战场都尚未发掘，在波提狄亚本地为
数不多的遗存中，有很多也都在1941年被纳粹从乡村的校舍里偷
走了。但这场战役几乎在成为历史的同时也成了传奇，因为亚西比
得和苏格拉底这对难以想象的组合如今已成了通俗历史肥皂剧中的
角色。一个是鲁莽的男孩儿，一个是无私的、更加明智的、须发花
白的年长男人。这对情人断断续续的风流韵事就将在当时那片最富
魅力的城市舞台和古代的一场最漫长而阴险的战争中上演。

不管是不是刻板印象，这对好友会发现他们都很难摆脱各自既
定的角色。因为似乎从波提狄亚开始，苏格拉底的目的就是要确定
人们生活的意义，而亚西比得则会决定人们生活的成败。

　　　苏格拉底：我一个接一个地向别人发问，也一直很明白我会

惹得别人生气、生厌，这让我既苦恼又担心。但有一种必然性驱
使着我继续，我想阿波罗的话肯定是要优先考虑的。[11]

就在这个时刻，一个城邦的关系网正在建立，它不仅塑造了文
明的各个小块区域，也形成了文明本身的一种新的意识形态。当文
明跨越了生存之槛，苏格拉底问道，亚西比得——各个方面都是雅
典的理想化身，美丽、强壮、大胆、耽于享乐、富有魅力和温文尔
雅——是否也是文明发展缺陷的化身呢？是否代表了我们总是想要
更多以及向往未曾拥有的东西的冲动呢？

　　　我所做的不过是劝告你们，无论老少，不要只关心你们的身
　　体或钱财，也要关心你们灵魂的完善，甚至更加关心这点；我还
　　要告诉你们，美德不是来自金钱，而德性却能给人带来金钱和其
　　他一切美好的东西，对个人和国家都是如此。[12]

苏格拉底的担忧是有道理的，有谚云：许愿须慎重*。雅典曾有
一个愿景——可以领导甚或统治已知的世界——但其狂妄被奥林匹
斯山的众神发现了。斯巴达人在雅典本土附近的活动加剧了，他们
的战略是诱使雅典人在阿提卡平原上与其展开激战，同时其步兵还
会不断侵扰并毁灭阿提卡地区的民众和庄稼。在国王阿希达穆斯
（Archidamus Ⅱ）的带领下，这种削弱对方的入侵会持续 15 天到
40 天，几乎每年都会重演，无一例外，其影响让雅典人刻骨铭心，
甚至出现在了雅典剧作家的剧本之中：

　　　但现在看来，残暴的战神

---

*　意为福祸相依，好的愿望也可能招致坏的结果。

就站在大门前

手拿嗜血的火把

要烧掉这座城镇。

不，请别让他如愿！

我们与亲人共担苦难……

你们的痛就是我们的痛！

城池周边，

如有一片矮雾，

全是敌人的盾。

就像硝烟，只需一个血腥的火花

就能燃成战斗的火焰。

这是战神传达的消息，

他要将复仇女神的暴虐

施加到俄狄浦斯的儿子们身上。[13]

在战场上，苏格拉底应该看到过或净或污的伤口，一定听说过或快或慢的死亡，但他绝料不到雅典已经变成了一处停尸房。

苏格拉底和亚西比得在公元前 429 年 5 月回到家乡时，这里已经变成了一座病恹恹的城市，一个没有心情迎接英雄的病态地界。

22

瘟疫

雅典城墙内，公元前430—前428年

> 若有人觉得安稳，自以为有一种确定的地位，而且对此感到
> 满意，那他就是个傻瓜。控制我们生活的力量就像白痴的行为一
> 样不可预测，确凿无疑的幸福是不存在的。
>
> ——欧里庇得斯，《特洛伊妇女》
> （*Trojan Women*），1203–1206

雅典的黎明时分，街道从夜的遗忘中醒来。有一群人正在城内的喷泉和水井旁饮水，这些戴着帽子的女人是来汲水并沟通信息的，其中大多数自然都是出身卑微的女性和女奴。但战火仍在肆虐，什么样的习俗在这种时候都会被人忽视的。此刻就是城里的这些女人们闲聊的唯一机会了，再晚一点，男人们就要去市场里挑拣那些量少质次的食品了。[1]

坏消息在雅典总是传播得很快，而今天的传言尤其糟糕。一种不分青红皂白的奇怪诅咒似乎正在击垮雅典人，无论外邦人、女人和男人，还是祭司都未能幸免。他们的身体泛紫，在临终前会痛苦

地扭曲，嘴巴大张，最后的心愿永远是水、水、水。他们的眼睛灼热、舌头流血、皮肤溃疡、肺部收缩，7 天到 9 天可能就会丧命，少数幸存下来的人往往也会失明以及失禁。当时雅典的文献形容这些人是着了魔，我们现在可以简单地推断，他们是大脑受损了。很难断定这是什么病——伤寒、埃博拉，也有人说是一种新的突变病毒。但对那个时期墓葬中的牙髓进行的最新分析表明，斑疹伤寒是最有可能的。可以肯定的是，这场瘟疫有一个独有的特征，猛禽和食腐动物都会躲避这些尸体。更可怕的是，那些吃了病患尸身器官的狗也会死亡。这看来是一种有能力跨物种传播的流行病。[2]

> 最可怕的是，人们意识到自己染上瘟疫时就会陷入绝望；因为他们马上就会万念俱灰，由此丧失抵抗的能力。同样可怕的是人们会因护理他人而染病，像绵羊一样死去。造成死亡人数最多的也确实就是这个原因。[3]

在军方的指挥下，疫情被控制在了城内。不到一年，这种疾病就在被困于城内的人群和炎热的街巷间传播开来了，8 万人因此丧生。据谨慎估计，这座城市至少失去了三分之一的人口。

这场瘟疫始于公元前 431 年。伯里克利正在实施一项时运不济的战略，斯巴达人则在侵扰阿提卡地区的乡村，而且采取了一种焦土政策，他们不加选择地破坏雅典的庄园。10 多岁时，伯里克利就曾亲眼见证雅典竖起了抵御波斯人的城墙，他相信这些城墙的力量。这位将军决定让雅典城邦的所有人都撤入这一石环之内，于是，139 个德莫区的家庭都奉命前来了。雅典本已拥挤不堪，此时则可以说是水泄不通。一队队跟跟跄跄的人被迫涌入了这座城市，随后就被困在了难民营中"令人窒息的棚屋"里，而这些棚屋很快就会变得和墓地一般。牲畜都被送到了附近的优卑亚岛（Euboea），人类被隔离于城墙之内。苏格拉底常去的那片绿草如茵的河岸——他和小伙子们闲逛的地方——如今已空无一人，那里的神殿和圣所也无人照看，迪皮隆城门也和雅典的其他城门一样被封堵了。城外的庄稼成熟后也无人收割，随后即遭焚毁。

这场瘟疫起初还不易察觉，但也显露了一些迹象。可悲的是，雅典的那些民主小屋都紧密相连（你在这里看不到罗马时代的那种由高墙环围的花园来保护的豪宅），它们简直就是外来病毒或细菌的完美栖息地。现在它们都被五次三番地侵占了，而侵占者就是城市居民、难民和一个致命的杀手。随着疾病的传播，院子里的尸体堆积如山，男人、女人和孩子们拼命地想从体内的细胞斗争所造成的灼热中找到一丝解脱。

需要埋葬的雅典人越来越多，起初是每周都有，然后是每天都有。目击者的叙述让人不忍卒读：

> 我们试着描述这种疾病的大致情况时确实有些词穷，个人所受的苦痛看起来几乎已超出了人的承受能力。[4]
>
> 垂死者的身体相互堆叠，还能看到半死的人在街上摇摇晃晃地走着，或者聚集在喷泉周围，只渴望喝水。人们寓居的圣所里也满是尸体，他们就死在了里面。[5]

156

修昔底德告诉我们，随瘟疫而来的就是堕落。

> 人们此前还会压抑一些自我放纵的行为，现在则没有那么多约束了……结果就是他们会追求一种及时行乐的生活，因为他们认为自己的生命和财产都一样是无常的。[6]

哪怕爆发了一场丑陋的战争，这些公民也都举止得体，保持了社会的正常运转，而如今却都唤醒了自己内心的野兽。他们狂野地在街上奔跑、抢劫、发情。荷马时代的完美英雄目不转睛地审视着这场暴行，这些雅典人的男性榜样如今都在城内各处恢宏的装饰墙上怒视着人们。[7]雅典那彩绘幕布般的景观——其间的雕像、主题走道和华美的神殿——依然绚丽多彩，但他们目睹的行为却污秽不堪。到苏格拉底和亚西比得返城之时，瘟疫已经在雅典的街巷间肆虐了2年之久。

苏格拉底和亚西比得重返家乡时，雅典就是这番恐怖的景象。

雅典的瘟疫坑

雅典西北角的公墓区（*Demosion Sema*）至今仍可说是一个贫民区。和自己的行李箱一样肮脏的商贩兜售着20世纪的旧物，还有些人在这儿修理自行车和柳条椅，周围的很多墙上都画满了涂鸦，其中有一些是委托他人开展的一种社会融入实践，但大多数不是。这里有不少新的发展，这是一个介于生死之间的区域。恰在这个杂乱区域的边缘，建筑工人们为1994年的雅典地铁延长线工程做准备时发现了一些可怕的东西。在一道金属栅栏后面有一个挖了一半的建筑工地，其中的混凝土基础本是用来支撑新东西的，但它们所覆盖的却是极其古老的遗存。原来在苏格拉底的时代，这里正是一处乱葬坑。修昔底德曾说，在那个瘟疫年代，雅典被某种超自然的、食尸鬼般的天降之物给感染了，他也用到了苏格拉底形容自己内心魔鬼的那个词，"*daimonion*"。

157　　　现在，一个名为"米尔提斯"（Myrtis）的11岁姑娘从这片死人堆中现身了，她可以让我们更加了解修昔底德所说的那种食尸鬼般的"魔鬼"，那个雅典的不速之客。这个名字是那些让她重返人间的科学家取的，在公元前430（或前429）年左右被匆忙掩埋的一堆尸骸中，"米尔提斯"的头骨脱颖而出。它的状态保存得非常好，骨质光滑，头骨几乎完好无损，牙齿俱全。事实上，其遗骸整体上都十分坚固，这个小姑娘有着明显的深覆牙合，犬齿凌乱，嘴角微微上翘。科学家在瑞典的一个实验室里煞费苦心地复原了她的脸，如今的她正惊讶地注视着一个距她有 2500 年的未来世界。我们可以凝视米尔提斯的脸庞，却无法从她的眼中看到她在周遭世界崩溃时所必然流露过的恐惧感。[8]

在米尔提斯被发现的区域，钢梁和其他 20 世纪的垃圾都已从坑洞中移除，只有一潭臭气熏天的青绿色死水还滞塞其中。由于开发商需要入场，所以挖掘工作很快就完成了。但如今这片渣土堆上都长满了杂草，考古学家已向当局提出了一个很有说服力的意见，要发掘的东西还有很多，所以这一遗址在接下来的 5 年里都是安全的。除了乱葬坑里的遗存，附近已出土的尸骸和陪葬罐也有待进一步分析，其中很多就保存在美国和雅典的实验室里，用软纸巾包裹着。[9]

公墓区就是雅典的公共墓地。从凯拉米克斯一直到厄琉息斯，这整整一英里长的地界就是雅典伟人和阵亡者的安息之地。公元前 6 世纪的立法者梭伦（据说）就埋葬在这里，弑僭主者和哲学家也长眠于此。他们全都静卧于这片没有标记的墓地中，尽管这里确实留下了大片碎骨，但已很难从埋葬地辨认出个人的身份了，因为许多尸骨都经过了火化，曾在 800 摄氏度的高温中焚烧。正常情况下，雅典人对此会更加仔细，但在瘟疫时代，这些墓穴也就变得更像是乱葬坑了。

在这些阴森而苍白的人类遗骸面前，那场恐怖的灾难是不难想象的。雅典人突然开始倒下，不仅是因为战死或年迈，也是因为斯巴达人的逼迫所造成的饥馑，以及这场暗中传播的瘟疫。然而在公元前 5 世纪，雅典人仍试图在人们逝去时孕育出一些美好。雅典国家考古博物馆里有一大堆随葬瓶罐，这是些美丽而哀伤的物件，有着华丽的装饰，白色基底的家居场景上绘制着显眼的柔和色彩。女人们怀抱婴儿，抚摸着宠物，向士兵们告别。孩子们在院子里玩耍，年轻男人们则在握手。看着这些装饰瓶，你不可能不被这种精巧流畅的笔触打动——那些松鼠的毛发和精心混合的颜料都捕捉到了逝者生前的恐惧和细腻的甜蜜。

对雅典娜之城来说，这是个多么矛盾的时代啊。

在雅典，苏格拉底肯定亲眼看到了周边的入侵。他肯定注意到了半英里外的警示性烟雾，那是斯巴达军队又在焚烧一片橄榄树林，或者一排无花果树，这些树都有 500 岁、700 岁甚至 2000 岁了，它们见证了整个希腊历史。早在人类开始写作和探究星辰之前，它们就已经被种下了，而现在，斯巴达人的怨恨正在将它们化为焦炭。

这种破坏深深灼烧着雅典人的心，在街谈巷议之中都能听到"要把农田变成牧羊场"的威胁之声。[10] 在剧场里，阿里斯托芬创作的一个角色也提到了那些燃烧的田野，并以此来解释他为何会怀着如此想要制裁他们的热情来鄙视斯巴达人：

> 狄凯奥波利斯（Dicaeopolis）：我是个写喜剧的，但我也准备和雅典人谈谈这座城市。因为哪怕是喜剧也有是非对错啊……我自己对斯巴达人是恨得咬牙切齿的，但愿泰那农海角（Tainarum）的神明——波塞冬能催发地震，让他们的房屋全都倒塌在他们身上，毕竟我的葡萄藤都被他们砍倒了。[11]

还有一些不见经传的衰落也是可以想见的。城墙外腐烂的庄稼散发着甜腻的味道，到处都是人类排泄物的臭味。这一时期的神像原本都有人清洗，还会披上衣装，被娇惯得好像它们都是受人爱戴的血肉之躯一般。但现在则不然，城里雕像所穿的衣服都被晒褪了色，沾满了尘土和鸟粪。饱受折磨的雅典人忽视了他们的神，他们的神也忘记了他们。

和苏格拉底一样，"光鲜的"雅典讨厌束手束脚，可如今它不仅受到了抑制，还遭到了严重的损毁。

即便如此，雅典还是勉强保持了团结。以弗所的希腊神秘哲人赫拉克利特曾在公元前 5 世纪初说过，战争和冲突有一种奇怪的激励作用。事实上，接下来的几年对苏格拉底和当时的另一些颇具创造性和才智的贤士来说恰是最有成效的几年。尽管这些随葬瓶的庞大数量本身就能说明当时死者甚众，但它们的大量出产也在提醒我们，雅典人仍在劳作，仍在制作世界级的装饰品，仍在言说，仍然热爱世间的美好。对苏格拉底而言，雅典市政广场也仍是一个激动人心的第二家园。黎明时分，雅典人熟悉的鸟儿——雨燕、燕子和岩燕也仍在演奏和歌唱。[12]

插图 1 约制作于公元前 360—前 350 年的彩绘双耳陶罐，古希腊人（通常是女性）从公共喷泉房取水，装在这种罐子里。陶罐描绘了 6 个女性人物围绕着一根纪念柱，或站或坐，手里拿着贵重物品，可能与崇拜或祭祀仪式有关。现藏于芝加哥艺术学院（Art Institute of Chicago）。

插图 2　约制作于公元前 6—前 5 世纪的古希腊弓箭手雕塑，发现于雅典娜神庙西部。出土时颜色已经褪去，后来又重建了色彩。拍摄者：Marsyas。

插图 3　18—19 世纪法国画家尼古拉斯·安德烈·蒙西奥（Nicolas-André Monsiau）的一幅油画，描绘了苏格拉底正在与阿斯帕西娅进行辩论的场景，他十分钦佩阿斯帕西娅的智慧，甚至称她为自己的修辞学老师。现藏于普希金美术馆（Pushkin Museum of Fine Arts）。

插图 4　19 世纪建筑师、艺术家阿尔伯特·图内尔 (Albert Tournaire) 绘制的重建德尔斐阿波罗圣殿的作品，现藏于巴黎国立高等美术学院（École nationale supérieure des Beaux-Art）。

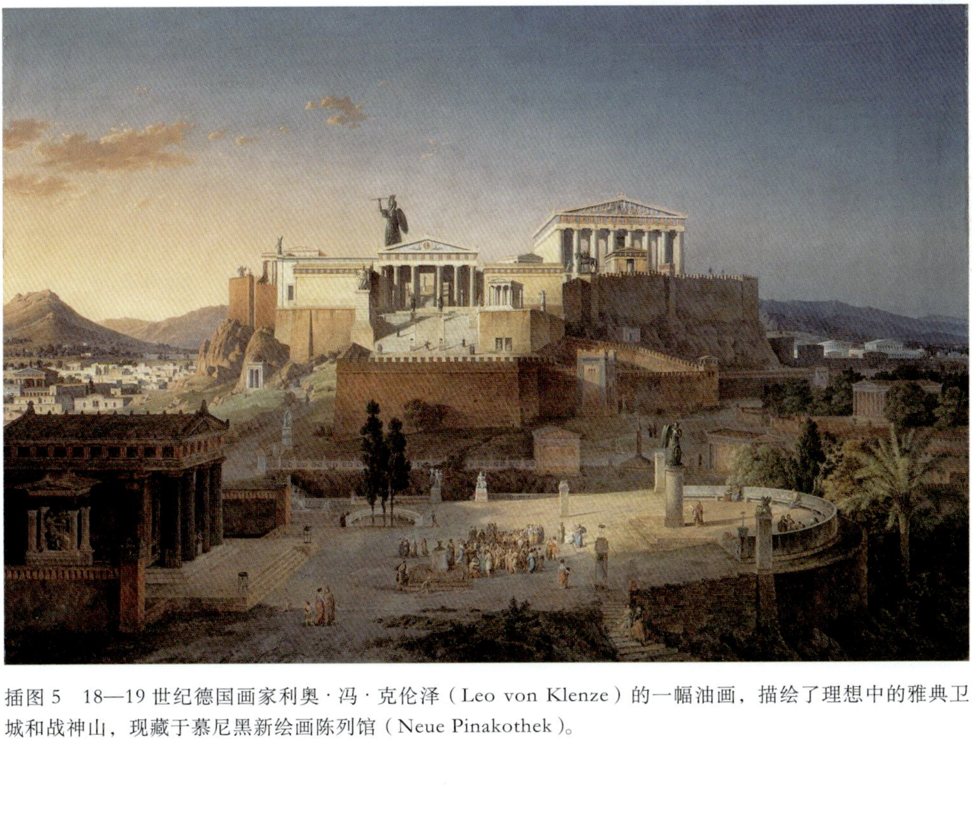

插图 5　18—19 世纪德国画家利奥·冯·克伦泽（Leo von Klenze）的一幅油画，描绘了理想中的雅典卫城和战神山，现藏于慕尼黑新绘画陈列馆（Neue Pinakothek）。

插图 6　19 世纪法国画家让 - 莱昂·杰罗姆（Jean-Léon Gérôme）的一幅油画，画中的苏格拉底正从阿斯帕西娅家中找回亚西比得。

插图 7　18—19 世纪奥地利画家安东·彼得（Anton Petter）的一幅油画，画中的苏格拉底正在责备亚西比得的放荡，拍摄者：Marina Diamanti。

插图 8 17 世纪的法国画家小米歇尔·高乃依（Michel Corneille the Younger）的一幅油画，描绘了阿斯帕西娅被哲学家包围的场景，她十分美丽和智慧，曾帮助许多哲学家提升演讲技艺。现藏于凡尔赛宫。

插图 9　18 世纪法国画家尼古拉斯·吉巴尔（Nicolas Guibal）的一幅油画，画中苏格拉底正在教导伯里克利，并向众人演说哲学。现藏于符腾堡州立博物馆（Landesmuseum Württemberg）。

插图 10 17 世纪荷兰画家雷耶·范·布洛门达尔（Reyer van Blommendael）的一幅油画，描绘了苏格拉底与他的两个妻子，现藏于斯特拉斯堡美术馆（Musée des Beaux-Arts de Strasbourg）。

插图 11　17 世纪比利时画家米歇尔·斯韦茨（Michiel Sweerts）的一幅油画，描绘了想象中雅典大瘟疫的悲惨场面，现藏于洛杉矶艺术博物馆（Los Angeles County Museum of Art）。

插图 12　18 世纪新古典主义画家雅克–路易·大卫的一幅油画，以柏拉图的《斐多篇》为蓝本绘制而成。苏格拉底即将服下毒堇汁而死，却仍镇定地向他悲伤的弟子们讲述灵魂永生的道理。现藏于纽约大都会艺术博物馆（Metropolitan Museum of Art）。

新的众神，新的可能性：中年苏格拉底

一枚雅典娜猫头鹰银币。在公元前5世纪的大部分时间里，这种硬币都象征着雅典的财富，以及它对东地中海地区经济的掌控，造币所用的白银出自雅典东南部劳里昂矿区的含银铅矿层。现藏于法国国家图书馆（Bibliothèque nationale de France），拍摄者：Marie-Lan Nguyen。

23

猫头鹰银币和一只聪明的猫头鹰

雅典市政广场，雅典中心，公元前483—前411年

小小的劳里昂［银色］猫头鹰

将会连绵不绝地涌来

你会发现它们都围绕着你，

这些娇小的种鸟会不断繁殖，

在你的钱袋里筑巢

孵化出小小的银币。

——阿里斯托芬，《鸟》，1106–1108[1]

雅典市政广场是一个热闹的中心，是雅典的心脏、脊椎、肝脏、脾和肺，也有人说它是民主、自由权、言论自由和"希腊奇迹"的发动机。"Agora"（雅典市政广场）一词源出希腊语，意思是"为了贸易或政治而聚集"，"agoreuein"（公开发言）一词也是由此而来。这里就是一个被指定用来进行对话、辩论和交流思想的地方，市场为民主提供了牵引力，语言又为其提供了燃料。一代人之前还无法想象的可能性就在这里变成了现实。

苏格拉底从北方征战归来，他沿着雅典市政广场的中轴线——"神道"从东北向西南行进,途中定会闻到一股混杂的气味。售卖鱼、腐肉和芝麻的摊位，织机上的羊毛因摩擦而发烫，鸟的尸体铺陈在带有麝香味的、潮湿的陶土台子上，无袖短袍在绝望的奴隶旁边一起出售。[2] 在苏格拉底时代之前的 500 年，亦即"黑暗时代"的希腊，雅典市政广场的所在地一直是一片墓地：今日的挖掘者们还能在其地表下 20 英尺左右的地方找到 3000 年前死去的早期雅典人的颅骨和其他骨骼。[3] 但及至公元前 5 世纪,雅典市政广场已焕然一新。政治的革新和一定程度的军事成功给了雅典人极大的自信。人们开凿了喷泉，栽种了梧桐，将供品摆上芳香的祭坛，以供奉神灵。堆成了小山的无花果、鸦片、香料、东方的芳香油和基克拉泽斯群岛的番红花粉也在此售卖。空气中弥漫着大家对新挖掘出的矿物、新铸造的银币的热情，人们吃着户外的炉子上烹调的炖菜，舌尖上满是异乎寻常的鲜美味道。

在苏格拉底眼里，雅典市政广场并非逝者之家，而是生命之家。这里会举办诗歌朗诵会，士兵们会在此训练，此外还有待售的书籍、戏剧演出、成形而又光滑的雕塑。演说稿撰写人坐在桌旁，在莎草纸和树皮上涂写着文字，帮助不善于表达的人为自己申辩，或在法庭上起诉他人。抽签选出的管理者聚在一起，以使得民主生活的事务符合规范。玫瑰被熬成了香水，骨头则被熬成了胶水。赫菲斯托斯神庙 [4] 周围还有更多炭臭熏天的铸造厂、批量生产的箭头、矛尖，乃至刻着"接招"标语的铅弹弓。不可忽视的是，苏格拉底告诉我们，在其中一个合唱和舞蹈表演都格外活跃的区域，只要出得起（高）价,你就能买到兜售最新学说和思想的小册子。[5] 在雅典市政广场，万物皆可出售。雅典的白银让市场与商业及思想都保持了契合。

猫头鹰银币

最近从雅典市政广场挖掘出的土方仍在雅典市政广场博物馆的后台接受处理，一名年轻的考古学家含情脉脉地拆开了 400 枚融合到一起的四德拉克马银币（tetradrachms）——这是古雅典官方铸造的银币，人称"猫头鹰银币"。[6]这批硬币曾在危机时期被一同掩埋了起来，那或许是波斯入侵之时，又或是伯罗奔尼撒战争期间。但它们的价值也因为这种妥善的保管而打了折扣，这批隐藏的银币虽躲过了敌人的耳目，却在猛烈的大火中扭曲变形了。以今天的货币来换算，这批宝藏至少相当于 25 万英镑，损失这么一笔财富肯定会让其主人痛彻心扉。这些硬币上都印着雅典娜的那只独特的、眼睛大睁的、聪明的猫头鹰，或是这位女神自己的头像——戴着头盔，一如既往地做好了战斗准备——这些硬币经受了太多次高温的洗礼，使得其表面几乎都被抹平了。在雅典市政广场区域偶然发现的单个外来货币的品相就要稍好一些。这里有保存完好的证据，可以表明苏格拉底的雅典同胞们不仅会以货换货，而且在雅典的推动下，一种蓬勃的现金经济已经在整个东地中海地区发展起来了。与行事隐秘的斯巴达不同，雅典会在其城墙内积极地鼓励外来的影响，以及外部资金。古典时代的每个城邦都铸造了自己的独特硬币。这些金属圆片〔金的、银的和铜的，有些装饰着海龟和海豚，另一些则装饰着狮鹫和鸭子，也有美丽的海伦和她的两个孪生兄弟——狄俄斯库里兄弟（Dioscuri）*——出自科林斯、波斯、埃伊纳岛和马其顿〕都会在苏格拉底时常流连的雅典市政广场中被人称重并兑换。[7]

在苏格拉底的有生之年，雅典民众在历经波折后都明显地富裕起来了。尽管雅典的民主制不鼓励炫耀性消费，但考古证据告诉我

---

* 即希腊神话中的卡斯托尔（Castor）和波吕丢刻斯（Pollux）。

们，他们的生活是蒸蒸日上的。罐子上的漆涂得更厚了，耳环吊坠上的金子更重了，葡萄酒的产地越来越远了。然而苏格拉底却与这种氛围格格不入；随着时代的变迁，他倒变得愈发寒酸了。

> 我很讨厌那个穷困潦倒、夸夸其谈的苏格拉底，他思考着世上的一切，却不知自己的下一顿饭从哪里来。[8]

苏格拉底之所以会困扰雅典，是因为他身在这个拜金的国家，却显然没什么物欲。自青铜时代以来，位于阿提卡地区南部一角的劳里昂银矿就给这个城邦带来了一些特别的东西。及至公元前 5 世纪，这座矿场的活跃程度已经翻了 10 倍。每天都有 20000 名奴隶被打发到 4 英里深的黑暗底层中去挖掘含银铅矿，那些光彩夺目的收成则会沿着土路被送回母城雅典。到公元前 5 世纪中叶，雅典的现金储备可能已达到了 6000 塔兰特。[9] 用今天的货币换算，这笔钱相当于 4520 万英镑或 6420 万美元都不止。然而在这个物欲横流的世界里，苏格拉底宣扬了一种原教旨主义——回归绝对的价值，而不是不惜一切代价地追求自身利益的发展。他一般都不穿鞋，衣服也很单薄。一年到头，他都穿着同样的毛料袍子。同时代的人都会取笑他这种窘迫的穿着：

> 那个狗一样的苏格拉底。他只有一件衣服可以吹嘘，晴雨不换，怎么还敢说教呢！[10]

164　　　在那个时代，其他智者都靠公开的哲学论说发了财，苏格拉底却不愿积累财富。最糟糕的是，当他在城里的公共场所与人辩论和交谈时，他会向雅典的男青年（雅典的花朵）表示，他们的未来可能不在于帝国的野心和一排排精致柱廊，而在于更令人满足的生活，一种以**善**而非**伟大**为中心的生活。

苏格拉底不是来这个拥挤的市场跟人做买卖的。这里的商贩每天都会把桌子摆出来营业，[11] 但他路过时只是说话，他是来交换思想的。这位哲学家肯定是所有卖家的噩梦。据我们所知，他曾穿着破旧的袍子嘲笑那些搜寻花哨东西的人。"我用不着的东西可真多啊！" [12] 他一边说，一边就光着脚大步穿过了这些无关紧要的市场摊位。苏格拉底对美、工艺和吃喝玩乐并非视而不见，他肯定不是煞风景的人，但他还是想从起点开始，他一心只想交换人们头脑中的材料。[13]

> 但苏格拉底本身显然是这类人的反面——他是个跟民众打成一片的人，也是个热爱人类的人。因为他接纳了很多热情的追随者，城邦内外的都有，却从没为这种友谊收取过任何人的任何费用，而是慷慨地将自己的才识给予了每个人。他们当中有些人像收礼一样从他那儿学得了一点皮毛，转而就以高价卖给别人，而且还不像他那样跟民众打成一片，凡是不给钱的人，他们就拒绝与其交谈。[14]

苏格拉底的志向就是找寻 "*psyche*"，即人的灵魂、精神。如果雅典市政广场是一座文明的鼓风炉，那么在苏格拉底看来，其中定有风箱在发挥功用，它能为这些火焰注入生命的气息。当他在这个市政广场中大步穿行之时，他会凭借与周围人的交谈来尽力得到答案：

> 那么唯有智慧的人或有节制的人，才能检视自己知道什么或不知道什么，还能看出别人知道什么或不知道什么，后者要么觉得自己知道某些事，而且也确实知道；要么他们并不知道某些事，但他们自以为知道。其他人都做不到这一点。这种智慧、节

制和自知能让人明白他知道什么以及他不知道什么。这就是你的
意思?

　　是的,他说。[15]

　　这是一场振奋人心也令人生畏的搜寻。和苏格拉底同时代的普
罗泰戈拉曾在这一时期宣称"人是万物的尺度",而苏格拉底哲学
的那种令人兴奋的、费解的和棘手的真理恰是其主张的一种铿锵的
启示,即"人与人的关系"和"人与周遭世界的关系"才是万物的
尺度。他似乎还提出了另一观点,即除非我们每个人都尽全力"各
行其善",否则这种关系永远不会成功。这位哲学家身处于雅典市
政广场中成群的商贩、皮匠、士兵和水手之间,探索着人类察知万
物以及**察知自己在察知万物**的独特能力。作为一个真实的人,在一
片真实的历史遗迹中,他真正做到了这一点。古罗马政治家西塞罗
颇有洞见地评论了苏格拉底的思想:

　　　他把它［哲学］运用到了日常生活中,把他的探索引向了德
　　性和恶行,以及总体上的对善与恶的研究之中。[16]

　　但与此同时,雅典市政广场中也有人在这种话语的交换中发现
了一个不那么高尚的机会,他们就是智者。这些人不是简单地将哲
学探索视为一条启蒙之路,而是把话语当成了一种个人致富的手段。
(柏拉图竭力声称)苏格拉底并非智者,但由于其事业就是致力于
言说和言说背后的思想,所以他也被其同代人和史籍贴上了诡辩的
标签。

24

雅典市政广场里的夸夸其谈

诡辩，公元前426—前416年

　　苏格拉底:别发抖了。你要少胡思乱想，把这些念头扔到一边，
放空一会儿。然后再用脑子，让它重新动起来权衡这个问题。

——阿里斯托芬，《云》，807–810[1]

　　在这些堕落而污秽的日子里，当生活还在继续，而斯巴达人死
死盯着雅典人的时候，雅典想起了一个既老又新的朋友。言语是民
主的仙女教母[*]，言语–思想、人民–权力、自由权（eleutheria）和
言论自由（parrhesia）已被凿上了建筑，并且散播于地中海周边的
洋流之中。言语鼓舞了公民大会和法院中民主派的雄心，又将民主
的公民大会所做的决定公之于众。到公元前4世纪中叶，雅典已有
了"言语之城"的声名。[2] 此地施行统治的就是修辞学者，在苏格
拉底的这座城市的街道上，言说似乎能安抚人心，能表明雅典的民
主依然是一种顺理成章的、坚实的东西。

---

[*]　童话故事里守护孩子的仙女。

　　　　　　　　　　＊　＊　＊

　　漫步于各处古迹的褪色枯骨之间，我们很容易忘记这些地方曾经有多么繁忙。它们不仅有各自的气味和颜色，就雅典而言，还有层出不穷的大量信息。在道路上，在交叉路口，在圣所外，各种石碑就像沾着污渍的牙齿一样伸出地面，个个都掺杂着思想。当石匠凿刻着社会的希望、恐惧和准则时，那些花岗岩、大理石和石灰石都被敲得火花四溅。这里的公共空间布满了匆匆竖立的唠叨石碑，就像刚填上土的坟冢一般。[3]

　　这里铭刻着世界上首个民主政体的运作模式。在雅典市政广场附近，人们发现了两块可以拼接的大理石板，两块都是 0.5 平方英尺，可以追溯至公元前 500 年，它们最近刚刚重聚于雅典的国家碑铭博物馆。尽管这些遗存已破败不堪，但上面的准确措辞基本还是可见的。碎块上的 "*de*" 与 "*mos*" 嵌合到了一起，这为我们提供了现存最早的确凿证据，证明了 "雅典人民" 是一个活跃的政治性团体。[4]

　　民主的雅典力求透明，不论是崇高还是荒谬的决定都会刊刻于石碑公告牌上。人们会在这些石块上凿刻文字，然后用红色颜料加以突显，它们可能会涉及公共财政状况这样的重大问题（新雅典卫城博物馆刚刚安置了一些新修复的铭文碑，上面布满了仔细权衡过的字句，旨在预防回扣行为、政治贿赂，并点名羞辱了那些涉嫌扣押公共资金的人）。[5] 不过在另一些地方的石碑上，出售给公民和外邦人的动物内脏的准确定价也被永久地记录了下来。比雷埃夫斯博物馆里有一块 3 英尺高的石块，上面写着港口边的某个特定摊位上的牛肚通过了市场巡视员的质量检查，猪蹄、猪头、猪脑、猪的子宫、猪胸脯、猪肝、猪肺和山羊肉都被一丝不苟地列了出来，当时这些石刻的存货清单都得到了实事求是和民主的公示。[6]

　　雅典人对话语的迷恋是非同寻常的。在一个民主国家，人们必

须分享想法，达成共识，然后将共识公之于众。独裁政权则几乎不   168
需要什么书面证明，对乡村广场的喧嚣也无甚兴趣。尽管更早的文
明，比如赫梯王国这个青铜时代的超级大国，它曾统御今日土耳其
的大部分地区、巴勒斯坦、黑海南岸和伊拉克北部，也会把一切都
写在石板上，其数量甚至多到要用一座四个足球场大小的中央神庙
档案馆来储存。在下埃及，拉美西斯二世（Ramesses II）也曾将自
己的权力凿刻于阿布辛贝神庙（Abu Simbel）的崖壁之上。不过在
雅典，公布民主决策是为了传达人民的意愿，而不是简单地作为一
种控制手段。

  雅典房屋和公共建筑的墙上也将涂上白色和红色的彩绘字母。[7]
小贩们的货摊上都贴着一些小块的莎草纸告示，书籍也逐渐成了人
们渴求的对象。书［biblion，一种莎草纸册页，通常有一个臂展那
么长，缠绕在中轴（omphalos）之上］都被设计成了便携的、易于
使用的样式。其中有些书很小，卷起来之后，古人一个拳头就能握
住，也能塞进衣服里。苏格拉底有次遇见了同行斐德罗，这个雅典
人的短袍上有一个可疑的凸起，那实际上就是一本书。[8]据我们所
知，在20年后，书摊上和雅典市政广场的货仓里都堆满了一捆捆
的莎草纸卷。[9]在众神之母神庙（Metroon）这座敦实的公共图书馆
里，会有几十名抄书吏埋头于莎草纸片和蜡板之间，日复一日地抄
写着民主事务的"公务"稿件。雅典人的一些"私人物品"如信件、
合同和令状也会存放于此。由于雅典市政广场区域的系统性军事活
动，以及几周就能让莎草纸腐烂的气候，我们已经不可能找到这批
知识储备了。雅典丰富的莎草纸相当于是一段便携的历史，但很遗
憾，其中的大部分永远都无法流传下来，不过在牛津大学收藏的出
自希腊人治下的俄克喜林库斯城的古埃及莎草纸中，人们最近又有
了一个发现，它在某种程度上有助于我们想象雅典这座言语之城：
一个将告示贴在公共建筑、走道和私宅外的地方。[10]

　　埃及的地下水位要低于东地中海的其他地方，因此很多有机材料在当地的沙漠中都能得以幸存，这种证据在世界的其他地方都已消失了。所以有一点很奇怪，我们若想形成雅典这片文字景观的印象，那就必须寻找古埃及的证据。牛津收藏的这片莎草纸长不足一英尺，宽半英尺，是在曾服务于古代孟斐斯城（Memphis）的墓地之城——塞加拉（Saqqara）的一次挖掘中出土的。这张矩形的莎草纸片是一份告示，曾被钉于亚历山大大帝的总指挥官的帐篷上，其信息一旦不再适用就会被丢弃。这段完美的古希腊语是用工整、流畅、自信的笔墨写下的：

169

　　马其顿军主将之皇家祭司团，受普契斯托斯（puchestos）之命。
　　请勿进入。士兵不得入内。
　　仪式正在进行。[11]

　　在孟斐斯的那顶皇家帐篷里，祭司显然正在忙碌，他们不想被人打扰。雅典的街道上应该也到处都是这样的信息，尽管未能留存至今。雅典人开了一个先例，那就是让民众及时地了解门后的情况。"不得入内""有人""出去吃午饭，很快就回""仪式进行中"。这些日常的信息构成了苏格拉底眼中的一部分雅典景观。

　　然而在雅典，言语也有不祥的一面。人们会将那些不容于民主之人的名字刻在破碎的陶片（ostraka）上，官员们则会聚集在巨大的陶罐旁进行系统的清点，谁的名字在这些陶片上出现得最多，那么这个不幸的人就要遭到放逐，10 年内不得回城。这一制度由克里斯提尼首创，最初是为了铲除潜在的雅典僭主。但放逐很快就成了一种方便的手段，用来清除失败的或不得人心的名流。雅典市政广场博物馆中成堆的被划刻过的陶片为这些被毁掉的人生提供了确凿的证据：公元前 450 年，"卡里阿斯"被放逐；公元前 417 年至前415年，"海帕波拉斯"（Hyperbolus）被放逐；公元前443年，另一个"苏格拉底"——"苏格拉底·阿纳吉拉西奥斯"（Sokrates Anargyrasios）被放逐。人们已经发现了数万块这类陶片，其中很多（刻痕）都出自同一人之手，这表明投票有时也会被人操纵。雅典的一些狡黠的违法者显然提供了一种服务，他们可以借此发起集体投票来放逐他人。[12]

苏格拉底很警惕文字。他担心的是文字既不能解释自身，也无法反驳他人。在雅典娜之城，言语无处不在，但苏格拉底并没有用墨汁在莎草纸上留下华丽的辞藻，这很不寻常。在一个作家随处可见的城市里，他对无须承担当面接触之责的写作所产生的影响颇感焦虑。"斐德罗，我不禁觉得写作就像绘画，这很遗憾；因为画家的作品虽有栩栩如生的外表，但你若向这些作品提问，它们却只能保持冷峻的沉默。"[13]

在有记载的历史中，言语（特别是写下来的那些）第一次开始和行为一样重要了。苏格拉底经历了一场信息革命。到他受审之时，包括工匠阶层在内的一大批雅典人都已经能识字了。每个挖掘季都有一车车的书面材料从古雅典所处的地层被抢救出来。正是在公元前5世纪的雅典，让我们获益良多的文字开始迅速崛起。雅典不仅用精美的纪念碑宣告了它的权力，也用一串串字母彰显了它的威严。

自公元前429年之后，民主生活看起来已没那么惬意了，但言语或许可以让局势再次变得温暖些许，所以雅典人也会用一些狡黠的话语来抵御苦痛。文字成为一种商品，口头的或书写的都概莫能外。语言匠人、智者在雅典市政广场里兜售着一种新产品。品达早在公元前478年[14]就提到了"智者学派"（sophistes），[15]但这类按时计酬的哲人还要再等50年才能真正在雅典市政广场里遍地开花。在伯罗奔尼撒战争期间，人们生活的意义肯定在突然间都变得好像不那么清晰了，智者——实际就是四处游走的才智贩子——提供的服务显然也变得不可或缺了。[16]

　　智者将自己对写作手法或演说技巧的畅销建议充塞了雅典的街巷。这些游走中的教育家通常都会为他们的服务收取很高的费用，他们居然声称只要你能靠言语摆脱任何处境，那么你的生存就有保障了。在节日期间，优秀的演讲者都会发表隆重而冗长的演说，以取悦雅典公众：话语成了大众娱乐。[17]

　　苏格拉底喜欢口头的言语——不过是诚实的、短小精悍的那种。在各种记载中，这位哲学家对大量的诡辩练习都颇为警惕，在这些练习中，志得意满的修辞和气派非凡的演讲术几乎可以说服人们去做任何事。[18]他曾戏谑道，冗长的修辞很容易让人在结尾时忘记整件事起初的重点；还调侃说，在一场长篇演讲中，你会忘掉自己的初衷，或者听众会忘掉你的初衷——后一点更为明显，因此单凭语言的力量就可以愚弄他们了。[19]对苏格拉底来说，雅典的民主最好是靠对话来维系，而不是靠华而不实的言辞。

　　　　当那些不配受教的人接触了哲学，与这种比他们更高端的事物结盟时，他们可能会产生出何种思想和意见呢？难道不应该如实地称其为诡辩吗？难道它们不是一点真东西都没有，或者一点配得上或近似于真正智慧的东西都没有吗？[20]

　　然而这位哲学家的口味并不时兴。这一时期的雅典人受过史诗的熏陶，所以似乎都十分热衷于那种引人瞩目的修辞绝技。哪里有你的观众，哪里就有你的商机。智者不远万里而来，就是要利用雅典的市场。[21]西西里岛的高尔吉亚（Gorgias）就用他的《海伦颂》（*Encomium of Helen*）——这是对这位无可辩解的红颜祸水所作的一段辩词——震撼了雅典的观众。据说，曾有数千人前来付钱听他在雅典市政广场的演讲。[22]他的这部作品就是一种自我应验的预言，

《海伦颂》中有一句话曾宣称演说具有一种让人上瘾的化学力量：

> 演说对灵魂状态的影响，好比药剂对身体性质的影响。[23]

　　公元前 5 世纪末的雅典变成了一片虚张声势之地：人们会在劝说女神的神殿前进行礼拜（字面意思）。突然之间，论据已不如辩论者的夸张技巧那样重要了。每一位年满 18 岁的男性公民都能投票——想让公民投票，就需要采用正确的方式，雅典人想听人大谈他们这座城市及其文化的优势。雅典还通过了一项法律，鼓励公民"勿记坏事"（*me mnesikakein*）。[24]

　　然而苏格拉底的态度却截然不同。阿提卡地区的人们都志在兴建这么一个充斥着溢美之词的、近乎完美的城邦，而苏格拉底则是其间的一个污渍。他劝人谦逊而非傲慢，诚实而非自欺。尽管雅典人正在经历世界史上最具破坏性的战争之一，但他的同胞们还是在尽力保持着他们这城市一隅的希望。在这几十年里，有一种感觉贯穿始终，那就是雅典的这场演出必须继续下去。但苏格拉底却冒冒失失地去劝告他的同侪们不要自欺欺人。

> 智慧就是财富。我们还需要什么呢，斐德罗？对我来说，祈祷就足够了。[25]

> 财富就是奢侈和懒惰之源。[26]

　　苏格拉底的坦率被人形容为"苛刻"。他或许受到了明眼人的咒骂：他以为自己周围的人都会以相应的清明思路来评判这个世界。他的思想本就是要去刺激、激发别人的——我们都知道这种讨厌的、刺痛良知的蠓虫有多恼人，咬得又有多疼。奥林匹斯诸神与诸魔的灵性与精神所构成的巨大蛛网缠绕在雅典周边，穿过其街巷，而苏格拉底似乎就是在挑战这张巨网，他表示，能造福人类的不是神的影响力，而是人本身。他的话无疑带有威胁意味，极端的道德个人主义要面临一个困难，那就是每个人都要承受成为极端道德之人的压力。

> 强迫下的身体锻炼并不会伤害身体，但在强迫下获得的知识却无法牢记心间。[27]

> 首先，他们不是自由的吗？这座城市不是充满了自由和率直吗？一个人不是可以说他想说的、干他想干的吗？
> 确实如此，他答道。
> 在自由的地方，个人显然能随心所欲地安排自己的生活吧？
> 显然如此。
> 那么在这种城邦里，人性是不是会呈现出最大的多样性？
> 是。
> 那么这似乎就是最美的城邦了，就像一件刺绣的长袍，上面点缀着各式各样的花朵。正如女人和孩子们认为多彩的东西最为迷人一样，对很多男人来说，这种点缀着各种人类礼俗和性格的城邦看来也是最美的城邦。[28]

还有一个附带的问题。在一个相信魔法的世界里，人们会认为苏格拉底拥有巫师（goēs）的力量。当他穿过雅典的小巷、体育场和绿地时，会有成群的年轻人跟随着他，仿佛他在用一根看不见的线拉着他们。柏拉图在其对话集中试图表明苏格拉底和诸多智者—巫师用来迷惑听众的那种守财奴式的街头魔法并无关系。但尽管如此，他还是任由苏格拉底的朋友和熟人们在其对话集中明确地肯定了一点：不知何故，苏格拉底的话会让人入迷。

亚西比得：……如果你选择听苏格拉底的演讲，一开始你会觉得他的话很荒谬，表面上包裹的就是这些荒谬的词句——这些当然都是可笑的萨提尔（Satyrs）*的皮毛。他会大谈驮驴、铁匠、鞋匠和皮匠，而且好像总会用同样的一些词来形容同样的事，所以任何外行的、欠考虑的人都会心怀蔑视地嘲笑他的说辞。可一旦打开这个表层，你就会对这些话有一个新的看法了。深入到里层，首先你就会发现其中什么见识都有，只有他的话是这样；其次，没有任何人的话能如此神圣，如此富有德性的形象，如此高度地——不，是如此完全地——专注于所有适于研究的事物，比如那些既高雅又有价值的事物。[29]

无论出于什么原因，苏格拉底都在整个公元前 5 世纪 20 年代成了一位魅力非凡的人物。这或许是因为这个普通人不仅厌倦了甜言蜜语的谎言，也拥有丰满的灵魂。苏格拉底并不仅仅满足于强化雅典人的自我认知：他不仅想谈论世界，还想改变世界。他周围的人都在锻造文明的外衣，但这位哲学家感兴趣的似乎是锻造内在的文明。

173

苏格拉底：如果有谁愿意听我说话，肩负我的使命，那么无论老少，我从不拒绝，我也不会收了钱才跟人说话，没收钱就闭口不言，我对富人和穷人都一样推心置腹；我会提问，任何想回答的人都可以回答，并且听我说说。[30]

在（色诺芬的《会饮》的）一篇姊妹篇对话——《小西庇阿斯篇》中，苏格拉底的另一个困扰雅典人的特点也得到了揭示：

---

* 是古希腊神话中半人半羊的精灵，森林之神，纵欲好淫。

我迷了路，来来回回，看法一直在变。[31]

在柏拉图的《游叙弗伦篇》中也是这样："不管什么情况，你说话的时候，我都在思考，还会向自己提问……"[32] 苏格拉底已经转到了下一条思路，而我们还在跟上一条思路较劲——有多迷人就有多气人。这位哲学家会咀嚼意识形态。他不会在口头上把它们吐露出来，就像吐掉咀摸了一半的酸味硬糖一样。他还给这个大男子气概的社会提出了一个带有女性气质的异样观点——真正的共识："无论什么时候，只要我们意见不一，无法得出完满的答案，那我们就会彼此敌对，我和你还有其他所有人都概莫能外，是不是这样？"[33]

这是一片饱受瘟疫蹂躏的战争之地。雅典要的是行动，而不是理论；要的是英雄，而不是唱反调的人；要的是答案，而不是问题。

* * *

据我们所知，苏格拉底才智出众，却也令人恼火。智者会满足观众所需，苏格拉底则与之不同，他会让平民窘态毕露。他身上有一种失序之主（Lord of Misrule）*的气质。雅典市政广场中貌似可以自由对话的时期仿佛在撩拨着这位哲学家，促使他对恰如其分的界限发起挑战。

雅典的标志性超级英雄们——地米斯托克利、伯里克利、米提亚德（Miltiades）和他的儿子客蒙——都被苏格拉底形容成了"糕点厨师，奉承无知群众的人"。[34]"Ironic"（讽刺的）和"Irony"（讽刺）（源于古希腊语中的"eironeia"）这两个词最早就是用在苏格拉底身上的。世上首位讽刺性人物可不一定是什么惹人艳羡的身份。[35]

---

* 中古英国圣诞节愚人盛宴与游戏的司仪。

　　……他一听就哈哈大笑，又挖苦地笑道："诸神啊！这就是
众所周知的苏格拉底式讽刺*啊，我可是一清二楚，我预计轮到你
回答时，你就会拒绝、掩饰，无论如何都不回答任何人问你的任
何问题。"³⁶

　　"Eironeia"的译法有很多，它是用来描述一种诡诈概念的微妙　174
措辞。在阿里斯托芬的喜剧中，它意味着十足的谎言；而在柏拉图
笔下，它更多的是一种有意的假装。对于亚里士多德来说，讽刺是
一种隐藏的优势——与吹嘘相反。古代的作家们一直为这个尖刻有
趣的新概念争论不休。³⁷不过所有人都清楚，讽刺不但能吸引听众，
也有可能让普通人狼狈不堪。擅长讽刺的苏格拉底有能力让坦诚的
民主派们看起来都像些傻瓜。在很多方面，与苏格拉底闭门辩论肯
定都是一种不舒服的体验。坐在雅典市政广场或体育场里，或者和
朋友宴饮的时候，你会发现自己就坐在一个如激光般犀利的辩护大
师旁边，这个长相古怪的人会优雅地切开你的毛皮，亮出你的缺陷。
苏格拉底是一个会在宴会上让人尴尬得面红耳赤的哲学家：³⁸

　　因为正值夏季，色拉叙马霍斯（Thrasymachus）出汗之多令
人惊叹——然后我就看见了一个我以前没见过的情景，色拉叙马
霍斯的脸涨红了。³⁹

　　苏格拉底的敌人说他会利用讽刺来掩饰、掩盖他的真实感受，
还说他嘲弄了雅典人，因为他貌似会纵容他们，又用他那结实多毛
的手捂嘴嘲笑人民。但他的朋友和崇拜者却被他那讽刺的微笑、机

* 苏格拉底有时会假装肯定对方很聪明，或者贬低自己的智慧，假装不知道答案，这种
手法被人称为"苏格拉底式讽刺"。

智和不可捉摸激起了兴致。在雅典市政广场的所有热门景点中，苏
格拉底逐渐变成了最让人翘首以盼的景点之一（对易受影响的年轻
群体来说尤其如此）。这一事实后来也成了别人用来对付他的把柄：

> 所以，整天待在苏格拉底身边胡扯，忽视所有伟大的文化、
> 音乐和那位悲剧作家最好的作品，这是给不了人多少幸福的。把
> 你的时间浪费在高尚、浮夸和无聊的言辞上，浪费在无聊推测的
> 言辞上，这简直是疯了！这是一个人失去理智的征兆！ [40]

今天，在雅典市政广场的边缘，若有赚快钱的机会，或有什么
热闹可瞧，男人们仍会聚在一起。这儿可能会有赌徒或魔术师，扔
扔骰子，把乒乓球藏进玻璃杯；本地警察过来巡逻时，这些人就会
把临时的纸箱子赌桌一脚踢开。或者，这里也可能会发生一次争吵，
一场引发了人们关注的辩论；一小群盘着手串的人（即使在 21 世
纪也仍然主要是男性）转眼间就能聚到一起，谈论着如何让世界走
上正轨。附近的学生们也会凑到一处，把跳蚤市场的过期喷雾罐买
光，以便上街抗议。从某种意义上说，他们都是苏格拉底的孩子。
175 他们谈论着政治，挑战着彼此的观点——遑论现状了，这正是苏格
拉底希望他们做的事。

> 苏格拉底：我是少数在真正的政治技艺和政治实践上身体力
> 行的雅典人之一，虽不能说是唯一一个。[41]

苏格拉底将民主经验推向了一个合乎其逻辑的结论。不只是在
公民大会上空谈，或者把自己安排进议事会，而是走街串巷，跟其
他古希腊人谈论他们的政治经验。他当然属于他的时代，但他也属
于我们的时代。他意识到，我们在世间学会的越多,越知道怎么处世,

我们就越需要了解自己。我们周围的事物越精巧、越复杂，洞悉我们的内心状态就越重要。

> 苏格拉底：所以这一敕令——我们应该认识自己——就是说我们应该认识自己的灵魂。[42]

因此，对苏格拉底来说，雅典市政广场就是我们有意识的自我和我们灵魂的家园。[43] 苏格拉底认为人类就是社会。他说他会为了人类的陪伴而行至世界尽头。他的信条是，我们在彻底孤独的时候是无法变得明智的。我们对知识的追求越深入，我们就越需要他人的陪伴。无知是恶，知识是善。如果我们知道（或承认）什么是善的，也就会付诸实行。我们要做到这一点就不能将自己与世界隔绝，而是要参与其中，直面它，不管它有什么缺点。

* * *

所以苏格拉底才会在雅典市政广场中言说，但他就像个刺头一样醒目。

他不认为自己是智者。他不是来教书的，也不是来这个市政广场兜售智慧的，而且他还自称一无所知——一个一无所知的人怎么能把知识当成自己的看家本领呢？苏格拉底指出，只有神才能成为智者，只有神才能具有真正的智慧。也许他更喜欢我们给他的这个头衔——一个爱智者（philo-sophos），一个热爱、渴求智慧的人。有一点对苏格拉底来说很不幸，那就是智人（Homo sapiens）一直都非常擅长改写历史。这个反对空洞的机智辞藻的人却在人们的记忆中成了古代最杰出的智者之一，这堪称一种惩罚。

　　他们都会说,这个该死的苏格拉底啊,这个误导青年的恶人!然后若有人问他们:"为什么这么说,他做了什么恶,或教了什么恶?"他们不知道,也说不出,但为了不让自己显得茫然无措,他们会重复那种对所有爱智者都适用的现成的指责,说他们在教一些天上地下的事、不信神、颠倒优劣,因为他们不愿承认自己的知识伪装已经被识破了——可这是事实:他们人数众多、野心勃勃、精力充沛,而且众口一词、巧舌如簧,他们用响亮而根深蒂固的诽谤填满了你们的耳朵。[44]

176

　　苏格拉底的看家本领就是话语。然而事实将证明,话语既是他的武器,也是他的行刑者。

　　苏格拉底:你可能觉得写下来的词语好像是有智慧的,但你若向它们发问,希望弄明白它们的说辞,那它们永远都只会说同样的话,而且写下的每一个字都会在理解它的人和不关心它的人中间流传;它不知道该对谁说话,也不知道不该对谁说话;它若受了欺负或不公平的辱骂,也总是需要它的父亲来救助它,因为它无力保护或救助自己。[45]

25

民主、自由权和言论自由

比雷埃夫斯和阿提卡南部，公元前420年

自由人有自由的舌头。

——索福克勒斯戏剧残篇，297aR

人们不再抑制自己的舌头了，因为权力的枷锁已然破碎，人民可以自由地说出他们的想法了。

——埃斯库罗斯，《波斯人》，592–594[1]

菲德拉（Phaedra）：我的朋友们，正是出于这个目的，我即将赴死，这样可能就不会被人发现我辱没了我的丈夫或我所生的孩子，我宁愿让他们作为自由的人生活在辉煌的雅典，自由言说，蒸蒸日上。

——欧里庇得斯，《希波吕托斯》（Hippolytus），419–423[2]

在公元前420年前后，比雷埃夫斯港的造船厂里弥漫着一股刚砍下的阿勒颇松木、橡木，或许还有银杉的气味。一艘新船正在打

造之中。这是一项花销不菲的营生：其中有 200 名奴隶，以及 50 名左右的熟练造船工人。船的原材料来自大希腊、马其顿、腓尼基（Phoenicia）和叙利亚。它至少需要 3 个月的时间才能完成，劳动强度很大，但人们都热切期待着它能够下水，因为这艘船名为 "Parrhesia"，[3] 这个希腊单词的意思就是"言论自由"。

船身的木料都不是锯成的，而是劈砍和刨削而成的。钉孔略微错位，以便连接插件恰好能将板条拉扯到一起。所用的大部分木材都带有自然的曲线，这种天生的扭曲赋予了船腹很大的强度。船的浮动外壳由一个接一个的部件构建起来，随着铺板过程的进行，橡木肋拱也嵌入其中，所有部件都会用青铜钉或铜钉钉牢。[4] 每艘船都附带着一对鲜艳的大理石眼和一个用来撞击的坚固的青铜鼻子，当时的人们会亲密地谈论这些大船，仿佛它们都是活生生的。今天，当潜水员在海床上发现这些大理石眼睛时，他们也描述了自己有一种被注视的不可思议的感觉。

组成雅典海军的这些船只在康塔罗斯（Kantharos）和泽亚（Zea）的造船厂之间的空地上建成后，就会被存放在泽亚的石制船棚中——这本身对建筑业也是种激励。这些三列桨战船可不是区区小船，它们都曾是民主本身的载体。正是这些战船击败了东方的暴政，它们载着雅典的士兵横渡爱琴海，以民主之名夺取了新的土地。每艘船的名字都经过了仔细的考量才最后敲定，在苏格拉底的有生之年里，有一艘新船被命名为"言论自由"，这个事实不应被轻视。

表达自由是这个新民主国家的伟大创新。事实上，其全体公民如今不仅都可以在公民大会上发言，还可以在公民大会上投票——而且更重要的是，普通男性都可以决定表决哪些问题，并对其进行细微的区分。在荷马的《伊利亚特》（Iliad）中，男人们召开的公民大会一直都很重要。

> ……阿伽门农派传令官去叫人们来开公民大会，于是他们便把人都叫来，大家都聚到了这里。[5]

……但在这里，人们要么站着，要么坐着，对那些伟人和善人所倾吐的话语，他们或是点头致意，或是低声抱怨。在一个讲述阿喀琉斯（Achilles）那神铸盾牌的场景中，我们可以看出，这种荷马式的幻想艺术几乎肯定是在模仿前古典时代的生活。

> 与此同时，众人聚于公民大会，因为有人发生了争执，两个男人为一个被杀的男人的赎罪金在争辩，一人当着众人的面说，自己已经全额赔偿了损失，另一人则说他并未赔偿。两人都尽力为自己辩护，人们各选一边，每个人都支持自己所选的那一边。但传令官阻止了他们，长老们庄严地围坐在他们的石座上，手里拿着传令官交给他们的木杖。然后他们站起身，轮番做出裁决，场中放着两个塔兰特，大家认为谁的裁决最公平，这钱便归谁。[6]

言论自由的细微差别是，雅典人不仅拥有言说能力上的平等（isegoria），而且可以畅所欲言，可以公开地批评其政权。这个希腊单词的最佳译文或许是"直言不讳的能力"——这是雅典人独有的一种特质，雅典作家们都对其推崇备至。它的负面即诽谤（diabolē）。苏格拉底的一位继承者——犬儒学派的第欧根尼曾宣称言论自由是人类所有事物中最美好的。[7]

苏格拉底也仔细琢磨过这个问题。对他来说，言论自由是公民的标志，是一项外邦人没有的特权。[8]这是他曾热忱地运用过的一项特权。苏格拉底在雅典最活跃的时期似乎是他40多岁之后，在这段时间里，无论是在大庭广众的街头，还是私下里在富人之家，他都探讨了人与其灵魂的关系。从现存的证据来看，他在探讨这个

179

话题时并没有受到过市政当局或宗教权威的任何干预。这座城市或许在一场血腥的战争中变得保守了，但它仍以自己担当的角色为荣，即本地人和外宾的思想园地。雅典仍有其原则，她仍在夸耀自由权。在公元前460年至前416年之间，她仍然非常宽容。她最珍视的信条之一就是，在可能的情况下，自由的民主派应该享有表达自由。

但并非每个人都会毫无保留地欣然接受这一现象，随着时间的推移，人们已不只是在公民大会上自由言说，也开始在雅典市政广场、健身房、神庙和自己的家宅中畅所欲言了。雅典纷杂的街道布局煽起了言论自由的意识形态火焰：在狭窄的人行道上，从敞开的窗户中，在通过雅典娜之城的开放式庭院和广场时，自由交谈的火花都在迸发。这在理论上是不错的，但在一个关系紧密的共同体中，言论自由可能很快就会退化为流言蜚语，继而变成诽谤。而诽谤是违法的。

雅典是最早允许言论自由的政治体之一，而它随即就不得不应对谁有冒犯之自由的难题了。

"谁想发言？"[9]在阿里斯托芬最受欢迎的一部喜剧中，一名管事人在公民大会上如此喊道。不过他并不是在颂扬言论自由，而是在戏仿。在阿里斯托芬的另一部戏剧中，女人们在接管了这座城市后就被鼓励要直言不讳。这位剧作家提出了一个刻薄的观点：在这个上下颠倒的民主世界里，任何讨厌的生物都能发言。

在我们这些21世纪的头脑中，"言论自由"一词已经被一种权利的概念束缚住了，所以我们可能会不大明了这个词在苏格拉底那个时代的含义。在那个时代，它的意思更接近于"言无不尽"，或"分享"。在雅典人的公民大会中，当天的日程是：献祭、举行宗教仪式和提供坦率发言的机会——就是按照这个顺序。

用于献祭的祭品会被人抬着转完一周，传令官会念完祖传的

祷文，一旦这净化仪式完成，他便会令审裁官对涉及宗教的事务
进行初步表决，并处理各传令官和外交使团的事务，然后处理世
俗事务。此后，这位传令官会发问：50 岁以上的人里谁愿意发言？
当他们都发过言后，他便会邀请任何有资格和愿意代表其余的雅
典人发言的人发言。[10]

《普罗泰戈拉篇》中的苏格拉底详细描述了一个场景：木匠、
铜匠、鞋匠、商贩、店主、富人、穷人、贵族和出身卑微的人都可
以站出来审议这座城市的治理方式。[11] 但这是有限度的，只有当他
们恭敬地、带着"aidos"说话时才能如此——"aidos"在希腊语
中指代一种羞耻感，一种"对自身位分的认知"。在一份希腊文献中，
宙斯怒吼道："没有羞耻感的人就是这座城市的一种疾病。"[12]

不过苏格拉底敢于挑战宙斯。他给这座城市带来了一种新的、
令人难堪的自由交谈方式。在《普罗泰戈拉篇》中，苏格拉底似乎
正在生成一种自由言说的体系——"对话"（dialogue），这一体系
并不受"羞耻"和习俗的限制，而是要受一种严谨的问答模式的约束。
希腊人担心"自由的"（比如无拘无束和逍遥自在的）的言说会毁掉
社会，苏格拉底则运用他的苏格拉底式方法（希腊语是"elenchus"，
即"问答""逻辑辩论""调查研究"），发展出了一种包含自由言说
的系统，他超越了自己所处的时代。[13] 然而自由言论的价值还需要
亲口尝过才能证明，苏格拉底所处的雅典仍然是一个巨大的搅拌碗
（krater），所有食材都被扔了进去。雅典人并不确定他们是不是喜
欢这种新奇的味道，也不完全相信他们制作的甜点是美味的。

在雅典，言论自由确实是一种令人担忧的新行事方式。亚里士
多德评价过民主，他认为民主就是"任何在民众眼中最好的东西，
多数人的决定就是不可更改的，就可以看作是正义"……"随心所
欲地生活"。[14] 这可以有两种解释：民主要么是极端的公民自由权，

要么就是预示着无政府状态的政治癫狂。苏格拉底就稳稳地端坐在这场特殊风暴的中心。

* * *

对于言论自由这种雅典的特殊属性所展开的最激烈的讨论，如许多人所说，就始于公元前 480（或前 479）年波斯人的战败。在苏格拉底的成长期，雅典点缀着各种青铜和石制的告示牌，相当于公元前 5 世纪的广告牌。这些自豪的街道标识昭示着西方人如今已摆脱了波斯的暴政，希腊人终于可以自由地表达自己是真正的希腊人，而在非波斯暴君治下战栗的臣民。类似的情绪也投射到了最具影响力的希腊戏剧之中：

181

> 从东到西的亚细亚民族。
> 不会再受波斯人的摆布，
> 也不会再被迫向波斯王进贡，
> 也不会再匍匐于地……
>
> 现在言说不再受恐惧的束缚了；
> 人们将不受节制地自由倾吐
> 因为这国的枷锁已然破损
> 躺在血染的海滩上。[15]

同样是在苏格拉底的有生之年，即公元前 425 年，[16] 在雅典港口的盐碱地上，人们又建造了一艘船。它也必然是坚固的，因为它承载着另一副重担；这艘船的名字是 "*Eleutherias*" ——自由权。

* * *

要到达苏格拉底受审的法庭，很多陪审员都会经过一条名为宙斯自由柱廊的迷人走道，名字中的那个颇富感染力的概念是显而易见的。我们对各种代表自由权的塑像已经习以为常，但雅典人才是先行者，他们建造了各种彰显自由权的柱廊。这座 "Zeus Eleutherios" ——自由的宙斯、解放者宙斯——的柱廊是为了纪念在萨拉米斯大胜波斯人而兴建的。[17] 良善的雅典公民在此悠闲地漫步、遮阳乘凉，自由自在，不做奴隶，不受哪个暴君的统治。在马拉松和拉姆努斯还有另一些专门的场所，雅典人也很感念当地对于战胜波斯大军所提供的助力。这是一个以显白的方式来彰显自由的社会。

然而，尽管苏格拉底确实能取悦观众，但他并不关心自由权。相反，他把精力都放在了鉴别德性之上。他认为，只有追求一种品德高尚的生活才能带来精致的幸福。完全的自由权是一种幻想，幸福接受妥协的必然性，甚至耽于其中。柏拉图笔下的苏格拉底更进了一步，他认为暴政就是由全体民众的自由权所催生的。在此，他率先提出了自由就是大人物为了取悦大多数人而培育的一种幻觉。

> 来吧，告诉我，亲爱的朋友，暴政是如何产生的。它是民主的产物，这一点显而易见。[18]

这是一个生于爱国热情最为狂热的"自由"时刻的人。在击败波斯人的过程中，雅典人对自由的追求曾达到了一个相当疯狂的程度。他们已经摆脱了当时最强大的超级大国的束缚。他们宣称，希腊人永远不会成为这些东方人的奴隶。他们靠着自己的智慧和对自主的信念放手一搏，以对抗专制和强权。令人惊讶的是，这场赌博让他们获得了回报。要做到这一点，他们必须让自己的自信达到一种狂热的程度。有一个男人在萨拉米斯战役后不久曾建议接受波斯人提出的媾和条件，结果他和妻儿随即就遭到围攻，被乱石砸死。[19] 但苏格拉底就做了一件让雅典人非常烦心的事情，他在任何地方都没有挑战人们对自由本身的需求，然而他也并没有鼓吹这座城市的自由权，他只是在拥护一种内心的、精神上的自由权。

这才是善的、真正的城或国，而且这种"善"与人的善是同一种模式，如果这是对的，那么其他的就都错了，而这种恶不仅会影响国家的秩序，还会影响个人灵魂的规条。[20]

那么，若任何一个公民经历了任何或好或坏的事情，那么整个国家都会感同身受，甘愿与他同喜同悲吗？

是的，他说，一个秩序良好的国家就会这样。[21]

在这些集体主义的时代，对于公元前 5 世纪的雅典人来说，个人的自由权（而非城邦的自由权）是一个既新颖又棘手的概念。他们对苏格拉底的这些不依常俗的观点感到难受，这有非常明确的理由。

在民主的雅典，至少有三分之一（可能是二分之一）的人口是奴隶。这些人几乎都未被归为人类——有些人把他们形容为"活的工具"，而另一些人则是简单地将其描述为"像人一样走路的东西"。雅典娜之城特别依赖外来奴隶，因为立法者梭伦曾通过了一项法令，即任何雅典人都不应被强迫为另一个人工作。拥有奴隶，而非被人拥有，这是自由的雅典人的标志。因此奴隶会让雅典人异常强烈地感受到自己格外高贵的地位。奴隶们会给你打水、做饭、擦首饰、写信、擦额头、缝合伤口和赞美你的诗歌，这种奴隶制每天都在以千万种形式强化这一事实，即"自由的雅典人"是有点特别的。考

古学家于 1998 年至 2008 年在雅典东南部的劳里昂进行的研究向我
们揭示了一点：人们并没有完全平静地接受这种状况。

劳里昂区［特别是现在被称为托里科斯（Thorikos）的区域
附近］是一个古怪的、了无生趣的地方。如今，国有电力公司（DEH）
的一座带有条纹的塔楼就赫然矗立于海湾之上。闪着微光的白色巨
石和铁红色土壤结合到了一起，给这片景观带来了一种行星般的感
觉。此地的洞穴里满是五颜六色的矿物，直到 1923 年，这里的矿
层中还能挖掘出白银，铅、锰和镉则至今仍在开采。

今天，在这些山丘之上还留存着从雅典古矿中挖出的那些已被
人遗忘的渣土堆，苏格拉底在世时，这里的采矿业颇为残酷。小心
地沿着岩石的裂缝往下深入，你会发现自己已置身于一个废弃的矿
井之中。如今，这里的景观十分荒凉，在这里的松林间摸索穿行，
你可能接连几天都见不着人，但在公元前 5 世纪，这个地区则满是
奴隶及其主人。到了夜里，这些"人型机器"就会返回戒备森严的
村庄营地。奴隶们实际上都被绝育了，因为这些男女都不准生育，
而且会被分营居住。一些考古学家断定，一座高耸的、破损的、可
以俯瞰其中某个奴隶营地的方形石制建筑就是一座哨塔——这毫不
意外，这种生造出来的人类聚居地存在着不止一星半点的潜在不安
因素。

但至关重要的是不能让这里的人享有自由，因为正是靠这些男女
的肌肉和汗水才使得让雅典娜之城的商业能够如常运转。苏格拉底提
出，所有男人可能都具备同等的享有人身自由权的能力，无论其背景
如何，这个说法极易引起麻烦。正是雅典的奴隶人口为雅典人生产出
了可在雅典市政广场消费的硬币，他们破碎的生活给了自由的公民和
像苏格拉底这样的男人在那里交谈和自由表达自己的时间。

183

* * *

在比雷埃夫斯的造船厂里，民主生活的新理想已经以"言论自由号"和"自由权号"的形式得到了具象化的体现，而新的民主宗教仪式也在这里开始。雅典正在不可置疑地证明她已大到足以包容新的宗教表达形式。据我们所知，苏格拉底也见证了这些壮观而神圣的仪式的登场。

26

美好生活——入夜之后

比雷埃夫斯港，公元前432—前428年

"你的意思是说，"阿得曼托斯（Adeimantus）插话道，"你没听说今晚要举行一场纪念那位女神的骑马火炬比赛吗？"

"骑马？"我［苏格拉底］说，"这个想法挺新鲜。你是说他们会骑着马，一个接一个地传递火炬吗，还是说有别的意思？"

"就是这样，"波勒马霍斯（Polemarchus）说，"另外，晚上还有一场值得一看的纪念活动。吃完晚饭我们就动身，出去参观一番，那儿还有很多小伙子可以见见，好好聊聊……"

——柏拉图，《理想国》，327c–328a[1]

这片海面上的炬火颇为神奇，零零星星的火焰上下翻腾，此起彼伏，连接成了一条火焰组成的蛛丝。大约在 2440 多年前，比雷埃夫斯地区就曾举行过这样一场盛会，以纪念一位新的来宾。大约在公元前 429（或前 428）年的某个时刻，为敬拜一位新的女神——野蛮的朋迪斯（Bendis），很多雅典人都来到此地观看了这场黑金相间的灯火秀首演，苏格拉底显然也在其中。在比雷埃夫斯这个港

镇，雅典公民正在为朋迪斯举行一场新的庆祝活动。[2] 这场引入新神的活动对附近的居民来说意义重大——为举办这场隆重的欢迎派对，民众肯定授权支付了一笔钱。当时还会举行骑马火炬接力赛，以纪念这位闯入的神灵、色雷斯荒野的来访者。正如柏拉图的大白话所表明的，这是一个值得离开餐桌去参观的景致。

185 　　在希腊，崇拜东方神灵的历史源远流长。宙斯最早的形象就是出自苏美尔的一尊小青铜像（制于公元前 3000 年），那时在博斯普鲁斯海峡以西的记载中还未见宙斯的踪影。就在我们现在称之为希腊的地域开始出现书面记录的那一刻，狄俄尼索斯也一路舞动着、摇摆着、蹒跚地从中亚来到了这里。但在公元前 5 世纪，也就是整整千年后的苏格拉底所处的时代，奥林匹斯山上的诸神共同体已经稳定了一些。这其实就是一个奥林匹斯山的权势集团，新神的到来是相对罕见的，所以总能引起轰动。朋迪斯是雅典人特别欢迎的新宾，公民大会已进行了民主投票，接受了对她的崇拜。她不仅会保护和滋养那些在比雷埃夫斯工作的大批色雷斯移民，还有可能让参战的各色雷斯部落站在雅典这边——雅典可不想看到这些凶猛的士兵去支援斯巴达军。

　　当晚的庆祝活动一定很让人兴奋。希腊的火炬有半人大小：由松木或雪松制成，其气味刺鼻，火焰明亮而持久。与阿尔忒弥斯（Artemis）一样，朋迪斯也是一名女猎手，她崇尚速度和敏锐的竞争意识。因此，在这个熙熙攘攘的港镇，伴随着血统混杂的人口，以及一种"想致富，别怕脏"的心态，一场激动人心的嘉年华就此应运而生。没人知道会发生什么。女祭司们被选来执行祭礼，公民和外邦人都发挥着正式的仪式功用。[3]

　　苏格拉底没有像同时代的智者那样环游地中海，去观光、讲学，他的传记作者对这一事实多有提及。但他也几乎没有离开雅典的必要，世界在向他走来。雅典对朋迪斯的接纳既与政治生存息息相关，

也与精神启蒙不无干系。雅典人知道，在烽烟四起之时，野蛮的色
雷斯人的善意是大有用处的。⁴比雷埃夫斯地区有许多移民，其中
就有一个相当可观的色雷斯人社群，现在他们有了一场属于他们自
己的魅力超凡的、仪式性的和广聚人气的盛事，也有了一种归属感。
根据一些刻在石头上的简单印记（一条政令），这场让人陶醉的女
神庆典持续了整整一夜。

　　在伯罗奔尼撒战争之前、期间和之后的日日夜夜里，苏格拉底
无疑都曾沉迷于各种各样的雅典节庆之中，而且对此相当重视。这
些活动至关重要：参与者会聚集到一起，走上街头，分享一个共同
体所代表的意义。苏格拉底非常正确地指出，这些活动不仅仅是盲
目的传统，或者遵循着一系列正统观念磕磕绊绊地延续下来的根深
蒂固的生活方式，也是一些让人感觉良好的体验、活下去的理由。
它们的如常举行就是美好生活的一个组成部分。

　　　节日、歌唱和各种共同参与的庆典——这些都始于厄洛斯，　186
　　它们将一种甜蜜和一种意义赋予了生活本身。⁵

　　也许是因为苏格拉底受到了不敬神的指控，所以柏拉图才会在
此后的著作中强调这位哲学家曾多少次地参与敬拜雅典各种神灵的
活动。柏拉图引用了朋迪斯这一事实很可能是一个尖锐的提醒（有
鉴于苏格拉底在审判期间所受到的指控），即不仅仅是苏格拉底，
雅典也有足够开阔的心胸来接受新神。按柏拉图所说，这位哲学家
在临终遗言中还曾忆起这座城市新出现的另一位神圣英雄——医神
阿斯克勒庇俄斯（Asclepius）。即使提及朋迪斯完全是柏拉图的一
种策略，我们也没有任何理由相信苏格拉底不尊重这座城市的传统
神灵——无论他们是初来乍到者，还是雅典娜之城的老居民。⁶

＊　＊　＊

　　饱经战乱的苏格拉底在伯罗奔尼撒战争期间，曾看到过一座城市的宗教偶像被烧毁的情景。拼合了那位神或女神尘世化身的材料——木头、大理石、颜料、克里斯里凡亭象牙（chryselephantine）*、水晶眼睛和黄金发丝——在火焰中一一熔化、扭曲、软塌、变形和变黑。希腊宗教是被拼贴到一起的，就像此地活生生的众神的塑像一样。有成千上万种方式来敬拜这个荒淫、贪婪和反复无常的神族。尽管苏格拉底向来虔敬，但他似乎还在寻找一些更本质的东西，一些更加静止而稳定的东西。他所要摸索的方向就是一种信条。[7]

> 　　游叙弗伦，人们在讲述这类有关众神的故事时，我发现自己很难接受，这不就是我被人控告的原因吗？你当真相信这些事情发生了吗？诸神之间发生了战争，就像诗人告诉我们的那样，出现了可怕的仇怨、殴斗和诸如此类的其他事情？[8]

　　这都是一些具有煽动性的想法。虽然我们可能认为宗教是一种约束道德的方便手段，但对希腊人来说，它则是道德——一种社会准则——的起点。奥德修斯（Odysseus）遇到的独眼巨人就是不信神的，这也是他会吃人的原因。[9]在法律上，宗教对公民之明智的保障就是政治生活的地基和砂浆。在一年中只有一天未被指定为节庆日的时代，[10]被自己的雅典同胞视为怀疑众神的人确实相当危险。然而苏格拉底更进了一步——根据柏拉图的说法，他并未否认众神，但他确实更加出人意表地声称某种东西就如他们一样明智，还能了解他们的心思。

---

*　一种在木制支架外加上象牙雕成的肌肉和金质衣饰的技术。

27

德尔斐，神谕

德尔斐，科林斯湾以北，约公元前440—前420年

苏格拉底：雅典人，不要用你们的嘲讽打断我，即使你们觉得我是在吹牛。我将要告诉你们的［关于我自己的］故事不是我自己说的，但我会给你们推荐一位你们信任的发言者。关于我的智慧，那是否真是智慧，又是哪种智慧，我会以德尔斐之神阿波罗作为见证者。

——柏拉图，《申辩篇》，20e[1]

想在公元前5世纪预知自己的未来，你有两个选择：走陆路，或者乘船。乘船比较快。你要去的目的地就是：基拉（Kirrha）的圣港。[2]

基拉是一道关卡，是全希腊最重要的一处圣地的入口。这里是德尔斐的海岸站点，在希腊人心目中，德尔斐庇护着大地的肚脐（omphalos）。在时间开始之时，宙斯放飞了两只雄鹰，一只飞向东方，一只飞向西方，据说它们相遇的地方就标志着大地的地理和精神的中心点。这些故事起源于希腊文明出现之前，也就是青铜时代

的开端。考古遗迹告诉我们，及至苏格拉底的时代，德尔斐在2000多年里一直都是一处重要的宗教场域。在整个青铜时代晚期，亦即希腊的"黑暗时代"，这里始终都有人造访，它自古风时期开始兴盛，到公元前5世纪已获得了非凡的国际声誉。它让已知世界的人都心向往之。要到达这里的圣山和德尔斐本身的神经中枢，你必须在基拉靠岸，然后开始攀爬。

188

今天，在科林斯湾这一端的海滩上，到处都是散落的毛巾和海滩烤鱼。在苏格拉底的时代，这条海岸线还要繁忙十倍。

朝拜者在等待德尔斐的神圣宣告时，必须购买一些肉、新衣服、食品、献礼和纪念品。我们知道，这一地区的经济实力很强，因为当地铸造了自己的银币。基拉的收益实在丰厚，因为所有朝觐者都想知道自己的未来，结果便引来了某些人的觊觎。

早在古风时期（约为苏格拉底出生前120年），在公元前595年至前585年的所谓"圣战"（Sacred Wars）中，基拉的居民就受到了当地的一个城邦同盟的威胁，这个"近邻同盟"（Amphictyonic League）纯粹就是嫉妒基拉人的宗教旅游经济。该同盟（得到了雅典的支持，据说是梭伦亲自决定了这一战略）在基拉的各个城门前驻了军。据说基拉顽强地与这些敌人对抗了10年，直到这座城市本身的供水变成了敌人——水源被城墙外的军队用鹿食草（hellebore）毒化了。由此引发的毒性反应——神志不清、腹泻、肌肉痉挛、窒息、抽搐和心脏病发作——早有恶名。有人说这种植物就生长在地狱之门上，但自古及今都在乘船即可到达的安迪基拉（Antikyra）地区大量生长着。本地咖啡馆（kafenion）的男人们依然记得，在他们还是孩子的时候，自己的母亲是如何用鹿食草根来摩擦他们的牙床（剂量肯定很小，少量鹿食草根可作药用），以缓解其牙痛。然而这些本地人并没有讲过这个古代的故事——鹿食草曾被人捣碎后扔进供水管道和水井之中，其中的无形生物碱首先击倒了儿童和老人，然后是孕妇和病人，最后是基拉的年轻男人。这种生物战违背了希腊人的"荣誉规则"。基拉的投毒事件是希腊人记忆中的一个污点，长老们编纂了法典，以防止这种精于算计的恶行再度发生。这是给苏格拉底这样的雅典士兵定下了荣誉准则的事件之一，人们都期望他们能谨守这些准则。

基拉昔日辉煌的遗迹已所剩无几，而且较为分散。海滩上有一块奇特的公元前5世纪的砖石砌块，钓鱼的人会站在上面，孩子们会在那儿上蹿下跳。这处海港只剩下了一些齐膝高的石墩，还有点游乐场的价值；停泊区的遗迹周边如今已经不是大海，而是被兔子啃噬过的土地。

然而在苏格拉底的时代，此地可是相当喧嚷的。基拉人可能在"圣战"中失去了他们的独立性——德尔斐的祭司此时控制着这个地方——但没有人能夺走他们的战略性区位。从这里前往德尔斐的朝圣者都要遵守一些特殊的规定。使节和信徒在造访这片圣地期间，带他们前来的船只可以在此停靠。圣使（theoroi）*和外交使节在这里都有半永久的暂居处，供品都已齐备。源自小亚细亚、北非和东地中海的各族裔的仪式让这片海岸人声鼎沸。

这地方肯定很便于你去评估竞争对手和盟友、传播流言蜚语、增长见识（"谁能想到底比斯人的祭神仪式是按……的顺序进行的呢？"），或者强化偏见，因为科林斯湾这片鲑鱼形的水域将多刺的希腊城邦与更广阔的世界连接到了一起。这是一个多种语言交汇的码头，人们会在基拉及其上方的德尔斐山丘上达成商业协议，商讨条约。但毫无疑问，这种经历的核心是宗教性的。在德尔斐，众神会开口给人以启示。

据我们所知，苏格拉底的朋友凯勒丰曾来到德尔斐，询问谁是

189

---

* 即城邦派来咨询神谕的使者。

所有人中最明智的人。在这个故事的某些版本中，是苏格拉底自己踏上了这段旅程。

＊　＊　＊

在流传至今的史册中，凯勒丰是一个相当不切实际的人：他焦躁不安、面容消瘦，"干任何事都很浮躁"。[3] 你也许可以想象他的模样，浑身是汗、脸颊通红，是一个身担使命的男人，乘着一驾马车，或者长途跋涉地穿越德尔斐所藏身的山麓，遁入那人称"闪亮双壁"（The Shining Ones）的山脉裂隙。

他曾穿行于这片颇有典故的景观之中。人们认为有些戏剧就是在此地上演的，比如俄狄浦斯（Oedipus）和伊俄卡斯忒（Jocasta）的故事。[4] 前往德尔斐的旅者们都知道一些史诗故事，他们最初是在篝火旁听人讲述了这些故事，此后又通过一些新奇怪异的悲剧作品见识了这些故事，而其作者就是为了将世界运转的可怕方式告诉雅典公民。德尔斐并不是一个宽慰人心的地方，而是一个壮观的、令人兴奋的地方。在日出日落之时，帕纳索斯山（Mount Parnassus）的岩石环壁会以其肉粉色的纹理发出召唤。但在炎热的日间，这座山就如花岗岩般严峻，那就是一面巨大的反射镜，将阿波罗的阳光反射回了他自己的圣所。

德尔斐，它的柱子和宝库，及其被人流磨得光亮潮湿的走道，如今仿佛不过是从这山上借来的一块石地。大地很快就会收回自己的所属物。[5]

在你决意造访此地的阿波罗神示所之前，用卡斯塔利亚泉（Kastalian spring）的圣水净化自己是一个必不可少的步骤。如今，你依然可以舀出这冰甜的银色涓流，但你会发现周围几乎没有同行者，只有一些从来去匆匆的旅游团里掉队的人在用瓶子装水，以备

返程之用（也许是希望这圣水仍然能带来缪斯 *，就像公元前 5 世纪 190
的人们相信的那样）。

此后，凯勒丰不得不挤过这条神道上成群的人，目瞪口呆地注
视着这大道两旁的国家级宝库，其内部和上方都塞满了文明的物质
力量。在 20 世纪发掘出的一些东西至今仍令人叹为观止，例如一
头真牛大小的银公牛，长 7.5 英尺，由三层银片粘贴在一个木芯上。
在"圣战"的一次战役中，有两座分属阿波罗和阿尔忒弥斯的精美
象牙雕像在此经历了大火。⁶ 这两座雕像都埋于这一神道之下，直
到 1939 年，一个毫无准备的挖掘小组才偶然发现了这些黑中泛亮
的遗存，并使其得见天日，它们的黄金头饰、耳环和项链都未失光泽。
在那场杀戮之中，这些炭黑的永生者仍然保持着神秘的微笑。

但与德尔斐展出的其他珍宝相比，这些都算不了什么。谁会
错过那些在成为历史之前就已跻身传奇之列的不朽精粹呢：一尊巨
大的斯芬克斯像，坐立于一根 40 英尺高的柱子之上，在公元前 6
世纪时曾被纳克索斯岛（Naxos）的岛民奉为自身力量的证明；一
尊巨大的阿波罗像；在宝蓝色背景上用红色、蓝色和青铜色勾绘
着亚马逊人和特洛伊战争英雄的檐壁雕带；一座克尼多斯式会所
（Cnidian Clubhouse，一种神圣的使馆建筑），其上的华丽画作出自
萨索斯岛的艺术大师波吕格诺图斯之手（他还装饰了雅典的绘画柱
廊）。吕底亚的克罗伊索斯（Croesus）在进攻波斯人之前曾征询过
神谕，他在德尔斐进献了一只实心的黄金狮子，就跃立于 117 块精
美的白金金块之上。

相比之下，如今穿越这片遗址的旅程就失色不少了。石灰石铺
就的石板路被人们的脚步磨得油光水滑，景色依然摄人心魂——掠
过下方平原的云朵、栖息在最高峰上的鹰、盘曲的山谷，都引诱着

---

* 这口泉曾被称为诗歌灵感的源泉。

你去想象那无法亲见的生活是何种模样。但这里已经没有曾经的喧嚣了。忘掉这些破碎的墙壁，我们可以想象一下彩绘大理石表面上千变万化的色彩、献祭所释放的油烟，到处都是镀金、白银和黄金反射出的乳黄色光线。

　　一位吕底亚的僭主在德尔斐建造了有史以来的第一座宝库。随着时间的推移，无论这城邦持有何种政治主张，这些绚丽夺目的珍藏——实际就是银行存款——仍然保持着同样招惹是非的、阳刚的、"看着我发抖"的感觉。雅典人在公元前490年的马拉松战役中战胜波斯人后，就到此地献上了自己的财宝。很多人都会在这里展示他们涂油镀金的肌肉。

　　因此，凯勒丰在求问神谕的路上肯定会被这些战利品的光亮和闪烁搅得目眩神迷。（希腊人的）军事战利品中须有十分之一供奉某处圣所，而其中的大部分都会流向德尔斐。重装步兵盾、项链、王座、整个王宫大殿的一部分、水晶、长矛和金马队以及从战败求饶者的手臂上夺取的手镯都会在这里展示。

　　对任何一位朝圣者来说，这必定都是一次感人的旅程。在这里，你会被自己城邦的丰功伟绩和奇耻大辱所围绕。虽然是雅典人（阿尔克马埃翁家族）在公元前6世纪建成了那座大气磅礴的阿波罗神庙（"一个奇迹"，品达如是说[7]），但雅典民众在这处圣所也免不了受到公开的耻辱。布拉西达斯（Brasidas）*和阿堪苏斯人（Acanthos）†的宝库就矗立在相当于两指敬礼手势的雅典纪念柱廊上方的山丘上，这是在斯巴达联军于安菲波利斯战胜雅典人（公元前422年）后建造的。苏格拉底不久也将蒙受这场战役的折磨。每座岛屿、每个城邦和每个造访这一圣地的同盟都想让其他人记住，

---

*　第二次伯罗奔尼撒战争初期斯巴达的一位杰出将领。

†　哈尔基季基半岛的一个城邦，曾是雅典盟友。公元前424年，布拉西达斯策反了这一城邦。

权力是转瞬即逝的，强者也总有没落之日。

尽管如此，在更加和美的时期，阿波罗圣殿里的气氛肯定还是充满了期待的。各个年龄段和层次的人都会前来，最漂亮的姑娘们会长途跋涉到这里来献上一缕发丝，各国首脑都会在此征询对外事务上的建议，尽管在希波战争期间，神谕给出了很多错误的答案，所以官方代表团的来访人数略有减少。问得最普遍的还是一些个人问题，从语调颤抖的"我该嫁给谁？"到复杂的个人概况，不一而足。所以凯勒丰也提出了这样一个问题："苏格拉底是最有智慧的人吗？"

不过苏格拉底的这个朋友只有进入阿波罗神庙的内殿才能得到答案，神谕的代言人——皮提亚（Pythia）就住在那里。于是他继续前行，经过了希俄斯民众供奉的巨大祭坛。皮提亚竞技会每5年会在此地举行一次，在此期间，100头献祭公牛的鲜血都将倾泻于这座祭坛之上。穿过阿波罗自己的圣泉——卡索提斯泉（Kassiotis），在滴水声中，泉水淌入了这座圣所，汩汩地朝着通往内部的斜坡涌去。

烤肉的气味已经熏染了外面的空气，此时肯定也会渗入这圣所之内。不只是朝圣者，所有祭司在接近这一圣所之前都要向阿波罗献祭。那些经过了擦洗和打扮的动物都羞怯地戴着花环或丝带，它们的角都镀了金，即将引颈就戮，祭刀就藏在一位"清白"少女的篮子里，上面会盖上大麦饼。洒一点水或燕麦就能确保它们在正确的时间点头*，以遵循德尔斐神谕本身的敕令："那心甘情愿地在圣水前点头的动物，按我敕令，只有这只动物，你可以正当地献祭。"[8]对于肚子饿扁了的乡下人来说，空气里一定弥漫着天国的味道。

在皮提亚本人所端坐的至圣所（adyton）里，还会有另一些气味飘散到人们的鼻孔之中：永不熄灭的炉灶、火焰上散落的月桂树

192

---

* 德尔斐神谕规定，只有点头的动物作为祭品才符合公平原则。

叶和大麦。根据一个国际地质学家团队刚做的科学鉴定，这里还有从地下渗出的致幻雾气。[9]在历经多年的怀疑之后，最新的地质调查表明，有两个地质断层恰恰就相交于目前的阿波罗神庙之下。透过石灰岩中的裂缝，包括乙烯在内的各种烃类气体很可能在古代就开始泄漏了。

皮提亚——一个穿着年轻处女服装的老妇人——就坐在这种氛围之中道出了神谕，一名祭司会把这杂乱无章的话转化成六步格的诗文，这样神谕就能得以宣示。德尔斐是一个以警语为标志的地方——"*Meden Agan*"（凡事勿过度）和"*Gnothi Seauton*"（认识你自己）——它也为东地中海地区定下了一种道德基调（比如劝诫人们谋杀需赎罪），而这里所给出的一句直截了当的驳复很快就会在阿提卡和整个雅典帝国成为人们的谈资。当凯勒丰问道："有没有人比苏格拉底更智慧？"

神谕的答复是："没有。"

28

认识你自己

德尔斐和雅典

有没有人比苏格拉底更有智慧？

没有。

阿波罗神是什么意思呢？他到底打的什么谜语？因为我知道我并不智慧，没有绝顶的智慧，甚至也没有普通的智慧。那么他说我最有智慧是什么意思呢？

——柏拉图，《申辩篇》，21a—b

他的一个门生——凯勒丰在德尔斐当着一大群人的面为他求得了答复：阿波罗答道，没有人比我更自由，或更公正，或更审慎，苏格拉底补充说，阿波罗并没有把我比作神，然而他确实断定，我远远胜过了其他人。

——色诺芬，《申辩篇》，14—16[1]

凯勒丰必须把他得到的消息转达给自己的导师。他不太可能选择陆路，毕竟当时正值战时，从希腊中部的德尔斐回到南方的雅典，这趟 250 英里的旅程需要他穿过大片的敌方领土。[2] 因此他应该会从基拉离岸，登上一艘小船，然后把这一重大消息带回雅典。一枚定时炸弹正在逼近比雷埃夫斯港。

认识你自己和凡事勿过度是两句"有助于人生"的格言，曾深植于德尔斐情结的肌理之中，其出现的确切地点和时间要取决于你相信何人。帕萨尼亚斯（Pausanias）说它们出现在阿波罗神庙的前院[3]，也有人说它们被刻在了山门上[4]、神庙正面或门框上[5]、某根柱子上或（很可能是）神庙的墙壁上[6]。

不过对于很多希腊人来说，这些雕凿出的训诫早就像那些被雕凿的石头一样僵硬了。对这些希腊人而言（不要忘了，德尔斐当然会接待各色各样的希腊人），这意味着"**认识你的位置**"，不要自高自大，不要得寸进尺。在公元前 5 世纪的语境中，这就是一个限制性的警句。苏格拉底的同时代人都"知晓"自己的位置，他们会日复一日地参加各种认同其现状的仪式、祈祷活动和体育竞赛。

然而苏格拉底似乎并不是如此解释这条格言的。

> 要改变世界，先改变你自己。

这位哲学家对这一敕令的理解是自相矛盾的，它的两个极端都会令人不安。要认识到你有很大的局限——但不要满足于被人告知你是谁。要了解你内在的自己。要通过与他人的关系来认识自己。要通过爱你周围的人来了解自己。要认识到你一无所知。

当人们还觉得雅典的民主制很强大时，大家还可以自信地在雅典市政广场里讨论这种扰人心神的观念。但时代变了。从公元前 5 世纪 30 年代起，雅典变得更加敏感了。

无论是凯勒丰"浮躁"的个人魅力，还是他的金钱（德尔斐也不免偶尔受贿），又或是苏格拉底的坏名声使得那位宣示神谕的祭司（或历史的神话杜撰者）给出了这样一个答案，有一点几乎可以肯定，这个直白的回复将是苏格拉底末日的开始。[7]希腊人认为德尔斐拥有世上所有问题的答案。当敌人想要入侵希腊时，他们就向德尔斐的神核检他们的作战计划，当地米斯托克利想知道该如何拯救雅典时，他也去德尔斐提出了这个问题。[8]而厚颜无耻的苏格拉底则浪费了大神阿波罗的口舌，他确信自己是雅典最有智慧的人，由此表现出了绝顶的狂妄。

> 因为所有城市都流传着厄瑞克透斯（Erechtheus）*的子民的故事，
>> 阿波罗，
>> 他们是如何让你在神圣皮托的居所
>> 显现为一个奇迹的。[9]

"厄瑞克透斯的子民"即雅典人，皮托（Pytho）则是德尔斐的古称。雅典娜之城觉得她与德尔斐神谕圣地有着一种超出一般的关联，正是在雅典人的努斯和资金的助力下，阿波罗的伟大神庙才得以在此建成。有人提出苏格拉底应该在伟大而辉煌的超级神祇阿波罗那里享有某种特殊的地位，认为他在所有雅典民主派和希腊人中是最有智慧的——甚至如神般明智——这在很多人看来纯粹是亵渎神明。

195

---

* 古希腊神话中的雅典国王。

29

贵族派、民主派与战争实况

雅典市政广场，约公元前426年

因为一把锋利的……锯子……贪婪的……整个的……打磨着闪闪发光的铁。而……头盔……抖动着它们的紫色羽冠，为了穿胸甲的人，织工们正在演奏智慧的梭子之歌，弄醒了那些睡着的人。

而他正在把战车的栏杆粘到一起……

——新发现的索福克勒斯戏剧残篇，首刊于 2007 年[1]

最近的两项考古发现颇有助于充实伯罗奔尼撒战争期间雅典城墙内及其周边的物质和情感生活的图景：苏格拉底自始至终都处于这幅图景之中，就在公元前 5 世纪 20 年代中期的那群人身前。这两项发现还透露出了当时的社会和政治环境，其中之一就是一小片莎草纸。若想一饱眼福，那我们必须离开东地中海，回到潮湿的英格兰，因为这一残片就保存在牛津的萨克勒图书馆（Sackler Library）后的储藏室里。

牛津的博蒙特大街（Beaumont Street）或许有些平平无奇，不像是可以感受到 2440 年前的那个气味浓郁的雅典市政广场的地方。不过就在富丽堂皇的阿什莫林博物馆（Ashmolean Museum）的后部，人们存放了一些特别耐人寻味的饼干盒。那是亨帕牌（Huntley and Palmer）的姜饼盒，以及一排排褪了色的银灰色罐头盒。有些盒子自 1906 年存入这个保险库后就再未打开。这里 99% 的物料都还有待研究。放在盒子里的东西都是一个埃及垃圾场的垃圾，还有苏格拉底时代的一些生活残余物。其中有一些俄克喜林库斯（这个希腊单词可译为"尖鼻鱼之城"）的希腊抄写员在几个世纪里抄写的雅典人的字句。借助多光谱技术，我们现在通常都可以透过空间中的气体和粒子进行观察，以此来搜寻那些描述苏格拉底时代的雅典城的字迹。这种扫描设备能突显每一页纸上的原始字迹——通常是肉眼看不见的。我们找到了那些坐在雅典市政广场里兜售言语的演说撰稿人的话，也找到了信函作者、生气的妻子、暴怒的丈夫和传票发布人所说的话，以及起诉的证据。[2] 其中可能还有如今的《新约》所未纳入的一卷福音书，以及欧里庇得斯的《美狄亚》（Medea）的一个版本，在这个版本中，美狄亚没有杀死她的孩子。但我感兴趣的是 4807 号残片。

197

　　4807 号残片是一个新发现，1900 年来都没人读过，它是索福克勒斯戏剧中亡佚的一个部分。这张莎草纸碎片长 4 英寸，宽 2.75 英寸。它如今保存在两块玻璃板之间，严重受损。莎草纸本身的纤维清晰可见，其上的字句被一个大缺口隔成了两列。

　　这些字句属于一部名为《后裔》（Epigonoi）的戏剧，描述的是一座正在备战的古城。虽然场景设定在底比斯，但索福克勒斯是雅典人（也做过将军），由于该剧创作于公元前 5 世纪末，所以作者无疑是汲取了自己在伯罗奔尼撒战争（那恐怖的消耗战）期间的雅典所亲历的氛围和各种活动。再读一遍吧：

因为一把锋利的……锯子……贪婪的……整个的……打磨着

闪闪发光的铁。而……头盔……抖动着它们的紫色羽冠，为了穿胸
甲的人，织工们正在演奏智慧的梭子之歌，弄醒了那些睡着的人。

　　而他正在把战车的栏杆粘到一起……[3]

　　文本中的间隙都是这片莎草纸被撕裂或腐烂的地方。这些字句
是索福克勒斯写下的，也是苏格拉底、柏拉图和亚里士多德等人在
地中海的艳阳下听闻过的，然而随着那几毫米碎片的遗失，上面的
文字几乎肯定是永远散佚了。

　　雅典市政广场曾经孕育出了让全希腊称羡的书籍、黄金珠宝和
大理石雕像，此时却把精力放在了黏合战车的胶水和磨剑用的磨石
之上。这座城市的居民保持着清醒，不仅是因为这片星空下的世界
变幻莫测，也是因为用来给那些即将赴死的男人编织护甲的织机所
发出的哀鸣。

* * *

198　　第二项发现是出自雅典市中心的一个雕工精美的马头。这块雕
像残片的尺寸是真马的三分之二，最近已在新雅典卫城博物馆得到
了修复。这匹大理石马鼻孔张开，双眼圆睁，鬃毛随风乱舞。最近
负责为其做恢复性美容工作的馆长生动地谈到了这只动物的个性，
他说得很对。这件雕刻品显然是一尊半身雕塑——是为一匹深受喜
爱、备受珍视的贵族战马所镌刻的不朽之作。

　　雅典人会为他们的马匹和骑手感到由衷的自豪。那些在泛希腊
竞技会——奥林匹亚、科林斯、德尔斐、尼米亚（Nemea）——中
资助了获胜（赛马）团队的人都能获得终身免费的饭食。在帕特农
神庙的檐壁雕带上引领游行队伍的就是一队骑兵。在苏格拉底受审
时，雅典市政广场的中轴就是一条赛道，每隔一段就有一个水槽，

以方便汗水斑斑、扑哧喘气的马匹在此解渴。⁴公元前 5 世纪 50 年代，在雅典展开的一次针对最富裕"民主派"的人口普查促成了一支"民主"骑兵队的创立。这些人其实都是老派的贵族，他们想给这种传统的贵族爱好赋予合法性。亚西比得就是其中之一，他的马连续赢得了不少于 7 场奥林匹亚竞技会的战车竞速赛，此后他便开始用自己的马来炫耀自己了。雅典骑兵都是在雅典市政广场中受训的，他们最喜欢的地点是国王柱廊外的十字路口，这里有一些赫尔墨斯（Hermes）半身像，他那勃起的阴茎象征着财富，他那盲眼旁观着世人。色诺芬让我们很好地感受到了马匹和骑手在这里操练时所呈现的活力四射的壮观场面⁵：

> 　　说到游行，我想若是在雅典市政广场有一场节庆骑行的话，那对众神和观众来说就最是快活了。起点就是那些方柱形胸像＊；骑兵们会骑马绕着神殿和神像向那些神灵致敬……待到巡行结束，骑兵队列又回到了那些方柱形胸像附近，我想接下来要做的就是各部落相继以最快的速度奔向厄琉息斯神庙了。⁶

　　这是一幅贵族式的乌托邦图景。豪门巨室的高雅情趣，以及骑兵的优越感和神气十足的姿态，还是把所有民主派的雅典人拖入了战争。

　　把这两项发现放到一起，我们就能看出苏格拉底所处的这座城市的表面之下依然存在着阶级差异。民主的雅典一直就是一个由贵族、寡头和民主派构成的实体。那片莎草纸还传达了（能够投票支持战争且必须参战的）人民和几个世纪以来一直处于下层阶级的人们的愿景和日常辛劳。苏格拉底的一生横跨了两种社会背景，在年

＊　即上文中的赫尔墨斯半身像。

届古稀之时，他会发现这种"双重代理人"的身份会烦扰并激怒他的公民同胞。在雅典，他正慢慢地证明自己在很多方面都不正常。他对劝说性演说的力量抱持着一些非正统的看法，他会回避帝国带来的物质财富，他与众神的沟通方式也直接得令人起疑。他参过战，没错，但和战友们不同，他好像会质疑军事力量对一个人来说是不是最大的目标，以及战斗是不是能带来好处。

> 那么，在没有确定战争是好是坏的情况下，我们只能肯定一点，那就是现在我们已经发现了战争的起源也是国家之中几乎所有恶的起源，无论公私都概莫能外。[7]

战马和莎草纸残片这两项发现勾勒出了火热的备战场景，也提醒我们，在苏格拉底的整个后半生，伯罗奔尼撒战争都将成为所有雅典人心灵深处的一个毒瘤似的阴影：一个可怕的日常参照点。

在瘟疫肆虐雅典之后出现了一个短暂的喘息期，阿提卡地区所遭受的入侵在这几年里有所放缓。但侵略行为还是重新开始了，这或许是不可避免的。很快，那些从雅典市政广场前往雅典卫城去拜神的雅典人，或是从议事会履职归来的雅典人，或是刚刚在法庭或公民大会上投了票的雅典人就将看到新的火焰了——不是厄琉息斯秘仪的新入会者或朋迪斯教的女祭司手中的松木火炬，而是远处更广泛、更暗淡的景况。那是地平线上的火须：斯巴达人又开始来焚烧他们周边的土地了。那大地之上的云彩都从奶油色变成了暗淡的烟黄色，仿佛他们的敌人正在向那乳白的天空撒尿一样。随后，周边的山脉就变成了一片焦黑。

雅典城里的市民可能一直在尽力忘掉这场战争，因为他们仍然在委托创作戏剧和雕塑，与智者们辩论，向他们的许多神灵致敬。但战争并没有忘掉他们。

恶臭——密提林,
科西拉岛和雅典市政广场,公元前 427 年

在雅典与斯巴达的战争中,伤亡的不仅仅是步兵。公元前 429 年,这位 15 年里每年都会当选为十将军 * 之一的官员——伯里克利亡故了。由于被指控策划了一项将瘟疫带到雅典的政策,他曾被处以重罚,其后又被褫夺了职权。就像城里的许多家庭一样,他自己的家庭也因为这场疫情而变得人丁稀落了:他头婚所生的几个儿子是最早染疫而死的人之一。害死这位将军的是其身体的伤痛还是心理上的创伤,我们可能永远都无从得知。

可以肯定的是,他代表了这个城邦普遍的萎靡状态。

东地中海周边的社群已经注意到雅典正在衰弱。小亚细亚的各个城市,尤其是其近海岛屿中有不少实行的仍然是寡头制,此时他们都开始蠢蠢欲动。其中,莱斯博斯岛(Lesbos)的首善之城密提林就决定碰碰运气,他们派特使前往斯巴达和奥林匹亚寻求军事援助,还提醒这些拉科尼亚的准救星:"雅典已经被瘟疫和战争的消耗毁掉了。"

雅典对密提林的厚颜无耻大为震惊。公民大会上胳膊林立,在战争和瘟疫中幸存下来的雅典民主派都投票支持发起一次无限制的侵略。密提林遭到围困,随后便在饥饿中弃甲倒戈。但在一些强硬派演说家的怂恿下,雅典的公民大会依然怒火难消。公元前 427 年,民主制下的雅典人经过投票,决定将那些傲慢的叛乱者——男人、女人和孩子——彻底灭绝。一艘三列桨战船被派往东方,它接到的命令是把密提林的活人全部灭口。这艘船出发了,上面装满了武器,

---

* 公元前 6 世纪末,雅典成立了一个最高军事机构,即十将军委员会。该委员会由十个部落中各选一名将军组成,任期一年,可连选连任。

200

但入夜之后，雅典的民主派又辗转难眠了。他们梦见了自己做的决定有多么残暴。第二天，他们在拂晓时来到了普尼克斯，在清晨明澈的空气中，他们意识到自己释放了多么恐怖的东西。一个名叫狄奥多图斯（Diodotus）的人站了起来，用极具说服力的话语劝人们另选良策：他说屠杀会向世界其他地区发出恶意的信号，为什么要这么做呢？密提林人的资源——人力、船只、资金——对我们如此有用，为什么要残害他们呢？于是第二艘三列桨战船便从比雷埃夫斯发出了，桨手都吃了一些超级食物（浸泡在蜂蜜和加度葡萄酒里的大麦饼），这样他们就拥有了英雄般的力量；他们必须赶超满载着杀手的第一艘三列桨战船，尽管那艘船已经有了近乎一天的优势。

第二艘三列桨战船在爱琴海的海浪中颠簸前行，最终及时赶到。此前的命令被撤销了。女人们如释重负地哭了，男人们能活着看到明日的朝阳了。对这个羽翼未丰的民主国家来说，它那暴徒般的热情和灵活性一下子尽显无遗。但雅典的仁慈之举将会大大偏离其一贯的风格。公民大会通过了一项动议，即应该强迫雅典的盟友"喜爱"雅典人民：这种恋爱般的关系昭示着雅典娜正在发展成一个高压而专横的伙伴。无怪乎石匠在记录与雅典结盟的"自由城市"时偶尔也会出现一些纰漏，在那些刻文上，雅典人不再说"我们的盟友"，而是开始说"我们统治的那些城市"。

201

* * *

雅典人在密提林展现了仁慈。科西拉就没有这么幸运了。在这个岛上，寡头占据了上风。雅典人终究还是决定，他们确实需要给那些找麻烦的城邦立个榜样。早在公元前433年，科西拉就曾诱使雅典与科林斯和斯巴达发生了冲突，此时它又在招惹事端。当地的少数派（oligoi）夺回了权力的缰绳，雅典人支持的民主派则一败涂地。不过一听说雅典的增援部队正在赶来，这些叛乱分子就直奔山区。男男女女都撤到了伊斯托奈山（Mount Istone）上，这是一座摩天石山，高耸于岛上的亚热带绿色植被之上。雅典人声称，只要无一人企图逃跑，他们就将相对宽大地对待所有被俘守军。叛乱分子被遣送到了普泰奇亚（Ptychia）这个小岛上——这是送他们去雅典受审前的一个中转站。但一些奸细（有人说是民主派的科西拉人，也有人说是雅典人）混入了这个集中营，他们利用一些在海湾停泊的船只和前方黑夜中的浩瀚海洋来引诱这些囚犯；一场逃跑计划就此敲定。有些寡头奋力向那些船只冲去，随即就遭到处决。很多幸存者则仍然蜷缩在岛上的牢狱里，坚守他们的交易承诺。但雅典人不为所动，他们没有信守自己的承诺。囚犯被两两捆在一起，以20人为一组被带了出去。这些科西拉人以为他们正在被转运，但等待他们的实际上是一排排敌人的重装步兵（主要是心怀怨恨的民主派科西拉人），囚犯们一跑，他们就用长矛去捅刺。在鞭子的驱使下，囚犯们继续前行，然后落入刀口之下。大约有60人被扯成了碎块。剩下的科西拉人都拒绝走出他们的营房，所以民主派就用他们来练习打靶，向这些守军射箭，投掷瓦片。很多叛军决定自裁，他们割断了自己的喉咙，或者用一些破损的衣服和床单上吊自杀了。死者至少有1000人。[8]

　　一场意识形态斗争正在演变成一场卑鄙至极的战争。

＊　＊　＊

　　在民主制的助推下，战争剥夺了很多人的自由和生命。在公元前425年至前421年，雅典市政广场里不仅囚禁着奴隶，还关押了另一类俘虏。当苏格拉底在市场摊位上闲聊时，他肯定看到过雅典帝国主义的一个令人神伤的提示：一大群蜷缩在一起的斯巴达战俘。[9]

在雅典人眼里，这些垂头丧气的俘虏就像一场怪异展览中的展品一样。很多市民都驻足直视，指指点点。因为这些斯巴达人已经屈服了——记住，斯巴达男孩从 7 岁起所受的训导就是永不投降、决不放弃和奋力拼搏，直至美好的死亡。

就在几个月前，这些人被困在了皮洛斯湾对面的斯法克特里亚（Sphacteria）小岛上的斯巴达驻防地。这里的岩石都很低矮，暴露在外。没有从事农业或畜牧业的可能，鸟儿和几只小啮齿动物就是这些人仅有的同伴了。斯巴达的联军舰队已经撤离，他们意识到这些人性命难保（其人数毕竟相当于斯巴达陆军的 10%），于是斯巴达当局发出了和平的请求，但遭到了雅典的拒绝。战斗仍在继续，不知何故，被困的斯巴达人还在坚持，吃着浆果、虫子和老鼠。然后，灾难发生了。这群人里的一些无能之辈想在干燥的灌木丛里生火，结果把自己人都给熏了出来。为了躲避大火，他们四处奔逃，却成了雅典人的箭靶——弓箭常被斯巴达人嘲笑为"纺锤"，因为他们认为这种用于远距离杀敌的花哨把戏十分软弱，是女人用的东西。但此时的幸存者们并没有一直让人当靶子来练，而是俯首就擒了。这些卑躬屈膝的人随即就被遣送回了雅典。

骤然间，这群斯巴达公民的头顶就悬上了一把极具男子气概的剑。雅典公民大会向斯巴达议事会发出了一条简短而无礼的消息：倘若斯巴达人踏入阿提卡地区一步，现在蜷缩在雅典市政广场的那些可怜的士兵就会被立刻处决。这一消息令斯巴达监察官（ephors）议事会不寒而栗，世界上最伟大的战士们非但没有实现"美好的死亡"，反而有可能戴着枷锁被人处决，就如屠宰场里的禽兽一般。

其中一个斯巴达战俘的盾牌今天仍保存在雅典市政广场博物馆。它的尺寸很大，直径超过了 3 英尺，其上的青铜现在都变成了柔和的绿色，但这件扭曲而破旧的装备显然曾历经磨炼。这面重装步兵盾的表面还打上了一句耀武扬威的简单字句："源自斯巴达人，源自皮洛斯"。在斯巴达人看来,这本应是世人永远见不到的战利品。

　　也许是受到了这种软弱表现的诱惑，雅典人重新展开了对斯巴达的侵略，苏格拉底发现自己又要上路了——为一个他所爱的城邦而战，为一个他或许全信，或许并不全信的理想而战。

第五幕

战斗继续

一幅罕见的黑陶杯杯底图，一名戴着脚铐的奴隶正在采捡石头，时代约为公元前490年至前480年。在古雅典人经营的劳里昂银矿区曾发现过公元前4世纪初的金属镣铐。现藏于荷兰国立博物馆（Rijksmuseum van Oudheden），拍摄者：Huesca。

30

伯罗奔尼撒战争第二阶段
——一场混乱的围攻

德里昂，公元前424年

　　苏格拉底：战争、革命和战斗都只能归因于肉身和肉身的欲望。一切战争都是为了获取财富而进行的，我们之所以必须获取财富，就在于我们的肉身，因为我们就是伺候肉身的奴隶。

——柏拉图，《斐多篇》，66c–d[1]

　　苏格拉底：勇气和智慧是分不开的。

——柏拉图，《拉凯斯篇》（Laches），1996[2]

　　苏格拉底不仅有智慧，他的城市还需要他去杀人。民主会迫使人们树立信心，会迫使他们相信集体的力量。精英站在民众身旁，重装步兵与泰提斯（Thetes）*比肩而立，大家在开阔的天空下喊叫、起哄时，他们都会举起形色不一的手来登记自己的投票，有些人的手掌因好逸恶劳而显得柔软，有些人的手掌则因劳动而格外结实。

---

* 雅典公民中最贫穷的阶层。

这个紧密联结的公民团体可以鼓励自身一次次参战。如今，民主的雅典又有了现金来强化其信条。随着更多的卫星社群会聚于它的羽翼之下，更多孤立的民众成为这片精神大陆的一部分，金钱也意味着雅典娜拥有了一支常备军。她的子民可以继续建造船只，继续外出劫掠远征了。

波提狄亚可能已出现吃人的恐怖景象，伯里克利也许已将他的人民和一种大流行病的病原体困在了自己的城市，数万人可能都魂归天外了，但雅典还远未准备放弃与斯巴达的战斗。公元前 424 年，苏格拉底向雅典以北缓慢行进了 2 天，他即将踏入他所亲历的最血腥的战场。

* * *

1995 年，雅典在翻修地铁系统时挖出了一块相当漂亮的石碑。[3]我们可以看到那上面有一排排精雕细刻的马匹，一名玻俄提亚（Boeotian）步兵正被这些马匹踩踏，我们还能读到贵族骑兵去塔纳格拉（Tanagra）参战的故事，也可能是在德里昂。这是雅典民主制下的步兵的一个悖论，他们投票支持一场战争，然后就不得不外出打仗；他们现在战死的话是不会有人纪念的，而那些固守着老旧的寡头做派的贵族们却仍然有资源将自己打造成流芳后世的英雄。尽管发生了民主革命，但梭伦焦虑地提到的那块"奶油"*肯定尚在（他担心它在政治改革期间可能会被雅典社会抹掉）；不仅如此，它还有一种提升到顶端的途径。

在赶赴德里昂的路上，亚西比得可以骑马，苏格拉底则需步行。

这位哲学家已不再年轻了，如今他头发花白，到了约莫 45 岁

---

* 指贵族特权。

的年纪。与苏格拉底同行的重装步兵从 18 岁到 60 岁不等。这些是在前面引领队伍的民主政客，那些是将要受到冲撞、扼杀和捅刺的人，他们都尽力地团结互助，以免心慌意乱。你今天仍然可以在希腊很多博物馆里看到他们的护具，[4] 其中有青铜的护胫套，浇铸得十分完美，可以覆盖胫部和膝盖，以及用犁头敲打出来的粗糙头盔；此外还有盾牌的金属外壳，由于经受了沉重的撞击和一度如大雨般落下的箭头风暴，这些金属外壳已满是麻坑和翘曲——不过它们如今在那场战役的遗址上都显得格外宁静。

今天，德里昂战役的旧址迪勒西（Dhilesi）不仅让人感觉平静，而且还有点与世隔绝的氛围。垃圾收集工懒得前来，道路也一直没铺上碎石沥青。到这里旅游的游客不多——正因如此，此地的希腊风格才从未中断。希腊大陆和优卑亚岛之间的蔚蓝海水将这里白雪皑皑的群山映照得鲜明无比。这是一片值得人们为之战斗的希腊领地。然而对于公元前 424 年的这片希腊领地，我们至今尚无定论。

在那长夏之末，从雅典出发的士兵们便沿着尘土飞扬的小路向这里开进了，他们是一些真正被意识形态化了的人，都心怀着一个概念——民主，这个概念已经存在了将近 40 年。他们收到的命令是夺取玻俄提亚的领土，并将玻俄提亚人民从寡头的压迫中解放出来，同时使德里昂成为一个亲民主的基地，让雅典可以借此大量获取他国的领土，降服其他的文化和"不太民主的"政治体系。从表面上看，这种动机是高尚的，但实际上这就是一场战争游戏。只要打破斯巴达与玻俄提亚的同盟，雅典人就能根除伯罗奔尼撒战争北部战线的威胁，这条战线离雅典实在太近，让他们无法安心。

苏格拉底到达德里昂时，距他上一次服现役已经过去了 6 年。现在，他又和 7000 人一起出发了——这是雅典所有的重装步兵。这些士兵身边还有多达 20000 的平民，包括随军服务人员、建筑工和抬尸者，带上他们也是为了确保作战胜利。每个重装步兵的勤

207

务兵都会为他打包好给养：一袋面粉、一罐葡萄酒和水、用无花果树叶包裹的小吃（咸鱼最受青睐）、睡垫、备用皮带、铲子、锄头、斧头和用来摧毁敌人庄稼的长柄大镰刀，以及为购买备用食品或支付逃脱赎金而准备的钱。[5]这就是一个移动中的卫星城，一个游牧部落，正为保护母船而行进。

然而雅典欲将民主推广到北方的计划[6]终将功败垂成，1000 名重装步兵和 1000 名手无寸铁的人即将死去。苏格拉底就是这些步兵中的幸存者之一。

德里昂之战本应是一次突袭，但玻俄提亚人收到了充足的线报，得知雅典人正在推进后，他们便做好了迎战的准备。雅典人分成了两支队伍抵达，但未能协调妥当，两者在时间上相隔了 24 小时，距离上相差了 15 英里，这一点事关重大。此后，他们在无能之上又添渎神之举。这些雅典的理想主义者们似乎犯下了一个可怕的宗教过失。他们失态的消息穿透了奥林匹斯山周围的云层，冒犯了生有双翼的胜利女神奈基（Nike）——突然之间，雅典能否赢下它所挑起的这场战斗就变得晦暗不明了。雅典军队选择在德里昂的阿波罗神庙驻防，并将一口圣泉当成了营地的漂洗处。当地人听说他们毫不尊重神明，无视数个世纪来的作战惯例，于是都怒火中烧。义愤磨利了实用主义的爪牙。

苏格拉底和同侪们本想向他们的神祈祷，举行一次奠酒仪式，然而随着突然响起的叮当声，战斗开始了。但很快，另一个意想不到的挑战出现了。在交战中，玻俄提亚军队的布阵方式非比寻常，底比斯的重装步兵在战场上的纵深是 25 排，而非通常的 8 排。雅典战士们乱作一团，他们一度十分靠近，以至于无法分清自己捅刺、扼杀和碾压的到底是谁。这场友军间的攻击造成了可观的伤亡。纠缠在一起的雅典人失控地向外猛戳，只要是能够触及的身体都不放过。空中的太阳或许是明亮的，但汗水、灰尘、鲜血、鼻涕、头盔

208

和金属头骨护罩发出的震耳欲聋的嗡嗡声却让这些民主派战士有如盲目，迷失了方向。

雅典娜的勇士们开始转身逃跑了。

敌军的骑兵紧跟其后。雅典人跌跌撞撞地向山下冲去，气喘如牛，为生存而狂奔，他们一边跑，一边丢弃了沉重而磨人的盔甲，直入森林，来到了帕尼斯山山脚下，幸亏此时太阳落山，天色给他们披上了一层黑暗的斗篷。这是一片很难逃脱的地界，这里的沟壑都是灌木丛生，坎坷不平。如今此地已被一些电缆塔和泥水工程所遮蔽，但这种无从落脚的地形曾经也以同样的程度庇护和暴露过那些士兵。这片区域从未得到充分的挖掘，在这里行路时，你依然会把那些数千年前的陶片踩得嘎吱作响，而当年战场的碎骨也就掩埋在这里的某个地方。

但在这场残杀和混乱中，苏格拉底幸存了下来。他保持着镇静。骚动中，人群被吸引到了他的身边。（按柏拉图的说法）他把一小群人带到了安全的地方，其中有一个人名叫拉凯斯，这是一位战功卓著的将军，后来柏拉图的一篇对话就是以他的名字命名的。[7]据我们所知，在这整个过程中，苏格拉底的那个俊俏的同伴——亚西比得就高坐在马背上观看，透过炎热的空气和尘土，他瞥见了匆忙的士兵苏格拉底。苏格拉底的这个漂亮小伙儿"碰巧在那儿"[8]撞见了这位哲学家和他的小队，这足以表明古代的战斗是多么混乱、多么随机，又带有多么大的偶然性，同时也表明了在这片丘陵地带骑马作战有多么别扭——雅典骑兵在遥远的波提狄亚所表现出的无能还将在未来的岁月里被人牢记。然而在这场喧闹而凶险的骚乱中，有一样东西脱颖而出了：苏格拉底的果断。他是个强悍的男人，若遇挑战，他足以迎战，而在面对当日的困境时，他也是处变不惊，有人描述过他所特有的那种从容。

亚西比得：在这里，我对苏格拉底的表现确实比在波提狄亚时看得更清楚了——或者是我个人骑着马，所以用不着惊慌；我首先注意到他比拉凯斯要镇定，然后——用你的一句习语来说吧，阿里斯托芬——我注意到了他是怎么迈步的，他就像往常在咱们的街道上一样，"像一只骄傲的灰雁一样昂首阔步，永远在斜目四顾"，无论敌友，他都会冷静地斜睥过去，任何一个远远瞧见他的人都会相信，谁要是跟这人交手，都会发现他有足够的力量自卫。[9]

在柏拉图的对话《普罗泰戈拉篇》中，[10] 苏格拉底提出了一个很好的建议：我们需要知道我们害怕的是什么，勇敢就是知道什么是真正应该害怕的，什么又是不必害怕的。从古至今，所有施加恐怖的人无疑都会利用我们在区分两种威胁上的无能，这两种威胁即真正的威胁和感知到的威胁。

尽管如此，战场上的前景也并不乐观。雅典军队四分五裂，伤员众多，取胜已不可能，一群人还坚守着他们在阿波罗神庙的据点。雅典人已经输了，然而他们依旧占据着阿波罗的这座神圣宅邸，即使是战败之时，他们也在亵渎神明。因此，底比斯人和其他玻俄提亚人便与斯巴达人串通，拒绝让雅典人收集逝者。这些尸体在那儿躺了 17 天，已经开始腐烂。

那一定是地狱般的场景。身体开始肿胀、发臭，然后爆裂。大人物和无名者都扭曲地躺在一起，伯里克利的侄子就是在这些沿海的杀戮场上慢慢腐烂的年轻人之一。玻俄提亚人脱掉了这些死者的盔甲，所以这些雅典人的肉肯定被狗和苍蝇吃掉了。但那些幸存下来的士兵，亦即苏格拉底的战友们仍然蜷缩在这座神庙里拼命坚守。[11]

不把这些傲慢的入侵者赶出来是不行的，所以玻俄提亚人采用了一个恶毒而别出心裁的办法——化学战，即向敌人驻守的这座神庙发射沥青和硫黄。雅典人即将受到的袭击颇类似于宙斯的雷电之怒。一架 20 英尺高的简陋木制攻城机被人立在了墙边。德里昂被这架致命的火焰投射器夺回了，我们不难想象空气中燃烧的硫黄的恶臭，毛发烧焦的气味直冲鼻孔，舌头上弥漫着烤人肉的味道，民主派吞下了失败的苦果。

这些日子很难说是光辉岁月。

只用放置 7 天，腐烂的尸体就很难从一个地方转移到另一个地方了，但在德里昂，这些尸体已经躺了 16 天却依然没有掩埋。

当苏格拉底看着这些曾经的人类，皮肤上绽放着霉菌时，他有没有想过一切是否都不过如此呢？所有众星云集的谈话、那些精美的文字和雅典制造的器物是否全都会归于腥臭而无言的肉体呢？尽管苏格拉底反对以牙还牙——当所有男性士兵都死于剑下，所有妇孺都被掳走，所有俘虏和其他战利品可能都被人装上马车或在军队后面拖行时，以牙还牙就是一种典型的做法了——而他现在看到的正是这么一场冷血的杀戮。[12]

苏格拉底活了下来，他在德里昂表现出的勇气和头脑清醒的坚韧也被人记录了下来。[13] 与他同时代的人以及此后的历史都将铭记一点：苏格拉底是一个勇者。

> 因为人们一般都不会去招惹那些在战争中表现得如此冷静而坚忍的人。[14]

210

然而即使苏格拉底表现得很出彩，返回雅典的旅程肯定也是让人备感压抑的。这是一次不光彩的失败。

苏格拉底和一群丢盔弃甲的雅典残军蹒跚地回到了雅典。在这座母城里，生活仍缓慢地继续着。雅典娜可能受了一些身体上的打击，但她仍然站立着。事实上不只站立着，她还给自己赢得了各种修饰词："好管闲事""戴紫罗兰花冠""油光水滑"。她仍会有意识地吹捧自己，认为自己在这个地区是最光彩夺目的、最优秀的。这个"世界上最伟大的城市"的故事似乎还将延续很长一段时间，而苏格拉底则将逐渐发现自己成了这出雅典戏剧的中心。

31

贬与褒

狄俄尼索斯剧场，雅典，公元前423年

一个大胆的无赖，一个优秀的演说家，粗鲁，无耻，一个自吹自擂的人，一个善于编造谎言的专家，一个精于诡辩的老手，一张完整的律法表，一个彻头彻尾的话唠，一只什么洞都能钻的狐狸，像皮带一样柔韧灵活，像鳗鱼一样滑溜，一个狡猾的家伙，一个夸口的人，一个恶棍，一个有一百张脸的流氓，诡诈，让人无法忍受，一条贪吃的狗。

——阿里斯托芬，《云》，445–451

苏格拉底：但大多数人的想法有什么值得我们在乎的呢，克力同？……

克力同：可你肯定明白的，苏格拉底，在乎多数人的想法是有必要的。我们现在所处的环境可以清楚地表明，多数人不仅能干最小的坏事，实际上也能干最大的坏事，只要他们就在那些受到诽谤的人的周围。

——柏拉图，《克力同篇》，44c 和 44d[1]

　　即使是在 3 月份，握着一块金属的剧场代币也足以让人流汗。这种青铜圆片的大小跟一枚肥大的 10 便士硬币差不多，相当于雅典穷人一天的工钱，它会在你的掌上留下印记：在真正炎热的日子里，它们会让你的手指变得又黏又湿。在雅典刺鼻的微风里，这不过是又多了一股臭味。

　　这算不上什么大问题，因为走进雅典卫城石山山坡上的狄俄尼索斯剧场的人群几乎都不大好闻。作为雅典主要的宗教表达形式之一，这个城邦戏剧比赛的准备工作非常紧张，有时甚至堪称疯狂。戏剧（很可能）于此前几个世纪就作为一种宗教仪式在厄琉息斯的圣地兴起了，并且渗入了阿提卡地区的村庄，继而又被引入了雅典市政广场。公元前 500 年左右，这种对雅典城或大酒神节（Great Dionysia）的重塑一直被视为民主热情的表达，它是一种手段，可以让雅典公民来探索这种新的社会与政治存在方式的潜力。在苏格拉底的有生之年里，戏剧转入了专门建造的剧场，这是（对宗教传统的）一种背离，雅典的剧作家埃斯库罗斯、索福克勒斯和欧里庇得斯打造了戏剧的标志性形式，包括歌队和主要演员，但剧场从未失去其强烈的宗教色彩。比如，希腊戏剧的准备工作就相当野蛮。穿着仪式服装的男人会带着即将被祭祀的动物穿过街道。军事首脑、这座城市的大人物和德高望重之人则会在剧场空间里抛洒猪仔的血。鉴于整个活动对酒神狄俄尼索斯来说格外神圣，所以既已见血，葡萄酒自然也不能免：整晚都须畅饮。大多数时候，观众们肯定都是忍着明显的头疼在观看剧作。

　　而人们在演出前的举止也几乎没什么值得大书特书的，在露天的观众席寻找座位就像是一场大奔逃。

　　　……演出的前一晚，人们会奔向座席，甚至抢占位子，他们会在场子里相互推搡、争斗和殴打。[2]

民主派按部落阵营聚集在一起。祭司和地位较高的人在前排都有自己的座位，但这种偏袒并不受欢迎。公元前 4 世纪中叶，德摩斯梯尼（Demosthenes）邀请马其顿国王菲利普二世（Philip Ⅱ）的宫廷使臣来到雅典的剧场，让他们坐在场边的位置上，那上面铺着松软的坐垫，还套上了一块紫色的罩子，这惹恼了观众："人们对这种不耻之事发出了嘘声。"[3] 因此，为了躲避高峰期，人们通常会在演出前半天左右到达剧场。

> ［苏格拉底对克力托布勒斯（Critobulus）说］：实际上，我知道你会起个大早，走很长的路去看一场喜剧，还急切地鼓动我跟你一起去看。[4]

苏格拉底的成长过程一直伴随着剧场为他的城市敲打出的青春的节奏。公元前 472 年，亦即这位哲学家出生前 3 年，埃斯库罗斯便凭借其灵感创作了颂扬雅典人在萨拉米斯战胜波斯人的作品。苏格拉底 14 岁时，欧里庇得斯第一次参加大酒神节的竞演，据说这两人后来成了莫逆之交，苏格拉底也为这位剧作家提供了一些灵感和想法：

> 《弗里吉亚人》（The Phrygians），这是欧里庇得斯的新剧作；
> 事实上，是苏格拉底为他添加了柴火。
> 他又说：
> ……欧里庇得斯的［悲剧？］，是苏格拉底修补出来的……
> 阿里斯托芬在《云》中也说了，
> 他就是那个为欧里庇得斯写悲剧的家伙，
> 那些唠叨又聪明的作品。[5]

在苏格拉底 20 岁左右的时候，戏剧在雅典卫城脚下获得了一个永久的家：这里建了一片木制的剧场观众席，以敬奉狄俄尼索斯，这个贪婪的神要求雅典人在一年里三分之一的日子都要举办节庆。[6] 狄俄尼索斯是"整个"民主雅典的神，对于这座光彩夺目、面貌一新的城市里的每个人来说都是如此。一名学者曾说他是："一位幻想的主宰，他导致了醉酒和疯狂；他摧毁了人和动物、男人和女人、青年和老人、自由人和奴隶、城市和乡下、人和神之间的屏障。"[7] 狄俄尼索斯有"狂乱的狄俄尼索斯"（*mainomenos Dionysos*）之名[8]，但也被称为带翼者（*Psilax*）——他会给人的心灵插上翅膀。

在公元前 5 世纪的雅典，戏剧是一种祝圣的行为，一种让雅典人更接近神的娱乐活动，也是身处这个民主国家中的人的权利和责任。众多民主制下的雅典人都会手拿戏剧代币，排着队等待观看这种持续一天的娱乐活动（喜剧和悲剧），在这座有史以来最具冒险精神的城市之一，戏剧代币能彰显出你就是其中的一分子。雅典娜麾下的民主派在阳光下会聚一堂，一起探索着复杂的、尴尬的、鼓舞人心的想法。富人有义务支付歌队（歌队成员和演员一样都是雅典公民）和演出中的各种特定费用。在苏格拉底的时代，悲剧是新鲜的、原始的，是一种带有新奇、机敏的创意。正如雅典社会中的许多事情一样，戏剧节也是一场竞赛。各个戏剧只上演一次，每一位剧作家、每一位创作者都要参与激烈的竞争——在这里，在你的同侪们面前获胜，这真的很重要。

将希腊戏剧称为一种"艺术—形式"，这多少有点时空上的错位。希腊人（不同于很多现代官僚）并不会把戏剧归为"艺术"——某种与"社会""政治""生活"分离的东西。剧场是民主制下的雅典事务的基础。阿里斯托芬通过其喜剧中的一个角色宣称："诗歌会让人在他们的社会中变得更好。"[9]歌队成员是可以免服兵役的。雅典还设了一笔专款，以支持那些因为太穷而买不起戏票的人。

如今，游客从普拉卡购物区前往雅典卫城的途中都会有点无精打采地在狄俄尼索斯剧场里徘徊一番。导游对"什么"和"怎么"的解说给人留下了深刻的印象，对"为什么"却未置一语。然而在公元前5世纪，雅典的民主派就是在这里开始理解他们所生活的世界的。2500年前的那群本地人与今人的反差实在鲜明无比，他们在这片言论自由的土地上都渴望听到某个雅典人接下来要说的大胆言语——卫城的石山和住在那里的诸神都是他的见证者。

愚昧的人不知道自己手里拿的是什么

直到将它扔掉。

对恐惧的人来说，一切都在沙沙作响。

不知何故，这就是僭政的病，不相信任何朋友。

言语则是治疗病态心灵的医生。[10]

雅典剧场处理的就是生活中的原材料。

这里最早的剧场观众都是很温和的，剧场是一个刻意抬升情绪的空间。人们用了各种花招和修辞来确保民主的雅典人——10000人，15000人，20000人——为其眼前的景象所深深打动。原始的、共享的音乐之夜是希腊戏剧的干细胞。戏剧是从仪式性的歌舞演变而来的。剧作家也是诗人，演员们要学会演唱沁人心脾的叠句，让抽象的合唱声充盈于剧场。欧里庇得斯等人都创作了自己的音乐：那些旋律优美的单声部节奏能够直击问题的核心。阿夫洛斯管和铙钹的伴奏则代表了道德观，亦即情感本身。一场戏剧表演必将对你的感觉和情绪展开各种攻击。因此，苏格拉底作为一个角色出现在当时最高妙而尖刻的剧作家之一阿里斯托芬的戏剧中是有重大意义的。对这种新艺术形式的审查相当严肃。苏格拉底在阿里斯托芬的戏剧《云》中登上了喜剧舞台，遭到了无情的戏仿，这一

点事关重大。[11] 通过柏拉图的一篇对话，我们可以了解剧场对苏格
拉底的同时代人的影响，当时苏格拉底遇到了一位名叫伊安（Ion）
的行吟诗人，他是一名专业"朗诵者"：

> 苏格拉底：你有没有意识到你的狂热表达也会对大多数观众
> 造成同样的影响？
>
> 伊安：有，我当然意识到了：我能从舞台上俯视他们，在这
> 样的时刻，我会看到他们哭泣，用敬畏的眼神看着我，心悦诚服
> 地惊叹于我讲的故事。因为我必须极其密切地注意他们，因为我
> 若是让他们哭了，我会因为自己收的赏钱而笑，但如果他们笑了，
> 我就会因为自己失去的赏钱而哭了。[12]

雅典的戏剧在诚实方面可能是无可匹敌的，它们对人类处境的
极限进行了法医式的分析，探究了人类的缺陷，但它们都会将这种
经验包裹在一个充满活力、使人感到愉悦的斗篷中。你可以通过戏
剧来处理资讯，学着逐渐形成对你周遭世界的看法，让你热爱自己
的城邦。尽管戏剧对话中经常会批评傲慢的野心、派系私党和高大
的罂粟*，但一个虚构的、戏剧化的雅典也往往是一个高尚而公平的
地方，这与希腊的坏小子——科林斯、斯巴达、底比斯——形成了
直接的对比。剧场中的体验本就是为了重申雅典坚固的民众团结意
识。最前排的座位是留给阵亡将士的子嗣的，作为一场戏剧的华丽
前奏，这些失去父亲的年轻人都会穿着国家资助的盔甲在剧场中游
行。然后，所有战争遗孤都要立下有法律约束力的誓言，承诺保卫
和维护这座城市。当雅典从"盟友"那里搜罗来贡品后，在大酒神
节戏剧竞赛的开幕式上，这些货物（实际上就是税）都会在一群满

---

*   比喻木秀于林之人。

心钦佩的雅典人面前得到公开处理。3 月份，对雅典国库的年终回馈显然是一桩戏剧盛事。苏格拉底时代的剧场会给人一种兴奋的、充满爱国热情的体验。

尽管妇女和外邦人几乎肯定无权观看喜剧和悲剧，但儿童或许一直是有资格观看的，甚至有可能成为这一竞赛的评委[13]——在一个易受影响的年龄，坐看真实生活的一个更富魅力的版本在你面前上演。[14]

公元前 423 年，正是在这种亢奋的氛围中，在公民-民主派和下一代雅典人面前，一个不讨喜的、虚构小丑版的苏格拉底被抛上了台面。[15]

* * *

我们可以想象一下，在公元前 423 年 3 月底或 4 月初，苏格拉底匆匆赶往巨大的卫城石山脚下的狄俄尼索斯剧场。他坐在自己部落的座席区，还买了一些零食——无花果、坚果和鹰嘴豆，然后在演出期间大口咀嚼，安心地享受着一种在某种程度上就是为了改变他和周围人的世界观的体验。但今天会有一点不同。因为提供娱乐的就是苏格拉底本人。一位名叫阿里斯托芬的年轻小伙子（22 岁左右）把这位喋喋不休的哲学家和他那怪异的做派都写进了一部戏剧，剧名为《云》，诋毁之意几无掩饰。这位作者对苏格拉底的总结无疑是毫不留情的。

> 一个大胆的无赖，一个优秀的演说家，粗鲁，无耻，一个自吹自擂的人，一个善于编造谎言的专家，一个精于诡辩的老手，一张完整的律法表，一个彻头彻尾的话唠，一只什么洞都能钻的狐狸，像皮带一样柔韧灵活，像鳗鱼一样滑溜，一个狡猾的家伙，一个夸口的人，一个恶棍，一个有一百张脸的流氓，诡诈，让人

无法忍受，一条贪吃的狗。[16]

　　显然，能招来如此放纵的抹黑之辞，说明苏格拉底在雅典已是广为人知，成为这座城市的一个重要角色了，而且还是个知名人士。这个名头值得别人来编写创作。9 年后，阿里斯托芬在自己的另一部戏剧《鸟》中将苏格拉底的追随者们描绘成了斯巴达疯子（*Lakono-manes*）。这些人都模仿过苏格拉底，他们都是苏格拉底式的人（*esokratun*）。[17] 公元前 423 年是《云》上演的一年，但更重要的是，当年获胜的戏剧是克拉提努斯的《酒瓶》（*Wine-flask*），这部剧作已经失传，但苏格拉底在其中也受到了嘲笑；显然，在公元前 423 年，雅典群众很乐于痛斥这位哲学家。[18]

歌队［以云的口吻］：

向你致敬，灰发的措辞艺术猎人！

向你致敬，苏格拉底，胡扯大师！

在所有熟知宇宙的行家里

我们只爱普罗狄科（Prodicus）* 的头脑；

我们也依然钦佩你，

因为你那大摇大摆的模样和不虔敬的表情，

你还从不穿鞋，不在乎穿什么衣服，

还会严肃地谈论我们。

斯瑞西阿德斯（Strepsiades）［欣喜若狂］：多么奇异啊！多么神圣啊！

苏格拉底：是的，这些才是唯一真正神圣的存在，其他的都

---

*　他是苏格拉底的导师之一，也是智者学派（诡辩学派）的代表人物之一。

216

不过是些童话。

斯瑞西阿德斯：地神啊！你是说你不相信宙斯？[19]

我们不禁要问，局面为何会变成这样？苏格拉底用了 8 年时间为他的国家而战。在许多方面，他都遵循了雅典良好公民的传统路径，但很显然，他已经开始让人感到恼火了。这可能只是因为他在雅典市政广场里驻足了太长时间，一直在问一些讨厌的、需要人内省的问题。但《云》的情节提供了另一些线索。

《云》

简而言之，《云》有点像英国王政复辟时期的喜剧*：一个有关城镇和乡村的故事。我们的主角——笨手笨脚的中年乡巴佬斯瑞西阿德斯被都市化的妻子引诱到了一座城市。他的儿子债台高筑，斯瑞西阿德斯认定苏格拉底的大众哲学组织——"思想所"（Thinking Foundation）能为这个小伙子解困，向他展示该如何用诡计让自己摆脱棘手的处境，但最终却是父亲进了这个补习班。斯瑞西阿德斯（为了让我们取乐）看着苏格拉底呆头呆脑地凝视天空，而蜥蜴此时就在他身上拉了屎；看着他十分庄严地测量一只跳蚤能跳多远，然后又"端详月亮的屁股"。

《云》并不精彩——评委也是这么看的。该剧首次上演时，阿里斯托芬只获得了三等奖（末奖）。但其中有一股青春的气质——不要忘了，他当时应该只有 22 岁左右——这位剧作家打算把他的喜剧变得更加前卫。《云》曾有一个未上演的、更野蛮的版本，阿里斯托芬将自己对不久前的一些恐怖的历史事件的回忆置入了这个

217

---

* 即 1660 年至 1710 年英国的喜剧，一般描写世俗生活，也称风俗喜剧。

版本之中。

大约在公元前 454 年，一群毕达哥拉斯学派的信徒（Pytha-goreans）像往常一样聚集在他们的礼堂里，这礼堂位于意大利南部（大希腊地区）的一座希腊城市——克罗顿（Croton）。他们的谈话内容或许和星星、数学、宇宙的本质、社会的本质和爱的本质有关。这个智囊团以最有活力的方式与周遭的世界打着交道。但还有些人也在那里，在阴影中。正当这些激进的思想家专注于他们的事业之时，大门被人从外面锁上了，火炬随之点燃。里面所有毕达哥拉斯学派的信徒都被活活烧死了。

阿里斯托芬在新版的《云》中想象苏格拉底和其他人在他的思想所中也遭逢了与之类似的可怕命运。

> 苏格拉底［在烟雾中咳嗽］：救命啊，我要喘不过气了！
>
> 凯勒丰［还在里面］：救命啊，我要被提前火化了！
>
> 斯瑞西阿德斯［爬下梯子，后面跟着他的奴隶克桑西阿斯（Xanthias）］：这还没超过你应得的报应呢；嘲笑神灵、为月亮的屁股争吵的人必须为此付出代价。［踢苏格拉底的屁股。］抓住他们！用石头砸他们！报仇！为受损的众神报仇！记住他们干了些什么！报仇。[20]

这一次，苏格拉底和他的同伴逃脱了。但即使有一个欢乐的结局，这个场面也很难看。

苏格拉底对这种公开的抵斥做何反应呢？好吧，就我们所知，他很淡定。毕竟阿里斯托芬似乎（在柏拉图的《会饮篇》中）曾是他的熟人，是友非敌。这两人会一起喝酒，一起磨砺他们的心智。这是不是作者怀着一种挖苦的情绪写出来的一个逞强而急躁的故事？根据后来的一则传闻，在苏格拉底看到舞台上的自己"端详月亮的屁股"后,他起身向众人鞠了一躬。他笑了。在这样的社会里,人们可以在公众面前,在任何人面前,以及那些看起来一无是处的人面前被人滑稽地模仿,同时嘲笑自己遇到的麻烦。

喜剧无疑是苏格拉底的归宿。他还能归属于哪里呢?这个大腹便便的丑陋怪人,窘态毕露的天才;这个石匠的儿子知道普通人的生活有多么脆弱和愚蠢,但同时又有多么崇高。这位士兵曾因他的勇敢而受到赞扬,也曾在一场冬季战役中站立着,陷入那尴尬的凝视症状之中。在讲述苏格拉底的故事中,所有其他的角色——亚西比得、伯里克利、阿斯帕西娅——都可以出现在悲剧和史诗戏剧之中。虽然苏格拉底是一个独一无二的世界级人物,但同时也是一个有着致命弱点的古怪中年人,一个在漏水的救生艇上以奇怪的方式安慰或烦扰别人的领航员兼乘客,一个容易遭到嘲笑的人。

在阿里斯托芬的《云》上演的时候,有很多实验性思想家都在雅典剧场受到过猛烈的抨击和嘲讽,但也都被容忍了。然而,剧场毕竟会带来一种宗教体验,这里提出的想法具有惊人的分量。时代将会改变,一旦——在未来,在一个新世纪的开端——苏格拉底陷入孤立,他那些激进的同伴遭到迫害和流放,他的城邦输掉一场又一场战役,那么雅典群众的咆哮必将更加尖锐,笑声也会变得空洞。

在良好的民主风气中,在那个紧要关头,阿里斯托芬可能只是想确保这座民主城市里的一个昂首阔步的人不会自我膨胀。但他仍然明确地表示,当苏格拉底干预年轻人的思想时,他可能表现得非常不民主。坐在狄俄尼索斯剧场里的孩子们被灌输了一些明显惹人不快的东西,这些东西留在了他们大脑皮层的记忆里。在苏格拉底受审时,这些少年都已长大成人,30岁出头,完全可以投票,也完全可以在法庭上担任法官了。当天的娱乐活动结束后,苏格拉底迈开大步,向阿洛佩克区的母亲家走去,他的步态摇摇晃晃,眼睛不停斜瞟,手上毛茸茸的,那些年轻人或许都在背后咯咯地讥笑他。

218

及至公元前 399 年，当苏格拉底在宗教法庭上受审时，这位哲学家
很确定这次在剧场的露面具有极大的破坏性。

> 首先，雅典的人们，我认为正当的方式就是对那些针对我的
> 最初的虚假指控和最初的控告者做出申辩，然后再对后来的虚假
> 指控和后来的控告者做出申辩……
>
> 但早前的那些虚假指控更让我担心，大家啊，当你们还是孩
> 子的时候，他们就控制了你们当中的很多人，用一些针对我的指
> 控说服了你们，那些指控并不比我现在面临的任何指控更加真实。
> 他们说，有一个叫苏格拉底的人，一个有智慧的人，他会思考天
> 上有什么，会调查地下的所有东西，还会让较弱的论点显得更有
> 力。雅典的人们啊，那些散布这个谣言的人就是让我忧心的控告
> 者。因为听到这种事的人会觉得追问这种问题的人不会信神。有
> 很多这样的控告者，他们已经像这样干了很长一段时间，在你们
> 最容易相信他们的年纪，他们跟你们讲了这些事，当年你们之中
> 的一些人还是小孩子，另一些人则是青少年，他们是在完全没有
> 任何人能够申辩的情况下讲述这些事的。但这当中最没道理的是，
> 除了某位恰好是喜剧作家的人之外，我们都不可能知道并说出他
> 们的名字……
>
> 你们本身在阿里斯托芬的喜剧中见过这些事；苏格拉底被抬到
> 那儿，说他在空中行走，还有其他各种我完全弄不懂的胡言乱语。[21]

传媒的审判以前曾产生过特殊的影响力，将来也会永远如此。

然而阿里斯托芬从未嘲笑过苏格拉底的勇气。毕竟这是一名老
兵——一名功勋卓著的老兵，一个在战争年代未曾否认战争价值的
人，[22] 也是一个——尽管被他的城市嘲笑——在阿里斯托芬的《云》
首次公演的几个月里就不得不再次为这座城市舍身犯险的人。

32

安菲波利斯

希腊东北部，公元前424—前422年

心怀嫉妒的人会随着邻居的肥硕而变瘦。

——柏拉图，《斐多篇》，66c

在雅典的城墙之内，悲喜剧作家可能还在继续写作，音乐家还在作曲，哲学家还在辩论——但在这一圈石环之外，战争也仍在绵延。

德里昂对这个城邦的羞辱让雅典的敌人重新焕发了活力。公元前424年，有消息传到雅典，斯巴达人及其盟友正在希腊东北部染指雅典人的领地。因此，苏格拉底再次踏上了北进之路。作为雅典军队的一支，他们将前往（可能是航行至）一个与雅典周边的风貌极为不同的地方，所以在今人看来，此地以南200英里处的雅典会将其视为自己的属地实在是相当奇怪。

在今天，这里就是通往土耳其的道路，越往东走，1923年的那次灾难性的人口交换的后果就愈发明显。1923年7月签订的《洛桑条约》（Treaty of Lausanne）所引发的这场"浩劫"（*Katastrofi*）

至今让人没齿难忘，当时有39万穆斯林被强行从希腊遣送到了土耳其，还有130万基督徒被强行从土耳其遣送到了希腊。从这里一直延伸到博斯普鲁斯海峡的各个沿海城镇至今仍会给人一种临时的、难民的感觉。但它们都掩藏于一片富饶而自信的土地上。

221

这里的群山似乎一眼望不到头，到处都长满了树木，地下则蕴藏着丰富的矿物。安菲波利斯是一个新城镇，在公元前437年才得以建立，但它就坐落在一个史前定居点之上。公元前465年，雅典人曾试图在这里建立一个殖民地，结果惨不忍睹，10000名殖民者在此被杀。由于拥有战略上的优势，这个定居点的色雷斯名字就叫作"九条路"；在不到百年的时间里，亚历山大大帝就将从这里开始征服整个亚洲。

要到达最有可能是苏格拉底在安菲波利斯参加的下一场战役的旧址，你依然要渡过斯特里蒙河（Strymon，在他那个时代，河上有很好的桥梁）。如今，一座锈迹斑斑、吱吱作响的金属桥将这条河的两岸连接到了一起，同时也破坏了河岸的景致。不过这条河本身还保持着古代的规模——它十分宽阔，河边芦苇丛生——这是一个必须保护的生命维持系统。事实上，斯特里蒙河就是安菲波利斯的母亲河，这个定居点是在此前13年才由雅典建立的，当时是为了提供一个有效的过境站，并控制当地的贸易：林中的木材以及山上的黄金。这就是苏格拉底被派去捍卫的东西。

公元前424年，历史学家修昔底德已经竭力在这一地区履行他的爱国职责了。当年，在一群混杂的伯罗奔尼撒重装步兵和身穿重装步兵盔甲的黑劳士的配合下，斯巴达指挥官布拉西达斯对此地发动了一次出其不意的突袭。修昔底德当时在盛产蜂蜜的萨索斯岛（正是此地见证了雅典帝国野心的萌芽）上指挥和维护着7艘三列桨战船，他收到了安菲波利斯传来的消息，让他这位雅典将军务必前去增援，而且要快。修昔底德用了半天时间才抵达。他是此地的既得利益者，拥有这片肥沃土地上许多金矿的特许开采权。修昔底德本应是执行这项任务的完美人选。但他的姗姗来迟和斯巴达人的充沛元气都对他相当不利。

布拉西达斯在一场狂风暴雨的掩护下强行进入了这座城市。进城不久，他就兵不血刃地说服安菲波利斯人放弃了他们的定居点。他承诺为那些想要离开的人提供安全通道，而且不会扣押或掠夺那些决定留下的安菲波利斯人的财产。突然间，在这场令人不快的战争中，斯巴达一方似乎就凭借公平竞争和外交手腕占据了道德高地。修昔底德不但未能确保安菲波利斯的安全，还任由布拉西达斯展现出了一个温良解放者的形象。

消息传回雅典后，这位将军很快便被召回母城并接受了审判。修昔底德被判有罪。安菲波利斯一役将是这位研究伯罗奔尼撒战争的关键历史学家在现场亲眼见证的最后一次军事行动。修昔底德的耻辱失败使得他终身都须流亡，这位将军和他的家人在色雷斯度过了余生。正是在这片北部的崎岖地区，修昔底德写出了他的《伯罗奔尼撒战争史》，这是整个古代最伟大的纪实作品之一。

斯巴达部队此时便驻扎在安菲波利斯的驻防地中。在接下来的两年里，雅典和斯巴达这两个仇敌时不时地相互嘲讽，蚕食着这片领土，把这一地区的本地人都当成了他们那幅员辽阔的棋局中的棋子。但雅典人并不打算让安菲波利斯这样的富裕定居点溜出自己的掌心。雅典军队的命令是不惜一切代价地夺回安菲波利斯。苏格拉底就是被派去取得这场胜利的士兵之一。在双方协议停战一年后，雅典人于公元前 422 年卷土重来。如今，苏格拉底当年奋勇杀敌的故地已是一片灌木丛生的低矮丘陵，这里位于塞萨洛尼基和兹拉马（Drama）之间的一个交叉路口，车辆熙来攘往。

这一次，苏格拉底会与色雷斯人并肩作战。色雷斯人是一群反复无常的野蛮战士，这一点已获公认，而且也确实如此。希腊语不是他们的母语；相反，这些人有自己的蛮族语言。他们还会在战场内外实施暴行。关于他们的谣言满天飞，说他们吞食婴儿，从来不让敌人埋葬其死者。他们经常把自己租给出价最高的人。[1]苏格拉底在这里亲历的战况几乎肯定是丑恶不堪的。

与公元前 5 世纪的希腊坟墓和考古地层中遍布的黑彩瓶上绘制的完美优雅的重装步兵相比，我们更应该诉诸那个时期的骨骼证据，在那个时期的遗骨中，不少人的眼窝都被箭刺穿了，胫骨受到了斧头削砍，牙齿被打得缩回了头骨。这些精美的瓶子可能是民主的雅典希望我们记住的形象，但这些骨头也是公元前 5 世纪民主政治的现实。

* * *

我上一次去安菲波利斯遗址是在 2006 年。下午 2 点 30 分到的时候，我眼睁睁地看着当地博物馆的钥匙保管人消失在了一股蓝色的柴油烟雾之中。我闷闷不乐地到处闲逛。我的孩子们也有样学样，随后他们就发现了一件农民用犁挖出来的陶器——这是一场战争和一个定居点的遗存，而这个定居点正是被那场战争摧毁了。在这里，箭头、标枪头和挂肉钩不时会露出地面——这让人想起了苏格拉底为其城邦所执行的那种近身肉搏的作战模式，那是字面意义上的撕心裂肺。在安菲波利斯，这位哲学家是少数毫发无损的幸运儿之一。

在该城首次被拉科尼亚的敌人占领 2 年后，雅典人在克勒翁的率领下尝试袭击了斯巴达军的驻地。这位雅典将军把自己的部队部署到了各个位置，但斯巴达人并未从安菲波利斯的街垒中现身，于是他便推测对方可能不会被诱引出战。鉴于斯巴达人在应对这种正面冲突方面都受过良好的训练，所以当时的情况看来并不寻常。克勒翁掉头撤退，以便重制计划。但斯巴达军队紧随其后。这些在泰格特斯山脉的丘陵间和欧罗塔斯平原（Eurotan plain）上接受训练的重装步兵们证明了自己很擅长这种游击战。接下来便是一场单方面的屠杀：由雅典贵族骑兵带来的 300 匹战马尖叫着倒在了血泊之中。斯巴达人击败了他们的阿提卡表亲，600 名雅典重装步兵死于当天，但只有 7 名斯巴达人阵亡。[2] 身先士卒的布拉西达斯受了致命伤，但在临终前，他知道自己已经成功击退了雅典人的进犯。

　　确切地说，作为雅典治下的一个发达的前哨，一个针对当地丰富原材料的收税点，安菲波利斯现在已被斯巴达的保镖和有关斯巴达式“善举”的炉边故事占据了。布拉西达斯显然是一个很有魅力的人，他去世后，当地人每年都会用竞赛和祭品来颂扬他。人们给他立了一座纪念碑，他死后还被尊称为安菲波利斯的“创始人”，并被誉为“希腊的解放者”。比战略上失去这座城市更令雅典人恼火的是，当地人对斯巴达人似乎是敞怀相迎的。雅典未能实现其使命——“逼迫”其他希腊人热爱其民众。这个民主的超级大国在这里不得人心，安菲波利斯一役既代表着军事上的失利，也代表着道德上的挫败。

　　　　安菲波利斯落入敌手的消息在雅典引起了极大恐慌……臣服于雅典的那些城市……都热切地接受了这种改变的想法，纷纷向布拉西达斯示好，恳求他向他们的领土进军，并争先恐后地反叛雅典。[3]

　　此时，在这片战场密林中此起彼伏的欢快鸟鸣就是一种有益的矫正。这是雅典的一次失败，没错，但对斯巴达人来说却是一场胜利。由于是雅典人撰写了我们如今所能读到的希腊史，所以他们的描述自然是带有偏见的。我们都习惯了从雅典人的视角来阅读公元前5世纪的史实。若将这场战争称作雅典战争而非伯罗奔尼撒战争，那么安菲波利斯之役就成了一场伟大的、意义非凡的胜利：一场被压迫者对压迫者的胜利。斯巴达再次赢得了人们的喜爱，雅典又失去了一棵摇钱树。

* * *

公元前422年是繁忙的一年。在安菲波利斯战败后，剩余的雅典人与其他重装步兵部队一同向斯基奥尼（Scione）、门德（Mende）和托伦涅（Torone）等反叛的定居点进发。门德只抵抗了两天就缴械投降了——而且雅典军还劫掠了该城。在斯基奥尼，男性居民皆被处决。然后便轮到了托伦涅。沿海城镇托伦涅位处战略要地，在第二次世界大战期间，德国人曾将这里的海湾设为海军基地。今天，这里格外冷清，一座拜占庭式的堡垒就是其早期防御工事中唯一可见的标志了。但在公元前423（或前422）年，这里的秩序也很严苛，那轻快的景致曾经都布满了伤痕。当地所有妇孺都被俘虏并沦为了奴隶，所有男人都作为战俘被送回了雅典。[4] 该地区的城市一个接一个地受到欺凌和打压，直至被迫屈服。

* * *

在波提狄亚，雅典的民主追求逼迫着那些被围困者以人为食；在德里昂，众神遭到无视，但世界并未瓦解；在斯基奥尼和托伦涅，年幼的孩子抓着母亲的裙角，跌跌撞撞地被赶到南方为奴，而苏格拉底则从中发展了他的理念。[5] 他对斯巴达人的敬意可能也由此生发出来了——那些极端的南方人设计了他们的整个社会，以使世俗生活尽可能趋近斯巴达式的完美，让欧诺弥亚（eunomia，良好的秩序）能够执掌权柄。斯巴达人是一群在尘世间精力旺盛地生活却不惧死亡的人，而苏格拉底至死都抱持着这种态度。[6]

及至公元前 422 年，克勒翁和斯巴达的布拉西达斯双双亡故，而那些残废的、垂死的、逃跑的战士和那些遵循重装步兵准则而逝去的英雄们几乎没什么关联。在这个战役季过后，斯基奥尼、门德和托伦涅这几个城镇都已血流成河。一支军队的足迹在这片土地上留下了斑斑印痕。雅典靠军事力量挺过了公元前 5 世纪 20 年代，但他们几无风度可言。斯巴达人则以其坚忍和活力与雅典人的胆大妄为相匹敌。各个城市都逐渐变得空荡荡的，因为乡野间到处都是作战的人。希腊的重装步兵就是希腊的犰狳皮肤——它的独有特色和最重要的器官——但不再是一种美好的事物了。

苏格拉底当时显然对肤浅的力量不感兴趣，他全力刺穿了那些表层下的柔软身体，这个声称"绝不做不公之事"的人双手沾满了鲜血。他可能仍然是一场丑陋战争中的一名丑陋士兵，然而，这位哲学家不仅将糟糕的回忆带回了雅典娜之城，他也带回了一些美好的理念。他是自身信念的典范，这信念即应对生活中的恐惧和麻烦的最佳方法就是充实地生活，去寻找世间的善。

在雅典以北的这片领土上所进行的那些自降身份的军事行动，是人们在酒后都想忘掉的那种行动。但在公元前 416 年的一个特别的夜晚（或者是柏拉图想让我们相信），苏格拉底却为了回忆而在雅典拿起了酒杯。柏拉图哲学戏剧中最精彩的范例之一《会饮篇》就源起于这场漫长、温暖和友好的宴会。重装步兵的盾牌、宝剑和胸甲被放到了一边。精美的餐具铺陈在毯子上，大家的杯中斟满了美酒，在这次痛饮狂欢中，苏格拉底鞭策了他的同胞：需要牢记、争论和鉴别的不仅是仇恨、报复、力量和绝望的含义，还有德性和适度，以及最重要的，情爱的含义。

第六幕

苏格拉底与爱

18世纪末、19世纪初的新古典主义雕塑家安东尼奥·卡诺瓦（Antonio Canova）所创作的石膏浮雕，描绘了苏格拉底在波提狄亚战役中救出亚西比得的场景，苏格拉底面对敌人毫不畏惧，伸出手臂保护受伤的亚西比得。现藏于罗马圣卢卡国家学院（Accademia di San Luca），拍摄者：Sailko。

33

《会饮篇》中的苏格拉底

家宅，雅典，公元前416年

苏格拉底：……开胃小菜、香料、熏香、娼妓、糕点……

——柏拉图，《理想国》，2.373a[1]

葡萄酒是雅典的一种很重要的消费品。在雅典市中心的发掘工作中，人们在一口井里发现了成堆的陶片，这些残片显然是源自狂饮烂醉的习俗。井内的最深处是一些带柄陶罐和黑釉酒杯，还有若干双耳细颈瓶，上面标记着所售酒水的原产地。这里有产自多风的莱斯博斯岛（女诗人萨福的"母校"*）的蜂蜜葡萄酒，也有一种科林斯的精酿葡萄酒产自通往伯罗奔尼撒的滨海路旁，还有遥远的萨索斯岛产的甜如花蜜的葡萄酒，这个岛对雅典人来说实在是不可抗拒，据说连狄俄尼索斯本尊都祝福过这里。

因此按柏拉图的说法，大约在公元前416年，我们发现苏格拉底在日间用敏锐而尖刻的哲学洞察消遣过民主的雅典之后，又于日

---

* 萨福在莱斯博斯岛建了一所女子学校，专门教女孩子创作诗歌。

落时同一群上流宾客享用了帝国的甜美果浆。

宴会定义了这位黄金时代的公民。他是雅典伟大遗产的真正继承者，他可以躺在长榻上，听吹笛女演奏，和小伙子调情，享用别人烹饪的佳肴。我们常听人说苏格拉底是反物质生活的，因为他不愿为自己的工作收费，但他确实接受了宴会：一个男人能在会饮中享受到他所能获得的最好的馈赠。传统上，这就是当时的贵族巩固其贵族纽带的一种方式。他们也是借此在一片让人感觉多石而荒凉的土地上维持着光鲜的生活。不过这也是一种不那么讲究的馈赠。宴饮（*symposia*）都很低级，无论谈话多么高尚，当晚往往都会以粗鲁的方式收场。像科达博斯（*kottabos*）这种流行的饮酒游戏（即将一个杯子立在房间中央的一根棍子上，聚集的宾客们要用他们喝剩的酒渣尽力把它打掉）只能在旁边有奴隶时才能进行，否则这些公民留下的烂摊子便无人清了。苏格拉底会与其中最优秀的人一起纵酒狂欢，而他在宴饮中的状态也表明他有一种谨慎而哀婉的雅典式品位。

黄金时代雅典的暗语就是金钱和食物。在阿提卡喜剧中，人们经常开玩笑说肚子饿是骗不了人的，诗人们还幻想着若征服波斯帝国，那么财富和盛宴也就近在眼前了，

> 那山上的树木会随我们的意愿凋落，但掉落的并非树叶，却是小山羊的碎肉，而那阔叶灌木掉落的则是炖煮的画眉和多肉的鱿鱼块。[2]

为了准备这场"会饮"（*symposium* 的字面意思就是"一起喝酒"），奴隶整个白天都在烹制一些相对健康的食物（这里不像古罗马宴会那么奢侈，尽管雅典人确实对糕点情有独钟——事实上，炸鱼、扁豆汤、香肠和葡萄干比火烧孔雀更有可能列入菜单）。到场

的男宾约有 11 位，都不出所料地为这个场合戴上了花环：桃金娘、玫瑰和野芹菜全都能戴。大家唱诵了一首赞美诗，多半是献给救世主宙斯的，一同用餐的宾客从同侪中选出了一位酒会主持人，由他来决定当晚大家应该喝多少稀释的葡萄酒（通常是 3 份水兑 1 份酒）。

按柏拉图所说，在苏格拉底参加的这场会饮中，大家都同意由宾客们自己决定该喝多少，这透露出即使在封闭的贵族圈子里，民主也发挥着作用。不过这个细节虽确乎印证了苏格拉底的民主资历，但柏拉图的观点并不鲜明。这种宴饮远不止是一次吃喝的机会，它是一种维持着世界运转的非官方聚会。这些夜晚（有时更长，一场会饮能持续 36 个小时）可以让一小群男人闭门聚首。自青铜时代晚期以来，这些饮酒活动一直是社会精英分享经验和建议的一种途径，而新鲜血液则可以在这里接受适当的教导。在民主雅典的会饮中，情况可能会有一点不同，只有在这个场合，贵族们才能重温他们发号施令的日子，他们可以背地里议论民主。几年后，在国王执政官的法庭上，苏格拉底与这些上流群体的既有关联无疑将对他造成不利的影响。

宴饮是一种会引发幽闭恐惧症的活动。要了解他们的规模，最好离开雅典，向北驱车 5 小时，前往奥林索斯的一座神奇的小山，实际上苏格拉底于公元前 424 年左右就曾在该地区作战。奥林索斯位于波提狄亚以北 20 英里，安菲波利斯西南 120 英里，它被规划成了一个希波丹姆斯风格的方格形（希波丹姆斯是一位米利都建筑师，他还巧妙地设计了雅典的比雷埃夫斯区）——这是该地区在公元前 432 年激战后发起的重建计划的一部分。奥林索斯的外观神似雅典风貌，尽管与雅典的宪制并不相同：这是一个由寡头统治的小镇，抵制雅典的民主倡议，但它也在展望未来，展望一个城市规划会让生活更加美好的时代。

公元前 5 世纪雅典的大片区域都被现代城市覆盖了，所以难得一见，而最近重新挖掘的奥林索斯则可以让我们更全面地窥探苏格拉底所钟情的那种建筑环境。今天，奥林索斯的建筑遗迹会给人一种坠入兔子洞的感觉，就好像你正穿行于某个巨大的黄金棋盘游戏之中。这个城镇的布局痕迹都被凸显了出来，有 4 个石块那么高，此地的匀称性特别引人注目（除了一棵奇形怪状的树，它长成了一种罕见的遮阳伞的模样）：这些山腰上的小方格就是公元前 5 世纪希腊人的定居之所，他们就是在此地从事着推进希腊文明的事业。

奥林索斯有一幢房子保存得特别好。让考古学家和历史学家颇感幸运的是，这里有一个房间尤其完美，那就是男宾室。从某种意义上说，古希腊家宅中并没有女人的专属处所——整个家庭空间都是女性的地盘，[3] 只有男宾室除外。男宾室是一个男性专用区域，大多数男宾室都有通往外街的门，这样女性就不必为了到宅邸的其他部分而从这里穿行，从而破坏这里的氛围。侍应女奴、吹笛女和高级妓女（hetairai）自然属于例外。

尽管这一时期的雅典房屋非常简单，但你很可能会发现其内部唯一装饰过的房间就是男宾室，毕竟这是一处取乐之所。在奥林索斯，有两间男宾室的马赛克图案仍然存在。这些迷人的东西是用河里的鹅卵石拼组而成的，虽然略显粗糙，但它们也展示了柏勒洛丰（Bellerophon）骑在飞马珀伽索斯（Pegasus）上杀死奇美拉（Chimaera）的情景，* 以及涅瑞伊得斯（Nereids）与海马嬉戏的画面。房间的边缘有一些石板座椅，其宽度足以让两个精瘦的希腊人并排躺在一起。人们常会把木制长榻拿来放在这些石台之上。男人们会这里唱歌、敬酒、作诗、谈论政治，这对雅典城邦来说都是很重要的事情。在《会饮篇》所设置的时代背景中，一场战事正在

---

* 柏勒洛丰是古希腊神话中的英雄，他在神的帮助下捕获了天马珀伽索斯，并杀死了喷火怪兽奇美拉。

进行：这些厌倦了战争的男人们在这里斟满酒杯，也是要舔舐伤口，延续战斗中结成的纽带。

苏格拉底在一张矮榻上度过的那些夜晚所揭示的，可远不止是他对美酒和奴隶准备的美味佳肴的喜爱。并不是每个人都会参加宴饮，有些"天生的统治者"会超然于这类事情之上。据我们所知，伯里克利一向是从雅典市政广场径直地大步走到议事厅，绝不会中途止步，把时间浪费在聊天和交际上。[4] 比起闲扯和煽动贵族，这位"奥林匹斯诸神般的人物"有更重大的事情要做。但苏格拉底是一位哲学家，他不但喜欢与社会顶层交往，也喜欢跟工匠和杂役厮混。

柏拉图的《会饮篇》可能纯粹是出自幻想，但它既是一部精彩的心理剧，也是一幅笔锋锐利的图画，精准地描绘出了公元前5世纪的诸多个雅典之夜里有可能发生和确实发生了的那类事。[5]

这场"会饮"派对是一群富有的商人在公元前416年1月或2月举办的。其中一名与会者——亦即当晚邀苏格拉底赴宴的东道主阿伽通（Agathon）——在一个著名的戏剧节上获得了悲剧奖。[6] 戏剧的撰写和排演都是难乎其难，所以获胜在当时确实很有意义（而且一直都是如此）。可想而知，人们的情绪十分高涨。现场少不了歌曲、讨论和派对游戏。

入席的人里似乎有很多大师：阿里斯托芬，他那支尖刻之笔会把苏格拉底推得离毒堇汁更近。他躺在一张长凳上，跟阿伽通以及苏格拉底和他的同伴们在烛火下通宵达旦地挤在一起。[7] 柏拉图在此描绘了一些个性很强、轮廓鲜明的人物。亚西比得是突然闯入的，他比平时更加放荡；苏格拉底更加自谦而费解，东道主阿伽通则异常俊美（柏拉图细腻地描述了他的白软皮肤）；还有一类神秘的客人——居然是个女人——也是这次对话的一部分：蒂奥提玛（Diotima），一位思维缜密、口齿伶俐的女祭司，在柏拉图的《会饮篇》中，苏格拉底谈到了她的各种理念。

　　毫无疑问，许多宴饮都很沉闷，只有某一些才是神采飞扬的。亚里士多德、色诺芬和欧里庇得斯等人全都头戴桂冠，躺在为宴会宾客所设的长榻上消磨时光。这些高端的体验肯定给予了苏格拉底思考的食粮。在这场特别的会饮中，出席嘉宾看来都笑逐颜开。[8]亚西比得调侃了苏格拉底对克己的热衷，人们还讨论了苏格拉底的怪异，以及这一事实：他说的很多事情都有种模棱两可的"梦幻般的特征"。他的丑陋相貌也受到了嘲讽，但随后发生了一些相当有意思的事。苏格拉底被比作了这座城市的宗教形象之一——它的外表呆板而粗糙，然而其结构敞开之后却能揭示出内在的大美之物：

　　　　亚西比得：……如果你选择听苏格拉底的演讲，一开始你会觉得他的话很荒谬，表面上包裹的就是这些荒谬的词句——这些当然都是可笑的萨提尔的皮毛。他会大谈驮驴、铁匠、鞋匠和皮匠，而且好像总会用同样的一些词来形容同样的事，所以任何外行的、欠考虑的人都会心怀蔑视地嘲笑他的说辞。可一旦打开这个表层，你就会对这些话有一个新的看法了。深入进去，首先你就会发现其中什么见识都有，只有他的话是这样；其次，没有任何人的话能如此神圣，如此富有德性的形象，如此高度地——不，是如此完全地——专注，对一个努力追求尽善尽美的人来说，它们与大多数或毋宁说所有值得思考的事物都有关联。[9]

苏格拉底时代的美

　　在苏格拉底时代的雅典，人们会严肃地把美视为光辉而高贵的精神的标志、神的馈赠。人们自然而然地认为，如果一个人拥有那些能证明其特权和统治正当性的可敬品质，那么他也会被赋予一个与之相称的诱人躯壳。遍布于城市中的那些赤身裸体的英雄楷模

（包括体育场里活生生的男人，以及青铜和大理石的雕像）都反映了雅典的视觉体验——在这片土地上，男人们都会脱光衣服锻炼、洗澡、交谈和敬拜他们的神，在田野里劳作。雅典人会举办一场全城性的选美大赛（*kallisteion*）来敬拜女神雅典娜，这是泛雅典娜节期间的一项全男性选美比赛，获奖的美男能获得100多瓶神圣橄榄油的丰厚奖励。在苏格拉底时代的雅典，"美丽的身体"也意味着一颗美丽的心。[10] 身体之美意味着你拥有道德之美，"kalon"这个希腊单词既可以指代"高尚""可敬"，也有"标致"之意。

因此，上文中提出的那种内在美有时可以蕴含于一个陈腐躯壳中的看法是非同凡响的。在有关苏格拉底的正典中，有一整篇对话——《大西庇阿斯篇》——就专门讨论了"美丽事物"的定义。苏格拉底认为，美不仅关乎你腿部的线条、鼻子的比例、皮肤的光泽，也关乎你灵魂的状态：

凭借着美，一切美丽的事物才能变得美丽。[11]

234

假使你本身并不美丽，你的内在美、你的美德也可以催生出伟大的事物，一个人"在奔向情欲目标时陡然瞥见了一种具有奇异本质的'美'，他之前正是为此历经了千辛万苦，这就是一种纯粹的存在，是不朽而神圣的'美的理念'"。[12] 对古希腊社会而言，这都是些怪诞的想法：内在的品性不同于外表，但它们同样有力。美是一种态度，一种心理上的目标，而不仅仅是一组身体上的统计数据。

用古雅典人的话来说，苏格拉底的外表是彻底失调的，令人反感的。只要有人委托工匠去雕刻苏格拉底的塑像，那这些塑像肯定会被塑造成萨提尔的模样。喜好讽刺的苏格拉底似乎也并不在乎。

我的眼睛比你的更美，因为你的眼睛只会直视前方，而我的眼睛是鼓出来的，能向两边看。[13]

* * *

苏格拉底在会饮中深情地嘲讽了自己的下巴。他又一次把雅典人的标准和"*kleos*"（声誉、名望和在别人口中的形象）的无双诱惑力打了个措手不及。在这里，在阿伽通与其尖刻的宾客们的这场友好晚宴上，这位哲学家证明了自己有多么古怪：他抵制性接触；尽管整夜喝酒，他还是能言中肯綮；对于自己不符合优秀雅典人的那种"*kalos k'agathos*"（外表美丽、内心高尚）的刻板印象，他也引以为乐，他是个萨提尔，仅此而已。在这次会饮结束后，他甚至无须借助雅典流行的众多宿醉疗法，第二天又生龙活虎地参加了一整场哲学讨论会，外加一次快速的体育场健身之旅。

但这里需要注意的一个重点就是，他仍然健在。那些不幸的毕达哥拉斯派学者和他不同，他们把自己关在了克罗顿的"思想所"里进行哲学思考（然后被活活烧死了），苏格拉底则不肯自绝于现实世界，而且尽管他在狄俄尼索斯剧场受到了猛烈的抨击，但到目前为止，他还是设法逃脱了迫害。在那次会饮中，他与其他宾客的关系是直接的、亲切的、真实可感的、具体的、调情式的和愉悦的。在这次会饮中，你能感受到这么一个人，他认为重要的事就是让生活过得充实，并且拒绝屈从于政治风向。

如此一来，苏格拉底还能允许人们在他所说的"善好生活"中追求快乐也许就不足为奇了。当然，这种追求不能是过度的、有害的、自私的和堕落的，但苏格拉底的"善"并不否认快乐甚至享乐主义在人类生活中的地位。在柏拉图的《高尔吉亚》中，苏格拉底曾自称他一生中的两个挚爱就是"哲学和亚西比得"，[14] 他还断定自己长了一张好色者的脸。[15] 苏格拉底并没有仅仅因为自身的缺点就遭到拒斥。亚西比得的爱是可见的，"显白的"。[16] 但苏格拉底之所以被他吸引，正是因为他性格外向、富有魅力。没人能指责苏格拉底是禁欲主义者，在一个温暖的雅典之夜，他曾在低矮的餐桌旁喝酒、聊天和吃饭，由此再一次证明了自己是雅典民众的哲学家，一个并未将形而下与形而上割裂开来的人。[17]

《会饮篇》极为有力地揭示出的，是苏格拉底对爱的力量的思考，这种力量存在于我们所有人所处的现实而混乱的人类世界中。

34

爱的烦恼

公元前5世纪及以后

苏格拉底：爱是我懂得的一件事。

——柏拉图，《会饮篇》，177d

所有人都知道厄洛斯时常是宴饮中的一个不速之客，但这也并不出人意料。在雅典社会，肉体之爱的情欲萌发、压抑、炽热和悸动要比我们的社会明显得多。例如，瓶饰画家就很痴迷于妓女的活动，他们从各个角度描绘了这些活动。

然而尽管公元前5世纪雅典的许多夜晚都以性爱结束（有时也是开始），但苏格拉底似乎下定了决心——不能让自己沦为激情的奴隶。他热血沸腾，性欲旺盛，但对性结合的诡计并不一定感兴趣。在我们的想象里，这种禁欲的态度似乎更容易出现在痴迷的早期基督徒而不是非基督徒之中，但苏格拉底的性格里肯定存在着克己的因素，就像柏拉图和色诺芬向我们讲述的那样。

"告诉你们实话吧，诸位，"他接着说，"我对天发誓！

就我所见——咱们私下里说说——他好像也吻了克里尼亚斯（Cleinias），没有什么比这更能点燃激情的火焰了。因为这是无法让人满足的，而且蕴含着诱人的希望。出于这个原因，我坚持认为，一个想要拥有自制力的人必须克制住自己，不要亲吻那些如花般绽放的美人。"[1]

"苏格拉底，"欧绪德谟说，"我想你的意思是，受制于肉体享乐的人对任何形式的美德都毫不关心。"

"是的，欧绪德谟；一个不能自制的人怎么可能比最愚钝的野兽更好呢？一个人不考虑最重要的事，却千方百计去做最愉快的事，他怎么可能比最愚蠢的动物更好呢？不可能的，只有能自我控制的人才有能力考虑最重要的事，给它分门别类，靠言行去恶存善。"[2]

如今，世界各地的博物馆都在密室和储柜里收藏着一些装饰瓶，其上描绘了各种富有想象力和冒险精神的赴宴者的性爱活动：大英博物馆（British Museum）的禁忌秘事展柜（Secretum），那不勒斯考古博物馆（Naples Archaeological Museum）的隐秘之柜（Gabinetta Secreta），以及科林斯博物馆（Corinth Museum）后面的一整块扩建区都属此列。这些文物是由 19 世纪的发掘者存放在那里的，他们觉得这些文物令人不适，是"反希腊的"。公元前 5 世纪的那些早期民主派可能会委婉地流露出自己的困惑：还有什么比性能更好地表达你所属社群的健康状态呢？他们的社会对男性生殖器是极其崇拜的。街角的方柱形胸像（赫尔墨斯半身像）上的阴茎自豪地勃起着，这些阴茎都雕刻在石柱柱身上。雅典人的性爱似乎带有锻炼和运动的性质，按古希腊人的说法就是大量展示的肉体和所有的竞争驱力（athlon）都在于获得更多的满足感和高额的奖励。

隐秘之柜和禁忌秘事展柜里都塞得满满当当，那是因为古希腊人很乐于用众多的色情作品来充实他们的生活。

　　尽管苏格拉底确凿无疑地相信爱的力量，但那种肌肤相亲的、气喘吁吁的和纯粹肉体上的爱并不适合他。[3] 在色诺芬的《会饮》中，一个奴隶男孩和一个奴隶女孩温情地重演了普赛克（Psyche）[*] 被厄洛斯诱惑的场景。屋里的所有男人都被刺激得回家和妻子做爱去了，苏格拉底却出去闲逛了一会儿。

　　　　[苏格拉底]：你肯定不会认为是性欲驱使着男人要孩子，毕竟街上和妓院里到处都是满足性冲动的法子……[4]

　　苏格拉底的看法与众不同，他认为爱不仅仅意味着床上的片刻欢愉。真爱会让你变得更加丰富：

　　　　苏格拉底：一个只被自己心爱的人的外表所吸引的男人就像一个租下了一座农场的人，他的目标不是增加农场的价值，而是尽可能地从农场的丰收中获利。另一方面，以友谊为目标的男人则更像是一个拥有自己农场的人。[5]

　　苏格拉底在那次宴饮中的饮酒长榻间分享的故事无关于性，却关乎于爱。色诺芬这本书中的 "Ta erotika" 一语就是指"美好的事物"或"将我们引向美好事物和美好心灵的事物"。这位哲学家并没有手下留情。他批评了当时最有权势的人之一，一个即将把内战和僭政带回雅典的人，只因此人痴迷于直接的、激烈的和交换体液的性爱。这个颇有影响力的反动寡头政客名叫克里提亚斯。[6] 作为

---

[*]　希腊神话中的灵魂女神，厄洛斯之妻。

柏拉图的亲戚，以及一个具有黑暗的悲剧天赋且心怀抱负的悲剧作
家，他走入了苏格拉底的圈子。克里提亚斯钟情于一个名叫欧绪德
谟的男青年，但苏格拉底对此不以为然。

> 克里提亚斯好像有一种猪的感觉：他离不开欧绪德谟，就像
> 猪非得在石头上摩蹭一样。[7]

克里提亚斯勃然大怒。他事后企图堵住苏格拉底的嘴，阻止他
与任何一个不满 30 岁的人交谈。克里提亚斯很鄙视这个以正人君
子自居的哲学家。[8]这让我们对苏格拉底和克里提亚斯都有了不少
了解。现代作者常批评苏格拉底非常反动，说他教育出了当时的一
些最专制的寡头，而这场有关欧绪德谟的争吵表明，克里提亚斯及
其拥趸其实让苏格拉底十分心烦。仅仅因为这位哲学家和他们一起
喝过酒，他们也听过他的话，并不能证明他就是他们的榜样；我们
绝不能把某个朋友和熟人的天主教偏好与宗教灌输或宗派团体的明
证混为一谈。

苏格拉底在那次宴饮中非常放松，但在其他人心里，他坐在那
儿是有点不自在的。他毕竟不是贵族——无论是城中的民主派还是
寡头都不会忘记他打破了惯例，跟名门显贵们一起通宵宴饮。

这位哲学家或许就是个麻烦的混合体：一个和光同尘却又志存
高远的人。雅典人钟爱那些在"财富和教养方面名列前茅"的人，
他们相信相貌姣好的君子（*kaloi k'agathoi*）才适合统治。苏格拉底
不是纯粹的禁欲者，不是纯粹的民主派，也不是纯粹的寡头——他
无所不在。此后几年，雅典承受了无数苦难，而苏格拉底却仍然怀
着他那种挑衅式的使命感和幸福观在雅典市政广场中昂首阔步地穿
行，或许他只是太无理取闹了，太让人恼火了，就像一只欠打的牛
虻。我们已经从阿里斯托芬的戏剧中明白了一点，这位哲学家开始

激怒他的同胞了。还有另一种更悲哀的可能性。也许在公元前5世纪末，雅典人只是厌倦了他。人们谈到苏格拉底时曾经是兴奋而宽容的，现在谈起他却动辄发怒、满口咒骂。久居高位者往往会惹人厌倦，"木秀于林，风必摧之"。

苏格拉底或许应该更仔细地选择他决定要冒犯的人，应该在接纳和贬斥克里提亚斯这种当时最为拔群的人物之前三思而后行。

那个时期的一句街头谚语本应给苏格拉底敲响警钟：

> 我讨厌记性好的酒友。[9]

35

噢，告诉我爱的真相吧

雅典，公元前416年

> 智慧是最美的东西之一，美则是爱的对象；因此，爱也是一位爱智者，或者说智慧的情人，而智慧的情人是介于智者和愚者之间的……亲爱的苏格拉底，这就是爱之精神的本质。
>
> ——柏拉图，《会饮篇》，204b[1]

某种意义上，《会饮篇》就是柏拉图最为紧凑的一部作品——其叙事流畅地穿梭于纸页之上，雅典这间背街的饭厅就是一家制造美好的思想、有关美的理念以及美好事物的工厂。即使是席间的沉默也闪耀着光芒。

在这场设定于2400多年前的宴席上，爱就是当晚的主题。人们至今仍将《会饮篇》视为西方文学中最伟大的讲述爱的故事之一。苏格拉底认为他只有在这世间的一个主题上堪称超群绝伦的大师，那就是爱。[2]"我不记得我有什么时候是一个人也不爱的。"[3]苏格拉底以一种强烈的爱欲爱着他的同胞，因为他相信他只要注视他们的眼睛，就能从中略微了解自己，他教导我们，我们只有透过与周遭世界的关系才能变得完整。苏格拉底看到了爱的巨大力量。[4] 我们也是刚刚开始解开爱这个心理上的复杂包裹。苏格拉底把我们相互间的关系当成了他毕生的事业。

苏格拉底式的爱拥有巨大的力量，它颠覆了世界。这位哲学家明白，我们热爱有关爱的故事，而我们的爱往往也是一个已经上演了的爱的故事。但他从未报之以嘲笑。苏格拉底的爱是很确切的：生活的意义就是热爱生活。他是有爱欲的。他说，如果厄洛斯在生活中与你擦肩而过，你就是一个无足轻重的人。他所认可的爱的所有方面对社会来说都是善好生活的黏合剂，因为"节庆、祭祀和舞蹈"都是受厄洛斯驱使的。更重要的是，爱是一位向导，让人对善生出热情，对堕落感到恐惧。[5]

苏格拉底在《会饮篇》中真正温暖人心的启示是，对爱的奉献并不是一种自私的追求。爱的意义不在于满足，而在于互利共生。爱、欲望、抱负、希望、和谐和热情，不管你想怎么称呼它，如果得到了照管，如果没有任由它燃尽，那就将是一场漫长的游戏。他的爱不是昙花一现的激情。在苏格拉底看来，让生活变得可爱的不是无知，而是诚实以及一种对知识的追求。对他来说，爱有一个目的。它是一种生命力，是想做某些事、想成为某种人和想思考的欲求。它能让我们感受到我们这个世界的博大，从而也使得处于这个世界中的我们变得博大。苏格拉底将这些"善的"驱动力都形容为关乎爱的事物（*ta erotika*）。

> 苏格拉底：凡已经有智慧的，无论人神，都不会再爱智慧了。那些无知的坏人也一样，因为没有坏人和蠢人会热爱智慧。余者是那些虽蒙受无知之苦，却尚未在其影响下变得愚昧或呆傻的人。他们能察觉到自己并不知道那些他们一无所知的事。[6]

苏格拉底与女性

在苏格拉底对运转良好的社会的构想中，爱、善良和友谊无疑处于中心位置，但这位哲学家仍需厘清与女性的相处之道。男性之间的爱的高贵或许可以想象，但男女之间的爱呢？鉴于赫西俄德所认定的首个被造出的女人就是"*kalon-kakon*"（美丽而邪恶之物），这个问题恐怕不是一时半会能够厘清的。与当时的很多男人不同，苏格拉底并没有简单地选择忽视人类中的女性。由于他着迷于那些真正了解某门学问的人，而不是假装有学识的人，于是便转向了一个女性角色来做了阐明。

> 他们用如此华丽的辞藻来赞美，以至于……迷惑了我们的灵魂……每当我听到［他们对我的夸赞而］神魂颠倒时，我便会欣喜若狂，想象自己一下子变得更高大了、更高贵了、更英俊了……这都要归功于这些演讲者的伶牙俐齿。[7]

《会饮篇》的戏剧性场景中也由此插入了一名女性角色：女祭 241
司蒂奥提玛。

我确信，蒂奥提玛在某种程度上是被充作了柏拉图理念的喉舌，表述了创建完美社会的途径。（她这个角色在柏拉图的《会饮篇》中是一位自由平等的参与者，而且不同寻常的是，她是一名女性。）在苏格拉底参加的那次会饮中安排一位女性是有用处的，因为席间谈到了很多有关男女受精的行为，以及怀孕和分娩这样的女性事务。对于我们所说的"异性恋者"和"同性恋者"是如何分别通过子女和对美德的解释——前者通过身体怀孕，后者通过灵魂怀孕——而导致了"美的诞生"，现场存在着复杂的讨论。与美和美丽事物的关系可以带来一种更大、更好的美。你可以看出为何苏格拉底格外受犹太教、基督教和伊斯兰哲学的青睐：积极地在世间寻求善，便会为人类和来世造福。不幸的是，苏格拉底对这位女祭司角色的意见和地位的尊重在后世取代异教信仰的一神论宗教中或许并没有展现出稳固性，在黄金时代的雅典也并非毋庸置疑。苏格拉底的尊重来源于蒂奥提玛这一角色对女性的价值有不少见地，在当时和现在都很有启发性。

36

蒂奥提玛——一位入世极深的女祭司

那不勒斯和雅典，公元前5世纪及以后

> 看看人们通常是怎么做的吧——尤其是所有女人，他们会把
> 拿到的第一件东西奉献出来，他们会发誓献祭，并承诺为众神、
> 精灵和神的孩子们修建神庙。
>
> ——柏拉图，《法律篇》，909e–910[1]

> 女人这伪币是来诅咒人类的。
>
> ——欧里庇得斯，《希波吕托斯》，616–617[2]

在仅存的几件苏格拉底和蒂奥提玛的画像中，有一件就迷失于
宏大的那不勒斯考古博物馆中了：字面意思上的迷失。在10月的
一个潮湿的午后，我到了那里，想仔细看看那块小青铜牌匾（它起
初就是用来装饰一些富贵之家的家具）。结果它并未展出，所以一
位负责人把我带到后台，来到了一个功能强大、地板嘎吱作响的巨
型储藏室，自古及今的诸多绝佳艺术品都被闭锁于此地。

我们走过了出自庞贝的湿壁画架，上面布满了灰尘，又途经了

一些独臂女神像，接着和一群黑帮派头的保安一起坐不锈钢电梯下行，然后路过了一些上了锁的金属储物柜。我们查看了一个旧塑料筐，筐底散落着各种金属物件，其中许多都用牛皮纸和绳子包裹着，简单地贴上了标签。但蒂奥提玛并不在这里。她（的画像）被借出展览了，她正和她的那位哲学家老友在某个地方玩着捉迷藏游戏呢。

243
公共陈列室里展出了一尊严肃的苏格拉底半身塑像，还有一幅镶嵌工艺十分精巧的马赛克画，其中的碎片实在太多，所以至今都没人数过有多少块。但这位哲学家复杂的人际关系在其中体现得并不明显，尤其是他与周遭女性的关系。那件家具装饰品——喜爱女祭司的苏格拉底——也不是公众想要看到的苏格拉底。但事实上，若要理解苏格拉底的想法以及他是谁，蒂奥提玛这个角色可是助益良多。

蒂奥提玛是一名女祭司。一名曼提尼亚[3]的女祭司。很难说柏拉图对她的描述有多准确。她有可能是个虚构人物。但话说回来，除了神秘的"埃里亚陌生人"（Eleaic Stranger），柏拉图的对话集里还没有一个人是纯粹虚构的，所以如果她完全是柏拉图捏造的，那就有点奇怪了。此外还有一个事实，那就是蒂奥提玛的举止和生活技能是非常可信的。她会在公开场合讲话——当时的女祭司是可以这么做的，[4]她自称是某种信使（德尔斐神示所的女祭司和那些在厄琉息斯负责神圣秘仪的女祭司也都是神的信使）。而且作为一个女人，蒂奥提玛（在某些方面）是可信的。在思考爱的时候，她探寻的是一条富有成效的中间道路——她认为是爱激励了人类，欲望迫使我们想要变得更好：更好的哲学家、更好的情人和更好的人类。

一旦看到这一点，那么你的金子、你的衣裳、你的美少年和年轻男人就都相形见绌了，可他们的容貌现在还是让你惊心骇目，使你和其他很多人只想看着你们的这些心上人，和他们长相厮守，

宁愿不吃不喝，只要有可能，就只盯着他们，和他们做伴。但你
告诉我，如果你们当中有人有幸见到了完整的、纯净的和毫无杂
质的本质之美，它没有被人类的肉体和气血以及更多的凡人污秽
所染，那会怎么样呢？如果他能看到那形式独一的神圣之美又会
如何呢？[5]

　　女祭司有时会被人描述成一种异常的现象，蒂奥提玛提醒我们，
在苏格拉底所生活、工作和热爱的雅典，女祭司实际上是一些非常
显眼的成员。[6]这些女人不仅会在祭坛上摆放祭品，相当于古代的
鲜花，还要负责仪式、宗教乃至生活本身的顺利运转。雅典人认为
他们的好运全都来自他们与各色精灵和奥林匹斯诸神的良好关系，
而这种甜蜜的关系又全都要依靠城内的这些女人来维持。伯罗奔尼
撒战争期间，欧里庇得斯的一部戏剧曾在雅典上演，这部剧今已亡
佚，只留下一个片段，而其中的诗句就表明了这一点：

> 而在神圣的事务中——我认为最重要的就是——
> 我们的分量最重。
> 因为在菲巴斯（Phoibos）*的神示所里，
> 是女人们在详释阿波罗的意旨。
> 在多多纳（Dodona）†的圣座上，在神圣的橡树旁，
> 是女人们将宙斯的心念传给了所有渴求它的希腊人。
> 至于为命运三女神和匿名女神们举行的圣仪，
> 若由男人主持，则无神圣可言；
> 但由女人主持，他们都将蓬勃兴旺。

244

---

* 太阳神阿波罗的别名。
† 希腊圣地，供奉宙斯与祈求神谕之所。

故而在神圣的仪式中，

公正的角色都是由女人担当。[7]

因此，苏格拉底时代的女性并不只在家中活动：很多出身最好的女性都是忙碌的女祭司。处女、妻子和老姑娘都是一样，这些女人都有实际的职责。如果她们很富有，那她们应该就会为蓄水池、柱廊和神庙的建设提供资金。她们还会为体育场和祭祀动物供油。[8]女祭司可能就是神庙钥匙的保管者，这是一项艰巨的工作，因为这些圣所还兼具着银行的功能，是社群公共财产的保险库。[9]神庙的钥匙相当巨大，很像是 20 世纪初的汽车启动手柄，在很多刻碑上，我们都能看到女人们自信地操弄着这些钥匙。

然后，通常是在晚上，女性宗教领袖会和她们的忠实拥趸聚到一起：这些妇女或姑娘们都带着最精美的筐子，有柳编的、青铜的、镀金的和银的，里面装着最珍贵、最神秘的东西。这颠覆了女人们此前在水井边费力汲水并用头顶水的形象，这些人有幸能携带最神圣的液体。

然而不可否认，其中的一些全女性活动在 21 世纪的人听来还是有点格格不入，比如地母节。这个节日的起源可以追溯到石器时代。已婚妇女（男性不许参加）会聚集在一起，参与一些多半很淫秽而极端的仪式。拜神者会互相辱骂，袒胸露乳，还会携带一些阴茎状的物品。她们会宰杀大量的乳猪和幼犬，并将尸体扔进一个地缝，几天后再挖出这些半腐烂的腥臭遗骸，将其作为祭品献给女神得墨忒尔（Demeter）。

有些雅典男人似乎对自家的女人感到有点惶恐，这也许并不奇怪。

我们可以回想一下。在那些神庙和圣所里，年轻女人的颂赞之声传遍天际，天空映衬着她们的石像，全城的石碑、雕像基座和墓碑上都印刻着她们的名字——她们显然是一股不可忽视的力量。在

245

大英博物馆里，有一根 3 英尺高的金制权杖和一条镶满了花朵的金色项链，以及一些即将迸裂的水果，都安放在一些长角女人的头像旁边。这些文物是在 19 世纪 70 年代的一次寻宝盗墓行动中获取的，所以其出处有些不明不白——但有一种解读相当合理，那就是这些文物属于一个司职赫拉女神崇拜的女祭司。[10] 雅典的一些在宗教方面格外重要的女性会佩戴无花果干串成的项链，这是她们生育能力的标志，另一些女人则因为她们"神赐"的美貌而被选中。她们的名字也透露出了这一点："Kallisto"，最美；"Megiste"，最伟大；"Chrysis"，金色；"Theodote"，神赐；[11] "Aristonoe"，最好。[12]

到了夜里，女性的仪式活动会成倍增加。当时的人认为女性不宜在光天化日下参与大强度的活动，而应在天黑后行动。在与葡萄酒、生育能力和性冲动相关的全女性节日——打谷节（Haloa）* 中，女人们似乎都会"照料"假阴茎（无怪乎这个节日会特别受妓女青睐）。黑暗中，年轻的姑娘在她们想象中的、阴茎形的潘神的陪伴下挨家挨户地歌唱，赞颂"伟大的母亲"（最古老的繁育女神†）。[13]年轻的和年老的女人还会在晚上列队行进，赞颂另一位来到这座城市的新神——来自弗里吉亚的"狡猾"的东方之神，萨巴齐奥斯（Sabazios）‡。[14] 阿佛洛狄忒的年幼信徒则会在晚上带着"篮中无法言表的供品"穿行于雅典卫城之中。还有一些恐怖的神祇，也就是"匿名女神们"，比如欧墨尼得斯（Eumenides）§ 这种可怕的生灵，即"仁慈者们"，更实在的名字应该是厄里倪厄斯（Erinyes），即"怨愤者们"，她们则会在晚上被女人们护送回冥界，我们可以想象，这些女人肯定都很感激自己携带的火炬所给予的宽慰。在仅限女人

---

* 阿提卡地区的一个节日，主要在厄琉息斯举办，以纪念得墨忒尔，狄俄尼索斯和波塞冬。

† 即得墨忒尔。

‡ 弗里吉亚人的主神，相当于他们的宙斯或狄俄尼索斯。

§ 古希腊神话中的复仇三女神。

参加的仪式中，人们会在日落后献祭幼犬，并将其扔进燃烧的地缝中，以安抚冥界女神赫卡忒（Hekate）。在阿多尼亚（Adonia），女人们会随阿佛洛狄忒一起哀悼美少年阿多尼斯的逝去，活动包括一场夜间的仪式、一场模仿葬礼的游行，以及此起彼伏的哀号和大口豪饮。在伯罗奔尼撒战争进入白热化阶段时，这些阿多尼斯崇拜者的悲痛之状曾被视为一种针对雅典人的可怕预兆。[15]

根据我们掌握的文献资料，在古雅典，值得尊重的女人都应该闭门不出，但事实上那些与众神携手同行的女人都是光彩夺目的，因为她们手持着祭司的金色权杖和手杖，主持着公民仪式，发出离世绝俗的长啸之声，使其弥漫于空中。她们会大声说话，当她们宰杀牺牲并切割其肉时，她们的手也闪耀着光芒。

246
　　我7岁时就成了雅典卫城上的一个小丫鬟，
　　后来我又舂捣过神圣的谷物；10岁的时候，
　　我为那位女奠基者脱下了番红花色长袍，在布劳隆（Brauron）的阿尔忒弥斯神庙扮成了小熊；
　　待到我长成一个美丽的少女，我便提着圣篮，
　　戴上了一条无花果干串成的项链。[16]

阿里斯托芬在戏剧《利西翠姐》中间部分的一个冷静而严肃的段落中列出了这份年表，它可以作为一种解释，以说明雅典人为何需要倾听女人的声音。在柏拉图的苏格拉底对话集中，我们看到了另一个仅存的雅典女性的范例，通过与这位哲学家的对话，她获得了一个高层次的发言平台。在哲学正典中，苏格拉底是个罕见的人物。无论如何，这个不同寻常、深思熟虑的男人和他的弟子柏拉图，实际上都被积极维系着民主雅典黄金时代的女性包围着，他们给了女性一次简短的发言机会。

37

小熊

布劳隆，雅典北部

女人是如此美丽，以至于看到她们就会伤到你的眼睛。

——希罗多德，《历史》（有改写），5.18

那么其他的女性公民如雅典的女孩、未婚女子和孀妇们呢？

每隔 4 年，苏格拉底就会在雅典市政广场和神道上见到一队队小小的临时流放者。她们的目的地是雅典以东的布劳隆，距雅典有 2 天的步行里程；对其中的很多人来说，这必定是一条漫漫长路，因为这些朝圣者大多是年幼的孩子。来自富裕家庭的 8 岁到 10 岁的女孩会被定期送到雅典娜之城的这处宗教圣所，作为"野生动物"生活 3 年到 5 年。

这些孩子被人称作"arktoi"，亦即小熊。她们披着兽皮，戴着头饰，有时还穿着深黄色的裙子，都被献给了处女猎神阿尔忒弥斯。这片遗址里的装饰瓶碎片表明这些赤身裸体的少女曾被身后的熊追着跑——她们可能和真正的野兽一起经历过这种仪式。这些姑娘有时会穿着短裤飞奔，有时则是光着身子。柏拉图对此颇为称许：他的理想城邦和斯巴达一样是鼓励年轻女子裸体参加赛跑和体育运动的。[1] 在布劳隆进行这种训练的目的就是要驱除这些孩子内心的野兽。她们在这所宗教寄宿学校度过的时光能够安抚节育的处子女神阿尔忒弥斯，这个保持着童贞的女猎手可以用弓箭射死分娩中的妇女。小熊们平日里有忙不完的琐事，她们都学会了一个合格的雅典妻子所理应承担的职责——在她们的这处圣所之家中，你至今仍可以看到她们睡过的宿舍（大家可以想象那儿有多么破旧）。

248　　　　这片神庙建筑群的遗迹现在十分宁静。今天，这里唯一的水声就是管道泄漏的声音，还有一丝溪流，灌溉着附近的田地。最近的发掘成果表明，在公元前 5 世纪中叶的鼎盛时期，这里曾装设过一座长 60 英尺的纪念喷泉，为圣水引流。那些覆盖着青苔的岩石是一种保护和背景，让人们想起了这处圣所的献身者所经受的原始洗礼。但我们还应该记住，在某些方面，这片圣地曾经很像是一座服装交易的前哨站。当妇女在分娩中死去时，她们的衣服就会被进献到这里，在这圣所周边搭着、挂着或存放着。这是送给无情的阿尔忒弥斯的一种柔软的礼物，再过几年，这些姑娘或许就要在可怕的分娩阵痛中向她呼喊了。[2] 信徒至今还会来到这片遗址边缘的一座美观小巧的拜占庭教堂，祈求那些古希腊女神的远亲圣母玛利亚助其分娩。

　　在伯罗奔尼撒战争期间，布劳隆在雅典卫城上的卫星圣所得到了扩建。出于政治上的考量，雅典人开始聚焦于布劳隆，这是一片颇有用处的战略要地，但由于雅典人口实际上正被旷日持久的战事所削弱，所以确保这些姑娘（社群的繁衍前景）的安全也是至关重要的。人们希望这些少女在布劳隆能抑制她们内心的野兽，学着欣赏身为雅典人妻的艰难现实。在 12 岁左右，这些情绪低落、精神萎靡的少女就会穿上朴素的衣服，回雅典找一位丈夫。

＊ ＊ ＊

苏格拉底似乎（以一种直截了当的务实态度）认为可以用一种更富想象力的方式让女性在社会中发挥作用。[3]

> 苏格拉底：有没有什么人，你托付给他的重要事情比你托付给妻子的还多？
>
> 克力托布勒斯：没有。
>
> 苏格拉底：有没有什么人，你和他说的话比你和妻子说的还少？
>
> 克力托布勒斯：只有几个，或者没有吧，我承认。
>
> 苏格拉底：你娶她的时候，她是不是还只是个孩子，几乎什么都没见过，什么都没听过？[4]

在这座城市艰难的战争岁月里，这位哲学家建议让一群妇女——他的一些朋友的亲眷——去从事羊毛加工的营生，赚取一份收入。[5]在《理想国》中，苏格拉底这个角色探讨了给予男女同等的教育机会，并让女人能够从事所有职业和行业所能创造的价值。[6] 249
柏拉图在《法律篇》中认为女人"常过着一种隐秘而阴暗的生活"，色诺芬也说她们是"在最逼仄的限制下长大的，从小受到的教养就是尽量少看少听，能不提问就不提问"，[7]苏格拉底乐于直视传统，或许他意识到了将半数以上的人作为弱者来养育是一种浪费。

在一次会饮期间（这是色诺芬的版本，不是柏拉图的版本），苏格拉底看到一名奴隶女孩儿表演了复杂的马戏团戏法（杂耍、扭曲身体和跳过交叉的剑），以娱乐现场众人，他插嘴道：

> 苏格拉底：女人的天性一点也不逊色于男人——除了领悟力

［推理，效率］和力量。所以你们当中谁要是有妻子，那么若想让她知道些什么，就自信地着手去教她吧。[8]

不过由于相隔了 2400 年，再考虑到当时那种颇具挑逗性的、充斥着性意味的环境，我们当然也很难判断色诺芬是不是带着讽刺的微笑让这位哲学家说了这句话。

苏格拉底和柏拉图（甚至是某种程度上的亚里士多德）很可能先后看到了女性在社会中也能精细而得体地处理繁杂的事务，做着阿里斯托芬列出的那些重要工作，然后想到"这有多浪费啊！"这些人的生产力可能还会更高……她们还可以通过其他方式为社会做出贡献。

柏拉图的《理想国》中还有一些更深入的对话，听听吧：

> 诚然，很多女人在很多事情上都比男人强。[9]

> 那么，如果我们要让女人和男人干同样的事，我们也必须教他们同样的东西。[10]

最让苏格拉底着迷的就是做人这件事。而在人这个种属中，他欣然地纳入了男女两性。所以他是很有人情味的，按色诺芬的说法，苏格拉底曾在拜访妓女狄奥多蒂（Theodote）时如此评论道：

> ……有好多迷人的侍女，她们绝对不会被人忽视……[11]

权且摘掉玫瑰色的眼镜吧：这位哲学家并不是古典时代的性革命倡导者，他还是会将女性比作马和奴隶。当时并没有什么原始的女权主义者，但苏格拉底确实有勇气越过正统，展望前路。而在有关其生活的文学叙述中，陡然闪现的那些重要女性也远多于这一时期与其他的"伟大男性"一同出现的女性。他的名字还与史上的一些确有其人的女性联结到了一起——不仅是通过性丑闻或道德丑闻而产生的联结（这通常就是女性被载入史册的形式），也是作为一名启迪者而产生的联结。看看公元前 4 世纪的一名年轻女子*的墓碑上所刻的铭文吧：

> 她是希腊的光辉，拥有海伦的美貌，瑟玛（Thirma）的美德，
> 亚里斯提卜（Aristippus）的妙笔，苏格拉底的灵魂和荷马的巧舌。[12]

苏格拉底与为人妻者、产婆及战争遗孀

据我们所知，苏格拉底的母亲是一名产婆。[13]苏格拉底或许是在一个天赋异禀的城市里孕育而生的，但他出生时并没有含着银勺子。菲娜丽特是一个"身强体壮的女人"，[14]她的结实体格很适合接生这种体力劳动。苏格拉底在 18 岁到 30 岁之间还住在父母家里（当时的雅典人普遍如此），他那时肯定目睹过母亲准备和从事这种困难却不可或缺的营生。这算不上什么珍贵的教益，他可能见过菲娜丽特准备药草（*pharmaka*，药物，一些有用的小东西）。薄荷油可用于催动子宫收缩，豆蔻籽调和物可以通过长长的芦苇秆来熏蒸子宫，还有石榴子宫托†。倘若在分娩中出了差错，孩子或母亲，或两者都不幸死去，他肯定也知道是怎么回事。他应该知道，在雅典，有些父母会抛弃刚出生的女儿，任凭其遭受风吹雨打。

雅典的国家考古博物馆里有一个很有价值的陈列柜，其中收藏

---

*　指昔兰尼的阿雷特（Arete of Cyrene），她是昔兰尼（今属利比亚）的一位女哲学家，从属于昔兰尼学派。

†　希波克拉底曾将处理过的石榴放进女性阴道以缓解子宫脱垂。

250

了各种分娩中的女性或产婆的雕塑。这通常都是一些粗制滥造的东西、一些社会记录，而不是什么炙手可热的古董。有很多仍未被学界公布，对于希腊历史的这个方面，早期的收藏家并没多少称颂的兴致。在一组特别粗糙的塑像中，有两个戴头巾的女人，一个女人轻轻抱着另一个女人的腿，坐看婴儿从其长裙下现身。这些赤陶纪念品并不华丽，却自有其价值。它们能提醒我们，分娩是一件多么生机勃勃又杂乱无章的事。

尽管如此，产婆（希腊语为"maia"）也确保了一个社群的存续。孩子一出生，产婆和她的伙伴们就会欢呼雀跃。如果是男孩儿，就要在门口别上一个橄榄花环；如果是女孩儿，就要在门口别上一簇羊毛——这是一种编织品的预示，雅典女性的大半生都要生产这种编织品。在古典时代，很多婴儿都会死亡，比例在 10% 到 30% 之间，剩下的也有死亡的风险，产婆的工作自然也要面对这种情况。

251　　若采信苏格拉底的表面说法，那么其家庭背景（父亲是石匠，母亲是产婆）就影响巨大了，毕竟他们都处于文明的第一线，一边催生公民，一边修造建筑来容纳他们。[15]

> 苏格拉底：我的助产术大抵和产婆的办法一样。唯一的区别在于我的病人是男人，而非女人。我关心的不是身体，而是临产的灵魂。我的技艺的最高境界是通过每一次检验来证明一个年轻人的思想产物是一种虚假的幻影，还是某种活生生的、真实的东西。我很像产婆，自己生不出智慧。人们对我的普遍指责是对的，尽管我会质问别人，但我什么也不能解答，因为我没有智慧。这是因为神强迫我行产婆之事，却又禁止我生育。[16]

苏格拉底没有任何幻想。他肯定知道，来到世间是一件多么血腥、恶心、煎熬和危险而美妙的事。他母亲回家时一定浑身都散发着分娩和死产带来的或甜蜜或刺鼻的气味。她回家时还会造成至少5 天的污染，只因为她曾身在分娩现场。在古希腊，人们认为分娩是妇女造成污染（*miasma*）的多种途径之一。

然而尽管他知道这一切，尽管他儿时年年都听着吟游诗人（史诗朗诵者）在村庄里施展魅力，激情地讲述着恶魔般的、放纵的和性狂热的女人的故事——海伦、克吕泰涅斯特拉（Klytemnestra）、美狄亚，一些推翻了英雄时代的阴谋家；尽管他会和雅典的那些小伙子（下一代公民）挤作一团，面红耳赤、汗流浃背地坐在炙热的炭火旁；尽管苏格拉底醒着的大部分时候都是在男性专用的体育场里度过的，或者仅仅和男性并肩作战，白天走在街上时显然也看不到体面的女性——尽管如此，苏格拉底对女性的态度似乎并没有因循守旧，而且相对来说是友好的。

* * *

因为在某种程度上，与苏格拉底有着非正统文学关系的女性人物并不是只有蒂奥提玛，苏格拉底与阿斯帕西娅的对话（显然）就很不寻常。柏拉图在《美涅克塞努篇》中就提到了这一点，有人怀疑苏格拉底对伯里克利的这位情妇的尊敬曾让柏拉图略微有点不适。在这篇对话中，二人展开了一场记忆比赛，看谁能回忆起一场演说的更多内容——苏格拉底转述了阿斯帕西娅的话，阿斯帕西娅则转述了伯里克利的那篇著名的葬礼演说词，据传这篇演说词就是她写的。

苏格拉底：但就在昨天，我就听阿斯帕西娅为这些人（死者）   252
完成了一篇葬礼演说词。因为她已经听到了你所说的雅典人要挑选演说者的公告，于是她就按既定的形式把演说的内容给我演练了一下，一部分是即兴的，另一部分是她事先准备好的，照我的想法，当时伯里克利发表的那篇祭文也出自她手；她把那篇讲稿中的一些杂乱的片段都拼凑进来了。

美涅克塞努：你能靠记忆把阿斯帕西娅的演说重述一遍吗？

苏格拉底：可以，只要我没记错，因为我的确也是边听她说边记下来的……[17]

这不仅是一场室内游戏。在人类发展的这个阶段，有着吟游诗人般的记忆力的人就是所有文明信息的储存库。智者之所以聪明，是因为他们拥有过人的记性。荷马的史诗——这块古希腊生活的试金石——就置入了荷马的大脑硬盘，又在公共广场、街角和私宅中被人复述。记忆力超强的头脑被人视为神赐的大礼。有意思的是，人们认为阿斯帕西娅就拥有这种天赋。

当然，男人们总是会嫉妒阿斯帕西娅。像许多雅典人看到的那样，这是个因雅典人的努斯而受益的闯入者，她悄悄地钻进了他们那位伟大的伯里克利的怀抱，然后"削弱了他的身体"。这个芳香扑鼻、满身珠宝的妓女啊。最近的一项考古发现表明，他们的看法可能只有一些微不足道的正当理由。在帕特农神庙，一件献给女神雅典娜的沉重的花哨首饰——一顶金冠——被刻上了"阿斯帕西娅之赠礼"的字样。[18] 即使在民主制下，男人和女人也有办法彰显他们特殊的或曾经特殊的身份。

在公元前 438 年至前 436 年，针对阿斯帕西娅的仇外情绪达到了顶峰。她因不敬神的罪名被告上了法庭，很可能是传闻中她与苏格拉底以及当时另一些更激进的哲学家的谈话给她招惹了祸端。[19] 与此同时，菲狄亚斯被控挪用公款，阿那克萨戈拉被控否认众神。按照敌对势力的说法，由于伯里克利出手干预，阿斯帕西娅获救了，还说伯里克利涕泪交垂，十分郁闷，对她的命运的关心甚至超过了对自己的关心。她或许没有受到法庭上的斥责，但雅典的剧作家对这段插曲的戏仿表明，苏格拉底与阿斯帕西娅的关联对这位哲学家绝不是什么好事。

蒂奥提玛（及阿斯帕西娅）和苏格拉底这几个人物似乎都对关系的潜力抱有热情的信念。柏拉图的对话清楚地表明，关系会让我们的世界变得更好。相互的付出会被爱所萦绕，也能孕育出爱。这种爱可以将婚姻、城市、国家和宗教都联结到一起。阿佛洛狄忒不仅资助了厄洛斯的毒箭，也提供了哈耳摩尼亚（Harmonia）*的棉纱。异性间的爱可以开辟出一条通往美德的道路。而若要谈到真实的人际关系，那么苏格拉底无疑是可以凭经验说话的。因为在这位哲学家在 30 岁到 35 岁之间结婚了（柏拉图认为适婚年龄应为 30 岁到 35 岁，亚里士多德则认为适婚年龄应为 37 岁）。

对阿洛佩克的苏格拉底来说，一旦选定了合适的伴侣，一系列世代不易的社交性和宗教性习俗就都要安排妥当。雅典婚礼的主要目的是使一男一女间的性结合（gamos）能够合法化。新郎和准新娘的父亲会以一次坚定的握手来达成这一协议。苏格拉底和他的"未婚妻"要进行一系列的婚前祭祀活动，通常会搭配一些祝祷阿佛洛狄忒的婚姻赞美诗和熏香。他们会在城里的几处水源——卡利洛厄（Kallirrhoe）†的圣泉或艾瑞丹诺斯河的河岸——洗涤自身。被圣水赋予了"额外"的生殖力之后，这些干净的男人和姑娘（大多数新娘都在 14 岁左右）都会在身上洒上香水——没药是最受喜爱的——两人都要戴上花环，新娘还要戴着面纱。

走进新娘家后，在香草的芬芳和丝带的渲染下，一场奇怪的宴饮就将开始了。男人和女人们各坐一边，吃着芝麻做的婚礼糕饼，

253

---

* 古希腊神话中的和谐女神，战神阿瑞斯和阿佛洛狄忒之女。
† 河流女神。

烤着祭祀动物，只待大快朵颐，还会唱起猥亵的歌曲（如同今日
的希腊婚礼，这整个过程可以持续 3 天），最后，新娘的父亲会把
女儿"交给"新郎。她会揭开自己的面纱，此时苏格拉底就算是
有了妻室。随后，婚礼游行队伍将会在喧闹中穿过城里的背街小巷，
来到苏格拉底的家，在此过程中，更多的雅典市民将成为这对新
人的见证人。

像他那个时代的其他新婚夫妇一样，这位哲学家也会沐浴在母
亲所抛撒的一片雹暴般的坚果、无花果、椰枣和硬币之中，这是为了
确保他的婚姻能够带来繁荣和子嗣。和其他人一样，他也可能会随
队伍来到阿佛洛狄忒天空圣所（Sanctuary of Aphrodite Ourania），
将一枚德拉克马银币存入一台婚礼专用的投币机器中——这机器如
今已被发现，最近就在新的雅典卫城博物馆中展出——这笔钱是为
了确保阿佛洛狄忒会祝福这场婚礼。在苏格拉底的新婚之夜，他的
母亲（他的新婚妻子的新婆母）会手持火炬带他走到床边。[20]

人们都记得他和那些美少年相伴的岁月，特别是亚西比得，他
们全都是一头金发，有着体育场里锤炼过的肌肉，眼中闪烁着会心
的光芒，却很容易忘记苏格拉底有一位妻子。但他确实有，赞西佩
（Xanthippe），一个在古代文献中被描绘成专横且唠叨的泼妇的女人。

38

赞西佩

阿洛佩克区，苏格拉底与赞西佩，约公元前420年

据说苏格拉底对几乎所有女人都非常反感，这要么是因为他天生就不喜与之为伴，要么就是因为他同时有两位妻子（这是雅典人通过的一项法令所允许的），正是她们使得他憎恶婚姻。

——奥卢斯·格利乌斯（Aulus Gellius），

《阿提卡之夜》，15.20.6[1]

在雅典，战争正玩弄着自己的统计游戏。伯罗奔尼撒战争爆发近10年后，雅典男性人口大幅减少。在这个城邦里，三分之一甚至有可能多达半数的男人都已死于瘟疫和战争。在过去的8年里，这座城市与斯巴达的近似程度已超出了它的想象。在斯巴达，城市的街道上挤满了女人，7岁到30岁之间的男人全都在他们的军营里受训。现在雅典娜之城也有了一种新的、与之类似的不平等，因为倒于斯巴达人剑下的男人实在太多了。

所以雅典的一些女性会有多个伴侣，阿斯帕西娅就是个中一例。虽然我们对她在伯里克利死后所遭逢的命运了解不多，但我们还是

知道她很快就成了一个羊贩子的配偶。不仅再婚，连重婚都是合法的，而且这种现象变得越来越普遍。不同的女性可以生育多个男人的孩子。从另一个角度来看，受过良好教育的女性也可以同时做别人的妻子和情妇。有些文献资料让我们相信苏格拉底也曾重婚。[2]

苏格拉底和欧里庇得斯都是公元前 5 世纪里众多重婚的雅典男人之一，据说是战时的环境允许他们成为重婚者的。这里有两种可能：其一，苏格拉底重婚的故事能大行其道，是因为这些故事顺理成章地强调了他的古怪和反常［以此来对付厌女症患者也有立竿见影之效。赞西佩之所以很泼辣，原因相当乏味，她不仅有一个贫穷的古怪丈夫，还要在家里照顾一个年纪更小的模特——一个叫米尔托（Myrto）的姑娘］；另一种可能就是这些故事都是真的。

据说苏格拉底的这两个年轻女眷吵得很凶（当时苏格拉底已年近 50，而赞西佩可能才 20 岁），当苏格拉底笑话她们在背后说的坏话时，她们"就会拉走他……说他是个最恶心的男人，鼻孔朝天，眉毛稀疏，肩膀多毛，还有一双罗圈腿。"[3]数个世纪以来，有一个小桥段给漫画家和雕刻师带来了极大的乐趣，讲的是赞西佩有次和这位让人抓狂的哲学家丈夫大吵了一架，然后火冒三丈，于是将便盆里的污物一股脑地倒在了苏格拉底头上；这位哲学家无可奈何地擦了擦额头，叹道："我一向知道打雷之后必是要下雨的。"[4]

然而这种荒唐的状况，这些流传至今的滑稽笑话所蕴含的或许并不只是一星半点的真相。这个时候的雅典肯定会让人想起 2002 年至 2010 年的喀布尔：街上满是衣衫褴褛、饱受战争蹂躏、戴着面纱的妇女，丈夫、兄弟或儿子全都不见踪影。雅典人最大的长处就是务实，这座城市需要恢复人口。事实上，没有这种准许重婚的法令反而比有这种法令更加奇怪。[5]柏拉图告诉我们，苏格拉底临终时，有 3 个孩子去监狱探望了他：朗普洛克莱（Lamprokles）——一个小伙子（meirakion），以及索福洛尼克斯（Sophroniskos）和梅内克塞诺斯（Menexenos），这两位还是小孩子（paidia）。就保持雅典人口的稳定而言，这种重婚的配置似乎起到了作用。苏格拉底子嗣间的年龄差确实可以用两个妻子来解释。古代文献中有关苏格拉底婚姻状况的信息十分混杂，这可能是因为重婚与许多道德之善的理想略有不搭。我们不应忘记，公元前5世纪的作家一般都不屑于谈论一个男人的婚内事务——所以赞西佩在柏拉图对话集的千言万语字中只被提及了2次。[6]

256

尽管如此，赞西佩［这个名字意为"金马般的"，所以她的出身肯定相对较高；例如，伯里克利的贵族父亲就名为赞西普斯（Xanthippos）］似乎并非贱民，而且她确实有些朋友。苏格拉底有一名追随者，名叫埃斯基涅斯（附带说一句，他是柏拉图的竞争对手之一）。埃斯基涅斯的作品流传甚广，直到公元2世纪末以后才淡出了人们的视野。据说，他自己的对话集实际上就是紧扣苏格拉底的对话衍生出来的，而苏格拉底的对话则是赞西佩在其夫遇害后为感谢埃斯基涅斯的友情而转达给他的。有趣的是，埃斯基涅斯对阿斯帕西娅的描绘似乎也带有一种不同寻常的同情与微妙感。

> 阿斯帕西娅与色诺芬开始了一场讨论。"我问你一个问题，色诺芬，"她说，"如果你的邻居有一匹马，比你的马更好，你会更喜欢自己的马还是他的马？""他的马。"色诺芬答道。"假如他有一个农场，比你的农场更好，我想知道你更喜欢哪个农场？""这还用问吗，"色诺芬不假思索地说道，"哪个最好就喜欢哪个。""假如他有一个妻子，比你的妻子更好，你会更喜欢他的妻子吗？"好吧，色诺芬对此保持了沉默。[7]

几乎可以肯定，古罗马时代的作家普鲁塔克就从埃斯基涅斯的作品中得出了这样的看法，即伯里克利和苏格拉底都被阿斯帕西娅

257

所吸引，因为她兼具了智慧（*sophe*）与精明（*politike*），或者说既明智又狡猾。埃斯基涅斯在公元前 5 世纪写就的未经改动的原作已经失传了，非常可惜，但从其字里行间还是能看出作者确实留下了一些有用的线索，让我们能够一窥苏格拉底的城市与生活的氛围。埃斯基涅斯与赞西佩的密切联系表明，她不仅仅是一个吹毛求疵的女人而已。

据我们所知，苏格拉底对赞西佩的态度并非异乎寻常。他说过要"掌控"她，仿佛她就是一匹精神抖擞的马一样。他好像很乐于让她自食其力，并没感受到赚钱养家的压力。即使我们掌握了少量的证据（他与蒂奥提玛和阿斯帕西娅的假定的关系，他允许赞西佩公开斥责他的说法，他认为女性应该在社会中发挥具体作用的信念），人们也依然觉得他的心在他周围的男人身上。

正是从苏格拉底与窃取了他的心的亚西比得的互动中，我们极多地了解了这位哲学家与其城市的关系，以及在临近公元前 5 世纪末时，这座城市是如何从内部开始分裂的。

39

亚西比得：头戴紫冠、目眩神迷

雅典，公元前416年

当我们用一根纱线将两杯水连接起来时，水总是会从满杯流到空杯里，如果智慧和水一样——那么，我觉得有机会坐在你旁边就是最大的奖赏了。你那奇妙的智慧很快就要灌注到我身上了。

——柏拉图，《会饮篇》，175d–e [1]

正是在这次会饮中，我们再次见到了苏格拉底故事中的另一位主角——亚西比得。

亚西比得在一个炎热的夜晚闯入了这场不朽的宴会。他喝得酩酊大醉，头上还戴着紫罗兰花冠（对他那泛着紫罗兰奶油香的金发——一种令人心神荡漾的双重甜蜜，苏格拉底怎能抗拒得了呢？）。但他是个鬼话连篇的美人。

苏格拉底：我求你了，阿伽通……可别让他伤害我哦！[2]

那么亚西比得为什么要在头上戴着这些美丽的花朵呢？在雅

典，崇拜得墨忒尔和狄俄尼索斯的男青年都会戴上这样一顶温柔而馥郁的花环。这位贵族是在为彻夜的豪饮做准备吗？几个世纪后，老普林尼（Pliny the Elder）会建议男人们戴上紫罗兰花环，这样可以驱散酒气，或缓解饮酒引发的头痛。这种植物实际上是一种紫色的康乃馨，在今天的雅典仍然生长得十分繁茂，在开怀畅饮的派对上也是最受青睐的一种饰品。

259　　　或者柏拉图是在提醒我们雅典本身的一个绰号——"戴着紫罗兰花冠的城市"？他或许就是在用雅典来类比亚西比得：美丽、声名狼藉、极度自信、性感迷人、芳香扑鼻、身带瑕疵和渴望战争，而且明显正在枯萎。

* * *

亚西比得是那些迷人的、魅力十足的历史人物之一，他们似乎总是会干些出格的事。男人和女人们显然都倾心于他。我们现有的唯一证据表明，有一个女人在这一时期提出过离婚，她就是亚西比得的妻子希帕里特（Hipparete）。亚西比得带过不少妓女回家，为表抗议，希帕里特离开了丈夫，搬到了她的兄弟卡里阿斯家中。这个忍耐已久的女人（独自）去找执政官登记离婚，结果不久就被亚西比得抓住，并拖回了他们的老家，有人认为这种拖拽很不光彩。

几个月后，这对夫妻就分居了。

光鲜、热情又自私的派对狂人亚西比得加剧了这个激进的新国家在"自由和平等"方面的裂痕。他的行为逐渐表明了一点：雅典的民主根本就是一种假象，而且向来如此。随着公元前5世纪的发展，这座城市的另一些人在着装上也提出了一些更为平等的看法，而亚西比得似乎就是很喜欢他的深紫色斗篷，一种"凝血"的颜色。他或许能容忍民主，却拒绝埋葬他那贵族式的特权和骄矜。这种紫色极其珍贵，自远古以来就是王者的标志，所以为阿提卡地区的大多数宗教习俗所不容。然而最卓异的宗教习俗——厄琉息斯秘仪——则规定他们的神职人员都应穿上一种紫色的披肩（phoinikis）。当亚西比得被控亵渎了厄琉息斯秘仪时，安多基德斯（Andocides）*也因在其中发挥的影响而饱受咒骂，据我们所知，祭司们就曾挥舞他们的紫色斗篷，往他身上猛拍。[3]

与雅典一样，亚西比得也极其渴望被关注，而且信心十足。公元前416年，他在奥林匹亚竞技会上参加了7场战车竞速赛，其中3场都名列前茅，分别为第一、第二和第四名。为他撰写胜利颂歌的不是别人，正是欧里庇得斯：

> 胜利的光芒如星闪耀，你的胜利让所有人的胜利都相形见绌。[4]

这位常胜英雄的肖像（由亚西比得本人委托创作）和他的马都被绘画大师阿利斯托丰（Aristophon）画在了卫城山门处，亦即卫城的入口。其作品实在令人瞩目，以至于人们都开始窃窃私语，说亚西比得要自封"僭主"。亚西比得与雅典娜之城还有一个相似之处，那就是他取得了巨大的成就，他对那种物质性民主的繁荣经济所创造的财富的运用也很令人向往。但这种炫耀的自信也引来了他人的嫉妒。那些看不惯亚西比得和另一些城邦的人显然也开始看不惯爱显摆又喜欢惹人注目的雅典了。

260

请注意，不要忘了雅典人是在史诗的熏陶中长大的。他们自小就为英雄时代的故事着迷，阿喀琉斯、大埃阿斯和奥德修斯等人都是人类中的巨人，他们的英雄事迹让这片土地变得光彩夺目。对有

---

* 古希腊演说家，曾发表《论秘仪》一文。

些人来说，亚西比得这样的人物似乎又将英雄气概带回了人间。他那极度的豪奢放逸也可以被解读为其准神性的一种标志，他的美貌则是众神亲赐的赠礼。

> 这一点毋庸置疑。假如某些男人的体格显现出了众神雕像一般的优越性，那么大家都会同意，其他人都应该成为他们的奴隶。[5]

这个带有英雄色彩的人物所激起的激情是剧烈的。亚西比得英俊、傲慢、贪图享乐、野心勃勃、不负责任、渴望权力和颓废堕落——然而苏格拉底并没有谴责这个男孩儿，他被他迷住了。亚西比得就是苏格拉底竭力要与之相伴的雅典。苏格拉底被这个"众城之女王"的所有令人兴奋的、世俗的和任人唯贤的特质所吸引（而且他自己也是出了名的"享乐主义者"），但他嗅出了它的弱点，他很担心那种要靠个人志向来驱动的东西的前景，也就是那个可以简便地称之为民主的东西。

即便亚西比得再怎么（不加掩饰地）自吹自擂，即便他有着无穷的魅力，也无法诱使苏格拉底就范，并将他与苏格拉底共度的时光打造成一桩爱情故事。这应该会是一个很棒的寓言故事。完美的心灵与完美的身体之间的邂逅。在《会饮篇》中，亚西比得坚称他想成为一个更好的人，而只有苏格拉底的魔力才能帮他达成这一目的。他又如雅典娜之城一样，充满潜力、功成名就，但仍在寻找道德罗盘上的位置：

> 对我来说，没有什么比成为我能成为的最好的人更重要的了，没有人比你更能帮我实现这一目标了……[6]

当晚，在众人聚饮正酣时，亚西比得与苏格拉底坐在一起；在

聚会结束时，亚西比得也和他躺在一起。亚西比得还忆起了另一个
夜晚，两人也是紧卧在一起，那大约是在参加波提狄亚战役的时候。
苏格拉底只有一件单薄的斗篷，但亚西比得却用自己的厚实披风裹
住了他。如亚西比得所说，这个精力充沛、性欲旺盛的年轻战士会
为苏格拉底所说的话而激动，而且即使在回忆他所说的话时也依然
会为之一振（"哪怕是眼下我说话的时候，我也会有这种感觉"[7]），
这个精力充沛、性欲旺盛的年轻战士决意占有他那个古怪的床伴。

　　我们都有过这种经历：黑暗，低语，看不见的肌肤之亲连接着
双方的肉体。然而苏格拉底却选择用他的心而不是身体来爱亚西比
得。他想生活在一个既能克制自身又能沉湎其中的雅典。因此，在
柏拉图的《会饮篇》中，苏格拉底拒绝了亚西比得的进一步动作。　261
对苏格拉底来说，这种爱的力量，这份阿佛洛狄忒赠予人类的棘手
礼物具有巨大的诱惑力。他意识到，当性欲让你发疯时，爱就会带
来麻烦（"*Mania*"就是一个可以指代一种性欲狂热的希腊单词）……

　　　"赫拉克勒斯啊！"色诺芬说，"你把一个吻的力量说得有多
可怕啊！"

　　　"这就让你大惊小怪了吗？"苏格拉底说。"难道你不知道，"
他说，"即使蝎子的个头还不到半个奥波尔大，但只要它们碰一
下谁的嘴，那也会让人们被撕心裂肺的疼痛折磨得死去活来，使
他们失去理智。"

　　　"没错，神灵作证，"色诺芬说，"这是因为蝎子蜇人的时候
会放毒。"

　　　"你这个笨蛋！"苏格拉底说，"你不觉得美少年们也在他
们的爱里放了些你看不见的毒吗？难道你不知道这种被人们称为
'风华正茂的美少年'的野兽比蝎子还危险得多？毕竟蝎子至少
还得靠接触来放毒，而这种野兽却能在远处下毒……但我建议你，

色诺芬，只要你看到哪个美少年，赶快逃吧。"[8]

当然，苏格拉底的哲学也不可能与色欲和性无关。在这个希腊世界里，肉体和精神是同一声细语中的两次呼吸。一个年长的男人给一个年轻的男人灌输美德，以此向他示爱，这种"好的"爱也可以用"坏的"身体之爱来补足。柏拉图容许苏格拉底的哲学中充斥着他那种性的色彩。即使是"坏的"爱也有更宏大的目的。对苏格拉底来说，性是用来达到目的的一种手段，一种繁育俊男的方式，也是繁育美女的方式（因为蒂奥提玛在《会饮篇》中提出了这个意见）。这种手段可以为这个美丽的城市增添人口，促进其发展。苏格拉底可能并未选择与亚西比得发生性关系，但他从未否认性本身的力量、目的或快感。[9]

柏拉图那戏剧性的《会饮篇》中的场景十分迷人，颇有启发性且引人深思，但其中人物的现实生活却要肮脏得多。

* * *

虽说有这样一些关乎爱和感情的谈论，但在这次历史性宴饮的暖墙之外，雅典人的处境并不顺利。在德里昂和安菲波利斯战败之后，雅典和斯巴达之间实现了3年的和平。然而在公元前418年夏，斯巴达人于曼提尼亚击败了阿尔戈斯人（Argives，雅典盟友）和雅典的军队。曼提尼亚位于雅典以南100英里处的一片宽阔的泛滥平原之上。当时被选为雅典将军的亚西比得已说服阿尔戈斯、曼提尼亚和伊利斯（在此阶段全都是民主城市）在伯罗奔尼撒半岛组成联军。斯巴达人理所当然地视其为威胁，并决定采取行动。双方的军队开始集结，在各自的营地里相互怒视。起初，斯巴达人曾企图烧毁曼提尼亚的庄稼，然后又威胁要改变其河流的河道，如此一来，这个城邦的田地就会被洪水淹没。一场拉锯式的游戏随即展开，双方都试图利用该地区变幻莫测的地形来为自身谋取军事优势。

对战的最后一天，在利基安山脉（Lyrkian mountains）的昏暗阴影下，斯巴达人凭借着战略优势歼灭了敌方的 1000 多名联军士兵，其中包括不少雅典人。抑郁的信使跑回母城，沿着雅典人菲迪皮德斯多年前在马拉松战役中为确保求得斯巴达援军而奔赴该地的路线折返，当时斯巴达和雅典还是友邦。他们身后的特基亚山谷（Tegean valley）并无美景可言，而且正遭受着缓慢的毁坏，农民仍然像 4000 年前一样在那里用泥砖建房，伴随着空中竞相乱舞的树叶，他们又回到了一个人们都开始失去使命感的城邦。在雅典被传颂为"全希腊的领袖和向往之地"时，伯里克利曾说过一些豪言壮语，但那些话显然已不堪回首。自公元前 416 年柏拉图完成《会饮篇》开始，雅典就已经是一个脆弱而暴躁的城邦了。人们不断靠投票将彼此逐出这座城市。贵族和民主派之间的关系也日趋紧张。在接下来的几年里，民众会阴暗地记起那些浮夸夜晚的传闻，想起当时苏格拉底和亚西比得等人喝着好酒，吃着美食，谈论着爱，而一个敌人正对雅典娜虎视眈眈。

这是对闭门言说或私密谈话的公开诋毁，然而正是这种交流给我们留下了柏拉图的对话集，让苏格拉底成了世界上最深入人心、也最广为人知的哲学家之一，不过这同时也使得他站在了当时舆论风潮的对立面。

在《会饮篇》末尾，亚西比得已经喝得东倒西歪，酩酊大醉，却仍要继续他的酒神狂欢。他就是他自身的一部讽刺作品，或如苏格拉底所说，就是一部羊人剧（satyr-play）*。他的驱动力就是对这

---

* 希腊戏剧中融合了滑稽和严肃素材的滑稽英雄剧，常放在悲剧三部曲之后演出，因歌队身披山羊皮，化装成半人半羊的森林之神而得名。

群闷室中的人的爱，以及他们对他的爱；毫无疑问，他想在这个炙
热的春夜达到兴奋的高潮。在历史上，大约也就是在《会饮篇》的
故事所设定的那段时间，亚西比得正在冒险逆风而行。他以其慷慨
激昂的演说和气壮山河的姿态在公民大会中享有了越来越大的影响
力，但人们已经对他所具备的影响力感到焦虑了，而他所取得的成
功也让人们心生嫉妒。公元前 416 年，他处在了被放逐的边缘。在
《会饮篇》中，他打破了这场宴会的约定，尽管其精彩的话语和对
爱之本质的深挖细究一直保持着这间男宾室的兴奋情绪，但他也带
来了某种（在希腊人看来）肮脏的不必要的东西，污染了那种高
档的氛围。他带来了一个妓女，一个吹笛女。这是一个阴暗的双关语。
当雅典的城墙最终被推倒、民主制度被摧毁、斯巴达人践踏雅典人
的家园时，这座城市的吹笛女或许已经厌倦了在成年后一直被充作
雅典民主派的乐妓性奴，她们将高喊胜利的口号，她们预示着"黄
金时代"雅典的终结。柏拉图暗示，正是亚西比得这样的人在用一
种错误的爱杀害雅典。

酒鬼

盗墓者知道怎样偷走所有顶级的宝贝。一家希腊博物馆的地下
室里存放着一个既美又大的酒杯，它是人们从一次非法文物交易中
抢救出来的。杯子的边沿环绕着精致的葡萄藤花边，上面绘制的男
人们紧紧躺在一起，亲密无间、充满信任，但在杯子中央却有一个
深蓝色的怪物——一个蛇发女妖，她做着鬼脸，透过大张的牙齿向
观者、饮者和席间人伸出了她那肿胀的舌头。这幅作品的创作时间
离苏格拉底饮鸩而死的那年很近，这个杯子提醒我们，对我们同胞
的过度的爱——在美酒和虚假的安全感和共同使命感的催眠下放松
了舌关，让人瞧见了我们格外欢愉的辰光——会导致怎样的恐怖后

果。围绕这次宴饮的恶臭谣言即将发挥毁灭性的作用，而那些紧张亢奋的集会也可能会导致纯粹的恶意。

＊　＊　＊

如果柏拉图给我们呈现的是一个被比作雅典的亚西比得，那么他的这种隐喻可以说是极其精准的。亚西比得，美丽而年轻的亚西比得，已经变成了一个贪婪、好战且腐败的人。驱使他的不是美德或努斯，而是自身的原始欲望。这位年轻的贵族以为自己想向苏格拉底学习，却选择了彻夜醉饮。像雅典一样，他在饮酒、狂欢和生死上都用力过猛了。

苏格拉底早已看出公民有多么容易陷入野蛮状态，以及人们在艰难时世中有多么喜欢畅所欲言。他奉劝他的雅典同胞应该有所节制，三思而后行，但他们似乎对此都充耳不闻。

> 苏格拉底：一个人若没有节制和善良，就不可能幸福。
>
> 亚西比得：确实不可能。
>
> 苏格拉底：所以坏人是很可悲的。
>
> 亚西比得：是的，非常对。
>
> 苏格拉底：因此，发财并不能让一个人摆脱不幸，学会节制才行。
>
> 亚西比得：显然如此。[10]

264

第七幕

砍倒最高的黍穗

18 世纪作家约翰·库珀（John Gilbert Cooper）的《苏格拉底的一生》（*The Life of Socrates*）一书中的插图，苏格拉底站在陪审团面前为自己申辩，正义女神的雕像就在他的身后。来源：美国国会图书馆（Library of Congress）。

40

米洛斯

公元前416年

苏格拉底：如果你觉得靠杀人就可以阻止任何人批评你没有过你应过的生活，那你就没有想明白。

——柏拉图，《申辩篇》，39d [1]

地理学上还有很多问题需要解答。有些地区可谓坐享天福，有些地区则背负着为人类文明提供原材料的重担。米洛斯岛（Melos）就是个中一例。这是一个很小的岛屿，事实证明，其地质构成既是一种红利，也是一种诅咒。

米洛斯岛位于爱琴海中心的一片旋涡形火山群岛——基克拉泽斯群岛的外围，自史前时代起，它就是文明的颜料盒。地球物理活动使得当地的岩石中会渗出硫黄、高岭土和石膏。在该岛的北部，海滩上至今仍遍布着如糖浆般浓黑的火山玻璃，黑曜石。自石器时代以来，这种火山玻璃在已知世界就一直很受欢迎。雅典对米洛斯的监控可谓年深日久。人们在劳里昂的发现表明，在青铜时代，阿提卡地区的希腊人就会用金属来交换黑曜石做的锋利小刀、箭头和外科手术刀，其用途已极为广泛。在古代，米洛斯的出口是至关重要的。如今，这个岛也靠向全球沙拉市场出售重晶石（用来催熟樱桃番茄）而获得了蓬勃发展。

米洛斯是一个奇怪、美丽，又有点令人不安的地方。在海滩上挖沙的孩子们发现，挖得越接近地表，沙子就越热，直至烫手的程度。这片小海湾里的蒸汽射流也有可能突然间把泳者的皮肤烫起水泡。1820年初春时节，举世闻名的米洛斯的维纳斯也是在这里被一位（惊讶的）锄地农民发现的，当时她正呆滞地半浸在一个洞穴里，被一片不起眼的灌木丛覆盖着。今天，在一片荒凉的山坡遗址上，野花密布，辛勤的蜜蜂嗡嗡作响，深红色的巨型多利克石块守护着已然湮没的人类聚居区。

这个古老的地方感觉就像一座鬼城，其中不无因由。

公元前416年，米洛斯人犯下了一个政治错误，他们自称很乐意延续自己"700年"的独立，不加入提洛同盟。此前10多年，雅典人一直在逼迫岛上的居民脱离该岛。早在公元前425年，雅典就对米洛斯应纳的贡品做了估算，但米洛斯人拒绝进贡。显然，米洛斯的独立就是雅典的一根肉中刺。伯罗奔尼撒战争的战火此时已经延烧多年，雅典人亟须把他们能够攫取的资金都揽入己手。在亚西比得及其小集团实际已经掌控了雅典公民大会的情况下，那个小岛和这个大陆上的超级大国展开了一场激烈的辩论。别忘了，米洛斯此时的处境相当不利。雅典人已经变得极其善于辩论，其公民大会上也不乏雄辩之辞，历史学家修昔底德早已评论过这些煽动民众的情况有多么危险。看看他对克勒翁在公民大会上的一次演说的记述吧。

> 在这类装腔作势的比赛中，奖品都归那些论辩老手们所有，而国家则是输家。这个责任全在你们，因为你们都愚蠢地鼓励这些竞争性的表现……如果将来有什么事需要完成，你们都要去听

一场有关这个话题的精彩演说才能权衡，至于过去的事，你们也
不是根据自己目睹的一手经验来判断，而是根据你们听到的一些
花言巧语来判断……你们最想干的事就是演说，如果做不到，你
们就会坐在那儿看，尽量显得自己好像比演说者多算了一步……
你们都要求改变自己的生活条件，但对这些条件的现况却只有非
常模糊的理解：你们是悦耳之辞的奴隶，你们更像是收费的公共
演说家的听众，而不像一个城市的议事会。[2]

为了让米洛斯人认清形势，雅典将一些最有说服力也最强硬的
谈判代表派往了这个小岛。这可能有些戏剧化，但此后米洛斯人和
雅典使节之间的对话可谓是世界文学中最发人深省的对话之一了。
作家修昔底德可能是为了戏剧效果而杜撰了这个场面，但戏剧的意
义就在于它可以呈现那个可怕的时刻：人们的态度变得强硬，爱已
无迹可寻，彼此间心生恨意。雅典人对公元前 418 年的曼提尼亚战
役的失利颇感刺痛，对米洛斯人亲近斯巴达人的事实也烦恼万分，
当他们听说米洛斯人仍然坚持独立，而且（有人怀疑）还记得米洛
斯人拥有惊人的自然资源的时候，普尼克斯山上的雅典公民大会（亚
西比得几乎肯定就在其中）便发出了怒吼之声，他们提出了一项暴
力动议：须以武力相威胁了。[3]

雅典动员了一支庞大的部队：共 2500 名重装步兵，320 名弓箭　　269
手，20 名精锐骑兵——其船头全部指向南方。[4]

在 5 月的某天，任何一个米洛斯人——牧羊人、矿工、面包师——
只要向北眺望那泛着珍珠白的天际线，都能看到一块让人忧心乃至
恐惧的污渍：38 艘三列桨战船（其中既有雅典自己的战船，也有盟
友进献的或雅典从盟友处扣押的船只），以及 3000 名士兵正在逼近。
这些战船疾驰而来，然后轻缓地驶入了米洛斯的天然港。

由于雅典人不想在地中海的中心地带看到这种胆大妄为的异常

现象，他们执意让米洛斯承认自己是雅典帝国的属国。米洛斯的寡头和地方法官拒绝让雅典人向其整个社群陈述现状——他们的人口并不多：在这个仅15英里长、10英里宽的岛屿上总共只有1600人左右。为什么会有这样的审查措施？或许是为了防止大规模恐慌的蔓延？相信他们可以规避暴行并达成某种互利的协议？防备民主的旗帜太轻易地插上这片领土？

修昔底德向我们讲述了他对随后那场对话的看法。米洛斯人承认，与雅典的军力对抗将会非常艰难，但他们将"相信众神"，他们将"尽力拯救自己"。雅典人的回答则令人齿冷。

> 我们所信的众神和我们所知的人类，都是凭借其天性的一种必然法则来统治他们所能统治的任何地方的。这法则并不是我们首创的，在它被创造出来之后，我们也不是第一个照此行事的。我们发现它早在我们之前就已存在，并将长存于后世。我们所做的只是利用它，我们很清楚，若你们或任何其他人拥有与我们同等的实力，那也会做得和我们一般无二。[5]

雅典人公开主张"强权统治"。除了自身军队的规模，他们并不需要无端侵略的其他理由。

修昔底德描写这场对话是不是为了表达他自己对道德辩论的敏感性，这在过去一直存在争议，将来也必是如此。但有一点可以肯定，其结果就是一场令人作呕的暴行，因为米洛斯人被围困了好几个月。米洛斯是个难啃的骨头，因为该岛在过去和现在都拥有一些巨大的优势。作为一座死火山的边沿，这里就像一处天然的堡垒，这堡垒有淡水流入（现今其村庄中的许多咖啡馆和房屋仍有自己的水井），参差不齐的火山岩组成的巨型队列守护着岛上的制高点——哈拉卡斯山（Mount Halakas）。但此地岩石的颜色，也就是那种干血的颜色，仿佛是一种预言。

　　米洛斯人熬过了一个严冬。然后疾病、饥饿和恐惧便笼罩了那 270
些幸存者。公元前 415 年，岛民们被迫回到了位于岛上一片未爆发
的熔岩顶端的瞭望台上，他们投降了。他们那些被煤烟熏黑的油灯、
镜子、发夹和长柄大镰刀——考古学家还在不断发现这些文物——
最后都留在了他们家中。[6] 如今，这些遗物都静静地躺在米洛斯的
市立博物馆里，它们就是一些被遗弃的普通人生命中的可悲碎片。

　　雅典人冷酷无情，事态最终演变成了一场血腥屠杀。他们发出
的命令是杀死所有能够站立的男人，奴役所有妇孺。

　　我们只能想象这场大屠杀，因为似乎没有一个男人能够幸存，
并给我们留下一份记录。[7]

41

受虐的断臂维纳斯

雅典，公元前415年

塔尔堤比俄斯（Talthybius）：

来吧，孩子；我同情你的母亲，但时辰到了。

别再抱着了。

你必须爬上你父亲的塔楼，走上最顶端的边缘，

按照判决，你必须在那儿结束你的生命。

把他带走。——像这样的差事

适合一个没有感情或不讲体面的男人；

我还不够残忍。

赫卡柏（Hecuba）：

噢，孩子啊，我那亡故的爱子的儿子，

你的命被凶手们从我们这里强夺了。

我们会变成什么样子？我能为你做点什么呢？

无非是撞头捶胸罢了——

这是我们能给的；如此而已了。

失去了城市，失去了孩子：现在还缺少怎样的苦难高潮呢？
难道我们没有一头扎进痛苦的深渊吗？[1]

——《特洛伊妇女》，782–798 行 *

雅典人拿下了一个新的岛屿，他们的双手鲜血淋漓。亚西比得还往米洛斯人的伤口上撒了一把盐，他带走一名失去亲人的米洛斯妇女供自己享乐，而且还让她怀上了一个儿子。[2]

> 亚西比得所犯下的罪恶达到了如此闻所未闻的地步，他先是建议将米洛斯人卖为奴隶，又从这些囚徒中买下了一个女人，让她生了一个儿子……一个孩子……他的父母却是彼此最势不两立的敌人，在他的这两个至亲中，一个犯下了最可怕的罪恶，另一个则承受了最可怕的暴行。[3]

272

正是在这一时期，我们能看出苏格拉底的那座城市开始无可挽回地破裂了。雅典人无疑被米洛斯岛的大屠杀搅得心神不宁。欧里庇得斯就在同年写下了他那部令人窒息而震撼的悲剧——《特洛伊妇女》。他本可以在大屠杀前的 7、8 月向首席执政官申请写作许可，但后来显然在前 416（或前 415）年的冬天改写了他的剧本，当时米洛斯人正承受着惨厉的伤痛。其故事场景设定于英雄时代，当时特洛伊已然陷落，希腊人正在向特洛伊人复仇——《特洛伊妇女》的故事接续于荷马史诗《伊利亚特》第 24 卷的末尾。不过它所引发的共鸣却是契合欧里庇得斯所属的时代的，欧里庇得斯的态度很明确。就很多方面而言，那些在米洛斯大屠杀这样的惨剧中被长矛、刀剑、棍棒砍死和打死的人还是幸运的。妇女们在战争中才承受了

---

* 欧里庇得斯写于公元前 416（或前 415）年米洛斯大屠杀前后。

最不人道的苦难，她们面临着漫长的流放、奴役、强奸以及被迫与子女分离的生活。这些妇女将被运往一个陌生的城市——雅典，或者在雅典市政广场里被卖到更远的地方。苏格拉底常在市政广场里闲逛，他肯定见过这些被他的朋友亚西比得的高压政策摧残的受害者。相互依偎的母亲和孩子、孤儿、丧子的母亲都用警惕的目光凝视着雅典娜之城。在狄俄尼索斯剧场里，那些戴着面具、在欧里庇得斯和索福克勒斯的悲剧中扮演"受虐妇女"的演员很可能也见过他们，其戏剧技艺正是模仿自这种破碎的生活。

有一名米洛斯男人逃脱了这场大屠杀，因为屠杀发生时，他正以外侨的身份藏身在雅典。他是一名哲学家，人称米洛斯的狄奥戈拉斯（Diagoras of Melos），在东地中海的那段相对平静的幸福岁月里，当思想和道德探究与贡银和战俘一样受到高度重视的时候，他曾对雅典娜之城颇为倾慕。

狄奥戈拉斯并没有被雅典人的三列桨战船消灭，可雅典人的偏执却将让他大难临头。因为在米洛斯大屠杀发生后的 2 年里，公民大会就呼吁在未经审判的情况下直接暗杀他，而狄奥戈拉斯则带着他那颗被悬赏的人头逃离了这个城邦。苏格拉底的罪不在其行为，而在其"言语"，但狄奥戈拉斯与之不同，多少个世纪以来，我们都不知道他的罪行到底是何种性质。[4] 不过最近的一项令人兴奋的发现或许能澄清这一点。

42

无意义的祭司：玩火

德尔维尼、希腊北部和雅典，公元前414年

> 阿那克萨戈拉因不敬日月而被公正地监禁了；你们公正而恰当地放逐了普罗泰戈拉，因为他竟问众神是否存在；你们做出了明智的承诺，要给杀掉狄奥戈拉斯的人提供报酬，因为他嘲笑厄琉息斯和那不可言喻的奥秘；但谁能说苏格拉底的哪本关于众神的书或哪次关于众神的辩论是违法的呢？你说不出来，阿尼图斯，即使你列举了无数被毁掉的智者，也依然定不了苏格拉底的罪。[1]
>
> ——利贝里乌斯（Libanius），
> 《苏格拉底的申辩》（*Apology*），154–155

在雅典和塞萨洛尼基之间的 E75 公路上，长长的车流络绎不绝。在德尔维尼（Derveni）的高速公路边寻找挖掘现场，这既是最吵闹，也是最有回报的旅程之一。1961 年至 1963 年，工人在这里拓宽道路时用十字镐挖出了一片让人完全意想不到的遗迹：一系列极其富有的贵族的坟墓。其中的 A11 号墓室现在已经用混凝土墙保护了起来，并且盖上了一层低矮的泥土。墓室内有很多杂乱的东西。一对

夫妻负责人（这两位钥匙保管人似乎没想到会有游客对他们照管的东西感兴趣，所以有点惊讶）很费了些劲才打开了金属格栅大门，因为这片墓葬的访客实在太少了。

你若是爬下去寻找那口尚在原地未动的石棺，那你的眼睛可需要好一会儿才能适应里面的黑暗。

1962 年 5 月，当石棺里的财宝首次被发现时，人们都实实在在地屏住了呼吸。根据考古学家的记录，当棺盖被移开时，挖掘者们都惊得叫嚷了起来。墓内有两个精铸的金色骨灰瓮，均为 2 英尺高，还有一些水晶装饰瓶，金色的冠冕和项链上装饰着纯棉的金色卷须，香水仍然芬芳。虽然墓主的名字已无处可寻，但很明显，这是一位富裕而有教养的贵族的坟墓。他不仅收集物质财富，也颇有思想上的旨趣。因为这里有一些与苏格拉底故事相关的珍宝，但这些宝贝太过纤细，几乎都要化为尘土了，那是一些烧焦的文字幽灵。

2400 年前，在德尔维尼的这口棺材的石盖上，一些紧紧卷着的莎草纸被烧毁了。这里面显然包含着一些情感，出于某种原因，这些情感对其主人意义重大——这些莎草纸也是有罪的，这就是它们在他死时会随其被付之一炬的原因。吟唱声（由专业吊唁者和获准出门的女眷唱出，作为对这一葬礼仪式的特殊优待）肯定会被火焰的爆裂声打断，人们相信火焰会让被火化的贵族的灵魂高升。墓主的肉身已不复存在，但这种强制的、炽烈的干燥也从这位无名贵族的葬礼柴堆中挽救了一些非同寻常的东西。我们如今都认识到了，那些卷起的莎草纸就代表着欧洲历史上幸存下来的最古老的书籍。

初看之下，这本书的残骸就像是一堆烧尽的篝火——仿佛引火后剩下的报纸残片，最初的发掘者对这些残片都不屑一顾。但后来人们在其中发现了少量的阿提卡希腊语中的词组，当塞萨洛尼基地区的考古学家小心地分开了那 200 张残片，拆开那如同炭块的焦黑纸卷时，一些优美而工整的希腊字母所组成的幽灵残迹开始显现了。

这些文字所讲述的故事极为夸张。其中描述了宙斯是如何强奸了他的母亲，又吃掉了海神的那根被切断的阴茎。没有人会过问这些故事的真实性，但作者还是在其中注入了一种寓意：暗示自然（*phusis*）和生命（*bios*），（如我们所知）都是从某种原始的情感旋涡中产生的。这些词语中都蕴含着魔力：女神"赫拉"（HERA）就等同于"天空"（希腊语为"*AER*"）等诸如此类。本质上，我们在德尔维尼所发现的就是一种全新的看待世界的方式；这发现就寓于那卷凝固在点燃时刻的导火纸中。这些被烧掉的诗作是一种令人心焦而费解的尝试，它试图将先锋的革命性科学思想与古老众神的存在相结合，正如人们所说，这就像 19 世纪的虔诚基督徒试图将《圣经》理解为一种遗传规律的寓言，以此来证明进化论的合理性一样。[2]

这份密封的证据打开了苏格拉底的世界。

* * *

考虑到当时那些活跃在雅典的人，及其有史可考的命运，很可能是米洛斯的狄奥戈拉斯（或他的圈中密友之一）写下了那些在德尔维尼的高速公路旁被人发现的书卷，那些经受了烈焰的美丽而复杂的字句。当时的当权者显然对这些神秘诗句中包含的思想颇感困扰，但在这片没有正统观念的土地上，并没有控告"异端"或"自由思想者"的机制。"heresy"（异端邪说）源自希腊语中的一个动词，意为"选取、做出一个选择"，而"blasphemy"（亵渎）在希腊语中的意思则是"说坏话"。在苏格拉底的时代，异端邪说是没有什么意义的。因此，在公元前 414 年，这些作品的作者狄奥戈拉斯（如果真是他的话）就被控犯下了另一项罪行，而这将成为苏格拉底获罪的一个先兆。他受到的指控即不承认这座城市的神灵，同时他还被丑化成了一个无神论者（a-theos），一个背弃了众神的人。[3]公民大会要悬赏他的人头。雅典娜之城对这名罪魁发出了通缉令，死活不论。就像那些幸免于雅典屠刀的岛上同胞一样，[4]狄奥戈拉斯如今也成了这世上首个民主国家的民主决策下的逃亡者。

此事发生后一年左右，阿里斯托芬在其戏剧《鸟》中玩笑般地说到了狄奥戈拉斯所受的迫害，其言语令人不寒而栗。不受欢迎的人们都将像鸣鸟一样被绳子串起来（剧作家的幻想），那些身陷困境的鸟都不再有翅膀飞翔。他在他那残酷而滑稽的诗歌中传达了这样的信息：

歌队长：在这个特别的日子，你们知道，咱们又听说了一个布告，说是无论你们当中有谁杀了米洛斯的狄奥戈拉斯，谁就能得到一个塔兰特的赏金。[5]

报信人：我要的是翅膀，翅膀！[6]

无神论和异端邪说的诞生

民主的雅典并没有宗教教义或者类似《圣经》的东西。没有信经，没有"我相信"，没有信条。在苏格拉底生活的那个时代，很多神与女神都会为赢得人们的关注而争风吃醋。每一位神都在不断地跟其他神争夺更多的献礼、牺牲和崇拜者。这些城邦都小得恰到好处，使得其公民都可以在一座座神殿和圣所间匆匆奔走，然后于日落前回家。重要的是信仰的行为，而不是信念本身。

尽管这些圣所内必然会有一些强大的宗教豪门，但并没有一个祭司阶层会为希腊诸神的万神殿维系和促进某种正统观念。人们可以随心所欲地解读宗教文本。亵渎的界限是很模糊的。民主制所鼓励的言论自由促进了哲学和精神上的启蒙，然而随后也引发了猎巫之举。

在苏格拉底早年的大多数日子里，这位哲学家及其小圈子肯定都会觉得他生对了时候。伯里克利可能是用铁腕开创和统御了一个帝国，但他也是一个认同思想扩张的人。他并不害怕深刻的思想家从雅典城墙外带来的那些惊人的原创理念。伯里克利亲身体验过偏执引发的后果，他母亲一生都承受着一种针对其家族的宗教诅咒。她所属的阿尔克马埃翁部族在马拉松战役后被指为波斯人的同党，其主要成员均遭流放。伯里克利是在流亡中度过了他的青春期。也许正是这些情况结合到一起，让这位将军对未来的力量产生了一种不同寻常的感觉。对大多数希腊人来说，未来是一种出自诸神之手的失控造物，过去才是安稳之基。伯里克利似乎意识到，活在历史之中而不是与历史相伴而活，这有可能会阻碍人类的发展。他由此才培养出了一种前瞻思维的文化。然而如前文所述，在苏格拉底和当时其他的大思想家——狄奥戈拉斯、阿那克萨戈拉、普罗泰戈拉等人——活跃的时代，自由意味着一种非常特殊的东西：它不是个人的自由，而是社群的自由、国家的自由。就现今的社会和政府而言，国家并不能决定言论自由、思想自由是否赋予了一个人冒犯的自由。

虽然雅典的民主生活起初非常宽容（毕竟苏格拉底能够在半个多世纪的时间里不受限制地活动），但新思想最终还是变得惹人厌憎了。雅典表面的开明心态下一直有一股暗流。在苏格拉底尚处于成长期时，阿那克萨戈拉就提出了太阳并非炽烈的赫利俄斯（Helios）*，而是一块炽热的石头。公民大会对他的意见感到好奇而

---

* 古希腊神话中的太阳神。

震惊，他们通过了一项法令，宣布天文学是亵渎神明的，禁止对其进行研究。无处不在的宗教信仰扭曲了当时的很多自由思想。人们随后也开始说三道四：政治上的僭政是不是实际已经被思想上的僭政取代了？雅典人试图巩固自身，他们不断地大兴土木，用汗水和砂浆支起军事屏障和砖石建筑，竭力让帝国的法条与世长存，但智者们和苏格拉底似乎更乐于在原子的水平上解构万物。[7]

277

　　德尔维尼的莎草纸和它的主人一起进了坟墓，还有一些文本则是从活人手中夺走的。古罗马的一个传说告诉我们，普罗泰戈拉一生最重要的作品——《论众神》（*On the Gods*）就被当众烧掉了。传令官呼吁所有收藏了这本书的人把它扔出家门，焚书的大火使得雅典市政广场里到处都是灰垢和烟雾。这部作品如今只剩下了第一句话，它是人们靠着记忆口耳相传下来的："关于众神，我既不能说他们是什么或不是什么，也不能说他们是如何成形的，因为有很多东西阻止了认知，比如对象的晦涩和生命的短暂。"[8]这些话确实很有煽动性。雅典人认为他们已经从历史上抹去了普罗泰戈拉的思想，随后便通过投票将他逐出他们的城市。如果这故事是真的，那么当"书籍"作为一种普遍的艺术形式出现在这个城邦的时候，雅典就已经开始焚书了。

　　那些在凯拉米克斯的城墙周围闲逛、与四处游历的智者交换新资讯的小伙子（包括苏格拉底在内）都很清楚他们正在触碰一些危险品。就像欧里庇得斯在他那部恐怖的（包括比喻性的和实际上的恐怖）、撕心裂肺的悲剧《酒神的女信徒》（*Bacchae*）中所描绘的那样，当理性主义走得太远，毁灭的本能就开始笼盖光芒了。

　　　泰瑞西亚斯（Teiresias）：我不会用花言巧语来断言或想象天堂的力量。我们从祖先那里继承下来的信仰与时间本身一样古老，这信仰不会因理性而被抛弃，不会！哪怕它是机智和诡辩所催生的最精妙的构想。也许有人会说我为老不尊，头发灰白还戴着常春藤跳舞；此言差矣，因为那位神*可没有规定该跳舞的是老人还是年轻人，他想获得我们每一个人的敬意，又蔑视那些精打细算地崇拜他的方式。[9]

当然，还有很多我们从未听说过的激进思想家，许多思想甚至在被载入史册之前就被烧毁或打倒了。这一时期被标榜为启蒙的黎明，但这也是第一次给人贴上了无神论者标签的时代，一个以民主的方式支持审查的时代。在接下来的 1500 年里，这里依然取得了无与伦比的智识进步。然而雅典人却为他们在战争中的失利而感到羞愧，对他们自己的政治制度所给予他们的自由感到困惑，从公元前 415 年左右开始，雅典人就选择了压迫而非自由的思考。在约公元前 415 年以后，不再需要陶片放逐法了，因为现在国家可以随意进行打击和审查。苏格拉底之死是在长达 10 多年的思想和政治迫害的尾声中发生的。我们绝不能忘记，苏格拉底虽是雅典人压迫下最著名的受害者，但像他这样的人肯定还有很多——或许有数百人——他们的名字都消失在历史长河中了。雅典的故事，乃至人类思想发展的故事原本很可能是另一副模样。然而雅典人的实验自那时起便陷入了僵局。

278

* * *

但就像诸如此类的事情一样，雅典城内的迫害和对米洛斯这个五彩缤纷的小火山岛展开的屠杀似乎也让雅典人产生了更具侵略性的扩张欲望。在公民大会上，习惯以军功凌驾他人的贵族们又一次

---

* 即酒神狄俄尼索斯。

携手并肩，远眺大海。亚西比得就站在他们中间。公元前415年，这是米洛斯事件发生后的第二年，是柏拉图笔下的那场设定于公元前5世纪的会饮结束后的第二年，也是这位贵族在奥林匹亚竞技会上让对手们大败后的第二年，一向爱出风头的亚西比得亲赴前线，将自己置入了一幅真正的史诗规模的戏剧背景之中。此刻，他把目光投向了一个更大的奖品：西西里。

在15年多的时间里，亚西比得一直于齐膝深的希腊人和野蛮人的鲜血中跋涉。他的英雄壮举令雅典民众深表钦佩，同时在这个城邦里也惹来了四面八方的嫉恨。复仇三女神盯上了他，但他还没有倒台。在那些受公民大会之令、准备对外发起侵略的雅典军队中，出征西西里的军队的建制是"迄今为止由单个城邦所装备的军队中最昂贵、最壮观的"。[10]

然而这支壮观的大军注定要折戟沉沙。雅典国家考古博物馆里有许多令人伤感的文物，但其中最让人难过的是一块墓碑，它隐匿在一楼的一个出入口旁边。[11]这块高4英尺的石块是在比雷埃夫斯港一带被人发现的，其设计独到，十分美观。上面绘刻了一名男青年——一个瘦小的身影——坐在一片狂风肆虐、空空荡荡的风景中。我们能看到他的名字，刻的是"德米特里奥斯（Demetrios）之子德莫克里德斯（Demokleides）"。德莫克里德斯双手抱头，头盔放在身后。远处有一艘美丽的船，以及一片深邃浩瀚的大海。这名年轻士兵哀悼的是他自己的死亡，他是在一场海战中为这个城邦牺牲的众多雅典人之一。德尔斐神谕所预言的那些将保障雅典安全的"木墙"——雅典的三列桨战船——正慢慢化为水中漂浮的棺材，而西西里周围的海域不久就会成为它们的墓地。

43

西西里

公元前416年或前415年

歌队：

……城中心的街道上

传出了一声像是被掐住了喉咙的死亡尖叫；

哆嗦的孩子紧紧抓住母亲的袍摆；

战神从他那隐秘的藏身处*出动了；

处女帕拉斯（Pallas）†的杰作成功了。

男人们倒在血泊之中，他们僵死的双手还紧扣着祭坛；

那脑袋刚从枕头上抬起

就毫无防备地从断颈上滚落；

除了死者，还有胜利者的欲望

为希腊的一个儿子播下了种子，

---

* 指木马。

† 即雅典娜。

又用特洛伊的绝望泪水浇灌了它……

——《特洛伊妇女》，第 555–567 行，

欧里庇得斯作于入侵西西里事件前两个月[1]

9 月的雅典，月亮色似血橙，秋风已开始扬起地上的尘土。

回到公元前 416 年的初秋，在这个一年中让人感觉最多变的时节里，雅典的公民大会为一项疯狂而自大的计划展开了辩论。雅典一直缺粮。从一些"二战"期间的航空谍照上可以看出当地古代梯田的残留痕迹，这些细薄的田垄都开在这座城市周边的山坡上，古人们就曾试图从这些多石而无用的土地上哄弄出一些食物。[2] 与斯巴达不同，雅典无法夸耀自己拥有大片平坦肥沃的土地，但雅典民众也需要吃饭。

在民主启蒙的大旗下，这个城邦一直施行着一种几无掩饰的抢地政策。结果就产生了一种雅典特有的现象，叫作"clerouchia"或拓殖地（clerouchies）。这些定居点——一种精致且带有侵略性的希腊殖民地形式——已经在整个地中海盆地建立起来了。一支雅典军队会来到一片新的领地（优卑亚岛就是一个很好的例子，其字面意思就是"富产阉牛"），并以民主实验的名义索取其肥沃的耕地。每当这座母城的军队到来时，当地人就要被迫离开他们的土地。雅典当局仅在优卑亚岛一地就制造了 5 万名难民，难民总数至少有 50 万；这些无家可归的男人、女人和儿童在东地中海艰难跋涉，恐惧地寻找着可以称之为家园的新土地。在优卑亚岛上，一些古雅典人的堡垒还有待挖掘，它们曾由民主士兵值守，看护着居于异地的雅典地主们在优卑亚岛上的农田。如今，剩下的少量砖石砌块都紧附于岩面之上，其隆突很容易被人忽视。不过一旦人们开始探究这些建筑的覆盖区域，它们的规模就显而易见了。这些驻防地人员充足——地上堆满了陶器，那是数代的雅典领薪士兵所丢弃的烹饪锅，他们

280

曾住在这里，守卫着雅典新夺取的土地。待到优卑亚岛上的遗址得到充分挖掘之后，它肯定能为这场民主实验的贪婪本质提供不少佐证。

当然，无论给雅典的帝国主义冠以什么名号，它都离不开贵族的野心和民众的供养。雅典的旧式寡头们，即骑兵阶层，都会站在山上眺望大海——这是一个贵族竞争的良机，土地的攫取和人头的统计可以证明你有能力创造战略奇迹，你是祖先忒修斯的名副其实的后裔。

因此，我们或许可以想象一下，在公元前416年的一个夜晚，星光闪耀的贵族亚西比得站在雅典的一个制高点上，从雅典卫城外拥挤的城市景观一直望向比雷埃夫斯湾和波澜起伏的大海。这在今日和当时都是一幅激动人心的景象。那地平线之外还有些怎样的陆地呢？波斯似乎是不可征服的，公元前459（或前454）年的埃及远征也遭遇惨败，那么太阳落山的地方呢？每年此时都泛着玉米黄的西方呢？[3]

在意大利的脚趾部位和非洲北岸之间的那片波涛汹涌的海域中，有一个草木繁茂的大岛：西西里岛。那年秋天，就在当地的小麦、大麦和燕麦都开始成熟之时，雅典人把西西里列入了征服名单中的首位。

西西里战役打响了。

今天的比雷埃夫斯港依然繁忙，直到2000年，这里还是人流熙攘，不过现在它已经被拽入了现代，实现了机械化。集装箱不再需要脚夫来搬运了，奥运会的整顿工作也让过去那些在人们等待登船时兜售盗版太阳镜和光盘的非法移民都销声匿迹了。旅客可以乘车进入那些200英尺长的船只，然后前往希腊诸岛。除了匆忙上船的乘客，这里几乎不见人影。

公元前415年春季的那天，也就是给那些战船送行的前夕，场面肯定非同一般。港口周围的圣所里堆满了礼拜者的小玩意儿。修昔底德告诉我们，这个港口的城墙上全是热切的围观者。公民、外国人、外邦人和盟友——修昔底德给我们的印象是，所有能走路或骑马的人都会去这个港口瞻仰。如果苏格拉底不在这里，那反倒很奇怪，尤其是考虑到这个计划还是由他曾经的知己、风度翩翩的亚西比得主导的。这就是实践中的雅典民主。一支公民军会经由他们的父亲、兄弟和他们自己在一次民主的公民大会中举手表决后投身战场，这是一种民主力量的展示。人们备好了金银器皿，只待向大海泼洒祭酒，每个士兵都在甲胄上做足了功夫，这使得"它看起来更像是对雅典的实力和伟大的一种炫示，而不是一次针对敌人的远征"。[4]

　　作为雅典盛行的贵族独占鳌头的象征，船主们都在其船首上雕刻了特别华丽的艏饰像，船身也都鲜艳夺目。骑兵和他们的马——这些马无疑被周围的噪声和海水吓坏了——都铮铮有声地进入了一些船只的储藏区。西西里远征军（实际上就是亚西比得的一场虚荣的计划，是贵族权力的一种展示）即将在人声鼎沸中离开比雷埃夫斯。人们吹响了号角，清理了嗓子，唱起了一首众口称颂的赞美诗。

　　但其中有一个问题。雅典及其僵化的传统宗教周期不能中断。当时正值城里的女人敬拜阿多尼斯的月份。在一场（对我们而言有点怪异的）人为模拟阿多尼斯生平的重演中，女人们会种上几小排蔬菜，但不浇水。他们会眼睁睁地看着这些蔬菜枯萎并死亡，然后哀悼他们的重大损失。这是期望之死，是一个美少年的死亡，是让城邦和母亲们都惧怕的事；这全是世界的错，但这世界原本就是如此。作为这场仪式的高潮，一尊神圣的阿多尼斯的肖像——一种在人们心中更高大、更闪耀的生灵，一种人类都引为楷模的典范——将被包起来扔进大海。[5]

　　在那个秋夜，这些仪式是不能中断的，因为这类打破常规的变化可能会冒犯众神，所以女人们的声音整夜都响彻天际，呐喊、尖叫和哀号声此起彼伏。雅典就像一个巨大的礼堂，马蹄铁形的群山让喧闹声在此间回荡，雅典卫城的石灰岩则充当着一块巨大的共鸣板。如今，在这个嘈杂的现代都市里，呐喊和恐惧的呼喊仍会像低矮的云层一样悬于空中。

当女性因失去青年男性而扯面尖叫时，这绝不可能是什么好兆头。但无论如何，134 艘战船、5100 名重装步兵、700 名投石手、30 名骑兵、30 匹马和 30 艘货船已经做好了出发的准备。大批的人群都来到海岸，向他们挥手告别，大家在比雷埃夫斯的码头边点燃了火炬，又洒酒祭奠，一种行进中的文明的辛辣而甜蜜的气味在空中弥漫。

* * *

但这些群众中的一些知情人士却默不作声。就在前一天夜里，城里发生了一件不祥之事。当时雅典尚在酣睡，有人（也有传闻说是有些东西）曾悄悄地穿行于街巷。在这座城市的每个路口——雅典市政广场的国王柱廊外、公共墓地的边缘，阿佛洛狄忒和珀伊托的神庙下——那些留着胡须、半带微笑和真人大小的男性大理石雕像——赫尔墨斯半身像（他们那勃起的阴茎就是他们给这座城市带来了好运和力量的证明）都受到了严重的破坏。

这些光滑、冷静而强壮的石人遭到了金属的劈砍，此时它们都被人用布蒙了起来。在这样的骚乱下，城里的狗一定曾接二连三地吠叫。但或许是这些潜行于各处的人影看起来太过恐怖，以至所向披靡，使得这些奇怪的毁坏行动不但没有受到阻拦，也没有人被捕。结果在默许之下，这种奇怪而可怕的亵渎之举便愈演愈烈。此时，地上全是大理石的碎块、油漆的碎渣和用来渎神的工具碎片。这座城市里的许多赫尔墨斯半身像的鼻子——有时是其阴茎——都被砸碎了。

即使是最圆滑的占卜师或皮提亚女祭司也无法将其解释为一个好兆头了。那些以灵性护佑人们旅途一帆风顺的雕像现在已经变得脆弱而残缺，不复当年之勇。听说这一丑闻的临别士兵们都是一脸的阴郁。

但后来情况有了好转。整个航程畅行无阻，已在科西拉集结的盟军舰队也顺利渡海。指挥雅典舰队的高级军官尼西亚斯在出发前虽然身体欠佳，但似乎也得到了妥善的处理。没有任何集结的军队在那儿等着剿灭雅典联军（共 25000 人），西西里人的斯巴达盟友显然并未出现。军队的登陆十分顺利，该岛这一侧的草场和枝叶尤其繁茂，那里生长的是一片绣线菊。雅典人或许已厌倦了屠杀，或许是觉得无须再重复米洛斯的旧事了，总而言之，他们干了两件非常奇怪的事。他们对这场战役的态度有点像是在执行一次侦查任务，仿佛是一些地产开发商在这片海岸上前行。

他们没有发起攻击：看起来这就是一次礼貌的入侵。他们的身边有最优秀的人，身后则是一路的顺风。他们没有为难当地居民，而是开始沿着西西里的东海岸呈扇形散布开来。没有人自鸣得意，这当然是一次诡诈的行动，但仍然……雅典的重装步兵和他们的贵族领袖似乎终于重拾了一些英雄气概，使得他们至今仍能在帕特农神庙的大理石和精美的彩绘陶罐上永垂不朽。

然后，菲墨（谣言）便以她的口臭污染了空气。就在雅典的船只向西开进之时，其母城的人们开始议论纷纷了。有人在一次专门传播小道消息的、恶臭的宴饮中听到了一些事情，说是金发的亚西比得，那个让人生气的、美丽的、拥有特权的男孩儿，那个古怪的老苏格拉底的仰慕者，那个寡头和斯巴达人的口齿不清的情人，他嘲笑过众神。不仅是路边神龛里的神灵，还有女神得墨忒尔本尊，

在厄琉息斯为这位女性举行的神圣秘仪会承诺给你一个来世，并且
让你被雅典社会的"有钱人"所接纳。他们谣传他曾私自在家中举
行过厄琉息斯秘仪，更糟糕的是，还有人窃窃私语，说在舰队启航
的前一天晚上，不是别人，正是亚西比得和他那帮乌七八糟的特权
船员在城里横冲直撞，毁掉了那些赫尔墨斯半身像——海外雅典人
的安全图腾。

　　他们开始说了：真是个自以为是的傻子，一个油光水滑的、亵
渎神明的、危险的闪电。我们要召回他，我们要指控他，我们——
也就是那些和老病妇孺们一起留在城里的无能之辈——将会表明我
们都憋了一肚子的火。

　　由此，亚西比得必须返回接受审判的消息就被发了出去。

　　听到这个消息后，亚西比得用最为惊人的两指敬礼手势做了答
复。他究竟凭什么要悄悄返回这座城市，被控一项死罪：渎神和叛
国罪？修昔底德告诉我们，这位将军还曾计划在攻下西西里之后再
夺取迦太基，一旦获胜，那么整个非洲大陆都将在他面前展开，更
不用说西班牙和更远的地方了。无所畏惧的亚西比得正在征服世界
的轨道上，所以他几乎不可能愿意顺从地匆匆返回，然后接受温和
的惩罚——或者更糟。也许，只是也许，这个轻率的举动触到了他
的痛处，毕竟这位金童是可以作恶的，受伤的自尊往往都会溃烂。
所以亚西比得就做了一件非常大胆的事：他连夜溜走了。他最终的
下落震惊了所有人。

　　他表面上似乎是要启航回家。他的船就停靠在图里伊（Thurii，
雅典新殖民的一座城市，创建于公元前 446 年至前 443 年，有很多
希腊名流在此定居，历史学家希罗多德就是其中之一）。可随后亚
西比得就消失了。与当时的许多定居点一样，图里伊既培养出了亲
雅典分子，也催生了反雅典分子，当地的某些人显然已被买通，并
且获得了堪称慷慨的报酬，为其掩盖踪迹。人们再次听闻亚西比得

284

的名字时，他已投入了雅典死敌的怀抱，首先是伊利斯，然后正是那座没有城墙的城邦——斯巴达。

雅典人暴怒了，我们已经找到了他们愤怒的铁证。在雅典市政广场里被回收利用的那些粗糙的建筑材料里，有一块约 3 英尺高的石块，[6] 上面就铭刻着亚西比得的耻辱行径。石块上的文字直斥这位贵族是民主之敌，在雅典卫城上，它就那么傲然地展现在众人眼前。亚西比得及其直系圈子的财物均被没收。他的庄园，乃至他的 22 件长袍都被拍卖了。他的名字在各处圣所和雅典市政广场等公共场所都受到了祭司的诅咒，任何想要跟他接触的雅典人都会受到永久的玷污。[7] 他被判处了死刑。看起来亚西比得已经断绝了自己所有的后路。

苏格拉底的影响显然在他的这位门生身上留下了印迹，尽管其结果很难得到这位哲学家的宽恕。为什么要做那些了无新意的事？为什么要盲目地走正统道路呢？如果你对自己的所作所为感觉良好，那为什么不颠覆传统，去贯彻自己的道路呢？苏格拉底曾在雅典市政广场教导过年轻人，也告诫过士兵和酒宴宾朋，男人需要独立思考。好吧，没有人能指责亚西比得是个从众的人。他本质上就是一个与众不同的人。

现在雅典人需要多加小心了。在敌方阵营的核心，他们多了一个心怀愤恨、见多识广和魅力超群的叛徒。由于怀疑亚西比得，他们失去了唯一一个确保能鼓舞那些民主士兵在异国他乡浴血奋战的人。大意了！

亚西比得并没有浪费时间。凭借着自己新发掘的反叛之力，他显出了神气十足的派头——他设法同时恫吓了他的同胞和斯巴达人。这位年轻的贵族警告斯巴达，雅典意欲占领伯罗奔尼撒的野心是无穷的。他们的女人将被雅典男人搞大肚子，他们的少年战士将被迫在雅典人的奴役下奔赴战场。去西西里吧，他说，我手下的重装步兵遍布各处，但他们携带的武器还不足一半。派出你们的外交官和代理人（proxenoi）*去告诉爱琴海的其他各邦，胆大妄为、好管闲事的雅典已是步履蹒跚了。你们要进入一个能俯瞰该城邦的瞭望点：直接前往雅典以北的阿提卡城镇狄凯里亚（Decelea）。

* * *

回头再看雅典，在小巷和庭院里，在雅典市政广场中，在公民大会上，恐慌和流言都交织在一起。宗教的偏执加剧了。赫尔墨斯半身像已受玷污，神圣的秘仪也遭到了嘲弄。这座城市的花朵、这个雅典青年已奔赴海外，被一个鄙视雅典娜及其麾下民主派的男人（至少人们是这么说的）引诱出走了。这个青年曾竭力从内部玷污这座城市，但他已经逃到了拉科尼亚人的土地上（这样他就不会被他散播在雅典各个街道和圣所的污秽所困了）。告密者都跃跃欲试。这个民主城邦早期的宽容政策都被遗忘了。很多公民都经受了酷刑，并遭到处决。原教旨主义者们叫嚣着应不经审判就处死宗教激进分子。主持厄琉息斯秘仪的祭司也为这场猎巫行动出了一份力。近100年后，亚里士多德也将逃离这些厄琉息斯的精英。公元前322年，厄琉息斯的祭司团对这位公元前4世纪的哲学家提出了不敬神的指控，由于担心自己有性命之虞，他离开了雅典，并且明确地表示，他不会让雅典人"再一次犯下反哲学的罪行"。[8]那些一直在捣弄宗教观念的思想家最先受到了怀疑，米洛斯的狄奥戈拉斯也正是在此时背负着人头悬赏逃离了这座城市。

当雅典人被困在城墙之内，任由人们煽动焦虑和偏执情绪并以其取代宗教和思想探索的时候，亚西比得正在斯巴达这座没有边界

---

* 这些代理人就是甲邦安置在乙邦以关照甲邦利益的人物，类似于如今的领事。

的城市里漫步。记住，这个男人有一个斯巴达名字和一个斯巴达的乳母——就很多方面来说，他肯定会觉得自己仿佛回到了家。雅典人怒不可遏。雅典娜之城此时正在三条战线上作战：对抗斯巴达，对抗复兴的波斯，还要对抗其内部的敌人。

那曾经约束并利用贵族的竞争天性以造福人民的卓越体制，如今已变成了一个让它的某些天才投入敌人怀抱的政权。这种轮流统治和被统治的方式或许并不总是奏效的。嫉妒是雅典的一位新神，嫉妒现在统治了这座黄金之城。

44

血染长河

西西里，公元前414—前413年

[西西里人] 采取了特别的手段，
让雅典人陷入了可怕而恶劣的状况。

这是希腊人在这场战争中发起的最大的行动，
在我看来，也是我们所知的希腊历史上最大的行动——
对胜利者来说是最辉煌的成功，对战败者来说则最惨重的失败；
因为他们一败涂地；他们承受着巨大的苦难；
用俗话说，他们就是满盘皆输了；陆军、海军，
一切都被摧毁了，在众人之中，只有少数人回来。
西西里的事件就这样结束了。

——修昔底德，《伯罗奔尼撒战争史》第 7 卷结尾，7.87[1]

与此同时，西西里岛，这个曾经被大多数希腊人视为遥远的西部文明前哨的岛屿已经变成了一片杀戮之地。雅典人过高地估计了自己的实力。

尼西亚斯将军难忍肾病之痛，于是请求将他撤回。他还发出了一条消息，要求增援，结果得到的命令是让他留守原地，抵达的援军规模虽很可观，但遗憾的是其军力依然不足。这场战役已经进行了 3 年，希腊各处的城邦对其军事风向都已开始有所察觉，现在越来越多的城邦加入了斯巴达人的同盟，而不是雅典人的同盟。尼西亚斯做出了返乡的决定，但随后，一个出人意料的预兆出现了：在公元前 413 年 8 月 27 日的夜里，明亮的满月突然间彻底失去了光芒。尼西亚斯笃信宗教，他征询了一位占卜师的建议，对方让他留条后路。先别离开，占卜者说，在港口里躲几周，现在显然不是出海的时候。尼西亚斯同意了。他的敌人们听说在叙拉古有一群很容易攻击的对象，于是便发动了猛烈的袭击。在叙拉古的这处港口展开的一场海上攻防战中，雅典人被彻底击败，他们的三列桨战船或是被敌方俘获，或是被付之一炬。

但陆地上仍有 40000 名幸存者，尼西亚斯试图将他们转移到安全的地方。这些人眼睁睁地看着他们用来返乡的舰船都化为乌有——这种落入圈套的感觉一定会令人窒息。而西西里人不仅对当地熟门熟路，还有一些满是新马的围场。在一场可怕而冗长的猫鼠游戏中，叙拉古人及其斯巴达盟友逐步逼近了雅典人，他们先是冲锋，接着砍杀，然后又后撤。行军 8 天后，雅典士兵们又渴又饿，神志都已经恍惚了。

然后他们到达了一处险峻的山谷。西西里骑兵把他们赶到了宽阔的阿西拉鲁斯河（Assinarus River）的河床上。由于口渴难耐，这些衰弱的雅典人都俯身倒在了泥潭里。叙拉古联军从其上方和周围逼近，但雅典人宁死也要先喝口水。很多人都在跪下喝水时被宰杀了，另一些人则在碾压中溺水身亡。他们的战友就在他们周围惨遭屠戮，他们的鲜血涌入了溪流，但这些雅典人为了解渴仍在大口喝水。他们一个接一个地被砍倒，或是摇摇晃晃地被自己的长矛刺入。两年前在比雷埃夫斯浩浩荡荡地出发时，他们的甲胄都擦得格外锃亮，如今却已暗淡无光，深陷泥潭。

一份文献告诉我们，这一个下午就有 18000 人被杀。[2]

我们绝不能忘了被一把古希腊利剑杀死意味着什么。古希腊文献的语料库中充斥着生动而色情的描述，有关于男性在战场上的死亡方式，这并非恐怖的幻想。欧里庇得斯可资为证：

> 他收回左脚，眼睛却从远处紧盯着对方的胃窝；然后他迈出右脚，将武器刺入对方的肚脐，直抵脊椎。波吕尼刻斯（Polyneikes）倒下了，浑身是血，肋骨和肚子疼得蜷到了一起。[3]

色诺芬曾言简意赅地提到了一个身受重伤的阿卡迪亚（Arkadia）人"奔回了营地，腹部受了重伤，手中握着肠子，他讲述了之前发生的一切。"[4]

有一段石刻铭文告诉我们，雅典人曾在公民大会上通过投票逼迫其盟友"热爱雅典的人民"。[5]西西里的事件表明了这种爱是没有回报的。

雅典方面只有少数人幸存，大约 7000 人，若要说的话，他们遭逢的命运更加恐怖。叙拉古人一直很热爱剧作家欧里庇得斯，因此当雅典士兵被赶进叙拉古郊外的一处天然采石场时，他们都要被迫用欧里庇得斯的诗句来换取自由的机会。今天，你依然可以进入此地，因为这里已经变成了一处国家公园，略微种了些植物。这个采石场本身有一种大教堂般的比例，成群的白鸽在它的高处栖息，用一种低沉而持续的咕噜声填满了这一空间。由于没有食物和水，而且人挤得都无法躺下，这些雅典的入侵者只得背诵他们本国首屈一指的剧作家的诗行，直到筋疲力尽或被打倒。这种折磨是精心策划的。西西里的煽动家对米洛斯的惨剧记忆犹新，所以下手毫不留情。

　　总而言之，在西西里一败涂地之后，近 50000 名雅典士兵和他们的盟友都失踪了，所有人都被认定为已经死亡，同时还损失了 216 艘三列桨战船。

　　24 个月前，那些哀悼阿多尼斯的女人们的哭声曾玷污了雅典的夜空，转瞬间，人们又认为她们有先见之明了。那死去的少年神的雕像、那犹如叙拉古采石场里的尸体一般的僵直尸身曾被抬到这片海岸。为了保护真正的男人，雅典妇女们将那美少年的雕像葬入了爱琴海。但现在，这些有血有肉的英雄们都被装进了尸袋，正渡海而归。

　　雅典人梦想着那些远赴西西里的将士会带着财宝从西方的冒险中归来，沐浴于荣耀之中；一片全新的土地将翘首以盼，张开双臂欢迎雅典的民主派及其家人。然而结果却是一小撮浑身创伤的重装步兵一瘸一拐地回到家中，或是被砍断了手脚，或是遭到了侵犯，个个背负着耻辱。[6] 苏格拉底也曾提到雅典此时急需人员——这话是柏拉图在《伊安篇》中代其所言，背景正是公元前 413 年的西西里惨剧的末期。雅典公民人口大幅减少：他们甚至要从外邦人的队伍中招募将军。下面这句随口的评论最近得到了铭文证据的支持。[7]

　　苏格拉底：我的好伊安啊，你知道库齐库斯的阿波洛多罗斯（Apollodorus of Cyzicus）吗？

　　伊安：他是什么样的人？

　　苏格拉底：雅典人常选他当雅典的将军，尽管他是外邦人；雅典还将安德罗斯的法诺斯提尼（Phanosthenes of Andros）和克拉佐美尼的赫拉克利德任命为将军，尽管他们也是外邦人，因为他们已经证明了自己的才能。[8]

　　当雅典残部开始驶入比雷埃夫斯港时，受惊的雅典人都需要发泄，他们需要替罪羊。雅典人会记起苏格拉底对斯巴达人的那种奇特的迷恋。好吧，现在斯巴达人成了他们的恶魔，任何与其有关联的人都成了恶魔的梦魇。

> 第一传令官：最著名的天空之城的创建者，你不知道你在人群中赢得了多大的荣耀吗？你知道有多少人挚爱着你这个国家吗？在你建立这座城市之前的日子里，所有的人都像斯巴达人一样疯狂，全是毛茸茸的、又饿又脏、学着苏格拉底的做派，拿着棍子。[9]……
>
> 歌队：伞脚族[*]附近有一个湖，邋遢的苏格拉底就在那里哄诱人的灵魂。[10]

正当雅典人在床上辗转反侧，在漫长的梦魇中胡拍乱打，伸出双手试图找到某个罪魁的时候，亚西比得却忙得不可开交。

阿里斯托芬谈论过这位苏格拉底曾经的情人：

> 最好不要在你的城市里养狮子，
> 但你若一定要养，那就彻底顺着他的心情吧。[11]

这是一只狡猾的、半野生半驯化的离群狮子，尚有巨大的咬合力，眼下的雅典恰恰就不想看到这么一只猛兽在其领土的边缘游荡。

亚西比得的狂妄对雅典娜之城和他的战友苏格拉底都不是什么好兆头。

---

[*] 一种传说中的人，脚掌巨大，可以遮阳。

45

狄凯里亚——封矿

狄凯里亚，公元前414—前404年

自由是美味的，但难以消化。

——让－雅克·卢梭[*]

在希腊人心中，雅典西北 13 英里处的狄凯里亚是个相当讨厌的地方。这尤其是因为此地曾在那个令人难忘的时代引发了雅典和斯巴达之间的摩擦。希腊人经常提到这一点。在神话历史中，这里也发生过一段让人极为不快的插曲。传说中的斯巴达公主海伦曾在斯巴达的欧罗塔斯河畔与其他少女裸舞。她那时还是个孩子，只有 12 岁或 10 岁，甚至有人说是 8 岁。[1]雅典的年迈英雄国王忒修斯此时大约有 70 岁了，他偶然发现了她，为其美色所迷，所以非要将她占为己有。她成了人间一切欲望的总和。忒修斯气喘吁吁地设下圈套，绑架了这个美少女，把她带到了狄凯里亚附近的阿菲德纳（Aphidna）的山顶堡垒。但他被淫欲蒙蔽了双眼，他可能忘记了海

---

[*]　出自《对波兰政府及其所提议之改革的思考》（*Considerations on the Government of Poland and on its Proposed Reformation*，1772）。

伦还有两个非同一般的孪生兄弟——卡斯托尔和波吕丢刻斯，他们都是身大力沉的勇士，绝不会受这等侮辱。他们纵马狂奔，意欲索回这个美艳绝伦的妹妹——这幅疾驰的场景在最早期的一些希腊装饰瓶上都有所体现——他们发现狄凯里亚的民众也和他们一样对海伦被拐十分恼火。这座城市的老人们帮这对孪生兄弟找回了海伦，又把他们带到了忒修斯在阿菲德纳的藏身处，当时忒修斯正在寻找更多的珀尔塞福涅（Persephone）[*]形制的裙子。斯巴达人从未忘记狄凯里亚人的好意。多年来，他们向阿提卡的乡村发动了多次猛烈突袭，唯独狄凯里亚安然无恙。在公元前413年，多亏了嘴甜的亚西比得，斯巴达的勇士们再次占领了这座山头。

如今，24个世纪过去了，此地依然带有一丝政权更迭的气息。这里是希腊王室最后一次避暑的地方。在1967年的政变中，这里的迷你凡尔赛宫遭到了废弃。如今它已腐朽不堪。泳池里滴水没有，里面到处都是涂鸦，一只2英尺高的大理石狮子作咆哮状，但嘴巴早已干涸，马厩荒废了，草坪上还有羊粪。

但在这里的鼎盛时期，欧洲的贵族们都会来舒展身心，因为山间那带着松柏味道的凉爽空气实在沁人心脾，能将城里的闷浊一扫而空。今天，你若驾车穿过这里的主干道，甩开那些出售冰箱和廉价家具的杂乱街区，清新的空气和腐殖质的气味也会陡然间扑面而来。回到公元前5世纪，狄凯里亚的海拔就决定了它是一处绝佳的瞭望台，在这里既可以警戒东南方的雅典，也可以观察到从北方入侵的底比斯人（或其他的玻俄提亚人）。

公元前414年，雅典人惹恼了斯巴达人。他们在夏季对那些从拉科尼亚各地和斯巴达盟国领土上收集的粮食储备发起了一系列的海上突袭。这些被糟蹋的草料所散发的焦糊味点燃了斯巴达人的怒

---

[*]　古希腊神话中冥王哈迪斯之妻。

火。回到了记忆中幼年家乡的亚西比得献出了一条妙计。[2] 他知道
雅典人已经非常依赖其帝国的物产，故而就需要切断他们获取这些
资源的途径。他让他的东主们想起了斯巴达人对狄凯里亚发起的第
一次袭击，当时的斯巴达英雄们曾经从雅典老国王忒修斯的黑手中
挽回了少女海伦的名誉。如今，斯巴达战士再一次剑指此地。已知
世界的顶尖战士们决心在雅典人的眼皮子底下夺取狄凯里亚。

他们精明地等到了冬天。不要忘了，这些男人自记事起就经受
了严酷的训练，能够忍受令人生畏的极端环境：寒冬时在户外过上
几周，一年四季只穿一件夏斗篷就能生存。雅典的卫戍部队都冻得
发抖时，斯巴达人却绷紧了肌肉准备进攻。

斯巴达人首先包围了定居点，然后发起猛攻。他们最终大获全
胜。一份时代稍晚的文献（由极端保守的伊索克拉底写于公元前 4
世纪）夸大了当时的情况，说有 1 万人死于此地，不过在狄凯里亚
显然是发生了大屠杀。

斯巴达人从此在阿提卡地区就有了一个永久的据点，而且距雅
典城墙只有 13 英里。他们能做的不仅是恐吓，也不仅是焚烧葡萄
292 藤和橄榄树。处在这个有利的地点，他们可以中断贸易流通，可以
拦截来往通信。在这里，他们开始成体系地为其在阿提卡地区掠夺
的赃物登记造册，同时征用当地的农民，逼迫他们给斯巴达人而非
雅典人供应口粮。

斯巴达国王阿基斯（Agis）掌控了局面。在公元前 412（或前
411）年，阿斯帕西娅的家乡米利都爆发起义，倒向了斯巴达。[3]
随着岁月流转，阿基斯说服盟国给他提供了 100 艘新的三列桨战
船，其时是公元前 408 年或前 407 年，他的海军总司令吕山德
（Lysander）也开始可以从海上袭击雅典人了。斯巴达人在海上一
直束手束脚，但现在他们借鉴了雅典的经验，以一腔新皈依者的全
副热忱拥抱了海军科技。失去了对海洋的掌控，民主制下的雅典人

便无法保证其城邦与帝国的安全。

　　这不是当权的民主派可以掩盖或靠甜言蜜语来蒙混过关的事情。雅典人民闻到了崩溃的气息，而随后又发生了一件令人震惊的毁灭性事件，他们的 2 万多名奴隶或成群或独自地反叛和逃走了。[4]这些曾经的"人类工具"，这些"像人一样行走的物件"最终在狄凯里亚投奔了斯巴达人。其中的大多数男女本应在劳里昂的沿海矿井下采集雅典的经济作物，但他们如今都选择为那些以羞辱和摧毁雅典娜之城为使命的主人效劳了。

　　从劳里昂（雅典东南部）到狄凯里亚（北部）需要步行 2 天。但奴隶加入斯巴达队伍的速度表明，这些前奴隶们只用了一半的时间就走完了这段路程。这些反叛者以前都过着低人一等的生活。男女两性一直被分开监管。劳里昂矿区附近的那些密密麻麻的箱子就是他们口中曾经的家。当斯巴达的奴隶爆发起义时，有人说他们想"生吃斯巴达人"。[5]对于那些从雅典人的枷锁中挣脱出来的人，我们并没有一手的记载，但我们有理由相信，他们对主人的仇恨也是既深且险的。

　　就纯粹的实力和人力而言，民主的雅典社会已经失去了根基。若没有奴隶，雅典人将无法再从地下挖出白银，无法再刺激市场，也无法再维持他们那种"让全希腊称羡"的地位。现在，斯巴达人对雅典真的已是势在必得了。斯巴达人一直鄙视铸币（铸币在斯巴达城邦是被禁止的），一想到他们冻结了雅典娜的猫头鹰银币的产出，斯巴达人肯定高兴得摩拳擦掌：这种硬币既是崇高成就的象征，也是帝国力量的标志。

　　身后有底比斯人的支持，身前则是走向贫困的雅典，看起来斯巴达最偏爱的英雄赫拉克勒斯似乎已经完成了他的第 13 件苦差中最艰难的部分*——雅典娜之城很快就将落入其手。

293

---

* 赫拉克勒斯只完成过 12 件苦差，此处的第 13 件是借喻攻下雅典。

46

恐怖时刻

雅典，公元前412—前406年

> 记住，民主绝不会长久。它很快就会糟蹋、耗尽并杀死自己。
> 从没有一个民主政体不自杀的。
>
> ——约翰·亚当斯（John Adams）的信，1814 年 4 月 15 日

亚西比得的状况如何？这难道不是他向这座曾公开与他断绝关系的城市施以致命一击的时候吗？

然而就像所有被抛弃的恋人一样，这位"受人爱戴的雅典僭主"[1]是不会被弃绝的，他不会那么轻易地被人拒之门外。

亚西比得总是有点"裤带子比较松"的毛病，据说他在斯巴达期间一直很忙，尤其是在两位斯巴达国王居住的那个温暖地区。这个从古至今都被称作马古拉（Magoula）的地方会给人一种特权感。在香蕉林和橘子林中有一些富人的豪宅。欧罗塔斯河的支流汩汩地流过这片田野，岸旁芦苇高耸，茉莉花在坚固的墙壁上蔓生。橄榄林中罗马浴池的遗迹提醒着人们，这里曾是一个适于放松和感官享受的地方。正是在这里，亚西比得引诱了国王阿基斯的斯巴达妻子，

当时那个被戴了绿帽的人正在出征的路上。[2] 这对情侣生下了一个孩子——宫廷中的那些说长道短的人曾回忆道，多年后，这位名叫蒂米娅（Timaea）的王后仍会在她那个金发宝贝的耳边低声私语："亚西比得，亚西比得。"怒不可遏的阿基斯下令处决亚西比得——当然，这个好色的雅典人是绝不会为这片刻的两性欢愉而引颈就戮的。所以他靠行贿逃过了斯巴达的死刑，随后便再次上路了——并不是返回雅典，而是要奔赴一个让他闻到了钱味儿的地方：东方，波斯。

他对时机的把握恰到好处。波斯王族先后两代人在萨拉米斯和普拉提亚战败之后，那些蒙羞的波斯诸王的王孙再次拾起了信心。波斯皇帝及其亲信都盯视着这场漫长的国际象棋比赛——他们在操纵棋子，让风向忽而转向雅典，忽而又转向斯巴达人。他们断定，经过 20 年的冲突之后，这两个城邦已经衰弱不堪，他们很快就会成功地将彼此的防御能力蚕食殆尽，从而让波斯人不费一刀一剑就能大步地跨入他们及其盟国所辖的土地。斯巴达和雅典成了一只口袋里的两只老猫，他们唯一的选择就是互相抓到死。

有鉴于此，我们若听闻亚西比得在公元前 412 年现身于小亚细亚，还充当了波斯（驻小亚细亚）总督提萨佛涅斯（Tissaphernes）的双重间谍兼顾问，那也不足为奇了。

三年来，亚西比得都在萨狄斯（Sardis）寻欢作乐——"米底化"的他浸淫于波斯宫廷的奢华和"米底人"的生活方式之中。他那巨大的个人魅力颇受人们青睐。"即使是那些害怕和嫉羡他的人也情不自禁地乐于和他相伴。"[3] 他成了提萨佛涅斯最亲密的朋友，波斯的游乐园都曾冠以他的名字。但亚西比得在这片东方之地也并没消停。他已经放弃了斯巴达的黑肉汤——以猪血为基础食材的民族菜肴——你能感觉到他渴望回到家乡雅典，尽管得严格遵照他开的条件才行。他在城里有朋友、亲戚和欠过他人情的人，而这次出走让

他们明白了一点：他仍然是这场雅典竞赛中的一名参赛者。利用一
张连接了东地中海和近东的间谍与通信网，亚西比得向雅典发出了
消息。他承诺雅典将得到波斯人的拥护和支持，同时开始悄悄地散
布流言。他说无情的时期就需要采取无情的措施。斯巴达狼就在我
们门前。如果我们想要获胜，那就需要财力、领导力和掌控力。他
提出要促成一笔交易，只要雅典能放弃民主宏愿，波斯就将给雅典
提供黄金。

　　亚西比得知道雅典的黄金储备即将告罄。劳里昂银矿区的关闭
意味着阿提卡的土地上无法再产出猫头鹰银币了，雅典的很多"盟
友"也未能向这座母城进贡。虽还有少量资金流入，但如今帕特农
银行里的红宝石已被飞蛾取代了。几年后，大约在公元前 407（或
前 406）年，雅典人将被迫熔化他们的一些黄金雕像，以换取现金。
金光闪闪的处女雅典娜像曾长久地眺望着雅典帝国，但即使是这座
令人自豪的古代世界的奇迹也变成了金币。[4]

　　因此，亚西比得便在萨摩斯鼓动起了一场短暂的寡头叛乱，而
且在有意无意间引发了一连串事件，预示了雅典末日的起始。在历
史上，这一时刻的细节仍是个谜——这一点几乎可以肯定，因为这
些事件都是暗中策划的。

　　整个公民大会都被说服了，他们确信雅典陷入了绝境。人们选
出了一个由 30 人（事实上都是有名的寡头）组成的委员会，以斟
酌雅典该何去何从。他们原本要在普尼克斯向公民大会提交他们的
结论，但在最后一刻又改变了地点。一处陌生的会议空间被设定成
了做出重大决策的场所——延续近百年的民主制首度消亡了。雅典
公民被请到了克洛诺斯德莫区的马神波塞冬（Poseidon Hippios）*
的一处圣所，位于城墙外约一英里的地方。此地的设计让人有些摸

296

---

* 传说波塞冬创造了第一匹马，故亦称马神波塞冬。

不着头脑，这是一个具有鲜明贵族意味的本地圣所（毕竟贵族才有马），它没有那些宏大的民主辩论场地——雅典市政广场、音乐厅、普尼克斯和狄俄尼索斯剧场——所能产生的音效，重点是它也没有足够的空间来容纳所有人。斯巴达人就在数英里外的狄凯里亚，而普尼克斯带有天然的防御工事。这处圣所会址则似乎将由寡头的保镖们来保护。克洛诺斯的任何一个民主派肯定都会有置身险境之感。

这些不安的人群聚到了一起。很明显，并不是每个人都能在这里受到款待，假如你想尽快出去，那你显然也有被困在这处圣所的危险。正如修昔底德所述，这个"狭窄的空间"促成了一系列改革。人们用民主投票废除了民主本身，还投票通过了一部新的宪法。一个由 400 人自选而成的议事会将取代曾在阿提卡的各个德莫区经轮番抽签而担当公职的 500 位公民。雅典公民的人数将被限定在 5000人以内，而且仅限于能携带重装步兵装备的男人。雅典变成了一个由民主选举产生的寡头国家。国王柱廊对面的赫尔墨斯半身像旁有一个十字路口，那些从十字路口处的传统训练场回家的贵族骑士如今都是一脸嘲讽的微笑。

不出数日，此前的议事会就被解散了。某些人发动了这场聪明至极的不流血政变，我们至今尚不清楚谁是这场社会政治动荡背后的驱动力。民主并没有被无视，只是它被迫放弃了自身。全副武装的贵族男性们在街上招摇过市，同时由 120 人组成的所谓"希腊青年团"（Hellenic Youths，"希特勒青年团"的古代先声）护送，以确保无人闹事。[5] 民主派们都吓得躲回了家中，保持着低调与沉默。

修昔底德告诉我们："没有人胆敢公开反对他们，恐惧无处不在，而阴谋显然也是普遍存在的；若有人直接这么干的话……那他们就会被人用某种很省事的方式处死。"[6]

这套新体制很快就遭到了滥用。5000 人的"公民团"从未成形，

297

那 400 人却统治了 4 个月，他们还企图通过根除政敌来整顿这座城市。在人们的记忆中，马神波塞冬的圣所成了一处让命运（ate）走向其恐怖终局的地方。今天的克洛诺斯山仍然有一丝未卜的感觉，它勉强算是一处城市公园，可也不是一个适合在天黑后游览的地方。那里有一面墙上绘着"条子！杀人犯！"字样的红色涂鸦，这是对2008 年 12 月雅典的一名学生被警察枪杀所表达的抗议。成年的松树和橄榄树遮掩了参差不齐的廉价公寓楼，但公园长椅下仍然可以看到注射器，灌木丛中也遍地都是垃圾。这地方毫无活力。值得一提的是，当索福克勒斯在公元前 406 年写下其最后一部俄狄浦斯的悲剧时（他没有活着看到该剧上演），他曾竭力让时光倒转，盛赞克洛诺斯是一片田园诗般的小树林，然而盲眼的、不完美的俄狄浦斯却侵犯了它的神圣性。

不过雅典人并未被欺蒙。克洛诺斯将作为"麻烦"的策源地而为人铭记。400 人议事会有足够的钱付给杀手，让他们迅速有效地完成工作。民主突然变成了叛国，"人民"再次成为一个肮脏的字眼。草草的处决开始出现，雅典娜之城在跟跄中陷入了内战。所有言论自由的伪装都被抛诸脑后。及至公元前 411 年，这 400 人已掌控了实权，而且自认为正处于节节胜利的状态。他们认准了一点：即便没有再次改换门庭的亚西比得，他们也能应付局面。驻守在萨摩斯的雅典舰队中的民主派对母城发生的事情颇为震惊。亚西比得嗅到了机会，他对他们表示了同情，他们则通过投票将他选为将军。此时，这名流亡者实际上已经拥有了自己的私属雅典海军。

与此同时，自信得太早的新寡头制雅典却状况欠佳。那 400 人既没有获得波斯的资金，也没有让斯巴达休兵罢战。斯巴达军队拿下了优卑亚岛的粮仓，然后便开始慢慢拔除有可能与雅典交好的城市：公元前 410 年攻下拜占庭，公元前 407 年后又夺取了更多城市，因为小亚细亚总督居鲁士王子当时决定用自己的钱来支持斯巴达的事业。当 400 人议事会——仍会定期在雅典市政广场的矩形议事厅开会——显然已经掌控不了局面的时候，这些雅典人尝试了一种限制全面民主的新方法，为完全的公民身份设定了一个财产的门槛。[7]

这样的态度是站不住脚的。显贵的俱乐部已经变得太小，他们不能允许雅典的政治体制在一夜之间被有效而彻底地改变。

在整个公元前 5 世纪，雅典人在与各方的战斗中——先是对抗波斯人，接着是对抗波斯人和斯巴达人，然后是斯巴达人，然后又是斯巴达人和波斯人——都竭力忽视了内部的争端，或者更准确地说是掩盖了内部的争端，假装他们是一条统一战线。他们会流放或驱逐那些招惹麻烦的人，他们在公民大会中齐声高喊，他们让自己相信他们是一体的。但现在这个城邦内部的裂隙正在扩大。

修昔底德的讲述结束于公元前 411 年。当然，此时他（在安菲波利斯蒙辱之后）正流亡于色雷斯。他的身体垮了，几年内就将离世。从公元前 411 年开始，这位真正的历史之父似乎也几乎不忍再书写雅典了。

400 人执掌大权，民主制已然失落，但雅典还有些人记得亚西比得距雅典实际上只有 2 天的航程，他就在萨摩斯地区，与亲民主派的色拉西布洛斯（Thrasybulus）和特拉叙鲁斯（Thrasyllus）在一起。尽管亚西比得曾数度变节，尽管他傲慢狂妄且政见不定，但对很多雅典人来说，他依然有着图腾般的声誉。他可能没有表现出人们眼中与贵族的美貌相伴的、纯粹的"灵魂的高贵"，但他依然具有那种能体现雅典民主精神的活力和雄心壮志。而且他还博取了一支海上部队的忠诚，这一点至关重要。[8] 雅典的平民很快就再次意识到，这个准传奇人物或许能拯救他们。

事实上，正是苏格拉底的榻友亚西比得实现了一次暂时的运势逆转，为雅典赢得了巨大的胜利，并最终为雅典市政广场带来了好消息。在某种意义上，这完全就是一场大骗局。亚西比得似乎跟波斯人说得上话，所以雅典人民都转向了他一边。在波光粼粼的爱琴海上，斯巴达人、雅典人和波斯人的三列桨战船密如雪点，这三方一直在争夺海洋和陆地的控制权。亚西比得在小亚细亚及其周边地区生活过，对当地的熟稔帮他取得了一连串胜利。随着公元前410年库齐库斯战役的胜利，亚西比得努力为雅典娜之城挽回了些许自尊。他还在拜占庭设立了一种类似海关的设施，对行经赫勒斯滂的所有贸易船只收取10%的费用，由此给雅典城邦带来了一些实实在在的现金。[9]被亚西比得的功绩和银币所讨好和迷住的那些忠于他的民众又开始逐渐回到了公民大会。到公元前410（或前409）年，旧式的民主得以恢复，这证明了这个词语和观念是多么具有弹性，又带有多么强的报复性。那400人中的骑士现在笑不出来了。报复行动开始遍及这座城市的四面八方。

299

　　　　歌队：如果事情进展不顺，

　　　　　如果这些贤才都失败了，

　　　　而雅典陷入了悲痛之中，

　　　　那明察之士也会喃喃低语（让我们往好处想想）：

　　　　"她上吊了——但那是一根多漂亮的绳子啊。"[10]

　　苏格拉底年轻的时候，雅典的那些被杀死的牲畜尸体的气味都来自雅典市政广场的肉类市场，以及比雷埃夫斯港口前的牛肚摊位，或者有待硝皮的死亡动物；现在这气味则出自人肉，首先是民主派的肉，然后是寡头们的肉，这使得雅典娜之城的空气变得恶臭无比。

　　阿里斯托芬的《蛙》就是在这个城市每天都充斥着这种野蛮行径的时候写成的，它再次捕捉到了当时的氛围——救赎似乎不再系于未来，而是系于一段浪漫化的历史中的某处：

但也要记住这些男人，你们自己的亲人，父辈和儿子，

他们曾多次和你们并肩作战，将他们的鲜血洒入了诸多海洋；

他们跪地求饶了，就宽恕他们的那一次过失吧。

你们天性就是为明智而造，让你们的复仇之心沉睡吧；

像亲戚和雅典人那样问候吧，应该争取和维护这些公民，

只要他们愿意冒着暴风雨与你并肩为雅典而战！ [11]

雅典社会对"古老的"处世之道的力量有一种潜在的信念，而这种信念在危机时期又浮出了水面。公元前410年，在经过了改革的民主制下，雅典人将恢复的民主律法铭刻于石头之上。但他们打造的并不是一个美丽新世界。一块留存至今的石碑给我们提供了确凿的证据，它表明雅典当时的公开声明确实有一种更严酷的感觉。"雅典人应依照祖制来施政，使用梭伦的律法、度量衡，以及昔日布行过的德拉古（Draco）*的法规。" [12] 饱受创伤的人们转向了传统的过往，以寻求力量。

亚西比得，浪子回头

随着民主制得以恢复，一些寡头闹事者也遭到处决，短期内，至少就内政而言，雅典似乎表现出了短暂的强劲势头。公元前407年，机会主义者亚西比得再次以凯旋英雄的身份被召回了雅典。他在比雷埃夫斯受到了最隆重而盛情的欢迎，这与一个拥有希腊最重要的长处——名望（如古代英雄般被人歌颂的价值）的人是相匹配的。他径直来到普尼克斯，展示了他那训练有素的浮夸肌肉。此时此刻，亚西比得是真正的浪子归来了。人们推翻了羞辱他的石碑，然后把

300

---

* 古希腊政治家、立法者。他曾于公元前621年整理雅典法律，并写出了一部完整的法典。

它从雅典卫城拖下来扔进了大海。阿里斯托芬在他的戏剧《蛙》中曾说雅典人"挂念他，恨他，又希望他归来。"[13]

亚西比得带队径直去参加厄琉息斯秘仪——雅典人这些年都不得不绕过斯巴达占领的那些阿提卡地带——他对狄凯里亚的斯巴达驻军嗤之以鼻。这位归来的英雄身后跟着一群热切的、谄媚的〔现代意义上的谄媚（sycophant），而非阿提卡希腊语中的讼棍〕市民，欢迎他们走失的小伙子回家。雅典人兴奋地松了一口气，这块石头终于落了地，他们忘记了他的背叛和他带给他们的耻辱，都大声称赞着亚西比得。普鲁塔克后来谈到他时语带轻蔑，说他"煽动底层和贫困阶级，以至于让他们渴望——甚至是极度渴求——他像独裁者一样统治他们。"[14]

但这只是一段极其短暂的蜜月期。总共 4 个月。数周之内，亚西比得的副手安条克（Antiochus）在海战中败北，然而与之形成鲜明对比的是，另一些雅典将领赢得了意义重大的阿吉纽西群岛（Arginusae）的海战。亚西比得最后孤注一掷，他急忙回到波斯，然后向北前往色雷斯和赫勒斯滂。雅典帝国已经变得如此枝叶蔓生，如此庞大，却又如此软弱，这使得它再次走向了地方化，许多希腊人都彻底放弃了在一种意识形态旗帜下战斗的伪装。亚西比得以军阀的身份在北方的反叛者中东山再起了。黑暗时代已然回归，这是一个权贵们为了纯粹的个人利益而在这片版图上分疆裂土的时代。

亚西比得会像一枚劣币一样再次现身于雅典的事务中，但他提供的帮助将遭到拒绝。此时他在 45 岁左右，头秃了，也许看起来还很邋遢，他的诸多诱惑力终于消散了。他的结局当然是无甚光彩可言，没有史诗般的壮阔，也并不英勇或美好。他一生为荣耀而活，在这个过程中也树敌无数。在决定完全放弃对希腊的关注之后，他再次前往东方，期待与苏萨（Susa）的伟大国王阿尔塔薛西斯（Artaxerxes II）结成新的联盟。在途中，他和他美貌的花魁伴侣蒂

曼德拉（Timandra）在弗里吉亚的一个小城睡了一晚。凌晨时分，
一阵噼啪声吵醒了他。刺客们（直到今天我们也不知道是谁）正在
放火焚烧他的住所。亚西比得跌跌撞撞地闯了出来，他手中持剑，
呼吸困难，但最后还是被远处的人用标枪和长矛处以了私刑。他们
放过了陪伴他的那名妓女，但只是为了让她清洗、埋葬或焚烧亚西   301
比得那身首异处的尸体。

＊ ＊ ＊

苏格拉底在经历了这一切动荡和政治伤痛后又处在何种境况中
呢？他曾像热爱哲学般挚爱过这个人，对此人的离乱之死，他有何
反应呢？好吧，柏拉图让我们相信，他一如既往地没有浪费一点时
间去忧心当时的强权政治所造成的损失或其细枝末节。他的关切纯
粹而简单，始终如一——鼓励城里的男青年学着走上良善之途。[15]
当这位哲学家漫步于自己城邦那炎热却依旧能启迪人心的街道和圣
所中时，他如往常一样做到了这一点。

苏格拉底：在这个大热天里，知了好像一边在俯视着我们，
一边在互相歌唱和交谈着。现在它们若是瞧见我们大中午的不说
话，却像大多数人一样打瞌睡，因为我们精神上的怠惰而被它们
的歌声催眠了，那它们就有理由嘲笑我们了，还以为有些个奴隶
来到了它们的歌脚处，大中午在这喷泉边像羊儿一样睡下了。可
它们若看到我们在交谈，驾船从它们身边驶过也依然对它们那迷
人的塞壬之声无动于衷，那或许它们还会相当高兴，把众神让它
们转交给世人的礼物送给我们。[16]

尽管经受了这一切倒退之苦，苏格拉底仍然在展望未来，他依

旧在指导雅典的男青年，希望他们能努力成为思考者。在雅典最井
然有序的地点之一，他做到了这一点，那是一块摔跤场地，一座体
育场。

> 苏格拉底：这是什么地方？你在这儿干吗呢？
>
> ［年轻人们答道：］这是一片新建的摔跤场，但其实我们在
> 这儿花了很多时间来聊天和辩论——你愿意加入我们吗？ [17]

一篇完整的柏拉图式对话——《吕西斯篇》（副标题为"论友
谊"）的场景就设在这里，时间是公元前409年。推算一下的话，
苏格拉底此时应在60岁左右，他给我们讲述了他与俊美的男青年
吕西斯和他的朋友美涅克塞努的两次对话。他们的讨论集中在个人
情感的动机和友谊的本质之上。这是一份既迷人又务实的工作。

> 因此，我的朋友，任何一个明智地应对爱情问题的人，在他
> 得手之前都不会赞美他所爱的人，因为他会担心将来有可能降临
> 到他身上的结果。另外，这些英俊的小伙子若受到如此的称颂也
> 会变得骄傲而目中无人：你说是不是？
>
> 我觉得是，他说。
>
> 那么他们越自大，是不是就越难俘获？ [18]

让研究柏拉图作品的学者感到激动的是，通过2004年奥运会
之前展开的一些新近的发掘，以及对1924年至1925年和1960年
至1981年的早期考古工作所做的拓展，苏格拉底说出这番开场白
的精确地理位置已经得到了证实。

302

> 苏格拉底：我从阿加德米径直走到吕克昂，沿着城墙外的小

路——就在城墙下——走到了一个小城门，在那里你可以找到帕诺普斯泉［Panops，赫尔墨斯的"全知之泉"］，这时我正好碰到了希洛尼谟（Hieronymos）的儿子希波泰勒（Hippothales），还有帕埃尼亚人克特希普（Ktesippos the Paeaniain）和另外几个年轻人，我们就站在了一起……

到这儿来加入我们吧，他说。

你说的是哪儿？我问，你说的"我们"又是哪些人？

在这儿，他说着就指向一片敞着门的围场让我看。我们就在这儿打发时光，他接着说，不只是我们，还有其他人——人多了，而且都很英俊。[19]

今天，我们依然有机会仔细地端详这座城市东北角的各个发掘现场。那些笨重的石块标示着门道的范围和那片古老的摔跤场地的边界。帕诺普斯泉的残迹也是肉眼可见的。在此项工作中，人们还在该地区发现了一座新的墓地，它建于伯罗奔尼撒战争期间，以处理雅典在其黄金时代的那阴沉的数十年里产生的越来越多的尸体。人们从坟墓中发掘出了一些感人的小型文物：一个孩子的金手镯和指环，一个年轻男人的投票圆片。[20] 一想到苏格拉底很可能就是在这里说出了那些深思熟虑的、普适性的话语，而且至今仍振聋发聩，就令人心生感动。

正如我们所说，欲望是友谊的原因；所以在欲望产生时，欲求者才会对被欲求者示好，这难道不是真理吗？[21]

真实的吕西斯也给我们留下了一种出人意料的考古乐趣。在比雷埃夫斯区的那座刚翻修过的考古博物馆（Archaeological Museum）里，海面的反光从百叶窗穿透进来，一口精致的瓮就立在那条条光束之间。[22] 它是由坚硬的石头制成的，色泽乳白，雕工精美。其正面雕凿的是一幅温情的场景。一个上了年纪的男人坐着，一个女人站在他身后。那男人很老，但泰然自若，他正伸出手来与人告别。他的名字就是吕西斯，德谟克拉底（Demokrates）之子。他正在跟自己早夭的儿子提莫克利德斯（Timokleides）告别。这位哀悼的吕西斯就是那个在和煦的日子里和苏格拉底在摔跤场上聊天的阳光男孩儿。在很多方面，他都是一位"民主之子"*。年轻、自信，就像民主本身一样，他也经历了失望和巨大的损失。现代雅典地下的石头上至今仍留存着他在公元前 5 世纪的故事。

我们可以越来越确定地绘制出苏格拉底（和他的那些同时代人）在伯罗奔尼撒战争最后的剧烈痉挛期里游走雅典的路线了。然而对于历史作家来说，这位哲人依然是一个挑战，因为简单的政治叙事对他并不适用。他不是一名活动家，他不是为了民主而死的。他没有和寡头一起夺权，没有灭除政敌或因胜利而纵情声色。相反，当他身边的人都失去理智、原则和生命时，他显然还在体育场和摔跤场里与下一代雅典男青年们放松身心，辩论着友谊的本质，展望着未来。

但在柏拉图笔下的苏格拉底所说的一句话中有一个强烈的暗示，亦即像这样热衷于跟尚未完全成熟的年轻人打成一片，那就是在引火烧身。

> 苏格拉底：这些年轻人追随我，是出于他们的自由意志，他们有大把的闲暇——都是最富有的人的儿子——喜欢听人们经受考验，他们经常模仿我，然后试着考验别人。然后，我想他们发现了不少人都是自认为知道一些东西，但实际上什么都不知道。这就是那些被他们考验过的人对我发火却不对他们动怒的原因，他们

---

* "Demokrates" 也指民主。

说是某个叫苏格拉底的人彻底污染了这片土地，腐蚀了这些年轻人。谁要是向他们打听我做了什么，教了什么……我看他们并不想说真话，那就是他们显然在假装知道，实际上他们什么都不知道。[23]

当民主在发展和壮大时，它是乐观的，它自信能够应对苏格拉底那无休止的提问。它甚至可以应付（尽管很勉强）他那些年轻门生的早熟的自信，这些半大小子在学会如何回答问题之前就开始诘问旁人了。它对这样一个事实是视而不见的：苏格拉底在城里闲逛，不停地跟人说话，他从来没有以公开的民主方式尽自己的一份力，也没有提出要担任陪审员或高阶职位。但此时，在经历了20年的战斗之后，在瘟疫过后，在5年的内乱之后，这种高高在上且显然有些放肆的提问似乎已经令人无法容忍了。苏格拉底与一个特别的"男青年"的关联也将涌现于雅典人的脑海之中。亚西比得，这个神采奕奕的翻版忒修斯现在已经死了，但他还是这座城市的耻辱。人们过去有多爱他，现在对他就有多蔑视。雅典人怎么可能会不记得苏格拉底共用过亚西比得的帐篷、长榻，还有他那形制优美的酒杯呢。这位哲学家很可能也分享了亚西比得这个半斯巴达人的优越感，他那些危险的、持刀的贵族朋友，他的寡头倾向，还有他那颗半斯巴达人的心，谁能说得准呢？

于是，他在摔跤场上和那些男青年展开辩论的3年后，一件不寻常的事情发生了：一生都在回避"传统"政治（公民大会、法院、500人议事会）的苏格拉底似乎突然间改弦易辙了。我们发现他在公元前406年夏末回到了雅典市政广场——他没有四处闲逛，没有挑衅公民同胞，也没有和那些比他小四五十岁的人分享看法，而是循规蹈矩地成为主席团（Prytany）的成员，进入了民主制下的500人议事会的核心圈子。最终，在仅剩7年阳寿之时，苏格拉底表现得就像一个真诚而传统的雅典民主派了。

47

阿吉纽西——卓尔不群

公民大会，雅典，公元前406年

苏格拉底：因为不只是现在，事实上我一直都是深思熟虑后只会被眼中最好的理由说服的那种人……那么想一想：我们不应该尊重人们的所有意见，而是应该尊重某一些意见，不尊重另一些意见，同时我们也不应该尊重所有人的意见，而是只应该尊重某一些人的意见，不尊重另一些人的意见，这在你看来不对吗？你说说看？这话对不对？

克力同：是对的。

苏格拉底：那么我们应该尊重好意见而非坏意见吗？

克力同：是的。

苏格拉底：好意见不就是明智者的意见吗？坏的不就是蠢人的意见吗？

克力同：当然。

——柏拉图，《克力同篇》，46b—47a[1]

在苏格拉底接受死刑审判的7年前，他曾与另一群人站在一起，那一次大约有 6000 人在场。他参加了一场抽签选举（他相当看不惯这种制度），只为了在 500 人议事会上对阿吉纽西战役（Battle of Arginusae）这桩耸人听闻的案子进行审判。[2]

公元前 406 年，斯巴达人似乎正准备把土耳其的西海岸据为己有，而且已将目光投向了莱斯博斯岛上的战略性城镇麦提姆纳（Methymna）。雅典人若想阻止他们，唯一的机会就是围绕附近的一小群小岛（阿吉纽西群岛）展开一场战斗。公元前 406 年，雅典已衰弱了不少，但这座城市还是征募了所有男人、公民、释放的奴隶以及任何拿得动武器的人奔赴战场。公民大会选出的 10 名将军中有 8 名都做好了指挥这场战役的准备。一支作战部队得以组建。在 8 月的烈日下，这支部队向东行进了 2 天。当时十将军委员会中的 2 位将军被围困于密提林地区，所以剩下的 8 人就肩负起了这一巨大的战略责任。

阿吉纽西群岛如今人迹罕至，只有一些喜欢挑战此地海浪的极限泳者偶尔会来造访，这里就是莫名地没有什么吸引力。公元前406 年，在阿吉纽西群岛的那些嶙峋的礁石周围，120 艘斯巴达三列桨战船和 155 艘雅典三列桨战船跳起了一段丑陋的海上舞蹈：撞击、燃烧、割喉、刺穿心脏，直到一方再也无法忍受。

这场战役险象环生，但仅就雅典而言，这也是一次胜利。随后，一场夏季风暴降临了。风暴撕裂了这一地区的天空。10 英里之外，海面上大雨如注，近在咫尺的雨水迅疾而至，一瞬间人们就什么也看不见了。公元前 406 年的这种恶劣的条件（至少这是官方的说法）使得将军们无法打捞死者的遗体，也无法救援伤者。今天，一场如此规模的风暴会把烟头和墨鱼冲上海岸线。公元前 406 年，它在此留下的是战争的碎片，人类的碎片。然而在战役结束后的几个小时和几天里，天气实在恶劣，导致这些碎片都找不回来了。不能回收，意味着那些残缺的尸体都无法得到适当的安葬；他们的灵魂迷失了，还要遭受审判。雅典的 2 位将军意识到他们的过失可能会招来恶果，于是便隐遁于东地中海了。其余 6 人回到雅典，指望他们会如英雄般受到欢迎，毕竟确有一些可减轻罪责的情节。然而紧张不安、心烦意乱的雅典民众并没有如这些归国者预期的那样接待他们。

这 6 名腰杆笔直的将军发现等待自己的不是花环和桂冠，而是一场审判。雅典人一如既往地雷厉风行，他们已经在公民大会上安排了一次审讯会，这 6 人全体受到了从事反民主活动的指控。巧合的是，苏格拉底正是当天主席团的审裁官。[3]他自愿回到了自己所属的阿洛佩克德莫区的议会效力。[4]他会被选为监督者实属偶然，那天投票机就是这么分配了民主工作。我们不知道苏格拉底这次为何会自愿效劳，此君是出名了的不喜欢这类政治活动，他宁愿让别人去参与。主席团成员在当天可拿到约 5 奥波尔的报酬，也许他只是需要这笔钱。[5]但他的动机也可能更为高尚，他或许意识到了雅典需要一些实际的帮助来维系国家。这一次，这位哲学家所充当的角色不再是伤口，而是绷带。于是，在公元前 406 年夏末的那个清晨，公民就像不久后将要审判这位哲学家一样，在黎明时分和苏格拉底一起匆匆对他们的民主派同侪做出了判决。

作为这次公民大会的审裁官，苏格拉底经历了一场民主大戏，普通人都可在其间相互起诉或宣称自己无罪。他曾在忒修斯的圣所宣誓，他的建议将会"有利于国家的最大利益"。他会为"民主"做出一次牺牲。他还曾站在议事会成员面前，宣称自己适合这项工作，他会说出父母和祖父母的名字，表明他敬重他们的名字以及这种家族崇拜，还要坦陈他并非贫民，且服过兵役。他在那座圆形的餐厅——圆顶会议厅——里吃过饭（很简单的饭菜，此地不断挖掘出来的餐食毫无精致可言[6]），如今已经 50 多岁了；他可能还曾在那儿过夜，和一群在围栏内听他讲话的民众辩论公民大会上的事务，还曾把手伸进装着或黑或白的冰凉石子的篮子里，然后投出"赞成票"或"反对票"。[7]

无论是在苏格拉底自己的叙述中，还是在雅典这个三伏天的故事里，我们都不应低估他决定当这么一天政客的重要性。这个男人一生都没有把时间花在一名民主派理应承担的实际而明确的事务上，现在却主动参与了选举。他承认雅典需要他，他需要让这座城市听到他的声音。在历经多年的残酷岁月之后，有些事情发生了变化，雅典娜已经是明显的步履蹒跚了。

这些不光彩的将军的案子将在一片歌剧天篷般的希腊天穹下接受审理。此地正是普尼克斯，这片奶油色的多石斜坡容得下6000名男性舒适地并排坐立。人们用乳猪来献祭，将祈祷和诅咒传达给众神，公民大会上的人便由此得到了仪式的净化。自阿吉纽西群岛返回的那几位名誉扫地的将军将一同受审——而且原告如此之众——这个事实看起来就十分不妙。在雅典的法律中并没有允许集体审判的先例。这有点袋鼠法庭（kangaroo court）*的味道。将军们的罪行似乎已经板上钉钉了。苏格拉底（一个孤独的声音，或者说色诺芬和柏拉图想让我们相信是如此）拒绝依从群众的暴虐情绪。他们高喊着要以叛国罪起诉苏格拉底，但他没有让步。雅典的法律规定，人们应该单独受审，苏格拉底恪守着法律条文。僵局出现了，在那年的那个时刻，夜幕格外迅速地笼盖了天际，雅典人举起的手已经没法数清了。对这些满面愁容的将军的审判也由此推迟，按照那种民主旋转门式的安排，明天又将迎来新的一天，另一名业余政客将来监督诉讼程序。单独审判得到了保障。[8] 苏格拉底则退出了此案的审理。

雅典本已投票赞成单独审判，但不知何故，在一番带有议会色彩的推诿下，人们又在公民大会上宣告这一指令无效，这个进步的

---

*　即不合法律规程和正常规范的审判。

民主政体已经变成了一群宁愿违法也不愿受挫的暴民。他们已然热血沸腾。煽动者们渗入了法庭，他们剃了头发，仿佛正在服丧。他们还推出了一名目击者，这个男人说他之所以幸免于难，是因为他紧紧抓住了阿吉纽西海战中失事船只上的杂物——一个麸皮桶——并高声抱怨这些将军甚至没有把那些已死的、半死的、垂死的和在水中沉浮喘息的人打捞上来，而那些人已经证明了他们是"为国效力的最勇者"。[9]

我们不清楚那个接替苏格拉底的人姓甚名谁，但我们知道一点，他没有这位哲学家的顾虑。第二天，雅典幸存的6位将军便一同受到了审判，他们被判死刑，随即遭到处决。[10]处决他们的手段正是赐以毒堇。

在大约几周内，民主的公民大会通过投票让这些将军担起了各自的职责，又通过投票把他们送进了坟墓。苏格拉底总是质疑"民主"是否真是一条通向"善"的必由之路，通过阿吉纽西一案，他似乎有理由感到担忧了。

悬念

阿斯帕西娅和伯里克利的儿子伯里克利二世（Pericles Ⅱ）也是这6名不幸被草率处决的将军之一。伯里克利头婚中的两个婚生子都已死于瘟疫，伯里克利二世是根据特别法令获得公民身份的。他只在一生中的一小段时间里得到了雅典民主团体的接纳，成了其中的正式成员。但如今，雅典的政策已设法根除了多年前让他们大为光火的那桩婚姻的残余基因——一位伟大的、堪称楷模的男人和一位来自东方的诱人美女的残余基因。

在阿斯帕西娅的儿子去世时，她早已遁入了历史。

但最近的证据又让她重现于世了。考古学家在比雷埃夫斯一条新路的铺设工程中进行了一场抢救式考古，在挖掘过程中，他们发现了很多文物，其中就包括公元前 5 世纪的雅典人非常喜欢的咒符中的一块。有人在铅块上凿出了阿斯帕西娅的名字，还把他们的咒文埋在了比雷埃夫斯地区。人们最近还在这里发现了一块提到她家庭的墓碑，发现地点是一些妓女、边缘的外邦人及其家庭的住宅。[11] 在她身后的数个世纪，一名男子自称在这片海港区看到了阿斯帕西娅的坟墓。[12] 当时可能有一尊她个人的造像守卫着她的坟墓，现在这尊造像的复制品就保存在梵蒂冈。如果这座稍微有点发福的、古板的、拥有知性面容的石制半身像真是阿斯帕西娅，那确实很难让人相信是她靠着自己的容貌和花痴舞女般的淫欲引发了伯罗奔尼撒战争。但那群暴徒还是说服了自己，他们就是想要相信这种事。一旦这种诽谤流传到街头，它就会不断滋长，直至成为通俗历史，然后被人当成事实来引用。像大多数女神一样，劝说女神珀伊托和谣言女神菲墨的刻薄可能都是不可撼动的。

我们能把阿斯帕西娅视为一个白手起家的聪明女人来纪念，但雅典人从未接受过这个外邦的高级妓女。这个民主国家承认国际大都会的好处，却又羞于对其表示赞同和支持。在几十年的时间里，雅典人证明了他们是最激进、最自由的思考者，他们接纳了来自已知世界各处的具有革命性和开创性的智士，又逐渐纵容了人性的缺陷——嫉妒、自欺、贪婪、傲慢、搬弄是非和恐惧——让他们的民主成为历史上的一道闪光，而非一场森林大火。作为一伙群众，他们对阿斯帕西娅做出了自己的裁决，正如他们在阿吉纽西案中所做的一样。

色诺芬记录下了他对普尼克斯上的这群雅典塘鹅的反感情绪。

他直言道："这伙人的意志都被喧哗声（thorubos）驱使着。"[13]

这有时会被斥之为贵族的自命不凡的轻蔑，但只要是有过现实生活经验的人都应该能感同身受地体会到色诺芬的忧惧。智人常常

渴望群体中的匿名性。在所有文明最黑暗的时刻，都有一些想找替
罪羊的人在叫嚷着，他们希望斥责的手指转到其他方向，只要能远
离自己的脸。那些放肆、嫉妒的舌头就是历史的祸根。"*Thorubos*"
可以指七嘴八舌的谈话声、相互刺激的思想碰撞，也可以指带有偏
见的喧哗声，在这种喧哗声中，个人会选择从众。我们可以说这些
耻辱之举是令人憎恶的，但群众的共谋显然也是人之常情。

310

因此，一个拒绝随波逐流、拒绝靠投票杀人以让社会自我感觉
更好的、独特而又不妥协的人，怎么可能不很快就尝到社会本身的
苦果呢？

> 苏格拉底：你要注意并且专注于这一件事上；那就是我说的
> 话公不公正。这是法官的美德，演说家的美德则是讲真话。[14]

仅仅 6 年后，还是这些群众，他们将证明苏格拉底这样的人是
无法用他那高尚的说辞来阻挠他们的。如果一群人，一个法庭，一
个全能的民主国家想要除掉某人，那么无论真理是否在他们手中，
他们都有权力这样做。

48

高大的罂粟，砍断黍穗

雅典，公元前405—前404年

> ［佩里安德（Periander）］砍掉了最高的黍穗的顶端，他［给
> 司拉绪布卢（Thrasybulus）的建议］的意思是，他必须不断清除
> 掉那些出类拔萃的公民。
>
> ——亚里士多德，《政治学》（*Politics*），5.10[1]

现在要毁掉这个民主国家所建立的、人民曾经热爱的东西要容易得多了。那些长得太高，太过鲜艳的生灵时常都会被砍倒在地。民众总是对他们的领头羊怀着一种矛盾的心态。一个具有远见、功勋卓著的人是一种财富吗？或者他的特殊性、他的超然拔群会使得他反对民主吗？[2]

雅典的戏剧中充斥着探讨这一主题的情节：

> 俄狄浦斯：噢，权力——
> 财富、帝国，还有那些超越了
> 人生的赛场和战场上的技能的技能，

> 紧随你们的是怎样的怨恨和嫉妒啊！

> 歌队：谁能不以艳羡的目光注视着他的声名呢？
> 如今他却处在一片多么难以承受的烦恼的海洋里啊！ [3]

希腊戏剧常被视为一种发扬文明的影响力，一种有百利而无一害的事物。剧场是一个可以让人们一起面对（共同见证）其忧惧的空间。但我们不要忘了，这些集会既能弘扬明智的评断，也能煽动偏见、怨恨和嫉妒的火焰。

312　　在这座城市尚存希望之时，苏格拉底就曾在舞台上受到过猛烈的抨击。当阿里斯托芬在公元前 423 年将他形容为"无赖、自吹自擂的人和骗子"时，当其他剧作家嘲笑他的"一件破烂的斗篷"和他的"赤脚门生们"时，雅典仍有机会在国内外的斗争中取得胜利。在伯罗奔尼撒战争期间，大酒神节可能从 5 天减到了 3 天，但至少还有这一节庆。临近苏格拉底离世的那一年，雅典已历经磨难，人困马乏，破败不堪、筋疲力尽，却又群情激愤。欧里庇得斯的《特洛伊妇女》和《赫卡柏》不仅讲述了战争中令人作呕、臭不可闻的残暴，也谈到了战争的沉闷、靡费和混乱。

> 悲哀啊，悲哀就是我！我能说什么呢？我能怎样哭喊或哀叹呢？我啊！我这晚年的不幸啊！奴隶的身份太残酷了，没法忍耐，没法承受！悲哀啊，悲哀就是我！有谁来声援我呢？家人和城邦——它们在哪里？ [4]

正是在这些黑暗的日子里，在阿里斯托芬的《云》中那灼人的愉悦，以及公元前 423 年 4 月那天伴随着猪血、美酒和舞蹈的和煦色彩仍作为扭曲的记忆在发挥影响时，苏格拉底受到了审判。他是在希望已经变得渺茫时受到了审判。当时雅典的人口至少死掉了一半，很可能是四分之三。雅典最大的敌人此时已推倒了这座城市的城墙，在他们的门槛上撒尿，还宣布民主为非法，而雅典群众的咆哮也突然间变得愈发尖锐了。

> 这不是（指控我的人）造成的，而是这个世界的嫉妒和贬损造成的，它已经导致许多好人死去了，而且很可能会让更多人死去；我绝不会是他们当中的最后一个。[5]

欧里庇得斯的最后一部悲剧——作于苏格拉底受审前10年的《腓尼基妇女》，一部典范之作——的场景可谓愁云密布。那时的雅典城已被战争破坏，家家户户都损失惨重，部落关系和个人野心也撕裂了这个城邦。我们在阅读欧里庇得斯最后巨作的同时，也能够听到公元前5世纪雅典人的哭泣。

> 你的痛苦就是我们的痛苦！[6]

在上演了这些戏剧的狄俄尼索斯剧场之外，随处都可以看到战争造成的实际创伤。饥肠辘辘的中年男人，不能再生子防老的妇女，以及失去了亲生儿子的妇女。还有所有战区的标配：没有家庭和地位且不受法律保护的人。据说在苏格拉底死后的公元前4世纪就有这样一个例子：一个老妇人被人怀疑不是公民，只因为她沦落到了当奶妈和卖彩带的地步，这些工作通常只适合奴隶和外邦人来干。她的儿子欧克西塞奥斯（Euxitheus）以一种心痛却含蓄的语调宣称，很多像她这样的干瘪老妇都被迫从事着保姆、羊毛工和葡萄采摘工之类的工作。他叹息道："我们过的并不是我们想过的生活。"[7]

313

及至公元前5世纪末，雅典的氛围已普遍是丑陋不堪。粮食供

应日益短缺，兄弟之间也无信任。最近人们发现了一封信，出自苏
格拉底的同时代人之手，它在黑海中久遭遗弃，文字都蚀刻在一块
薄如铝箔的铅片上。信中，一个做过奴隶的银行家帕西翁（Pasion）
正吩咐一名讼师在雅典实施报复：

> 　　我，帕西翁，写信吩咐狄凯阿库斯（Dikaiarchos）去教训和
> 追捕萨蒂里奥（Satyrion）和尼科斯特拉托斯（Nikostratos）……
> 因为他们冤枉并暗算了我，以及格劳凯特斯（Glauketes）和艾安
> 托多罗斯（Aiantodoros），而且还密谋……[8]

　　我们可以想象当时的氛围：雅典人都在回头张望，留心谁会是
下一个在背后捅自己一刀的人。街巷间的一声厌烦的低语肯定也会
有人偷听，必须有人对这一切苦楚负责，为这座曾经方兴未艾的城
市的堕落负责。雅典人民猛烈抨击着他们所能听见和看见的事物：
智者，这些聪明人一度获得了劝说女神的加持，用花哨的辞藻和修
辞技巧向雅典城内和更广阔的世界颂扬雅典。就像 21 世纪头 10 年
的金融家一样，这些专家交易的都是看似强大但圈外没人能完全理
解的、精巧的无形资产。曾经有一段时间，那些有益的辩论所带来
的乐趣，那些启迪人心的话语所带来的欣喜雀跃似乎保护了雅典，
让雅典人产生了一种强大的自我意识，让整个东地中海都在传颂他
们无可否认的聪明和自信，让一切看起来都不无可能。在那种新的
包容性政治制度中，普通人需要智者的花言巧语才能在法庭的争执
和公民大会的喧哗中挺过难关。外邦人和外来思想的涌入给雅典带
来了短暂而强烈的兴奋感。一些智者成功地利用民主派为言辞买单
的意愿和需求大发其财。在民主滥觞之时，大演说家备受吹捧，整
个城邦都爱上了修辞艺术。但现在人们意识到，这些最能说会道的
演说家已经大大超出了他们的想象：如果你能辩黑为白，那么会胜

出的就只有最具说服力的论点，而不是最明智、最合乎逻辑、最适宜的论点。民主派意识到，在这种哄骗下，人们既有可能行善，也有可能作恶。那些油腔滑调的说辞被当成了一种带有倾向性的陈述，同时它也失去了自身的魅力。

终苏格拉底一生，人们都曾成群结队地在雅典市政广场里聆听那些言语商人的说辞。现在，暴民却会在深夜里打砸他们的家门，要求将这群智者赶出城去。雅典不再是一个你想奔赴的国家，而是一个你想逃离的地方。

314

* * *

阿里斯托芬的喜剧一向都如外科手术般犀利，而现在谈起苏格拉底这样的人时就更加激烈了。在他笔下，这位哲学家已不仅是一个小丑，他还不爱国，用他那"吹毛求疵的蠢话"[9]来贬低大悲剧家的作品。到公元前 5 世纪和前 4 世纪之交，雅典尚存的才智之士已经不多了，而这些仍留在此地的人才仿佛都走到了穷途末路。

亚西比得被流放，尼西亚斯身亡，伯里克利只余土中白骨。民主暴民此次又破例杀掉了那几位在阿吉纽西群岛取胜的将军，那 8 人原本是从这个沉闷的城邦中选出的一些尚存此间的最闪亮的火花。雅典已经彻底没有伟人来领导了，人们的肚子因饥饿而变得越发鼓胀，但战争的胃口却丝毫未减，雅典似乎仍有余力去战斗。

斯巴达和雅典这两个宿敌的下一个战场就位于如今欧亚之间的一片水域，即赫勒斯滂，还有一个至今仍划分着东西方交界的地方——位于达达尼尔海峡欧洲一侧入海口的埃戈斯波塔米。这里的景观颇为沉闷，毫不宜人。附近即加里波利（Gallipoli）的现代战场，第一次世界大战期间，也有数以千计的年轻士兵在那里惨遭屠戮。这是一片荒凉之地，如果你想存活，就必须对此地了如指掌。

　　这片区域当时已经成了亚西比得的地盘，他在科尔松尼斯半岛（Chersonese peninsula）获赠了一些庄园和加固的标志性哨所。他实际上已经变成了色雷斯的一名军阀。他一生的艰辛都刻画在了他周围的这片景观之中。得知雅典计划在埃戈斯波塔米展开战斗后，亚西比得又像昔日那个身着明盔亮甲的骑士一样向雅典的将军大声咆哮，这才勉强将他的建议传达给了他们——他表示，让雅典船只在那些貌似只长得出岩石和低矮灌木的裸露山丘旁靠岸是一种疯狂之举，因为斯巴达人可以在那里截杀他们。但此时他并不是一个真正的雅典人，而是一名"私掠者"，[10] 他的点金术看似也很廉价而虚假。亚西比得的建议当即就遭到了驳斥。某种程度上，如果雅典人即将倒下，那或许也要归结于他们没有向这个靠不住的、蹩脚的、魅力十足的贵族健儿抛出一条绝望的救生索，尽管此人已经多次不负责任地玩弄了他们的感情。

　　此时，雅典人不仅把他们的船只停泊在了一个很容易受到攻击的地方，而且在这片陌生的地域外出寻找补给时也没有派人看守船只。他们绝无获胜的机会了，尤其是考虑到还有两个闪闪发光的男青年在加持斯巴达。斯巴达将军吕山德发起了进攻，当他在海上驰骋时，据说海伦的那对孪生长兄，神圣的狄俄斯库里兄弟再次赶来援助了这些身处海外的斯巴达人。雅典曾经是一个海上霸主，一个统治着海洋的强国。但现在，长期闭锁于内陆的斯巴达人已经学着适应了大海。正是他们的公民战士，连同那些被称为黑劳士（奴隶）和摩塔克斯（Mathakes，杂种）的健壮的下层阶级在奋力划桨，驱使着三列桨战船以惊心动魄的速度在爱琴海中乘风破浪。现在是斯巴达人掌控了各条海岸、航道和停泊点，以及海上的战略。

　　在埃戈斯波塔米，雅典船只四处散落，除两艘以外，其他船只均被俘获。船上的雅典公民至少有1000人，全都被排成一排，随即遭到处决。斯巴达人吕山德赢了。雅典投降。在苏格拉底只有2

岁的时候，这个地区有人目睹过一场天降的陨石雨，那天国的线条曾激励过雅典人和前来雅典的访客，让他们对宇宙的科学本质展开了辩论，此时它却成了雅典帝国灭亡的先兆。

斯巴达的统治者不失时机地公布了他们城邦的胜利。他们在提洛岛发布了一条法令，用别具田园风格的斯巴达方言写成，语气简洁，声明提洛人再次获得了他们的自由、圣所和资金——这里再也不是雅典的离岸银行了。

在世界之脐的德尔斐，人们竖起了一座绚丽的纪念碑，以缅怀斯巴达指挥官吕山德。只要你走上那鼓舞人心的神道，看到了左边的基拉平原，以及右后方的帕纳索斯山，就绝不可能错过这座傲然挺立的纪念碑。在雅典人的那片自我炫耀的区域及其齐名英雄像的旁边，紧挨着米提亚德像（马拉松战役的获胜者）的位置，此时已铺设了一片新的斯巴达基座，上面矗立着 38 座青铜雕像，皆由拉科尼亚的霸主委托建成。其中有宙斯、阿波罗和阿尔忒弥斯，还有乐于助人的孪生兄弟卡斯托尔和波吕丢刻斯，以及吕山德，为他加冕的是输掉了雅典卫城和雅典争夺战的海神波塞冬。然而波塞冬取得了最终的胜利。现在他格外宠爱这些斯巴达人，他们终于觉悟了，把他们的船只和赌注都投入了他的咸涩战场：神和敬神的斯巴达人一起把好管闲事的超级大国雅典打倒了。这一次，雅典娜不见踪影。

雅典在埃戈斯波塔米的海战中遭遇惨败后，所有盟友都抛弃了她，只有理想主义的萨摩斯人除外，他们曾格外令人生厌，现在却坚定地捍卫着民主。雅典人对他们为数不多的朋友十分感念，于是委托制作了一幅美丽的浮雕，画面上的雅典娜和赫拉（萨摩斯的守护女神）这两位女神亲切地握着手。公元前 440 年，正是萨摩斯人的躁动促发了伯罗奔尼撒战争这场零和游戏，现在他们却被授予了雅典公民的身份。

雅典曾经是伟大的，但人们都很好奇，在这一年，谁会想要雅

316

典的公民身份呢？2位斯巴达国王就驻扎在雅典城墙之外。斯巴达舰队也在新航段中热身，他们团团包围了比雷埃夫斯港。这150艘舰船阻碍了交通，使得粮食都运送不到雅典民众的手中——城里挤满了雅典人，因为吕山德横扫了附近的所有领土，命令雅典娜的子孙都躲到他们那聪明的、热爱战争的女神的裙子里去。公元前404年，斯巴达兵临雅典城门，自信地在那些曾经受人喜爱的、一度十分热闹的地方——体育场和摔跤场——安营扎寨，[11] 雅典人被围得水泄不通，他们饥饿而虚弱，对即将面对的命运都怀着某种恐惧：

> 他们看不到自己的未来，只能忍受他们曾让别人受过的苦，他们伤害那些小邦的人民并不是为了报复其所作所为，而是出于权力的傲慢，除了这些小邦是斯巴达的盟友之外，没有任何理由……因此，尽管城里有很多人都快饿死了，却无人提及媾和之事。[12]

据我们所知，当这座城市里的所有人都在哭号、拉扯着头发、啃着木头以抵御饥饿之苦时，苏格拉底却在灾祸前表现出了他特有的镇定，以及与周围人群的格格不入：

> 苏格拉底：围城期间，在别人自怜时，我的生活并不比这座城市最幸福的时候差。[13]

然而我们已经来到了终局。斯巴达包围了雅典。雅典失去了她为之战斗了70年的宝贵财富——自由。苏格拉底和他的雅典同胞们发现，如果他们想要存活，那么别无选择，只能投票放弃他们的民主制，转而投票支持亲拉科尼亚的寡头制。

听闻民主的雅典最终被击败后，怨愤和憎恨的海啸涌向了阿提卡。底比斯人和科林斯人（斯巴达的盟友）都想大开杀戒，欲把富饶的、经过了开垦的雅典领土变成牧羊之地。但斯巴达人没那么感情用事。他们平静地提出了 4 点要求：一个是将雅典舰队的规模缩减到 12 艘船，一个是废除民主制，以及推倒他们格外憎恨的城墙，他们在这些城墙的阴影下已经奋战了太久。然后是那些在现代和古代社会中都耳熟能详的话：强者的敕令将告知臣服的国民现在要如何思考，谁将成为他们的朋友和共同的敌人。斯巴达人还提出了最后一个要求，其声明直截了当，毫不含糊：和我们站在一起，否则就是反对我们。

317

> 雅典要和斯巴达拥有共同的敌人和朋友，在斯巴达有可能进行的任何陆路或海上远征中，雅典都要遵从斯巴达的领导。[14]

一切都结束了。雅典娜之城不再属于苏格拉底和他的雅典同胞。现在她落入了斯巴达人手中。那些曾经受雅典掌控的附属城邦都张开双臂，欣然接受了这场政权更迭。

雅典那骄傲的城墙被一砖一瓦地拆毁了。

色诺芬告诉我们，吹笛女和城墙周边的妓女很快就改变了立场，在雅典帝国的余烬中跳起了舞蹈。

> 她们认为这一天将是希腊人自由的起点。[15]

49

三十僭主

雅典，公元前404年

> 他们把民众从各自的父母妻儿身边扯开……不允许这些民众
> 拥有合法的、习以为常的埋葬权，还觉得他们那种强权即正当的
> 权威比神的惩罚更加强大。
>
> ——吕西亚斯（Lysias）的第12篇演说，
> 《反埃拉托色尼》（*Against Eratosthenes*），12.96

在两年多的时间里，斯巴达人所掌控的爱琴海地区的人口都不
得不生活在亲斯巴达的军政府治下，亦即"十人统治"（the rule of
ten），现在雅典人也即将尝到这种滋味了。

吕山德支持由一个仅有30人的组织来掌控雅典娜之城。这些
人都是雅典公民，但必须有寡头或亲斯巴达的倾向。这个临时的"监
督"机构被赋予了一个斯巴达式的名字——监察官*。我们不得不作

---

* 斯巴达的监察官大概起源于部落首领。古典时代共有5人，一年一任，从贵族中遴选，
负责监督国王的不法行为，主持公民大会，监督青年的军事训练，是斯巴达国家最重要
的官职之一。另参祝宏俊：《斯巴达的监察官》，《历史研究》2005年第5期。

如此设想，那就是这"三十僭主"被选中，并不是因为他们拥有全面而民主的视野，或是他们支持公平的中庸之道。柏拉图的一位叔父克里提亚斯就是该组织的主脑，他是一名极端保守派，苏格拉底曾因他的性欲而指责他是一头发情的猪。另一个让苏格拉底特别偏爱的人——卡尔米德斯（苏格拉底在体育场里看到他时曾称他"美到了极致"）则是斯巴达人为控制比雷埃夫斯区而在当地扶持的十人统治者之一，他也处于斯巴达的控制体系之下。在雅典的这一历史时期，苏格拉底圈子中的另一些成员也参与了对人民权力的限制。

不过这些人跟宴饮的喜好、空想的兴趣、对美酒的贪恋以及黄油般的温润都毫无关系。每个部落都要经合法途径选出 3 个人，但他们掌管的是一个经受了虐待和创伤的城市，一个斯巴达"老大哥"监视着这里的一切。雅典的很多资产都被抄没一空，而富人，尤其是外邦人都成了掠夺的目标。

这三十僭主实行了一种恐怖统治，他们清洗了各自在城中的私人仇家和政敌。早在公元前 411 年，寡头就开启了这门营生，那时暗杀小组便在街巷间横行，直至这可怕的终局也仍未止息。

这些雅典的新统治者只执掌了 12 个月的大权，但他们稳步减少了雅典的人口，每个月都有 100 多人"失踪"。除了背街的杀戮、床上的窒息、从"有错"的家庭抢走孩子之外，城里随之出现的所有被迫的流亡肯定也格外令人反感和心痛。公元前 403 年，圆顶会议厅被三十僭主接管，这个颇具吸引力的圆顶房子曾经为那些在此整日工作以巩固民主的民主派们供应餐食，如今却成了三十僭主的总部。正是在雅典市政广场内的这座明显带有平等色彩的圆顶建筑（其建筑风格具有深刻的象征意义）中所设的大本营里，三十僭主发出了恐吓和谋杀的命令。对于那些曾将圆顶会议厅的拔地而起看作是为自由和平等所奏的一曲凯歌的雅典人来说，这种可怕的讽刺是无可回避的。

　　从公元前 404 年到前 403 年，雅典一直都沉浸在无尽的噩梦中。
到处都可以听到拳头和木棍敲击大门的声音。为避免枉死，公民变
成了屠夫。若要领会这漫漫长夜的恐怖，很重要的一点就是回想一
下雅典已经变得有多么小。在经历了疫病、伯罗奔尼撒战争和内
乱之后，这座拥有 10 万雅典人和 20 万奴隶的城市已经缩减到了
约 6 万核心人口。其中只有 3 万人是男性，只有 1 万人住在雅典
城墙之内。这是巴尔干村镇中的那种暴行。邻居互相攻击，有时
还有兄弟反戈。

　　在三十僭主当政的这一年，有 1000 名到 1500 名雅典人死亡。
我们知道公民的死亡情况，但可能还有数千无名死者。外邦人、奴
隶和比雷埃夫斯的居民也都惨遭清洗。义务警员随处可见。我们今
天还能看到一份目击者对这些袭击的叙述，文笔格外生动。[1]一个
名叫吕西亚斯的人（一位来自西西里岛图里伊的"头等公民"，也
是著名的演说稿作者*，其父曾是伯里克利的朋友）讲述了他侥幸
脱险的细节。被捕后，他从后门冲了出去。他的兄弟波勒玛库斯
（Polemarchos）就没这么幸运了。就像所有政变一样，掠夺所能激
起的热情不亚于政治。波勒玛库斯耳朵上的金耳环被人扯了下来，
他的亲戚被人强奸，他们的财物遭到了盗窃。政府还没收了他兄
弟在比雷埃夫斯的工厂里的东西：700 块盾牌，外加金子、银子和
120 名奴隶工。这个民主国家一直不赞成炫耀财富。在共享成果的
精神指引下，那些在公元前 5 世纪中后期异常繁荣的经济中大发其
财的人都把资本藏到了家里。现在，这些财富正被从私人手中夺走，
抢夺者并非支持平等主义的理想主义者，而是心怀嫉妒的贵族和寡
头，他们私下里可能一直觉得让普通的、非贵族的雅典人有机会取
得成功是一种耻辱。

---

* 吕西亚斯有 35 篇演说稿存世，其中 23 篇完整。

　　全城的行动都经过了精心谋划。为了消灭对手，铲除那些卓尔不群的人，三十僭主采取了在雅典已获准使用的各种杀人手法。人可以被活生生地扔进深坑里，也可以用金属锁带把他们的脖子、腿和胳膊绑在木板上；但三十僭主还引入了一门艺术，那就是以毒堇汁来处死他人。[2]

　　致命剂量的毒堇汁配方此时刚刚得以完善。草药师已经算出杀死一个人的剂量只需不到四分之一盎司*。有些方法可以让这种凶器变得格外管用，或者像当时的一些文献所说的"快速而简单"：若将这种植物去皮，用研钵研磨，然后筛分，其毒素就会变得特别有效。

　　阿里斯托芬曾取笑过这种情况。[3]家务用具就能杀人：我们谨慎地、冷静地想出了各种乏味的手段，以便更容易地强迫他人赴死，这实在滑稽。在公元前405年，这还是一种略带新奇意味的致命化学。及至公元前404（或前403）年，服饮毒堇汁已经成了一种"例行的"规矩。人们被迫死在自己家中，很多人都未获准下葬。雅典娜之城变成了一个病态的停尸房，一个噩梦般的存在。

　　　　三十僭主大权在握，很多雅典人都因饮下毒堇汁而死，还有　321
　　很多人流亡海外。[4]

　　苏格拉底也受到了恐吓。克里提亚斯显然没有忘记多年前苏格拉底在阿伽通的餐桌上批评他那猪一样的性欲，于是决定斩断他存在的理由（*raison d'être*），即和年轻人做伴。这位哲学家被告知，他不得再与30岁以下的人交往。[5]苏格拉底的一些老酒友都成了战犯，经常有人借此来贬低这位哲学家的声誉，因为他和他们的关系而认定他有罪。务实的作者色诺芬提出了最明显也最自然的解释，

---

*　1 英制液体盎司为 28.41 毫升。

但他的说法通常都被人所忽视。色诺芬说：我们不能因为别人的恶而责备苏格拉底，这不是这位哲学家的错，是那些人辜负了自己，他们变了。

"但是，"指控者补充道，"克里提亚斯和亚西比得成了苏格拉底的密友，而这两人对这座城市犯下了最严重的罪。克里提亚斯成了寡头制中最大的小偷，也是最暴力、最凶残的一个，而亚西比得则成了民主制下最不负责任、最专横和最强暴的人。"[6]

我知道亚西比得以及克里提亚斯跟苏格拉底在一起时都很温和，不是因为他们怕被苏格拉底罚钱或责打，而是因为他们当时认为这么做就是最好的。

另外，很多自称是哲学家的人也许会说，公正的人绝不会变得不公正，温和的人绝不会变得鲁莽而专横，一个人学到了任何可学的东西就绝不可能变得好像没学过一样。但我对这些问题的看法并非如此。[7]

朋友、伙伴都有可能做出让人意外的事，也可能突然变得像一个陌生人。学者们经常因苏格拉底的某些门生最终走向反动而指责他。但这种倾向拔高了道德教育的绝对坚韧性。苏格拉底和三教九流的人都有来往，不能因为他跟那些后来让人大失所望的人有过联系就归罪于他。[8]

雅典执政者当时还拟订了一份名单，有3000名公民获得了三十僭主的认可，雅典的其余人等都被解除了武装。苏格拉底在"获得认可"之列（考虑到克里提亚斯对他的厌恶，其原因尚未可知）。[9]三十僭主之一的塞拉门尼斯（Theramenes）对新的限制性政策提出了抗议，他随即就遭到了处决，被雅典的打手（十一人委员会）从一座祭坛的围栏后拖了下来，然后用毒堇汁毒杀了。[10] 塞拉门尼斯的尸体应该被人用裹尸布包了起来，布料上还织上了"迫害"一词。他的死标志着雅典已经变成了一个空洞的伦理外壳，民主、自由权和言论自由一直都是有限度的，但现在已经完全失去了立足之地。塞拉门尼斯并非民主派，然而就连他也无法直抒己见。行使平等表达权的人将面临什么后果，大家都一目了然。此时不分昼夜，都有很多惊恐的雅典公民在悄悄离开这座城市，从城墙内出逃，这堵城墙自他们出生以来就一直保护着他们，现在却已是断壁残垣。

自伯罗奔尼撒战争开始以来，人们已经收获了 7 次、14 次、或至少是 21 次庄稼。但雅典民主的黑暗岁月眼看就要变得更加黑暗了。尽管三十僭主最初可以肆无忌惮地杀人、抢劫和恐吓，但一个民主的抵抗势力已开始形成。逃出城去的民主派逐渐在城墙外重新集结，人数十分可观。三十僭主听闻了这群民主信徒的规模之后便开始逃离，他们大多最后都逃到了雅典西北 15 英里处的厄琉息斯。照理说，寡头早已预备好了这处避难所，但实际上这个城镇并不欢迎他们。于是他们及其追随者便用武力夺取了厄琉息斯。三十僭主继而又诱骗厄琉息斯的男性公民公开自己的观点，表明自己是否民主派。厄琉息斯人被勒令从一个出入口走出去，这是一种人口普查方式，表面上是为该镇筹建一支精练的驻军。而在大门外等候他们的却是一支骑兵和三十僭主的跟班。寡头派的厄琉息斯人均获释放，民主派的厄琉息斯人则均被抓获，并被绑送至雅典。色诺芬在他的《希腊史》中讲述了这个可怕的故事；他的复述带着一种故作冷淡的语气。

他说克里提亚斯已经"开始表现出这种想要置人于死地的欲望了"。[11] 在雅典卫城下的那片阳光普照的石坡上，将厄琉息斯的被俘者赶上死路的不是波斯人的鞭子，也不是英雄的荣誉准则，而是一场公开的民主投票。在拥挤的音乐厅里，克里提亚斯高声喊道：

322

朋友们，我们组建这个政府，既符合我们自己的利益，也符合你们的利益。既然你们分享了特权，那你们也该分担风险，这是理所应当的。因此，为了让你们和我们一样心怀同样的希望和忧惧，你们现在必须对这些被抓获的厄琉息斯人判处死刑。[12]

这里演奏过达蒙等人的激昂乐曲，人们曾把他们的音乐会当成是为民主思想提供的一剂止痛药，但鉴于如今这里已经完全变成了一个有利于寡头的地方，里面坐满了斯巴达的敲诈勒索者，大门口还站着斯巴达资助的士兵，投票的结果已经毫无悬念了。

在异国他乡的底比斯和墨伽拉——这两个以前的寡头据点出人意料地给很多民主派提供了庇护——源源不断的人流（雅典流亡者）翻山越岭地来到了一个弥漫着松香的地方，那是一个名为斐列（Phyle）的安全之所。斐列位于雅典东北3英里处，能提供极好的天然保障。在夏季，这片高耸的岬角可以俯瞰整个阿提卡平原的壮丽景观。冬日里，云雾则会将斐列裹进安全的面纱之中。在这里扎营的叛逆团体中，有一个人过去已经为寻找一个更好的地方而北上旅行过一次：代苏格拉底去德尔斐的使者、挚友凯勒丰。在那年冬季的一个晴朗的日子里，三十僭主企图把民主派赶出这个民主派窝点，但天空随即开始泛白，鹅毛大雪纷纷下落。我们都知道这场雪所造成的影响：

> 战士们互相都看不见，遑论看见敌人了。[13]

因此，这些亲斯巴达派只能灰心丧气地空手而归。

然而在雅典，三十僭主还想让苏格拉底和他们自己一样双手染血。他们让这位哲学家前往萨拉米斯，这是一个地势较低的狭长岛屿，雅典人从波斯人手中赢得自由的故事就是在此开启的。他们命他前去以冷血的手段谋害一位曾经的民主派将军列昂（Leon）。苏格拉底拒不从命。

> 苏格拉底：三十僭主把我和另外四人召到圆顶会议厅，命我们将列昂从萨拉米斯带回来处死。他们平常指使很多人干过这样的事，因为他们想尽可能地把更多的人卷进他们的勾当里。当时我再次用行动而非言论明确地表示，我根本不在乎死——如果我还不算太直言不讳的话——但最要紧的是我没做任何不正义或不虔敬的事，这对我非常重要。因为虽然这个政府拥有很大的权力，但它也没法恐吓我去做任何错事。[14]

三十僭主被这位哲学家不屈的态度激怒了，他们随即就将他列为国家之敌。据我们所知，苏格拉底此时已经成了暗杀小队的下一个目标。如果克里提亚斯及其团伙派出了一名秘密杀手，在当时当地就解决了这个麻烦而顽固的哲学家，那我们也就没有这么一位自由的殉道者了，我们很可能会在历史中错失苏格拉底。这是历史上最大的假设之一。不过这一次苏格拉底侥幸脱险了。因为聚集在斐列的那些历经风雨的民主派正决定全力夺回他们的城市。他们通过比雷埃夫斯回到了雅典，与三十僭主对阵于沙场。克里提亚斯和卡尔米德斯就此被杀。据说，在克里提亚斯的墓碑上刻着一个凶猛的妇女"寡头"形象，她正在焚烧一个拟人化的女性民主形象。当那些衣衫褴褛的寡头撤到市中心舔舐伤口并计划下一步行动时，余下的 3000 公民却罢黜了他们。这 3000 人选出了一个新的十人委员会，每部落一人。为了让这座城市恢复某种秩序，斯巴达人也被请了过来。这些雅典人曾在公民大会中团结一致，6000 人像一个单一的整体，而现在相互间却是针锋相对，斯巴达人在他们之间施展了外交手腕，使得寡头和他们的秘仪都保留在了厄琉息斯，而所有民主派流亡者则被召回了雅典。

在回到雅典娜之城的人当中，有一个人心里窝着一团克里特岛 *那么大的怒火，他曾经是个皮匠，现在则是制革厂的主人，他的名字就是阿尼图斯。阿尼图斯正是将苏格拉底告上法庭的人之一。

公元前 401 年，斯巴达人在阿提卡其他地区的势力范围被他人侵占，处于安全距离内的那些回归的民主派便突袭了厄琉息斯，屠杀了剩余的寡头。他们是在捍卫自己、家人以及一种意识形态吗？我们很想知道。但在这个时期，确实有很多不同的原因让人们将双手攥成了拳头。有一点可以肯定，无论是勉为其难还是满怀热情，雅典人都已经养成了杀害雅典同胞的嗜好。

在这些黑暗的日子里，苏格拉底始终不肯妥协。当他的同胞们已经清楚地知道他确实不想参与政治的时候，这是不是他最令人恼火的做派之一呢？他的所有空想不只是一种姿态吗？苏格拉底没有高声谴责雅典人于公元前 416 年在米洛斯展开的屠杀，如今他也没有谴责那些在他家乡的街道上忙于杀人的屠夫，这一点有案可查。尽管苏格拉底曾挺身对抗过寡头，但他并没有正式地谴责他们，他没有和凯勒丰等民主派好友一起逃离这座城市，躲起来，然后计划从北方发动一场革命。他在瘟疫、围城、战争与和平时期的所作所为都始终如一：他留了下来，在雅典的街道上闲逛，跟人说话。

与这个始终乐于耕耘自己那一片天地的男人在一起，哪怕他的所作所为会惊诧旁人，也确乎能给人带来愉悦的兴奋感，但这种兴奋感此时也明显开始消退了。

3 年过去了。这是一段可怕的日子。苏格拉底在这座城市逐渐老去，自他出生起，这座城市就纪念着一段非同一般的往事：雅典娜的子孙们击退了波斯大军。但现在，他们感受到的却是耻辱，雅

---

* 克里特岛是爱琴海最大的岛屿。

典人无法与他们的希腊同胞斯巴达人的军力相抗衡，他们也无法击败内部的敌人。他们无法维持自己的帝国，不能把民主的意识形态当成一味便利的灵丹妙药，也无法抑制他们的自相残杀。苏格拉底便承受了这一耻辱引发的刺痛。

　　此时距斯巴达人拆除雅典城墙还不到 5 年，距民主制度被扼杀也才仅仅 4 年，屠杀和政治处决的记忆仍在雅典民众的脑海中挥之不去，他们的伤口还在化脓，苏格拉底感觉到诗人美勒托的手搭上了他的肩膀，他被雅典人民传唤到了法庭。

苏格拉底的审判与死亡

18 世纪新古典主义画家吉恩 - 弗朗索瓦·皮埃尔·佩隆（Jean-Francois-Pierre Peyron）的一幅画，描绘了为维护雅典的法律，苏格拉底拒绝在好友的帮助下越狱，平静地饮下毒堇汁而死。现藏于洛杉矶保罗·盖蒂博物馆（J. Paul Getty Museum）。

50

替罪羊

国王执政官的宗教法庭，公元前399年

> 他是第一个真正谈论人生的人，也是第一个被判死刑并被处
> 决的哲学家。
>
> ——第欧根尼·拉尔修，《名哲言行录》，苏格拉底，第5卷[1]

我们来到了公元前399年5月的那个清晨。雅典公民已所剩无几，苏格拉底就站在其中的500人面前，他所受的指控是不敬该城的众神，引入新神，以及腐化青年。这位哲学家在公元前399年的那一天走进了宗教法庭，我们无法想象他会忘记这法庭周围的街巷、剧场和住宅中上演的那段躁动而可怕的历史。一旦了解了那段血腥而混乱的历史，我们就该为苏格拉底对待自己审判的那种镇定自若的态度感到震惊。[2]

这位哲学家可谓漫不经心、无动于衷。他站在挤满了人的法庭上，穿着一身破衣烂衫（他没有亚麻布的衣服，尽管这买得到），他这身衣服几乎肯定就是在城中的一间闺房（*gynaikeia*）里织成的，[3] 这位言语大师看起来有些羞怯，仿佛对这场特殊的戏剧有些

意兴阑珊，好像察觉到了这一切不过是一种假象。

他的天真令人反感，这似乎是在掩饰某种不合时宜的优越感。雅典人一直为自己的法律制度而自豪，为这种制度能够在雅典同胞们面前将人交付审判而骄傲。但苏格拉底坦承他对这类法律事务并无兴趣。不仅如此，雅典人还知道他非议过抽签制度，这种设置一直是已知世界所钦羡的对象，而且在很长一段时间里维系着民主制度。

330

> "但是，我以神的名义起誓，"指控者说，"他让他的同伴们藐视现有的法律，说用抽签的方式来确定统治者是愚蠢的，没有人愿意用抽签的办法来挑选船长、建筑工和吹笛手或任何其他方面的专才，而这些从业者犯错时所造成的损害要比那些在城邦事务上犯错的人所造成的损害要小得多"。指控者说，这类说法激起了年轻人对现有体制的蔑视，也使得他们趋向于暴力行事。[4]

在希腊人看来，这种蔑视是加倍的冒犯。他们相信是众神之力将抽选器中的那些或黑或白的小球引入了各自的槽位。在这个时代，在这片土地上，没有神的许可，什么事都不会发生。抽选器不仅是用来随机选择的工具，也是有力的抽签占卜形式（kleromancy）——一种不应受到嘲笑的神圣而奇妙的过程。

随后，尽管苏格拉底在雅典社会生活了60多年，但在柏拉图对此事的描述中，这位哲学家却向法庭告知了一个奇特的异常情况：

> 事实上，这是我第一次出庭，尽管我已经70岁了。因此，就法庭上的演说而言，我是一个彻头彻尾的外邦人。所以现在我要向你们提一个在我看来是公平的要求：不要理会我说话的方式。请原谅我以这种方式说话，因为我从小到大都是这么说话的，如果我真是个外邦人，你们也会见谅的。[5]

令人恼火的是，这位自负的哲学家似乎并没有严肃地看待这种公平受审的荣幸。[6]这个被指控以言语毒化民主的人本有机会用言语为自己辩护，但他却表现得愚蠢而幼稚。他拒绝玩文字游戏。苏格拉底自称对惯常的民主活动一无所知，这起初可能是讨喜的，但到了他人生的这个阶段，在雅典动荡的背景故事的衬托下，这种态度已经变得极易激怒他人了。[7]在场的都是来自各个德莫区的有点笨拙的普通人，他们在人类历史上第一次有机会成为积极主动的政客，而苏格拉底这样的人玩笑般地说他在 500 人议事会当值时都不知道如何投票。[8]在场的都是在最近的内战中失去了父亲、兄弟和儿子的人，当时寡头的暗杀小队还在雅典娜之城游荡。雅典娜的子民自 3 岁起就一直为成为民主引擎室的机械师而努力，在这个清晨，他们迈着疲惫的步伐来到法庭也是为了保持其民主的清白。

而苏格拉底似乎在嘲笑他们。

可以肯定的是，这位哲学家做的很多事都在民主派的心中引发了真正的刺痛。雅典人喜欢确凿无疑的东西，就像抽选器里的球一样黑白分明。行为要么是"好的"，要么是"坏的"，神要么被正式地引入雅典，要么就是敌人的魔鬼。苏格拉底不懈追求的这种模糊的、有待认知的、探索性的和开放式的询问实在是太让人心烦了。雅典对苏格拉底的反感之所以会迅速滋生，原因或许就在于这种不适感，这种恼人的、堪称古怪的态度，而不在于他犯下的任何"罪行"。不要忘了，在座的每一位陪审员都目睹过这个帝国的兴败，曾在兄弟相杀的时候颤抖地蜷缩在泥砖房子里，曾对这个辉煌而炽灼的新民主理念寄予了全部信念，也亲眼见证过一个众人执掌的城邦的希望被个人野心、杀戮欲、傲慢、玩世不恭和僭政弃如敝屣。众神显然被激怒了。雅典娜对自己的孩子心生鄙视。民主的丰饶时刻已然终结。雅典变成了一个暴虐的城邦。

然而苏格拉底仍保持着一种乐观的态度，一种分寸感，一种道

331

德上的确定性，一种让人恼火的超凡脱俗的感觉。

美勒托、阿尼图斯和吕孔指控苏格拉底犯下了两宗抽象但本质上相当严重的罪行：

> 经宣誓，庇托斯人美勒托之子美勒托对阿洛佩克人索福洛尼克斯之子苏格拉底提起了公诉，指控他犯有如下罪行：苏格拉底犯有不承认本国承认的众神和引入其他新神的罪行。此外，他还犯有腐化青年的罪行。建议刑罚：死刑。9

这个城邦因其对民主、自由权和言论自由的承诺的而广受我们称颂，但我们或许不应对它选择惩罚他们中间的一个特立独行者而感到奇怪。

法庭的判决没有被直接记录下来，但柏拉图给我们提供了他笔下的苏格拉底所做的回应：

> 有很多原因导致我并没有对这个结果感到愤怒——也就是你们投了我的反对票——这个结果并没出乎我的意料，我更惊讶的是双方的总票数。因为我没想到双方的差距会这么小。我以为这个差距要大得多。现在看来，如果再有30票投给我，那我就会被宣判无罪了……那位先生［美勒托］要求判我死刑。那么我该给你们提出怎样的替代性惩罚呢？这种惩罚显然应该是我应得的，不是吗？那么这会是什么惩罚呢？我没有过平庸的生活，不关心大多数人关心的事——赚钱、管好自己的事、成为一名将军或政治领袖、谋求官位、参与派系之争——所以我该为此受什么样的苦或付出什么代价呢？我认为自己确实太善良了，走那条路恐怕性命难保。我没有去做那些我肯定无助于你们或我自己的事，而是私下去做了一些对你们每个人都最有益的事。正如我所说，

我这么做了，承诺劝说你们每个人，在关心自己要如何尽可能地成为最高尚和最明智的人之前，不要关心你们的财产，在关心这座城市本身之前，也不要关心这城里都有些什么，而且要以同样的态度关心其他事。身为这种人，我该受什么苦？该得好处啊，雅典人！[10]

雅典人并不赞同他的说法。公元前399年5月的那天，在法庭上，雅典的陪审员裁定苏格拉底有罪。

51

一场申辩

雅典的宗教法庭，公元前399年5月

> 苏格拉底：我的受审就好比是一个医生被一个糖果商告上了法庭，而陪审团却是幼儿组成的。
>
> ——柏拉图，《高尔吉亚》，521e [1]

苏格拉底被判有罪。

但对他的处罚还没确定。

控告苏格拉底的人已经发言完毕，现在水钟又被重新灌满，这位被告须在指定的有限时间内陈述他的观点。苏格拉底终于站上了演说台，他在以公民身份参与公民大会的时候一直都非常自觉地不干这种事。此次审判的类型被称为评估审判（agones timetoi），法庭认识到犯罪程度存疑，因此也应对处罚进行同等的校准。受审者有责任提出对他自己的判罚。这位乐于挑起争论的哲学家现在也不得不通过论辩来避免死刑了。

苏格拉底已经在雅典的这个宗教法庭上听完了针对他的指控——腐化青年，并且否认城邦的众神，这本质上是一项很严重的

指控。按照目击者们（柏拉图就在庭审现场）的说法，当天此地十 334
分嘈杂：质问声、叫嚷声和责骂声不绝于耳。

只有等这些喧哗声平息下来，苏格拉底才有机会发言。

这位哲学家要说的话还是值得期待的，毕竟这个人就是因为他
的言语而非行为而受到了指控。在所有人的叙述中，他对人类舌头
的那种精巧的掌控力都令人极为头疼。亚西比得私下曾说苏格拉底
那克制的声调和言辞就像"马耳叙阿斯*[Marsyas，一个喜爱河流的
萨提尔]²的音乐，他只需把笛子放到唇边就能让人类着魔"。³

现在，苏格拉底可以智取那些将他困于此地的伪君子了。

然而苏格拉底回应其定罪的演说（如柏拉图所载）⁴却是简短
而扼要的。他自称一生都是为了雅典的利益而活，他应该得到奖励，
而不是惩罚。

> 苏格拉底：我根本不是一个精明的演说家——除非他们把一
> 个说真话的人称为精明的演说家。如果这就是他们的意思，我会
> 承认我是个演说家，不过这并不是他们的意思。就像我说的，他
> 们几乎没说过一句真话。但你们从我这里听到的就只有真话，神
> 明在上，雅典人啊，我不会用他们那种精美的语言，那种精心编
> 排的言语和措辞。相反，你们从我口中听到的话都是没有任何计
> 划的话，我想到什么就说什么——因为我认为我说的话是公正
> 的——你们不应指望我以任何别的方式说话。⁵

在柏拉图的《斐德罗篇》中，苏格拉底曾说文字面临的危险就
在于它们无法反驳。当然，公开的演讲也要面临加倍的危险，那就

---

* 古希腊神话中的萨提尔之一，河神。传说他曾捡到雅典娜扔掉的长笛，练就了高超的
吹奏技巧。

是任何人都可以反驳。而苏格拉底此时就提出了一个挑衅性的提议。

> 所以这个人提议判处死刑。那么我该提出什么替代性处罚
> 呢？……对一个给你们施过恩的穷人来说，怎样才是合适的呢？
> ……雅典人呐，没什么比让这样一个人在普吕坦内安（prytaneum）*
> 里吃饭更合适的了……因为他（一位奥林匹亚竞技会的获胜者）
> 让你们貌似很快乐，而我则让你们感受到了现实的快乐……因此，
> 如果我必须提出一项我应得的判罚，那我就提议在普吕坦内安里
> 供养我。6

纪念我吧，就像纪念奥林匹斯山的英雄一样，他说。像对待这
座城市里最伟大的人一样尊敬我吧。把你们分发给主席团的丰盛饭
菜给我吧。国家要出资提供终身的免费餐食，以表彰我做的好事——
这是我理所应得的。

当国王执政官的法庭上群情激愤，众人叫嚷着要把苏格拉底赶
下台时，我们仍可以感受到他们的怒火。这些公民陪审员掌握着这
位哲学家的性命，而他却嘲讽了他们。

> "我恳求你们，先生们，"苏格拉底说，"请不要打断我的发言。
> 他［凯勒丰］询问过那位神，世上有没有人比我更有智慧，皮提
> 亚答道，确实一个也没有。"7

335   苏格拉底奚落了众人——使得陪审员们在石座上都按捺不住
了——还暗示自己是世上最有智慧的人。

———————

* 雅典的公共食堂，专为议事会成员、外国使者和有功于国的人而设。

雅典人呐，哪怕你们觉得我是在夸口，也不要用吵闹声打断我；因为我所说的话并非出自我口，我要提到的这个演说者是一个很有分量的人。关于我的智慧——如果那真的是智慧——及其性质，我将让德尔斐的那位神给你们作证。[8]

有一次，他去了德尔斐，非常大胆地在神示所问了这个问题；先生们，请不要打断我的话；他问有没有人比我更有智慧。皮提亚的回答是没有人比我更有智慧。凯勒丰已经去世了，但他的兄弟就在这里，关于这些事，他可以给你们作证。[9]

在一个极端的时代，苏格拉底保持着不同寻常的克制，而在受审之时，苏格拉底却仿佛完全忘记了谦逊这个词的含义。

他傲慢到令人厌恶的地步了吗？他失去理智了吗？这是激进主义还是（我们所说的）狂妄呢？首先，苏格拉底建议对他的惩罚应该是终身的免费饭菜，然后又在法庭里提醒众人，他是世上最有智慧的人。他忘了他的雅典同胞们最近经历了什么吗？或者他真的是在申辩吗——希腊语中的"apologia"就是指自我辩护。如果他相信阿波罗赋予了他一项使命——把智慧带往世间，那么对这种荒谬的"不敬神"的指控来说，他对自身"特殊职责"的强调是一种完美的辩护吗？或者苏格拉底提到阿波罗和德尔斐神谕实际上是暗示这位神就在我们所有人心中，我们都有能力从事神一般的活动？这位哲学家一生都在宣称，若深入审视自己，我们就会认识到我们人类内在的深度。也许苏格拉底是在拼命地向一个想要毁掉他的法庭重申他的信念。

在民主制下，男人理应有权畅所欲言。但在公元前399年的那场审判中，苏格拉底确实言之过甚了。色诺芬使用的词是"Megalegoria"（说大话）。苏格拉底没有取悦他人。他既没有诱哄，也没有煽动。他没有在这群人中激发出一种有利于他的狂热情绪。

相反,他在挑衅,"满嘴大话"。无论这大话是以怎样的形式说出口的,苏格拉底都不该这么做。他本应遵循公众演讲中精心编排的节奏以引导观众（他对此一清二楚），并且自如地用说服性的话语之舟来见风使舵。[10]

他本应哭泣和哀号,应该带上家人,让他们以泪洗面,应该匍匐在地,乞求宽恕;他本应体现出公元前399年雅典的那种高度情绪化的音色,折射出这个在动荡后满目疮痍、风雨飘摇的城市。

法庭上本就很喧闹的人群此时向他发出了咆哮。苏格拉底在他的时代曾逗笑过很多人,他迷住了他们,吸引了他们,引诱了他们,让他们疑惑不解,他曾经改变了他们的生活,但现在他甚至无法让人露出一丝微笑。

也许直到此刻,苏格拉底才意识到,他虽曾屹立不倒,在瘟疫和内乱中幸免于难,也未在斯巴达人的利剑或叛乱者的刀刃下丧命,但这一次的结局将不同以往。因此,这位哲学家没有再轻率地要求给他供应餐食,而是提出了一个严肃的替代方案——交一笔罚款:30迈纳——这相当于一个普通雅典人近9年的劳动报酬,足以支付6000名雅典男性在法庭上担任一天陪审员的费用。

他的提议遭到了拒绝。法庭没有心情玩这种游戏,更不用说考虑宽大处理了。死刑就是唯一的惩罚。[11]

为生命而战的时间已所剩无几

> 苏格拉底:站在法庭上的人说话总是很匆忙,他说话时必须留意水钟。此外,他不能就他喜欢的任何话题发表演说,他的对手就站在他对面……这样的状况会让他十分敏感,高度紧张,想方设法地奉承主子,努力讨好他,却贬低和扭曲了他的灵魂。
>
> ——柏拉图,《泰阿泰德篇》,172d–173a[12]

水钟的水已经流干了。

最后发言的人都知道自己的时辰已到。现在就要进行投票。这就是雅典城，记住，它从没有止息之时。没有供人思考的暂歇时间，众人必须立即做出裁决。

对苏格拉底来说，在这个实践民主的日子，他的一生可以凭一群三教九流的人根据几小时精心编排的话语来做出裁决，这一事实本身就暴露了雅典这场壮阔的实验所存在的一大缺陷。

> 如果我们有这么一条法律，就像在别处一样，决定生死的审判不是只进行一天，而是持续多日，那你们会被说服的，但现在要在这么短的时间里推翻那么大的诽谤就实属不易了。[13]

在这群情激愤的、划时代的 12 个小时里，每位陪审员都保管着 2 块金属圆片。一块中轴是实心的，另一块则是空心的。在原被告双方演说的过程中，他们或许一直在拨弄着它们，用衣服的褶皱给它们降温，把它们放在手中握暖，现在他们必须选择投哪一块了。轴心有孔的圆片就是苏格拉底的死刑票，实心的则是无罪票。最初的几个金属圆片砰砰地敲击着投票箱的陶土底座，然后投票箱逐渐被装满，那青铜片的嘈杂声吸引了人们的注意，也最终敲定了这个陷入困境的民主国家的抉择。[14]

第一批判定苏格拉底有罪的多数方只有微弱的优势，但现在双方的差额要大得多。这些雅典民主派都想结束这种局面。在第一轮投票中，有 220 人投票支持他，280 人反对，现在却只有 160 人选择判这位哲学家无罪，340 人都投票赞成判处他死刑。起初，些雅典人似乎还记得他们在公元前 403 年曾宣誓实行大赦。这一承诺据说是为了让人忘记以往"坏的"、反民主的罪行。但苏格拉底的傲慢和他那令人心忧的非正统宗教观念还是让人无法忍受。如果在第

337

一轮投票中，有 30 人选择投下另一种颜色的鹅卵石或另一块青铜圆片（平局总是有利于被告），如果苏格拉底没有成为殉道者，没有引发一场轰动的讼案，那么西方以及东方的哲学史、价值体系此后可能都会有极大的不同。

* * *

　　雅典人对自己看不见的事物的恐惧不亚于他们对自己能看到的事物的敬畏。你可以想象某种弥漫在院子里的污浊空气。罪犯、"无耻之人"和感染了病疫的人是不得在公民大会上发言的。人们认为他们的存在，尤其是他们那令人厌恶的话语会污染共同的善。[15] 然而此刻，在众目睽睽之下，在触手可及的地方，这个似乎已经被列入了众神的诛杀名单之人却吐露出了一连串逆耳之言。这些雅典人可以指责苏格拉底是诡辩家的宠儿，但一丁点悦耳的诡辩就能缓和那些口头上的抨击。然而苏格拉底的辩护方式已经证明了他的辩词。他无意用自己的聪明才智来左右众人。他说的都是实话。他说自己在他们面前是一片赤诚。

　　这位哲学家在其申辩中不断强调他说的是事实，而指控他的人则在回避事实。他还将他对众神的尊奉、为他热爱的事物所做的牺牲以及宁死也不过无德生活的态度与阿喀琉斯曾经做出的选择相提并论。阿喀琉斯和苏格拉底？苍天在上，这位哲学家怎么能把自己与这位英雄中的英雄相比呢？他（或是他的传记作者柏拉图，毕竟这些话全都出自柏拉图笔下）怎么会在这生死攸关之际将一位荷马史诗中的英雄插入了他的说辞中呢？用阿喀琉斯这台强壮、健硕和为爱所困的战争机器来对比一个脏兮兮、（很可能）臭烘烘、左摇右晃、脸似哈巴狗和喜欢空想的石匠的儿子？不过苏格拉底将自己与阿喀琉斯的那种自私的力量配对是有一定逻辑的。尽管这两

338

人外表不同，但他们有一个至关重要的共同点。他们都忠于自己。他们了解自己，他们我行我素，他们不是社会希望他们成为的那种人。[16]

你可以感觉到，雅典人是真不知道该如何对待这个固执又讨厌的妙人，但又无法置之不理，他既不是真正的民主派，也不是彻头彻尾的寡头，既不是金光灿烂的英雄，也不是扭曲的恶棍。苏格拉底参加过伯里克利圈子里的宴会，也批评过帝国的野心。他提醒人们关注美德，但从未公开反对过雅典人在密提林、科西拉和米洛斯的暴行。他喜欢年轻的男人，也让年轻的女人表达己见。他热情地与民主派同胞一同拜神，但也享受着一种奇怪的、私密的虔诚。在太平盛世，雅典还可以应付这位哲学家，苏格拉底充其量也就是一种刺激物，雅典娜子民身上的一只牛虻。但现在这座城市里充斥着苍蝇和吸血鬼——无论是真实的还是讽喻性的——让他去死似乎比让他活着要少点麻烦。[17]

在这个城邦内部产出的微不足道的现金盈余（雅典这个衰落帝国的所有收入来源到此时都已枯竭了）都被用来在法庭上支付陪审员们这一天的费用了。而这些行使民主职权的人则必须审判这个既集民主精神于一身又是民主之敌的人。

最终，这些法官做出裁决，然后相继走出了法庭。就像数个世纪以来的传统一样，他们没有无限期地等下去，因为水钟已经流干，而投票箱中金属圆片的数量也没有任何含糊之处。苏格拉底被判了死刑。对他来说，仅剩的旅程已不可更改——去雅典的监狱，然后亡殁于斯。

　　苏格拉底：……但这当然还是有可能的——事实上，人们应该向诸神祈祷，以期从此世到彼世的旅程会一帆风顺。这就是我所祈求的，也希望最终能遂我愿。[18]

　　不过雅典人决定将这位哲学家的死刑延期执行。因为提洛岛上的阿波罗节庆已经开始了，这是一个具有仪式纯洁性的月份。美丽的太阳神及其神秘的微笑现在博取了全城的关注。苏格拉底可以再等等。仍以宗教为核心的雅典人的心思此时正无暇他顾。

52

暮光与曙光中的提洛岛

提洛岛，基克拉泽斯群岛，公元前399年

ἅιδεις ὥσπερ εἰς Δῆλον πλέων

你唱得好像你就要乘船去提洛岛似的。

——齐诺比厄斯（Zenobius），2.73 [1]

仿佛航行到提洛岛一般快乐。

——阿提卡希腊语中的通俗谚语

在苏格拉底受审的前一天，雅典人肯定能闻到掰弯的茎秆和破损花瓣的气味。[2] 这位哲学家现在已被判了死刑。但他不得不等待一些时日才能迎来死亡。因为在他受审之日，雅典人恰好刚开始在基克拉泽斯群岛中的一个小岛提洛岛上庆祝一个古老的节日。[3]

这个节日背后的故事至今仍在流传：雅典英雄忒修斯年轻时，亦即他奸污海伦并追逐珀尔塞福涅之前，在他作为一个鬼魂于马拉松战役中率雅典军队大获全胜之前，他曾被其父、雅典国王派往克里特岛去刺杀弥诺陶洛斯（Minotaur）*。忒修斯带着惯常的贡品（7个童男和7个童女）来到了这个"宽广而可爱"的岛屿。可他的计划是要终结雅典人不得不年复一年忍受的这种无聊的人祭。他的目标是杀死一个令人憎恶的人形怪物。还有更好的办法能让你赢得见习英雄的荣誉吗？

340

　　忒修斯确实想方设法地宰杀了这头野兽，但若是没有克里特国王米诺斯（King Minos）的那个舞姿优美的女儿阿里阿德涅（Ariadne）的帮助，他也完不成这个任务。他们相爱了，但忒修斯并无雅士之风。他把心碎的公主留在了纳克索斯岛。返回故乡时，由于太过沉浸于自己创造的奇迹，他又忘了把黑帆换成白帆，使得他父亲埃勾斯（Aegeus）以为儿子已死，于是跳入了大海（爱琴海——"Aegean"至今仍以他的名字命名）。但忒修斯还抽时间去阿波罗的出生地提洛岛做了短暂的停留。这位太阳神的母亲生他时经历了9天的难产，赫拉十分嫉妒这个孩子［宙斯和勒托（Leto）†的爱子］，她有意无意地忘了让分娩女神、产妇助手厄勒提亚（Eileithyia）知道勒托即将分娩。[4]但当这位神之子最终哭号着来到世间时（在有些神话版本中，他是与孪生妹妹阿尔忒弥斯一同出生的），这个岛——此前一直都不固定，是一块漂浮在海上的出生地——生根了。

　　雅典人会以隆重的形式纪念那自私英雄忒修斯的事迹。他们会用（他们自称是）忒修斯用过的那条船将一支时髦的歌队送往提洛岛。[5]在干船坞里，或许就是在布劳隆的那些充当小熊的雅典女孩儿居住的圣所附近，这条整年里都有人精心养护的船被修整成了一艘配得上英雄的多桨帆船。[6]当阿波罗的祭司给这艘传奇之船佩上花环，在艉柱上挂上桂冠，并进行献祭以确保旅程的平安时，这座

---

* 古希腊神话中的牛头人。他是克里特国王米诺斯之妻帕西淮与克里特公牛所生的怪物，克里特曾令雅典每年进贡 7 对童男童女供他食用。

† 古希腊神话中的泰坦女神，阿尔忒弥斯和阿波罗的母亲。

城市便进入了一段纯净期。在此期间不允许执行死刑。所以苏格拉底不得不耐心等待。与此同时，那艘载着赏心悦目的货物的华丽帆船正驶出比雷埃夫斯港。这是一段神圣的旅程，当虔诚的雅典人面朝东南时，他们都知道强大的神祇是必须得到安抚的。船上的乘客们还唱起了歌谣，用迷信和空洞的说教维系着世界的运转。

今天，在靠近提洛岛时，我们依然能感到仿佛有风雨之神在保护着这个地方。被石英和亚铁镁分成了一层层的变质粗粒片麻岩有些拒人千里。但许多城邦都在这里留下了各自的印记，并且声称与该岛史前的神圣性休戚相关。在雨天里，雨水会从一排排咆哮狮子的裸露牙床上滴落下来，这些狮子是虔诚的纳克索斯人在公元前600年以前安设的。还有一些巨大的雕塑——一排希腊化时期的6英尺高的阴茎——至今仍奋力抵御着自然的力量。各个城邦在仪式地点旁都有自己的寄宿处。雅典人在公元前427年左右恢复了提洛岛的节庆，使雅典、提洛岛和忒修斯之间的三角联系变得愈加紧密。他们想回忆往昔的美好时光，那时宝库里塞得满满当当，英雄们会偷走别人的女人，一个受人青睐的小城统御着已知世界最多产也最有活力的领地。

在时人眼中，保持提洛岛剧场的纯净至关重要。及至罗马时期，所有来访者都必须保持双手和灵魂一尘不染，要进入宙斯·金西奥斯神庙（Zeus Kynthios）和雅典娜·金西娅神庙（Athena Kynthia）还必须穿上白衣。[7]提洛岛的神圣性可以追溯到史前时代。对于东地中海的史前族群来说，地图上的这个斑点不啻一个神奇的岛屿。在忒修斯不负责任地返回雅典的途中，他将阿里阿德涅公主抛在了身后，也不顾前方翘首以盼的父亲，却在这岛上跳起了舞蹈，人们将这舞蹈的传承都归功于他，而其源头就是丰富而深厚的米诺斯文明。[8]这些少男少女所跳的舞蹈极其重要。克里特岛上几乎肯定实行过人祭。[9]那些十几岁的少男少女可能就是在这踢踏摇摆的

341

集体舞蹈中奋力迈入了成年期，而有些舞蹈结束时则会杀掉一人作为祭品。[10]

在苏格拉底的时代，提洛岛上的舞蹈仍然有这种紧张而焦躁的感觉，而且这种舞都是在晚上跳的。人们点灯燃炬，舞者们彼此间来回穿梭，那起伏的动作同时在捕捉和躲避着兽脂灯的灯光。还有一些神圣的游戏，就像虔诚的雅典人所忠实沿袭下来的那样，也是由忒修斯创设的。

提洛岛可能是一个神圣的岛屿，但它也曾在残酷的伯罗奔尼撒战争中历尽沧桑。公元前422年，雅典人驱逐了这里的所有人口——公元前421年，他们又遵照德尔斐的阿波罗神谕让这些人回到了这里——想必阿波罗也对他的出生地受到如此专横的蔑视而感到愤怒了。如今，人们在这里的一个旧蓄水池中发现了一块废弃的大理石，它表明斯巴达人在公元前404年获胜后，当地的土地被租了出去，储存在圣所里的钱要收取利息，捕鱼权也被剥夺，这一切都是斯巴达这个新霸主所为。那座为阿波罗修建的巨大的无顶神庙在公元前454年便遭遗弃，当雅典人将提洛同盟的资金撤回帕特农神庙时，这座神庙只修建了一半，但它始终屹立不倒，这个流产的项目一直在高声诉说着雅典人的骄矜傲慢。[11]但此时，雅典人短暂地再次占据了上风。在公元前399年，他们为勇敢、强健、直率的元勋英雄忒修斯举行的纪念活动肯定引发了更大的共鸣。对于苏格拉底这类令人费解的膏油里的苍蝇[*]，人们肯定是更没有耐心了。

朝圣者在身心得到了净化后便会乘风破浪地返回雅典。他们离开了一个不得玷污的岛屿，根据雅典的法令，老人、病人和精神错乱的人都会被迁出此地。这种人种改良式的举措让这里呈现出了一

---

[*]　"膏油里的苍蝇"典出《圣经·传道书》（10:1）："死苍蝇使做香的膏油发出臭气。这样，一点愚昧，也能败坏智慧和尊荣。"

种脆弱的、虚构的完美。雅典人花了近一个月的时间来祝祷一位年 342
轻的英雄，只因他从险恶的外国势力手中拯救了这个城邦的花朵。
船上的乘客——年迈的观众、圣使和年轻人——再次得到了净化。
当他们在阿提卡上岸时，苏格拉底这类人的死刑就可以重启了。

* * *

苏格拉底时代的那条别具乡野风情的伊利索斯河——他与年轻
人漫谈之地——与这位哲学家有一种命定的关联。在这河岸边的一
个角落有一片围场，（按故事家的说法）忒修斯的父亲就是在那里
把邪恶的美狄亚为她英俊的继子准备的一杯有毒的附子草酒摔到了
地上。但苏格拉底并没有父王来保护。雅典的英雄忒修斯获得了最
高荣誉，而雅典的反英雄式人物苏格拉底却将被迫在雅典的一个小
牢房里饮下毒堇汁。

53

披枷戴锁的苏格拉底

雅典监狱，雅典市政广场，公元前399年6月

> 苏格拉底：那我们就达成了一致，问题就是我若企图在未获
> 雅典人准许的情况下逃离这里是否正当。如果这看起来是正当的，
> 那我们就试试，如果不是，那我们就放弃。
>
> ——柏拉图，《克力同篇》，48b–c[1]

苏格拉底从法庭走到了仅约300码外的监狱，这是他最后一次自由行走。

在古雅典，监禁本身并不属于一种惩罚，但坐牢无论如何也谈不上愉快。[2]几乎可以肯定的是，苏格拉底戴上了铁镣铐。另一些囚犯曾谈到过公元前5世纪的监狱生活给人施加的"肉体虐待"和"肉体折磨"。"*Desmoterion*"这个词在当时的希腊语中就是指监狱，意为"捆绑之地"。[3]囚犯经常被绑锁在地上的木制足枷上，希罗多德告诉我们，斯巴达有一名外国囚犯曾拼命越狱，他把自己的脚砍掉了一部分才从这种束缚装置里挣脱出来——这种让人苦不堪言的装置被简称为"木头"。[4]

雅典娜惯于施加惩罚。将你从这座城市流放、剥夺你的法律权益、让人耗尽家财的罚款、死亡，这些都是惩罚。雅典城墙外有一片灌木丛生的地带似乎就曾是执行死刑之所。柏拉图讲过一个故事，让公元前 5 世纪的沉重现实显得格外鲜明。[5] 在北长墙外，一个路过的年轻人勒翁提俄斯（Leontius）看到了地上的一些尸体，旁边还有一个刽子手。他所用的希腊语措辞暗示着这些濒死的人正承受着临终的剧痛，他们被绑在木板上，只有等死一途。刽子手则在一旁看守着他们。他们已被流放出这座城市，他们自知已彻底失去了得到安葬和去往美好来世的机会，他们的死无论如何都无法用"美好"来形容。

古希腊法律规定的服刑时间很少，把人关起来折磨他们，这实在太低效、太靡费、太奇怪。监狱实际上是为一些有功能障碍的人、无辜的人、被陷害的人和不幸的人所设的等候处置之地。苏格拉底身处的监狱由"十一人委员会"这一执法机构来负责巡查和维护，该机构相当于我们今天的警察、司法人员和狱医的集合。但这里没有入狱服刑的概念，所以也难怪关押苏格拉底的牢房看起来就像一间简陋的储藏室。这所监狱的遗迹至今还可以在雅典市政广场中找到，尽管这里都用绳子围了起来，杜绝公众进入，但那些标志着监狱外缘的矮墙上仍有孩子在玩耍。[6] 我上次去那儿还是在一个潮湿的周二，大多数游客看起来对这片小废墟都没什么兴趣，即使是在这座现代都市的公共场所里闲逛的流浪狗路过这里时都有些无精打采，因为这里没法遮风挡雨。

然而从国王柱廊到监狱区这一路所见的风景——亦即苏格拉底离开法庭时所看到的全景——在今天依然十分壮丽，就像在他那个时代一样。路上看得见帕特农神庙，也看得见战神山议事会的岩丘。在苏格拉底入狱的那年，在一片黄油色的天空下，在日落前的那个魔幻时刻，也就是这位哲学家在法庭上被判死刑后走出前往监狱的时刻，在整整 2400 年前，那儿还看得见雅典卫城，那块血色的

344

岩石看起来就像某种石化的、如神明般硕大的大脑。一个巨大而神圣的思维系统，一种让雅典人钻研了千年的努斯，他们在其间开凿了密密麻麻的壁龛、隧道、洞穴、阶梯和献祭坑，以期了解其内部的状况，试图安抚和接近生命的意义。

我们几乎可以肯定，这就是苏格拉底在他生活、热爱和谈论了70年的城市里看到的最后的风景。这可能是他最后一次看到外面的世界，却并非他在世上的最后一天。

由于提洛岛的庆祝活动所导致的仪式性延迟，苏格拉底的生命还剩下了整整一个月。当他走进戒备森严的监狱大门时，他的意愿就是等待。按照柏拉图的说法，苏格拉底选择坐在监狱里，戴着镣铐，一如既往地干起了他在监狱外常干的事——跟朋友和陌生人交谈。柏拉图曾将苏格拉底对话的整个场景都设在了这所监狱里，比如《克力同篇》。

根据柏拉图的说法，苏格拉底这间牢房里的气氛十分活跃。尽
345 管苏格拉底受到了严密监视，但他的同伴们似乎已经和监狱当局建立了不错的关系：

苏格拉底：我很奇怪，典狱长竟愿意让你进来。

克力同：他现在已经习惯我来了，苏格拉底，因为我经常来这儿，而且我还帮过他一个忙。[7]

监狱的官员和他们的上司——十一人委员会可不是一群好糊弄的人。这群雅典人可以自行执法。如果他们当场抓住了一个普通罪犯，而且此人承认了自己的罪行，那他们就有权不经审判便将其处决。在手持鞭子、棍棒、弓和匕首的公共奴隶 [可能是斯基泰人（ Scythians ）] 的陪同下，他们会逮捕罪犯、没收他人财产，监督对奴隶施加的酷刑（ 在公元前 5 世纪的雅典，奴隶的证言只有经过了严刑逼供才可被接受 ）。十一人委员会被三十僭主频繁地雇用为义

务警员和刺客，所以几乎没有人喜欢他们。他们会轮流睡在监狱建筑群的另一栋两层楼房里，就在被他们看管的犯人旁边。[8]

尽管这听起来很压抑，但苏格拉底似乎发现那些和他做伴的狱卒——可能是十一人委员会的成员，也可能只是监狱里当差的奴隶——有一种反直觉的亲切感。

柏拉图告诉我们，苏格拉底在狱中坐等死刑时还干了些小事：把《伊索寓言》（Aesop's Fables）改编成了抒情诗，一个讨人喜欢的差事。他在书写。这是我们所掌握的唯一能证明苏格拉底写过东西的证据。[9]他在这一时期的沉思并没有流露出焦躁不安的情绪。这位哲学家可能很平静，但他的朋友们却平静不了。因为就在苏格拉底受审的 4 周后，可能是 6 月初，有人在苏尼翁角附近发现了忒修斯之船，该船离开雅典已有 29 天。[10]那些从提洛岛返回的访客一旦登岸，苏格拉底就必死无疑了。但在这场苏格拉底的戏剧中，就如柏拉图所撰写、想象和讲述的那样，此刻突然有了一丝希望。

> 克力同：……我唯愿自己不会像这样失眠和难过。但看到你睡得那么香，我又对你讶异了好一会儿。[11]

克力同是他最老的朋友之一，在得知那艘去提洛岛的船已经返回之后，（柏拉图告诉我们）他就在监狱里力劝苏格拉底逃跑。东地中海各地都有熟人收到了消息，他们已准备给这位知名哲学家提供保障，有些外邦人也帮忙筹集了资金，以助他实施逃亡计划。这其中暗示着一张老友结成的人脉网，贵族们正准备采取行动，从愤怒的暴民手中拯救一桩美好的事物（农民很少能结成人脉网）。在整个地区，他们似乎都达成了共识，要密谋帮助苏格拉底逃亡。由于让苏格拉底"消失"的代价还算适中，所以克力同认为此事成功的可能性极大。

　　克力同：这甚至都算不上一笔大钱，足以买通那些愿意救你
并把你带离这里的人……不要纠结你在法庭上说的那些话了——
说你离开了以后不知该如何自处。因为在其他很多地方，不管你
走到哪里，都会有人欢迎你的。[12]

　　苏格拉底的答复十分简洁，却又不可更改。他一生都遵循雅典
的法律，现在怎么可能会背弃它们呢？

　　苏格拉底：[他拟人化了雅典的法律和政治共同体，让它们
仿佛在对他说话。] 你是不是打算靠你企图干的这件事来竭尽全
力地摧毁我们——法律和整个国家呢？或者你是认为，当一个国
家的法庭做出的裁决没有效力，可以被私人否认和废除时，这个
国家还能存在而不至倾覆？[13]

　　这很符合苏格拉底的乖僻性格，越狱根本不是他的选项。

　　如果我现在被判死刑，那么如此死去无疑是我的幸事，按照
主管这一事务的人所做的裁决而赴死不仅是最容易的，给朋友带
来的麻烦也最少。[14]

　　无论如何，你要怎样逃离一个时刻戒备着的城市？贿赂、暴力、
诡计，这一切可能都必不可少。这不是苏格拉底的风格。但话说回来，
也许狱卒曾挤眉弄眼地暗示过克力同。也许人们在苏格拉底睡着时
就窃窃私语地密谋着逃亡计划。可能雅典已经在后悔其决定了。也
许苏格拉底本可以轻而易举地溜走，而十一人委员会则会睁只眼闭
只眼。回想一下这个民主国家召回的那艘劈波斩浪地去屠杀密提林
人的战船吧：如果苏格拉底逃脱了，雅典娜可能还会松一口气，那

时就没人能拿这种嗜血的民主制和寡头、斯巴达人以及三十僭主的军政府相提并论了。

但苏格拉底无论如何都不会这么做。他不想承受荷马所说的年迈时的"迟缓的羞辱"。苏格拉底认为一个老人怕死会显得荒谬，他自然是必须一如既往地做正当的事，遵守雅典的法律。

> 苏格拉底：我们完全不应该有意地行不义，还是说应该在某些方面行不义，而在其他方面不行不义？或者，如我们以前经常达成的共识，行不义永远都不正当或不体面吗？还是说我们以前得出的结论在这几天里都要被推翻，难道我们这些老人经过了严肃的交谈，还一直看不出我们并不比孩子强吗？或者，无论世人赞成与否，我们过去说的难道不是最为确凿的事实吗？无论我们必须忍受比这些更重的痛苦，还是承受更轻的痛苦，不法之举不必然都是犯法者的罪恶和耻辱吗？我们的看法是不是这样？
>
> 克力同：是。
>
> 苏格拉底：那我们就不该行不义。[15]

347

因此，当一个送信人带来了那艘从提洛岛返回的船确实已经靠岸的消息时，人们发现苏格拉底并没有艰难地穿越阿提卡那多石的地貌，然后登上一艘等待他的小船，而是安静地坐在雅典市政广场的那间牢房里。十一人委员会对看守苏格拉底的狱卒下了指示，要开始为他的死刑做准备了。

在雅典，死刑的执行通常（对奴隶和普通罪犯来说）都需要采用一种"不流血的受难"形式。不流血是为了防止污染。但这仍然是一种可怕的死法。受刑者的胳膊、腿和脖子都会被捆绑在一块木板上，行刑者会慢慢地把捆绑他的铁绞索拉得越来越紧，直到他被绞死。不过等待苏格拉底的却是毒堇。[16]

杀死这个哲学家

这种毒堇［几乎可以肯定是"毒参"（poison hemlock）的一种，尽管同样有毒的"水毒芹"（water hemlock）在这个时期也可以获取］是用研钵捣碎的。其中可能还添加了鸦片，以减轻中毒的症状——抽搐和肌肉痉挛。自青铜时代以来，罂粟在希腊就被广泛地用作药物和止痛药，人们在考古挖掘中发现过碳化的罂粟种子，在迈锡尼各墓葬的大型烹饪锅中也发现了鸦片酊残留物。人们会将抹过罂粟汁的亚麻布来包敷伤口，还会将罂粟汁用于生病和正在出牙的婴儿，也有人用过量的罂粟汁毒杀国王。而此时，在后民主时代的雅典，它则被当成了致命毒药的制剂来使用。

还记得吧，三十僭主不久前就很喜欢用毒堇来杀人。在石杵和石臼的撞击声中，这种植物的生物碱得以释放，这无疑是一种不祥的研磨，一种熟悉的、令人窒息的声音。[17]阿里斯托芬在《蛙》中以一种阴暗的玩笑口吻谈到了这种用来研磨毒堇的致命研钵：

狄俄尼索斯：……只用告诉我方向，告诉我去冥间的最快途径，别跟我说那些太热或太冷的。

赫拉克勒斯：让我想想，我该先告诉你哪个呢？嗯。好吧，有一种是通过绳子和长凳去冥间：你可以上吊。

狄俄尼索斯：打住，那样太憋闷了。

赫拉克勒斯：好吧，有一条捷径，可以在研钵里充分搅拌。

狄俄尼索斯：你是说毒堇？

赫拉克勒斯：没错。

狄俄尼索斯：那是个又寒又冷的法子！那很快就会把你的小腿冻得和冰一样硬。[18]

　　我研磨过毒堇，它会释放出一种刺鼻的酸味，还会在你的额头和整个脑部都引发痛感。不过我一直都不知道这是不是心理因素造成的，因为我早已从柏拉图那里知道了毒堇能用来做什么。

　　毒堇在当时是一种昂贵的植物，一剂要12德拉克马。按照雅典的法律，罪犯须负担自己的刑罚费用，所以饮用毒堇是一种只有富人或有富家朋友的人才负担得起的死刑形式。[19]大多数人都只需很小的剂量就足以致死——相当于一个洗眼杯的容量，一些尺寸与其相当的、大小适中的药瓶也留存到了今天（在雅典市政广场博物馆里有两排）。这些药瓶有一层黑色陶衣，模子比较粗糙，都是简单明了的实用物品。尽管富于幻想的画家总喜欢想象该死的苏格拉底会豪饮几大杯，但这肯定是你能一饮而尽的剂量。

　　十一人委员会在黎明前找到了苏格拉底，他们现在必须为这位哲学家在世上的最后一天做好准备。有些固定的程序必须遵循，传统理应得到维护。苏格拉底的妻子赞西佩和他们年幼的孩子梅内克塞诺斯走进了这间冰冷的石头牢房。这些天来，赞西佩一直做着囚犯家庭中的女性必须做的事：让囚犯吃饱喝足（有些囚犯会死在监禁期间，因为家人没管他们），安排奴隶来清理这个冰冷的石头牢房。但此时，苏格拉底无疑就要在几个小时后死去了，赞西佩也做了一个希腊的好妻子该做的事，她恸哭起来——举起双手，拍打着额头，用坚硬的指甲刮擦着自己的脸颊。

　　然而柏拉图告诉我们，苏格拉底把这个哭号的二等公民打发走了。有人抓住这一点，把这当成了他冷漠和厌女的一个例证，然而这无疑是其非正统观念的最后一次展示：一大群妇女的哭号并不适合他，这是富裕阶层延续了几个世纪的习俗，主要是为了显示贵族的威势、豪族扈随的规模和感恩的家眷的数量——苏格拉底想要的是一次非传统的死亡。鉴于这位哲学家对他人的心思似乎相当敏感，而且所有讲述他的文献都表明他有一种古怪却深情的性格，所以也许，只是也许，这是一种柔情的表露。

然后，为了免掉妇女们的一项任务，苏格拉底在监狱的蓄水池里洗了个澡——他将这种不依惯例的、自力更生的态度坚持到了最后。在1931年的发掘过程中，人们发现雅典市政广场监狱建筑群的一个房间里（可能就是苏格拉底洗澡的房间）立着一口大型陶缸，处于半掩埋的状态，手感很凉，可用来储水，此外还有一个小盆。这位哲学家冲刷着自己在这初夏的监狱里积攒的污垢，那肯定更像是一场新兵的淋浴。当然了，苏格拉底素来就有不好洗澡的名声。[20]

任务完成了。一旦他死去，身体变僵，也就不用再浸到水里了。这不同于另一些希腊人——厄勒克特拉（Electra）和安提戈涅（Antigone）可资为证，她们的心都碎了，只因她们兄弟的尸身躺在城墙外还未曾清洗——苏格拉底感兴趣的始终都是内在的灵魂，而非肉体的上层建筑。苏格拉底期待的是这个过渡的时刻，而非死亡本身。他的肉身的命运似乎无关紧要。有些凄惨至极的悲剧在公元前5世纪曾风靡一时，他看过这些肝肠寸断的戏剧。这些艺术作品能使人感同身受地体会到埋葬于地下的恐惧。然而，如果他临死时的疑问反映的都是他生前所问的问题，那么占据这个人心灵的东西就超越了肉体的朽烂以及向蛆虫和枯骨的转化。

苏格拉底现在已经准备好迎接死亡了。家人和朋友都获准进来，他们心烦意乱，但苏格拉底看起来却很宁静。

从此刻起，直到那光芒消逝，哲学家都会不停地说、说、说。

像往日一样，他适度地享受着与男性同伴们相处时的感官之乐：

> 他抚摸着我的头，用手把我脖子后面的头发收束起来——他有摆弄我头发的习惯——又说："斐多，明天你可能会剪掉这头可爱的头发。"[21]

　　苏格拉底忆起了荷马的英雄，他以史为鉴，提醒身边的人，所有的雅典人是如何在那史诗般的过往中遭到蹂躏的。他引用了荷马，他选取那些诗行是想让朋友们明白，他只是一个凡人，既非英雄，也不是脱胎于"橡树和石头"*。地球——一个让人烦心而又美丽的球体，这个纯真的哲学家认为它是圆的——正在转动。太阳开始下落了，苏格拉底必须在日落时死去。

　　现在时辰已到。这位哲学家接过了杯子，"直视"着递给他杯子的狱卒，举止一如既往。他问狱卒是否该洒一点来祭神。就着那灰暗的毒堇汁，他做完了祈祷。

　　在这一时期，有人会在毒堇汁中加入一些草药，以使其更易入口——根据文献记载，莳萝就是其中之一。然而不论味道如何，这都是一种致命的饮料。按照原本的计划，这位哲学家服下了这剂毒药——这个城邦就喜欢这种方式。犯人自己服下致命剂量的毒药，这可以消除对国家的所有不良影响。这不是谋杀，而是国家支持的自杀。雅典人厌恶肮脏的死亡。尸体渗出的黏稠反胃的黏液让希腊人深感困扰。这就是他们要勒死他人的原因，尽管某些品种的毒堇会让你呕出胆汁，口吐白沫，大小便失禁，但毒参并非其中之一。水毒芹会攻击中枢神经系统，而毒参则会攻击周围神经系统。[22] 如果苏格拉底服用的确实是毒参，我们就能理解他为何要感谢雅典让他"轻松"地死去了。[23]

　　在苏格拉底的一生中，他目睹过不少男人、少年、妇女和儿童死于非命。当人们轻易地堕入野蛮状态，杀害同胞、邻里、家人和朋友时，他就在现场。在挚爱们的陪伴下，躺在床上，死于暮年，这大概就是他的命运。[24] 对一段完满的人生来说，这也并非一种不幸的结局。对于自己的尸身是会被埋葬还是被火化，他显然没什么

（页边：350）

---

*　古希腊俗语，喻指人类起源的古老传说。

兴趣。让他着迷的始终是逝去的那一刻。也许这就是他要在死前遮
住脸、独自去经历这段最伟大的旅程的原因。

在柏拉图的《斐多篇》中，监狱官员似乎还向苏格拉底的同伴
们说明了毒参的药效。

> 就这么逐渐往上摸，他让我们知道了他正在变冷变僵。然后
> 他又摸了摸他，说毒药到达心脏时，他就会走了。这寒意现在已
> 经蔓延到了腹股沟周围的区域……[25]

毒参确实会先攻击四肢，它往往会破坏周围神经，这是一个巨
大的单细胞，长 4 英尺，从脊椎一直延伸到脚趾。一旦大脑缺氧，
人就会出现致命的癫痫症状。这通常会引发一阵剧烈的抽搐，但到
了这个阶段，所有肌肉都已瘫痪，因而也就无法抽搐了。

此时，其他人都在赶着回家，雅典市政广场摊位上的商品被清
理一空，未售出的奴隶戴着枷锁被人送回去过夜，破烂的生菜叶子
和弄脏的香料被扔了一地，几个小男孩儿在尘土中疯狂地搜寻着他
们丢失的东西，以免回家挨打，而苏格拉底的生命却走到了终点。

但在死前，他说了一句奇怪的话。

> 他揭开了脸上的遮盖物，说道——这就是他的临终遗言——
> "克力同，我们欠阿斯克勒庇俄斯 * 一只公鸡。要还给他，别不当
> 回事。"[26]

苏格拉底提到的是一位不同寻常的神。医神阿斯克勒庇俄斯是
雅典城的一位新神。[27]公元前 420（或前 419）年，当整个东地中

---

* 　在古希腊，凡有人生病后痊愈，定会向医神阿斯克勒庇俄斯献一只公鸡。

海地区的人们都在舔舐着伯罗奔尼撒战争造成的伤口时，苏格拉底
的城市就为这位伟大的医者建造了一座圣所，这一神祇此时已经在
雅典宿敌的故乡伯罗奔尼撒流行起来了。这座圣所的遗址位于雅典
卫城的山坡之上，如今正在修复。其间的空气里弥漫着大理石的粉
尘，柱子有一种（对我们来说）不常见的、临时新刷的纯白泥灰所
营造的完美质感，地上则是一片泥泞，这座阿斯克勒庇俄斯神庙的
新地基正在此重建。24 个世纪前，当阿斯克勒庇俄斯的圣所正在修
建时，苏格拉底肯定曾目睹过此地初次动工时的那番与今日类似的
忙乱景象。如今，我们又可以像他一样目睹这座为医疗之神而设的
新家令人欣喜地开建了。

　　苏格拉底似乎很相信阿斯克勒庇俄斯（他在这方面和雅典公民
们并无二致）。阿斯克勒庇俄斯当时显然正在成为一位当红的神祇。
现藏于雅典国家考古博物馆的一块石碑上就展现了信徒们把猪赶到
他的祭坛上献祭的情景，他的女儿许癸厄亚（Hygieia）则随时准备
给她这位聪明的医师父亲递送药膏和包裹物。在雅典的这座新圣所
里，坐在一片舒适的柱廊下，聆听着圣水从一口喷泉中涌出的声音，
患者们都会平静下来，放松地等待着这位神祇在他们的梦中示现并
治愈他们。对雅典人来说，战场上如此多的死亡、如此多的附带伤害，
以及那些曾有歌咏队载歌载舞和男人们豪饮美酒的地方所堆积的臭
气熏天的染疫尸体已经屡见不鲜，于是他们抛出了一条救生索——
试图劝说一个最杰出的治疗之灵成为他们的朋友。

　　　　［苏格拉底：］"克力同，我们欠阿斯克勒庇俄斯一只公鸡；
　　把这个祭品献给他吧，别忘了。""一定办好，"克力同说，"如果
　　还有什么事，也告诉我们吧。"但苏格拉底并没有回答。[28]

　　苏格拉底对阿斯克勒庇俄斯的祭祷促使学者做了大量研究。柏

351

拉图是想展现苏格拉底到底有多么虔诚吗？雅典其实也接受了新神？他是在提醒雅典人民，在阿斯克勒庇俄斯的圣所里，他们自己的梦中也有神灵来访，所以苏格拉底的魔鬼其实也没有那么怪异吗？这是苏格拉底最后一刻的反讽吗？这位哲学家是在感谢医神让他摆脱了活着这一疾病？或者，答案是否可以更简单、更基本？

　　在毒药的作用下，苏格拉底说话时正慢慢地窒息而死，此时还有谁比这位治疗之神更值得祈求呢？苏格拉底常在梦中遇见神灵，或许阿斯克勒庇俄斯会在他需要帮助的这个时刻来施以援手。阿斯克勒庇俄斯的圣所紧靠着狄俄尼索斯剧场，从那儿可以鸟瞰剧场里发生的一切，也许这就是狄俄尼索斯隔壁那位新神的一个机会，可以让他来疗愈20年前的雅典戏剧所造成的创伤，那是公元前423年，苏格拉底在演出中当着2万雅典人的面被讥讽为危险的怪人、社会的威胁。

352　　　还有件事值得一提。在许多神话传说中，阿斯克勒庇俄斯都能让人起死回生。也许苏格拉底对于离开尘世的纷扰也并非那么淡然。也许他还想获得一次机会，让他能在这间康复诊所里像美丽的护士一样忙碌，鼓动这个世界去更深入地认识自身，让他能确保自己深情的人生能够延续。无论苏格拉底在意识尚存的最后一刻思考着什么，他都在那儿躺着，抽搐着，肺部紧缩，内心警觉万分，同时脸上还裹着一块布。所有人的眼睛一定都注视着他，但没人能看到他的灵魂、精神从那张丑陋的、带着一丝嘲讽的和令人难忘的脸上溜走的一刻。

　　　　但在他晃动了一会儿之后，陪护者揭开了他脸上的罩布，他的眼神已经发直了。克力同看到后便阖上了他的嘴和眼。[29]

　　业已死去的民主之手完成了它的任务。苏格拉底那可怕而无形的魔鬼就此被封在了他那死寂的血肉、软骨、骨头和皮肤所构成的躯壳里。[30]这位哲学家被杀死了。

苏格拉底：我希望有些东西会为死去的人准备妥当，而且就像那句老话说的，给好人的东西要比给坏人的更好。[31]

我认为苏格拉底在 5、6 月间被杀并非巧合，这是古代的萨尔格里昂月（Thargelion）。每年的这个时候，都会有 2 个人——或男或女，或是分别戴着黑色和绿色的无花果项链以代表男女两性——作为替罪羊被逐出城市，这一仪式被称为萨尔格里亚（Thargelia）。他们在城墙外遭到的鞭打和驱逐就是一种象征性的姿态。雅典人相信，这些人的牺牲能防止城邦滋生污秽和内乱。在这个吉庆的月份，苏格拉底的死可以被合情合理视为对神的又一份献礼。[32] 当儿时的苏格拉底在城墙外的凯拉米克斯摆弄那些煽动性的理念时，他受到了鼓励和优待；当他在雅典市政广场里跟人交流想法，而雅典人的生活依然甜美之时，他还可以被人包容，但现在局势恶化了，他的敌人认定他将污秽带入了这座城市。他身上的污渍必须清除。苏格拉底窒息而死时，城里的罂粟应该都泛着一片血红。濒死的民主制砍倒了雅典最高的罂粟之一。

苏格拉底：我去死，你们去活，谁知道哪段旅程更好呢。[33]

54

遁离尘世

雅典城墙外，公元前399年及以后

> 亚西比得：没有像他那样的人了，我不认为以前有过或者将来还会有……你再也找不到苏格拉底这样的人和他那样的想法了。今人里找不到，前人里也找不到。
>
> ——柏拉图，《会饮篇》，221c–d

没有现存的证据可以告诉我们苏格拉底的尸身被带到了何处。在这类情况下，经过一天的遗体告别仪式后，尸体通常会被转交给他的家人埋葬。女人们会帮忙把他的尸身放入棺材，她们剪短了头发，抓伤了脸颊，把胸口捶得通红，哀号着送他走入冥间。[1] 但在当时的文献资料中，我们再也找不到苏格拉底的尸身和妻儿们的去向了。与苏格拉底有关的一件最现实可感的遗物是一小片莎草纸，这是一份宣誓书，详细记录了对他的指控，供人在公共登记处查阅。因此，第一个记录这位哲学家的审判结果的人并不是柏拉图或色诺芬，而是一个识字的奴隶。[2] 这或许是一个波斯人，他坐在雅典市政广场中心的众神之母神庙里，日复一日地记录着这个曾建立过丰

功伟业的民主国家的事务。[3] 苏格拉底肯定知道他将如何被载入史册。文字的力量——一种苏格拉底直到最后都不相信的影响力——在某种意义上，至少在物质环境中，拥有最终的话语权。

* * *

根据后来的传说，我们得知雅典公民很快就意识到他们做了错事。[4] 雅典娜的子民们为这位被谋杀的哲学家设了一段哀悼期，关闭了体育场和训练场。起诉苏格拉底的人遭到了驱逐，美勒托被处死。在凯拉米克斯区，也就是苏格拉底开启哲学之旅的地方，人们为这个来自阿洛佩克的人树了一座青铜像。这雕像带着一种坦然无愧的神态，矗立于列队厅外。年轻人常在列队厅聚集，一些神圣的手工艺品也会被保存在这里，以供宗教游行时使用。苏格拉底本人在半个多世纪前也去过这里，参加了泛雅典娜节的游行，还聆听了外国哲学家芝诺和巴门尼德的见解，又将他们的思想引入了这个城邦。因此，雅典人就在此地追思着苏格拉底，因为他也想生活在这里：在这城墙的边缘，一个供人们饮酒、咒骂的地方，一个用来缅怀先烈和供女人织布的地方，但也是一个接纳新思想的地方，欢迎以启迪人心为业的人。最重要的是，这是个年轻人聚集的地方，在这里，人们可以展望更美好的未来。

苏格拉在这个民主国家里如鱼得水，因为这是一个给予普通人发言权的国家，一个包容新思想的国家。表面上看，他被噤声了，因为民主的雅典虽经得起很多批评，却容不得人批评民主本身的价值，也容不得那种认为一个民主派的伟大不在于城墙、华美的建筑或精良的战船，而在于其内在灵魂的批评者。[5]

我们可以稍微分析一下这种状况。这种民主制度——民众的力量——规模很小，它是由一些经常见面的熟人构成的，当公民在街

巷间、公民大会中、战船上、妓院里和法庭外挤作一团时，他们的
灵感、活力、恐惧、天赋、嫉妒、挫败和偏见也在相互熏染。苏格
拉底最悲切的一条见解——如果每个人都不尽其所能地行善，那么
即便在民主国家也无善可言——也通过他的死刑判决得到了完美的
验证。雅典人坚持给苏格拉底定罪可能是正当的（根据法律条文，
这是国家支持的自杀，表面上看，他的思想确实有可能威胁到民主
雅典的坚定正统观），但在苏格拉底的体系中，他这种死法也同样
是正当的。[6]苏格拉底永远不会逃跑，因为这不是一件"善"事，
或者明智的事。

简言之，真正的美德只存在于智慧之中，无论有没有快乐、
恐惧和诸如此类的其他东西。[7]

* * *

苏格拉底去世时，雅典正在滴血。它的城墙被推倒了，自信、
才华和自尊也从那裂口中渗漏了。柏拉图对苏格拉底死后的前景感
到反胃，他逃到了墨伽拉，流亡他乡，明智地在雅典的政治热度高
涨时保持着低调。[8]苏格拉底最亲密的支持者之一——色诺芬（自
公元前401年以来）一直在波斯领土上（今天的伊拉克以及横跨小
亚细亚和中东的地区），作为雇佣兵而战。苏格拉底曾建议他不要
接受这一军职。在苏格拉底被处决的那一刻，色诺芬（当时在为斯
巴达效力，率领斯巴达军队）刚刚抵达黑海边的希腊领土。美诺，
这个曾经对这位哲学家钦佩得五体投地的人则把希腊人出卖给了波
斯人。这是一个绝望和羞愧的时代。这个世界已经被颠覆了。苏格
拉底既是这场混乱的推动者，也是其受害者。他体现了他那"黄金
时代"中矛盾的光辉和残酷。

人必有一死。

苏格拉底是个人。

因此苏格拉底必有一死。[9]

苏格拉底确实是一个必有一死的人，处在一个必有一死的世界里，但他的精神是不可磨灭的，因为我们今天仍然在写它，读它，争论它。

公元前 5 世纪有一种粗犷的魅力。诗人、故事家和政治家一直都承认这一事实。在黄金时代的希腊，有种诱人的东西是触手可及的。普通人首次成了权力舞台上的长期参与者。哲学家可能会把爱智当成一种可行的事业，但战略家（即将领）则不得不直面披甲戴盔的敌人才能实现他们的梦想。人们都要在自己设定的战场上战斗。所见即所得，而所得就是你的生活。

黄金时代是令人欣慰的。我们都喜欢这种想法，即在朦胧而遥远的过去，我们实现了绝对的完美，同样生而为人，我们做到过一次，那么同样还可以再来一次。[10]我们想让古雅典来满足我们对公平、秩序和美好社会的向往。我们愿意相信"民主""自由权"和"言论自由"等意识形态一度达到过至臻至美的形态。然而尽管雅典独一无二又令人赞叹，这种愿望还是让雅典娜之城和历史承受了过重的负担。

苏格拉底了解这个灿烂的民主国家，熟知它的婴儿期、青春期和中年期。他目睹了它的繁荣、多元化、萧条、凋亡和短暂的复兴。他绝不允许这民主的理想变得骄傲自满。他因遵守民主律法而死。他既是直接民主的产物，也是其受害者。他的死提醒我们，要关心我们所生活的世界，尊重它，质疑它，但最重要的是记住那些关乎爱的事物，那些驱使我们追求善的事物。[11]

356

终　曲

18世纪考古学家、艺术家詹姆斯·斯图尔特（James Stuart）和尼古拉斯·雷维特（Nicholas Revett）合著《雅典古迹》（*The Antiquities of Athens*）一书中的图片，中间那座八角形的大理石楼被认为是"苏格拉底之墓"，也叫风之塔，实际上是一座钟楼，这座建筑被穆斯林神秘主义者使用了几个世纪。

苏格拉底之墓——风之塔

苏格拉底：没人知道死亡是否恰好是人类最大的福祉，但人们害怕死亡，因为他们坚信死亡是最大的恶。

——柏拉图，《申辩篇》，29a–b[1]

有些人会告诉你，雅典市中心至今仍有一座苏格拉底的坟墓。参观者接连不断地来到这里，向这位哲学家表达敬意。在一些 18 世纪的水彩画上，热切的壮游者在这里低下了头，如同祈祷一般。这简直愚不可及。这座"苏格拉底之墓"其实是一台巨大的计时器——基尔斯托斯（Kyrrhestos）钟楼，它可能是由马其顿的天文学家安德罗尼库斯（Andronikos）在公元前 1 世纪建造的。

这座敦实、挺拔的八角塔楼[极受罗马建筑师维特鲁威（Marcus Vitruvius Pollio）认可，被列入了他的建筑经典名录——《建筑十书》（De Architectura）]上装饰着飞翔的大胡子人物，其功用是容纳人类生活中的一种相对新奇的计量工具——水钟。我上次去参观这座钟楼时，它正在翻新。指示风向的青铜风向标正在修复，日晷已无迹可寻，围栏下的那些栩栩如生的雕刻尤其需要专业的护理。在其内部，脚手架和袋装的砂浆都被弃置在那儿了，看起来人们并不急着加固这座已经屹立了 2000 年的塔。在这钟楼的某处还有一个滴漏洞，这大自然的水钟曾随着水滴的不断滴落而发出咚咚的声音，标示着所有凡俗人生的寿限。

在某种意义上，这就是苏格拉底真正的坟冢——一个校准过的时间的陷阱，有人会说这是一种形近义异 *，而苏格拉底确实敏锐和非同寻常地意识到了这一点。文明带来了一段专横的时间，它允许我们做了很多事情，却也阻止了我们去做更多事情。

苏格拉底很鄙视计时给人类事务造成的人为限制，他怒斥这种荒谬的观念，即用一个赤陶水钟的容积来决定一个人有多长时间来为自己的性命申辩。但他对一种时间的尺度（寿命）有着强烈的感觉。在他看来，思考人生应该怎样度过才称得上明智，这对每个活着的人来说都至关重要。

因此，就某些方面而言，这栋"风之塔"并不适合用来缅怀苏格拉底。它显得壮硕、古怪而凶猛，带着一种异常的、不合时宜的蠢笨，仿佛是被重重地扔到了雅典的罗马广场（Roman forum）之上一样。然而它始终挺立着。苏格拉底的名字也在东西方的伟大文明中流传了下来。虽然传统上我们关注的是他的审判和死亡，但他其实是一个幸存者。及至公元前399年，雅典的很多人要么已被毁掉，要么也不复往日风采了。当苏格拉底选择不逃跑，选择服下毒堇并遵守所在城市的法律时，就像他与朋友开的玩笑一样，没人能说他是一个被毁掉的人。民主制下的所有雅典人都是雅典民主的建筑师，苏格拉底是为数不多的活着看到民主被摧毁又重生的人之一。他已遍历沧桑。

---

* 指"tomb"（坟冢）和"time"（时间）的形近义异。

359

这钟楼也是如此。苏格拉底死后仅过了 2 代人，亚里士多德就宣布了民主的死亡。在他看来，《伊利亚特》中等级森严的武士荣耀依旧是成事之道，亚里士多德的门徒亚历山大大帝热切地践行了这一观点。民主对历史的影响非常小。在古代，它只持续了 180 多年。雅典市中心的这座钟楼见证了许多政治制度和文明的来去：共和国、帝国、僭政、君主制，直到 20 世纪它才再次迎来了民主。所有的信仰也都曾流经过这里：异教徒、拜占庭的基督徒、法兰克的基督徒以及穆斯林。在奥斯曼帝国统治时期，"苏格拉底之墓"被用作了托钵僧的修道院，在那里打转的托钵僧们会释放自己的灵魂，以取悦欧洲的游客。

在 400 年里，"苏格拉底之墓"都矗立在雅典最大的一所伊斯兰学园的对面，信徒们在那里学会了赞美安拉以及苏格拉底。因为，不要忘了，苏格拉底并不仅仅属于西方传统。神秘主义者、哲学家伊本·阿拉比（Ibn'Arabi）就赞许了苏格拉底的座右铭——"我知道我不知道"。撰写了 200 多本著述的多产作家阿尔·拉齐（Al-Razi）也曾以苏格拉底为榜样。雅典的那所伊斯兰宗教学园还采用了苏格拉底的提问和反问法，并且持续了 200 年。

在整个奥斯曼帝国统治时期，伊斯兰文明都把希腊当成了自己的家园，而当地人也提升了苏格拉底的影响力。他们认定帕特农神庙就是"柏拉图的学园"，苏格拉底的这个"非凡"的门生就是在这里分享了他的知识宝藏。他们想象着柏拉图就坐在后殿的大理石宝座上，考量着东墙上的装饰。²

在历史中，有时把马车放到马匹前面 *是很有助益的。当我们看到伊斯兰教多么热切地将苏格拉底奉为"智慧之源"时，我们会想起这位哲学家在公元前 5 世纪的生活是先熏染了东方，其后才再度

---

* "把马车放到马匹前面"是一句英谚，指次序的错乱或颠倒。

影响了西方，普鲁塔克对苏格拉底的看法就很有先见之明："不是作为雅典的公民，也不是希腊的公民，而是作为世界的公民。"[3]

苏格拉底脱离了原有的界限。在哈里发的宫廷以及文艺复兴时期的王室庭院里，都有人热心地传播他的理念。人文主义哲学家马西利奥·费奇诺（Marsilio ficino）曾有意识地在佛罗伦萨复刻了苏格拉底式的研讨会，亚历山大科普特正教会（Coptic Alexandria）的学者也效仿过这种形式。现存最古老的柏拉图著作（出自10世纪）就藏于菲斯（Fez）露天市场后的卡鲁因清真寺（Carouine Mosque）的藏书室里，这本书的边缘就像纤细的饼干一样摇摇欲坠了，但内里的册页还像昨天的书一样清晰。柏拉图之名［阿拉伯人称他为阿夫拉托尼斯（Aflatones）］在伊斯兰世界一直都家喻户晓，就像苏格拉底之名在欧美始终都众所周知一样。无论我们是否认同苏格拉底，无论我们认为雅典促成了他的死亡是否正当，我们肯定都还记着他。因为他就是我们传统的一部分，因为只有我们不断地追求知识和"善"，我们的生活才会变得更好。如果我们假装已经掌握了人世间的所有答案，那我们就是真正的无知之辈。

360

　　　苏格拉底：没人知道死亡是否恰好是人类最大的福祉，但人们害怕死亡，因为他们坚信死亡是最大的恶。毕竟，这难道不是最丢脸的一种无知吗：自以为知道一些人们并不知道的事。[4]

　　　我知道我不知道。

　　　　　　　　　　　　　　　——伊本·阿拉比，9世纪后的伊斯兰圣训

苏格拉底是个奇怪的英雄。他的人生打乱了世界文明的老套节奏，从这种节奏中涌现的是战争和僭主、各种实验、确定性，以及用老办法应对新问题的举措。我们努力地寻求答案和结论；但苏格拉底所做的只是提问。他那句众人皆知的口号既能激励人心，也同样让人心烦："未经审视的人生不值得过。"

苏格拉底对于责任和欲望、政治和个性、性和世故、男性力量和女性能力、原则和实用之间的论辩至今仍影响着我们的生活。他接受悖论，他乐于探究人之为人的实质，以及人生的极端境况。公元前 5 世纪那兴奋、矛盾、必不可少和极端的希腊世界为他的思想提供了引爆点。

苏格拉底死后不到 5 年，雅典便与曾经的敌人波斯结盟，结果导致了一场天翻地覆的变化：公元前 394 年，雅典将军科侬（Konon）率领波斯人击败了斯巴达舰队。斯巴达只当了 10 年的海上霸主就又一次被困锁于陆地之上，再不复往日辉煌。在此后的历史上，斯巴达人再也无法声称其体魄可与雅典人的努斯相匹敌。斯巴达人在公元前 404 年急切地摧毁了雅典的城墙，但波斯人此时又用一块块的石灰石帮助雅典人重建了这一图腾般的防御工事。苏格拉底的一生标示着一种理念的起始和终结——一种自主、宽容和民主的雅典城邦的理想主义愿景。

后 记

诸神让我们付出汗水才能收获美德。

——柏拉图,《理想国》, 364

尽管苏格拉底死后 10 年或 20 年的肖像都被塑造成了一种西勒诺斯(Silenus)*的模式——一个相貌平平、肥胖、怪异的反英雄形象,但随着时间推移,其形象又变得有点过于优雅,更像是一位绅士学者了。在那不勒斯,他倚着拐杖,手叉着腰,简直就是一位悠闲健谈者的化身。大英博物馆里有一尊明光锃亮的大理石小雕像,这尊苏格拉底的雕像是基于当时最优秀的雕塑家之一——西库翁的利西波斯(Lysippus of Sicyon)的受托作品创作的。它采用的也是时尚而经典的对立式平衡(contrapposto)姿态†:苏格拉底的头发更加蓬松,大肚子收了进去,他还庄重地把自己衣袍袖托在了恰当的位

---

* 希腊神话中的森林之神,嗜酒常醉,以毛驴代步。他能知古察今,预言未来。
† 视觉艺术术语,通常指一种站姿,人体四肢和躯干偏离躯体的中心线布置,达到具有放松感觉的平衡视觉效果。

置，这是一副可以为人所接受的激进哲学的面孔。[1]

苏格拉底被打理得一尘不染。他身上的汗味、血腥味和比雷埃夫斯码头上的炸鱼气味都被洗刷掉了。

不过最符合原型的苏格拉底雕像也许就是从这位哲学家待过的监狱里挖掘出来的那尊。我们永远无法确定这个一英尺高的人物到底是谁。然而其出土地点和比例都表明这就是苏格拉底本人——这是为其罹难而哀悼的人留下的祭品。他的半张脸被削掉或磨掉了，只有躯干得以幸存——但这是一个多么健壮、结实又毛茸茸的身体啊。与立于雅典大多数街道旁的那些想象中的英雄不同，这个男人非常有人味儿。

无论他是苏格拉底本人，还是我们追随的那种偶像式的苏格拉底或其幽灵和幻象，其思想都是伦理性的。他认为灵魂最为重要。幸福（一种善报，能实现你作为人的所有潜力）比珠宝、浴缸、名牌服装、军舰和教条更加重要。他让我们把心思都放在我们该如何生活和成长之上。他发起了一项挑战：此世幸福的根由不在"它们"，而在"我们"。只有你自己可能会因为无德而伤害自己。罪恶是一种自作自受的无知。

> 苏格拉底：斐德罗啊，写作有一个很奇怪的特点，它很像绘画；因为画中的生灵就像是活生生的，但若有人问它们一个问题，它们却只会保持冷峻的沉默。你可能觉得它们好像是有智慧的，但你若向它们发问，希望弄明白它们的说辞，那它们永远也只会说同样的话。而且写下的每一个字都会在理解它的人和不关心它的人中间流传；它不知道该对谁说话，也不知道不该对谁说话；它若受了欺负或不公平的辱骂，也总是需要它的父亲来救助它，因为它无力保护或救助自己。[2]

苏格拉底在其哲学生涯中并未留下只言片语，所以我们永远都不能声称自己真正找到了他。他的生活和事业永远都不会是确凿无疑的。苏格拉底是潜形匿迹的，也是必不可少的。他提醒我们要不停地论辩生命的意义，不停地追问，不停地与人交谈，不停地寻找答案。无论你怎样评价他，都不能反驳他这种核心的哲学信条。因为他是在祈请人类不要停止思考。

附录1

敬奉阿佛洛狄忒

雅典卫城石山和雅典市政广场，公元前469—前399年

你难道看不出阿佛洛狄忒是多么伟大的女神吗？你既不能确定，也无法估量她天生就有多么伟大，又干了一件多伟大的事。她滋养着你我和所有凡人。为了让你们不仅在言语上理解这一点，作为证明，我将用事迹向你们展现这位女神的力量。

一方面，当干燥贫瘠的地表因干旱而缺水时，大地渴望下雨；另一方面，当受人崇敬的天空被阿佛洛狄忒注满雨水时，它也渴望将雨水落于大地上；当两者合而为一时，它们就为我们产生了万物，与此同时，它们也滋养了凡人生存和成长所需要的一切。

——欧里庇得斯散佚剧作的片段 [1]

由于帕特农神庙高耸于雅典的天际线之间，所以不难想象，雅典娜在她的黄金之城里几乎不会给其他女神留下多少活动空间。但雅典卫城这一大片岩山，亦即雅典娜的那座孔雀蓝色、绿色和金色相间的神庙的基底，也是阿佛洛狄忒的一处圣地。[2]

雅典卫城本身的红色石灰岩上被人凿出了一些迷你洞窟，那是为雅典信徒的供品准备的小型石头储藏室。这些壁龛对那位爱之女神来说是神圣的。这里一年到头都有男男女女来安抚和敬拜阿佛洛狄忒和她的儿子厄洛斯，他们会给这位女神留下小小的蛋糕、大理石制的外生殖器仿制品（如今被妥善地锁在雅典市政广场博物馆的储藏室里）和赤陶小塑像。我上一次来的时候，尽管这一片区域都被封锁了，但有些人还是每周都会来给这位性爱之神留下一颗刚切好的石榴。

在那些崩裂的壁龛旁边，有两句公元前 5 世纪的刻文幸存了下来。它们如今被侵蚀得非常严重，所以人眼基本是看不见的，你最好用手指去感觉一下：

敬奉阿佛洛狄忒……敬奉厄洛斯……

在古雅典，会有一两对童女（年龄在 7 岁到 11 岁之间）在夜里小心翼翼地来到这些壁龛前。她们就是阿勒普洛伊（Arrhephoroi），由雅典的国王执政官挑选出来从事宗教礼拜活动的优秀儿童。我们可以想象一下那个年仅 11 岁的瘟疫罹难者——那位贵族家的“米尔提斯”，其脸部刚被一个国际科学家团队重塑了出来。这些孩子都被安置于伊瑞克提翁神殿东侧，在将近一年的时间里，雅典卫城就是她们的家。[3] 雅典人允许这些既神圣又幼稚的孩子玩一些孩子们玩的东西，在这一建筑群的上面就有一个玩球类游戏的庭院。

我们不难想象，一些有活动关节的玩偶——这些失宠的玩偶现在都存放在各个博物馆的玻璃柜子里——就悬于孩子们的膝间，紧紧抓着他们的手，而下方则是喧嚣的雅典和阿提卡的广袤乡村。这些姑娘每天的大部分时间可能都在照应雅典娜·波利亚斯（Athena Polias）的需求（从帕特农神庙檐壁雕带上的女祭司的裙子里往外窥视的人可能就是她们），然后在这一年中的某个晚上，女祭司会召集她们，给她们一篮子秘密之物（arrheta），并吩咐她们将其送往各个壁龛。[4]

但那段穿过卫城山门的不朽斜梯并不是给她们走的。她们得沿着雅典卫城本身的基岩往下走。她们走的楼梯是这座北侧要塞里的一条外阴状的裂缝，在公元前 13 世纪的一场地震造成破坏之后，这条楼梯又被虔诚的青铜时代晚期的雅典卫城的居民挖了出来，而且至今仍然能隐秘地通达壁龛的层面。她们踱着缓慢的脚步，带着宝贵的器物（这些无法言说的祭品会是什么呢？生殖器吗？但这在当时很常见，并不需要掩盖，也许是为雅典娜的圣橄榄树准备的神圣露水？），向下迈入了冰冷的岩石深处。

如今，这条通道很潮，还有一些斑鸠的粪便，所以气味也恰如其分（因为鸽子是阿佛洛狄忒的密友）。姑娘们就在这里现身了。她们在壁龛处举行的仪式并未被记录下来，不过似乎在这些夜间的仪式结束时，少女们便会回到雅典卫城，然后由下一年的新人来取代她们担任圣职。

阿佛洛狄忒并不是只会在晚上游走于雅典的街道。雅典卫城建筑群的宏大入口处也有她的身影。今天，游客们拖着沉重的步伐走过那些磨光了的石头时，都对它们的重要性毫无觉察——唯一让他们开心的就是他们快要到达山顶了。实际上，这里就是阿佛洛狄忒·潘狄莫斯（Aphrodite Pandemos，意为所有人的阿佛洛狄忒）和劝说女神珀伊托一同受人敬拜的地方。[5]公元前 5 世纪的雅典人非常清楚，他们寓居的是一个脆弱的城邦。这里有如此多的政治参与者，每个人都有各自的既得利益，怎样才能阻止这个国家分裂呢？在一个骤然赋予了所有公民平等权利的政治制度中，阿佛洛狄忒的看家本领——爱、欲望和团结性——是不可或缺的。

因此，人们并不认为阿佛洛狄忒所司掌的联结只与性有关。当

365

我们想到这位爱之女神时，应该抛掉寓于诸多幻想中的那个撩人的维纳斯形象。她联结的不仅是身体，还有心灵。出于这个原因，前往其圣所的信众一直都源源不绝。这位爱之女神在阿提卡及其周边地区至少有 8 座祭坛，其中一座就位于雅典市政广场的中心，最近的发掘证明了这一点。[6] 即便遭到了波斯人的破坏，雅典市政广场中的这个爱之地带在伯罗奔尼撒战争和内战期间也持续发挥着它的功用。雅典卫城的边缘有一座她的神庙，1968 年，人们发现了这座神庙的柱顶过梁，上面有一段铭文。"噢，伟大而威严的阿佛洛狄忒·潘狄莫斯啊，这是献给你的，我们以自己的 20 件礼物敬奉你。"[7] 在夏季的阿佛洛狄忒节（festival of Aphrodisia）中，人们会将圣鸽胸脯子流出的血滴洒到她的这座祭坛上。

在雅典市政广场，人们还会定期给这位联结女神举行更多的献祭仪式。[8]1980 年至 1982 年，美国雅典古典研究学院的研究人员在泛雅典娜之路的北端发掘出了一座宽阔的祭坛，距国王执政官的法庭只有一箭之遥，距十二神祭坛（雅典中心）也是近在咫尺，这里有绵羊和山羊做的燔祭，因为有角的动物对这位欲望女神来说最为神圣。当苏格拉底穿过雅典市政广场时（尤其是在有些月份的第 4 天[9]），他肯定曾月复一月地看到过这些为获得女神的恒久加持而采取的习惯性的、孤注一掷的手段。[10]

这种习俗的平庸性是否会困扰苏格拉底呢？他看着女祭司握住血滴的时候，或者瞧见祭司拿着山羊滑溜溜的舌头无谓奔忙的时候，他会不会悄悄地思忖着：我们为何要做这种徒劳的动作？爱与和谐是至关重要的，但我们仅凭将烧焦的燔祭送上天空，或者夜里让孩子们在那段岩石楼梯上爬来爬去就能确保爱与和谐吗？

如果你能读出柏拉图对话集的字里行间的意思，那么苏格拉底在谈到爱的问题时似乎提供了另一种选择。

　　蒂奥提玛：接近或领悟这种爱的奥秘的正道就是从这世上的美的范例开始，并以它们为台阶，以绝对的美作为我们的目标，不断提升，从一个形体之美的实例提升到两个，从两个提升到所有，然后从形体之美提升到道德之美，从道德之美提升到知识之美，直到从各种各样的知识提升到那种以绝对的美为唯一对象的至高无上的知识，并最终知晓什么是绝对的美。[11]

　　苏格拉底在人类智慧和意志的力量中看到了一种能凝聚社群的潜力，无论这些社群有多么不同。对他来说，爱 = 美德 = 知识 = 社会凝聚力和幸福。苏格拉底在人类事务中寻求着某种普遍的联结。他引用了一些有智慧的人的说法，他们"声称是社群和友谊、秩序、节制、正义将天与地、神与人联结到了一起，这就是他们将这个宇宙称为世界秩序的原因。"[12] 他还指出，努斯（心灵）促使诸天以有序的方式运动，正如努斯给人体带来了秩序和健康一样。[13] 苏格拉底毕生的事业就是促使人们找到一种共同生活的方式，并且持守善道。但他并没有简单地将鸽脖上滴出的和谐之血视为阿佛洛狄忒的馈赠。

＊　＊　＊

　　对那些厌恶伶牙俐齿的珀伊托（劝说）的人来说，非常不幸，这位女神的力量可能充满了恶意。但她确实也有向善的时候。别忘了，伟大的女神阿佛洛狄忒也是她的家人。阿佛洛狄忒为珀伊托的说服力增添了激情。这位爱之女神本身就可以劝说珀伊托去劝说人们采取和谐的行动，寻求一致。人们认为珀伊托的女神-女主人-母亲阿佛洛狄忒能够在民主制中促进一种重要的感觉——和谐 / 联结（harmonia/homonoia），这种品质对公元前 5 世纪的雅典这个杂糅的政治实体可谓至关重要。

　　　克里斯提尼也认识到了阿佛洛狄忒和珀伊托这个组合的效力。大约在公元前 507 年，正当他推进自己的改革并促使雅典走上民主之路时，他就把雅典娜印在了他的三奥波尔（triobol）硬币的正面，反面则是一个女性的雅努斯——一个有两张脸的女人——强大的阿佛洛狄忒—珀伊托，爱与劝说的混合体。[14]

　　苏格拉底也宣扬过爱在人类社会中具有的团结力量。阿佛洛狄忒是他最崇拜的女神之一。事实上，这位哲学曾提出，只有当你在别人身上寻找自己的善，并且找到了它——换言之，允许自己爱别人时——你才能成为一个真正的好人：

　　　　美的散发物透过眼睛进入了他的身体，他感到了温暖。这散发物还浸润了其羽毛的根部，当他越来越暖时，其羽毛的各个部位就开始成长了，当这养料流到他身上时，这些以前坚硬而梗塞的部位……也变得柔和了……

　　　　爱是我在世间懂得的一件事。

　　　　我不记得我这一生有什么时候是一个人也不爱的。[15]

附录2

厄琉息斯秘仪

希腊的宗教会闹出很大的动静。

可以想象一下其中最神秘的仪式之一——厄琉息斯秘仪，参与的人群会列队走出雅典的神圣门，然后沿神道向厄琉息斯进发。数千名也许是数万名雅典人（希罗多德告诉我们，有一次游行就有3万人）将从凯拉米克斯出发，跋涉14英里，到达得墨忒尔的这处素负盛名的圣所，每个人都是为了来寻求启示。埃斯库罗斯、索福克勒斯、希罗多德和阿里斯托芬都曾到过这里。几个世纪后，普鲁塔克和帕萨尼亚斯也将成为厄琉息斯的新入会者（mystoi）。参与者会大声呼喊伊阿科斯（Iacchu，几乎可以肯定是酒神狄俄尼索斯的变体）的灵魂，这是一种令人难忘的圣歌，方圆数英里内都能听闻。他们还带着熊熊燃烧的松木火把。一声清脆的锣声标志着他们在寻找得墨忒尔的女儿科莱（Kore）*。人们相信冥界的灵魂会与新入会者一路随行。

---

* 即珀耳塞福涅的原名。

就像比雷埃夫斯的朋迪斯教一样，这些信徒也在做一些希腊宗教中不大寻常的事。它们从属于一种行路式的宗教习俗。厄琉息斯教与个人尤其相关，它会向每个男女透露神秘的永生的可能。这些仪式各有其名，都是一些秘仪。这个词出自希腊语，意为"闭上嘴和（或）眼"。事实上，对于这些仪式，非新入会者既不应谈，也不该看。在厄琉息斯遗址的博物馆里有一口巨大的青铜骨灰瓮，里面被一具半烧焦的女性遗骸塞满了。我们不知道她的名字，[1] 只知道她自请埋葬在厄琉息斯圣地，这样她不仅可以把自己的秘密带进坟墓，而且还能进入得墨忒尔本身的地界。

369　　要成为一名厄琉息斯的新入会者，你必须会讲希腊语，而且纯洁（没有被血案和谋杀所玷污），如果你很富有，那也有所助益。[2] 厄琉息斯崇拜者的紧密小集团通常是由白手起家的商人组成的。尽管游行队列本身相当平等，穷富皆有，甚至有一些奴隶，众人都是步行（不过有少数有教养的女人会想办法乘坐马车或骑驴上路，刺耳的鞍辔碰撞声也给这场游行增添了一分喧闹），而这一切都是由一个极有权势的厄琉息斯祭司豪族来掌控的。在此后的岁月里，这些祭司将成为迫害雅典"激进"思想家的核心人物，受迫害者就是人们眼中的那些挑战现状的人，比如苏格拉底。

　　厄琉息斯在有关苏格拉底的戏剧中显而易见。[3] 我们并没有确凿的证据能表明这位哲学家本身就是新入会者，尽管柏拉图作品中那些欣喜若狂的话语可以表明，这名弟子乃至苏格拉底本人也许曾亲历过这些秘仪。厄琉息斯教的那种令人兴奋的原始氛围、它对个体重要性的发扬，以及厄琉息斯的影响力在雅典城随处可见的事实，都意味着在苏格拉底的故事上演之时，布景存放处里就静候着一幅厄琉息斯的背景。神道是从凯拉米克斯穿过雅典市政广场，一直延伸至厄琉息斯的圣所（今天仍是如此）。作为一名新入会者，苏格拉底生前每年都会沿着这条神圣的主干道前行。主持他那次审判的执政官也是厄琉息斯教的大祭司。当亚西比得后来玷污和嘲弄厄琉息斯秘仪之时，他就给自己招来了一次死刑判决，而且让苏格拉底也连带蒙羞。某种意义上，厄琉息斯就是雅典的一块宗教试金石，不是整个城邦的宗教试金石，只针对那些真正的超世绝伦者。

厄琉息斯秘仪在雅典是最受期待也最冗长的节日之一。[4] 在春季的安塞斯特里昂月（Anthesterion，3月），人们会在苏格拉底常去的伊利索斯河畔举行一些小型秘仪，这是主要活动的一次彩排。候选人由厄琉息斯的祭司秘密指导。在苏格拉底离世的那一年（公元前399年），这些小型秘仪肯定也曾在他人生中的那段晦暗不明的时期里如火如荼地进行着，那可能是4月，也就是他在雅典市政广场里偶遇美勒托与他在国王执政官的法庭上受审之间的那段时间。

5个月后，亦即鲍厄特隆翁庙月（Boedromion，9月左右），游行队伍将携带祭品穿过雅典市中心（大型秘仪由此开始），为信徒前往厄琉息斯圣所的朝圣之旅做好准备。这场远足的准备时间很长，要求也很高，新入会者必须净化自己，而且有义务将仪式器物从雅典的厄琉息斯神殿带回得墨忒尔的圣所，还必须进行祭酒和献祭仪式。学徒们都要学唱秘密圣歌，他们若嘲笑这些圣歌是有可能遭到处决的。

厄琉息斯遗址目前正在重新发掘，其奥秘也在慢慢显露真容。今天，我们受邀去察访了厄琉息斯和爱琴海之间的一片肮脏的、一度色彩十分单调的重工业遗迹。不过在苏格拉底的时代，这里肯定是一个田园诗般的地方。这片土地肥沃丰饶，它正是由此与谷物女神得墨忒尔产生了关联。这里的石灰石基岩饱受侵蚀，从而形成了一处天然的礼堂。此地曾有一座名为泰勒斯台里昂神庙（telesterion）的建筑，开发于公元前5世纪，如今也已被发现。在这片没有窗户、只有零星立柱的宽阔区域里曾聚集了成千上万的信

370

徒。新入会者不能透露这里发生了什么，违者将以死论处。男男女女都会坐在庙内的那些土制长凳上观看眼前上演的场景。这些宗教故事可以说是西方戏剧的最初形式。据说新入会者们看到的场面会让他们"浑身发抖，汗流浃背，惊愕不已"。各种特异景象（早期的戏剧技巧）催生出了"种种恐怖"。[5]

人们手中燃烧的火把既是对得墨忒尔拼命寻找女儿的仿演，也是熄而复明的光的象征。新入会者一路同行，起初还有着橙色的火光，最后则是一片漆黑，他们都被鞭策着去面对自己的恐惧。得墨忒尔的故事里有一些可怕的情节：一个姑娘被人强奸，一个母亲丢失了自己的孩子，残忍的痛苦促使这位女神展开了恐怖的报复行动，让大地干涸，让粮食绝收，让生命褪色，直到万物都走向贫瘠和死亡。不过后来科莱还是被她找到了。秘仪的高潮是令人兴奋和喜悦的。当这对母女在仪式"舞台"上重聚之时，"观众"中的男女们可能正在进行性行为。这些仪式引发了集体的恐惧，然后则是集体的解脱。

这种宗教习俗曾流行于公元前5世纪和前4世纪，说明在这个时代，平凡的人会质疑自己生活的凡俗性。如果个人可以在政坛上拥有影响力，如果他们可以投票决定战船该何时下水以及与谁为敌，然后自己去为这些战船划桨，如果他们的生命如此宝贵，那么这种价值难道不会延伸到死后吗？苏格拉底经历了一个生命本身更有意义的时代，那时人类在世间的潜力已被发掘，来世变成了无须恐惧的、令人向往的事物。[6]

厄琉息斯的仪式充分说明了雅典新旧权力的微妙竞争。[7] 尽管国家建立了民主、稳定的新体制，但仍有人想要让事情保持"一点特殊性"，想找到划分富人和穷人的方法。

苏格拉底曾与贵族们同吃、同喝和同睡，但那些贵族并不是不假思索地欢迎他进入他们的行列的。他会接连数日地与雅典的普通人在雅典市政广场和街巷间同行，与他们并肩作战，却不总是与他们一同表达集体精神。苏格拉底和厄琉息斯人一样，期待着此生之后还有来生的可能性，但与他们不同的是，他的人生是一种个人的、内在的经历。这种对隐私的喜好让雅典的很多人都对这个略微有点聪明的哲学家产生了质疑。这无疑也促发了人们欲置他于死地的意愿。

大事年表

（所有年份均为公元前）

年份：470/469
苏格拉底的生平：苏格拉底出生

年份：约470
建筑、雕塑和雕像：修复帕特农神庙后殿？兴建雅典卫城北护城墙

年份：470—460
建筑、雕塑和雕像：兴建 Peisianaktios（后来被称为绘画柱廊）

年份：465/60—455/50
建筑、雕塑和雕像：雅典娜·普罗玛琪斯青铜像，由菲狄亚斯所作

年份：467
文化：埃斯库罗斯，《拉伊俄斯》（*Laius*）、《俄狄浦斯王》《七将攻忒拜》（*Seven against Thebes*）、《斯芬克斯》（*Sphinx*）

年份：466
历史：希腊在欧律墨冬河（Eurymedon River）战胜波斯

年份：465
历史：雅典封锁萨索斯岛。阿尔塔薛西斯一世（Artaxerxes I，465—425）即位
建筑、雕塑和雕像：兴建圆顶议事厅

年份：463/462

伯里克利的生平：伯里克利参与起诉客蒙，未果

文化：埃斯库罗斯，《乞援女》《埃及人》（*Aigyptioi*）、《达奈德人》（*Danaids*）、《阿密摩涅》（*Amymone*）

年份：462/461

伯里克利的生平：伯里克利与厄菲阿尔特联手进攻战神山

历史：

激进民主制在雅典确立

雅典放弃与斯巴达结盟对抗波斯

战神山被削弱

客蒙被放逐

年份：461

伯里克利的生平：伯里克利在雅典掌权

年份：460

历史：第一次伯罗奔尼撒战争

建筑、雕塑和雕像：

客蒙的城墙兴建活动

兴建雅典卫城南护城墙（即先前的伊瑞克提翁神殿）

重建水钟喷泉（雅典卫城西北坡）

年份：460—450

建筑、雕塑和雕像：浮雕《哀悼中的雅典娜》

年份：459/458

历史：雅典远征埃及

年份：458

历史：辛辛纳图斯（*Cincinnatus*）被任命为罗马独裁官，并击败埃奎人（*Aequi*）

文化：埃斯库罗斯，《奥瑞斯提亚》《阿伽门农》《奠酒人》《普罗透斯》（*Proteus*）、《欧墨尼得斯》（*Eumenides*）

建筑、雕塑和雕像：连接比雷埃夫斯港和雅典的长墙开建。竖立雅典娜·普罗玛琪斯雕像

年份：457

历史：雅典的第三等公民（*Zeugitae*）有资格担任执政官

年份：456

文化：埃斯库罗斯逝世

年份：454/453
伯里克利的生平：伯里克利在科林斯湾展开战役
历史：希腊人在埃及被波斯总督迈加比佐斯（Megabyzus）击败。提洛同盟的金库迁往雅典

年份：451/450
伯里克利的生平：伯里克利立法规定父母均为雅典人的人才能获得雅典公民身份
历史：客蒙被放逐后重返雅典

年份：450 年以前
建筑、雕塑和雕像：雅典市政广场中种植了梧桐树

年份：450
亚西比得的生平：亚西比得出生
历史：塞浦路斯远征，客蒙去世（449/450）
文化：阿里斯托芬出生。柏拉图的《巴门尼德篇》（8月）的戏剧情节设定于本年
建筑、雕塑和雕像：重整阿加德米

年份：5 世纪 50 年代   374-375
伯里克利的生平：伯里克利提议给陪审团支付报酬
建筑、雕塑和雕像：
兴建监狱
波罗斯岛（Poros）正在建造方形石基座，用于在泛雅典大道上安插临时木柱——赛跑起点
西蒙的房屋
美诺的房屋
C 号房屋和 D 号房屋（大理石工匠所处街道以东的房屋或车间）
兴建同盟议事会

年份：450 年以后
建筑、雕塑和雕像：十将军会议厅（Strategeion）

年份：450—445
建筑、雕塑和雕像：雅典娜胜利神庙获准兴建

年份：449
伯里克利的生平：伯里克利提出建筑计划
历史：《卡里阿斯和约》（Peace of Callias）签订——结束与波斯的战争

年份：449—444
建筑、雕塑和雕像：兴建市政广场旁边山丘上的赫法伊特翁神殿

年份：449
历史：与斯巴达的新一轮对抗

年份：447/446
伯里克利的生平：伯里克利令远征军镇压优卑亚岛的叛乱
历史：波斯驻叙利亚总督迈加比佐斯反叛。喀罗尼亚（Coronea）战役
文化：诗人品达逝世
建筑、雕塑和雕像：
帕特农神庙开始兴建
作坊
帕特农神庙露台建成
伯里克利时代南护城墙的附加设施

年份：445
历史：第一次伯罗奔尼撒战争结束。雅典和斯巴达签署三十年和平条约
文化：《被缚的普罗米修斯》（*Prometheus Bound*）

年份：443/442
伯里克利的生平：伯里克利被选为雅典将军之一
历史：米列西亚（Melesias）之子修昔底德被放逐
建筑、雕塑和雕像：公共浴室

年份：442
文化：索福克勒斯，《安提戈涅》
建筑、雕塑和雕像：帕特农神庙的檐壁雕带雕刻完成

年份：441
伯里克利的生平：伯里克利支持雅典介入萨摩斯和米利都之间的冲突
历史：萨摩斯叛乱

年份：440
苏格拉底的生平：苏格拉底参加萨摩斯战役？
历史：雅典围攻萨摩斯。立法禁止某类喜剧中的污言秽语
建筑、雕塑和雕像：伯里克利的音乐厅

年份：438
历史：菲狄亚斯在被控挪用公款后离开雅典
文化：欧里庇得斯，《阿尔刻提斯》（*Alcestis*）
建筑、雕塑和雕像：菲狄亚斯供奉于帕特农神庙中的雅典娜像

年份：437—442
建筑、雕塑和雕像：
兴建雅典卫城山门（一直未完成），建筑师是穆内西克莱斯（Mnesikles）
改建雅典娜胜利女神庙的防御工事
改建阿尔忒弥斯神庙（Artemis Brauronia）

年份：437/436
历史：针对喜剧中污言秽语的立法被废除。安菲波利斯建立
建筑、雕塑和雕像：雅典的排水系统、公共工程

年份：435
历史：雅典与科西拉岛缔结防御协议
建筑、雕塑和雕像：兴建伊瑞克提翁神殿（395年完工）

年份：约434
建筑、雕塑和雕像：得墨忒尔和科莱的圣所、围墙和入口？

年份：433
历史：雅典和科西拉岛之间的条约

年份：432
苏格拉底的生平：雅典开始围攻波提狄亚。苏格拉底在波提狄亚参战
历史：波提狄亚反叛
文化：柏拉图的《普罗泰戈拉篇》和《亚西比得后篇》的戏剧情节设定于本年
建筑、雕塑和雕像：帕特农神庙完工

年份：431
历史：伯罗奔尼撒战争爆发。斯巴达人入侵阿提卡
伯里克利的生平：伯里克利发表葬礼演说。伯里克利劝说身为重装步兵的农民迁入城墙内
文化：欧里庇得斯，《美狄亚》。修昔底德开始撰写《伯罗奔尼撒战争史》

年份：430
苏格拉底的生平：凯勒丰可能去了德尔斐，询问神示所有没有人比他的朋友苏格拉底更有智慧
伯里克利的生平：民众对伯里克利处以罚款并解除其职务
色诺芬的生平：色诺芬出生
历史：雅典发生瘟疫
文化：欧里庇得斯，《赫拉克勒斯的孩子们》（The Children of Herakles）
建筑、雕塑和雕像：
阿瑞斯神庙（Temple of Ares）
铜铺（Chalkotheke）外围

376-377

帕特农神庙西边的大台阶

石质丧葬浮雕在雅典重现

兴建南柱廊（South Stoa）

伊利索斯神庙（Ilissos temple）

年份：公元前 5 世纪 20 年代

建筑、雕塑和雕像：雅典娜·海吉亚神殿（Shrine of Athena Hygiela）

年份：429

苏格拉底的生平：苏格拉底从波提狄亚返回雅典

伯里克利的生平：伯里克利再次当选

伯里克利逝世。

历史：波提狄亚投降

文化：柏拉图《卡尔米德斯篇》（5 月）的戏剧情节设定于本年

年份：428

历史：莱斯博斯岛在密提林城领导下反叛雅典

文化：欧里庇得斯，《希波吕托斯》

年份：427—425/424

建筑、雕塑和雕像：雅典卫城的胜利神庙（二期）兴建

年份：427

柏拉图的生平：柏拉图出生

历史：雅典占领密提林并处决叛乱者

年份：426

历史：雅典发生地震——影响了凯拉米克斯的建筑

年份：425

历史：雅典人占领斯法克特里亚和皮洛斯

文化：欧里庇得斯，《安德洛玛刻》（Andromache）。

阿里斯托芬，《亚该亚人》（Achamians）

建筑、雕塑和雕像：竖立齐名英雄像

兴建赫尔墨斯柱廊

横隔墙（Diateichisma）

年份：425—400

建筑、雕塑和雕像：

兴建宙斯柱廊

宙斯自由柱廊

重建十二神圣所

老矩形议事厅被改建成众神之母神庙和档案室

兴建新议事厅

兴建铸币厂（Argyrokopeion）

留置于岔路口围场中的还愿供品

雅典市政广场的法院

改造狄俄尼索斯剧场

西南泉水屋和渡槽

修复圆顶会议厅

阿波罗神殿（Apollo Patroos sanctuary）清理完毕？

宁芙（Nyph）的圣殿。外墙？

英雄祠（Tritopatreion），外墙

列队厅一期

年份：424

苏格拉底的生平：雅典人入侵玻俄提亚。雅典战败于德里昂时，苏格拉底在场。

历史：大流士二世刺杀波斯国王薛西斯二世并继位。斯巴达将军布拉西达斯在希腊北部攻下安菲波利斯

文化：

希罗多德逝世

阿里斯托芬，《武士》

柏拉图《拉凯斯篇》（冬）的戏剧情节设定于本年

年份：423

历史：雅典和斯巴达休战一年

文化：

阿里斯托芬的《云》在雅典上演

欧里庇得斯，《赫卡忒》《乞援女》

阿米普西阿（Ameipsias），《科诺斯》（Konnos）

年份：422

苏格拉底的生平：苏格拉底参加安菲波利斯战役，布拉西达斯和克勒翁在此双双阵亡

文化：

色诺芬《会饮》的戏剧情节设定于本年

柏拉图《克拉底鲁篇》的戏剧情节设定于本年

阿里斯托芬，《马蜂》

年份：421

历史：《尼西亚斯和约》（Peace of Nikias）

文化：阿里斯托芬的《和平》在雅典上演

年份：421—416/415

文化：柏拉图的《克力同篇》《大西庇阿斯篇》《小西庇阿斯篇》的戏剧情节设定于本年

建筑、雕塑和雕像：赫菲斯托斯和雅典娜的青铜崇拜雕像，出自亚卡门斯（Alkamenes）手笔

年份：420

建筑、雕塑和雕像：兴建阿斯克勒庇俄斯神庙（Asklepieion），设于雅典卫城南坡

年份：418/417

历史：雅典-阿尔戈斯联军在曼提尼亚被斯巴达击败

文化：柏拉图《斐德罗篇》的戏剧情节设定于本年

建筑、雕塑和雕像：改造涅琉翁神殿（Neleion）

378-379 年份：417

文化：欧里庇得斯，《赫拉克勒斯》《厄勒克特拉》

年份：416

苏格拉底的生平：苏格拉底之子朗普洛克莱出生

文化：柏拉图《会饮篇》的戏剧情节设定于本年

年份：415

亚西比得的生平：

亚西比得率军远征西西里

亚西比得因卷入宗教丑闻而被指控

在西西里收到回雅典受审的通知，逃往斯巴达

历史：

雅典的赫尔墨斯半身像被破坏

雅典秘仪受到亵渎

雅典人在米洛斯岛展开大屠杀

雅典人远征西西里

文化：

欧里庇得斯，《特洛伊妇女》

柏拉图《欧律克西亚斯篇》（Eryxias）的戏剧情节设定于本年

年份：415—400

建筑、雕塑和雕像：雅典娜胜利女神庙防护矮墙

年份：414

文化：阿里斯托芬，《鸟》

年份：413
历史： 雅典军队在西西里被击败
文化： 柏拉图《伊安篇》的戏剧情节设定于本年

年份：412
亚西比得的生平： 参与了斯巴达的决策，促使其将重心放在爱琴海而非赫勒斯滂；逃往提萨佛涅斯处
柏拉图的生平： 被任命为驻萨摩斯的雅典舰队的将军
历史： 希俄斯岛反叛雅典
文化： 欧里庇得斯，《伊昂》（*Ion*）、《伊菲革涅亚在陶里克人中》（*Iphigenia among the Taurians*）、《海伦》（*Helen*）、《独目巨人》（*Cyclops*）

年份：411
历史： 雅典寡头革命，400 人议事会成立
文化： 阿里斯托芬，《利西翠妲》《地母节妇女》

年份：410
苏格拉底的生平： 苏格拉底之子索福洛尼克斯出生
亚西比得的生平： 雅典舰队在库齐库斯战役中击败斯巴达人
历史： 重建民主政体
建筑、雕塑和雕像： 雅典娜胜利女神庙的雕饰完成

年份：410—400
建筑、雕塑和雕像： 给国王柱廊添加了两个突出的侧翼（以展示新法典）

年份：409/408
色诺芬的生平： 参与爱奥尼亚的骑兵行动？
文化：
欧里庇得斯，《腓尼基妇女》
柏拉图《吕西斯篇》（早春）的戏剧情节设定于本年
索福克勒斯，《菲罗克忒忒斯》（*Philoctetes*）
建筑、雕塑和雕像： 伊瑞克提翁神殿重新开工

年份：408
文化： 欧里庇得斯，《奥瑞斯特斯》（*Orestes*）

年份：407
亚西比得的生平： 亚西比得结束流亡归来，洗清了宗教指控
文化：
欧里庇得斯，《伊菲革涅亚在奥利斯》（*Iphigenia in Aulis*）
柏拉图《欧绪德谟篇》的戏剧情节设定于本年

年份：406
苏格拉底的生平：雅典人在阿吉纽西群岛击败斯巴达舰队，雅典将军随后因未能营救幸存者而遭到指控，苏格拉底对此提出反对
亚西比得的生平：亚西比得退居色雷斯
伯里克利的生平：小伯里克利可能也在受审将军之中？
历史：狄奥尼修斯一世（Dionysus I）成为叙拉古僭主。雅典败于诺丁姆（Notion）

年份：406/405
文化：欧里庇得斯，《伊菲革涅亚在奥利斯》《酒神的女信徒》。欧里庇得斯逝世。
索福克勒斯逝世。
建筑、雕塑和雕像：伊瑞克提翁神殿完工

年份：405
亚西比得的生平：向雅典靠拢，其后在埃戈斯波塔米遭到回绝；投靠法拉巴佐斯
（Phamabazus）
历史：
波斯国王大流士二世驾崩，阿尔塔薛西斯二世继位
埃戈斯波塔米战役，雅典舰队被斯巴达击败
比雷埃夫斯被斯巴达封锁，雅典被围
文化：阿里斯托芬的《蛙》在雅典上演

年份：404
苏格拉底的生平：
苏格拉底接到去萨拉米斯逮捕列昂的命令，拒不领命
苏格拉底试图拯救塞拉门尼斯？
亚西比得的生平：亚西比得被刺杀
柏拉图的生平：柏拉图的叔叔克里提亚斯是"三十僭主"之一，卡尔米德斯是比雷埃夫斯的十人统治者之一
色诺芬的生平：色诺芬在内战中与民主叛乱者作战
历史：雅典向斯巴达人投降，三十僭主的统治引发了狄凯里亚战争（Dekeleian War）
建筑、雕塑和雕像：
斯巴达军队迫使雅典摧毁长墙
普尼克斯会场改造

年份：403
历史：三十僭主败落，雅典恢复民主制。雅典公民大会通过特赦令

年份：402
苏格拉底的生平：苏格拉底之子梅内克塞诺斯出生
文化：柏拉图《美诺篇》的戏剧情节设定于本年

年份：401
色诺芬的生平：色诺芬加入万人大军远征亚洲
文化：
索福克勒斯的《俄狄浦斯在克洛诺斯》（*Oedipus at Kolonos*）上演
柏拉图《美涅克塞努篇》（冬）的戏剧情节设定于本年

年份：约400
色诺芬的生平：独自指挥残部，带领他们前往拜占庭
建筑、雕塑和雕像：兴建阿斯克勒皮昂铸币厂（Mint Asklepeion），柱廊建筑
大排水沟的南支和东支

年份：399
苏格拉底的生平：对苏格拉底的审判与处决
色诺芬的生平：色诺芬成为斯巴达雇佣兵
建筑、雕塑和雕像：柏拉图的《泰阿泰德篇》和《游叙弗伦篇》（春）的戏剧情节设定于本年，
《智者篇》《政治家篇》（5—6月），《申辩篇》《克力同篇》《斐多篇》（6—7月）

致 谢

　　我参考了一些著作，古今皆有，有一些是我极为倚重的，有一些可能会引发读者深入探索的兴致。虽然我也想把"Socrates"（苏格拉底）写成"Sokrates"，这样更有希腊风韵，但我大体上还是选用了大家更熟悉的拉丁版译名，文献、历史人物和地点均是如此。

　　除非另附说明，书中的译文都是我自己或我和同事合作完成的。

　　对于大家的帮助、幽默、款待和理性的馈赠，我表示由衷的感谢：

　　朱利安·亚历山大（Julian Alexander）、安娜·安东尼奥（Anna Antoniou）、玛丽·比尔德教授（Mary Beard）、丽莎·本德尔教授（Lisa Bendall）、苏·布伦代尔教授（Sue Blundell）、理查德·布拉德利（Richard Bradley）、约翰·坎普教授（John Camp）、保罗·卡特里奇教授（Paul Cartledge）、索菲亚（Sophia）和亚历克斯·康斯坦蒂斯（Alex Constantidis）、迈克尔·科斯莫普洛斯教授（Michael Cosmopoulos）、詹姆斯·戴维森教授（James Davidson）、安吉洛斯·迪弗里亚斯博士（Angelos Delivorrias）、马修·迪基教授（Matthew Dickie）、马特·埃奇博士（Matt Edge）、凯西·埃

尔金（Kathy Elgin）、露西·费尔明翰（Lucy Felmingham）、斯皮罗（Spiro）和米莉·弗拉姆布里亚里（Millie Flamburiari）——感谢你们给我介绍科西拉岛的趣闻、皇家空军中校约翰·福登（John Foden，他已经83岁了，还带我穿越了伯罗奔尼撒山脉）、安妮莉斯·弗赖森布吕克博士（Annelise Freisenbruch）、贝齐·格巴德教授（Betsy Gebhard）、迪米特里斯·格里戈罗普洛斯博士（Dimitris Grigoropoulos）、安吉·霍布斯博士（Angie Hobbs）、丹·霍格博士（Dan Hogg）、本·杰克逊（Ben Jackson）、约翰（John）、詹妮（Jenny）、简（Jane）和朱莉娅（Julia）——给我提供了住处、罗宾·莱恩-福克斯教授（Robin Lane-Fox）、比尔·洛克（Bill Locke）、杰克·麦克恩斯（Jack MacInnes）、彼得·米利特（Peter Millett）、约翰·莫科姆（John Morcom）、阿方索·莫雷诺博士（Alfonso Moreno）、德克·奥宾克教授（Dirk Obbink）、贾斯汀·波拉德（Justin Pollard）、詹妮弗·雷德费恩（Jennifer Redfearn）、罗兹教授（P. J. Rhodes）、劳拉·里佐托（Laura Rizzotto）、索菲亚·罗伯茨（Sophia Roberts）、夏洛特·鲁埃切教授（Charlotte Roueché）、黛博拉·罗斯奇洛博士（Deborah Ruscillo）、约翰·萨维奇（John Savage）、迈克尔·斯科特博士（Michael Scott）、菲利普·塞拉斯（Philip Sellars）、维多利亚·索洛莫尼迪斯博士（Victoria Solomonidis）、朱丽塔·斯坦豪尔（Julietta Steinhauer）、克莱尔·斯托克斯博士（Claire Stocks）、巴里·斯特劳斯教授（Barry Strauss）、奥利弗·塔普林教授（Oliver Taplin）、海军少校亚历克·蒂利（Alec Tilley）、尼古拉·沃德尔博士（Nicola Wardle）和奥利维亚·威廉姆斯（Olivia Williams）。对于阿什莫林博物馆、大英博物馆、德国考古研究院（German Archaeological Institute）、那不勒斯博物馆和萨摩斯碑铭博物馆（Samos Epigraphical Museum）的工作人员，你们的耐心让我感念不忘。我的母校圣希尔达学院（St. Hilda's College）一

直对我关照有加。我要感谢德克·奥宾克教授（Dirk Obbink），他耐心而慷慨地给我展示了埃及沙漠中的宝藏。罗宾——是你激励我完成了本书，我们见面或交谈时，或者我读到你作品中的某个词句时，我总能想起你的每一次教导为何都如此富有启迪性，从无枯燥乏味之处。马蒂（Matti）和尼古拉斯·埃贡（Nicholas Egon）跟以前一样，棒极了。全世界都欠你们一份大人情。约翰·坎普教授，你的导览让我受益无穷，对我和我的几个闺女都很有启发。彼得（Peter）和安娜（Anna），我已经无端地让你们款待了我好多次，没有你们，雅典会是另一副模样。皮特（Pete），咱俩的公路之旅是我有生以来最快乐的日子之一。索雷尔（Sorrel）和梅·埃文斯（May Evans），非常感谢你们为我念诵柏拉图的语录。阿德里安（Adrian），感谢你在过去 5 年里一直陪伴着电脑前的这个背影。妈妈和爸爸，是你们让这本书成为可能。

　　若没有以上诸位的大力支持，本书断无付梓的机会。

　　埃拉·奥尔弗雷（Ellah Allfrey）和丹·富兰克林（Dan Franklin）体贴地打磨了我的文稿，把我从极端的口语化和天马行空里拯救了出来，汤姆·埃弗里（Tom Avery）是世上文笔最美的人，尽管我的要求不断加码，但他依然堪称魅力的化身。我还要感谢尼尔（Neil）给我延期、威尔（Will）的良好判断，以及克拉拉（Clara）的活力和洞见。我的作品经纪人朱利安·亚历山大一直都是我的靠山，如今也成了我的密友，你让我的生活变得美好了不少——每当想起你，我都不禁莞尔。阿方索·莫雷诺博士、安吉·霍布斯博士、奥利弗·塔普林教授、迈克尔·科斯莫普洛斯教授、詹姆斯·戴维森教授、伊丽莎白·格哈德教授（Elizabeth Gebhard）、马修·迪基教授、彼得·米利特和马特·埃奇博士都相当热心地阅读了本书的全部或部分内容，让我免于被讹谬和狂热所误。保罗·卡特里奇再一次证明了他既是一个优秀的朋友，也是一位优秀的学者。我曾在紧要关头请他校阅本书——我觍着脸想过好多次了，他则以优雅和慷慨的气度满足了我的请求。我好古至此，他也是缘由之一。

文献致谢

对于能获准复制以下译文中的材料，我深表感谢：D. Allen, from 'A Schedule of Boundaries: An Exploration Launched from the Water-Clock of Athenian Time' (1996), *Greece & Rome* (43.2), Cambridge University Press; J. Barnes, from S. Everson (trans. and ed.), *Aristotle: The Politics and the Constitution of Athens* (1996), Cambridge University Press; D. Barrett, from *Aristophanes: The Frogs and Other Plays* (1964), Penguin; S. Berg and D. Clay, from *Oedipus the King: The Greek Tragedy in New Translations* (1978), Oxford University Press; S. Blundell, from page 1 of S. Blundell and M. Williamson (eds.), *The Sacred Feminine in Ancient Greece* (1998), Routledge; T. C. Brickhouse and N. D. Smith, from *The Trial and Execution of Socrates: Sources and Controversies* (2002), Oxford University Press; C. L. Brownson, reprinted by permission of the publishers and trustees of the Loeb Classical Library from *Xenophon: Volume I*, Loeb Classical Library Volume 88, translated by C. L. Brownson, Cambridge, MA: Harvard University Press © 1918, by the President and Fellows of Harvard College. Loeb Classical Library ® is a registered trademark of the President and Fellows of Harvard College; C. L. Brownson, reprinted by permission of the publishers and trustees of the Loeb Classical Library from *Xenophon: Volume III*, Loeb Classical Library Volume 90, translated by C. L. Brownson, Cambridge, MA: Harvard

383

The Essence of Thucydides' History of the Peloponnesian War (1993), Hackett; C. D. Yonge, from *The Lives and Opinions of Eminent Philosophers* (1853), Henry G. Bohn; D. J. Zeyl, Plato: *Gorgias*, from J. M. Cooper (ed.), *Plato: Complete Works* (1997), Hackett; 除非特别注明，所有《圣经》经文均摘自 Holy Bible, New Living Translation, copyright © 1996, 2004, 2007 by the Tyndale House Foundation. Used by permission of Tyndale House Publishers, Inc., Carol Stream, Illinois 60188. All rights reserved。

对于能获准复制以下出版物中的材料，我深表感谢：E. Bloch in 'Hemlock Poisoning and the Death of the Socrates. Did Plato Tell the Truth?' (2002), in T. C. Brickhouse and N. D. Smith, *The Trial and Execution of Socrates: Sources and Controversies* (2002), Oxford University Press; R. Janko from 'Socrates the Freethinker' in Ahbel-Rappe and Kamtekar (eds.), *A Companion to Socrates* (2006), Blackwell Publishing; H. Kahn (2006), 'Socrates and Hedonism' in L. Judson and V. Karasmanis (eds.), *Remembering Socrates: Philosophical Essays* (2006), Clarendon Press; Meier, from *Athens: A Portrait of the City in its Golden* Age (1999), John Murray; L. E. Navia, from *Socrates: A Life Examined* (2007), Prometheus; J. Ober, from Xin Liu Gale 'Historical Studies and Postmodernism: Rereading Aspacia of Miletus' (2000), *College English* (62.3), © 2000 by the National Council of Teachers of English. Reprinted with permission; P. J. Rhodes, from *A History of the Classical Greek World 478–323 BC* (2005), Blackwell; A.W. Saxonhouse, from *Free Speech and Democracy in Ancient Athens* (2006), Cambridge University Press; R. Waterfield, from *Why Socrates Died: Dispelling the Myths* (2009), Faber and Faber; J. A. Zahm, from *Women in Science* (1913), Appleton。

注　释

序

1　苏格拉底不仅是学者的磨刀石，也不仅是一个启迪人心的人，他是公元前 5 世纪雅典黄
　　金时代的关键见证者。几千年来，学者一直想通过他的丰厚遗产来磨砺自己的智慧。苏
　　格拉底个人的证词是一片空白，而这一空白已被许多多的解释匆匆填充了。围绕着这
　　个和苏格拉底一样大的空洞，亦即这位哲学家本身，人们构建了各种各样的世界：伦理
　　的、法律的和宗教的，但其中只有少数涉及了我们所探寻的一件事，即他所处的那个已
　　不存在的物质环境。

引言

1　Trans. Brickhouse and Smith (2002).

2　苏格拉底一生都在追寻找一种个人的道德。例见 Rudebusch (1999)，其中就谈到苏格
　　拉底把快乐和美德都当成了首要之善来追寻。

3　"*psyche*" 是一个古希腊单词，意为生命力或呼吸。它在希腊语中也可指代蝴蝶。

4　"苏格拉底第一个表明，无论何时何地，在我们的一切痛苦和行为中，生活总是接纳哲
　　学的。"参见 Plutarch, *An seni respublica gerenda sit*, 796e。

5　Plato, *Apology*, 30e.

6　Plato, *Republic*, VII, 514a–520a.

7　尽管后来的一些基督教评论家在其中看到了一种新的内在信仰的发展。

8　作于公元前 423 年，后来可能在公元前 418 年被改写了。阿米普西阿的失传喜剧《科诺斯》
　　也讽刺了苏格拉底。

9　"照我说的去做，远离人们的流言蜚语。因为菲墨［谣言］是一个很邪恶的东西，本质上，
　　她重量很轻，很容易抬起来，是的，非常容易，但带在身上却很重，而且很难再放下。

一旦有很多人大肆夸赞菲墨［谣言］或放纵她，她就绝不会完全消失了。事实上，她真像是某一类女神。"参见 Hesiod, *Works and Days*, 760ff（希腊训诫诗，公元前 8 世纪或前 7 世纪）。

10　Plato, *Apology*, 18d.

11　苏格拉底是有可能会因为他的罪行而被钉在木十字架上处死的（尽管这可能是对"亚公民"——例如奴隶——所设的一种刑罚），服用毒堇在时人眼里是一种更仁慈的死法。但折磨人的死亡是可以按程度来衡量的，而毒药只比钉死在木十字架上仁慈几分而已。大卫的画在很多方面都很浪漫主义。

389　12　柏拉图这位古典作家就曾满怀热情地在巴格达的"智慧所"（House of Wisdom）求学问道。穆斯林家庭至今仍称他们的孩子为阿夫拉托尼翁（Aflatonion）*。

13　Plato, *Apology*, 42a.

14　我们天真地以为民主是古雅典最伟大的遗产，但民主其实在整个西方历史中一直是被拒斥的。事实证明，柏拉图的思想（他可以被视为反民主派）以及因他而流传的苏格拉底的思想要顽强得多。苏格拉底在古代的追随者包括：安提西尼（Antisthenes）、锡诺帕的第欧根尼（Diogenes of Sinope）一类的犬儒派哲学家、柏拉图、色诺芬、欧几里得（Euclides）和亚里斯提卜。柏拉图的下列对话可由它们对苏格拉底的论述串联起来：《泰阿泰德篇》—《游叙弗伦篇》—《申辩篇》—《克力同篇》—《斐多篇》。无论是异教徒的地区还是一神论的地区，无论是东方还是西方，苏格拉底的思想都影响了人类的生活方式。他的方法的价值有某种程度的复兴：人们认为苏格拉底问答法和苏格拉底辅导法具有绝对的价值。它们正再次成为各所学校和学院的时尚。可访问以下链接：www.Socraticmethod.net。

15　Plato, *Alcibiades*, 1, 130e.

16　Plato, *Sophist*, 227d.

17　Plato, *Phaedo*, 69b–c. Trans. H. N. Fowler (1914) [LCL] .

18　我们还可以找到这些论文的标题：《论苏格拉底的德性》(*On the Virtue of Socrates*)；《苏格拉底的主张》(*Socrates' Pronouncements*)；《苏格拉底之死》(*Of Socrates' Death*)，但只有几个。

19　想了解苏格拉底在伊斯兰教中的地位，伊莱·阿隆（Ilai Alon）的作品极有助益，例见 *Socrates Arabus: Life and Teachings* (Jerusalem, 1995)。

20　"认识你自己。""最要紧的不是活着，而是正当地活着。"路易斯·纳维亚（Louis E. Navia）雄辩地总结了苏格拉底的目标："自知之明是开启美德之门的钥匙，而这钥匙只有在一个人自身的灵魂里才能获得。通向它的道路是狭窄、崎岖和陡峭的。这就是大多数人不会选择在如此无趣的方向上努力的原因。智力上的惰性和精神上的贫瘠会妨碍他们这么做。他们的罪有一个源头，那就是抛弃了被苏格拉底视为解开人类存在之谜的唯一谜底。当这种抛弃之举涉及拒绝苏格拉底这样的人提供的机会时，它就更应该受到谴责。"Navia (2007), 234。

21　柏拉图也辩论过尊重法律和真正的正义之间的矛盾。

22　Plato, *Apology*, 34d.

23　Xenophon, *Memorabilia*, 1.1.16.

---

*　即柏拉图原名。

苏格拉底的戏剧故事——来源与方法

1　苏格拉底有柏拉图、阿里斯托芬和色诺芬这 3 个顽皮又兢兢业业的宣传者，这一事实无疑导致了苏格拉底传说的夸张化——但考古学证实了他人生中的一些关键时刻的重要性，并在一定程度上解释了苏格拉底的思虑，这些思虑针对他所处的那个充满挑战的世界中的特定问题。

2　戏剧给我们提供了一种外部世界与关乎想象、思考及情感的内心世界的可理解的变体形式。不止如此，它还是可信的。更重要的是，它会以某种方式打动我们。剧作家的挑战是向观众传达思想和情感，创造一种会被我们理解为真实世界的虚构体验。参见第 31章《贬与褒》。

3　这一时期并不存在我们今天所理解的"传记"，所以讲述苏格拉底的作品都是"古代风格"的传记。

4　作家们往往倾向于用艰涩的政治术语来理解苏格拉底的审判和死亡。尽力拆解我们现有的文献资料，找出谁属于哪个派别，有哪些政治暗流在起作用，这确实让人激动。我已经尽量把苏格拉底的故事往回推了一步。政治争论是情绪化的——有一件事是柏拉图肯定想要做的，即传达出雅典这样的城市在应对苏格拉底这样的人时所体现的情感复杂性。

5　但在本书中，只要柏拉图的某句话模棱两可、晦涩难懂或有争议，或是后来的添写有问题，我要么忽略了它，要么就会指出手头上的困难。若某些思想明显归属于柏拉图而非苏格拉底，我也会指出，但我没有删减。按照学术惯例，本书中的苏格拉底就是柏拉图的"早期"或"存疑"对话中所描绘的那个人物（《申辩篇》《卡尔米德斯篇》《克力同篇》《欧绪德谟篇》《游叙弗伦篇》《高尔吉亚篇》《大西庇阿斯篇》《伊安篇》《拉凯斯篇》《吕西斯篇》《美涅克塞努篇》《美诺篇》《普罗泰戈拉篇》和《理想国》第 1 卷，《泰阿泰德篇》是个例外）。

6　非常感谢伦敦大学学院认知神经科学研究所（Insititute of Cognitive Neuroscience）的帕特里克·哈加德（Patrick Haggard）教授，他证实了我最初的推究，并在这些问题上给我提供了帮助。

7　相关概述，请参阅希腊考古服务机构（Greek Archaeological Service）的网站。本书地图中标注了与苏格拉底生平相关的地点和事件的具体位置。

8　而且类似的细节也会突然出现在反感苏格拉底的文本中。

9　我选择的那个在公元前 5 世纪左右引领我们的苏格拉底大体上就是当时的见证者给我们提供的那个戏剧／历史人物。我正是用这个"幽灵般的苏格拉底""苏格拉底大小的形象"将我们送往了雅典城。

10　苏格拉底是雅典人。但他在东地中海地区的游历，以及直接影响其生活的关键事件，都位于一个完美地涵盖了公元前 5 世纪所有热点和高潮的地理区域。通过实地运用历史学和考古学，我尽力走访了与苏格拉底生活相关的每一处遗址，以确定是什么原因促发了他的思想，以及是什么将这些思想抛入了环境之中。本书遵循了苏格拉底自己也必会使用的坐标。

11　我认为我们现在必须听一听苏格拉底的话。苏格拉底生活在一个残酷的世界，但他看到了这个世界的潜力。和我们一样，他的时代也是一个变革的时代。彼时，史前和古风时代的希腊勇士精神——"力量即正当"和"害敌助友"的作风——正被某种更具

390

共识性、更不着边际、更有智性的作风所取代，所以现在当我们滑向一个新的敌对时代之时，我们需要让自己回想起为何苏格拉底对人生的分析格外重要。苏格拉底为走出希腊"黑暗时代"的人类提供了一张路线图：当我们走向一个看起来再度充满了暴风骤雨的未来时，我们理应追随他的道路。

391　苏格拉底的记录者

1　E.g., Plato, *Apology*, 18b–c, 19d; Dover (1996), 164.

2　Dover (1996), 164.

3　对日期的讨论可参见 Meineck (1998), p.xvi, fn. 16 ："一段铭文（IG 112 2318.196）讲述了阿拉洛斯（Araros）˙在公元前 387 年的酒神节获胜的情况；如果对《普路托斯》的猜测是正确的，即阿里斯托芬在公元前 388 年后借阿拉洛斯之名创作了《科卡罗斯》和《埃俄罗西孔》，那我们就可以将《科卡罗斯》在公元前 387 年取得的那场胜利归于阿里斯托芬了。"这里提及的猜测即 Hyp. 4 Arist. Wealth, Hyp. 3 in the recent OCT. P. Meineck, *Aristophanes I: Clouds, Wasps, Birds*, (Hackett 1998)。

4　有人说埃尔希亚位于今天的斯帕塔（Spata）附近，距雅典约 10 英里，地处内陆 [Macleod (2008)，7; Pomeroy (1994)，1 with bibl.]。注意，德莫区的隶属关系是世袭的，他可能并没在这里住过。

5　Nails (2005), §2.1 的"色诺芬"词条提出色诺芬不可能很了解苏格拉底，因为色诺芬住在埃尔希亚，去一次雅典并不容易；Macleod (2008), 7–8 认为色诺芬的家族大部分时间都待在雅典城墙内，以躲避驻扎在狄凯里亚附近的斯巴达军持续的突袭。

6　依循了麦克劳德的说法，见 Macleod (2008), 13–16 at 6。

7　人们一般认为柏拉图生于公元前 428（或 427）年（例见 Szlezák in the New Pauly），但 D. Nails 认为柏拉图更有可能生于公元前 424（或 423）年（参见 Nails, *The People of Plato*, [2002], 245–246）。

8　Press (2007), 15 ："柏拉图与苏格拉底的交往时间不超过 8 年。"还有人提出了相近的相识时间，即 Szlezák (2000), IX, *s.v.* 'Platon (1)', col. 1095: 'Erst mit 20 J. schloß er sich mit Sokrates an.'（柏拉图直到 20 岁才与苏格拉底交往）Nails (2005), *s.v.* 'Socrates', §2.1 *s.v.* 'Plato'："柏拉图……可能大半生都与这位老人相知。"

9　Press (2007), 15; Szlezák, ibid., col. 1095.

1　水钟：受审时刻

1　Trans. D. Allen (1996).

2　有人认为 501 名陪审员的引入出现于公元前 4 世纪初年。参见 Thomas C. Brickhouse and Nicholas D. Smith (eds.) (2002) *The Trial and Execution of Socrates: Sources and Controversies* (Oxford: OUP)。

3　Herodotus, 1.155, 156; 3.25, 29, 59; 4.203, 204; 6.9, 17, 94; 8.126; and Aristotle, *Politics*, 1.4 1253b23. Cf. Hunt (2002), 42 n.13。

---

*　阿里斯托芬之子。

4 对这一时期奴隶的外貌是存在争议的。伪色诺芬（Pseudo-Xenophon, *Constitution of the Athenians*, 1.10）说很难区分他们与普通公民。有些奴隶肯定穿得很好，但大多数奴隶无疑很容易辨认，这尤其是因为大多数奴隶都没有希腊的出身，而且女性奴隶很可能留着短发。参见 Deighton (1995), 56; Osborne (2004), 18; Gray (2007), 192; Patterson (2007), 156。

5 Aristophanes, *Ecclesiazousae*, 652; Menander, Frag. 364 K.

6 水钟都安设在一些露天的位置，但值得注意的是，第一座巨型石制水钟就设在民众法庭（Heliaia，位于雅典市政广场中心的一个裁决法庭）西北面的外墙上。

7 最近的分析表明，这可能就是苏格拉底受审之地。否则的话，他也可能是在战神山的露天法庭受审的（考虑到柏拉图向我们描绘的那种场景，这不太可能），这里最初是为了解决"污染了"这座城市的问题而创立的；或者是在民众法庭，也就是"太阳法庭"（Sun-Court）或"太阳区"（Sun-Area）——此地尚未发掘，但可能在雅典市政广场西南端（民众法庭是一个有四面墙的矩形露天庭院）。有一点几乎可以确定，那就是在雅典市政广场东北角的那座修复过的阿塔罗斯柱廊（Stoa of Attalos）下发现了一些公元前 5 世纪末的法庭。例见 R. Townsend, *Athenian Agora XXVII. The East Side of the Agora: The Remains beneath the Stoa of Attalos* (1995)。

8 Plato, *Apology*, 18b; 19b. Trans. Brickhouse and Smith (2002).

9 Plato, *Apology*, 26b. Trans. Brickhouse and Smith (2002).

10 雅典的住房是出了名的狭小和拥挤，即使是富有的公民也不例外。大多数住房都是平顶的（有些是两层），配以木质框架、泥砖墙和泥地，较大的住房可能会有一个小庭院。阿里斯托芬（《马蜂》，125–132）描述了一个老人菲洛克里昂（Philokleon）试图逃离这样一所房子，他不顾一切地要去法庭，而他的奴隶却企图把他留在屋内。参见 Tucker (1907), 29; Jones, Sackett and Graham (1973), 75–114; Deighton (1995), 15, 18; 以及 MacDowell (1971), 148 对阿里斯托芬的论述。

11 Plato, *Protagoras* esp. 322–324. 有意思的是这位普罗泰戈拉并非雅典人。

12 埃斯库罗斯《报仇神》中的雅典娜，见 Aeschylus, *Eumenides*, 487–489。

13 埃斯库罗斯《报仇神》中的雅典娜，见 Aeschylus, *Eumenides*, 690–695。

14 Plato, *Meno*, 80a.

15 拥有"海伦的美貌"和"苏格拉底的灵魂"是公元前 4 世纪一个女人墓碑上的一句奉承话。

16 Plato, *Symposium*, 215d–e. Trans. W. R. M. Lamb (1925) [LCL] .

17 Plato, *Symposium*, 174a.

18 Pericles' *Funeral Speech*, Thucydides, 2.64.

19 Plato, *Meno*, 80a–b. Trans. W. K. C. Guthrie (1956).

2 雅典娜之城

1 Trans. E. D. A. Morshead.

2 "英雄时代"大致是公元前 1500 年至前 1100 年。

3 在公元前 8 世纪，希腊的战争发生了变化。一排士兵都以类似的方式武装起来，取代了单个的英勇战士。这些人通常会列成 8 排，组成一个方阵，他们的名号（hoplite）出自他们携带的盔甲和装备——"*hopla*"：一套金属胸甲、一套护胫套、一支长矛和一块巨大的圆盾。这些人站起来也显得很高，这要归功于他们的羽冠头盔。

4　马屁精（*Kolakes*），寄生虫（*parasitoi*）。这种自主的信念甚至有可能促生了一种根深蒂固的奴隶制——要让一个自由的希腊人进入"自由的劳动力"市场是非常难的。

393　5　Hesiod, *Works and Days*, 2.349–2.350. Trans. H. G. Evelyn-White (1914) [LCL].

6　"巴尔干"在奥斯曼土耳其语中的意思是"一连串林木繁茂的山脉"。

7　尽管如此，给这段时期贴上希腊"黑暗时代"的标签也并不准确。希腊优卑亚岛莱夫坎迪村（Lefkandi）的最新发掘成果（2008 年夏）表明，城邦内的文化可能是鲜活而复杂的。这里的女性入葬公墓时会戴着极好的项链，她们的乳房上还盖着纯金的乳杯，她们的男人则会用已盲的眼窝凝视着浓墨重彩的瓶瓶罐罐。但这里还是没有什么精湛的工艺，也就是公元前 1600 年至前 1200 年间的那种熠熠生辉的精致而瑰丽的文化——希腊青铜时代晚期的文明。参见艾琳·莱姆诺斯（Irene Lemnos）的出色的发掘工作，莱夫坎迪的工作重启于 2003 年。www.lefkandi.classics.ox.ac.uk/Nb. 在这一时期，塞浦路斯保持着一种音节书写系统。

8　操作者是一名德国炮手。

9　日期约为公元前 510 年。阿卡德语是这一时期通用的书面语，埃兰语则是口头的通用语（lingua franca）。

10　Herodotus, 8.100.

11　苏格拉底在这里效力过一年，还当过一天的议事会主席。Xenophon, *Memorabilia*, 1.1.18。

12　作为一个政治单元的"*demos*"（人民）的最早的记录实例就在最近被完整复原了。它刻在一块石头上，每个字母大约有一英寸高。几十年来，刻着这个名称的石块有一半都毫无生气地躺在雅典国家碑铭博物馆的储藏室里，这里残片太多，根本没有足够的学者来公布它们。如果你抬起松动的那一半——时间不能太长，这是块很重的大理石，抬一会儿手臂就会疼——"*mos*"和"*de*"就能重新结合到一起。这些残片目前正在重新编目。

13　这个短语的起源存在争议，但现在最有可能与其相关的是一句起源于公元前 5 世纪左右的中国谚语。

14　在荷马的壮阔史诗中（在公元前 1000 年至前 700 年没有文艺复兴，或者新的"黄金时代"，又或考古记录中可见的辉煌），散居海外的希腊人有一种强烈的怀旧之情，一种潜在的失望。

15　Aristotle, *Athenian Constitution*, 5.3. Trans. P. J. Rhodes (1984).

16　Solon Frag. 6W = Aristotle, *Ath. Pol.*, 12.2. Trans. P. J. Rhodes (2002) [adapt.].

17　Cat. ref. 3477.

18　斯巴达人不喜欢改变。在整个公元前 6 世纪，若一个城邦是由僭主而非贵族豪门的传统王朝来掌权，斯巴达人就会出手干预。"*Tyrannos*"（即僭主，这个词源于吕底亚）在那个时期并没有我们今天给它抹上的丑恶色彩。僭主往往是人民的拥护者。公元前 510 年，德尔斐的女祭司受贿后曾劝说斯巴达介入雅典的贵族事务。伊萨格拉斯利用斯巴达人的力量并不一定意味着他是斯巴达人的坚定支持者，他不过是要在当时的那个内乱期结成务实的同盟来推进自己的事业。

19　Herodotus, 5.66.

20　引自 Ober, Raaflaub, and Wallace (co-authors) (2007), 54. 就雅典民主起源的最新概述

而言，该书是难以超越的。

21 见 Hanson (1986); (1991), 69–71。 394

22 Aeschylus, *Suppliants*, or *Suppliant Women*, 604; 699.

23 一段铭文记录了公元前 331 年至前 330 年间向德谟克拉提亚（Demokratia，即民主）、堤喀（Tyche）和厄瑞涅（Eirene）供奉的祭品（*IG* II 2, 1496. 131, 140–141）。参见 Smith (2003), 7。

24 在梭伦改革后 100 年，那些有着既得利益的古老家族——他们曾爬上战神山（这座山是森然的雅典卫城的一个小弟弟，现在学龄儿童们都在这儿攀上爬下）的多石高地，曾作为人民的保护者而被邀请进来——显现出了自私的一面，有很多人都被他们驱逐流放，议事会遭到了清洗。一场新保守主义的反革命似乎已成定局，一种真正的、成熟的、直接民主制规模太大，太过可怕，故而难以为其接受。这是个不确定的时期。

25 因为斯巴达人不会记载他们自己的事情，我们几乎要完全依赖外人对其社会的洞察。保罗·卡特利奇（Paul Cartledge）在其精湛的著作《斯巴达的反思》（*Spartan Reflections*，2001）中为史学家解决了这一"斯巴达海市蜃楼"的各种难题。

26 Thucydides, 2.39. Trans. C. F. Smith (1919).

27 Aristophanes, *Lysistrata*, 18, originally from Homer, *Iliad*, 6.492.

28 Sophocles, *Women of Trachis*, 281–283. Trans. R. C. Jebb (1892).

29 Euripides, *Hecuba*, 639–656. Trans. E. P. Coleridge (1938).

3 雅典市政广场的苏格拉底

1 Trans. J. Fogel (2002).

2 见 Theophrastus (372–287 BC), *Enquiry into Plants*。

3 发掘工作正在进行。见美国雅典古典研究学院网站：www.asca.edu.gr。可追溯至约公元前 395 年至前 375 年。

4 Xenophon, *Memorabilia*, 4.2.1.

5 Diogenes Laertius, 2.122.

6 尽管历史上是否有西蒙这个人还存在争议，但最近的研究倾向于认定确有其人。塞拉斯（Sellars，2003）对这一问题和"西蒙"传说的影响进行了有益的学术研究。

7 路易斯·纳维亚（Luis E. Navia）用一篇假的西蒙对话完结了他的学术著作，即 *Antisthenes of Athens; Setting the World Aright* (2001)。

8 最近学界将他生活的年代定为公元前 450 年至前 410 年。见上文注释 6 中塞拉斯的著作。

9 人们认为苏格拉底先知先觉地转换方向的原因就在于这种神圣的声音。这次灵机一动未必属实，但这种与神一对一交流的气质确实深中肯綮。

10 在公元前 5 世纪，与朋友或陌生人的偶遇也会被视为对未来的预示。苏格拉底赞同这种看法，尽管他添入了自己的怪异解释。"无论如何，虽然有些人把预先警示他们的东西称作'鸟''声音''征兆'或'先知'，我却把其称作'神性'（*daimonion*），如此称呼它，我想比那些把神的力量归于鸟的人要说得更真实，也更虔诚。其实我有以下证据，证明我不会说神的假话，那就是我虽把神的忠告告诉了很多朋友，但从没有人证明我说过假话。"Xenophon, *Apology*, 13. Trans. J. A. Martinez (2002)。"然而，大多数人都说他们被鸟和偶遇'警告离开'或'鼓励'过，苏格拉底用他熟知的方式表达了这一点：他说是'神性发出了信号'。"Xenophon, *Memorabilia*, 1.1.4. Trans. J. Fogel (2002)。

395　11　参见 Zaidman, Pantel and Cartledge (1991), 55。

12　Diogenes Laertius, *Lives of Eminent Philosophers*, Democritus, 9.44–9.45.

13　事后看来，柏拉图在此的目的是要"证明"苏格拉底并非智者派。

14　Plato, *Euthyphro*, 3d. Trans. H. N. Fowler (1914) [adapt.] [LCL]．

15　Frag. 12 Kock (Giannantoni I A2).

16　这座监狱的确切位置仍有争议。"狱舍"地面上的大理石碎片可能是工匠们传布雅典文化时所留下的，也可能是为关押的那些惹麻烦的人铺的粗糙地板。

17　Plato, *Crito*, 52b.

18　公元前 406 年，在欧里庇得斯去世几个月后，索福克勒斯也与世长辞（参见 Aristophanes, *Frogs*, 82）。索福克勒斯在酒神节的最后一次比赛中曾让他的歌队和演员们为他这位同行剧作家的离世而表示哀悼。参见 *OCD* (3rd edn.), 1422–1423。

19　只有自称是苏格拉底圈子成员的柏拉图留了下来（*Apology*, 34a），并与克力同、克力托布勒斯和阿波洛多罗斯一起提出支付苏格拉底提议的 30 迈纳的罚款，以代替死刑（*Apology*, 38b）。柏拉图本人后来被（短暂地）卖为奴隶，亚里士多德［来自斯塔伊拉（Stageira）］则将被赶出雅典，亡于海外。

4　国王柱廊

1　Plato, *Euthyphro*, 1b–c.

2　这可以解释为何在一些中世纪的阿拉伯语文献中会有人断言苏格拉底是被一位国王杀害的，问题出在翻译上。国王执政官的职责是听取诉状并启动司法程序。

3　Isocrates, *Address to the Areopagus*, 30.

4　Demosthenes, *First Philippic*, 35.

5　据说这上面还有立法者德拉古的宣言，我们至今仍在用"draconian"（严苛的）来纪念他。

6　还请参看美国雅典古典研究学院的有关雅典市政广场发掘工作的优秀出版物和网站。

7　Plato, *Euthyphro*, 1c.

8　虽然阿尼图斯是一个相对富裕的商人，但他在那个时期的政治史上确实只扮演了一个次要的角色。

9　宙斯回复赫尔墨斯，Plato, *Protagoras*, 322d。

10　Plato, *Euthyphro*, 2d–3a. Trans. Brickhouse and Smith (2002).

11　Diogenes Laertius, *The Lives and Opinions of Eminent Philosophers*, 2.21. Trans. C. D. Yonge (1853).

12　Plato, *Apology*, 29d–30a. Trans. B. Jowett (1953).

396　13　Plato, *Crito*, 52c.

14　苏格拉底没有"认罪"，但他承认，在雅典的法律框架内，对他的指控可以提交到法院审理。

15　Plato, *Theaetetus*, 210d; 另见 Plato, *Statesman*, 该篇以一场对勇气的讨论收尾。

16　见 Stroud (1998)。

17　另见 Aristophanes, *Clouds*, 770; *Wasps*, 349; Isocrates, 15.237; Demosthenes, *Against Midias*, 103。以及 Stroud (1998), Sickinger (2004)。

18　阿里斯托芬提到过这些纪念雕像，见 Aristophanes, *Peace*, 1183–1184, 这部戏剧作于公元前 421 年。

19　公元前 411 年，以塞拉门尼斯、安提丰和皮桑德罗斯（Pisandros）以及其他人为首的阴谋集团实施了一连串政治谋杀，并成功通过了一项动议，事实上推翻了已实行百年的民主制，用 400 人议事会取代了选举出的领导机构，让恐惧笼罩了这座城市。公元前 404 年，于公元前 410 年短暂恢复的民主制再次被推翻，塞拉门尼斯再次在民主的衰落中发挥了主导作用。皮桑德罗斯则是那些因公元前 415 年赫尔墨斯半身像被毁损而受益的人之一。参见 Meier (1999), 558。

20　希腊语中的 "*Sycophantai*" 很奇怪，它最初是指 "讲无花果闲话的人"。这个习语的出现（可能）是因为雅典人不能从他们大体上很贫瘠的领土上出口橄榄以外的任何东西。无花果有时会被人走私出去。那些跟走私者买东西的人就是 "讲无花果闲话的人"。因此，这个词演化成英语 "sycophant"（谄媚者）的过程相当曲折。

21　Xenophon, *Apology*, 1.2–1.4. Trans. J. A. Martinez (2002) [adapt.]．

22　非常感谢詹姆斯·戴维森（James Davidson）在这一事实上提供的帮助。

23　诉状引自 Diogenes Laertius, *On the Lives and Opinions of Eminent Philosophers*, 2.40, 由下列作者改述，即 Plato, *Apology*, 24b; *Euthyphro*, 3b; Xenophon, *Memorabilia*, 1.1.1, 1.2.64; *Apology*, 10。当他所受的指控第一次被宣读时，在场的只有苏格拉底、国王执政官和一两个早已被历史遗忘的见证人。注意，提起 "公诉" 也可译为 "撰写宣誓起诉书以提起诉讼"。

5　开场血祭

1　Trans. Brickhouse and Smith (2002).

2　*The Athenian Agora Site Guide*, http://www.agathe.gr 以 及 http://www.attalos.com/cgi-bin/image?lookup=1997.01.0512, in *Hesperia*, 40 (1971), plate 50。这些执政官每年宣誓维护本城法律的时候肯定都要站在这块石头上面。动物祭祀的确切位置尚不确定，不过石头的磨损面表明人们在几个世纪里经常使用它。献祭肯定是在近旁进行的。

3　亚里士多德（*Ath. Pol.*, 57.2）声称国王执政官在外主持谋杀案审判时会摘下他的桃金娘花环，这表明对于像苏格拉底这样的审判，他可能会一直戴着它。

4　见 Miller (1989), esp. 321。

5　Homer, *Iliad*, 3.299–3.301.

6　IG13 40 (ML 52), 3–4; Andocides, *On the Mysteries*, 1.97; Lycurgus, *Against Leocrates*, 79.

7　参见 Ober (1991), 142。

8　Plato, *Apology*, 25a. Trans. B. Jowett (1953).

9　从公元前 5 世纪末到前 4 世纪下半叶，陪审员一天的工作可获 3 个奥波尔的津贴。这个数额最初在伯里克利治下是 2 奥波尔，在公元前 5 世纪 30 年代或 20 年代上升到了 3 奥波尔。参见 Ober (1989), 142。

10　因为多数票决定一个人的命运（当时那些投票者能坐在法庭上，不是因为出身、财富、军事造诣，也不是因为家中早已褪色却仍在人们记忆中熠熠生辉的运动奖品）是人类历史上的一个决定性转变。尽管雅典人不知道，在 2500 年后的今天，各国、各国首脑和各大洲都会将这些辛辣而频繁的集会追忆为"西方"的起源，但他们确实知道他们有责任和权力。这一制度在雅典实行了近 100 年。

11　雅典人也要依靠外行来确保法庭的顺利运作。在你到达的那天，你的名字可能会、也可能不会从一个装满了法庭上众人姓名的盒子里拿出来（10 个盒子，每个部落 1 个）；一个人可能会被安排去照看水钟，五个人负责清理陪审员的报酬（每天 3 个奥波尔），4 个人负责计票，诸如此类。

12　参见 Demosthenes, *Against Neaira* 66 中阿波罗多洛斯（Apollodoros）起诉科林斯妓女奈阿依拉（Neaira）的案件，"如果确定原告是个 'moichos'（大致可译为花花公子），那么他的担保人就要把他移交给抓住他的人，那个人要像对待 'moichos' 一样对待原告，他在法庭上想怎么做就怎么做，只是不能用刀。"另见 Ps-Dem 59。

13　Xenophon, *Apology*, 14.

14　这里没有出庭律师、法务代理人或御用大律师，被告必须为自己辩护。在所有现存的文献记录中，苏格拉底似乎都对这一当务之急无动于衷，这个事实本身就是对其怪异的人生态度的一次绝佳宣传。苏格拉底并不缺乏自信，也没有丢失他独特的自信气质。

　　"我当然比这个人聪明。很可能我俩都很无知，没什么好吹嘘的，但他觉得他知道一些他并不知道的东西，而我对自己的无知一清二楚。不管怎么说，我看来还是要比他聪明这么一点的，我不觉得我知道什么我并不知道的东西。"Plato, *Apology*, 21d. Trans. H. Tredennick (1954).

　　这位哲学家的推理极富魅力。一旦苦思并努力找到正当的行事之道，灵魂就发挥了作用。人生变成了正当而有益的决定的累积。苏格拉底告诉我们，知识能带来 "arete"，即美德或个人的幸福。美德即知识。如果我们尽一切可能避免无知，去做善事，那么内心的平和就会出现。他承认自己很古怪，但似乎也真心实意地认为，他一生中除了努力在这个世界上寻找"善"之外什么也没做。他的宁静是不言而喻的。在所有文献记录中，他都不是一个苦恼的受审者。

398　6　制约、平衡和魔法师

1　Trans. G. M. A. Grube (1997).

2　引入无记名投票制度是为了防止任人唯亲的现象，消除对多年内战的噩梦般的记忆。雅典人还试图用其他方式来维护公平。参见 pp. 66–68。

3　关于雅典法律制度这方面的全面论述，可参见芝加哥大学克里斯托弗·法雷恩（Christopher A. Faraone）的著作，例如 *Curses and Social Control in the Law Courts of Classical Athens*，该作品于 1998 年 6 月在慕尼黑历史学院（Historisches Kolleg）的"民主、法律和社会控制"（Democracy, Law and Social Control）会议上首次以演讲形式发布。

4　DTA, 107, Attic, late fifth or early fourth century BC (DTA = R. Wunsch [1897]，*Defixionum Tabellae Atticae*, Appendix to Inscriptiones Graecae III, Berlin).

5　Plato, *Republic*, 364e-365a. Trans. P. Shorey (1930) [adapt.]［LCL］.

6　也就是说，众神会通过随机的选择来展示他们的神圣意志。

7　雅典人是一个极其好讼的社群，但这不是一个律师社会。雅典人必须为自己代言，偶尔也会有一种"给朋友打电话"的政策，即在分配给辩论者的某些时间内，"*synegoroi*"（朋友和亲戚）可以发言。

7　劝说或听从

1　Trans. H. Tredennick (1954).

2　Hansen (2006).

3　辛西娅·法拉（Cynthia Farrar）在《权力归于人民》一文中指出了这点，参见'Power to the People'，in Ober, Raaflaub and Wallace (2007).

4　事实上，苏格拉底在世的70年里有60年（公元前462—前411年，公元前410—前404年，公元前403—前399年）都反对雅典建立的那种民主制。从哲学上讲，他并不接受平等的绝对正确，这是他对抽签挑选要职人员持保留态度的原因之一。

5　Euripides, *The Suppliant Women*, 404-418. Trans. P. Vellacott (1972).

6　在柏拉图看来，苏格拉底对将绝对权力分配给多数人并不信任，他信任的是任命专家来督管政治事务。他与鞋匠西蒙的友谊就是这种态度的一个小例证，西蒙知道自己擅长什么（做鞋），所以他坚持在做。苏格拉底对此表示赞同。苏格拉底似乎对斯巴达式的专注于成为一名"完美"士兵的态度也很着迷。这位哲学家也看到了其中的意义。在他看来，干你特别擅长的事要比做一个半吊子、多面手要好得多。他对政治权力的洞见是有先见之明的，这就是我们今日生活中的民主风范。最能获得他认可的肯定是有限的"西式"民主制——温和独裁制，即由选举出的专家为群众管理事务。杀害了苏格拉底的民主制在1500多年的时间里都是有违良知的。华兹华斯（Wordsworth）在1794年说道："我属于那个被称为民主派的可恶阶级。"英国教育大臣罗伯特·洛厄（Robert Lowe）在反对1867年的改革法案（Reform Bill）时说道："这么多个世纪的英勇工作，这么多聪明的头脑和强有力的手所取得的无与伦比的成就，当然理应获得比献祭于充满革命激情或人性的脆弱热忱的神殿更为卓越的圆满结果……历史可能会告诉我们，另寻他途都会引来大祸，但没有比这更肆意的了，也没有比这更可耻的了。"参见 Roberts (1994).

7　诡辩是个问题，很多人（讼棍）提起诉讼纯粹是为了赚钱。然而苏格拉底的罪行远比日常的强奸、地界纠纷、谋杀和小偷小摸更令人担忧。对神的嘲弄和对青年（伟大的雅典城的花朵）的腐化都不是能轻率提出的指控。

8　这里指的是在斯巴达国王克里奥门尼斯（Cleomenes）拒绝爱奥尼亚的希腊人的请求后，大批雅典人向爱奥尼亚的希腊人提供帮助（对抗波斯人）的那段插曲。Herodotus, 5.97.

9　根据我们能找到的证据，只有一名起诉苏格拉底的人可以在文档或当时的文献中追索到，那就是阿尼图斯。美勒托和吕孔有可能是政治阴谋家雇来的人。

10　Plato, *Apology*, 23e.

11　Plato, *Meno*, 94e. Trans. W. R. M. Lamb (1914) [LCL].

12 这样的公开审判（*graphê*）会被分配一整天的庭审时间。参见 Lanni (2006), 37 n.102。证人的证据分量很小，重要的是发言。原告将首先发言，他的演说将由水钟来计时，水钟在演讲时可以放水，宣读证据时则要停止。分配给一次演说的时间是根据水钟包含的水量来衡量的（1 罐 ≈5.5 英制品脱 ≈3.13 升）。从我们现存的唯一一件雅典水钟来看，2 罐似乎需要 6 分钟左右才能排干。根据这些数字，有人（暂时）认为，在公开审判中的演说可能有 2 个小时左右的时长。参见 Todd (1993), 130–133。

13 Plato, *Apology*, 37a–b. Trans. G. M. A. Grube (1997).

14 公元前 433 年，默冬（Meton）在普尼克斯装设了一台日晷（Munn [2006]，201）。关于默冬和苏格拉底，可参见 Plutarch, *Alcibiades*, 17.4–17.5 Munn (2006)。

15 阿里斯托芬的《云》中的苏格拉底，见 Aristophanes, *Clouds*, 743–745。另一种译法可参见 McLeish (1979)："别扭来扭去了。如果你陷入了绝境，/ 那就掉转你的思路，把它带回 / 最近的思想岔路口。环顾四周，/ 找准正确的新方向，然后重新开始。"

16 在一个以指定的、可预测的方式测量时间的场景中 [恒星历（*parapegmata*）和水钟]，苏格拉底那些貌似随机的问题似乎是违反直觉的，反进步的。像他那样的问题会扰乱人的心神，它们会像毛刺一样留在人们的记忆里。简单的回答更容易被人遗忘。

苏格拉底：我一个接一个地向别人发问，也一直很明白我会惹得别人生气、生厌，这让我既苦恼又担心。但有一种必然性驱使着我继续下去，我想阿波罗的话肯定是要优先考虑的。

这些陪审员兼法官都是这种竞赛中的老手。法庭每 3 天开庭一次，有时每 2 天开庭一次，这些乐于去领那 3 个奥波尔日酬的人是不容轻视的。他们知道这个体制是如何运作的，这个竞赛是怎么玩的。从这次审判的结果来判断，他们并没有接受非正统的观点。参见 Hansen (1999), p.186。法庭每年要开庭 175 天至 225 天。

400 17 转头想想，现代律师就是英雄——阿喀琉斯、大埃阿斯和赫克托耳（Hector）——时代的后裔。

18 Plato, *Apology*, 18d. Trans. Brickhouse and Smith (2002) [adapt.] .

19 Plato, *Apology*, 28a–b. Trans. Brickhouse and Smith.

8 珀伊托，劝说的力量

1 现存神庙建于公元前 4 世纪中叶。

2 Isocrates, 5.249a. Trans. G. Norlin (1980); Demosthenes, *Pro.*, 54.

3 Sappho, F 57a. Trans. H. T. Wharton (1885).

4 Sappho, F 96.

5 *Inscriptiones Graecae* III.351.

6 Pausanias, 1.43.5 and 5.11.8.

7 Aeschylus, *The Eumenides*, 970–996. Trans. P. Vellacott (1956).

8 改述自 Sir Edward Bysshe, *The Memorable Thoughts of Socrates* (1747), 49。

9 Plato, *Apology*, 28a–b. Trans. Brickhouse and Smith (2002).

9 阿洛佩克：一位哲学家的诞生

1   Trans. Brickhouse and Smith (2002).

2   这是一段出处不明的苏格拉底语录，但至今仍被学者引用，例如 Rotberg (2004), viii。

3   雅典卫城的海拔是 490 英尺。

4   当时雅典有 10 个部落和 139 个德莫区。

5   Plato, *Gorgias*, 495d.

6   见 Aristotle, *Ath. Pol.*, 21。

7   Aristophanes, *Acharnians*, 247–270.

8   Plato, *Republic*, 475d. 关于乡村酒神节，可参见 Whitehead (1986)。

9   C. Meier (1999), 3, 迈耶尔（Meier）称波斯人的挺进和雅典人的逃亡发生于"公元前 480 年夏末，最有可能是接近 9 月底的时候"。

10 Herodotus, 7.144.

11 Herodotus, 7.56.

12 Herodotus, 9.1–15.

13 雅典在公元前 479 年第二次被占领，而波斯人则在普拉提亚和米卡勒（Mycale）的战役中被击败，就像他们在公元前 490 年的马拉松战役中一样。

14 按照对话《克拉底鲁篇》中苏格拉底的说法，这位哲学家本身确实相信名字具有这种内在的力量。有趣的是，苏格拉底的弟子柏拉图的绰号则出自他在摔跤场上的高超技艺。他是 "*platus*" 的，意为 "宽阔的" 或 "砖砌成的"。

15 Diogenes Laertius, *Lives of Eminent Philosophers*, 2.5.1.

16 苏格拉底在雅典卫城上雕刻美惠三女神（Graces）雕像的古老传说得到了帕萨尼亚斯的证实（Pausanias, 1.22.3），但现代学者对此存有争议（见 *Kleine Pauly*, 'Sokrates'）；这个传说极有可能与雕塑家底比斯的苏格拉底（Socrates of Thebes）混淆了，此人和品达处于同一时代，帕萨尼亚斯也提到过他（Pausanias, 9.25.3）。现在的大理石石匠们都在为今天达夫尼斯区（Dafnis）的第一公墓服务，这里离阿洛佩克很近。

17 这 50 个人被称为 "主席团"。

18 Aristides, Or., 34.38. 这句引文出自埃利乌斯·阿里斯泰德（Aelius Aristides）的演讲《反对嘲弄秘仪之人》[*Against those who burlesque the mysteries*. Trans. Elsner (2007), 30]。当时的文献资料主要聚焦于用来包裹这座雕像的黄金数量（因为菲狄亚斯被控挪用公款）。

19 Lapatin (2007), 132–133.

20 在撰写本书时，牛津大学离子阱实验量子计算项目刚刚成功拍摄到了原子。参见 www.physics.ox.ac.uk/al/people/lucas.htm。非常感谢戴维·卢卡斯博士（Dr David Lucas）证实了这一现象。

21 参见 Diogenes Laertius, 9.54。

22 根据一块帕罗斯岛大理石上的记载，这件事发生于公元前 467 年：Diels-Kranz, 59 A 11; 参见 Pliny, *Natural History*, 2.149。公元前 405 年，埃戈斯波塔米将见证雅典在伯罗奔尼撒战争中最后一场海战中的失利。

23 Plato, *Crito*, 50a.

24 这是一种松散、忠诚的手足关系，通过血缘关系和宗教习俗联结在一起。

25 Harris (1989).

26 "戴着紫罗兰花冠"特指雅典：Pindar, Frag. 76; (cf. B.5.3); Aristophanes, *Acharnians*, 637; *Knights*, 1323. 不过这个名头早先也曾用来形容其他城市，例如 Hom. Hym., 6.8; Solon, 19.4; Theognis, 250。

27 Plutarch, *On Socrates' Divine Sign*, 20 (589e).

28 Diogenes Laertius, *Lives of Eminent Philosophers*, 2.31. Trans. R. D. Hicks (1925) [adapt.]．

29 Plato, *Apology*, 38a. Trans. G. M. A. Grube (1997).

10　凯拉米克斯——陶工和美少年

1 这些新墙合围了近 1 平方英里的范围（将比雷埃夫斯算在内即 1 平方英里）。

2 参见 Thucydides, 1.89.3. 波斯指挥官马尔多尼乌斯（Mardonius）在最后撤军时几乎摧毁了所有的原始城墙。参见 Herodotus, 9.13.2。

3 这一城墙在公元前 479 年后迅速建成，而长墙工程则从公元前 5 世纪 60 年代持续到了 50 年代，完工于公元前 445 年左右。

4 参见 Thucydides, 1.93.1–1.93.2. 地米斯托克利还劝说雅典人完成比雷埃夫斯城墙的修建（Thucydides, 1.93.3）。

5 Zephaniah, 3.6. 另见 1.7–18. Trans. New Living Translation。

6 Zephaniah, 1.2–6. Trans. New Living Translation.

7 Thucydides, 1.124. Trans. P. Woodruff (1993).

8 参见 Thucydides, 1.90–2。

9 另见 Plutarch, *Moralia* Vol. III。

402 10 公元前 462 年，战神山的民主司法改革为民主派铺平了道路（其他里程碑还包括公元前 5 世纪 50 年代的陪审团会酬制度，克勒翁在公元前 5 世纪 20 年代提升了这一报酬的金额）。参见 Thucydides, 1.100; Plutarch, *Cimon*, 12–13。

11 另一些城邦此时正在进行政治实验。人们认为传说中的斯巴达社会改革始于公元前 7 世纪。印度也一直在试验民主形式的政府。

12 从那个时代的瓶饰绘画可知乌龟在古雅典是一种非常受欢迎的宠物。

13 Aristophanes, *Knights*, 1398–1401. Adapted from LCL 1998.

14 凯拉米克斯是那种会招惹丑闻的地方。据说，海军舰队的缔造者地米斯托克利就曾在黎明时分驾驶一辆由 4 个高级妓女拉着的战车经过这里。

15 Xenarchus, 4 K-A; Eubulus, 67 and 82 K-A.

16 参见 Aeschines, *Against Timarchos, passim*。

17 Plato, *Republic*, 2.357b. Trans. P. Shorey (1930).

18 Diogenes Laertius, *Lives of Eminent Philosophers*, 2.31. Trans. C. D. Yonge (1853).

19 Plato, *Phaedo*, 96a, 98b. Trans. H. N. Fowler (1914).

20 传统上，对一个雅典男孩的教育与其说是为了让他学习一些事实，不如说是为了培养他的一种道德品质。弦琴教师（*kitharistes*）教授乐器和抒情思维，体训师（*paidotribes*）

关注孩子的身体和运动，读写算这 3 项基本技能则交由文法教师（*grammatistes*）负责。在我们这个信息超载的时代，这种精神和性格的培养看起来很有吸引力。但在这个羽翼未丰的民主国家里，有些心急的人想要更多。他们需要更多的信息来发挥想象力。或许他们还想在这座充满美好可能性的城市里稍微施展一下自己的才干。在苏格拉底年轻时流传的一些希腊思想的残片表明，雅典的教育是为了激发"*aidos*"和"*sophrosune*"，一种羞耻感和一种节制感。见 Democritus (D-K 68 B179)。换言之，教育的目的是要让年轻人各安其位。

21　雅典是一座按照规律的、闲适的和可预测的生物节拍来运作的城市。持续滴水的水钟（法庭上的计时工具）在许多方面仍然是一个未来的幽灵。在这里，标记时间的是月亮的升起和季节的交替。庆祝这些事件的仪式决定了田地何时耕种、何时收获，以及何时开启战端。这座城市的理想节奏是完全不切分的。中断意味着冲突，冲突意味着国家的解体。冲突是希腊人最大的恐惧。

22　我们的文献来源是 Plato, *Parmenides*, 127a。按照柏拉图的说法，巴门尼德在公元前450 年左右造访雅典时大约是 65 岁。但如果我们以阿波洛多罗斯的编年史（*Chronicles*）为准，那么巴门尼德应生于公元前 544（或前 541）年左右。巴门尼德访问雅典时已经是个老人了吗？这场相遇是柏拉图想象出来的吗？芝诺来自意大利南部小镇埃里亚（Elea）。他似乎很少离开家乡。柏拉图可能确实捏造了苏格拉底和这两位哲学之"父"的会面——然而，如果我们已经知道有这么多人在此时涌入雅典，那么这两位又怎么不可能呢？

23　Plato, *Parmenides*, 127b-c. Trans. F. M. Cornford (1973). 参见 *Sophist*, 217c。

24　几乎可以肯定，这一活动是专为社会精英举办的。事实上我们没听说苏格拉底参加过，这进一步证明了他出身的低微。

25　参见 Davidson (2007), *passim*。

26　我在此极其仰仗 Davidson (2007)。

27　Aristophanes, *Frogs*, 1096.

403

11　伯里克利：高尚社会，与作为高尚剧场的民主

1　Trans. Brickhouse and Smith (2002) [adapt.]．

2　*PCG* iv *Thrattai* Frag. 73=Plutarch, *Pericles*, 13.16. Trans. Miller (2004), 219.

3　野心勃勃的雅典娜王座的觊觎者库伦（Cylon）曾企图靠拿下雅典卫城来夺取雅典。他的图谋失败了，他及其随从似乎打算饿死在雅典卫城的石山上。但这是一种玷污。这些失败的煽动者得到了可以安全撤出的许诺——但伯里克利的先祖却想报复，哪怕库伦等人紧紧抓住了复仇三女神的祭坛，他们还是被砍倒了。这些手上沾满鲜血的人及其家族就由此遭到了流放。

4　"*Rhetor*"在雅典就是指职业政治家。

5　Plutarch, *Pericles*, 16.3; Hansen (1999), 38.

6　Thucydides, 2.65.8–2.65.9. Trans. R. Warner (1972).

7　在伯里克利与客蒙竞争期间（公元前 5 世纪 60 年代末或 50 年代初），他引入了陪审团付酬制度（以回应客蒙用私人资金做的慈善）。参见 Aristotle, *Ath. Pol.*, 27.3–27.4;

Plato, *Gorgias*, 515e; 以及 Nails (2002), 225。

8　Thucydides, 2.60.5. Trans. D. Kagan (1981).

9　参见 Meier (1995), 389–390。

10　参见 Lapatin (2007), 127。

11　原初的音乐厅 [在公元前 86 年苏拉 (Sulla) 围困雅典期间被烧毁] 的确切外观尚不清楚，维特鲁威（5.9.1，公元前 1 世纪）声称它有一个木制屋顶，由掠夺来的波斯船只制成。可以肯定的是，这是一座规模庞大的建筑，内部有一片森林般的柱子。

12　参见 Plutarch, *Pericles*, 13.9–13.11。帕特农神庙檐壁雕带可能受到了波斯波利斯（Persepolis）的装饰工程的启发。

13　参见 Isocrates, *Antidosis*, 235, 以及 Wallace (2007), 225。

14　Olympiodoros, *Commentary on Plato's Alcibiades*, 138.4–138.11. 'The songs which Perikles learned from Damon through which he harmonized the city'.

15　Plutarch, *Pericles*, 13. 参见 Wallace (2007), 226, 以及 Kimball and Edgell (2001), 91。

16　*PCG* iv *Thrattai* Frag. 73=Plutarch, *Pericles*, 13.6. Trans. Miller (2004), 219.

17　Anaximander, recorded in Censorinus, *De Die Natali*, 4.7.

18　Simplicius, *In Phys.*, 156, 13ff. [Diels-Kranz 59 B12].

19　参见 Plato, *Phaedrus*, 270a. Trans. H. Fowler [LCL]。

20　苏格拉底去伯里克利家的时候应该还很年轻。也有一种可能，他从没去过，只是在城里的其他地方遇到了阿那克萨戈拉。不过柏拉图在其对话中借用了伯里克利的伴侣阿斯帕西娅的话，这可能表明苏格拉底早已在伯里克利家中（伯里克利和阿斯帕西娅同居的住所）与这两人相识。

21　Aristophanes, *Clouds*, 157–168. 另见 McLeish (1979) 的译文：学生：凯勒丰问他对蚊子的看法：/"它们那种嗡嗡的声音是出自嘴巴……还是屁股？"/斯特瑞普西阿德斯：那他对蚊子怎么看？/学生：他解释说，蚊子的肠道 / 是中空的，是一条狭窄的管子。空气 / 从嘴巴吸入，被压力压到下面，然后从屁股跑出去了。/ 那个洞太窄了，所以才会发出这种噪声。/ 斯特瑞普西阿德斯：那么蚊子的屁股就是一种喇叭了？/他肯定是个很聪明的人，/一个精通蚊虫解剖的专家！/ 相比起来，在法庭上获胜就如同儿戏一般了。

404　22　Plato, *Protagoras*, 314e-316a.

23　Plato, *Phaedo*, 97C. Trans. H. N. Fowler (1914) [adapt.] [LCL].

24　苏格拉底建议不要继续尝试琢磨诸天的天文属性，亦即 "它们与地球的距离，以及它们的轨道和根源。" Xenophon, *Memorabilia*, 4.7.4–4.7.5. Trans. J. Fogel (2002)。苏格拉底仰望夜空似乎是为了理解它的用处和美，而不是把它当成一系列科学事实来理解："他说这些东西也能填满一个人的一生，并阻止人们学习很多有用的东西。" Xenophon, *Memorabilia*, 4.7.5. Trans. J. Fogel (2002)。

25　例见雅典卫城博物馆 607 号藏品，那是洗衣女工斯弥基忒式（Smikythe）供奉的一个仪式用水池底座；或者雅典国家考古博物馆 x6837 号藏品，即面包商弗里吉亚（Phrygia）供奉的一块带有蛇发女妖脸部形象的微型盾牌。

26　尽管大多数富裕的雅典人都有种植粮食的农庄，但很多人还会尽力亲自去经营。苏格拉底不属于这个社会类别。

27　另见芭芭拉·查克里吉斯（Barbara Tsakrigis）目前在瓦里（Vari）领导的挖掘工作。

28 按某些文献资料的说法，伯里克利的那位聪明的床伴阿斯帕西娅也举办了一些沙龙，地点就是她和这位将军非正式同居的家中。令人愕然的是，阿斯帕西娅获准发言；更令人震惊的是，伯里克利不仅邀请了他的同僚，还邀请了他们的妻子来听她说话。

29 希罗多德在谈到巴比伦时说："这座城市的富丽堂皇是世界上任何其他地方都无法比拟的。"埃及吉萨的宏伟金字塔，装饰着动物雕像的抛光纪念碑，都是人类奋勉之力的见证。(Herodotus, 2.124.1–125.7)。

30 Herodotus, 3.80.

12 提洛岛和一个帝国的诞生

1 Trans. W. R. M. Lamb (1925) [LCL].

2 Herodotus, 6.46–6.47. Trans. A. De Sélincourt (1954).

3 这个公元前 4 世纪末的金色花冠上饰有桃金娘、苹果和梨花，藏于塞萨洛尼基考古博物馆（作为"历史遗存"展览的一部分进行了修复，此次展览的展品都是从非法文物交易中抢救出来的残件，展出方是希腊文化基金会）。

4 参见 Powell (2nd edn., 2001), 20–21。

5 参见 Meier (1999), 291。

6 Thucydides, 1.100; Plutarch, *Cimon*, 12–13.

7 公元前 449 年，雅典和波斯最终签订了停止敌对行动的协议——《卡里阿斯和约》。理论上，提洛同盟可以解散了，但每个人都猜到了这并非真正的和平，只是一种不稳定的僵持。

8 清单出自 pp. 125–126 of Beard (2002)。

405

13 帝国野望

1 Trans. R. Warner (1972).

2 Trans. Brickhouse and Smith (2002).

3 IGI3 259–72 9EM6647 + 13453 + 13454.

4 Meiggs (1972). 关于全部 6 个进贡区的格外全面的目录，请参见该书附录 14。另见 J. Hale (2010)。

5 Rhodes (2005), 174.

6 参见 French (2006), 121–122。

7 参见 Rhodes (2007), 221–222。

8 Thucydides, 3.82.1–3.82.2. Trans. R. Warner (1972).

9 700 年后，雅典卫城上的这座建筑将激发帕萨尼亚斯的灵感，让他写下了一整个段落。直到公元前 420 年，伊瑞克提翁神殿才开始兴建。

10 Plutarch, *Pericles*, 13.1–13.3.

11 在这部分，我仰仗的主要是玛丽·比尔德的精美小册子《帕特农神庙》(*The Parthenon*, 2002)。

12 Material presented by Dr Alexandros Mantis, Director of the Acropolis Ephorate, Greek

Archaeological Committee (UK) Lecture, 22 October 2008, King's College London.

13　此人是客蒙的亲戚——米列西亚之子修昔底德：Plutarch, *Pericles*, 12.2 and 14.2。

14　Thucydides, 2.61.4; 64.5–64.6. Trans. R. Warner (1972).

15　亲雅典的塞浦路斯国王埃瓦戈拉斯（Evagoras）于公元前 435 年生于萨拉米斯，他联合波斯人击溃了斯巴达军，他的志向是要在雅典人治下重新团结东地中海，让塞浦路斯成为东地中海最东端的前哨。埃瓦戈拉斯被授予了雅典荣誉公民身份（公元前 407年），为表敬意，雅典人还在雅典市政广场的宙斯自由柱廊旁为他竖立了一座雕像。参见 Karageorghis (1982)。

16　Plato, *Alcibiades*, I, 134b. 我们并不知道 "*apolis*"（无城邦可依或被逐出城邦）在他看来有多么可怕，或者没有多么可怕。希罗多德和索福克勒斯已经清楚表明了这是一种悲惨的命运。注意，在公元前 399 年，苏格拉底也拒绝逃离这座城市。

17　Plato, *Phaedrus*, 279b–c.

18　Thucydides, 1.10.2. Trans. R. Warner (1972).

19　Alcman, *Partheneion*, 3.61.

20　Homer, *Odyssey*, 13.412; *Iliad*, 3.443.

21　参见 *The River Eurotas Monuments*, Ministry of Culture, 5th Ephorate of Prehistoric and Classical Antiquities, Sparta (2008)。

22　出自普鲁塔克《道德论集》（*Moralia*）中的国王亚杰西劳斯（*Agesilaus*），见 Plutarch, *Moralia*, 217e (cf. 210e)。

23　史学家色诺芬曾作为雇佣兵为斯巴达人作战。也许色诺芬在他的《经济论》中夸大了苏格拉底的斯巴达情结。但除非他想被人笑掉大牙，否则这位史学家将军的看法就肯定蕴含着真相。在阿里斯托芬作于公元前 414 年的《鸟》中，这些亲斯巴达的倾向已显而易见。

24　Plato, *Crito*, 53b. Trans. G. M. A. Grube.

25　Plato, *Parmenides*, 128c. Trans. M. Gill and P. Ryan (1997).

26　Plato, *Republic*, 8.558a-c. Trans. G. M. A. Grube, rev. C. D. C. Reeve, in Cooper (1997) [adapt.] .

27　这些作者包括阿里斯托芬、修昔底德、色诺芬、柏拉图、普鲁塔克、安多基德斯（Andocides）、吕西亚斯和德摩斯梯尼。

28　参见 H.A. 夏皮罗最近对这一马赛克画的论述，即 H. A. Shapiro in *Art in Athens during the Peloponnesian War* ed. Olga Palagia. CUP 2009. Chap 10 *passim*。

406

14　漫步河边，在体育场里挥汗：苏格拉底的青年时代

1　Trans. J. Fogel (2002) [adapt.] .

2　本书第 53 章讲到了苏格拉底死前洗澡的地方。

3　Plato, *Phaedrus*, 229a. Trans. H. N. Fowler (1954) [LCL] .

4　Plato, *Apology*, 40c. Trans. H. Tredennick (1954).

5　Plato, *Phaedrus*, 230b-d. Trans. H. N. Fowler (1954) [LCL] .

6　Theognis, 1335–1336. See also trans. by T. K. Hubbard (2003).

7　Sarla, Evangelou and Tsimpidis-Pentazos (1973), 26; Plutarch, *Themistocles*, 1.

8　Aristophanes, *The Knights*, 309.

9　现藏于雅典的碑铭博物馆，分类编号为 12553。

10　Pseudo-platonic Axiochus, 364a-5a. Trans. J. P. Hershbell [adapt.].

11　希罗多德描述了公元前 490（或前 489）年此地的一处圣所。据说有只"白母狗"或"快狗"偷了雅典富翁迪奥迪努斯（Diodymous）供奉的一块祭肉。Suda k2721 e3160

12　Herodotus, 5.63.

15　体育场中锤炼出的战士

1　Trans. J. Davidson (2007).

2　Plato, *Lysis*, 203a; *Euthydemus*, 271a.

3　Aristophanes, *Clouds*, 1005–1015. Trans. A. H. Sommerstein (1973) [adapt.].

4　地米斯托克利试图怂恿非混种（non-nothoi）到这里来，某种程度上就是为了打破阶级壁垒。苏格拉底去世后，他的一名弟子安提斯泰尼（Antisthenes）在居诺萨格建立了一所"苏格拉底"学园，但这项事业从未产生过阿加德米和吕克昂那样的持久影响，部分原因是其名声较小。

5　这些男青年们接着还会以一系列令人赞叹的神和女神来作为这一誓言的见证者："阿格劳洛斯（Aglauros）、赫斯提亚（Hestia）、厄倪俄（Enyo）、恩亚利奥斯（Enyalios）、阿瑞斯和雅典娜·阿瑞亚（Athena Areia）、宙斯、塔罗（Thallo）、奥克索（Auxo）、赫革摩涅（Hegemone）、赫拉克勒斯，（和）我的祖国的边界、小麦、大麦、葡萄藤、橄榄、无花果。"如果你想背弃自己的誓言，你会发现自己几乎无路可逃，也无处可藏。Trans. P. Harding, quoted in Loren J. Samons, *What's Wrong with Democracy? From Athenian Practice to American Worship*, Ch. 2.

6　初看之下，我们似乎打开了一扇面向一个暴力社会的窗户。文献证据似乎支持这种设想——只用想想希腊悲剧的血腥，以及亚里士多德话语中的寒意："复仇是甜蜜的"（Aristotle, Rhet., 1370b30），或同态复仇法——一种心照不宣的想法，即所有平民，无论是希腊人还是野蛮人，都可能在战争中遭到杀害或奴役（参见 Thucydides, 3.36）。但相较而言，雅典还是一个有秩序的地方，尤其是在苏格拉底的青年和中年时期，雅典曾专注于努力在世上实现某种英雄般的完美，而不是被嗜血的欲望所鼓动。　407

7　加布里埃尔·赫尔曼（Gabriel Herman）在《雅典社会有多暴力？》一文中探讨了这一问题，参见 'How Violent was Athenian Society?' in Hornblower and Osborne (1994)。另见 Herman (2006)。

8　Thucydides, 1.6.3. Trans. R. Warner (1972) [adapt.].

9　Antiphon, *Tetralogies*, 2.1.1; 2.2.3–2.2.7. 译文出自 Davidson (2007), 69. Ch. 3, 若对雅典年龄划分问题感兴趣，那么"年龄阶层、爱情规则与腐化青年"（Age-classes, Love-rules and Corrupting the Young）一章会极有助益。

10　*Theaetetus*, 169bc. 注意，尽管柏拉图作为摔跤运动员的背景促使他在对话集中过度使用了运动和摔跤的隐喻，但他将苏格拉底描绘成一个热血的竞技者听来还是属实的。这一说法实际上是一种寓言，寓指与话语搏斗的需求。这也呼应了苏格拉底对某些思想的偏爱，例如柏拉图在《理想国》（364d）中引用的赫西俄德的话。

　　恶习是很容易获得的

> 这条路很平顺，而且就始于你身旁
>
> 可诸神却让我们付出了汗水才能收获美德。

　　　　Trans. G. M. A. Grube, rev. C. D. C. Reeve (1997). 参见 Ch. 35。

11　Plutarch, *Agesilaus*, 34.7. Trans. J. Davidson (2007).

12　参考文献很多。例见 Bacchylides, *Ode* 17。

16　"黄金时代"的雅典

1　Trans. E. O'Neill, Jr (1938).

2　Konstam and Hoffman (2004).

3　新雅典卫城博物馆呈现了阿提卡景观中曾经十分自然的景象。博物馆建筑内硬度较低的喷砂多孔混凝土本就是为了不争光夺彩，光线都被那些栩栩如生的雕塑和铸件贪婪地抢去了。

4　参见 Rose (2003)。另见 Aristotle, *History of Animals*, 585b, 586a, 以及 Aristotle, *Generation of Animals*, 721b。

5　Plato, *Crito*, 52e–53a. Trans. H. N. Fowler (1914) [LCL].

6　拜占庭的阿里斯托芬（Aristophanes of Byzantium）的著作《年龄组词汇》(*The Vocabulary of Age-groups*) 准确地解释了这一体系是如何运作的。

7　Aeschines, 1.173, 170. Trans. J. Davidson (2007).

8　这些希腊人似乎没有想到大多数雅典人直到 40 岁出头才会结婚（亚里士多德认为 37 岁是结婚的完美年龄），因此他们在中年岁月中可能会长期处于半饥渴（semi-arousal）的状态。妓院的火爆生意由此也可以得到解释。

9　Aristophanes, *Peace*, 762–764. Trans. E. O'Neill, Jr (1938).

10　Plato, *Charmides*, 155d.

11　Xenophon, *Apology*, 20.

12　Plato, *Apology*, 23c-d. Trans. Brickhouse and Smith (2002).

13　根据利贝里乌斯作于公元 4 世纪的《苏格拉底的申辩》(*Apology of Socrates*) 中的说法，苏格拉底引用了两位贵族诗人的话并以之来腐化雅典青年，这两人就是品达和泰奥格尼斯（Theognis）。

14　公元前 5 世纪，船队的运作（这意味着经济的极大提振和大量人口涌入阿提卡）促使雅典人将"metics"（字面意思是迁居之人）定义成了外邦人，或"其他人"（而不是公民）。然后在公元前 445（或前 444）年，公民名单遭到了清肃：Philochorus, FGr Hist 328 F119; Plutarch, *Pericles*, 37.4; Stadter (1989), 336–339 (from p.137 of Raaflaub, *The Origins of Democracy*)。

17　阿斯帕西娅：智慧与权谋

1　Pseudo-Xenophon, *Constitution of the Athenians* 2.2. 另见 *Xenophon Poroi*。

2　米利都的早期历史和地质状况在 Greaves (2002) 中有详尽记载。

3　Brunschwig and Lloyd (2000) 对希腊哲学作了极有助益的介绍，详细描写了此处提到的思想家的生活。

4 另见 Hippocratic Corpus, DW（'On Diseases of Women,' 36 of the Hippocratic Corpus）1.2, L 8.14; DW 1.3, L 8.22。

5 例见 Aristotle PA 650a8 ff; GA 775a14–775a 20。

6 Aristotle, *Politics*, 1.1260a (quoting Sophocles, *Ajax*, 293).

7 另见公元前 4 世纪德摩斯梯尼的论辩。

8 自由的女人是诱人的、让人心惊肉跳的事物。在尼卡蕾特（Nikarete）家中长大的妓女奈阿依拉的故事表明，与"自由的女人"发生性关系比与奴隶发生性关系的费用更高。

9 Xenophon, *Oeconomicus*, 7.30. Trans. S. Blundell (1998).

10 Xenophon, *Oeconomicus*, 7.5. Trans. H. G. Dakyns (1890).

11 Euripides, *Orestes*, 108.

12 Frag. 205, Jensen.

13 Lysias 3 [*Simon*] .6. Trans W. R. M. Lamb (1930) [LCL] .

14 Cratinus, *Cheirons*, Frags 246 268 K-A.

15 Eupolis, *Demes* (110 K-A) produced 411 BC. 有趣的是，在埃乌波利斯（Eupolis）作于公元前 424（或前 423）年的戏剧《好友》（*Philoi*）中，阿斯帕西娅实际上被描述成了一个女性魔，而在公元前 423 年的戏剧比赛中击败了阿里斯托芬的《云》的《玛丽卡斯》（*Marikas*）中，她又被说成了一个"混种"孩子。

16 Clearchus of Soli, *Erotika*, Frag. 26, Frag. 30.

17 马德琳·亨利（Madeleine Henry）在《历史的囚徒》（*Prisoner of History*, 1995）中讨论了阿斯帕西娅的反响，任何对阿斯帕西亚感兴趣的人都能从中获得很大的助益。注意，其中有一个有趣的点，男性集体"*hetairoi*"指的就是一群亲密的贵族伙伴。

18 参见 Plutarch, *Pericles*, 24 and 32。

19 参见 Bicknell, (1982) 240–250, 以及对这块墓碑（*IG* II 2, 7394）的分析。

20 这项立法产生了一个有趣的副作用，那就是增加了对其国内妇女的关注。女性在瓶饰画和壁画中都变得更加突出，在碑文中也更多地被人提及。她们也受到了更严格的法律控制。

21 在伯里克利于公元前 429 年死后，公民大会为表尊敬而通过了一项法令，将小伯里克利纳为雅典公民。

22 例外很少。诗人萨福有一个兄弟（据我们所知）给一个听起来很争强好胜的姑娘洛多庇斯（Rhodopis）赎了身。洛多庇斯在埃及做生意，赚得了可观的利润，并将她十分之一的财富（其形式是铁叉，即早期货币）献给了德尔斐的阿波罗。还有一个不合时宜却有用的类似案例，那就是拜占庭帝国皇后狄奥多拉（Theodora）的人生历程，靠着不断结交更加富有的男人，并且最终嫁给了查士丁尼皇帝（Emperor Justinian），她成功地在 6 世纪掌控了这个东地中海最强大的文明。

23 Cratinus, *Cheirons*, Frag. 258 K-A and 259 K-A, in Henry (1995).

24 参见 Plato, *Menexenus; Symposium;* Aristophanes, *Archarnians;* Xenophon, *Memorabilia, Oeconomicus*。

25 Aristotle, *Rhetoric*, 1398b. Trans. H. C. Lawson-Tancred (1991).

26 阿斯帕西娅在早期基督教学者和缮写员手中饱受诟难：作为一名异教哲学家，她不仅是女性，也不避讳性行为，因而成为审查的首要对象。这在很大程度上解释了我们为何对她的了解如此之多，却也如此之少。有趣的是，基督教新柏拉图主义者、女哲学家希帕蒂娅（Hypatia）的学生昔兰尼的西奈修斯（Synesius of Cyrene）尽力为阿斯帕西娅挽回了一点声誉。

27　Theophrastus, *Characters*, 28.

28　Plutarch, *Pericles*, 24.3; Plato, *Menexenus*, 235e–236b.

29　Plato, *Republic*, 353b.

30　Plato, *Menexenus*, 236d–249c.

31　Xenophon, *Memorabilia*, II, 6.36.

32　我们现在认同的是拥有权力、改变外物会给人一种刺激、一种快感。

33　Xenophon, *Oeconomicus*, 3.15. Trans. E. C. Marchant (1992) [LCL].

34　Plato, *Menexenus*, 235–236. 当然，苏格拉底本人对修辞学持否定态度。

35　有趣的是，克拉提努斯和埃乌波利斯显然都曾把阿斯帕西娅称作"海伦"，见 *Prospaltians*, 267 K-A. 在苏格拉底晚年，欧里庇得斯曾让海伦自称"婊子—娼妓"——这些要弄政治阴谋的女人会引诱男人上床，并致其早亡。

36　Plato, *Menexenus*, 235e. Trans. B. Jowett (1953).

37　Plato, *Menexenus*, 236b.

38　Josiah Ober, ref. from Gale (2000), 367.

39　特克塔斯（Tektas）的沉船如今就在博德鲁姆水下考古博物馆（Bodrum Underwater Archaeology Museum）展出。

410　40　Thucydides, 1.115.2.

41　Plutarch, *Pericles*, 24, and *Duris*, 28.2–28.3.

42　Herodotus, 6, 19.

18　萨摩斯

1　*The Spartan Military Spirit*, Tyrtaios, Frag. 9D.21–30 [Bergk]. Trans. R. Lattimore (1955).

2　其城墙依然清晰可见。关于最近的发掘，见 Photothek@athen.dainst.org。非常感谢迪米特里斯·格里戈罗普洛斯博士（Dimitris Grigoropoulos）、萨摩斯研究所（Institute at Samos）以及德国考古研究院为本章提供的帮助。

3　Thucydides, 1.115–1.118.

4　Sophocles, *Oedipus the King*, 369–375. Trans. S. Berg and D. Clay (1978).

5　Plutarch, *Pericles*, 8.6. Trans. I. Scott-Kilvert (1960) [adapt.].

6　公元前 5 世纪 40 年代末，伯里克利最喜欢的作曲家达蒙也被流放出了这座城市。很多带有他的名字的陶片都已出土，他可能是因为妨碍雅典传统音乐而被放逐的，因为他创作了一些太过可疑的新东西。

7　Diogenes Laertius, 2.23："希俄斯的伊翁说苏格拉底年轻时和阿基劳斯一起去过萨摩斯；亚里士多德说他去过德尔斐；按照法沃里努斯（Favorinus）在其《大事记》（*Memorabilia*）第一卷中的说法，苏格拉底还去过地峡。"虽然后来的参考文献认为苏格拉底是以哲学家的身份去了萨摩斯，但他很可能以士兵的身份去此地。Trans. R. D. Hicks (1925)。

8　实例可参见比雷埃夫斯博物馆的那块纪念凯雷德莫斯和里克阿斯的 385 号石碑。

9　这一评估出自 Waterfield (2009)，p.22。他提供了另一些数字：1200 名足以支付礼拜仪式费用的富人，3000 名拥有大型庄园的人，还有 3000 名不太富裕但有责任缴纳紧急税金的人，9000 名泰提斯。

10　马克·安德森（Mark Anderson）在发表于 2005 年的一篇有趣的论文《重装士兵苏格拉底》（Socrates as Hoplite）中指出，苏格拉底很有可能在这些地方打过仗，包括：塞勒姆（Therme）、皮德纳（Pydna）、贝罗埃亚（Beroea）、斯特雷普萨（Strepsa）、斯巴托拉斯（Spartolus）、门德（Mende）、斯基奥尼、托伦涅（Torone）、伽勒（Gale）、辛格斯（Singus）、梅西耶纳（Mecyera）、希瑟斯（Thyssus）、克里奥尼（Cleonae）、阿坎索斯（Acanthos）、欧洛披克索斯（Olophyxus）、斯塔吉拉（Stageira）、波密斯卡（Bormiscus）、伽利普索斯（Galepsos）和特莱卢斯（Trailus）。参见 Anderson (2005)，*passim*。

11　参见 Graham (2008)。

12　Aristophanes, *Clouds*, 225; 227–234.

13　Plato, *Phaedo*, 96a. Trans. H. Tredennick (1954).

14　Aristotle, *Politics*, 7.1333b38–7.1334a2. Trans. T. A. Sinclair, rev. T. J. Saunders (1981) [adapt.].

15　Trans. Brickhouse and Smith (2002).

16　伊丽莎白·格布哈德教授（Prof. Elizabeth Gebhard）和芝加哥大学考古发掘团队在伊斯摩斯的波塞冬神庙展开了鼓舞人心的发掘工作，我很感谢他们对本章和我的伊斯摩斯遗址之行提供的帮助。参见 http://humanities.uchicago.edu/isthmia 以及 http://isthmia.ohio-state.edu。

17　希罗多德告诉我们，一个雅典官方代表团会乘一艘"特殊的"船前往伊斯摩斯。柏拉图漏掉了这一细节，这表明苏格拉底可能并不属于"官方使团"。

18　伊斯摩斯竞技会是一个有益的提醒，即永远不要把苏格拉底想成一个漫画式的哲学家，一个安静的白胡子老翁。他的目的全都关乎于理解和参与存在、生活以及在现实世界中拼命挥汗时的肮脏的、有喜有悲的过程。它还提醒我们要转过头去，用公元前 5 世纪的眼光来审视公元前 5 世纪的希腊。它提醒我们，苏格拉底既有中老年时期，也有青年时期。他不是一个遥远的唯美主义者，而是一个纯正的公元前 5 世纪的希腊人。

19　收集这些水的水槽已被发现。该遗址现已向公众开放，强烈推荐前往观摩。

20　这位英勇的竞技会奥援肯定符合苏格拉底自己对死亡和来世的模棱两可的态度。参见 Plato, *Phaedo, passim*。

21　运动、食物、政治、文化、竞争和国际关系都是如此，因为古希腊人的宗教就是一切的核心。

22　Plato, *Republic*, 379c. Trans. R. Waterfield (1993).

23　Aristophanes, *Acharnians*, 524. Trans. M. M. Henry (1995).

19　大展拳脚

1　Trans. R. Warner (1972).

2　Thucydides, 1.33.

3　《墨伽拉法令》的颁布日期是个争议颇多的主题，最可靠的说法是"公元前 432 年左右"。

例见 J. McDonald (1994)，其中有大量的文献目录。

4　Aristophanes, *Acharnians*, 528–529. Trans. M. M. Henry (1995).

5　这是大众风潮的一个转折，它最终会让迷人、机智和性感的阿斯帕西娅陷入困境。这与特洛伊的海伦的故事有诸多相似之处。

6　可比照苏格拉底的宿命，详见本书第 50 章之后的内容。

7　Potidaea, 432–429 BC (Plato, *Symposium*, 219e–221a); Delium, 424 (Plato, *Apology*, 28e, *Laches*, 181a–b and *Symposium*, 221a–b); Amphipolis, 422 (*Apology*, 28e).

8　对苏格拉底所处的社会来说，最让人热衷的道德模板就是荷马的史诗和其他的史诗集群（epic-cycle）诗人的史诗。《伊利亚特》和《奥德赛》中谈到的事情颇多，但它们都追忆了一场漫长、血腥且看似毫无意义的冲突——特洛伊战争。古代的好战者首先是务实的，其次才是道德的。民主国家中的穷人知道冲突可能会产生收入，一个贫穷的士兵可以从战争中赚取收入（战利品和报酬）。苏格拉底中年时手头拮据，他甚至有可能自愿服役，一个士兵或许一天就能挣一德拉克马，这可不是一笔小钱。按上文中安德森的说法，苏格拉底几乎肯定在塞勒姆、皮德纳、贝罗埃亚、斯特雷普萨、斯巴托拉斯、门德、斯基奥尼、托伦涅、伽勒、辛格斯、梅西耶纳、希瑟斯、克里奥尼、阿坎索斯、欧洛披克索斯、斯塔吉拉、波密斯卡、伽利普索斯和特莱卢斯打过仗。

9　参见 Morrison (1987) and (1988) and Coates, Platis and Shaw (1990)。

10　Plato, *Crito*, 49b: Trans. Brickhouse and Smith (2002).

11　Thucydides, 1.23.6. Trans. R. Warner (1972).

12　Plato, *Apology*, 28d–29b. Trans. H. N. Fowler (1914) [LCL] and Brickhouse and Smith (2002) [adapt.] .

412　20　士兵苏格拉底

1　Trans. W. R. M. Lamb (1925) [LCL] .

2　希罗多德（Herodotus, 8.129）提到了该城正面的一座希腊的波塞冬神庙。

3　该遗址仅有的一点遗存就是一个几何时期（Geometric Period）的矛头，现藏于大英博物馆。见 Forsdyke in the *British Museum Quarterly*, VI (1932), 82f., and viii (1934), 108.

4　IG I³ 279（参见 Thucydides, 2.70）。

5　Diogenes Laertius, 2.23：“他又在波提狄亚服役，因为陆上交通因战争中断，他从海路去了那里。”Trans. R. D. Hicks (1925) [LCL]。

6　Van Wees (2004) 生动地描述了在此期间的战役状况。

7　Plutarch, *Alcibiades*, 7.2–7.3.

8　Plato, *Protagoras*, 309a.

9　Plato, *Symposium*, 219d.

10　Plato, *Phaedrus*, 229a.

11　Plutarch, *Alcibiades*, 1.3. Trans. I. Scott-Kilvert (1960). 注意，按照有些文献材料的说法，亚西比得只有 19 岁，但他在 20 岁之前都不得在阿提卡以外的地方作战。

12　Xenophon, *Memorabilia*, 1.2.24. Trans. E. C. Marchant (1992) [adapt.] [LCL] .

13　Polyaenus, *Strategemata*, 1.40; cited by Kagan (1991), 196; citing Hatzfeld, *Alcibiades*, 164.

14　Plato, *Alcibiades*, I, 105a–c（注意，柏拉图的《亚西比得篇》的作者身份存在很大争议）。

15 Pindar, *Nemean Odes*, 3.40. Trans. R. Lattimore (1959).

16 Xenophon, *Memorabilia*, 1.3.13. Trans. H. Tredennick and R. Waterfield (1990) [adapt.].

17 Plato, *Symposium*, 220e.

18 我们会下意识地把这种表面上的谦卑想象为一个不看重物质的人的无私之举，也许苏格拉底被这种公然的不平等激怒过。也许就是这种表彰荣耀而非德行的选择促使他展开了自己的宣传活动——只有内心善良，你才能过上美好的生活。

21 魔鬼与德性

1 Trans. W. R. M. Lamb [LCL].

2 Plato, *Symposium*, 219e–220d.

3 Plato, *Symposium*, 219e–220e. 这个阿洛佩克的男人那备受争议的魔鬼（daimonion）很令人费解。这也许是一种个人良知的发展？对于苏格拉底来说，宗教是否代表着一条通向个人道德的途径，而不是道德本身？还有更无趣的说法吗？也可能是苏格拉底的僵住症（鼓出的眼睛是这种症状的典型标志）在他身上引发了这种超凡脱俗的怪癖吧。不管是出于什么原因，他的古怪行为都被记录在案了。

4 Plato, *Crito*, 54d. Trans. H. N. Fowler (1914) [LCL].

5 Thucydides, 2.70.1.

6 色诺芬肯定玩味过这些想法，例见 *Memorabilia*, 1。

7 参见本书第 13 章，该章讨论了苏格拉底对斯巴达人生活方式的浓厚兴趣。

8 *The Constitution of the Lacedaemonians*, 8.2.

9 Plato, *Protagoras*, 360e and following.

10 Plato, *Protagoras*, 353a and following.

11 Plato, *Apology*, 21e.

12 Plato, *Apology*, 30a–b. Trans. H. N. Fowler (1914) [LCL].

13 Euripides, *Phoenician Women*, 240–255. Trans. A. Wilson.

22 瘟疫

1 即使在 21 世纪初，在希腊的一些小村子里，去购买食品的也是男人而非女人，这让我印象颇深。

2 2005 年，雅典大学医学院分子神经生物学实验室（Laboratory of Molecular Neurobiology Medical School of Athens University）和克里特岛理工研究所微量化学实验室（Laboratory of Microchemistry, Institute of Technology-Research of Crete）对乱葬坑中的三具尸体（1994 年因扩建地铁而开挖时发现的）的牙齿进行了分析。在所有样本中发现的细菌都是斑疹伤寒沙门菌。感染症状包括：头痛、高烧、食欲不振、肠出血、肠穿孔、败血症、脑膜炎、骨髓炎、肝肿大和脾肿大。

3 Thucydides, 2.51.4–2.51.5. Trans. R. Warner (1972).

4 Thucydides, 2.50.1. Trans. R. Warner.

5 Thucydides, 2.52.2–2.52.3. Trans. R. Warner [adapt.].

6 Thucydides, 2.53.1–2.53.2.

7 苏格拉底所置身的景观显然遍布着英雄形象。每一个街角都有荷马的话语，与特洛伊的传说和奥德修斯的旅程有关的形象也随处可见：花瓶上、石头上，以及柱廊和神庙上。

8 2006 年，第 71 届塞萨洛尼基国际博览会（International Thessaloniki Fair）上展出了"米尔提斯"的头骨。

9 参见 www.archaeology.org/online/features/athens/1.html。

10 Hanson (1998), 9–13.

11 Aristophanes, *Acharnians*, 498–512.

12 参见 Pollard, (1977)。

23 猫头鹰银币和一只聪明的猫头鹰

1 Trans. B. B. Rogers (1930) [adapt.] [LCL].

2 关于这种社会细节，Camp (1986) 是一本非常有用的参考书。

3 史前时代渗出了这片土地，在古雅典的空中歌唱。它至今仍以具体的形式存在着：存在于雅典市政广场博物馆的那间犹如阿拉丁藏宝洞般的储藏室里，一个青铜时代晚期的头骨正从一个木制抽屉里往外窥视；新发现的仪式物品——最新的是一尊坐在带条纹的弧形宝座上休息的女神——都被仔细地用包装纸包了起来；这时代存在于雅典卫城那仍然矗立的防御性巨石围墙中，也存在于"*pharmakon*"（药）这样的文字上，这个词于3500 年前首次以 PA-MA-KO 的拼写形式被刻在了希腊线形文字 B 的泥板上，如今则生气勃勃地出现在了现代城市各处的氖绿色药房标志上。雅典的祭司和女祭司在苏格拉底的有生之年都很活跃，他们自"英雄时代"起就在衣着上模仿他们的神、女神、半神、仙女和伟大的君王。少女们的合唱歌颂着远古的神灵。专业的和业余的吟游诗人则在城市的开放空间里狂热地吟诵着荷马的诗行，1000 年前的故事，感觉就像发生在昨天。

414 4 这座神庙仍然是雅典市政广场的一个地标，不过现在主要用于上流社会的婚礼和国家庆典。

5 Plato, *Apology*, 26d-e.

6 2007 年，我现场参观了雅典市政广场挖掘研究实验室。

7 感谢莫尔科姆博士（Dr Morcom）。目前在雅典市政广场展出的有波斯的大流克金币（gold Daric）、库齐库斯的琥珀金圆币、埃伊纳岛的银币和马其顿的金币。

8 Eupolis, Frag. 352E.

9 Thucydides, 2.13.

10 已散佚的公元前 5 世纪的喜剧残篇。另见色诺芬所说的苏格拉底邂逅智者安提丰的故事。以及 Olsen (2007), pp.445–446。

11 这与银行（*banco*）类似，第一批银行就是在文艺复兴时期的佛罗伦萨威亚罗索街（Via Rosso）上设立的。现代希腊语还在用"*trapeza*"（桌子）来指代"银行"。

12 Diogenes Laertius, *Lives of Eminent Philosophers*, 2.25. Trans. R. D. Hicks (1925) [adapt.].

13 无论苏格拉底那恼怒的父亲向市政广场中的宙斯（*Zeus Agoraios*）祈祷的故事是当时就在流传，还是事后才编造的，它都表明了雅典市政广场以及其中的闲谈、辩论和炽热的人性已经被人当成了苏格拉底 DNA 的一个关键组成部分；当苏格拉底在其审判中发言时，他的申辩话语也是用这些钱来钱往的桌子边的对话材料编织而成的 (Plato, *Apology*, 17c)。

14 Xenophon, *Memorabilia*, 1.2.60. Trans. J. Fogel (2002).

15 Plato, *Charmides*, 167a. Trans. B. Jowett (1953).

16 Cicero, *Academica*, 1.15.

24 雅典市政广场里的夸夸其谈

1 另见 McLeish (1979) 的译文:"别扭来扭去了。如果你陷入了绝境,/那就掉转你的思路,把它带回/最近的思想岔路口。环顾四周,/找准正确的新方向,然后重新开始。"

2 Demosthenes, 19.184.

3 今天,你若在希腊各地旅行,文字会在德尔斐破土而出,在塞杰斯塔(Segesta)被人当成门阶,在雅典卫城博物馆被刻在科林斯式立柱的凹槽上。在雅典的国家碑铭博物馆——与其说这是一座图书馆,不如说是文字馆——文字都被列在墙上,覆在地上。另外还有 7000 多块刻有文字的残片都在这里等待破译。

4 Cat. EM 6798. 此铭文与萨拉米斯有关。

415

5 例见 EM 6765, 440/39 BC, 监工对菲狄亚斯建造处女雅典娜像的记述;另见 EM 6769, 438 BC, EM 5223 + 5378β + 6710α 447/6–433/2 BC, 监工对帕特农神庙建造工程的记述;以及 EM 7862 401/400 BC – 399 18 BC, 关于女神雅典娜和其他神的宝库的记述。

6 比雷埃夫斯博物馆,4628 号;另见 5352 号,标准度量衡。

7 在 2500 年的时间里,雅典人似乎并没有失掉使用超大红色字母来表达公开反对意见的爱好。我撰写本书之时,学生们正在闹事,他们用红色的涂鸦覆盖了雅典的议会大楼和国家图书馆(由苏格拉底和柏拉图的雕像守护):"猪,警察,杀人犯。"

8 Plato, *Phaedrus*, 228d.

9 Dionisius of Halicarnussus, *Treatise on Isocrates*, Chapter 18. 狄奥尼修斯引用了亚里士多德的一部失传的著作。Aristotle Frag. 140. 亚里士多德评论了雅典市政广场书摊上的那些捆好的伊索克拉底私密演说的销售和存货情况。

10 参见 www.papyrology.ox.ac.uk。

11 P. Saqqara inv. 1972 GP 3, *c*.331–323 BC.

12 另一个用来诽谤的话语实例可以在一些薄铅板上找到,上面布满了粗俗的诅咒,它们在每个挖掘季都会在市中心和公元前 5 世纪雅典的各个德莫区面世。

13 Plato, *Phaedrus*, 275d. Trans. B. Jowett [adapt.].

14 Pindar, Isthmian, 5.28. 普罗泰戈拉就是雅典的早期访客之一。

15 品达使用这个词时,他指的可能是诗人或教育家。

16 自梭伦时代以来,雅典市政广场一直是民粹主义观点的摇篮。多年来,这里都矗立着 2 座雅典"弑僭主者"的青铜雕像,直到它们被薛西斯麾下的波斯士兵偷走。这些精美的人像被希腊化和罗马时代的艺术家复制了很多份(然后在整个古代不断地被洗劫和夺回,最终在 20 世纪 60 年代从意大利南岸的海床上打捞了出来,并转移至那不勒斯的考古博物馆),以纪念苏格拉底出生前一代人左右的雅典僭政的终结。

17 自然科学、社会科学、政治理论、修辞术、数学、伦理学和逻辑学,这一切都在雅典娜之城的公共空间里推广开了。尽管比起宇宙的本质,苏格拉底更关心德性的本质,但他也曾声称这个世界是圆的。Plato, *Phaedo*, 108–109。

18 Plato, *Apology*, 17d; *Republic*, 1.350d.

19　另见 Plato, *Protagoras*, 334c–d; *Gorgias*, 449b, 461e-2a。

20　Plato, *Republic*, 6.496a. Trans. B. Jowett (1953).

21　我们会把能言善道与雅典联系在一起，但其实就我们所知，修辞术是从外国输入的。
　　亚里士多德告诉我们，是科拉克斯（Corax）和提希阿斯（Tisias）在西西里的僭主
　　被驱逐后发展出了这种形式［参见 Rhodes（2005），75–76:‘*by the end of the 470s*
　　the tyrants were on their way out’］。关于智者游历赚钱的情况，可参见 Plato, *Greater*
　　Hippias, 282d。

22　据说高尔吉亚在奥林匹亚竞技会上赢得了喝彩，当时来看他的观众接近 20000 人。他
　　还于公元前 427 年在雅典议事会或公民大会上发表了讲话。

416　23　Gorgias, *Helen*, 14. Trans. Sprague (2001).

24　这也是为了防止伯罗奔尼撒战争导致的希腊人之间的相互指责。

25　Plato, *Phaedrus*, 279b–c.

26　Plato, *Republic*, 4.422a. Trans. B. Jowett (1953).

27　Plato, *Republic*, 7.536e. Trans. B. Jowett.

28　Plato, *Republic*, 8.557b–d. Trans. B. Jowett.

29　Plato, *Symposium*, 221e–222a. Trans. H. N. Fowler (1914) [LCL] .

30　Plato, *Apology*, 33a–b. Trans. H. N. Fowler (1914) [LCL] .

31　Plato, *Hippias Minor*, 376c. Trans. W. R. M. Lamb (1926) [LCL] .

32　Plato, *Euthyphro*, 9c. Trans. Brickhouse and Smith (2002).

33　Plato, *Euthyphro*, 7d. Trans. Brickhouse and Smith.

34　Plato, *Gorgias*, 465a and following.

35　例如 Plato, *Republic*, 337a。“eironeia”（直截了当的谎言）的基本含义首先可以在阿
　　里斯托芬的戏剧中找到（例如 *Wasps*, 169–174, *Birds*, 1208–1211, 以及 *Clouds*, 444–
　　451），但正是苏格拉底让这个词充满了微妙和争议之处。西塞罗在公元前 1 世纪写道，
　　在他看来，苏格拉底对反讽的使用是超逸绝伦的（Cicero, *De Oratore*, 2.67.270）。参见
　　Colebrook (2004), 22–64; Lear (2006), 442–462; Emlyn-Jones (2007), 151. 见 Aristotle,
　　Nicomachean Ethics, 4.7.3 ；另见 Plato, *Symposium*, 216e：“亚西比得：他一生都在取
　　笑和逗弄他的同胞。有没有人见过他严肃的时刻，打开了他的内心，看到了里面的图景，
　　我不知道；但有一天我看到了它们，觉得它们是如此神圣和美好，如此完美的公正和
　　神奇，使得我只能服从苏格拉底的命令。”Trans. W. R. M. Lamb (1925) [LCL] 。

36　Plato, *Republic*, 337a. Trans. P. Shorey (1930) [LCL] 。

37　学者们仍在激烈地争论苏格拉底在哪方面具有讽刺性，但所有人都认同讽刺是苏格拉
　　底的标志。对于当时和现在的一些人来说，苏格拉底式的讽刺也是一种真正的文明社
　　会中的复杂心态的标志。

38　见 Saxonhouse (2006) 各处，该书阐明了这样一种观点，即苏格拉底被处死实际上是
　　因为他的“无耻”，也就是说他完全感受不到普遍接受的行为“要旨”的约束。

39　Plato, *Republic*, 350d.

40　Aristophanes, *Frogs*, 1491–1499 (performed in 405 BC). Trans. G. Theodoridis [adapt.] .

41　Plato, *Gorgias*, 521d.

42　Plato, *Alcibiades I*, 130e. Trans. D. S. Hutchinson (1997).

43　也就是说，雅典市政广场不是达到目的的手段；它既不是手段，也不是目的；它最终

只是我们人类的家园。

44 Plato, *Apology*, 23c–e. Trans. B. Jowett (1953).

45 Plato, *Phaedrus*, 275d–e. Trans. H. N. Fowler (1914).

25 民主、自由权和言论自由

1 Trans. H. W. Smyth (1973) [LCL] .

2 Trans. D. Kovacs (1995) [LCL] .

3 IG II² 1624.81.

4 非常感谢亚历克·蒂利对本章的帮助。他本人对公元前 5 世纪和前 4 世纪的船只设计的有趣观点可以在 Tilley (2004) 和 Tilley (1992) 中找到。

5 *Iliad*, 2.50–2.52. Trans. S. Butler.

6 *Iliad*, 18.497–18.508. Trans. S. Butler.

7 Diogenes Laertius, *On the Lives and Opinions of Eminent Philosophers*, 6.69.

8 Plato, *Gorgias*, 487b (*Protagoras*, 319cd 中也提到了这一点，不过这个词大多被用来描述每个人在公民大会上都享有平等言说权的可能性）。

9 戏仿男性公民大会上的提问。Aristophanes, *Thesmophoriazusae*, 379: 另见 *Ecclesiazusae*, 392。

10 Aeschines, *Against Timarchus*, 1.23. Trans. N. Fisher (2001) [adapt.] .

11 尽管苏格拉底确实担心真正的民主所带来的无节制的影响，但最近对柏拉图著作的解读都认同他对民主的批判态度并不像人们之前判断的那么强。例见 Saxonhouse (2006), 98，从中可以看到这一观点，即苏格拉底在《理想国》第 8 卷中并没有轻蔑地描述过言论自由。

12 想了解言论自由在苏格拉底时代的雅典所发挥的作用，可参阅 Saxonhouse (2006) 各处的绝妙论述。

13 *Gorgias*, 486d–488b 和 *Laches* 各处。苏格拉底是言论自由的实践者。

14 Aristotle, *Politics*, 1317b12.

15 Aeschylus, *Persians*, lines 584–594. Trans. P. Vellacott (1961).

16 有好几艘三列桨战船都被命名为"自由权号"：IG II² 1604 line 49 (377/376 BC); 1607, line 85 (373/372 BC); 1627, line 202 (330/329 BC); 163, line 488 (323/322 BC)。所有参考资料都出自 Robinson (2004), 80 [另见 Hansen (1989) , 42]。

17 "苏格拉底式"对话《欧律克西亚斯篇》和《泰戈斯》(*Theages*) 的伪作者（这两篇几乎可以肯定是伪托柏拉图之作）让这位哲学家用思想和言语填满了宙斯自由柱廊。

18 Plato, *Republic*, 8.562a. Trans. P. Shorey (1930) [LCL] .

19 Herodotus, 9.5.

20 Plato, *Republic*, 5.449a. Trans. B. Jowett (1953).

21 Plato, *Republic*, 5.462d–e (另见 462b)。Trans. B. Jowett。

417

26 美好生活——入夜之后

1 Trans. P. Shorey (1930) [LCL].
2 尽管有种学术观点认为柏拉图纳入这一信息是为了证明雅典人经常崇拜"新神",所以苏格拉底不应该因为他的非正统宗教体验而成为被攻击的目标,但考古证据告诉我们,朋迪斯崇拜确实是在这个时期引入雅典的。
3 IG I³ 136 (SEG 10.64).
4 当这个"新神"有利于这个城市时,其接受程度与人们对苏格拉底的"新的、私人的"神及其引入方式的忧虑形成了对照。

5 Plato, *Symposium*, 197d1–e3. 参见 Diogenes Laertius, Socrates XIV。
6 苏格拉底和他的同代人生活在一片有很大的思考空间的景观之中。在妻子、奴隶和帝国收益的支撑下,那些悠闲的男人可以尽情享受沉浸在思想中的午后。苏格拉底可能经历过男人彼此戕害、路过的女人欲哭无泪的时代。但他活得很长,所以肯定观看和等待了好些日子,在这段时间里,雅典及其周边的景观是能让人陶醉的。苏格拉底无疑在这里进行过敏锐的思考,试图确定善是否在人类社会中占有一席之地,以及如何找到和培育它。
7 有时苏格拉底确实会谈到一个神,并将其与诸神做了对照(Plato, *Laws*, 10.904a, 和 *Timaeus*, 41a)。他挑战了希腊神话故事的字面真实性,而荷马和赫西俄德的故事相当于希腊人的圣经。
8 Plato, *Euthyphro*, 6a–b. Trans. H. N. Fowler (1914) [adapt.] [LCL].
9 Walter Burkert (1985) 以极大的热情讨论了希腊宗教的这个基本面向和其他基本面向。
10 Demosthenes, 4.35.

27 德尔斐,神谕

1 Trans. Brickhouse and Smith (2002).
2 位置在今天伊泰阿港(Itea)的滨海区域。
3 参见 Plato's *Apology*, 2ia. Trans. H. N. Fowler (1914) [adapt.] [LCL];以及 Xenophon's *Memorabilia* and Aristophanes' *Clouds, Wasps* and *Birds*。
4 这相当于在步行前往教堂、神庙或清真寺的途中穿过柬埔寨的大屠杀之地或越南的被凝固汽油弹炸毁的小路。我们知道这些地方见证过可怕的苦难,艺术为大众重现了那些景象(当时是悲剧,现在是电影)。
5 当然,阿波罗也是德尔斐的一个新人。这里最初是巨蟒皮同(Python)的地盘。一个蛇形女性神灵的圣地:荷马笔下的"多石的皮托村"(rocky Pytho)。在神话故事中,这里是大地之母盖亚(Ge 或 Gaia)的家。考古学家(偶尔也有农民)从地下挖出的青铜时代女性雕像等文物支持了这些文学作品的说法。700 年间,此地无疑一直崇拜着某种女性神灵。但在传说故事中,阿波罗后来打败了蛇形女神–蛇龙(snake-goddess-serpent-dragon)皮同。她的灵魂溜进了一个洞穴,这圣地由此便被阿波罗拿下。若是在公元前 5 世纪中叶造访此地,你将会看到阿波罗的那座装饰有柱廊的恢宏神庙,它有一部分是雅典人出资建造的,由阿波罗与狄俄尼索斯共享,其上还有一个坚固的天篷,用来抑制那些俯视着拥挤的德尔斐天际线的魂灵。雅典人尤其热衷于留下他们的标记。在一个家族（阿尔克马埃翁家族）的资助下，这座兴建于公元前 6 世纪的阿波罗纪念神庙得以完工（材料是大理石）。

6　几乎可以肯定的是，还有一座莱托的雕像，尽管如今已无迹可寻。

7　Pindar, *Pythian*, 7.12.

8　Porphyry, *On Abstinence*, 2.9; HN 4 n.13.

9　参见 De Boer and Hale (2000), 399–412; De Boer, Hale and Chanton (2001), 707–710. Broad (2006)。

419

28　认识你自己

1　Trans. O. J. Todd (1992). 另见 Plato, *Apology*, 21a; *Gorgias*, 447a; Xenophon, *Memorabilia*, 1.2.48。

2　凯勒丰的德尔斐之行以及这次公认的访问的日期尚不确定。

3　Pausanias, 10.24.1.

4　Scholiast to Plato, *Phaedrus*, 229e.

5　Macrobius, *Dream of Scipio*, 1.9.2.

6　希腊文化部称最有可能的地方是内柱廊（*pronaos*）。

7　据说亚里士多德曾说过，去德尔斐的是苏格拉底，而不是凯勒丰，但这个信源比较不可靠。Diogenes, *Laertius*, 2.23。

8　参见 Herodotus, 7.141。

9　Pindar, *Pythian*, 7.9–7.13. Trans. B. L. Gildersleeve (1890).

29　贵族派、民主派与战争实况

1　见 Hatzilambrou, Parsons and Chapa (2007), 15。

2　Deighton (1995), 34.

3　见 pg. 15, *The Oxyrhyncus Papyri*, Volume LXXI, ed. R. Hatzilambrou, P. J. Parsons and J. Chapa, Egypt Exploration Society, London, 2007。

4　周围还有一些假马：绘画柱廊墙上的彩绘马和亚马逊人所骑的马，宙斯自由柱廊外的独立青铜马，国王柱廊（苏格拉底就是在这里受到犯罪指控的）屋顶上的艳丽陶马，还有一些浇筑而成的微型马，它们在这个热闹广场的圣所和神殿里被当成了还愿的供品来供奉众神。另见：赫利俄斯的四马战车（The Four-Horse Chariot of Helios, ACR. 19052），以及塞勒涅的四马战车（Four-Horse Chariot of Selene, ACR. 19053, 19054）。

5　这位作家将军对苏格拉底的思想非常钦佩，他也曾是这位哲学家的弟子。

6　色诺芬，《骑兵队长》，即 Xenophon, *The Cavalry Commander*, 3.2. Trans. E. Marchant and G. W. Bowestock (1925) [LCL]。

7　Plato, *Republic*, 2.373e. Trans. B. Jowett (1953).

8　Thucydides, 3.48.

9　公元前 425 年，这些斯巴达人在一个毗连皮洛斯的岛屿斯法克特里亚岛的战役中被俘。

420

参见 Powell (1988), 165–170; 237–238。

30   伯罗奔尼撒战争的第二阶段——一场混乱的围攻

1   Trans. H. Tredennick (1954).

2   Trans. B. Jowett (1953).

3   图例见 *The City Beneath the City. Antiquities from the Metropolitan Railway Excavations*, by Liana Parlama and Nicholas Stampolidis, Harry N. Abrams (2001)。石碑目前藏于雅典贝纳基博物馆（Benaki Museum）。碑文提到了苏格拉底所属部落的人被杀的情况（也是死于墨伽拉及斯巴托拉斯的战斗中）。

4   雅典的国家考古博物馆、塞萨洛尼基的国家博物馆和奥林匹亚的博物馆都收藏了很多优质的废弃希腊盔甲和装备。

5   清单出自 Van Wees (2004), 104–108。

6   这一战略取决于在玻俄提亚会合的两支独立部队。

7   Plato, *Symposium*, 219e–220e.

8   Plato, *Symposium*, 219e–221a. Trans. W. R. M. Lamb (1925) [LCL].

9   Plato, *Symposium*, 221a–b. Trans. W. R. M. Lamb (1925) [LCL].

10   另见 *Laches*。

11   尽管有些战役保持了有限度的礼仪性战争的特征，但很多习俗都被打破了。雅典军队用路障封锁了德里昂的神庙，士兵们在那里喝着圣泉水。玻俄提亚人用骑兵碾压这些重装步兵（他们待到夜幕降临时才获救），而斯巴达人（最初）拒绝让雅典人回收其死者。

12   在德里昂战役后，如果苏格拉底翌年夏天又参加了斯基奥尼的战斗，那他在那里也会看到这样的情景。

13   Plato, *Laches*, 181b; *Symposium*, 221a. 即使阿里斯托芬在翌年刻薄地嘲笑苏格拉底时，他也从未说过苏格拉底是个懦夫。

14   "人们都会犹豫要不要去招惹苏格拉底这种即便在战败时也会显露出这种表情的人。" Plato, *Symposium*, 221b–c. Trans. W. R. M. Lamb [LCL].

31   贬与褒

1   Trans. Brickhouse and Smith (2002).

2   出自伪卢西安作品（Pseudo-Lucian）中的评注，可能是基于菲罗科鲁斯（Philochorus）的《阿提卡史》（*Atthis*）。

3   Aeschines, *Against Ktesiphon*, 76; Plato, *Ion*, 535d-e.

4   Xenophon, *Oeconomicus*, 3.7. Trans. S. Pomeroy (1994) [adapt.].

5   见 Diogenes Laertius, *Lives of Eminent Philosophers*, 2.18。

6   关于雅典剧场的发展，有一份很有助益的视觉指南，见 Connolly and Dodge (2001), 90–101。

421   7   R. Parker (2005. Reprinted in paperback 2007), 314.

8   Homer, *Iliad*, 6.132.

9   Aristophanes, *Frogs*, 1009–1010.

10 Sophocles, *Ajax*, 964–965. Trans. J. Moore (1954); Sophocles, *Acrisius*, F 58; Aeschylus, *Prometheus Bound*, 226–227; Aeschylus, *Prometheus Bound*, 380.

11 或许这也是柏拉图强烈地反对悲剧的原因之一。他抱怨说，从定义上讲，剧场里的政治宣言都是在取悦群众，蛊惑民心。Plato, *Gorgias*, 502b–c; *Republic*, X, 602b; *Laws*, VII, 817b–d.

12 Plato, Ion, 535d–e. Trans. W. R. M. Lamb (1925) [adapt.] .

13 见 Rehm (2007)。

14 喜剧和悲剧都很重要。人们认为喜剧是在社会学会如何实践民主的时候诞生的。毕竟，民主国家应该是一个所有人都有机会笑的地方，寡头和僭主从来都不大喜欢被人嘲笑。在这个时代，剧场不仅仅是洞穴里的金丝雀，它本身也是毒气。在公元前 440 年的萨摩斯起义之后，喜剧受到了限制，此时喜剧演员必须获得许可证，当权者不得不密切关注谁在有意逗乐、宣泄、煽动和挑衅。这一限制在公元前 430 年被取消，因此阿里斯托芬没有受到限制。亚里士多德（Aristotle, *Poetics*, 1448a）坚称喜剧是“在墨伽拉实行民主制的时期”在墨伽拉“发明”的。另见帕罗斯岛大理石（FGrHist 239 A39）。

15 Sommerstein (1982), 2 ——《云》最初是在公元前 423 年的城邦酒神节上演的，排名第三（亦即最末名），位列克拉提努斯的《酒瓶》（一部羊人剧，优胜者）和阿米普西阿的《科诺斯》之后。阿里斯托芬本人认为《云》是他最好的剧作（*Wasps*, 1047），而且他肯定修改过此剧，我们现在看到的就是修订版。多佛（Dover, 1968, xvii）也认为该剧是在公元前 423 年的城邦酒神节首次上演的。他提出（xxxii）苏格拉底作为重装步兵于公元前 424 年在德里昂作战。他还提出（lxxx）该剧修改日期应在公元前 420 年和前 417 年之间，并推测（lxxxi）我们必须否定假设 II，即该剧曾在公元前 423（或前 422）年重演，因为这不符合修改日期。多佛断定，修订版即便真的上演过，也不太可能在雅典上演。

16 Aristophanes, *Clouds*, 445–451.

17 Aristophanes, *Birds*, 1280–1283. 苏格拉底在此剧中加入了马基雅维利、撒切尔、拉斯普京等人的行列，这些人的名字已经成了政治流行语。讽刺他的不只有阿里斯托芬，不过只有阿里斯托芬的作品留存了下来；参见喜剧诗人阿米普西阿的失传戏剧《科诺斯》，以及另外四部残篇。

18 克拉提努斯的《酒瓶》（希腊语为 *Pytinê*）是一部喜剧。人们认为这部剧打败了阿里斯托芬的《云》（克拉提努斯还指控阿里斯托芬抄袭），参见 Thomas K. Hubbard, *The Mask of Comedy: Aristophanes and the intertextual Parabasis* (Ithaca and London, 1991), 75. 阿里斯托芬的《云》位居第三，排在克拉提努斯的《酒瓶》（头等奖）和阿米普西阿的《科诺斯》（二等奖）之后；见 Pauly-Wissowa *Real-Encyclopädie*, vol. I. 2. 1819 (s.v.) Ameipsias。另见 Kassel & Austin (1991), 200；索福克勒斯的《特拉基斯少女》（*Maidens of Trachis*）也是在这一年首次上演。

19 Aristophanes, *Clouds*, 358–366. Trans. A. H. Sommerstein (1973).

20 Aristophanes, *Clouds*, 1504–1510. Trans. A. H. Sommerstein (1973)

21 Plato, *Apology*, 18a–d, 19c. Trans. Brickhouse and Smith (2002).

22 见 Plato, *Gorgias*, 468b–470b; *Phaedrus*, 248d; Xenophon, *Memorabilia*, 2.1.19, 4.5.10.

32 安菲波利斯

1 我们发现亚西比得在公元前 405 年曾通过谈判收买色雷斯人，欲将他们的力量投入埃戈斯波塔米战役（但他也曾为保卫希腊的城市而抵御色雷斯人的攻击）。

2 Thucydides, 4.102–4.108.

3 Thucydides, 4.108.1–4.108.3. Trans. R. Warner (1972).

4 Thucydides, 5.3.2–5.3.4.

5 作为贵族和鞋匠的朋友，一个落败的重装步兵，苏格拉底是如何看待这些战役的？在某些方面，在战斗、小规模冲突和远征中，他似乎是一个有趣的、微不足道的男人，在一片只能理解僵化的社会分工的土地上，他属于混种阶级（mongrel-class）。当一切重要事务都是公共的、明确的、分享的和公开的时候，他却在追求自己的、私人的精神世界。

6 几年后，苏格拉底将被召回北部边境外的那些地区。公元前 413 年至前 399 年，马其顿国王阿基劳斯曾请苏格拉底在他的宫廷中讲话——见 Aristotle, *Rhetoric*, 1398a。苏格拉底拒绝了他。

33 《会饮篇》中的苏格拉底

1 Trans. R. Waterfield (1993).

2 Pherekrates, *Persians*, 130e.

3 尽管也有闺房（*gynaikeion*）——供女性工作（特别是织布）和共度时光的专用房间。请注意，"吹笛女"已经成了表演女奴的公认称谓。阿夫洛斯管（以前曾被认定为长笛）其实几乎可以肯定是类似双簧管的乐器。

4 Aristophanes, *Acharnians*, 530.

5 普鲁塔克还指出了这种宴饮的戏剧性本质。在他的《道德论集》（*Moralia*, 10c–d）中，苏格拉底说："我在剧场里遭人取笑，仿佛我就在一场大型会饮上一样。"

6 Athenaeus, *Deipnosophistai*, 5.217a.

7 阿里斯托芬在他的喜剧中嘲笑过阿伽通，例见 *Thesmophoriazusae*。

8 笑无疑是一种经常逃过历史记载的体验。但此处记载了笑声，柏拉图谈到了它，而阿里斯托芬的笑话至今仍能让我们展露笑颜。亚里士多德说"生活本身存在着某种甜蜜"。尽管苏格拉底有时也以脾气暴躁著称，但他似乎也尝到了这种甜蜜。最近笑一直是人们的兴趣焦点，例见 Halliwell (2008); Sommerstein (2009); Beard, *Roman Laughter*, forthcoming.

9 Plato, *Symposium*, 221e–222a. Trans. W. R. M. Lamb [LCL]．

423 10 例见 [Xen] *Ath. Pol*, 10; Plato, *Laws*, 655; Socrates (Xenophon, *Memorabilia*, 3.10.5); *Iliad*, 2, 211。

11 Plato, *Phaedo*, 100e. Trans. B. Jowett [adapt.]．

12 Plato, *Symposium*, 210a–212a.

13 Xenophon, *Symposium*, 5.5.

14 Plato, *Gorgias*, 481d.

15 进一步讨论可参见 George Rudebusch, author of *Socrates, Pleasure and Value* (1999)。

16 Plato, *Symposium*, 222c.

17 见 Kahn (2006)，其中多处都探讨了柏拉图《普罗泰戈拉》中的快乐和理性行为的地位，例如"……试图公正地评价享乐主义的、深刻的心理吸引力，这是他（柏拉图）毕生事业中的一个重大主题"。

34　爱的烦恼

1 Xenophon, *Symposium*, 4.25–4.26. Trans. O. J. Todd (1992) [LCL].

2 Xenophon, *Memorabilia*, 4.5.11. Trans. E. C. Marchant (1992) [LCL].

3 见 Xenophon, *Symposium*, 4.38; *Memorabilia*, 1.3.14 and 2.1.30。

4 Xenophon, *Memorabilia*, 2.2.4. Trans. E. C. Marchant (1992) [LCL].

5 Xenophon, *Symposium* 8.25. Trans. O. J. Todd (1992) [LCL].

6 他恰巧是柏拉图的叔叔（可能是他的叔祖父，也可能只是他的监护人）。在《会饮篇》中，你会感受到雅典是个多么小的世界——男人们在街角偶遇，结果相互间就有血缘或姻亲关系。

7 Xenophon, *Memorabilia*, 1.2.30. Trans. E. C. Marchant (1992) [LCL].

8 克里提亚斯在公元前 403 年民主派回归时被杀，这向我们表明了他对寡头的支持有多么明显。

9 Scholium 'B'. 见 W. Dindorf, *Scholia Graeca in Homeri Odysseam* (Oxford, 1855), 152–154, 以及 G. Stallbaum, *Eustathii Archiepiscopi Thessalonicensis Commentarii ad Homeri Odysseam* (Leipzig, 1825), 130–132. 另见 E. Kadletz, 1981. www.jstor.org/stable/1509764。

35　噢，告诉我爱的真相吧

1 Trans. B. Jowett (1953).

2 Plato, *Theages*, 128b.

3 Xenophon, *Symposium*, 8.2. Trans. O. J. Todd (1992).

4 见 Plato, *Symposium*, 177d; *Charmides*, 155c; Xenophon, *Symposium*, 8.2。

5 这或许就是我们在生活中孜孜以求的东西，但那些古希腊人每天都享受着大把的闲暇，他们的生理需求和欲望都被其他人满足了，有时间享受和沉湎于对厄洛斯那苦乐参半的礼物（爱）的敏锐的肉体和智性探索之中。

6 Plato, *Lysis*, 218a–b. Trans. S. Lombardo (1997).

7 Plato, *Menexenus*, 234c–235b. Trans. R. G. Bury (1929) [LCL].

36　蒂奥提玛——一位入世极深的女祭司 424

1 Trans. T. J. Saunders (1975).

2 Trans. P. Vellacott (1953).

3 这很有可能是某种双关语，因为"Mantinea"（曼提尼亚）听起来确实有点像希腊语中的"先知"。而"Dio-tima"（蒂奥提玛）的意思则是"被宙斯敬重（或敬重宙斯）的女人"。

4　女祭司享有在公民大会或议事会上发言的特权。见 LSCC 102, Lykourgos, *On the Priestesses*, Frag. 6.4。有一些女祭司团——例如雅典娜·波利亚斯、得墨忒尔和科莱的女祭司团——在各豪门统治下存续了 700 年。

5　Plato, *Symposium*, 211d–e. Trans. H. N. Fowler (1914) [LCL] .

6　琼·布雷顿·康纳利 (Joan Breton Connelly) 曾估计，妇女参与了 85% 的雅典宗教活动 (参见 Blok)，而且他们在雅典的至少 40 种宗教中都很显眼。

7　*The Captive Melanippe*, Frag. 494 K. Trans. Helene Foley in Fantham et al. (1994), 95–96. H. van Looy (ed.), *Euripide* VIII², Fragments (Paris, 2000), 347–396.

8　清单出自 p.167 of Connelly (2007)。

9　比如科西拉岛 (科孚岛) 的博物馆里就有一些很好的例证。如果你去参观这个博物馆，别忘了去看看那古风时期的人字形山墙 (pediment)，那上面有古代最精致、最凶猛的蛇发女妖头像之一。

10　大英博物馆 2070 号藏品 (权杖) 和 1952 号藏品 (项链)。

11　参见 Xenophon, *Memorabilia*, 3.11。

12　名单由琼·布雷顿·康纳利编制。p.46 of Connelly (2007).

13　品达 (*Pythian*, 3.31–3.32) 提到过在晚上唱歌的姑娘。

14　Aristophanes, *Birds*, 873; *Wasps*, 9; *Lysistrata*, 387–390.

15　Aristophanes, *Lysistrata*, 387–388.

16　Arisophanes, *Lysistrata*, 641–647.

37　小熊

1　Plato, *Laws*, 833d.

2　Plato, *Laws*, 774e-775a; 想了解布劳隆神话的起源，可参见 Aristophanes, *Lysistrata*, 645。

3　见下文中色诺芬所说的具体案例。

4　Xenophon, *Oeconomicus*, 3.12–3.13. Trans. E. C. Marchant (1992) [adapt.] [LCL] .

5　Xenophon, *Memorabilia*, 2.7–2.9.

6　Plato, *Republic*, 452a.

7　Xenophon, *Oeconomicus*, 7.5. Trans. H. G. Dakyns (1890).

8　Xenophon, *Symposium*, 2.9. Trans. O. J. Todd (1992) [LCL] .

9　Plato, *Republic*, 5.455d. Trans. P. Shorey (1930) [LCL] .

10　Plato, *Republic*, 5.451e-2a. Trans. P. Shorey [LCL] .

11　Xenophon, *Memorabilia*, 3.11.

425　12　见 Zahm (1913), 197–199。

13　Plato, *Theaetetus*, 149a–51d.

14　Plato, *Theaetetus*, 149a; *Greater Hippias*, 298b; *Laches*, 180d.

15　有一种可能，那就是柏拉图在促使苏格拉底这个角色在这里幻想他的母亲，这样他就可以在产婆的工作和苏格拉底努力将新生命 (思想) 带到这个世界上的事实之间引出一种生动的类比。然而就苏格拉底来说，如此精确地捏造自己的家庭状况似乎是有悖常理的。无论这位产婆是不是苏格拉底的母亲，这个寓言都是成立的。在对菲娜丽特的描述中，她都是一个体格健壮的人（她儿子也继承了这种基因），非常适合从事帮孕母接生健康婴儿这种颇费体力的工作，这一事实也显而易见。

16 Plato, *Theaetetus*, 150b–c.

17 Plato, *Menexenus*, 236b. Trans. W. R. M. Lamb [LCL] .

18 IG II^2 1409.14.

19 Antisthenes, Frag. 142, in Giannantoni, 1990: 2.191 (= Athenaeus, *Deipnosophistai*, 220d); 另见 Antisthenes, *Aspasia*，这有可能并非历史事件，而是阿提卡喜剧中虚构的事件。

20 见 Boston Museum of Fine Arts, 10.223 以及 Acropolis Museum 1766–1767。这笔钱会付给阿佛洛狄忒天空圣所。

38 赞西佩

1 Trans. J. C. Rolfe (1927).

2 有关苏格拉底重婚的文献资料：Diogenes Laertius, 2.26; Aulus Gellius, *Attic Nights*, 15.20.6; 参见 Plutarch, *Aristides*, 27。

3 *De Matrimonia*, 62 (Haase, 1902, Teubner edition). 原文出自 Seneca the Elder. Fragmentary. Trans. C. A. Stocks (2008) [adapt.]。

4 *De Matrimonia*, 62.

5 见 Diogenes Laertius, *Lives of Eminent Philosophers*, 2.26. Trans. R. D. Hicks (1925)。

6 两次都出自 Plato, *Phaedo*, 60a。

7 Cicero, *De Inventione*, 31, 52–53.

39 亚西比得：头戴紫冠、目眩神迷

1 Trans. A. Nehamas and P. Woodruff (1997).

2 Plato, *Symposium*, 213c.

3 Lysias, *Against Andokides*, 51. 另见 M. Reinhold's fascinating 'The history of purple' (1970)。

4 Plutarch, *Alcibiades*, 11.2. Trans. I. Scott-Kilvert (1960).

5 Aristotle, *Politics*, 1254b.34–1254b.36. Trans. T. A. Sinclair, rev. T. J. Saunders (1981).

6 Plato, *Symposium*, 218d. Trans. A. Nehamas and P. Woodruff (1997).

7 Plato, *Symposium*, 215d–e. Trans. C. D. C. Reeve (2006).

8 Xenophon, *Memorabilia*, 1.3.12–1.3.13. Trans. J. Fogel (2002) [adapt.] .

9 苏格拉底既有肉欲，也有理智，无怪乎色诺芬和柏拉图给我们讲述的会饮故事会发生在一栋雅典住宅的朴素房间里。在那里，饮酒游戏、治疗呃逆的办法和邻里的消息都是探索爱的真理的一部分，就像苏格拉底对人之为人的定义一样。

10 Plato, *Alcibiades* 1, 134a–b. Trans. W. R. M. Lamb (1927) [LCL] .

426

40 米洛斯

1 Trans. Brickhouse and Smith (2002).

2 出自《伯罗奔尼撒战争史》中的克勒翁，见 Thucydides, 3.38–3.39. Trans. J. M. Dent (1910) [adapted]。

3 亚西比得可能认为米洛斯是一个能对雅典人产生有利影响的机会。见下一章。这也许是入侵西西里的序幕。

4 Thucydides, 5.84.

5 Thucydides, 5.105.2. Trans. J. M. Dent (1910).

6 自 1984 年以来，新发掘的文物都藏于米洛斯博物馆（Milos Museum）。

7 有一个古老的传说，即斐多（柏拉图对话集中的同名人物）是米洛斯的一名幸存者。

41 受虐的断臂维纳斯

1 Trans. P. Vellacott (1973).

2 Plutarch, *Life of Alcibiades*, 16.4–16.5. "他从米洛斯的囚徒中挑了一个做他的情妇，让她给自己生养了一个儿子。这是他们所说的他心地善良的一个例子，但处死所有米洛斯成年人的责任主要在他，因为他支持这项法令。"Trans. B. Perrin (1916) [LCL]。

3 Andocides, *Against Alcibiades*, 22. Trans. K. J. Maidment (1941) [LCI] .

4 Hyperides, Frag. 55.

42 无意义的祭司：玩火

1 Libanius *Apology*, 154–155. 这段话驳斥了波利克拉特斯（Polycrates）的那本发表于公元前 393（或前 392）年的已失传的小册子《对苏格拉底的指控》（*Accusation Against Socrates*）。

2 关于德尔维尼文稿的全面论述，见 Richard Janko, *passim*, in Ahbel-Rappe and Kamtekar (eds.) (2006), Ch.34, 56–57。

3 见 Sir Kenneth Dover, *Aristophanes' Frogs* (OUP, 1997)，多佛（Sir Kenneth Dover）提出这个故事与苏格拉底的审判有关。

4 Xenophon, *Hellenica*, 2.2.9, and Plutarch, *Lysis*, 14.4.

5 Aristophanes, *Birds*, 1072–1075. Trans. J. Henderson (2000).

6 Aristophanes, *Birds*, 1420. Trans. J. Henderson (2000).

7 早在公元前 440 年雅典人侵萨摩斯时就出现了不满的声音，这似乎表明伯里克利智识圈中最杰出的一些人不知何故正在给普通的雅典人制造难题。在整个公元前 5 世纪 40 年代，达蒙（作曲家）、阿那克萨戈拉（自然哲学家）和菲狄亚斯（建筑师和雕塑家）都发现自己受到了抨击。阿斯帕西娅被指控犯有不敬神（*asebeia*）之罪。更多的人则遭到了排斥和流放。

8 Diogenes Laertius, *Life of Protagoras*, 9.51. 另见 C. D. Yonge (1853) 的译文："关于众神，我无法确定地知道他们是否存在。因为有很多事情会妨碍我们认知，特别是对象的晦涩

427

和人生的短暂。"（译文有调整）

9 Euripides, *Bacchae*, 200.

10 Thucydides, 6.31.1. Trans. C. F. Smith (1919) [adapt.] .

11 Cat. no. 752.

43 西西里

1 Trans. P. Vellacott (1973).

2 感谢莫雷诺博士提醒我注意优卑亚岛高地上的未发掘遗址。参见 Moreno (2001) and Moreno (2009)。

3 地米斯托克利早在其公认的战役中指明了这一方向。

4 Thucydides, 6.31.4. Trans. R. Warner (1972).

5 Aristophanes, *Lysistrata*, 390–397; Plutarch, *Nicias*, 13.7.

6 Agora 1 7307.

7 参见 Plutarch, *Alcibiades*, 22.4，可了解这次弹劾，包括财产的充公和牧师的诅咒："……他的案件受到了缺席判决，他的财产被充公，除此之外还判令他的名字应受所有祭司和女祭司的公开诅咒。" Trans. B. Perrin (1916) [LCL]。

8 *Vt. Marc.* 41, in R. Janko, 'Socrates the Freethinker', in Ahbel-Rappe and Kamtekar (eds.) (2006), 60.

44 血染长河

1 Trans. R. Warner (1972).

2 Diodorus Siculus, *Universal Library*, 13.19.

3 Euripides, *Phoenician Women*, 1410–1415. Trans. G. Murray (1913).

4 色诺芬，《远征记》，即 Xenophon, *Anabasis* 2.5.33. Trans. C. L. Brownson (1922) [adapt.] , [LCL]。

5 Samons, *What's Wrong With Democracy*, 53 n. 59. 忠诚的誓言，IGi³ 39, 40 = Fornara 102, 103；"热爱"雅典人民的誓言：IG I³ 37 = ML 47 = Fornara 99。

6 这场真实而可怕的惨剧启发了柏拉图，让他把那戏剧性的苏格拉底对话集中的一部——《伊安篇》的背景设在了这一消息传到雅典之前。

7 参考克拉佐美尼的赫拉克利德（Heraclides）：他在约公元前 400 年至前 395 年提议将议事会的报酬从 1 奥波尔增加到 2 奥波尔，及至公元前 4 世纪 90 年代末，亦即阿里斯托芬的《公民大会妇女》上演之时，这个数额增加到了 3 奥波尔（Ath. Pol. 41. iii, Ar. *Eccl.* 289–311, 392），所以赫拉克利德当时一定已经成为雅典公民，并且担任过一段时间的将军（Plat. *Ion* 541 D 1–4, Ath. XI. 560 A, Ael, V.H. XIV. 5）。残存的铭文（M&L 70=IG i3 227 及附录）记录了他获授的荣誉不及公民，因此其时代更早，可能与公元前 423 年左右的那份传闻中的雅典与波斯签订的《厄庇吕库斯和约》（Peace of Epilycus）有关。

8 Plato, *Ion*, 541c–d. Trans. T. J. Saunders (1987).

9   Aristophanes, *Birds*, 1277–1283. Trans. A. H. Sommerstein (1987). 注意，《鸟》上演于公元前 414 年。

10   Aristophanes, *Birds*, 1553–1555. Trans. A. H. Sommerstein.

11   Aristophanes, *Frogs*, 1431–1433.

45   狄凯里亚——封矿

1   关于这段插曲的全面论述，见 Hughes (2005), Ch. 6, 'The Rape of "Fair Hellen" ', and notes, *passim*。

2   Plutarch, *Alcibiades*, 15.1. Thucydides, 7.91.6.

3   在公元前 411 年的雅典，一场政变让 400 名寡头执掌了政权——他们首先做的事之一就是与龟缩在狄凯里亚要塞里的斯巴达国王接洽，以期达成一项交易。

4   Thucydides, 7.27.

5   Xenophon, *Hellenica*, 3.3.6. Trans. C. L. Brownson [LCL]。

46   恐怖时刻

1   Plutarch, *Alcibiades* 34.6.

2   Plutarch, *Alcibiades*, 23; *Lysander*, 22; *Agesilaus*, 3; Xenophon, *Hellenica*, 3.3.1–3.3.2.

3   Plutarch, *Alcibiades*, 24.4. Trans. I. Scott-Kilvert (1960).

4   见 Samons (2000), 281–293。

5   20 世纪 30 年代，希腊独裁者梅塔克萨斯（Metaxas）又重新启用了这个名称。

6   Thucydides, 8.66.

7   Thucydides, 8.97.

8   他可与马克·安东尼（Mark Antony）相比照，后者是一个从罗马流亡出来的罗马人，却博得了罗马海军的忠诚。

9   ML 58 = Fornara 119 and Xenophon, *Hellenica*, 1.1.22.

10   Aristophanes, *Frogs*, 735–737. Trans. D. Barrett (1964).

11   Aristophanes, *Frogs*, 695–702. Trans. G. Murray (1908).

429 12   想了解碑文资料，可参见 Finley (1971), 11–12。

13   Aristophanes, *Frogs*, 1425. Trans. J. Savage (2010).

14   Plutarch, *Alcibiades*, 34.6.

15   而且奇怪的是，苏格拉底不愿离开的这个危机四伏的雅典反倒颇有成就。阿里斯托芬写下了他的《利西翠妲》和《地母节妇女》。曾在公元前 411 年不情愿地卷入了政变的剧作家索福克勒斯此时已经 80 岁了，但他仍然创作了一流的作品。他那部令人近乎怒不可遏的戏剧《菲罗克忒忒斯》涉及的是欺骗这一问题——人们觉得这肯定是他对周遭世界展开的一种议论。参考赫拉克利特对斗争之价值的评说。

16   Plato, *Phaedrus*, 259a-b. Trans. H. Fowler (1914) [LCL]。

17   Plato, *Lysis*, 204a.

18   Plato, *Lysis*, 205e–6a. Trans. W. R. M. Lamb (1925) [LCL]。

19 Plato, *Lysis*, 203a–b.

20 见 *City Beneath the City*, p. 249。

21 Plato, *Lysis*, 221d. Trans. B. Jowett (1953) [adapt.] .

22 3280–1 号展品，发现于莫斯哈托（Moschato）。

23 Plato, *Apology*, 23c–e. Trans. Brickhouse and Smith (2002).

47 阿吉纽西——卓尔不群

1 Trans. Brickhouse and Smith (2002).

2 Plato, *Apology*, 32b; *Gorgias*, 473e; Xenophon, *Hellenica*, 1.7.16; *Memorabilia*, 1.1.18, 4.4.2.

3 Plato, *Apology*, 32b; Xenophon, *Hellenica*, 1.7.15. 注意，该案首先经过了议事会的审议，此后苏格拉底才主持了第二天的公民大会会议。

4 见 Hansen (1999), 248。

5 Xenophon, *Oeconomicus*, 2.2–2.4, 其中详细描述了苏格拉底贫困的经济状况。

6 Thompson and Wycherley (1972), 44.

7 投票最初是由每位议员所放置的一片橄榄叶来计算的，但在苏格拉底的时代，人们也可以通过举手表决。500 人议事会的运作细节可参见 Rhodes (1972)。

8 Xenophon, *Hellenica*, 1.7.16–1.7.33.

9 Xenophon, *Hellenica*, 1.7.11 (also 12–13). Trans. C. L. Brownson (1918).

10 这会不会是一个群体所汇集的激情，他们试图找出一些人为阿吉纽西所代表的死亡悲剧承担罪责？

11 进一步的说明可参见 Brunt (1993); Figuiera (1991)。

12 此人是雅典的狄奥多罗斯（Diodorus of Athens），见 Jacoby, FGrH 372 (Diod. Periegetes Frags. 34, 35, 40)。

13 Xenophon, *Hellenica*, 1.7.16–1.7.33.

14 Plato, *Apology*, 18a. Trans. Brickhouse and Smith (2002).

48 高大的罂粟，砍断黍穗   430

1 Trans. J. Barnes (1996). 希罗多德在《历史》(5.92.) 中也谈到了这个故事。

2 这个民主国家仍然渴望英雄。荷马史诗中的完人仍然是所有雅典人的试金石，"人民"仍然想要有远见卓识的人——不知为何看起来"更优秀的"闪耀着光芒的领袖。然而尽管人们在幻想中确实很容易对文学中的英雄所取得的伟大成就引以为豪，但凡人的成功却会引来嫉妒。陶片放逐法的推行是对这一点的明确提醒。

3 Sophocles, *Oedipus Rex*, 380–382; 1524–1530.

4 Euripides, *Hecuba*, 154–160. Trans. E. P. Coleridge (1938).

5 Plato, *Apology*, 28a–b. Trans. B. Jowett (1953).

6 Euripides, *Phoenician Women*, 243.

7 Demosthenes, 57.45 and 57.31. 虽然这句话是在公元前 4 世纪 40 年代说的，但它可以引证那个奶妈通常是奴隶妇女、卖丝带的人通常是外邦妇女的时代。

8　Trans. J. D. Sosin. 另见 Sosin (2008), 105–108。

9　Aristophanes, *Frogs*, 1497.

10　罗宾·沃特菲尔德(Robin Waterfield)的用词，见 Waterfield (2009), 112。我以前提到过，
　　这本著作透彻地考察了苏格拉底审判的渐进过程。

11　Xenophon, *Hellenica*, 2.2.8, and Plutarch, *Lysander*, 14–15.

12　Xenophon, *Hellenica*, 2.2.10–11. Trans. R. Warner (1966).

13　Xenophon, *Apology*, 8. 他接着说道："别人在市场里为自己购买昂贵的美食的时候，我
　　却免费地从自己的灵魂中创造出了更令人愉悦的东西。"Trans. J. A. Martinez (2002)。

14　Xenophon, *Hellenica*, 2.2.20. Trans. R. Warner (1966).

15　Xenophon, *Hellenica*, 2.2.23.

49　三十僭主

1　Lysias, *Against Eratosthenes*, esp. 5–21.

2　关于处决的其他形式，可参考 Aristophanes, *Thesmophoriazusae*, 929–1209, 以及 Xenophon,
　　Hellenica, 1.7.20。

3　Aristophanes, *Frogs*, 120–127.

4　Andocides, 3.10.

5　Xenophon, *Memorabilia*, 1.2.35.

6　Xenophon, *Memorabilia*, 1.2.12. Trans. J. Fogel (2002).

7　Xenophon, *Memorabilia*, 1.2.18–1.2.19. Trans. J. Fogel.

8　古代的文献资料很快就鼓吹起了苏格拉底滥用其老师地位的论点。多年来，现代的教师
　　和导师也一直都很固执于这种看法。

431　9　这一事实经常被用来表明苏格拉底曾经很支持三十僭主。为什么苏格拉底没有选择像其
　　他坚定的民主派那样在此时离开雅典，这个问题仍然悬而未决。

10　在狄奥多罗斯·斯库鲁斯（Diodorus Siculus）后来留下的一份文献中，苏格拉底和两
　　个年轻的同伴曾试图阻止两个来处决塞拉门尼斯的斯基泰人守卫，但塞拉门尼斯恳请
　　这位哲学家保持克制。*Universal Library*, 14.5.1–14.5.3。

11　Xenophon, *Hellenica*, 2.3.15. Trans. R. Warner (1966).

12　Xenophon, *Hellenica*, 2.4.9. Trans. R. Warner (1966).

13　Xenophon, *Hellenica*, 2.4.3, see also Diodorus Siculus, XIV, 32.

14　Plato, *Apology*, 32c-d. Trans. Brickhouse and Smith (2002).

50　替罪羊

1　从公元前 2 世纪到古代晚期，这句话在各种评注和文献资料中都有转载。

2　苏格拉底在社会中是个很棘手的人：处于中心位置的特立独行者。可以想想遁世者、隐
　　修士和山上的先知。这些离群索居的极端分子可没有隔壁的某个闹革命的神秘小伙子那
　　么麻烦。

3 多亏色诺芬在《回忆苏格拉底》(2.7.1–12) 中记载的一则小逸事，我们才知道苏格拉底想过他身上的衣服是从何而来。由于一场寡头政变后的政治动荡，至少 14 名无家可归的女性亲戚不得不搬到亚里士塔尔库斯（Aristarchus）家中。苏格拉底的建议干脆利落，让他们成立一家羊毛加工作坊，这样他们既可以获得工作满足感，又能赚取可观的利润。这段对话让我们稍微了解了他对女性的看法——应该允许他们成为国家中更有生产力的一部分，乃至更有价值的一部分。第二个令人不安的半吊子建议有可能让人对他产生了不信任。

4 Xenophon, *Memorabilia*, 1.2.9. Trans. J. Fogel (2002).

5 Plato, *Apology*, 17d–18a.

6 他与那些死心塌地执着于陪审员身份的公民不同，听听阿里斯托芬在他的戏剧《马蜂》中所说的话吧："最让我们痛心的，就是看到那些从未服役、没拿过长矛或船桨来保卫国家的人以我们的花销为代价大发其财，而他们的手上连一个水泡都没有。简单来说，我深思熟虑后的看法就是，今后所有没被刺伤过的公民都不该得这 3 个奥波尔。"Aristophanes, *Wasps* 1117–21. Trans. E. O'Neill (1938)。

7 相反，我们应该把他看作一个非传统的政治活动家，从希腊的角度理解城邦：一个男性团体。另见 *Gorgias*, 521d, and *Meno*, 100a。

8 Plato, *Gorgias*, 474a.

9 诉状引自 Diogenes Laertius, *On the Lives and Opinions of Eminent Philosophers*, 2.40。另见 M. Munn(2000) 的译文："庇托斯人美勒托之子美勒托写下了一份宣誓诉状，起诉阿洛佩克人索福洛尼克斯之子苏格拉底，内容如下：苏格拉底犯有不承认本国承认的众神和引入其他新神的罪行。他还犯有腐化青年的罪行。建议刑罚：死刑。"此段还改述于 Plato, *Apology*, 24b; *Euthyphro*, 3b; Xenophon, *Memorabilia*, 1.1.1, 1.2.64; *Apology*, 10。当他所受的指控首次被宣读时，美勒托、国王执政官和一两个早已被历史遗忘的证人（可能是阿尼图斯和吕孔）都听到了。

10 Plato, *Apology*, 35d–36d.

432

51 一场申辩

1 另一种翻译："我将像一个医生，因受到一个厨子的指控而被一群孩子审判。"Trans. W. R. M. Lamb (1925) [LCL]。

2 Plato, *Phaedo*, 109b："我们生活在大海周边，就像青蛙生活在池塘周围一样。"但苏格拉底对大海不屑一顾。据我们所知，除了参加军事行动和那次前往科林斯的伊斯摩斯之外，苏格拉底并没有同伴们对航海旅行的那种兴致——渴望看到并获取每一条地平线之外的东西。吸引苏格拉底的不是海上的国际要道，而是河流的迂回曲折。他在马其顿的那条芦苇丛生的斯特里蒙河的阔岸边战斗过，在伊利索斯河和他最喜欢的小伙子们一起蹚过水，在雅典的失落之河艾瑞丹诺斯河边整理过思绪。他的天然家园是蜿蜒地贯穿了人类生活的河流，而不是位于河流尽头的海洋。

3 Plato, *Symposium*, 213e. Trans. M. Joyce (1935).

4 Plato, *Apology*, 35e–8c.

5 Plato, *Apology*, 17b–c.

6　出自柏拉图《申辩篇》中的苏格拉底，见 Plato, *Apology*, 36b–37a. Trans. H. N. Fowler (1914) [LCL]。

7　Plato, *Apology*, 21a.

8　Plato, *Apology*, 20e. Trans. H. N. Fowler (1914) [LCL].

9　Plato, *Apology*, 21a. Trans. H. N. Fowler [LCL].

10　我们还从色诺芬那里听说苏格拉底的朋友曾在法庭上为他辩护。

11　我们尚不清楚苏格拉底有多少时间发表演说。柏拉图的叙述表明这个时长只不过是两个"khoes"（一个"khoe"就是一个装满水的水罐。根据最近一次考古实验的结果，留给苏格拉底最后演说的时间似乎只有 6 分钟。）由于陪审团在作出裁决时没有机会交换意见，所以投票过程不太可能持续超过实际所需的时间。参见 Todd (1993), 132–135。

12　Trans M. J. Levett, rev. M. Burnyeat (1990).

13　Plato, *Apology*, 37a–b. Trans. Brickhouse and Smith (2002).

14　对于苏格拉底受审时是否已经引入了青铜票，或者是否仍在使用鹅卵石，仍有一些争论。到目前为止，考古证据尚无定论。

15　Aeschines, *Against Timarchus*, 1.30; Demosthenes, *Against Aristogeiton*, 26.2.

16　参与家族间仇杀的贵族（苏格拉底受审的那年，全城贵族家庭所拥有的妓女曾惨遭敌对的贵族豪门的折磨和杀害）。苏格拉底的那种"逆来顺受"的劝告（不是作为一种博爱的姿态，而是因为这样做会确保你自己的幸福，而非引发仇恨）被当成了一种危险的谬论。

433　17　保罗·卡特莱奇（Paul Cartledge）教授在他最近的著作《实践中的古希腊政治思想》[*Ancient Greek Political Thought in Practice* (CUP, 2009) Chapter 7]中非常正确地指出，雅典人民根据当时的法律给苏格拉底判罪是正当的。这引发了一个有趣的问题，即该裁决的伦理问题。

18　Plato, *Phaedo*, 117c.

52　暮光与曙光中的提洛岛

1　'Athoi Proverbia'. 见 W. Bühler (ed.), *Zenotü Athoi proverbia, vulgari ceteraque memoria acuta edidit et enarravit*. Winfried W. Bühler, vol. 4: *Libri secundi proverbia 1–40 complexum* (Göttingen, 1982)。

2　Plato, *Phaedo*, 58a–c.

3　关于提洛岛之行的日期以及苏格拉底受审的日期还存在一些争论。从现存的一些文献可以推断，提洛岛的节庆是在（提洛岛的）圣月举行的，相应的也就与安塞斯特里昂月（1/2 月）有关。见 Deubner (1932), 203–204。另一些人认为这个节庆是在萨尔格里昂月（4/5 月）举行的，例如 Nails (2006), 15。怀特 [White (2000), 155] 提出苏格拉底受审的日期是穆尼基昂月的第七天（3/4 月）。进一步的论述，请参阅 Calame (1997:), 107–108。

4　Hesiod, *Homeric Hymn to Apollo* (HAp 14–126).

5　Plutarch, *Theseus*, 23.1.

6　Plutarch, *Theseus*, 23.1, Walker (1995), 43; 以及 Marshall (2000), 352–353。

7　F. Sokolowski (ed.), *Les Lois Sacrées de Cités Grecques: Supplément* (Paris, 1962)。

8　Callimachus, *Hymn to Delos*, 307–315, 以及 Plutarch, *Theseus*, 21.1–21.2.

9　见 Hughes (2005), 231–232。

10　关于米诺斯宗教舞蹈的精彩论述，可参见 Lonsdale (1995) 各处。

11　直到公元前 314 年，这一神庙的工程才得以重启。

53　披枷戴锁的苏格拉底

1　Trans. H. N. Fowler (1914).

2　论述雅典的犯罪与刑罚的绝佳著作：Todd (2000), 31–51, 以及 Allen (2000)。

3　例见 Antiphon 5, *On the Murder of Herodes*, 17。

4　Herodotus, 9.37.2.

5　Plato, *Republic*, 439e.

6　你至今仍可以在这所监狱的边缘徘徊，但在我撰写本书时（2010 年），这所监狱已不得进入，而且期限不定。

7　Plato, *Crito*, 43a. Trans. J. Savage (2010).

8　对十一人委员会的作用展开的更全面的论述，见 Allen (2000); Hunter (1994); Todd (1993); 以及 Herman (2006)。

9　但即使是在这里，呈现给我们的也可能是一个半真半假的故事中的真相。俄耳浦斯的神话（Orphic mythology）就经常涉及这类抒情的追求，很大程度上发挥了身体（*soma*）的追求与坟墓（*sema*）之间关联的作用。

10　Xenophon, *Memorabilia*, 4.8.2–4.8.3.

434

11　Plato, *Crito*, 43b. Trans. H. N. Fowler (1914) [LCL].

12　Plato, *Crito*, 45a–c. Trans. H. N. Fowler [LCL].

13　Plato, *Crito*, 50a–b. Trans. H. N. Fowler [LCL] [adapt.].

14　Xenophon, *Apology*, 7. Trans. O. J. Todd (1992) [LCL].

15　Plato, *Crito*, 49a–b. Trans. H. N. Fowler (1914) [LCL].

16　这种强大的小植物可能是从小亚细亚或克里特岛引进的。这种药（*To pharmakon*），也就是柏拉图所说的"有用的小东西"（最古老的希腊文字线性文字 B 的泥板上就提到了这种植物）在克里特岛上生长得很好。克里特岛上产生过一部宪法"格尔蒂法典"（Gortyn Code），据说苏格拉底曾对此相当钦佩。

17　柏拉图提到过偶然吃下了毒堇的孩子，所以这种茎带紫斑、叶子独特的植物一定曾生长于这个地区。Plato, *Lysis*, 219e。

18　Aristophanes, *Frogs*, 117–127. Trans. J. Henderson (2008) [adapt.].

19　见 Allen (2000), 234。

20　Plato, *Symposium*, 174a.

21　Plato, *Phaedo*, 89b. Trans. H. N. Fowler (1914) [adapt.].

22　伊迪丝·布洛赫（Edith Bloch）的文章《毒堇中毒与苏格拉底之死》（"Hemlock Poisoning and the Death of Socrates"）不可不读。在经过研究之后，她对这一问题发表了坚定的声明："苏格拉底经受了一种周围神经病变，一种由毒堇引起的病症，类似于吉兰—巴雷综合征（Guillain-Barré syndrome），由毒参类植物中的生物碱引发。"

23　够得上死刑的违法行为其实相当有限。"如今，说到法律规定的所有应判死刑的行为——抢劫神庙、入室盗窃、奴役和叛国——就连我的对手们也没有指控我犯下了这当中的任何一项罪行。"Xenophon, *Apology*, 25. Trans. O. J. Todd (1992) [LCL]。

24　当时 28 岁柏拉图胃部不适，据我们所知，他不可能在场。

25　Plato, *Phaedo*, 118a. Trans. H. N. Fowler (1914) [LCL].

26　Plato, *Phaedo*, 118a. Trans. H. N. Fowler [LCL].

27　例见公元前 400（或前 399）年的还愿浮雕 NMA 1388，画面中的阿斯克勒庇俄斯自豪地坐在一块翁法洛斯石（*omphalos* rock）上。

28　Plato, *Phaedo*, 118a. Trans. G. M. A. Grube (1997).

29　Plato, *Phaedo* 118a. Trans. H. N. Fowler (1914) [LCL].

30　参考 "soma"（身体）和 "sema"（坟墓）的相似之处。

31　Plato, *Phaedo*. 63c. Trans. H. N. Fowler [adapt.] [LCL].

32　罗宾·沃特菲尔德最近在《苏格拉底为何会死——消解神话》（*Why Socrates Died – Dispelling the Myths*, 2009）一书中得出了类似的结论。沃特菲尔德还提出，由于苏格拉底的使命失败了，他欣然接受了自己的牺牲，并在咽气前呼唤阿斯克勒庇俄斯，因为他相信自己的消亡是对这座城市的一种疗愈之举。

33　Plato, *Apology*, 42a.

435　54　遁离尘世

1　参见一件萨福画师所作的装饰瓶（Bowdoin College Museum of Art 1984, 023）。Lysias, *Against Eratosthenes*, 18; Plato, *Phaedo*, 115c。

2　Shear (1995), 'Bouleuterion, Metroon and the Archives at Athens', in Hansen and Raaflaub (1995), 157–190; S. G. Miller (1995), 'Old Metroon and Old Bouleuterion in the classical Agora of Athens', in M. H. Hansen and K. Raaflaub (1995), 133–156.

3　亚西比得实际上设法闯入过苏格拉底日常生活中的这一场所（*locus*）。苏格拉底被杀当天，警卫们站在这座国家档案馆外，他们一周 7 天都是如此，这显然是因为亚西比得曾经在深夜闯入，以阻止对他的财务问题展开的调查，这些调查材料曾一直存放在里面。Athenaeus, *Deipnosophistai*, 9.407b–c, 这方面可参见 Miller (1995), 137。参考 Plato, *Alcibiades* I 134b。

4　第欧根尼·拉尔修在《名哲言行录》（1.5.43）中列出了以下细节。由于这一资料（或者传说）出现较晚，苏格拉底死后的这一方面很有可能是捏造的。尽管如此，考虑到雅典人的态度会迅速转变——密提林就是一例，这也是一种可能性。

5　这仅仅是因为我们对那些打破常规的人深感不适吗？正如《会饮篇》（Plato, *Symposium*, 221c）中的亚西比得所断言的那样，苏格拉底一再做的事就是把人带出他们的舒适区。

6　有人说苏格拉底的哲学中有某种黑暗面。在柏拉图笔下，没错，但就苏格拉底而言，谁能断定呢？当我们生活中的情报机构大举投资风险资本以保持其箱中玩具的前沿性时，我们也想知道苏格拉底会否发出厌世的叹息。不要把你所有的精力都投入间谍机器，为什么不试着阻止间谍活动的需求呢？不要建造城墙和船只，试着从我们周围的人身上发现"善"的一面。与其用诸如帕特农神庙、白宫和克里姆林宫等美丽动人的东西在大地上缔造一个假想的世界，不如努力去创造、发明，奋力让你自己摆脱困境，让你的心变得坚强。如今，我们焦虑地寻找着自己的敌人：无政府主义者、恐怖分子、资本主义者、共产主义者和虚无主义者。但苏格拉底让我们醒悟到了一个令人不适的事实：敌人总在内心。这取决于我们。这不是"他们"的错，而是"我们"的错——这肯定是他的一种最重要的，又让人很难接受的哲学。

7　Plato, *Phaedo*, 69b. Trans. H. N. Fowler (1914) [LCL].

8　柏拉图随后又去了西西里岛、意大利南部、塞浦路斯和埃及。

9　以亚里士多德的逻辑体系为基础的三段论，《工具论》（*Organon*）中就有所述。

10　黄金在土地中历经几千年之后也依然能保持其温度最高时的颜色。但青铜——雅典的英雄要素——则会失去光泽。这么多黄金时代的青铜雕像都烟消云散了，这可能会让我们误以为这里曾是一片岩石之地。但青铜曾经肯定是无处不在的，有些加了彩绘，有些则不假雕琢；钱币是由青铜制成的，家具装饰、仪式用剑和宗教标志也是一样。原初的青铜会逐渐氧化，变暗，变绿，其表面会随着时间而变得复杂。随着雅典的民主不断被氧化，随着它多年的呼吸，其绿锈也变得愈加复杂了。

11　按照苏格拉底的思考方式，即使是神也必须在道德上是善的，这极其不同寻常，例见 *Euthyphro* 6a–c。

苏格拉底之墓——风之塔

1　Trans. Brickhouse and Smith (2002).

2　Beard (2002), p.71ff.

3　Plutarch, *Moralia, On Banishment*, 600f.

4　Plato, *Apology*, 29a–b. Trans. Brickhouse and Smith (2002).

后记

1　Zanker (1995), 58.

2　Plato, *Phaedrus*, 275d-e. Trans. H. N. Fowler [LCL]. 注意，苏格拉底对文字的不信任在他生命的末期与雅典是格格不入的，当时民主制在这座城市中遍布的石碑上和众神之母神庙中的莎草纸上都得到了重申。

附录1　敬奉阿佛洛狄忒

1　Euripides, Frag. 898; 见 Nauck (1926), p.648; Segal (1965), p.119— 见 Rosenzweig (2007), p.80。

2　毫无疑问，在未来的某天，阿佛洛狄忒在伊利索斯河畔的圣所——"花园中的"阿佛洛狄忒天空圣所也会被发现，那肯定是苏格拉底很熟悉的一处圣所。

3　Dillon (2003), 57–58.

4　Pausanias, 1.27.3.

5　对这一安排的可能性的论述，见 Rosenzweig (2007), p.18。在本附录中，我极为仰仗罗森兹维格（Rosenzweig）的见解。

6　1980–1982, 美国雅典古典研究学院。

7　铭文中还写着供奉者的名字。"斯坎博尼代区（Skambonidai）的亚勒伯托斯（Alypetos）之子亚基诺斯（Archinos）及其母米尼克拉提亚（Menekrateia），即伊卡利亚岛（ikaria）的德克西克拉提斯（Dexikrates）之女、阿佛洛狄忒的女祭司。"公元前 4 世纪中叶。IG II^2 4596; Beschi (1967/1968), p.522; Hansen (1989), p.186, no. 775。

8　当然，阿提卡的其他地区也崇拜阿佛洛狄忒：比雷埃夫斯以东的法勒隆湾（Bay of Phaleron）、伊利索斯河流域和北部的达夫尼（Daphni）。她在阿提卡至少有 8 座由国家资助的神殿。

9　赫卡通巴翁月（Hecatombaeon）的第 4 天和穆里齐翁月（Munichion）的第 4 天。

10　我们可以从米南德（Menander）的新喜剧《奉承者》（*The Flatterer*）中了解这些仪式是如何举行的，此例是当月第 4 天为阿佛洛狄忒举行的仪式。这些雅典人——这次是一个名为提特拉迪斯泰（Tetradistai）的阿佛洛狄忒崇拜者公会——还雇用了一名专业的供奉者。

11　Plato, *Symposium*, 211b-c. Trans. W. Hamilton (1951).

12　Plato, *Gorgias*, 508a. Trans. D. J. Zeyl (1997) [adapt.]。

437　13　Plato, *Philebus*, 28d–30c.

14　对这一安排的可能性的论述，可参见 Rosenzweig (2007), 18。

15　Plato, *Phaedrus*, 251b. Trans. H. N. Fowler [LCL]；Plato, *Symposium*, 177e; Xenophon, *Symposium*, 8.2.

附录2　厄琉息斯秘仪

1　Cat. ref. 4011. 感谢科斯莫普洛斯（Cosmopoulos）教授给我提供了这一参照信息，还花时间向我介绍了该遗址的各个方面。

2　不过奴隶似乎也有可能参与其中。

3　埃斯库罗斯家乡所属的德莫区就是厄琉息斯。

4　见 Parker (2007), 46ff。

5　Plato, *Phaedrus*, 250c; Plutarch, Frag. 178; 这两处都被帕克引用了，见 Parker (2007), 354–355。

6　厄琉息斯既是灵魂的圣所，也能很方便地成为人身的庇护所。这个建筑群周围有一圈设防的围墙。薛西斯的大军在公元前 479 年摧毁了它，但作为伯里克利宏大的公关活动的一部分，它又得以大力重建，并在 30 年内再度保障了希腊人的安全。一旦雅典在公元前 404（或前 403）年重新恢复民主制，厄琉息斯就成了寡头们的避难所（直到公元前 401 年）。如果那些个人政治史晦暗不明的人在雅典觉得不愉快，那他们肯定能安全地进入厄琉息斯。

7　到苏格拉底的时代，厄琉息斯已经是一个跨越了千年的重大仪式场所了。有关厄琉息斯和厄琉息斯秘仪的精彩描述，见 Cosmopoulos (2003)。厄琉息斯就是苏格拉底扬言要扰乱的雅典仪式生活中不可避免的节奏的一个典型。他受审的时机也确实扰乱了人们在历法和天象方面的节奏。

参考文献

古代文献与译本

ARISTOPHANES, *Birds; Lysistrata; Women at the Thesmophoria: Birds, Lysistrata, Women at the Thesmophoria;* translated by J. Henderson. Cambridge, MA: Harvard University Press; London: William Heinemann Ltd. 2000.

ARISTOPHANES, *Clouds:* Clouds/Aristophanes; edited with translation and notes by A. H. Sommerstein. Warminster: Aris & Phillips. 1982.

ARISTOPHANES, *Wasps: Aristophanes' Wasps;* edited with introduction and commentary by Douglas M. MacDowell. Oxford: Clarendon Press. 1971.

ATHENAEUS, *The Deipnosophists: The Learned Banqueters*, translated by S. D. Olson. Cambridge, MA: Harvard University Press. 2007.

AULUS GELLIUS, *The Attic Nights: The Attic Wights*/Aulus Gellius; translated by J. C. Rolfe. London: W. Heinemann. 1927.

CALLIMACHUS/, *Hymns and Epigrams: Hymns and Epigrams*/ Callimachus; translated by A. W. Mair. London: Heinemann. 1955.

CALLIMACHUS, *Hymn to Delos: Callimachus*, Hymn to Delos; introduction and commentary by W. H. Mineur. Leiden: E. J. Brill. 1984.

DIOGENES LAERTIUS, *Lives of Eminent Philosophers: Lives of Eminent Philosophers*/ Diogenes Laertius; translated by R. D. Hicks. London: W.

Heinemann. 1925.

DIOGENES LAERTIUS, *Lives of Eminent Philosophers: The Lives and Opinions of Eminent Philosophers;* translated by C. D. Yonge. London: George Bell and Sons. Reprinted in original format by Kessinger Publishing. 1901.

EURIPIDES, *Selected Fragmentary Plays: Euripides: Selected Fragmentary Plays: Philoctetes, Alexandros (with Palamedes and Sisyphus), Oedipus, Andromeda, Hypsipyle, Antiope, Archelaus,* volume two; with introductions, translations and commentaries by C. Collard, M. J. Cropp, K. H. Lee. Warminster: Aris & Phillips. 2004.

ISOCRATES: *Isocrates* in three volumes; translated by L. V Hook. Cambridge, MA: Harvard University Press; London: William Heinemann Ltd. 1986.

PANAETIUS: *Panaetii Rhodii Fragmenta;* edited by M. van Straaten. Leiden: E. J. Brill. 1952.

PAUSANIAS, *Description of Greece: Description of Greece/* Pausanias in four volumes; translated by W. H. S. Jones and H. A. Ormerod. Cambridge, MA: Harvard University Press; London: William Heinemann Ltd. 1918.

PAUSANIAS, *Description of Greece: Pausanias's Description of Greece* in six volumes; translated with commentary by J. G. Frazer. London: Macmillan. 1898.

PLATO, *Crito: Plato: Crito;* with introduction and commentary by C. Emlyn-Jones. London: Duckworth/Bristol Classical Press. 1999.

PLATO, *Euthyphro; Apology; Crito; Phaedo; Phaedrus: Euthyphro; Apology; Crito; Phaedo; Phaedrus;* translated by H. N. Fowler and introduced by W. R. M. Lamb. Cambridge, MA: Harvard University Press; London: Heinemann. 1960.

PLATO, *Laches; Protagoras; Meno; Euthydemus: Laches; Protagoras; Meno; Euthydemus/*Plato; translated by W. R. M. Lamb. London: William Heinemann Ltd. 1924.

PLATO, *Laws: Laws* in twelve volumes, vols. 10 & 11 translated by R. G. Bury. Cambridge, MA: Harvard University Press; London: William Heinemann Ltd. 1967 & 1968.

PLATO, *Phaedo: Plato: the Phaedo;* edited with introduction and notes by W. D. Geddes. London: Macmillan 1863.

PLATO, *Protagoras: Protagoras/* Plato; edited by N. Denyer. Cambridge: Cambridge University Press. 2008.

PLATO, *Republic: Plato Republic* 1–2.368c4; with introduction, translation and commentary by C. Emlyn-Jones. Oxford: Aris and Philips Classical Texts, Oxbow Books. 2007.

PLATO, *The Statesman; Philebus; ion: The Statesman; Philebus; Ion/* Plato; translated by H. N. Fowler. London: W. Heinemann Ltd. 1925.

PLUTARCH, *Lives: Lives* volumes 1 and 2; translated by B. Perrin. London: W. Heinemann. 1914 and 1948.

PSEUDO-XENOPHON, *Constitution of the Athenians: The Old Oligarch: Pseudo-Xenophon's 'Constitution of the Athenians'* 2nd ed. with introduction, translation and commentary by R. Osborne. London: London Association of Classical Teachers. 2004.

SCHOLIA ON ARISTOPHANES: *Scholia Graeca in Aristophanem, cum prolegomenis grammaticorum, varietate lectionis optimorum codicum integra, ceterorum selecta, annotatione criticorum item selecta, cui sua quaedam inseruit* edited by F. Dübner. Paris: Firmin Didot. 1842.

SENECA THE ELDER: *L. Annaei Senecae ludus de morte Claudii, Epigrammata super exilio;* edited by F. Haase. Lipsiae: in aedibus B.G. Teubneri. 1902.

XENOPHON, *Memorabilia; Oeconomicus; Symposium; Apology: Memorabilia; Oeconomicus; Symposium; Apology;* translated by E. C. Marchant and O. J. Todd. Cambridge, MA: Harvard University Press; London: Heinemann. 1923.

译本与评论

埃斯基涅斯
Aeschines:
Davidson, J. (2007) *The Greeks and Greek love: a radical reappraisal of homosexuality in Ancient Greece.* London: Weidenfeld and Nicolson.

Aeschines, *Against Timarchus*:
Fisher, N. (2001) *Aeschines. Against Timarchus.* Oxford: Oxford University Press.

埃斯库罗斯

Aeschylus, *Eumenides*:

Morshead, E. D. A., from The Internet Classics Archive: http://classics.mit. edu/Aeschylus/eumendides.html

Vellacott, P. (1956) *The Oresteian trilogy: Agamemnon, The Choephori, The Eumenides*. Harmondsworth: Penguin.

Aeschylus, *The Persians*:

Smyth, H. W. (1973) *Aeschylus. Vol. I*. Cambridge, MA: Harvard University Press. Loeb Classical Library [LCL] .

Vellacott, P. (1961) *Aeschylus. Prometheus bound; The Suppliants; Seven against Thebes; The Persians*. Harmondsworth: Penguin.

安多基德斯

Andocides, *Against Alcibiades*:

Maidment, K. J. (1941) *Minor Attic Orators. Vol I*. London: W. Heinemann. LCL.

阿里斯托芬

Aristophanes, *Acharnians*:

Allen, D. (1996) −A Schedule of Boundaries: An Exploration, launched from the Water-Clock, of Athenian Time' in *Greece and Rome* 43.

Henry, M. M. (1995) *Prisoner of history: Aspasia of Miletus and her biographical tradition*. Oxford: Oxford University Press.

Aristophanes, *Birds*:

Henderson, J. (2000) *Birds. Lysistrata. Women at the Thesmophoria*. Cambridge, MA: Harvard University Press. LCL.

Rogers, B. B. (1930) *The Birds of Aristophanes: the Greek text revised, with a translation into corresponding metres, introduction and commentary*. London: Bell.

Sommerstein, A. H. (1987) *Aristophanes: Birds*. Warminster: Aris and Phillips.

Aristophanes, *Clouds*:

McLeish, K. (1979) *Aristophanes. Clouds. Women in Power. Knights*. Cambridge: University of Cambridge Press.

Sommerstein, A. H. (1973) *Aristophanes. Lysistrata. The Acharnians. The*

Clouds. London: Penguin.

Aristophanes, *Ecclesiazusae, Peac and Wasps*:

O'Neill Jr, E. (1938) *Aristophanes. The Complete Greek drama. Vol. 2.* New York: Random House.

Aristophanes, *Frogs*:

Barrett, D. (1964) *Aristophanes. The Frogs and other plays.* Harmondsworth: Penguin.

Henderson, J. (2008) *Aristophanes: Frogs*. Newburyport, MA: Focus Publishing/R Pullins and Co.

Murray, G. (1908) *The Frogs of Aristophanes*. London: George Allen & Unwin.

Theodoridis, G. http://www.poetryintranslation.com/PITBR/Greek/FrogsActIISceneIII.htm

亚里士多德

Aristotle, *Athenian Constitution*:

Rhodes, P. J. (1984) *Aristotle. The Athenian Constitution.* London: Penguin.

Aristotle, *Politics*:

Barnes, J. in S. Everson (ed.) (1996) *Aristotle. The Politics and the Constitution of Athens*. Cambridge: Cambridge University Press.

Sinclair, T. A., revised by T. J. Saunders (1981) *Aristotle. The Politics.* Harmondsworth: Penguin.

Aristotle, *Rhetoric*:

Lawson-Tancred, H. C. (1991) *Aristotle. The Art of Rhetoric*. London: Penguin.

奥卢斯·格利乌斯

Aulus Gellius, *Attic Nights*:

J. C. Rolfe (1927) *The Attic Nights of Aulus Gellius.* London: W. Heinemann; Cambridge, MA: Harvard University Press. LCL.

阿克西奥库斯

Axiochus:

Hershbell, J. P. in J. M. Cooper (ed.) (1997) *Complete works / Plato.*

Indianapolis: Hackett Publishing.

肯索里努斯

Censorinus, *De Die Natali*:

Parker, H. N. (2007) *The Birthday Book; Censorinus*. Chicago: University of Chicago Press.

克拉提努斯

Cratinus, *Cheirons*:

Henry, M. M. (1995) *Prisoner of History: Aspasia of Miletus and her Biographical Tradition*. Oxford: Oxford University Press.

第欧根尼·拉尔修

Diogenes Laertius, *Lives of Eminent Philosophers*:

Hicks, R. D. (1925) *Lives of Eminent Philosophers*. Cambridge, MA: University of Harvard Press. LCL.

Munn, M. (2000) *The School of History. Athens in the Age of Socrates*. Berkeley: University of California Press.

Yonge, C. D. (1853) *The Lives and Opinions of Eminent Philosophers by Diogenes Laertius*. London: Henry G. Bohn.

欧里庇得斯

Euripides, *Hecuba*:

Coleridge, E. P. in W. J. Oates and E. O'Neill Jr (eds.) (1938) *Euripides. The Complete Greek Drama in two volumes. Vol. I. Hecuba*. New York: Random House.

Euripides, *Hippolytus*:

Kovacs, D. (1995) *Children of Heracles. Hippolytus. Andromache. Hecuba*. Cambridge, MA: Harvard University Press. LCL.

Vellacott, P. (1953) *Three plays: Hippolytus, Iphigenia in Tauris, Alcestis. Euripides*. Harmondsworth: Penguin.

Euripides, *Orestes*:

Blundell, S. (1995) *Women in Ancient Greece*. London: British Museum Press.

Euripides, *Phoenician Women*:

Murray, G. (1913) *Euripides. Euripidis Fabulae*. Oxford: Clarendon Press. [Perseus Trans.] .

Wilson, A. See website: http://www.users.globalnet.co.uk/~loxias/phoenissae.html

Euripides, *The Suppliant Women*:

Vellacott, P. (1972) *Euripides. Orestes and Other Plays*. Harmondsworth: Penguin.

Euripides, *Women of Troy*:

Vellacott, P. (1973) *The Bacchae and Other Plays. Euripides*. Harmondsworth: Penguin.

高尔吉亚

Gorgias, *Helen*:

Sprague, R. K. (ed.) (2001) *The Older Sophists*. Indianapolis: Hackett Publishing.

希罗多德

Herodotus:

De Sélincourt, A. (1954) *The Histories. Herodotus*. Harmondsworth: Penguin.

Godley, A. D. (1920) *The Persian Wars*. Cambridge, MA: Harvard University Press. LCL.

Purvis, A. (2007) in R. B. Strassler, *The Landmark Herodotus: The Histories*. New York: Pantheon.

赫西俄德

Hesiod, *Works and Days*:

Evelyn-White, H. G. (1914) *Hesiod, Homeric Hymns and Homerica*. London: Heinemann.

Most, G. W. (2006) *Hesiod. Theogony. Works and Days. Testimonia*. Cambridge, MA: Harvard University Press. LCL.

Tandy, D. W. and Neale, W. C. (1996) *Hesiod's Works and Days*. Berkeley, CA: University of California Press.

Wender, D. (1973) *Hesiod. Theogony. Works and Days. Theognis. Elegies.* London: Penguin.

荷马

Homer, *Iliad*:

Butler, S. [Perseus edition – http://www.perseus.tufts.edu/hopper/text?doc= Perseus:text:1999.01.0134] .

伊索克拉底

Isocrates, *Address to the Areopagus*:

Mirhady, D. C. and Yun Lee Too (2000) *Isocrates Vol. I.* Austin: University of Texas Press.

Norlin, G. (1980) *Isocrates. Vol. 2.* Cambridge, MA: Harvard University Press. LCL.

吕西亚斯

Lysias, *Simon*:

Lamb, W. R. M. (1930) *Lysias.* Cambridge, MA: Harvard University Press. LCL.

Todd, L. S. (2000) *Lysias.* Austin: University of Texas Press.

品达

Pindar, *Nemean Odes*:

Lattimore, R. (1959) *The Odes of Pindar.* Chicago: University of Chicago Press.

Pindar, *Pythian Odes*:

Gildersleeve, B. L. (1890) *Pindar. The Olympian and Pythian Odes.* London: Macmillan.

柏拉图

Plato, *Alcibiades I*:

Hutchinson, D. S. in J. M. Cooper (ed.) (1997) *Complete works / Plato.* Indianapolis: Hackett Publishing.

Lamb, W. R. M. (1927) *Plato. Charmides. Alcibiades I and II. Hipparchus. The Lovers. Theages. Minos. Epinomis.* Cambridge, MA: Harvard University Press. LCL.

Plato, *Apology*:

Brickhouse, T. C. and N. D. Smith (2002) *The Trial and Execution of Socrates. Sources and Controversies*. Oxford: Oxford University Press.

Fowler, H. N. (1914) *Plato. Euthyphro, Apology, Crito, Phaedo, Phaedrus*. Cambidge, MA: Harvard University Press. LCL.

Grube, G. M. A. in J. M. Cooper (ed.) (1997) *Complete works / Plato*. Indianapolis: Hackett Publishing.

Jowett, B. (1953) *The Dialogues of Plato*. Oxford: Clarendon Press.

Tredennick, H. (1954) *Plato. The Last Days of Socrates*. London: Penguin.

Tredennick, H. in E. Hamilton and H. Cairns (eds.) (1973) *The Collected Dialogues of Plato*. Princeton, NJ: Princeton University Press.

Plato, *Charmides*:

Jowett, B. (1953) *The Dialogues of Plato*. Oxford: Clarendon Press.

Plato, *Crito*:

Fowler, H. N. (1914) *Plato. Euthyphro, Apology, Crito, Phaedo, Phaedrus*. Cambridge, MA: Harvard University Press. LCL.

Grube, G. M. A. in J. M. Cooper (ed.) (1997) *Complete works / Plato*. Indianapolis: Hackett Publishing.

Plato, *Euthyphro*:

Brickhouse, T. C. and Smith, N. D. (2002) *The Trial and Execution of Socrates. Sources and Controversies*. Oxford: Oxford University Press.

Fowler, H. N. (1914) *Plato. Euthyphro, Apology, Crito, Phaedo, Phaedrus*. Cambridge, MA: Harvard University Press. LCL.

Plato, *Gorgias*:

Lamb, W. R. M. (1925) *Plato. Lysis, Symposium, Gorgias*. Cambridge, MA: Harvard University Press. LCL.

Zeyl, D. J. in J. M. Cooper (ed.) (1997) *Complete works / Plato*. Indianapolis: Hackett Publishing.

Plato, *Hippias Minor*:

Lamb, W. R. M. (1926) *Volume IV. Cratylus. Parmenides. Greater Hippias. Lesser Hippias*. Cambridge, MA: Harvard University Press. LCL.

Plato, *Ion*:

Lamb, W. R. M. (1925) *Plato. Statesman. Philebus. Ion*. Cambridge, MA:

Harvard University Press. LCL.

Saunders, T. J. (ed.) (1987) *Early Socratic Dialogues*. London: Penguin.

Plato, **Laches**:

Jowett, B. (1953) *The Dialogues of Plato I*. Oxford: Clarendon Press.

Plato, **Laws**:

Saunders, T. J. (1975) *Plato: The Laws*. Harmondsworth: Penguin.

Plato, **Lysis**:

Jowett, B. (1953) *The Dialogues of Plato I*. Oxford: Clarendon Press.

Lamb, W. R. M. (1925) *Plato. Lysis, Symposium, Gorgias*. Cambridge, MA: Harvard University Press. LCL.

Lombardo, S. in J. M. Cooper (ed.) (1997) *Complete works / Plato*. Indianapolis: Hackett Publishing.

Plato, **Menexenus**:

Bury, R. G. (1929) *Plato. Timaeus. Critias. Cleitophon. Menexenus. Epistles*. Cambridge, MA: Harvard University Press. LCL.

Jowett, B. (1953) *The Dialogues of Plato*. Oxford: Clarendon Press.

Plato, **Meno**:

Guthrie, W. K. C. (1956) *Plato. Protagoras and Meno*. London: Penguin.

Lamb, W. R. M. (1924) *Plato. Laches, Protagoras, Meno, Euthydemus*. Cambridge, MA: Harvard University Press. LCL.

Plato, **Parmenides**:

Cornford, F. M. in E. Hamilton and H. Cairns (eds.) (1973) *The Collected Dialogues of Plato*. Princeton, NJ: Princeton University Press.

Gill, M. L. and P. Ryan in J. M. Cooper (ed.) (1997) *Complete works / Plato*. Indianapolis: Hackett Publishing.

Plato, **Phaedo**:

Fowler, H. N. (1914) *Plato. Euthyphro, Apology, Crito, Phaedo, Phaedrus*. Cambridge, MA: Harvard University Press. LCL.

Jowett, B. (1953) *The Dialogues of Plato Vol. I*. Oxford: Clarendon Press.

Tredennick, H. (1954) *Plato. The Last Days of Socrates*. London: Penguin.

Plato, **Phaedrus**:

Fowler, H. N. (1914) *Plato. Euthyphro, Apology, Crito, Phaedo, Phaedrus*. Cambridge, MA: Harvard University Press. LCL.

Jowett, B. (1953) *The Dialogues of Plato I*. Oxford: Clarendon Press.

Plato, **Protagoras**:

Jowett, B. (1953) *The Dialogues of Plato Vol. I*. Oxford: Clarendon Press.

Lamb, W. R. M. (1924) *Plato. Laches. Protagoras. Meno. Euthydemus*. Cambridge, MA: Harvard University Press. LCL.

Plato, **Republic**:

Grube, G. M. A. revised by C. D. C. Reeve in J. M. Cooper (ed.) (1997) *Complete works / Plato*. Indianapolis: Hackett Publishing.

Jowett, B. (1953) *The Dialogues of Plato*. Oxford: Clarendon Press.

Shorey, P. (1930) *Plato's Republic I*. Cambridge, MA: Harvard University Press. LCL.

Waterfield, R. (1993) *Plato. Republic*. New York: Oxford University Press.

Plato, **Sophist**:

Cornford, F. M. in E. Hamilton and H. Cairns (eds.) (1973) *The Collected Dialogues of Plato*. Princeton, NJ: Princeton University Press.

Plato, **Symposium**:

Gill, C. (1999) *Plato. The Symposium*. London: Penguin.

Hamilton, W (1951) *Plato. The Symposium*. Harmondsworth: Penguin.

Jowett, B. (1953) *The Dialogues of Plato I*. Oxford: Clarendon Press.

Joyce, M. (1935) *Plato's Symposium, or, The Drinking Party*. London: Dent.

Lamb, W. R. M. (1925) *Plato. Lysis, Symposium, Gorgias*. Cambridge, MA: Harvard University Press. LCL.

Nehamas, A. and P. Woodruff in J. M. Cooper (ed.) (1997) *Complete works / Plato*. Indianapolis: Hackett Publishing.

Reeve, C. D. C. (ed. and trans.) (2006) *Plato on Love*. Indianapolis: Hackett Publishing.

Plato, **Theaetetus**:

Levett, M. J., revised by M. Burnyeat (1990) *The Theaetetus of Plato*. Indianapolis: Hackett Publishing.

普鲁塔克

Plutarch, **Agesilaus**:

Davidson, J. (2007) *The Greeks and Greek Love: a radical reappraisal of homosexuality in Ancient Greece*. London: Weidenfeld and Nicolson.

Shipley, D. R. (1997) *A Commentary on Plutarch's life of Agesilaos: response to sources in the presentation of character*. Oxford: Clarendon Press.

Plutarch, *Life of Alcibiades*:

Perrin, B. (1916) *Lives IV*. Cambridge, MA: Harvard University Press. LCL.

Plutarch, *Life of Pericles*:

Scott-Kilvert, I. (1960) *Plutarch. The Rise and Fall of Athens: nine Greek lives*. Harmondsworth: Penguin.

Waterfield, R. (2008) *Greek lives: a selection of nine Greek lives. Plutarch*. Oxford: Oxford University Press.

伯利埃努斯

Polyaenus, *Strategemata*:

Joyce, M. in E. Hamilton and H. Cairns (eds.) (1973) *The Collected Dialogues of Plato*. Princeton, NJ: Princeton University Press.

Kagan, D. (1991) *The Peace of Nicias and the Sicilian Expedition*. New York: Cornell University Press.

波菲利

Porphyry, *On Abstinence From Killing Animals*:

Clark, G. (2000) *Porphyry. On Abstinence from Killing Animals*. London: Duckworth.

萨福

Sappho, *Fragments*:

Duffy, C. A. (2009) *Stung with Love: poems and fragments of Sappho*. London: Penguin.

Wharton, H. T. (1885) *Sappho: memoir, text, selected readings and a literal translation*. London: Stott.

索福克勒斯

Sophocles, *Ajax*:

Moore, J. in D. Grene and R. Lattimore (eds.) (1954) *Sophocles. Vol. II*.

London; Chicago: University of Chicago Press.

Sophocles, *Oedipus the King*:

Berg, S. and Clay, D. (1978) *Oedipus the King: The Greek Tragedy in New Translations*. New York: Oxford University Press.

Sophocles, *Women of Trachis*:

Jebb, R. C. (1892) *Sophocles. The Plays and Fragments with critical notes, commentary and translation in English prose. Part V. The Trachinae*. Cambridge: Cambridge University Press.

泰奥格尼斯
Theognis:

Bing, P. and Cohen, R. (1991) *Games of Venus: An Anthology of Greek and Roman Erotic Verse from Sappho to Ovid*. London: Routledge.

Hubbard, T. K. (ed.) (2003) *Homosexuality in Greece and Rome. A Sourcebook of Basic Documents*. Berkeley: University of California Press.

修昔底德
Thucydides:

Crawley, R. (1910) *Thucydides, The Peloponnesian War*. London: J. M. Dent; New York: E. P. Dutton.

Hammond, M. (2009) *Thucydides. The Peloponnesian War*. New York; Oxford: Oxford University Press.

Kagan, D. (1981) *The Peace of Nicias and the Sicilian Expedition*. New York: Cornell University Press.

Smith, C. F. (1919) *Thucydides. History of the Peloponnesian War*. Cambridge, MA: Harvard University Press. LCL.

Warner, R. (1972) *History of the Peloponnesian War. Thucydides*. Harmondsworth: Penguin.

Woodruff, P. (1993) *On justice, Power, and Human Nature: the Essence of Thucydides' History of the Peloponnesian War*. Indianapolis; Cambridge: Hackett Publishing.

提尔泰奥斯

Tyrtaios, *Fragment*:

Lattimore, R. (1955). *Greek Lyrics*. Chicago: University of Chicago Press.

色诺芬

Xenophon:

Bysshe, E. (1747) *The Memorable Thoughts of Socrates*. George Faulkner: Dublin.

H. Tredennick and R. Waterfield (1990) *Xenophon. Conversations of Socrates*. London: Penguin.

Xenophon, *Anabasis*:

Brownson, C. L. (1922, rev. J. Dillery 1998) *Anabasis, Xenophon*. Cambridge, MA: Harvard University Press.

Xenophon, *Apology*:

Martinez, J. A. in T. C. Brickhouse and N. D. Smith (2002) *The Trial and Execution of Socrates. Sources and Controversies*. Oxford: Oxford University Press.

Todd, O. J. in E. C. Marchant and O. J. Todd (1992) *Memorabilia, Oeconomicus, Symposium, Apology*. Cambridge, MA: Harvard University Press. LCL.

Tredennick, H. and R. Waterfield, (1990) *Conversations of Socrates. Xenophon*. London: Penguin.

Xenophon, *Hellenica*:

Brownson, C. L. (1918) *Xenophon. Hellenica. Books 1–4*. Cambridge, MA: Harvard University Press. LCL.

Marincola, J. (2009) in R. S. Strassler (ed.) *Landmark Xenophon's Hellenica*. New York: Pantheon.

Warner, R. (1966, rev. G. Cawkwell 1979) *Xenophon. A History of My Times*. Harmondsworth: Penguin.

Xenophon, *Memorabilia*:

Fogel, J. in T. C. Brickhouse and N. D. Smith (2002) *The Trial and Execution of Socrates. Sources and Controversies*. Oxford: Oxford University Press.

Gutenberg Project. 1889 Cassell and Company edition by David Price. (http://

www.gutenberg.org/files/17490/17490-h/17490-h.html)

Marchant, E. C. in E. C. Marchant and O. J. Todd (1992) *Memorabilia, Oeconomicus, Symposium, Apology*. Cambridge, MA: Harvard University Press. LCL.

Tredennick, H. and Waterfield, R. (1990) *Xenophon. Conversations of Socrates*. London: Penguin.

Xenophon, *Oeconomicus*:

Blundell, S. and Williamson, M. (1998) *The Sacred and the Feminine in Ancient Greece*. London: Routledge.

Dakyns, H. G. (1890) *The Works of Xenophon*. London: Macmillan.

Marchant, E. C. in E. C. Marchant and O. J. Todd (1992) *Memorabilia, Oeconomicus, Symposium, Apology*. Cambridge, MA: Harvard University Press. LCL.

Pomeroy, S. (1994) *Xenophon. Oeconomicus: A Social and Historical Commentary*. Oxford: Clarendon Press.

Xenophon, *Symposium*:

Todd, O. J. in E. C. Marchant and O. J. Todd (1992) *Memorabilia, Oeconomicus, Symposium, Apology*. Cambridge, MA: Harvard University Press. LCL.

Xenophon, *The Cavalry Commander*:

Marchant, E. and Bowersock, G. W. (1925) *Xenophon. Scripta Minora*. Cambridge, MA: Harvard University Press. LCL.

Waterfield, R. and Cartledge, P. (1997) *Hiero the Tyrant and Other Treatises*. London: Penguin.

西番雅书

Zephaniah:

Holy Bible, New Living Translation, copyright 1996. Used by permission of Tyndale House Publishers, Inc., Wheaton, Illinois 60189.

男青年的誓言

Oath of Ephebes:

Rhodes, P. J. and Osborne, R. (2003) *Greek Historical Inscriptions*. New York: Oxford University Press.

Samons, L. J. (2004) *What's Wrong with Democracy? From Athenian Practice to American Worship*. Berkeley: University of California Press.

另一些著作

Ahbel-Rappe, S. and Kamtekar, R. (eds.) (2006) *A Companion to Socrates*. Oxford: Blackwell Publishing.

Alexander, J. A (1963) *Potidaea: Its History and Remains*. Athens: University of Georgia Press.

Allen, D. S. (2000) *The World of Prometheus: The Politics of Punishing in Democratic Athens*. Princeton, NJ: Princeton University Press.

Alon, I (1995) *Socrates Arabus: Life and Teachings*. Jerusalem: The Hebrew University of Jerusalem.

Anderson, M. (2005) 'Socrates as Hoplite' in *Ancient Philosophy* 25: 273–289.

Armstrong, A. H. (1965) *An Introduction to Ancient Philosophy*. London and USA: Methuen.

Arnold, I. R. (1933) 'Local Festivals at Delos' in *American Journal of Archaeology* 37: 452–458.

Atchley, S. C. (1938) *Wild Flowers of Attica*. Oxford: Clarendon Press.

Ault, B. A. (2005) 'Housing the Poor and the Homeless in Ancient Greece' in B. A. Ault and L. C. Nevett (eds.) *Ancient Greek Houses and Households: Chronological, Regional, and Social Diversity*. Philadelphia: University of Pennsylvania Press: 140–159.

Austin, C. and S. D. Olson (2004) *Aristophanes* Thesmophoriazusae (Oxford/ New York: OUP).

Aveni, F. A. and Ammerman, A. (2001) 'Early Greek Astronomy in the Oral Tradition and the Search for Archaeological Correlates' in *Archaeoastronomy* 16: 83–97.

Bailey, D. M. (1974) 'A Caricature of Socrates' in *American Journal of Archaeology* 78: 426.

Baumann, H. (1993) *Greek Wild Flowers and Plant Lore in Ancient Greece*; translated and augmented by W. T. Stearn and E. R. Stearn. London: Herbert Press.

Beard, M. (2002) *The Parthenon*. London: Profile Books.

Bell, A. (2004) *Spectacular Power in the Greek and Roman City*. New York: Oxford University Press.

Benson, L. D. (ed.) (3rd edn. 1987) *The Riverside Chaucer*. Boston: Houghton Mifflin.

Bernal, M. (1996) *Black Athena: The Afroasiatic Roots of Classical Civilization. Volume II: The Archaeological Evidence*. New Brunswick, NJ: Rutgers University Press.

Bers, V. (1985) 'Dikastic *Thorubos*' in P. A. Cartledge and F. D. Harvey (eds.) *Crux: Essays in Greek History Presented to G.E.M. de Ste. Croix on His 75th Birthday*. London: Duckworth: 1–15.

Beschi, L. (1967/8) 'Contributi di Topographia Ateniese' ASAtene 45/46: 511–536.

Bicknell, P. J. 'Axiochus Alkibiadou, Aspasia and Aspasios' in *Acta Classica* 51: 240–250.

—— (1982) (1974) 'Sokrates' Mistress Xanthippe' in *Apeiron* 8: 1–5.

Billington, S. and Green, M. (eds.) (1996) *The Concept of the Goddesses*. London and New York: Routledge.

Bloch, E. (2002) 'Hemlock Poisoning and the Death of Socrates. Did Plato tell the truth?' in T. C. Brickhouse and N. D. Smith, *The Trial and Execution of Socrates. Sources and Controversies*. Oxford: Oxford University Press.

Blundell, S. (1995) *Women in Ancient Greece*. London: British Museum Press.

—— and Williamson, M. (eds.) (1998) *The Sacred and the Feminine in Ancient Greece*. London and New York: Routledge.

Boardman, J. (1990) '*Symposion* Furniture' in O. Murray (ed.) *Sympotica: A Symposium on the Symposion*. Oxford: Clarendon Press: 122–131.

Boedeker, D. and Raaflaub, K. A. (eds.) (1998) *Democracy, Empire, and the Arts in Fifth-Century Athens*. Cambridge, MA: Harvard University Press.

Boegehold, A. L. (1995) *The Lawcourts at Athens: Sites, Buildings, Equipment, Procedure, and Testimonia; with Contributions by John McK. Camp II*. Princeton, NJ: American School of Classical Studies at Athens.

Boersma, J. S. (1970) *Athenian Building Policy from 561/0 to 405/4 B.C.* Groningen: Wolters-Noordhoff Publishing.

Brickhouse, T. C. and Smith, N. D. (2004) *Routledge Philosophy Guidebook* to Plato and the Trial of Socrates. London: Routledge.

—— (2002) The Trial and Execution of Socrates: Sources and Controversies. Oxford: Oxford University Press.

Bringmann, K. (1971) 'Xenophons Hellenika und Agesilaos. Zu ihrer Entstehungsweise und Datierung', Gymnasium 78: 224–241.

Broad, W. J. (2006) The Oracle: The Lost Secrets and Hidden Message of Ancient Delphi. New York: Penguin.

Broneer, O. T. (1941) The Lion Monument at Amphipolis. Cambridge, MA: Harvard University Press.

Bruit Zaidman, L., Schmitt Pantel, P., and Cartledge, P. (1992) Religion in the Ancient Greek City; translated by Paul Cartledge. Cambridge: Cambridge University Press.

Bruneau, P. (2006) Etudes d'archéologie délienne in Bulletin de Correspondance Hellénique. Supplément: 47. Athens: école française d'Athènes.

Brunschwig, J. and Lloyd, G. E. R. with the collaboration of Pierre Pellegrin (eds.) (2000) Greek Thought: A Guide to Classical Knowledge; translated under the direction of C. Porter. Cambridge, MA: The Belknap Press of Harvard University Press.

Brunt, P. A. (1993) Studies in Greek History and Thought. Oxford: Clarendon Press.

Bryan, W. F. and Dempster, G. (1958) Sources and Analogues of Chaucer's Canterbury Tales. New York: Humanities Press.

Bühler, W. (ed.) (1999) Zenobii Athoi proverbia/vulgari ceteraque memoria aucta edidit et enarravit Winfried Bühler, vol. 5: Libri secundi proverbia 41–108 complexum. Gottingae [Göttingen] : Vandenhoeck & Ruprecht.

Burger, R. (1999) The Phaedo: A Platonic Labyrinth. South Bend, IN: St Augustine's Press. Originally published in New Haven, CT: Yale University Press, 1984.

Burkert, W. (1985) Greek Religion: Archaic and Classical; translated by J. Raffan. Oxford: Blackwell Publishing.

Burr Thompson, D. (1993) An Ancient Shopping Centre: The Athenian Agora. Princeton, NJ: American School of Classical Studies at Athens.

Calame, C. (1997) Choruses of Young Women in Ancient Greece: Their

Morphology, Religious Role and Social Function; translated by D. Collins and J. Orion. London: Rowman and Littlefield.

—— (1996) *Thésée et l'imaginaire athénien: Légende et culte en Grèce antique.* 2nd edn. with corrections. Lausanne: Editions Payot Lausanne.

Cameron, A. and Kuhrt, A. (eds.) (1993) *Images of Women in Antiquity.* London: Routledge.

Camp, J. Mck. (1986. Revised 1999 and April 2010) *The Athenian Agora: Excavations in the Heart of Classical Athens.* London: Thames and Hudson.

—— (1990) *The Athenian Agora: A Guide to the Excavation and Museum* (4th edn.). Athens: American School of Classical Studies at Athens.

—— (2003) *The Athenian Agora: A Short Guide.* Athens: American School of Classical Studies at Athens.

—— (1998) *Horses and Horsemanship in the Athenian Agora.* Athens: American School of Classical Studies at Athens.

Cantarella, E. (2002) *Bisexuality in the Ancient World*; translated by C. ó. Cuilleanáin. New Haven, CT: Yale Nota Bene.

Carey, C. (2001) *Democracy in Classical Athens.* London: Bristol Classical Press.

—— (1997) *Trials from Classical Athens.* London and New York: Routledge.

Cartledge, P. (2009) *Ancient Greek Political Thought in Practice.* Cambridge: Cambridge University Press.

—— (2002) *Sparta and Lakonia: A Regional History 1300 to 362 BC.* London: Routledge.

—— (2001) *Spartan Reflections.* London: Duckworth.

—— (2006) 'Spartan Traditions and Receptions' in *Hermathena* 181: 41–49.

—— (2003) *The Spartans: An Epic History.* London: Macmillan.

—— (2006) *Thermopylae: The Battle that Changed the World.* London: Macmillan.

Coates, J. F., Morrison, J. S. and Rankov, N. B. (2000) *The Athenian Trireme: The History and Reconstruction of an Ancient Greek Warship*; rev. 2nd edn. Cambridge: Cambridge University Press.

Coates, J. F., Platis, S. K. and Shaw, J. T. (1990) *The Trireme Trials 1988: Report on the Anglo-Hellenic Sea Trials of Olympias.* Oxford: Oxbow Books.

Colaiaco, J. A (2001) *Socrates Against Athens: Philosophy on Trial*. New York and London: Routledge.

Colebrook, C. (2004) *Irony*. London and New York: Routledge.

Collard, C., Cropp, M. J., and Lee, K.H. (2004) *Euripides: Selected Fragmentary Plays. Vol. 2, Philoctetes, Alexandros (with Palamedes and Sisyphus), Oedipus, Andromeda, Hypsipyle, Antiope, Archelaus; with Introductions, Translations and Commentaries*. Warminster: Aris & Phillips.

Conacher, D. J. (1998a) *Euripides and the Sophists: Some Dramatic Treatments of Philosophical Ideas*. London: Duckworth.

Connelly, J. B. (2007) *Portrait of a Priestess: Women and Ritual in Ancient Greece*. Princeton, NJ: Princeton University Press.

Connolly P. and Dodge, H. (2001) *The Ancient City: Life in Classical Athens and Rome*. Oxford: Oxford University Press.

Connor, W. R. (1991) 'The Other 399: Religion and the Trial of Socrates' in M. A. Flower and M. Toher (eds.) *Georgica: Greek Studies in Honour of George Cawkwell*. London: University of London, Institute of Classical Studies: 49–56.

Cosmopoulos, M. B. (ed.) (2003) *Greek Mysteries: The Archaeology and Ritual of Ancient Greek Secret Cults*. London and New York: Routledge.

Csapo, E. and Slater, W. J. (1995) *The Context of Ancient Drama*. Ann Arbor: University of Michigan Press.

Davidson, J. (1998) *Courtesans and Fishcakes: The Consuming Passions of Classical Athens*. London: Fontana Press.

—— (2007) *The Greeks and Greek Love: A Radical Reappraisal of Homosexuality in Ancient Greece*. London: Weidenfeld & Nicolson.

Davies, J. K. (2003) 'Democracy without Theory' in P. Derow and R. Parker (eds.), *Herodotus and his World: Essays from a Conference in Memory of George Forrest*. Oxford: Oxford University Press. 319–366.

De Boer, J. Z. and Hale, J. R. (2000) 'The Geological Origin of the Oracles at Delphi, Greece' in *Geological Society Special Publication* 171: 399–412.

—— Hale, J. R. and Chanton, J. (2001) 'New Evidence of the Geological Origins of the Ancient Delphic Oracle (Greece)' in *Geology* 29: 707–710.

Deacy, S. and Pierce, K. F. (eds.) (2002) *Rape in Antiquity: Sexual Violence in the Greek and Roman Worlds*. London: Duckworth.

Dean-Jones, L. (1994) *Women's Bodies in Classical Greek Science*. Oxford: Clarendon.

Deighton, H. J. (1995) *A Day in the Life of Ancient Athens*. Bristol: Bristol Classical Press.

Delebecque, É. (1957) *Essai sur la Vie de Xénophon* (Paris: C. Klincksieck).

Demand, N. (1995) 'Monuments, Midwives and Gynecology' in Ph. J. van der Eijk, H. F. J. Horstmanshoff and P. H. Shrijvers (eds.) *Ancient Medicine in its Socio-Cultural Context*. Amsterdam: Rodopi: 275–291.

Denyer, N. (2008) *Protagoras/* Plato. Cambridge: Cambridge University Press.

Deubner, L. (1932) *Attische Feste* (Berlin: Verlag Heinrich Keller).

Develin, R. (1989) *Athenian Officials 684–321 B.C.* Cambridge: Cambridge University Press.

Dherbey, G. and Gourinat, J. B. (eds.) (2001) *Socrate et les Socratiques*. Paris: J. Vrin.

Dillon, J. (2006) 'Review: G. Betegh's *The Derveni Papyrus: Cosmology, Theology and Interpretation*, Cambridge University Press, 2004' in *Hermathena* 181.

Dillon, M. (2003) *Girls and Women in Classical Greek Religion*. London and New York: Routledge.

Dohrn-van Rossom, G. (1996) *History of the Hour: Clocks and Modern Temporal Orders*. Trans. T. Dunlap. Chicago: University of Chicago Press.

Dorian, L. (2006) 'Xenophon's Socrates' translated by S. Menn in S. Ahbel-Rappe and R. Kamtekar (eds.) (2006) *A Companion to Socrates*. Oxford: Blackwell: 93–109.

Döring, K. (1998) 'Sokrates, die Sokratiker und die von ihnen begründeten Traditionen' in K. von Döring, H. Flashar, G. B. Kerferd, C. Oser-Grote and H. Waschkies (eds.) *Die Philosophie der Antike 2/1: Sophistik, Sokrates, Sokratik, Mathematik, Medizin*. Basel: Schwabe & Co: 139–364.

Dover, K. J. (1996) 'Aristophanes (1)', *OCD*[3] (Oxford/New York: OUP): 163–165.

—— (1968) *Aristophanes* Clouds. Oxford: Clarendon Press.

—— (1993) *Aristophanes* Frogs (Oxford/New York: OUP).

Dowden, K. (1992) *The Uses of Greek Mythology*. London and New York:

Routledge.

Dübner, F. (1842) *Scholia Graeca in Aristophanem, cum prolegomenis grammaticorum, varietate lectionis optimorum codicum integra, ceterorum selecta, annotatione criticorum item selecta, cui sua quaedam inseruit.* Paris: Firmin Didot.

duBois, P. (2010) *Out of Athens. The New Ancient Greeks.* Cambridge, MA: Harvard University Press.

Edelstein, L. (1966) *Plato's Seventh Letter* (Leiden: Brill).

Edmonds III, R. G. (2000) 'Socrates the Beautiful: Role Reversal and Midwifery in Plato's *Symposium*' in *TAPA* 130: 261–285.

Edmunds, L. (2006) 'What was Socrates Called?' in *Classical Quarterly* 56: 414–425.

Emerson, M. (2007) *Greek Sanctuaries: An Introduction.* London: Bristol Classical Press.

Emlyn-Jones, C. (1999) *Plato: Crito.* London: Duckworth/Bristol Classical Press.

—— (2007) *Plato Republic 1–2.368c4.* Oxford: Aris and Phillips Classical Texts, Oxbow Books.

Evans, J. C. (1998) *The History and Practice of Ancient Astronomy.* Oxford: Oxford University Press.

Faraone, C. A. (2002) 'Curses and Social Control in the Law Courts of Classical Athens' in D. Cohen and E. Müller-Luckner (eds.) *Demokratie, Recht und soziale Kontrolle im klassischen Athen.* München: Oldenbourg.

Fernández-Armesto, F. (2001) *Civilisations: Culture, Ambition, and the Transformation of Nature.* New York: The Free Press.

Ferrari, G. R. F. (2005) *City and Soul in Plato's Republic.* Chicago and London: University of Chicago Press.

Figueira, T. J. (1991) *Athens and Aegina in the Age of Imperial Colonization.* Baltimore: Johns Hopkins University Press.

Finley, M. (1973) *The Ancient Economy.* Berkeley: University of California Press.

Fitton, J. W. (1970) 'That was no Lady, that was ⋯' in *Classical Quarterly* 20: 56–66.

Foley, H. P. (2001) *Female Acts in Greek Tragedy.* Princeton, NJ: Princeton

University Press.

—— (1994) *Homeric Hymn to Demeter: Translation, Commentary, and Interpretive Essay*. Princeton, NJ: Princeton University Press.

Forstater, M. (2004) *The Living Wisdom of Socrates*. London: Hodder and Stoughton.

Fraser, P. M. and Matthews, E. (eds.) (1987) *A Lexicon of Greek Personal Names*. Vol. 1. Oxford: Clarendon Press.

Frazer, J. G. (1898) *Pausaniass' Description of Greece*, translated with a commentary. (6 vols). London: Macmillan.

French, A. (1964) *The Growth of the Athenian Economy*. London and New York: Routledge, Taylor & Francis.

Frost, F. J. (1980) 'Plutarch and Theseus' reprinted in F. J. Frost (2005) *Politics and the Athenians: Essays on Athenian History and Historiography*. Toronto: E. Kent.

Gabrielsen, V. (1994) *Financing the Athenian Fleet: Public Taxation and Social Relations*. 68–86. Baltimore; London: Johns Hopkins University Press.

Gale, X. L. (2000) 'Historical Studies and Postmodernism: Rereading Aspasia of Miletus' in *College English* 62.3: 361–386.

Garland, R. (1990) *The Greek Way of Life: From Conception to Old Age*. London: Duckworth.

—— (2001, 2nd edn.) *The Piraeus from the Fifth to the First Century B.C.* London: Duckworth.

Gellrich, M. (1994) 'Socratic Magic: Enchantment, Irony, and Persuasion in Plato's Dialogues' in *Classical World* 87.4: 275–309.

Gerolymatos, A. (1986) *Espionage and Treason: A Study of the Proxenia in Political and Military Intelligence Gathering in Classical Greece*. Amsterdam: J. C. Gieben.

Glenn, C. (1994) 'Sex, Lies and Manuscript: Refiguring Aspasia in the History of Rhetoric' in *College Composition and Communication* 45.2: 180–199.

Godwin, J. (2002) *The Pagan Dream of the Renaissance*. Grand Rapids, MI: Phanes Press, Inc.

Golden, M. (1988) 'Did the Ancients Care when Their Children Died?' in *Greece and Rome* 35.2: 152–163.

Goldhill, S. (2004) *Love, Sex and Tragedy: Why Classics Matters*. London: John Murray.

Goodison, L. and Morris, C. (eds.) (1998) *Ancient Goddesses: The Myths and the Evidence*. London: British Museum Press.

Gottlieb, A. (1971) *Socrates*. London: Phoenix.

Graham, D. W. (2006) *Explaining the Cosmos: The Ionian Tradition of Scientific Philosophy*. Princeton, NJ: Princeton University Press.

—— (2008) 'Socrates on Samos' in *Classical Quarterly* 58: 308–313.

Grant, M. (2001) *The Rise of the Greeks*. London: Phoenix.

Gray, V. J. (ed.) (2007) *Xenophon on Government*. Cambridge: Cambridge University Press.

Greaves, A. M. (2002) *Miletos: A History*. London: Routledge.

Green, J. R. (2001) 'Comic Cuts: Snippets of Action on the Greek Comic Stage' in *Bulletin of the Institute of Classical Studies* 45: 37–64.

—— (1994) *Theatre in Ancient Greek Society*. London: Routledge.

Gress, D. (1998) *From Plato to Nato: The Idea of the West and Its Opponents*. New York: The Free Press.

Guthrie, W. K. C. (2000) *Socrates*. Cambridge: Cambridge University Press.

Hale, J. R. (2010) *Lords of the Sea: The Triumph and Tragedy of Ancient Athens*. London: Gibson Square Books Ltd.

Halliwell, S. (2008) *Greek Laughter: A Study of Cultural Psychology from Homer to Early Christianity*. Cambridge: Cambridge University Press.

Hamel, D. (2003) *Trying Neaira: The True Story of a Courtesan's Scandalous Life in Ancient Greece*. New Haven and London: Yale University Press.

Hannah, R. (2005) *Greek and Roman Calendars: Constructions of Time in the Classical World*. London: Duckworth.

Hansen, M. H. (1999) *The Athenian Democracy in the Age of Demosthenes: Structure, Principles and Ideology*. Translated by J. A. Crook. London: Bristol Classical Press.

—— (2006) *Polis: An Introduction to the Ancient Greek City-State*. Oxford: Oxford University Press.

—— (1989) 'Solonian Democracy in Fourth-Century Athens' in *Classica et Mediaevalia* 40: 71–99.

—— (1995) *The Trial of Sokrates – from the Athenian Point of View.* Copenhagen: Det Kongelige Danske Videnskabernes Selskab.

—— (1989) *Was Athens a Democracy?: Popular Rule, Liberty and Equality in Ancient and Modern Political Thought.* Copenhagen: Royal Danish Academy of Sciences and Letters.

Hanson, A. E. (1991) 'Continuity and Change: Three Case Studies' in S. Pomeroy (ed.) *Women's History and Ancient History.* Chapel Hill; London: University of North Carolina Press: 73–111.

—— (1994) 'A Division of Labor: Roles for Men in Greek and Roman Births' in *Thamyris* 1.2: 157–202.

—— (1975) 'Hippocrates: "Diseases of Women 1" ' in *Signs* 1.2: 567–584.

—— (1996) 'Phaenarete: Mother and *Maia*' in R. Wittern and P. Pellegrin (eds.) *Hippokratische Medizin und antike Philosophie: Verhandlungen des VIII. Internationalen Hippokrates-Kolloquiums in Kloster Banz/Staffelstein vom 23.-28. Sept. 1993.* Hildesheim: Olms: 159–181.

Hanson, V. D. (1998) *Warfare and Agriculture in Classical Greece.* Berkeley and Los Angeles: University of California Press.

—— (2005) *A War Like No Other: How the Athenians and the Spartans Fought the Peloponnesian War.* London: Methuen Publishing Ltd.

Harris, W. V. (1989) *Ancient Literacy.* Cambridge, MA: Harvard University Press.

Hatzilambrou R., Parsons P. J., and Chapa J. (eds.) (2007) *The Oxyrhynchus Papyri LXXI.* London: Egypt Exploration Society.

Hawley, R. and Levick, B. (eds.) (1995) *Women in Antiquity: New Assessments.* London and New York: Routledge.

Henrichs, A. (1996) 'Dancing in Athens, Dancing on Delos: Some Patterns of Choral Projection in Euripides.' *Philologus* 140 (1): 48–62.

Henry, M. H. (1995) *Prisoner of History: Aspasia of Miletus and Her Biographical Tradition.* New York: Oxford University Press.

Herman, G. (1994) 'How Violent was Athenian Democracy?' in G. Herman (2006) *Morality and Behaviour in Democratic Athens: A Social History.* Cambridge: Cambridge University Press.

Higgins, M. D. and Higgins, R. (1996) *A Geological Companion to Greece and the Aegean*. London: Duckworth.

Hiscock, M. (2009, forthcoming) 'Socrates, Aegeus and Logoi as "Reasons" '.

Hobbs, A. (2000) *Plato and the Hero. Courage, Manliness and the Impersonal Good*. Cambridge: Cambridge University Press.

Hodge (1981) 'The Mystery of Apollo's E at Delphi' *American Journal of Archaeology* 85: 83–84.

Holland, T. (2005) *Persian Fire: The First World Empire and the Battle for the West*. London: Little, Brown.

Hornblower, S. (2002, 3rd edn.) *The Greek World 479–323 B.C.* London and New York: Routledge.

—— and Osborne, R. (eds.) (1994) *Ritual, Finance, Politics: Athenian Democratic Accounts Presented to David Lewis*. Oxford: Clarendon Press.

Hughes, B. (2005) *Helen of Troy, Goddess, Princess, Whore*. London: Jonathan Cape.

Hughes-Hallett, L. (2004) *Heroes: Saviours, Traitors and Supermen*. London: Fourth Estate.

Hunt, P. (2002) *Slaves, Warfare, and Ideology in the Greek Historians*. Cambridge: Cambridge University Press.

Hunter, V. J. (1994) *Policing Athens: Social Control in the Attic Lawsuits, 420–320 B.C.* Princeton, NJ: Princeton University Press.

Hurwit, J. M. (2004) *The Acropolis in the Age of Pericles*. Cambridge, UK; New York: Cambridge University Press.

—— (1999) *The Athenian Acropolis: History, Mythology, and Archaeology from the Neolithic Era to the Present*. Cambridge: Cambridge University Press.

—— (1995) 'Beautiful Evil: Pandora and the Athena Parthenos' in *AJA* 99.2: 171–186.

Irvine, A. D. (2008) *Socrates on Trial: A Play Based on Aristophanes'* Clouds *and Plato's* Apology, Crito *and* Phaedo *Adapted for Modern Performance*. Toronto: University of Toronto Press.

Irwin, T. H. (1983) 'Euripides and Socrates' in *Classical Philology* 78: 183–197.

Jacoby, F. (1950) *Die Fragmente der griechischen Historiker. Teil 3: Geschichte von Städten und Völkern. Nr. 297–607*. Leiden: E. J. Brill.

Janko, R. (2002–03) 'God, Science and Socrates', in *Bulletin of the Institute of Classical Studies* 46: 1–18.

Johansen, T. (2004) *Plato's Natural Philosophy: A Study of Timaeus-Critias*. Cambridge: Cambridge University Press.

Johnstone, S. (1999) *Disputes and Democracy: The Consequences of Litigation in Ancient Athens*. Austin: University of Texas Press.

Jones, J. E., Graham, A. J., and Sackett, L. H. (1973) *An Attic Country House: Below the Cave of Pan at Vari*. London: British School at Athens: Thames and Hudson.

Jones, W. H. S. (ed.) (1965) *Pausanias: Description of Greece. Vol. I*. New York: Biblo and Tannen.

Joseph, J. E. (2000) *Limiting the Arbitrary: Linguistic Naturalism and Its Opposites in Plato's Cratylus and Modern Theories of Language*. Amsterdam: John Benjamins Publishing.

Joun, F. and Looy, H. (eds.) (2003) *Euripide: Tragédies. Tome VIII, 4e partie. Fragments de drames non identifiés*. Paris: Les Belles Lettres.

Judson, L. and Karasmanis, V. (eds.) (2006) *Remembering Socrates: Philosophical Essays*. Oxford: Clarendon Press.

Just, R. (2000) *Women in Athenian Law and Life*. London and New York: Routledge.

Kadletz, E. (1981) 'The Tongues of Greek Sacrificial Victims' in *Harvard Theological Review* 74.1: 21–29.

Kagan, D. (1981) *The Peace of Nicias and the Sicilian Expedition*. Ithaca, NY: Cornell University Press.

Kahn, H. C. (2006) 'Socrates and Hedonism' in Judson, L. and Karasmanis, V. (eds.) (2006) *Remembering Socrates: Philosophical Essays*. Oxford: Clarendon Press.

Kaltsas, N. and Shapiro, A. (eds.) (2009) *Worshipping Women. Ritual and Reality in Classical Athens*. New York: Alexander S. Onassis Public Benefit Foundation (USA).

Karageorghis, V. (1982) *Cyprus: From the Stone Age to the Romans*. London: Thames and Hudson.

Kendrick Pritchett, W. (1965) *Studies in Ancient Greek Topography. Part I*.

Berkeley: University of California Press.

Kerferd, G. B. (1981) *The Sophistic Movement*. Cambridge: Cambridge University Press.

Keuls, E. C. (1993) *The Reign of the Phallus: Sexual Politics in Ancient Athens*. Berkeley and Los Angeles: University of California Press.

King, H. (1998) *Hippocrates' Women: Reading the Female Body in Ancient Greece*. London and New York: Routledge.

Konstam, N. (2002) 'Sculpture: The Art and the Practice' in *Oxford Journal of Archaeology* 21.2: 153–165.

—— and Hoffman, H. (2004) 'Casting the Riace Bronzes (2): A Sculptor's Discovery' in *Oxford Journal of Archaeology* 23.4: 397–402.

Laidlaw, W. A. (1933) *A History of Delos*. Oxford: B. Blackwell.

Lane, M. (2006) 'The Evolution of *Eironeia* in Classical Greek Texts: Why Socratic *Eironeia* is not Socratic Irony' in D. Sedley (ed.) *Oxford Studies in Ancient Philosophy* 31. Oxford: Oxford University Press: 49–83.

Lane Fox, R. (2005) *The Classical World: An Epic History from Homer to Hadrian*. London: Penguin.

Lang, M. L. (1978) *Socrates in the Agora*. Princeton, NJ: American School of Classical Studies at Athens.

Lanni, A. (2006) *Law and Justice in the Courts of Classical Athens*. Cambridge: Cambridge University Press.

—— (1997) 'Spectator Sport or Serious Politics? *Hoi periestekotes* and the Athenian Lawcourts' in *Journal of Hellenic Studies* 107: 183–189.

Lapatin, K. D. S. (2007) 'Art and Architecture' in L. J. Samons II (ed.) *The Cambridge Companion to the Age of Pericles*. Cambridge: Cambridge University Press: 125–152.

—— (2001) *Chryselephantine Statuary in the Ancient Mediterranean World*. New York: Oxford University Press.

—— (2006) 'Picturing Socrates' in S. Ahbel-Rappe and R. Kamtekar (eds.) *A Companion to Socrates*. Oxford: Blackwell: 110–159.

Lawton, C. (2006) *Marbleworkers in the Athenian Agora*. Athens: American School of Classical Studies at Athens; Oxford: Oxbow.

Lazenby, J. F. (2003) *Delion* in S. Hornblower and A. Spawforth (eds.) (3rd rev. edn.) *The Oxford Classical Dictionary*. Oxford: Oxford University Press.

Lear, J. (2006) 'The Socratic Method and Psychoanalysis' in Ahbel-Rappe, S. and Kamtekar, R. (eds.) (2006) *A Companion to Socrates*. Oxford: Blackwell: 442–462.

Lefkowitz, M. R. (1979) 'The Euripides *Vita*' in *Greek, Roman and Byzantine Studies* 20: 187–210.

Lendon, J. E. (2005) *Soldiers and Ghosts: A History of Battle in Classical Antiquity*. New Haven and London: Yale University Press.

Ling, R. and Ling, L. (2000) 'Wall and Panel Painting' in R. Ling (ed.) *Making Classical Art: Process and Practice*. Stroud: Tempus.

Llewellyn-Jones, L. (2003) *Aphrodite's Tortoise: The Veiled Woman of Ancient Greece*. Swansea: The Classical Press of Wales.

Lloyd, G. E. R. (1983) *Science, Folklore and Ideology: Studies in the Life Sciences in Ancient Greece*. Cambridge: Cambridge University Press.

Lloyd-Jones, H. (1994) Review of: Woodbury, L. E. (1991) 'Collected Writings', edited by C. G. Brown, R. L. Fowler, E. I. Robbins and P. M. Wallace Matheson. Atlanta, GA: Scholars Press.

Long, C. P. (2003) 'Dancing Naked with Socrates: Pericles, Aspasia, and Socrates at Play with Politics, Rhetoric and Philosophy' in *Ancient Philosophy* 23: 49–69.

Lonsdale, S. H. (1995) 'A Dancing Floor for Ariadne (*Iliad* 18.590–592): Aspects of Ritual Movement in Homer and Minoan Religion' in J. B. Carter and S. P. Morris (eds.) *The Ages of Homer; A Tribute to Emily Townsend Vermeule*. Austin: University of Texas Press: 273–284.

Lowe, N. J. (2007) 'Old Comedy and Aristophanes' in *Greece & Rome* 54: 21–62.

Luckhurst, K. W. (1934) 'Note on Plato *Charmides* 153B' in *Classical Review* 48.6: 207–208.

MacDowell, D. M. (1971) Aristophanes *Wasps*. Edited with introduction and commentary by Douglas M. MacDowell. Oxford: Clarendon Press.

—— (1978) *The Law in Classical Athens*. London: Thames and Hudson.

Macleod, M. D. (2008) *Xenophon*: Apology *and* Memorabilia *I*. Oxford: Aris & Phillips.

McCann, D. R. and Strauss, B. S. (eds.) (2001) *War and Democracy: A Comparative Study of the Korean War and the Peloponnesian War*. Armonk, NY: M. E. Sharpe.

McDonald, J. (1994) 'Supplementing Thucydides' Account of the Megarian Decree' in *Electronic Antiquity* 2.3 (http://scholar.lib.vt.edu/ejournals/ElAnt/V2N3/mcdonald.html).

McDonald, M. and Walton, J. M. (eds.) (2007) *The Cambridge Companion to Greek and Roman Theatre*. Cambridge: Cambridge University Press.

McGovern, P. E. and Michel, R. H. (1990) 'Royal Purple Dye: The Chemical Reconstruction of the Ancient Mediterranean Industry' in *Accounts of Chemical Research* 23.5: 152–158.

McLean, D. R. (2006) 'The Private Life of Socrates in Early Modern France' in S. Ahbel-Rappe and R. Kamtekar (eds.) (2006) *A Companion to Socrates*. Oxford: Blackwell: 353–367.

Marcovich, M. (1996) 'From Ishtar to Aphrodite' in *Journal of Aesthetic Education* 30.2: 43–59.

Marshall, C. W. (2000) 'Rotting Timbers' in *Echos du Monde Classique* 19: 351–357.

May, H. (2000) 'Socrates' in *Wadsworth Philosophers Series*. Belmont, CA: Wadsworth.

Mayor, A. (2003) *Greek Fire, Poison Arrows, and Scorpion Bombs: Biological and Chemical Warfare in the Ancient World*. Woodstock, NY, and New York: Overlook Press.

Meier, C. (1999) *Athens: A Portrait of the City in its Golden Age*; translated by R. Kimber and R. Kimber. London: John Murray.

Meiggs, R. (1972) *The Athenian Empire*. Oxford: Oxford University Press.

Mikalson, J. D. (2005) *Ancient Greek Religion*. Oxford: Blackwell.

—— (1977) 'Religion in the Attic Demes' in *American Journal of Philology* 98.4: 424–435.

Miller, M. C. (1997) *Athens and Persia in the Fifth Century BC: A Study in Cultural Receptivity*. Cambridge: Cambridge University Press.

—— (1989) 'The *Ependytes* in Classical Athens' in *Hesperia* 58.3: 313–329.

Mineur, W. H. (1984) *Callimachus, Hymn to Delos: Introduction and*

Commentary. Leiden: E. J. Brill.

Mitchell, L. G. (1997) *Greeks Bearing Gifts. The Public Use of Private Relationships in the Greek World, 435–323 BC*. Cambridge: Cambridge University Press.

Monoson, S. S. (2000) *Plato's Democratic Entanglements: Athenian Politics and the Practice of Philosophy*. Princeton, NJ: Princeton University Press.

Morrison, J. S. (1987) 'The British Sea Trials of the Reconstructed Trireme, 1–15 August 1987' in *Antiquity* 61: 455–459.

—— (1988) 'The Second British Sea Trials of the Reconstructed Trireme, 20 July-5 August 1988' in *Antiquity* 62: 713–714.

—— Coates, J. F., and Rankov, N. B. (2000) *The Athenian Trireme: The History and Reconstruction of an Ancient Greek Warship*. New York: Cambridge University Press.

Munn, M. (2006) *The Mother of the Gods, Athens, and the Tyranny of Asia: A Study of Sovereignty in Ancient Religion*. Berkeley and Los Angeles: University of California Press.

—— (2000) *The School of History: Athens in the Age of Socrates*. Berkeley: University of California Press.

Murray, O. (1995) 'Liberty and the Ancient Greeks' in J. A. Koumoulides (ed.) *The Good Idea: Democracy and Ancient Greece*. New York: Aristide D. Caratzas: 33–35.

Nails, D. (2002) *The People of Plato: A Prosopography of Plato and Other Sources*. Indianapolis, Cambridge: Hackett Publishing.

—— (2005) 'Socrates' , *Stanford Encyclopedia of Philosophy* [http://plato. stanford.edu/entries/socrates/, accessed 4 December 2008] .

—— (2006a) 'The Tragedy Off-Stage' in J. H. Lesher, D. Nails and F. C. C. Sheffield *Plato's Symposium: Issues in Interpretation and Reception*. Washington DC: distributed by Harvard University Press. 179–207.

—— (2006b) 'The Trial and Death of Socrates' in S. Ahbel-Rappe and R. Kamtekar (eds.) (2006) *A Companion to Socrates*. Oxford: Blackwell: 5–20.

Nauck, A. (1926) *Tragicorum Graecorum Fragmenta*. 2nd edn. Leipzig.

Navia, L. E. (2001) *Antisthenes of Athens: Setting the World Aright*. Westport, London: Greenwood Press.

Nesselrath, H.-G. (1996) 'Aristophanes (3)', *Der Neue Pauly* I (Stuttgart/ Weimar: J.B. Metzler): cols 1122–1130.

—— (2007) *Socrates: A Life Examined*. Amherst, NY: Prometheus Books.

Neugebauer, O. (1975) *A History of Ancient Mathematical Astronomy*. Berlin; New York: Springer-Verlag.

Niku, M. (2007) *The Official Status of the Foreign Residents in Athens, 322–120 B.C.* Helsinki: Suomen Ateenan-instituutin säätiö (Foundation of the Finnish Institute at Athens).

Nutton, V. (2004) *Ancient Medicine*. New York: Routledge.

Ober, J. (1994) 'How to Criticize Democracy in Later Fifth and Fourth Century Athens' in J. P. Euben, J. Wallach, and J. Ober (eds.) *Athenian Political Thought and the Reconstruction of American Democracy*. Ithaca; London: Cornell University Press: 149–171.

—— and Hedrick, C. W. (eds.) (1993) *The Birth of Democracy. The National Archives, Washington, DC. June 15, 1993-January 2, 1994*. Athens: The American School of Classical Studies at Athens.

—— Raaflaub, K. A. and Wallace, R. W. (with chapters by P. Cartledge and C. Farrar) (2007) *Origins of Democracy in Ancient Greece*. Berkeley and Los Angeles: University of California Press.

O'Dowd, M. J. and Elliott, P. (1994) *The History of Obstetrics and Gynaecology*. London: Parthenon.

Olson, S. D. (2002) *Aristophanes* Acharnians (Oxford: OUP).

Olson, S. Douglas (2007) *Broken Laughter: Select Fragments of Greek Comedy*. Oxford: Oxford University Press.

Osborne M. J. and Byrne, S. G. (eds.) (1994) *A Lexicon of Greek Personal Names. Vol. II: Attica*. Oxford: Clarendon Press.

Osborne, R. (2004) *The Old Oligarch: Pseudo-Xenophon's Constitution of the Athenians*. London: London Association of Classical Teachers.

Ostwald, M. (1986) *From Popular Sovereignty to the Sovereignty of Law: Law, Society and Politics in Fifth Century Athens*. Berkeley: University of California Press.

Parke, H. W. (1977) *Festivals of the Athenians*. London: Thames and Hudson.

Parker, M. (1986) *Socrates and Athens*. London: Bristol Classical Press.

Parker, R. (1996) *Athenian Religion: A History*. Oxford: Clarendon Press.

—— (2005) *Polytheism and Society in Athens*. Oxford: Oxford University Press.

Parlama, L., Stampolidis, N. and Abrams, H. N. (2000) *The City Beneath the City: Antiquities from the Metropolitan Railway Excavations*. Athens: Greek Ministry of Culture.

Patterson, C. (2007) 'Other Sorts: Slaves, Foreigners, and Women in Periclean Athens' in L. J. Samons II (ed.) *The Cambridge Companion to the Age of Pericles*. Cambridge: Cambridge University Press: 153–178.

Pedley, J. (2006) *Sanctuaries and the Sacred in the Ancient Greek World*. New York: Cambridge University Press.

Pellizer, E. (1990) 'Outlines of a Morphology of Sympotic Entertainment' in O. Murray (ed.) *Sympotica: A Symposium on the Symposion*. Oxford: Clarendon Press: 178–184.

Philips, C. (2007) *Socrates in Love: Philosophy for a Passionate Heart*. New York: W. W. Norton.

Planeaux, C. (1999) 'Socrates, Alcibiades, and Plato's ta Poteideiatika. Does the *Charmides* have an historical setting?' *Mnemosyne* 52: 72–77.

Pollard, J. (1977) *Birds in Greek Life and Myth*. London: Thames and Hudson.

Pomeroy, S. (1994) *Xenophon* Oeconomicus (Oxford: Clarendon).

Pomeroy, S. B. (1994) *Goddesses, Whores, Wives and Slaves: Women in Classical Antiquity*. London: Pimlico, Random House.

—— (2002) *Spartan Women*. New York: Oxford University Press.

Powell, A. (2001) *Athens and Sparta: Constructing Greek Political and Social History from 478 B.C.* 2nd edn. London: Routledge.

Press, G. A. (2007) *Plato: A Guide for the Perplexed*. London/New York: Continuum.

Pritchett, W. K. (1971) *The Greek State at War. I.* Berkeley; London: University of California Press.

Raaflaub K. A., Ober J., and Wallace R. W. co-authors (2007) *Origins of Democracy in Ancient Greece*. Berkeley; London: University of California Press.

Ray, J. (2007) *The Rosetta Stone and the Rebirth of Ancient Egypt*. London: Profile Books.

Rehm, R. (2007) 'Festivals and Audiences in Athens and Rome' in M. McDonald and J. M. Walton (eds.) *The Cambridge Companion to Greek and Roman Theatre*. Cambridge: Cambridge University Press: 184–201.

Reinhold, M. (1970) 'The History of Purple as a Status Symbol in Antiquity' in *Latomus* 116: 1–73.

Reydams-Schils, G. (2005) *The Roman Stoics: Self, Responsibility, and Affection*. Chicago: University of Chicago Press.

Rhodes, P. J. (1972) *The Athenian Boule*. Oxford: Clarendon Press.

—— (2007) *The Greek City States: A Source Book*. Cambridge: Cambridge University Press.

—— (2005) *A History of the Classical Greek World, 478–323 BC*. Oxford: Blackwell.

—— (2003) 'Nothing to do with Democracy: Athenian Drama and the Polis' in *Journal of Hellenic Studies* 123: 104–119.

Roberts, J. T. (1994) *Athens on Trial: The Antidemocratic Tradition in Western Thought*. Princeton, NJ: Princeton University Press.

Roberts, J. W. (1998) *City of Sokrates: An Introduction to Classical Athens*. London: Routledge.

Robertson, N. (1992) *Festivals and Legends: The Formation of Greek Cities in the Light of Public Ritual*. Toronto: University of Toronto Press.

Robertson, W. H. (1990) *An Illustrated History of Contraception: A Concise Account of the Quest for Fertility Control*. Carnforth: Parthenon.

Robinson, E. W. (2004) *Greek Democracy: Readings and Sources*. Oxford: Blackwell.

Robinson, T. M. and Brisson, L. (eds.) (2000) *Plato*: Euthydemus, Lysis, Charmides. *Proceedings of the V Symposium Platonicum Selected Papers*. Sankt Augustin: Academia Verlag.

Romer, F. E. (1996) 'Diagoras the Melian (Diod. Sic. 13.6.7)' in *The Classical World* 89: 393–401.

Rood, T. (2004) *The Sea! The Sea! The Shout of the Ten Thousand in the Modern Imagination*. London: Duckworth.

Rose, M. L. (2003) *The Staff of Oedipus: Transforming Disability in Ancient Greece*. Ann Arbor: University of Michigan Press.

Rosenzweig, R. (2007) *Worshipping Aphrodite: Art and Cult in Classical Athens*. Ann Arbor: University of Michigan Press.

Rotberg, I. C. (ed.) (2004) *Balancing Change and Tradition in Global Education Reform*. Lanham, MD; Oxford: Scarecrow Education.

Rudesbusch, G. (1999) *Socrates, Pleasure, and Value*. New York: Oxford University Press.

Ruschenbusch, E. (1958) 'Patrios Politeia: Theseus, Drakon, Solon und Kleisthenes in Publizistik und Geschichtsschreibung des 5. und 4. Jh.' in *Historia* 7: 398–424.

Rutherford, I. (2000) 'Theoria and Darshan: Pilgrimage and Vision in Greece and India' in *Classical Quarterly* 50: 133–146.

Sage, M. M. (1996) *Warfare in Ancient Greece: A Sourcebook*. London; New York: Routledge.

Sallares, R. (1991) *The Ecology of the Ancient Greek World*. London: Duckworth.

Salza Prina Ricotti E. (2007) *Meals and Recipes from Ancient Greece*; translated by R. A. Lotero. Los Angeles: J. Paul Getty Museum.

Samons, L. J. (2007) 'Conclusion: Pericles and Athens' in Samons II, L.J. (ed.) *The Cambridge Companion to the Age of Pericles*. New York: Cambridge University Press: 282–307.

—— (2001) 'Democracy, Empire and the Search for the Athenian Character', *Arion* 8.3: 128–157.

—— (2000) *Empire of the Owl: Athenian Imperial Finance*. Stuttgart: F. Steiner.

—— (2004) *What's Wrong with Democracy? From Athenian Practice to American Worship*. Berkeley: University of California Press.

Sands, C. (2008) 'Review: C. Phillips, Socrates in Love. Norton' in *TLS* April 25 2008.

Sarla, M., Evangelou, P. and Tsimpidis-Pentazos, E. (1973) *The Temple of Olympian Zeus and the Roman Agora*. Athens: Keramos Guides.

Saxonhouse, A. W. (2006) *Free Speech and Democracy in Ancient Athens*. New York: Cambridge University Press.

Scanlon, T. F. (2002) *Eros and Greek Athletics*. New York: Oxford University

Press.

Schütrumpf, E. E. (2002) 'Xenophon (2)', *Der Neue Pauly* XII.2: cols 633–642.

Scott, D. (ed.) (2007) *Maieusis. Essays on Ancient Philosophy in Honour of Myles Burnyeat*. Oxford: Oxford University Press.

Seager, R. (2001) 'Xenophon and Athenian Democratic Ideology' in *Classical Quarterly* 51: 385–397.

Seel, G. (2006) 'If You Know What Is Best, You Do It: Socratic Intellectualism in Xenophon and Plato' in L. Judson and V. Karasmanis (eds.) *Remembering Socrates: Philosophical Essays*. Oxford: Clarendon Press: 20–50.

Segal, C. P. (1965) 'The Tragedy of Hippolytus: The Waters of the Ocean and the Untouched Meadow' in *HSCP* 70: 117–169.

Sekunda, N. V. (2005) *The Ancient Greeks*. Oxford: Osprey Publishing Ltd.

—— (2000) *The Spartans*. Oxford: Osprey Publishing Ltd.

Sellars, J. (2003) 'Simon the Shoemaker and the Problems of Socrates' in *Journal of Classical Philology* 98: 207–216.

Seung, T. K. (1996) *Plato Rediscovered: Human Value and Social Order*. Lanham, MD: Rowman & Littlefield Publishers.

Sharwood Smith, J. (1990) *Greece and the Persians*. Bristol: Bristol Classical Press.

Shear, T. Leslie. (1995) 'Bouleuterion, Metroon and the Archives at Athens' in Hansen and Raaflaub 1995: 157–190.

Sheehan, S. (2007) *Socrates*. London: Haus Publishing.

Sickinger, J. (2004) 'The Laws of Athens: Publication, Preservation, Consultation' in E. M. Harris and L. Rubinstein, *The Law and the Courts in Ancient Greece*. London: Duckworth: 93–109.

Sifakis, G. M. (2001) 'The Function and Significance of Music in Tragedy', *Bulletin of the Institute of Classical Studies* 45: 21–35.

Simon, E. (1983) *Festivals of Attica: An Archaeological Commentary*. Madison: University of Wisconsin Press.

Sissa, G. and Detienne, M. (2000) *The Daily Life of the Greek Gods*; translated by J. Lloyd. Stanford: Stanford University Press.

Skinner, M. B. (2005) *Sexuality in Greek and Roman Culture*. Oxford:

Blackwell.

Smith, A. C. (2003) 'Athenian Political Art from the Fifth and Fourth Centuries BCE: Images of Political Personifications' in C. W. Blackwell (ed.) *Demos: Classical Athenian Democracy* (A. Mahoney and R. Scaife, eds., *The Stoa: A Consortium for Electronic Publication in the Humanities* [www.stoa.org]) edition of 18 January 2003. Contact: cwb@stoa.org.

Smith, R. R. (2009) *Breakfast with Socrates. The Philosophy of Everyday Life*. London: Profile.

Smith, W. (ed.) (1844–1849) *Dictionary of Greek and Roman Biography and Mythology*. London: Taylor and Walton.

Smith, W. S. (1997) 'The Wife of Bath Debates Jerome' in *Chaucer Review* 32.2. Pennsylvania State University: 129–145.

Sokolowski, F. (ed.) (1962) *Les Lois Sacrées de Cités Grecques*. Paris: E. de Boccard.

Solmsen, F. (1969), Review of Edelstein (1966), *Gnomon* 41: 29–34.

Sommerstein, A. H. (1982) *Clouds*/Aristophanes; edited with translation and notes by A. H. Sommerstein. Warminster: Aris & Phillips.

—— (2002) *Greek Drama and Dramatists*. London: Routledge.

—— (2009) *Talking about Laughter: And Other Studies in Greek Comedy*. Oxford: Oxford University Press.

Sosin, J. D. (2008) 'The New Letter from Pasion' in *Zeitschrift für Papyrologie und Epigraphik* 165: 105–108.

Souza, de P. (2003) *The Greek and Persian Wars 499–386 B.C.* Oxford: Osprey Publishing Ltd.

Spivey, N. (2004) *The Ancient Olympics. War Minus the Shooting*. New York: Oxford University Press.

Stadter, P. A. (1989) *A Commentary on Plutarch's Pericles*. Chapel Hill: University of North Carolina Press.

Stefani, O. (1990) *I rilievi del Canova*. Milan: Electa.

Stone, I. F. (1988) *The Trial of Socrates*. Toronto: Little, Brown.

Storey, I. C. and Allan, A. (2005) *A Guide to Ancient Greek Drama*. Oxford: Blackwell.

Stroud, R. S. (1998) *The Athenian Grain-Tax Law of 374/3 B.C.*, in *Hesperia*

Supplements 29. Princeton, NJ: American School of Classical Studies at Athens.

Szlezák, T. A. (2000) 'Platon (1)', *Der Neue Pauly* IX (Stuttgart/Weimar: J.B. Metzler), cols 1095–1109.

Taylor, C. C. W. (2000b) 'Review: Describing Greek Philosophy' in *Classical Review* 50: 140–142.

—— (2000a) *Socrates: A Very Short Introduction*. Oxford: Oxford University Press.

Thesleff, H. (1982) *Studies in Platonic Chronology*. Helsinki: Societas Scientiarum Fennica.

Thompson, H. A. and Wycherley, R. E. (1972) *The Agora of Athens: History, Shape and Uses of an Ancient City Center* (*The Athenian Agora* Vol. 14). Princeton: American School of Classical Studies at Athens.

Thorton, B. S. (1997) *Eros: The Myth of Ancient Greek Sexuality*. Oxford: Westview Press.

Tilley, A. F. (2004) *Seafaring on the Ancient Mediterranean*. Oxford: John and Erica Hedges Ltd〔British Archaeological Reports 1268〕.

—— (1992) 'Three Men to a Room – a Completely Different Trireme' in *Antiquity* 66: 599–610.

Todd, S. C. (1996) *Athens and Sparta*. London: Bristol Classical Press.

—— (2000) 'How to Execute People in Fourth-century Athens' in V. Hunter and J. Edmonson (2000) *Law and Social Status in Classical Athens*. Oxford: Oxford University Press: 31–51.

—— (1993) *The Shape of Athenian Law*. Oxford: Clarendon Press.

Travlos, J. (1971) *Pictorial Dictionary of Ancient Athens*. London: Thames and Hudson. Tucker, T. G. (1907) *Life in Ancient Athens: The Social and Public Life of a Classical Athenian from Day to Day*. London: Macmillan.

Tuplin, C. J. (1996) 'Xenophon (1)', *OCD*[3] (Oxford/New York: OUP): 1628–1630.

Van Wees, H. (2004) *Greek Warfare. Myths and Realities*. London: Duckworth.

Vander Waerdt, P. A. (1994) 'Socrates in the Clouds' in P. A. Vander Waerdt (ed.), *The Socratic Movement*. London: Cornell University Press: 48–86.

Vernant, J. (2001) *The Universe, the Gods and Mortals: Ancient Greek Myths*; translated by L. Asher. London: Profile Books.

Vickers, M. (2008) *Sophocles and Alcibiades: Athenian Politics in Ancient Greek Literature*. Stocksfield: Acumen.

Vivante, B. (2007) *Daughters of Gaia: Women in the Ancient Mediterranean World*. Westport, CT: Praeger Publishers.

Walker, H. J. (1995) *Theseus and Athens*. New York: Oxford University Press.

Wallace, R. W. (1994) 'Private Lives and Public Enemies: Freedom of Thought in Classical Athens' in A. L. Boegehold and A. C. Scafuro (eds.) *Athenian Identity and Civic Ideology*. Baltimore; London: The Johns Hopkins University Press: 205–238.

Waterfield, R. (2009) *Why Socrates Died. Dispelling the Myths*. London: Faber and Faber.

Whitby, M. (ed.) (2002) *Sparta*. Edinburgh: Edinburgh University Press.

White, F. C. (2008) 'Beauty of the Soul and Speech in Plato's *Symposium*' in *Classical Quarterly* 58: 69–81.

White, S. A. (2000) 'Socrates at Colonus: A Hero for the Academy' in N. D. Smith and P. B. Woodruff (eds.) (2000) *Reason and Religion in Socratic Philosophy*. Oxford: Oxford University Press: 151–175.

Whitehead, D. (1986) *The Demes of Attica, 508/7-ca.250 B.C.* Princeton and Guildford: Princeton University Press.

Wilkins, E. G. (1979) '*Know Thyself*' in Greek and Latin Literature. New York: Garland Pub.

Wilkins, J. (1990) 'The Young of Athens: Religion and Society in *Herakleidai* of Euripides' in *Classical Quarterly* 40: 329–339.

—— and Hill, S. (2006) *Food in the Ancient World*. Malden, MA; Oxford: Blackwell.

Williams, D. (1993) 'Women on Athenian Vases: Problems of Interpretation' in A. Cameron and A. Kuhrt (eds.), *Images of Women in Antiquity*. Detroit: Wayne State University Press: 92–107.

Wilson, E. (2007) *The Death of Socrates: Hero, Villain, Chatterbox, Saint*. London: Profile Books.

Wood, M. (2005) *The Road to Delphi: The Life and Afterlife of Oracles*. London: Pimlico, Random House.

Woodbury, L. (1965) 'The Date and Atheism of Diagoras of Melos' in

Phoenix 19: 178–211.

—— (1973) 'Socrates and the Daughter of Aristides' in *Phoenix* 27: 7–25.

Woodhead, A. G. (1959) 'The Institution of the Hellenotamiae' in *Journal of Hellenic Studies* 79: 149–153.

Woodruff, P. (2005) *First Democracy: The Challenge of an Ancient Idea*. New York: Oxford University Press.

—— (1993) *On Justice, Power, and Human Nature: The Essence of Thucydides' History of the Peloponnesian War*; edited and translated by Paul Woodruff. Indianapolis and Cambridge: Hackett Publishing.

Young, S. (1939) 'An Athenian Clepsydra' in *Hesperia* 8.3, *The American Excavations in the Athenian Agora: Sixteenth Report*: 274–284.

Zahm, J. A. (1913) *Women in Science*. New York: Appleton.

Zaidman, L. B. and Pantel, P. S. (1992) *Religion in the Ancient Greek City* translated by P. Cartledge. Cambridge: Cambridge University Press.

Zanker, P. (1995) *The Mask of Socrates: The Image of the Intellectual in Antiquity* translated by A. Shapiro. Berkeley: University of California Press.

索 引

（索引中的页码系原书页码，即本书页边码）